解·周·易

易理 _ 64卦 _ 十翼

李是煥 譯·解·書

새로운 세상의 숲
신세림출판사

解·周·易

易理 _ 64卦 _ 十翼

李是煥 譯·解·書

自序

자서

周易 64괘 역문을 우리말로 번역하고, 간략한 해설을 붙였다. 易文은 卦名·卦辭·彖辭·大象辭·爻辭·小象辭 기타 序卦傳·雜卦傳·說卦傳 등을 포함한다. 그리고 解說은 최소한으로 줄였으되 항시 '왜?'에 답하려고 노력했다. 그리고 易文을 읽는데 도움이 되는, 꼭 먼저 알아야 하는 易理를 밝혀 제Ⅰ부에 정리해 놓았다.

여기까지 오는데 정확히 30개월이 걸렸다. 번역하고, 나름의 해설을 붙였고, 易理를 밝혔으므로 「解·周·易」이라는, 편안한 이름을 붙였다. 감히, 「周易 正義」니 「周易 本義」니 「周易 參義」니 하는, 거창한 이름을 붙이고 싶지는 않았다. 그럴만한 능력이 되지 않는다고 스스로 생각하기 때문이다. 사실, 易文의 우리말 번역도 쉽지 않지만, 그 해설은 더 어렵다.

그리고 번역된 역문과 해설을 읽는데 꼭 먼저 알아야 하는, 전제되는 易理에 대해서는 따로 정리하여 제Ⅰ부로 편집했는데 이 또한 가능한 한 쉽고 간단히 설명하려고 노력했다. 따라서 본문보다 먼저 읽을 필요가 있다. 이들에 대한 사전 지식이 없다면 역문 해설을 읽기 어렵기 때문이다.

소인의 「解·周·易」이 독자적으로 주역을 탐구하는 이들에게 도움이 되기를 기대하면서, 있는 그대로 소인의 탐구 영역을 공개하면서 소인보다 먼저 주역을 탐구한 많은 분의 노고에 삼가 경의를 표한다.

-2023. 04. 20.

서울 보현봉 자락에서 **이시환**

차례

제Ⅰ부 이시환의 『解·周·易』을 읽기 전에 미리 알아야 할 易理와 용어 설명

차례

제 I 부

이시환의 『解·周·易』을 읽기 전에 미리 알아야 할 易理와 용어 설명

1. '周易'이란 무엇인가?

　'周易'이란 '易'을 말하며, '易'은 '經'과 '傳'으로 구성된다. '經'은 64卦 384爻에 딸린 문장 곧 周 文王이 지었다고 전해지는 卦辭와 주 문왕의 넷째 아들 周公이 지었다고 전해지는 爻辭를 말하고, '傳'은 孔子가 지었다고 전해지는 '十翼'을 말한다. '十翼'은 文言傳·繫辭傳 上下·象傳 上下·象傳 上下·序卦傳·雜卦傳·說卦傳 등을 일컫는다. 고대로부터 오늘날까지 周易을 象數學으로 보는 象數學派와 義理學으로 보는 義理學派 등 두 학파로 갈리며, 이 두 학파에서 여섯 宗이 갈려나와 각기 발전해 왔다고 한다. 곧, ①占卜宗 ②禨祥宗 ③造化宗 ④老莊宗 ⑤儒理宗 ⑥史事宗 등이 그것이다. 물론, 이것은 중국인들이 주역을 이해한 관점이다.

　우리가 오늘날 '周易'이라 함은, '乾·兌·離·震·巽·坎·艮·坤'이라고 명명된 八卦가운데 둘씩이 위아래로 결합하여 생기는 64가지의, 卦象·卦名·卦辭·彖辭·大象辭·六爻辭·六小象辭 등을 말한다. 물론, 첫째·둘째 괘인 重天乾卦와 重地坤卦를보충 설명한 文言傳, 易의 창제 배경과 목적, 그 원리와 작용 등을 설명한 繫辭傳, 八卦의 작용·특징·상관성 등을 설명한 說卦傳, 64가지 卦 순서 당위를 설명한 序卦傳, 64가지 괘 작용상의 특징과 의미를 아주 짧게 말한 雜卦傳 등까지를포함해 말하기도 한다. 간단히 말해, 卦象·卦名·卦辭·六爻辭에 十翼(文言傳·繫辭傳上下·象傳 上下·象傳 上下·序卦傳·雜卦傳·說卦傳)을 포함한다는 뜻이다.

　그런데 八卦는 중화민족의 人文 始祖로 불리는 伏羲氏(中國 舊石器時代 中末期)가만들었다고 하고, 64괘 卦名·卦辭 등은 周 文王인 姬昌(기원전1152 ~ 기원전1056)이지었다고 하며, 六爻辭는 周公, 그러니까, 周 文王의 넷째 아들이자 周 武王의 동생인 姬旦(生歿 年代 未詳)이 지었다고 전해진다. 그리고 十翼은 孔子(기원전 551 ~ 기원전 479)가 쓴 것으로 전해지기도 하고, 부정되기도 한다. 그러니까, 주역은 중국에서 가장 오래된 책으로 인정되는데, 上古時代의 伏羲氏, 中古時代의 周 文王과 周公, 下古時代의 孔子 등이 共同 著者인 셈이다. 오늘날의 周易이 孔子 이후에 체계를 갖추었다고 보아도, 적어도 2500년 전의 古書임에는 분명하다. 그리고 공자가 주역을 찬미한 이후부터는 六經 곧 詩·書·禮·易·樂·春秋 가운데 으뜸으로 친다.

이런 주역을 분석적으로 읽어 그 전모를 이해하고 나면, 그 핵심 내용을 몇 가지로 정리할 수 있다.

첫째, 宇宙 萬有·萬象을 존재하게 하는 근원적인 실체로서 '太極'이라는 것이 上程되었고, 그 太極의 움직임이 兩儀(陰·陽)를 드러내고, 그 兩儀가 각각 큰 것과 작은 것으로 나뉘어서 四象(太陽·少陽·少陰·太陰)을 만들어내며, 四象에 陽과 陰이 작용하여 八卦를 만들어내고, 八卦가 서로 움직이어 둘씩 위아래로 조합됨으로써 64괘를 만들어내는데, 이 64卦 384爻가 끊임없이 변화하면서 가상의 자연 기운으로 나타나(象), 人間事에 영향을 미친다(占)고 보는 판단이다. 그래서 卦·爻辭에는 象과 占이 나타나 있다.

둘째, 四象·八卦를 거쳐서 64卦 384爻의 象을 드러내 놓는 陽과 陰을, 하늘과 땅으로 연계시키고, 그 하늘과 땅이 먼저 위아래에서 자리를 잡고 상호 작용하여 萬象·萬物을 생기게 하고, 변화하게 한다는 주장이다. 그래서 주역에서는 천지자연의 제 현상 관찰을 중요시하고, 그 속의 질서와 이치를 깨달아 그것을 인간사회에 적용해 살아가야 한다는 기본적인 입장이 녹아있다. 이러한 노력은, 실제로 태양과 지구, 지구와 달, 별들의 움직임 등에 대한 관찰을 통해서 낮과 밤, 사계절, 기상의 변화 등을 읽고, 그 순환의 질서를 통해서 24節氣를 세우고, 年月日數를 헤아리며, 冊曆을 만들어서 그에 맞추어 활동하는 실질적인 삶의 변화를 이루어냈다. 그리고 하늘이 태양 구름 우레 바람 등을 부리어서 대지에 빛과 열에너지를 공급해 주고, 천둥 번개와 함께 비를 내리며, 대지 위로 놓인 산이나 연못이나 평지 등에 직접적인 영향을 미침으로써 뭇 생명에게 도움을 주고, 또한 험난함과 피해를 안겨주기도 한다고 보았다. 이런 하늘과 땅의 관계를 양과 음의 관계로 인식했고, 또한 그것을 인간사회에 적용하여 군주가 백성을 위해서 바르게 통치하면 백성은 그에 순종하는 관계로 해석하면서 음양의 관계와 변화상을 통해서 인간이 갖추어야 하는 덕목들(仁·義·禮·智·信·德)을 연계시켰다. 따라서 주역에서 음양 관계를 빼어버리면 낡은 윤리 교과서가 된다.

셋째, 陰陽이 끊임없이 변화하기 때문에 萬象·萬物이 변화한다고 보며, 그 변화 속에서는 '盈虛·始終'이라는 불변의 원칙이 있다고 믿는다. 陽이 陰 되는 것을 '變'이라 하고, 陰이 陽 되는 것을 '化'라고 해서 '變'과 '化'를 구분해 썼지만, 陰陽의 끊임없는 변화 속에는 가득 차면 점차 비워지고, 다 비워지면 다시 점차 채워지는 '盈虛'라는 원칙과 始作이 있으면 그 끝이 있고, 끝이 나면 다시 시작하는 '始終'이라는 원칙이 있다고 보았다. 晝夜·四時·달의 주기적인 변화 등 자연현상 관찰을 통해서 얻은 깨달음이지만 의미심장하다. 이것이 주역의 핵이면서 가장 근원적인 前提이다.

넷째, 太極으로부터 나온 陰과 陽의 상반된 두 기운이 天·人·地(上·中·下)에 어떻게 미치느냐에 따라서 八卦가 성립되는데, 陽이 天·人·地에 두루 미치면 '乾'이라 하고, 陰이 天·人·地에 두루 미치면 '坤'이라 한다. '乾'이 위에서부터 아래로 차례로 陽이 陰으로 變하면 각각 兌·離·巽이 되고, '坤'이 위에서부터 아래로 차례로 陰이 陽으로 化하면 각각 艮·坎·震이 된다. 이렇게 생긴 '乾·兌·離·巽·坤·艮·坎·震'을 八卦라고 한다.

그런데 陽으로 가득한 乾이 變하여 생긴 '兌·離·巽'은 모두 陰卦이고, 陰으로 가득한 坤이 化하여 이루어진 '艮·坎·震'은 모두 陽卦이다. 그리고 이 팔괘는 음과 양이 상중하로 결속되어 독립적으로 움직이나 사람에게 직접적인 영향을 미치지는 못한다. 영향을 미치려면 팔괘가 위아래로 결합·결속되어야 비로소 사람에게 영향을 미치는 독자적인 氣運體가 된다는 사실이다. 따라서 팔괘는 陰과 陽

이 三才에 두루 미치는, 氣運의 최소단위 構造體라면, 64괘는 독자적으로 움직이어 만물에 영향을 미치는 실질적인 氣運의 獨立體이다.

八卦는 3劃으로 도식되기에 64괘는 6획으로 도식되는데 '劃'을 '爻'라고 부른다. 따라서 64卦에서 '卦'는 인간의 의지와 상관없이 일방적으로 주어지는 천지의 작용으로 거부할 수 없는 자연적 상황이라 할 수 있다. 그리고 괘마다 있는 六爻는 그 상황이 시작해서 끝나기까지 정해진, 변화 과정으로서 段階이다. 따라서 내가 어떤 괘 상황으로 처했음을 알면 그것의 변화 과정을 미리 알 수 있기에 대처할 수 있다고 본 것이다. 이런 연유로 주역을 갖고서 오늘날까지 占을 쳐오는 것이다.

다섯째, 太極의 陰과 陽이 萬有·萬象을 짓듯이, 陽인 하늘과 陰인 땅이 상호 작용하여 萬物을 짓고, 변화하게 한다는 전제에서 출발하기에 가시적인 것이든 불가시적인 것이든 할 것 없이 모든 대상을 이분법적으로 본다는 사실이다. 그래서 모든 단어와 모든 수를 음양으로 나누고, 모든 現象조차도 陰陽의 상호작용 결과로 본다. 심지어는, 음양의 상호작용 역시 양 극단적이다. 陽인 하늘이 主管·企劃하면 陰인 땅이 그에 順從하고 實踐하여 만물을 지어낸다고 보는 것이 일반적이다. 이때 음양 관계는 親密·和合·協力이 전제된다. 하지만 이런 관계만 있는 게 아니다. 음양이, 서로 밀어내고(相推), 서로 허물어뜨리고(相蕩), 서로 배척하며(相薄), 서로 싸우는(相戰) 관계도 있다. 문제는 64卦 상황마다 달라진다는 사실이다. 그래서 同類 간에도, 그러니까, 양과 양, 음과 음 사이도 서로 경쟁하고, 서로 시기하고 배척하는 것이 일반적이지만 필요에 따라서 서로 뭉치고 협력하는 관계도 있다. 그러나 분명한 사실은 64괘 하나하나에서 상황을 타개하려고 중요한 일을 감당하는 자는, 그 자리에 상관없이 陽爻라는 점이다. 양은 군림하는 자이고, 음은 순종하는 자라는 기본적인 인식이 작용하기 때문이다.

여섯째, 64개 卦辭 384개 爻辭 등의 짧은 문장 속에는 60명이 넘는 역사적 인물이 직간접으로 거론된다. 그 이름이 직접 노출된 몇 사람의 경우를 빼면 중국 역사를 알지 못하면 짐작조차 할 수 없다. 卦·爻辭 내용을 역사적 인물이나 사건과 연관하여 읽게 되면 '주역이 은밀한 역사서인가?'의심해 볼 수도 있는데 그렇지는 않다고 본다. 음양 관계는 자연의 기운이 어떻게 움직이고 어떻게 작용하는가를 보여주는 '象'이고, 그 象에 맞는, 그 象에 어울리는 人間事를 占으로써 기술하다 보니, 그 점과 관련된 역사적 인물들을 찾아서 애써 연계시켜 보는 것뿐이다. 역사적 사실을 음양 관계로 암호화해서 기술했다는 것은 이치상 맞지 않고, 효과적이지도 않기 때문이다. 384개 효사를 분석해 보면, 그 '人間事'라는 것이, 주로 결혼·사냥·제사·전쟁·소 말 돼지 사육 등 당대 생활상과 관련된 것이 주류이고, 홍수·가뭄·뇌우·서리·태풍 등 자연현상과 여우·돼지·새(학, 기러기)·양 등 널리 알려진 동물 생태까지도 활용된다. 이는 인간 삶을 비롯한 모든 현상이나 생태적 사실까지도 음양 관계로 나타남을 설명하는 것이고, 근원적으로 인간 삶을 위해서 주역이 만들어졌음을 말해 줄 따름이다.

일곱째, 주역은 어떻게 인간 삶을 위하는가? 卦·爻辭를 분석해 보면, 인간의 利·害·得·失·吉·凶·險·厲·悔·咎·吝 등의 有無와 程度를 알려주어서 스스로 깨닫고 대처하도록 함으로써이다. 대처법으로는 노출된 것이 있고 노출되지 않은 것이 있는데, 전자로는 믿음(孚)·意志·義理·中道·正道·德·禮·包容·位(자리, 능력)·動止(욕구 충족 or 자제) 등을 들 수 있고, 후자로는 상황 판단력(智)·자연현상 속 질서와 이치 지각능력·상황에 합당한 처신 등이다. 이들은 결국, 對人關係 속에서 나타나며, 勸善懲惡과 베푸는 삶(施德)으로 귀결된다.

2. 周易이 어려운 이유

　주역은 참 어렵다고 생각하면서도 그 이유를 물으면 그조차 쉽게 말하지 못하는 게 사실이다. 필자 역시 자문자답해 보았으나 그 어려운 이유를 명쾌하게 설명하기란 쉽지 않다. 64卦의 卦名·卦象·卦辭·彖辭·大象辭·爻辭·小象辭 그리고 繫辭傳·說卦傳·序卦傳·雜卦傳·文言傳 등을 샅샅이 읽고 우리말 번역과 함께 해설 작업을 하고 나니 비로소 그 이유가 정리되는 것 같다. 그 이유는 형식적인 면과 본질적인 면으로 나누어 생각해 볼 수 있다.

1) 형식적 이유

　첫째, 우리말로 쓰여있지 않기 때문이다. 漢字·漢文을 모르면 읽을 수 없고, 이해할 수가 없다.

　둘째, 漢文의 문법적인 통사구조가 깨어져 있고, 그래서 띄어쓰기조차도 다르게 표기된 경우도 많으며, 漢字도 우리가 통상적으로 알고 있는 의미가 아닌, 전혀 다른 뜻으로 사용되는 경우가 적지 않다.

　셋째, 卦와 爻의 利害得失과 吉凶을 판단한 문장으로 생략된 말이 많고, 문장은 '象'과 '占'이 뒤섞여 있으며, 특히, 占辭에는 비유적인 修辭와 생경한 造語 등이 많이 쓰였다.

　넷째, 音借로 쓰인 한자도 적지 않아 誤譯의 소지가 많다.

　따라서 ①卦의 이해 길흉을 판단한 卦辭 ②괘사를 설명하는 彖辭 ③上·下卦의 형상을 통해서 君子의 덕목을 도출한 大象辭 ④六爻의 이해득실과 길흉을 판단한 爻辭, ⑤爻辭 판단 근거를 설명하는 小象辭 등의 문장 구조와 내용상의 특징을 이해해야 하는데 이 과정 역시 많은 시간과 노력이 요구된다.

2) 본질적 이유

첫째, 주역은 '거대한 상징체계'이다. 그 체계 안에서 관계를 맺고 동원된 수많은 用語에 대한 개념 이해가 전제되어야 한다. 이것들을 이해하는 과정에 실로 많은 시간과 노력이 요구된다. 예컨대, 太極, 陰과 陽의 생성원리와 그 의미, 陰陽의 상호작용, 卦와 爻의 의미, 四象·八卦 생성원리와 각각에 부여된 의미, 팔괘와 方位, 팔괘와 數, 괘와 괘의 관계, 卦德·卦象·64괘 생성원리와 부여된 의미, 上卦·下卦·中道·剛中·柔中·過中·六爻의 의미, 육효 안에서 음양의 상호작용·원리 등등 이외에도 너무너무 많다.

둘째, 주역의 핵심인, 태극에서 兩儀가 나오고, 陽과 陰에서 太陽·少陽·少陰·太陰 등 四象이 나오며, 四象 위로 한 번은 陽이 올라가고, 또 한 번은 陰이 올라가서 八卦가 생기며, 이 팔괘가 서로 만날 수 있는 경우 수인 64괘가 만들어져서 萬有·萬象을 존재하게 한다는 것인 바 이에 대한 當·不當 판단이 어렵다.

셋째, 괘의 육효에서 음과 양의 관계, 양과 양의 관계, 음과 음의 관계 등이 일관된 원칙에 의해서 적용되지 않고, 卦의 意味 곧 상황에 따라서 다르게 적용된다는 점이다.

ⓐ陰과 陽의 異類 關係 : 기본적으로 親密·和合의 관계가 있고, 이와 반대인 對敵·相戰의 관계도 있다.

ⓑ陽과 陽의 同類 關係 : 기본적으로 相推·相薄·相蕩 관계이나 괘의 의미에 따라서 協力·相扶相助 관계도 있다.

ⓒ陰과 陰의 同類 關係 : 기본적으로 相推·相薄·相蕩 관계이나 괘의 의미에 따라서 協力·相扶相助 관계도 있다.

ⓓ異類·同類 관계에서도 卦의 의미와 爻의 上下 관계가 영향을 미친다.

넷째, 괘의 의미는 '卦名'으로 나타나고, 上·下卦가 팔괘 가운데 어느 괘이냐에 따라서 卦名이 결정된다. 따라서 팔괘 하나하나에 부여된 性品·作用·卦象 등에 대한 이해가 전제되며, 이에 대한 當·不當 판단도 쉽지 않다.

다섯째, 六爻에서 효 하나하나의 이해득실과 길흉은 '음'과 '양'이라는 타고난 성품, 음과 양의 자리 당·부당과 그 지위(높낮이), 이웃과의 관계, 짝과의 관계, 중도 획득 여부 등의 요소가 결정하는데 이것만으로는 爻辭의 當·不當을 판단하기 어렵다. 쉽게 말해, 괘명·괘사·효사 등이 일방적으로 주어졌는데 이에 대한 當·不當 판단이 쉽지 않다는 뜻이다. 쉽게 말해, 왜, 이런 爻辭가 붙여졌는지에 대한 마땅한 이유나 근거에 대해 공감하기가 쉽지 않다는 뜻이다.

여섯째, 卦와 爻의 이해득실과 길흉을 말한 卦·爻辭의 占辭 부분에서 동원된 말이 당대 널리 알려진 역사적 사실과 통속적인 생활 習俗이 비유적으로 활용되어 이들의 眞意를 판단하는 능력이 요구된다. 그러니까, 당대 習俗과 역사적 유관 사실을 모르면 이해하기가 어렵다는 뜻이다.

일곱째, 육효 안에는 ①타고난 성품(陽이냐? 陰이냐?)이 있고, ②자리의 높낮이가 있으며, ③자리의 當·不當이 있고, ④시작도 끝도 아닌, 가장 안정적인 가운데 자리를 차지한 中道가 있으며 ⑤'짝·이웃'이라는 關係가 있다. 자리가 높고, 中道가 있으며, 陽剛한 성품을 지닌 五爻와 짝인 二爻와의 關係를 중심으로 爻辭가 설명된다. 그런데 괘의 의미와 관계에 따라서 오효가 아닌, 초·상·이·사·삼효 등도 드물지만 괘의 主爻가 되어 중요한 일을 주도적으로 한다. 바꿔 말해, 이해득실과 길흉이 어느 한 가지 요인에 의해서 결정되는 게 아니라 위 ① ② ③ ④ ⑤ 외에도 ⑥괘의 의미라는 것이 작용하고, 그 중요우선순위도 바뀌게 됨으로써 하나의 일관된 원칙이 보이지 않는다는 점이다.

상기한 형식적·본질적 이유가 있어서, 같은 문장을 놓고도 중국인들조차 해석이 다르며, '說'이 많다. 하물며, 한국 사람들에게서야. 그러나 수많은 해석이 나오면서 점점 퍼즐이 맞추어져 가고 있긴 하다.

3. '卦'란 무엇인가?

'卦'라는 말은, 원래 점괘 '괘'인데, 그 형상으로 보면, '圭 + 卜'으로 되었다. '圭'는 고대 중국 조정에서 신하들의 직위를 표시한 상징적인 標札로써 玉·象牙·대나무 등으로 만들어 손에 드는 물건으로 [hù]라고 불렸다. 곧, '圭=珪=笏'이라는 뜻이다. 그리고 '卜'은 점 '복'으로 '점치다, 하사하다, 상고하다, 헤아리다' 등의 의미로 쓰인다. 따라서 '卦'라는 것은, 점을 치는 도구로써 길흉을 드러내 보인다고 믿는 표찰 같은 물건이다. 그런 물건으로 거북이 등껍질이나 대나무나 동물 뼈 등이 많이 쓰였으며, 그것들에 어떤 인위적인 변화를 주어 나타나는 현상 곧 文樣을 가지고 길흉을 판단했다.

그런데 周易에서 '卦'는, '八卦·64卦·上卦·下卦·外卦·內卦·單卦·重卦' 등의 용어로 쓰이는데 64가지 卦가 있다. 이 64가지 괘는 6개의 음양 부호로 도식되는데 괘 하나하나에 의미와 길흉이 정해져 있고, 卦를 이루는 六爻가 利·害·得·失·吉·凶·險·厲·悔·咎·吝 등의 占辭로 부여되어 있다. 그러니까, 64卦 384爻 하나하나에 붙여진 卦辭와 爻辭로써 길흉이 정해진 것이다. 따라서 우리가 주역으로써 점을 친다는 것은 卦와 爻를 뽑는 것이고, 뽑힌 卦·爻로써 길흉을 판단하는 것이다.

그러므로 周易에서 卦는, 陰과 陽이 三才에 두루 미치는, 氣運의 최소단위 構造體인 八卦와 이 팔괘가 위아래로 조합되는 경우 수인 64괘를 말하고, 이 64괘는 독자적으로 움직이어 만물에 영향을 미치는 실질적인 氣運의 獨立體이다. 따라서 팔괘는 음양 부호 세 획(劃)으로 도식되는 單卦이고, 64괘는 음양 부호 여섯 획으로 도식되는 重卦이다.

64괘를 이루는, 위의 卦를 上卦라 하고, 아래의 괘를 下卦라 부르며, 上卦를 外卦라 하고, 下卦를 內卦라고도 부른다. 그러니까, 여섯 획으로 이루어진 六爻 重卦의 종류가 64가지가 있다는 뜻이고, 그 괘 하나하나를 놓고 볼 때, 아래에 위치한 三劃 單卦가 下卦이고 內卦라면, 위에 위치한 三劃 單卦가 上卦이고 外卦라는 뜻이다. 그리고 아래를 '안'이라 하고, 위를 '밖'이라고 인식했다는 것은, 안이 시작 지점이고, 밖이 끝나는 지점이라는 뜻이다.

六爻는 해당 卦의 상황이 밑에서부터 시작하여 가장 높은 위에서 끝날 때까지의 변화 과정을 보여준다고 볼 수 있으며, 해당 괘의 상황 속에 처해있는 여섯 부류 인간의 성향과 능력과 이해 길흉을 말한다고도 볼 수 있다.

다시 정리하자면, 八卦는 陰陽 符號 三劃으로 圖式되는 單卦이고, 이 單卦는 여덟 가지가 있으며, 이 여덟 가지 單卦가 둘씩 만나 위아래로 조합되는 경우 수인 64가지 六劃 重卦를 만드는데, 위에 있는 괘를 上卦 곧 外卦라 하고, 아래에 있는 괘를 下卦 곧 內卦라고 한다. 이들을 잘 구분해 써야 하는데 모르면 복잡하고, 알고 나면 간단하다.

4. '爻'란 무엇인가?

'爻'는 '사귀다, 본받다, 가로 긋다, 엇걸리다, 변하다, 흐리다, 지우다, 말소하다' 등 다양한 의미로 쓰이는 글자이다. 주역에서 '爻'는 陰과 陽을 표시하기 위해서 가로 그은 符號로써 '劃'이다. '爻=劃'이라는 뜻이다. 陰은 가로로 그은 짧은 선 두 획으로 표시하고, 陽은 가로로 길게 그은 선 한 획으로 표시한다.

陰과 陽이 두루 三才에 미치는, 氣運의 최소단위 構造體인 八卦는 세 개의 爻로 그려지고, 팔괘가 위아래로 조합되는 경우 수인 64괘는 만물에 영향을 미치는 실질적인 氣運의 獨立體로 여섯 개의 爻로 그려진다.

여섯 효에는 ①陰과 陽이라고 하는, 타고난 성품이 있고, ②그 자리의 높고 낮음이 있으며, ③이웃과의 관계가 있고, ④상·하괘의 짝이 있으며, ⑤괘의 의미에 따른 異類·同類 간 상호 관계가 있어서 육효 하나하나의 利害·吉凶이 결정된다.

일반적으로 陰과 陽은 親密·親和 관계가 있으나 對敵·相戰 관계도 있다. 괘의 의미에 따라서 결정된다. 그리고 같은 陽과 같은 陰끼리도 相縛·相推 관계가 있으나 상황에 따라서는 協力 관계로 바뀌기도 한다. 역시 괘의 의미에 따라서 결정되기 때문에 효의 길흉 판단이 쉽지 않다.

전체적으로 보아, 육효는 괘의 의미라고 하는 상황이 시작해서 끝나기까지의 변화 과정 곧 그 段階를 보여주나, 그 상황에 직면한 여섯 부류의 인간 대응 樣式과 樣態를 말해 준다고도 볼 수 있다.

5. '卦辭'란 무엇인가?

64괘 하나하나에 붙여진, 아주 함축적인 문장으로 占을 쳐서 얻는 占辭가 바로 卦辭이다. 괘사는, 상·하괘 조합으로 나타나는 자연적 기운의 性情과 그것이 인간에게 미치는 영향의 결과를 드러내는데, 대개는 ①元 ②亨 ③利 ④貞 ⑤吉 ⑥凶 ⑦无咎 ⑧孚 등 여덟 가지가 그 핵심적 요소이며, 나머지는 이들 글자에 붙는 조건들이다. 이 여덟 가지 중에서 아무것도 들어가 있지 않은 괘는 64괘 가운데 진괘(晉卦), 구괘(姤卦) 등 두 괘뿐이다. 따라서 '卦辭'라는 것은, 위 여덟 가지 요소를 중심으로 괘에 내장된 자연적 기운의 성품과 그것이 인간에게 미치는 영향의 결과 등을 판단한 것이다. 전자를 상(象)이라 하고, 후자를 점(占)이라 불리기도 하는데 이들 두 요소가 극도로 압축된 문장이다.

그런데 이 두 가지 요소를 드러낸 문장이 괘사로서 이상적인데 둘 가운데 한 가지씩으로 표현된 것도 있다. 문장이 가장 짧은 것은 大有卦·大壯卦처럼 두 자(字)이고, 가장 긴 것은 重地坤卦처럼 29字이다. 卦辭는 周 文王(기원전 1152~기원전 1056:姬昌)이 붙인 것으로 전해진다.

6. '彖辭'란 무엇인가?

卦辭 판단 근거를 중심으로 설명한 간결체 문장으로, ①상·하괘의 卦德, ②中을 얻은 五爻와 二爻의 관계, ③六爻 가운데 결정적으로 중요한 일을 하는 主爻의 역할, ④卦의 의미, ⑤剛柔 위치와 관계, 역할 등을 상·하괘, 그리고 육효 卦象에 근거하여 설명한다. 卦辭가 占을 쳐서 얻어진 '占辭'라고 한다면, 彖辭는 그 占辭의 판단 근거를 중심으로 풀어서 설명한 말이다. 여기서 '彖'은 '판단하다'의 뜻으로 쓰였다.

孔子(기원전 551~기원전 479)가 붙인 것으로 전해지며, 周易에 철학적인 의미를 부여하는 데에 도움이 되었다고 볼 수 있으며, 中道·始終·盈虛·剛柔·調和·時中 등으로 압축되는 철학적 개념들과 함께 '仁·義·禮·智·信'을 비롯하여 節·謙·恒·順·德 등 여러 덕목을 강조하였다. 이들의 개념은, 晝夜·四時의 규칙적인 변화와 태양과 달(月)의 주기, 그리고 氣象의 조건·양태·변화 등 天地, 自然 현상과 순환 질서를 관찰함에서 비롯되었고, 관찰에서 얻은 질서를 인간사회에 적용하여 덕목들을 도출했다고 볼 수 있다.

彖辭 문장은, 64괘 하나하나의 괘마다 붙었으며, 가장 긴 문장이 恒卦 彖辭로 93字이며, 가장 짧은 것이 隨卦 彖辭로 29자이다.

7. '大象辭'란 무엇인가?

八卦 가운데 두 괘가 위아래로 조합된 64卦의 象을 보고서, 그 괘의 기운이 작용하여 인간 생활에 어떤 영향을 미치는지, 그리고 그 결과를 豫斷하여 君子가 통치자로서 무엇을 해야 하고, 무엇을 갖추어야 하는지에 대하여 주문한 짧은 문장이다. 64가지 주문 사항을 따로 떼어내어 분석하면, 대략 여섯 가지로 요약된다. 곧, ①백성의 생명과 재산을 보호하는 일, ②백성을 가르치고 교화하여 아름다운 풍속을 가꾸는 일, ③나라의 사법제도를 갖추고 정비하고 실행하여 권선징악을 추구하는 일, ④재난과 환난을 대비하여 병 장비 정비, 재물 비축, 외교적 노력 등을 기울이는 일, ⑤문명을 발전시켜 나가고, 국가의 장단기 계획을 마련하여 추진하는 일, ⑥덕을 쌓고, 언행을 신중히 하며, 겸손하고 검소한 생활 실천 등 개인적 修身 등이 그것이다.

대상사 집필자로 전해지는 孔子(기원전 551~기원전 479)가 마련한 일종의 '君主學'이라 해도 손색이 없다. 중요한 것은, 이런 요구사항들이 그냥 나온 것이 아니라 卦象을 보고서 생각해 낸 것들이기에 卦象과 요구사항 사이에 얼마나 긴밀한 상관성이 있느냐일 것이다. 이것은 음양을 표시한 기호로써 도식된 六爻 重卦가 독립적으로 작용하여 인간 생활에 미치는 실질적인 '氣運體'로 얼마나 설득력이 있느냐는 문제로 연계된다.

여하튼, 대상사 문장은 대개 20자 이내이지만 넘는 것도 있긴 있다. 그러나 문장은 한결같이 같은 구조로 되어 있고, 단순하다. 다만, 군자에게 요구하는 덕목들에 대한 이해와 해석이 조금씩 다를 수는 있다.

8. '爻辭'란 무엇인가?

卦는 陰과 陽을 표시한 符號 6개로 이루어지는데 그 부호 하나하나를 '爻'라 하고, 爻에는 일련번호와 利害 吉凶을 판단한 말이 붙여졌다. 바로 이 말, 이 문장을 '爻辭'라 한다. 효사는 周公(? ~ ?, 商末周初 儒學者, 姬旦, 周文王 姬昌의 넷째 아들)이 붙인 것으로 전해지며, 비유적 修辭가 많이 동원되어 있다. 보통은 爻가 드러내 주는 자연 기운의 外樣을 먼저 말하고, 그 外樣을 人間事로 바꾸어 이어서 말하는 경향이 있다. 그러니까, 爻辭의 앞부분은 象이고, 뒷부분은 占이라는 뜻인데, 특히, 효사에서의 占辭는, 당대 習俗이나 널리 알려진 역사적 사건이나 인물 등을 활용했다. 널리 사용된 習俗으로는, 사냥·結婚·盜賊·征伐·祭祀·妾·飮酒·우물·솥 등이 동원되었고, 심지어는 널리 알려진 인물을 포함한 동식물의 생태적 특징 등까지도 활용된다. 그러나 대단히 뛰어난 修辭와 造語가 많이 동원되었고, 함축적인 기능이 있어서 다분히 '문학적'이라고 말할 수 있다.

그리고 爻辭는 爻의 利害 得失과 吉凶을 판단한 말이기에 주로 쓰이는 단어가 있다. 그것들을 나열해 보자면, 利(有利·不利·无有利), 吉(元吉·從吉·往吉·貞吉·征吉 등), 凶, 厲, 悔, 吝, 咎, 眚, 恤, 有終, 有福, 有功, 有孚, 有喜, 有尙, 有言, 貞, 勿用, 用, 見大人, 涉大川, 得, 失, 亡, 亨 등을 들 수 있다.

그런데 문제는 '왜, 이런 내용의 爻辭가 붙여졌을까?'라는 근원적인 질문이 해소되어야 하는데 이것이 쉽지 않다는 데에 있다. 오로지 六爻 안에서 음양의 자리와 상호 관계가 결정하는데 卦의 의미도 사실상 영향을 미친다. 바로 이 점이 주역의 본질, 곧 몸통이라고 생각되는데 우리는 그저 번역하는 데에 급급한 실정이다.

卦가 64괘이므로 64卦×6爻=384개의 문장이 있다. 이 효사 문장은 대개 10字 이내이나, 가장 긴 문장이 睽卦 上九 爻辭로 29字이고, 가장 짧은 문장이 否卦 六三 爻辭 등으로 4字이다.

9. '小象辭'란 무엇인가?

爻辭의 핵심 내용에 관해 판단 근거를 단답형 식으로 제시함으로써 효사의 당위성을 설명하는 문장이다. 효사가 384개이므로 小象辭 역시 384개 짧은 문장으로 이루어졌다.

孔子가 붙인 것으로 전해지며, 문장이 가장 긴 것은 37字(履卦 三爻 小象辭)이고, 가장 짧은 것은 7字(屯卦 三爻 小象辭)이다.

주로, '자리가 바르다, 자리가 바르지 못하다'를 말하고, '중도를 얻었느냐 잃었느냐'를 말하는데, 전체적으로 보면 ①得失 ②變化 ③有無 ④大小 등을 언급한다. 곧, ①얻었었느냐, 잃었느냐? ②변했느냐?, 변하지 않았느냐? ③있느냐, 없느냐? ④크냐, 작냐? 등의 요소를 따지듯 말하는데, 得失에서는 中道·常道·意志·믿음(孚) 등이고, 變化에는 의지·뜻·계획 등이며, 有無에는 경사·의심·믿음·조심함·공로 등이고, 大小에는 명예·베풂 등이 해당한다.

그리고 陰과 陽의 관계를 언급하는데 '乘剛', '上合', '順' 등의 말이 쓰인다. 陰이 陽을 올라탔다거나 아래 陽이 위 陽과 뜻을 합한다거나 음이 양에게 순종한다는 말로써 해당 爻辭의 길흉을 설명한다는 뜻이다. 그리고 吉에는 正·節·順·施·德·福·復·久·喜 등이 관련된다.

전체적으로 보면, 굉장히 현실적이며, 상식적이고, 음양으로 표시된 爻의 관계를 인간관계로 여긴 듯, 모두 人間事로 바꾸어서 설명한다는 점이다. 그래서 육효 자체가 사람으로 인식될 정도이다.

10. '卦德'이란 무엇인가?

　三才에 두루 미치는 陰陽 氣運의 최소단위인 八卦 곧 '乾·兌·離·震·巽·坎·艮·坤' 하나하나에 性情·性品·德性이 있다고 판단하여, 이들을 자연 구성물에 빗대고, 동물에 빗대며, 심지어는 가족과 인체 부위에 빗대어 설명하였다. 그 결과, 팔괘 하나하나가 갖는 德이라 하여 '卦德'이라는 말을 만들어 쓰면서 '剛·說(悅)·明·動·入·險·止·順'이라는 의미를 각각 부여하였다. 이를 두고 '卦德' 곧 卦의 德이라 한다. 이 卦德은 팔괘에 국한하여 쓰는 말이지 64괘와는 관련이 없다. 다만, 卦辭를 설명하는 彖辭에서 주로 언급되는데, 64괘 하나하나의 의미와 작용을 이해하는 한 요소로써 상·하괘를 언급할 때 말해진다. 다음 페이지에서 소개되는 「64괘를 읽기 위한 팔괘도」를 참고하면 이해가 쉽다.

[64卦를 읽기 위한 八卦圖]

太極	兩儀	四象	八卦	自然	家族	動物	性品 (卦德)	作用
	一 陽	☰ 太陽	☰ 乾	天	父	馬	剛·健	·
			☱ 兌	澤	小女	羊	說	說
		☲ 少陽	☲ 离	火	中女	雉	麗·明	燥·煥
			☳ 震	雷	長男	龍	動	動
	-- 陰	☴ 少陰	☴ 巽	風	長女	鷄	入·巽	橈
			☵ 坎	水	中男	豕	陷	潤
		☶ 太陰	☶ 艮	山	小男	狗	止	終·始
			☷ 坤	地	母	牛	柔·順	·

작성 : 이시환 2022.12.10.ⓒ

//. '中道'란 무엇인가?

　周易에서 '中道'라는 단어가 적잖이 쓰이는데 주로 ①卦辭를 설명하는 彖辭와 ②爻辭를 설명하는 小象辭에서이다. 특히, 彖辭에서는 '中'이 모두 47회나 사용되었는데, 이 가운데에는 '得中'이란 단어가 14회, '中正'이란 단어가 9회, '正中'이란 단어가 1회, '剛中'이란 단어가 13회 포함되어 있다. 그리고 나머지는 단순히 '가운데, 속, 안' 등의 뜻으로 사용되었다고 보아도 크게 틀리지 않는다.

　그리고 小象辭에서는 '中道'라는 단어가 5회 사용되었는데, 蠱·離·解·夬·旣濟 등 二爻에 국한하여 쓰였다. 그리고 '中正'이라는 단어는 需·訟·豫·晉·姤·艮·巽·井 등 五爻에 국한하여 쓰였고, '正中'이라는 단어는 比·隨 등에서 五爻에 국한하여 쓰였다. 그리고 '中直'이란 단어도 同人·困 등 五爻에 국한하여 쓰였다. 그리고 '中行'의 의미로 '行中' 또는 '中以行' 등으로 師·泰·臨·未濟 등 二爻와 五爻에서 쓰였다. 그리고 '中'이 수반하는 현상이나 결과와 함께 쓰였는데 復·大壯·蹇·損·萃·困·鼎·節 등에서 二爻와 五爻에서 사용되었다.

　'中·中道·中正·正中·中直·中行·行中' 등의 이름으로 '中'이 쓰인 것은, 卦辭, 爻辭가 아니고 이들을 설명하는 彖辭, 小象辭이다. 이는 卦·爻의 이해 길흉을 설명하기 위해서 孔子가 '中'을 근거로 설명했다는 뜻이다. 그렇다면 '中'은 무엇인가?

　'中'은 '가운데 자리'라는 뜻이다. 자리 곧 '位' 개념이다. 그래서 下卦의 가운데 자리인 二爻와 上卦의 가운데 자리 五爻에 국한하여 언급되는데, '中位'라는 개념의 '中'이 '道'와 연계되어 '中道'가 되어서는 전혀 다른 의미로 확대·심화된다.

　'中道'라는 단어는, 小象辭에서만 5회 사용되었는데 二爻에만 국한하여 쓰였고, 그 二爻가 陰이냐 陽이냐에 무관하며, 짝인 五爻와 호응 여부와도 상관없이 쓰였다. 그리고 '中直·正中·中正'이라는 단어는 五爻에만 국한하여 쓰였는데, 五爻가 陽爻일 때이다. 그러니까, 양의 자리에 양으로 와 그 자리가 바를 때만 이들 세 용어가 쓰였다는 뜻이다.

그렇다면, '中道'라는 단어가 직접 쓰인 卦·爻의 小象辭 예문을 살펴보자.

ⓐ幹母之蠱, 得中道也. (蠱卦 구이 소상사)
'어머니의 일을 맡아 처리함'이니, 중도를 얻음이다.

ⓑ黃離元吉, 得中道也. (離卦 육이 소상사)
'가운데 붙어있음이 크게 길하다' 함은, 중도를 얻음이다.

ⓒ九二貞吉, 得中道也. (解卦 구이 소상사)
'구이가 정도를 지켜야 길하다' 함은, 중도를 얻음이다.

ⓓ有戎勿恤, 得中道也. (夬卦 구이 소상사)
'군사가 있으니 걱정하지 말라' 함은, 중도를 얻음이다.

ⓔ七日得, 以中道也. (既濟卦 육이 소상사)
'7일 만에 얻는다' 함은, 중도로서이다.

위 다섯 개 卦 二爻 小象辭를 보면, 中道를 얻었기에 문제가 해결되고, 걱정하지 않아도 되며, 중요한 일을 맡아 처리하며, 크게 길하다는 것이다. 중도는 만병통치약처럼 길함을 가져오는 요소이다. 문제의 '中道'가 二爻에 해당하기 때문에 陰이 와야 하는데 陽이 오면, 일을 많이 하게 되고, 무난하다. 그리고 陰이 오면 더없이 좋다는 사실을 확인할 수 있다. 하지만 여전히 中道의 개념이 설명되지는 않는다. 위아래 이웃이 있는 가운데 자리이고, 인간을 상징하는 자리라는 점 외에는.

小象辭에서는, 적어도 30회 이상 '中'이 강조되었는데, 유사한 어구로 다양하게 표현되었다. 곧, ①以中道也(旣濟卦 이효 소상사), ②以中正也(需卦 오효 소상사, 訟卦 오효 소상사, 豫卦 이효 소상사, 晉卦 이효 소상사, 艮卦 오효 소상사), ③以中行也(師卦 오효 소상사), ④以正功也(師卦 상효 소상사), ⑤位中正也(隨卦 오효 소상사, 巽卦 오효 소상사), ⑥得中道也(解卦 이효 소상사, 離卦 이효 소상사, 夬卦 이효 소상사, 旣濟卦 이효 소상사), ⑦以中也(大壯卦 이효 소상사), ⑧中正也(姤卦 오효 소상사, 井卦 오효 소상사), ⑨以中直也(困卦 오효 소상사), ⑩得中也(巽卦 이효 소상사) ⑪中以行正也(未濟卦 이효 소상사) 등이 그 예이다. 보다시피, 분명한 사실은, 육효 가운데 二爻·五爻에게만 적용되는 말이라는 점이다.

그렇다면, '가운데 자리'라는 것은 어떤 의미가 있을까? 64卦는 세 개의 爻로 도식되는 八卦가 위아래로 조합되어 생겼는데, 팔괘의 세 효는 위로부터 天·人·地를 각각 상징하였다. 그래서 人을 상징한 가운데 효는, 위도 아니고 아래도 아닌 중간 위치에 있다. 이런 구조로 된 三爻 單卦가 두 개씩 합쳐져서 이루어진 六爻 重卦에서는, 자연스럽게 二爻와 五爻가 人을 상징하는 자리가 되어서 이들을 두고 가운데 자리를 얻었다 하여 '得中'이라는 말을 쓴다. 그리고 그 이효와 오효의 자리를 陰爻가 차지했으면 '柔中'이라고 하고, 陽爻가 차지했으면 '剛中'이라는 말을 쓴다. 剛中은 五爻에게 좋고, 柔中은 二爻에게 좋다. 그래야 자리가 바르고 가운데 자리를 차지한 '中正'이 되기 때문이다.

육효사를 살피면, 통상, 五爻는 尊貴한 자리로 말해지고, 그래서 君主의 자리로 여기며, 강력한 리더십을 요구하기에 陰보다는 陽이 오기를 원한다. 五爻가 陽일 때는 짝인 二爻와, 가까이 있는 四爻·上爻 등이 陰이어야 좋다. 만약, 五爻가 陰이라면, 이들이 陽이어야 좋다. 그리고 64괘 가운데 '主爻'로서 五爻가 차지하는 비중이 제일 큰 것도 이와 무관하지 않다.

따라서 周易에서 말하는 中道는, 하늘과 땅의 중간에 있는 인간의 道이며, 그 인간의 道는 사람으로서 마땅히 걸어가는 길로써 위아래 이웃과 조화로운 상생 관계에서 출발한다. 모든 면에서 지나치지 않고, 부족하지도 않은, 언제 어디서나 선택되는, 가장 바른 길이 중도이다. '길'이라는 것은, 주어지는 상황에 맞게 처신하는 방법론이며, 언제나 가장 쉽고, 가장 편안하게 목적지에 이르게 하는 길로써 선택되는 것이며, 상황에 따라서는 만들어가는 것이라 할 수 있다. 그래서 어느 쪽으로도 치우침이 없는 가운데 길인 中道는, 가고자 하는 목적지에 인도하는 올바른 길이며, 그래서 늘 함께하는 길인 것이다. 만약에, 늘 다니던 길이 자연적 재해로 막히었거나 없어졌다면 그 길을 버리고 다른 길을 찾거나 없으면 만들어가야 하듯이, 상황 변화에 따른 마땅한 노력까지를 中道라 할 수 있다. 따라서 주역에서 中道는 상황과 여건에 따라서 변할 수 있는 상대적인 개념으로서 正道이며, 常道이다. 그렇기에 중도는 언제나 밝은 지혜 곧 '明智'를 전제로 존재한다. 이 밝은 지혜는, 하늘과 땅의 움직임을 관찰하는 것에서부터 비롯되며, 그 이치를 이해하고 받아들이면서 인간사회나 대인관계에 적용되는 실천적인 노력이자 능력이라고 말할 수 있다.

12. 周易에서 '道'란 무엇인가?

우리는 일반적으로, 道를 닦는다[修], 도를 구한다[求], 도를 얻는다[得], 도를 행한다[行], 도를 이루다[成], 도에 머물다[留, 居] 등의 말들을 한다. 참으로 다양하게 쓰이고, 다양하게 쓰이는 만큼 모호한 면도 없지 않은 게 바로 '道'의 개념이다.

周易에서는, 하늘에는 하늘의 道가 있고, 땅에는 땅의 道가 있으며, 사람에겐 사람의 道가 있다고 말한다. 이를 '天道·地道·人道'라고 한다. 그런데 天을 乾이라 하고, 地를 坤이라 하기에 天道를 乾道라 하고, 地道를 坤道라고 부른다. 그리고 乾을 陽이라 하고, 坤을 陰이라 하는데, 陽을 대표하는 것이 日이고, 陰을 대표하는 것이 月이다. 그래서 乾坤이 상호 작용하여 萬有·萬象을 내어놓음으로 周易의 道를 흔히, '乾坤之道·陰陽之道·天地之道·日月之道' 등의 말로써 바꿔 말하기도 한다.

繫辭傳 上 제5장에서는 하나의 陰과 하나의 陽을 일컬어 道라 한다는 "一陰一陽之謂道"이라는 모호한 언급이 있으나, 필자가 볼 때는, 太極의 움직임 곧 그 작용이 道라고 말하고 싶다. 太極의 道는 세 단계로 구분하여 설명할 수 있다. 첫째, 태극이 움직이어 陰과 陽을 내어놓고, 그 음과 양이 四象(太陽·少陽·少陰·太陰)으로 나누어지는 단계이다. 둘째, 四象 위로, 한 번은 陽이 올라가서 乾·離·巽·艮이 만들어지고, 또 한 번은 陰이 올라가서 兌·震·坎·坤이 만들어짐으로써 八卦가 형성되는 과정이다. 셋째, 八卦가 서로 이합집산하면서 위아래에서 둘씩 조합되어 64괘를 이루는 과정이다. 그러니까, 太極에서 陰陽이 나오고, 그 陰陽이 四象으로 나뉘고, 그 四象 위로 양과 음이 한 차례씩 덧씌워져서 팔괘가 생기고, 팔괘가

위아래로 만나 64괘를 형성하기까지가 '太極의 道'라는 뜻이다. 이런 맥락에서 보면, 64괘를 이루는 '陰'과 '陽'이라고 하는, 상반된 두 기운의 움직임이 곧 道라고 말할 수 있다. 이때 道는 萬有·萬象을 존재하게 하는 근원적 실체와 그것의 움직임을 말하는 절대적인 개념이다.

그러나 64卦 384爻에 딸린 문장 곧 爻辭에서 말하는 道는, 절대적 개념으로서 道가 아니라 사람으로서 마땅히 지켜야 할 道理와 處身의 방법으로서 道이다. 그러니까, '人道'를 말한 것인데, 여기에는 사람으로서 언제 어디서든 마땅히 지켜야 하는 보편적인 도리가 있고, 64가지 卦 상황에 놓이는 상태에서 이로움과 길함을 추구하고 해로움과 흉함을 피하는 처세법으로서의 道가 있다. 전자로는 '正道'와 '常道'를 아우르는 '中道'를 말하는데, 결국에는 仁·義·禮·智·信·德을 요구한다. 그리고 후자로는 '時中'을 말하는데, 괘 상황에 맞게 신속한 판단과 신중한 행동을 요구한다. 여기에서는 ①타고난 性情 ②얻은 자리와 양육된 능력 ③대인관계 등 여러 요인이 작용한다. 그래서 利害와 吉凶이 나타나는 것이다.

주역에서 도는, 이처럼 두 가지 시각에서 보아야 하기에 ①뜻이 道에 있다, 없다를 말하고, ②도를 얻었다, 얻지 못했다를 말하며, ③도를 믿는다, 믿지 못한다를 말하고, ④도를 잃었다, 아직 잃지 않았다고 말한다. 그러면서도 반드시 ⑤中道와 正道를 말하고, 恒道(=常道)를 말하며, 또한, ⑥도를 믿지 않거나 잃어버리면 禍가 있다면서 '凶하다'라고 말하는 것이다. 참고로, 道를 잃는 爻는 陽爻보다 陰爻가 많고, 上·下卦의 끝 효인 三爻와 上爻가 많다.

13. '主爻'란 무엇인가?

  '主爻'란, 64괘 하나하나에 대한 이해 길흉을 판단한, 각각의 卦辭 내용과 직접적인 관련이 있는, 해당 卦의 대표적인 爻를 가리킨다. 이 대표적인 爻는, 해당 卦의 상황에서 주인공처럼 주도적으로 일하는 주체가 된다. 육효를 상황 변화의 '단계'로 본다면 주효가 움직이는 시점이 가장 중요하다는 의미가 될 것이다.

  예컨대, 風天小畜卦 卦辭가 "小畜 : 亨 ; 密雲不雨, 自我西郊(풍천소축괘는 형통하다. 먹구름이어도 비가 내리지 않으니, 서쪽 교외에 있는 나로 인함이다)"인데, 이 내용이 卦辭로 붙은 데에는 이 小畜卦 六爻 가운데 어느 하나의 효가 관련되어 있기 때문이다. 바로 그 효를 '主爻'라고 한다. 이 小畜에서는 하나뿐인 陰爻인 六四를 가리키는데 이 육사의 활동이 그대로 괘사 내용이 되었다.

  64괘에서는 初爻부터 上爻까지 다 主爻가 될 수는 있는데, 중도를 얻은 五爻와 二爻가 제일 많고, 陰爻보다는 陽爻가 많다. 卦마다 일을 많이 주도적으로 하는 爻가 中道을 얻은 爻이고, 그것도 陽爻라는 사실을 의미한다.

14. '正位'와 '正道'의 관계에 대하여

　周易에서는 1, 2, 3, 4, 5, 6, 7, 8, 9, 10의 數에서 홀수인 1, 3, 5, 7, 9를 '陽數'라 하고, 짝수인 2, 4, 6, 8을 '陰數'라 한다. 中數인 5를 기준, 그 위에 있는 數 가운데 가장 큰 양수인 9를 '太陽之數'라 하고, 그다음으로 큰 수인 7을 '少陽之數'라 한다. 그런데 6을 '太陰之數'라 하고, 그 다음 큰 음수인 8을 '少陰之數'라 한다. 어떤 이유에서일까? 쉽게 이해되지 않는다. 따라서 이를 다른 시각에서 보아야 할 것 같다. 곧, '水·火·木·金·土' 오행을 낳고자 하는 수 '1, 2, 3, 4, 5'를 '五行之數'라 하는데 이 가운데 1, 3, 5 양수의 합은 9이고 2, 4 음수의 합은 6이다. 이때 9를 '陽極之數'라 하고, 6을 '陰極之數'라 한다.

　이런 배경에서 卦의 六爻를 부를 때, 陰은 앞에 음극지수인 6을 붙여서 초육, 육이, 육삼, 육사, 육오, 상육 등으로 부르고, 陽은 양극지수인 9를 앞에 붙여서 초구, 구이, 구삼, 구사, 구오, 상구 등으로 부른다. 1을 두고는 '처음'이라는 의미의 '初'를 쓰고, 6을 두고는 '위'라는 의미의 '上'을 쓴다. 아마도, 시작과 끝을 염두에 두고서 '初=始, 上=終'이라는 개념으로 쓰지 않았을까 싶다.

　그런데 첫째, 셋째, 다섯째 자리는 홀수이므로 陽이 와야 그 자리가 바르다고 말하고, 둘째, 넷째, 여섯째 자리는 짝수이므로 陰이 와야 그 자리가 바르다고 한다. 그래서 '正位', '不正位'라는 말을 쓴다.

　'正位'는, '자리가 바르다'라는 말로 풀이하는데, 자리가 바르다는 것은, 타고난 性情과 현재 머무는 자리가 맞다는 뜻이다. '맞다'라는 것은, 타고난 성품이 현재의 자리에서 일하고 처신하는데 부자연스럽지 않고 어울린다는 뜻이다. 그래서 正位를 차지한 陰과 陽은, 바른길을 걸을 수 있는 기본적인 조건 하나를 얻어 가진 셈이다. 그러나 正位를 차지했다고 해서 모두가 이롭고 길한 것은 아니다. 正位를 차지하고서도 흉한 경우가 적지 않기 때문이다. 이해 길흉에는 이런 자리 말고도 다른 요소들이 작용한다는 뜻이다. 따라서 正位는 正道로 가는 하나의 전제조건일 뿐이다.

15. 周易의 '하늘'과 '땅'의 의미에 관하여
－「繫辭傳」에서 부여한 '乾坤'의 의미를 중심으로

사람이 눈으로써 보고 느끼는 하늘을 우리는 '天'이라고 부른다. 그 天에는 해[日]와 달[月]이 있고 별[星]이 있으며, 그곳 하늘에서 천둥 번개[雷]가 치고, 눈비[雪·雨]가 내리며, 바람[風]이 불고, 서리[霜]를 응결시킨다고 믿는다. 그래서 하늘은 단순한 공간이 아니라 사람에게 살 수 있는, 좋고 나쁜 여건을 만들어준다고 여기면서 어떤 성정(性情)이나 덕성(德性)을 지닌 하늘을 생각하게 된다. 바로 그런 하늘을 두고, 다시 말해, 人性이 부여된 하늘을 두고 우리는 '乾'이라고 부른다. 따라서 '乾'이 곧 하늘에 계시는 하느님인 셈인데 높은 곳에 있기에 과거에는 '上帝'라고 불렀을 따름이다. 그래서 周易에서는 물 곧 비[水=雨]가 하늘의 은택이요 때론 하늘이 주는 시련이라고 여기고, 바람[風]을 하늘의 섭리와 겸손으로 받아들인다.

그렇듯, 우리가 눈으로 보고 손으로 만질 수 있는 땅을 '地'라 하고, 만물을 낳고, 성장시키고, 결실을 거두게 하고, 또한 죽게도 하는, 그런 성품과 덕성을 갖는 땅을 두고 '坤'이라고 부른다. '乾'의 성품으로 강(剛:굳셈)과 건(健:튼튼함)을 말하듯이, '坤'의 그것으로 유(柔:부드러움)와 순종(順從)을 말한다. 나아가, 하늘이 작용하는 이치를 '乾道'라 하고, 땅이 작용하는 이치를 '坤道'라고 하면서, 건도는 남성을 이루고 곤도는 여성을 이룬다고 말한다. 이를 전제로, 주역에서는 '乾'과 '坤'에 대하여 많은 개념을 귀속시켰는데 상대적이며, 이분법적이다. 「繫辭傳」에서 부여한, 그 '乾坤'의 의미를 총정리해 보면, [아래]와 같으며, 바로 이것에서 [乾坤의 性品을 대비 설명하는 용어 일람표]*가 작성되었다.

이런 연유로, 주역에서는, 乾을 성인(聖人)·군자(君子)·남성(男性)·강건(剛健)

①하늘은 높고 땅은 낮아서 乾과 坤이 정해진다(天尊地卑, 乾坤定矣).

②하늘에서는 象이 정해지고, 땅에서는 形態가 정해지는 변화가 나타나 보인다(在天成象, 在地成形, 變化見矣).

③乾道는 남성을 이루고, 坤道는 여성을 이룬다. 乾은 시작을 크게 주관하고, 坤은 만물을 지어서 완성한다(乾道成男, 坤道成女. 乾知大始, 坤作成物).

④무릇, 乾이란, 그 고요함이 전일하고, 그 움직임이 곧게 퍼져서 크게 생긴다. 대저, 坤이란, 그 고요함이 합해지고, 그 움직임이 열리어 넓게 생긴다(夫乾, 其靜也專, 其動也直, 是以大生焉. 夫坤, 其靜也翕, 其動也闢, 是以廣生焉).

⑤이런 까닭으로 문 닫는 것을 '곤(坤)'이라 하고, 여는 것을 '건(乾)'이라 하는데, 그 여닫음을 일컬어 '변(變)'이라고 하고, 오고 감이 끝없는 것을 '통(通)'이라 한다(是故闔戶謂之坤, 闢戶謂之乾, 一闔一闢謂之變, 往來不窮謂之通).

⑥건곤이 그 易의 문인가? 건은 양물이고, 곤은 음물이다. 음과 양이 합덕하고, 剛과 柔라는 성품이 있다. 그 성품으로써 천지의 일을 체득하고, 그 성품으로써 신명의 덕과 통한다(乾坤, 其易之門耶? 乾陽物也, 坤陰物也. 陰陽合德, 而剛柔有體. 以體天地之撰, 以通神明之德).

⑦대저, 乾이란, 천하의 지극한 굳셈이고, 항상 쉽게 위험을 알리는 덕을 행한다. 무릇, 坤이란, 천하의 지극한 순종이고, 언제나 간단하게 고난을 알리는 덕을 행한다(夫乾天下之至健也, 德行恒易以知險. 夫坤天下之至順也, 德行恒簡以知阻).

['乾坤'의 性品을 설명하는 용어 일람표]

乾	天	陽	剛	健	大	知	尊	德	易	險	象	聖	男	君子
坤	地	陰	柔	順	廣	成	卑	業	簡	阻	像	君	女	小人
상, 1장 상, 5장 상, 6장 상, 11장 상, 12장	상, 4장 상, 7장 상, 9장	상, 5장	상, 1장 하, 6장 하, 12장	하, 12장	상, 6장	상, 1장	상, 1장	상, 7장 하, 5장	상, 1장 하, 1장	하, 12장	상, 1장	상, 8장	상, 1장	

'음양의 작용이 곧 도(道)이고, 그 도가 곧 역(易)이다'라는 것이 계사전 집필자의 판단이다.
그는 역을 설명하면서 위에 도식한 용어들을 사용했고, 이들은 같은 의미라고 보아도 틀리지 않는다.
모두 乾과 坤의 속성, 곧 그 의미·작용·성품 등을 설명하는 말이기 때문이다.
바로 여기에서 乾坤之道, 天地之道, 陰陽之道, 易簡之道 등 일련의 용어가 나왔다.

작성 : 이시환 2021.06.30.ⓒ

등으로 빗대고, 坤을 백성(百姓)·소인(小人)·여성(女性)·순종(順從) 등으로 빗대어 말하기를 좋아한다. 물론, 이런 비유적인 표현을 고정관념처럼 받아들이는데 여기에는 하늘과 땅에 대한 성정(性情)을 八卦·64卦의 乾·坤에서 그렇게 부여한 것과 무관하지 않다. 특히, 64괘의 重天乾은 원형이정(元亨利貞)이요, 重地坤 역시 元亨利貞이로되 '빈마지정(牝馬之貞)'이라고 해서 貞에만 조건이 붙었다. 이는 땅이 만물을 생성한다는 의미에서 '암컷 말[馬]'로 빗대어 표현함으로써 땅이 갖는 생산성과 모태로서의 건강함을 드러낸 것으로 보인다.

이렇게 하늘과 땅을 인식한 周易에서는, 특히, 孔子는, 상(象→意, 意志)을 이루는 것을 일컬어 '하늘'이라 하고, 그 법(法→象)을 본받아 이루는 것을 일컬어 '땅'이라고 했다. 그러니까, 하늘과 땅이 하는 일을 구분해 놓은 것인데, 하늘이 뜻을 짓고, 다시 말해, 의도하고, 땅이 그 뜻을 실천하여 실현하는 것으로 보았다. 이뿐만 아니라, 그런 하늘은 높고(高, 崇), 땅은 낮다(卑, 賤)고 인지했으며 (계사 상 제7장), 높은 것은 지혜(知, 智)와 관련되어 대생(大生)하지만 낮은 것은 예(禮)와 관련되어 광생(廣生)이라며 양자를 분별하였다. 하지만 그 '大生'과 '廣生'이라는 두 용어를 어떻게 풀이해야 할지 현재의 나로서는 쉽지는 않다. 하늘은 뜻을 내기에 위대하고 방향이나 범위에 제한을 받지 않지만, 땅은 그 하늘의 뜻을 받들어 모양을 만들어내기에 땅이라고 하는 수평적 공간에서 이루어지는 일이므로 넓게 이루어진다는 의미로 '廣'을 쓰지 않았나 싶다.

이와 유사한 얘기로, 하늘은 큰 始作을 주관하고, 땅은 만물의 이룸을 담당한다고 했으며, 하늘이 쉽게 주관한다면 땅은 간단하면서도 능히 일할 수 있다고 했다. 그러니까, 하늘과 땅의 역할을 구분했고, 동시에 그 역할 수행의 능력을 쉽고[易] 간단한 일[簡]로 평가하였다. 이러한 믿음이 있기에 주역에서 하늘은 언제나 강건(剛健)하고, 은총(恩寵)을 베풀며[施], 크고 위대하며[大], 바르며[貞→正], 어긋나지 않는[不忒] 질서(秩序)가 있다고 말한다. 그래서 공자는 훈수하기를 '군자는 모름지기 머물면서 卦象을 관찰하고, 그 괘상에 딸린 말씀을 익혀 본받아야 하며, 또한 그 변화를 관찰하고 그 수를 익혀 본받음으로써 하늘이 스스로 도와서 불리함이 없어야 한다'고 강조했다.

그러므로 하늘은 인간이 우러러 본받아야 하는 성품과 덕성을 지닌 존재이고, 그런 하늘을 통해서 기미(幾微)에 나타난 含意를 이해하고 받아들여 일상생활에서도 그것을 실천해야 한다는 논리를 펴는 것이다. 물론, 이 같은 판단에 결정적인 영향을 미친 것이 있다면, 그것은 伏羲氏가 하늘을 우러러보아 하늘의 뜻을 읽고서 그것을 형상으로써 표현해낸 것이 '卦'라는 주장이다. 그래서 卦象을 보고 그 속에 담긴 말씀을 익혀서 흉함을 피해 허물없는 삶을 살아야 한다고 강조하는 것이다.

우리는 여기에서 놀라운 사실 하나를 유추해 낼 수 있다. 그것은 공자가 인지한 하늘과 땅에서 스스로 주장했던 인륜(人倫)의 핵심이 도출되었을 것이라는 점이다. 곧, 하늘의 베풂에서 仁과 德이 나왔고, 하늘의 변함없는 질서에서 義가 나왔으며, 하늘의 뜻에서 智가 나왔고, 땅의 순종에서 禮가 나왔으며, 하늘의 뜻을 본받고 따르는 땅의 이치에서 信이 나왔다는 점이다. 물론, 이렇게 단정하기에는 어려우나 주역의 繫辭와 彖辭와 象辭, 序卦傳 등을 읽다 보면 깊은 연관이 있음을 무시할 수 없다.

16. 乾坤이 변하여 八卦가 성립되는 과정

太極에서 陰과 陽이 나오는데, 陽이 '天·人·地' 三才에 두루 미치는 상태를 '乾'이라 하고, 陰이 '天·人·地' 三才에 두루 미치는 상태를 '坤'이라 한다. 이 乾과 坤이 먼저 이루어져서 위아래에서 자리를 각각 잡으면 乾의 세 陽의 자리로 坤의 陰이 와서 乾의 위에서부터 아래로 차례로 양이 음으로 변화하여 兌, 離, 巽이 각각 생긴다. 그렇듯, 坤의 세 陰의 자리로 乾의 陽이 내려와서 坤의 위에서부터 아래로 차례로 음이 양으로 변화하여 艮, 坎, 震이 각각 생긴다.

세 陽으로 도식되는 乾의 陽이 차례로 陰으로 變해서 兌·離·巽을 생기게 하지만, 세 陰으로 도식되는 坤의 陰이 차례로 陽으로 化해서 艮·坎·震을 이루어지게 된다고 하면서, '變化', '生成'이라는 말을 구분하여 썼다. 다시 말해, 變과 生은 陽의 작용이고, 化와 成은 陰의 작용이라는 의미로 구분해 썼다는 뜻이다.

그런데 세 陽 가운데 하나가 陰으로 변하면, 나머지 둘은 그대로 양으로 있는데도, 그 결과는 陰卦를 만들어내고, 세 陰 가운데 하나가 양으로 化하면, 나머지 둘은 그대로 음으로 있는데도, 그 결과는 陽卦를 이루는 것으로 보았다.

兌·離·巽은 그 모체가 乾이기에 陽卦이어야 하고, 艮·坎·震은 그 모체가 坤이기에 陰卦이어야 한다고 필자는 생각하지만, 그 반대임을 알 수 있다. 게다가, 太極이 兩儀를 낳고, 兩儀가 四象을 낳으며, 이 四象이 八卦를 낳는다(是故易有太極, 是生兩儀, 兩儀生四象, 四象生八卦 : 繫辭 제2장)고 했는데 이를 적용하면 결과는 사뭇 달라져 버린다. 이를 한눈에 볼 수 있도록 도식하면 아래 [乾坤이 변화하여 八卦가 성립되는 과정] 표와 같다. 하지만 周易의 象辭는 바로 이런 시각에서 기술되었다.

[乾坤이 변화하여 八卦가 성립되는 과정]

太極	陽 ▬	天人地 (두루미침)	乾 ☰	変→生	兌 ☱	离 ☲	巽 ☴	乾의 陽이 변하여 兌·离·巽이 생김
	陰 ▬▬	天人地 (두루미침)	坤 ☷	化→成	艮 ☶	坎 ☵	震 ☳	坤의 陰이 화하여 艮·坎·震이 생김
	雨儀 ∥ 陽陰	三才	乾坤成立 & 定位	変化生成	*兌·离·巽이 乾에서 나왔으므로 무조건 양괘이고, 艮·坎·震이 坤에서 나왔으므로 무조건 음괘라고 판단함. 그러나 실제는 그렇지 않음. 兌·离·巽은 모두 여성이고, 艮·坎·震은 모두 남성으로 빗대어짐.			

작성 : 이시환 2021.08.28.ⓒ

17. 四象이 변하여 八卦가 성립되는 과정

繫辭傳 제2장에서 '太極이 兩儀를 낳고, 兩儀가 四象을 낳으며, 四象이 八卦를 낳는다'라고 했는데 그 과정을 설명하면 이러하다. 兩儀는 陰과 陽이고, 陰과 陽은 그 크기 곧 세력의 크고 작음에 따라서 큰 것과 작은 것으로 나뉘게 되는데 '太陽·少陽·少陰·太陰'이 그것이다. 이를 陰陽 부호로 도식하면, 위아래가 陽爻이면 太陽이고, 위아래가 陰爻이면 太陰이다. 양효 하나와 음효 하나이면 少陽·少陰이 되는데, 아래가 陽이고 위가 陰이면 少陽이고, 아래가 陰이고 위가 陽이면 少陰이 된다. 결과적으로 아래가 기준이 된다는 뜻이다.

이렇게 도식되는 四象 위로 한번은 陽이 올라가고, 또 한번은 陰이 올라간다. 사상을 陽의 세력 크기순으로 호명하면 '태양, 소양, 소음, 태음'이 되는데 이들 위로 차례로 陽이 올라가면, 다시 말해 덧씌워지면 '乾·離·巽·艮'이 되고, 陰이 올라가면 '兌·震·坎·坤'이 된다. 이 乾·離·巽·艮·兌·震·坎·坤 등을 陽의 세력 크기순으로 다시 호명하면 '乾·兌·離·震·巽·坎·艮·坤'이 된다.

太陽에서 乾, 兌가 나오고, 少陽에서 離, 震이 나오며, 少陰에서 巽, 坎이 나오고, 太陰에서 艮, 坤이 나온다는 뜻으로, 太陽과 少陽에서 나오는 乾·兌·離·震은 그 母體가 陽이기에 陽卦라고 판단되는데 그렇지 못하다. 그렇듯, 少陰과 太陰에서 나오는 巽·坎·艮·坤은 그 母體가 陰이기에 陰卦이어야 한다고 생각되는데 역시 그렇지 못하다.

이를 한눈에 볼 수 있도록 도식하면 아래 [四象이 변화하여 八卦가 성립되는 과정] 표와 같다.

[四象이 변화하여 八卦가 성립되는 과정]

兩儀	四象 (數)	한차례 陽이 위로 덧씌워짐 (方位)	한차례 陰이 위로 덧씌워짐 (方位)	八卦를 陽의 크기 순으로 배열(家族)	陰·陽卦 (劃數)
一 陽	**☲** 太陽 (9)	☰ 乾(西北)	☱ 兌(正西)	☰ 乾(父)	陽卦(三)
				☱ 兌(少女)	陰卦(四)
	☴ 小陽 (7)	☲ 离(正南)	☳ 震(正東)	☲ 离(中女)	陰卦(四)
				☳ 震(長男)	陽卦(五)
⚏ 陰	**☳** 小陰 (8)	☴ 巽(東南)	☵ 坎(正北)	☴ 巽(長女)	陰卦(四)
				☵ 坎(中男)	陽卦(五)
	☷ 太陰 (6)	☶ 艮(東北)	☷ 坤(西南)	☶ 艮(少男)	陽卦(五)
				☷ 坤(母)	陰卦(六)

태극(太極) ☯

작성 : 이시환 2023.01.02.ⓒ

18. 六爻의 이해득실과 길흉을 결정짓는 요소

六爻의 利害得失과 吉凶을 결정짓는 요소는 무엇인가? 이 질문은 '六爻辭가 어떤 근거로 붙여졌을까?'라는 궁금증과 닿아 있다. 사실, 이것을 알면, 주역의 90%를 이해한 것이나 다름없다. 육효 배열을 보고, 각 효의 이해득실과 길흉을 비슷하게라도 판단할 수 있어야 하는데, 우리는 전혀 그렇지 못할 뿐 아니라 이런 문제에 관해서는 관심조차 없다. 그저 이미 주어진 六爻辭를 맹신하는 것으로 만족해한다고 해도 틀리지 않는다. 일말의 의심도 없이 주어진 그대로 육효사를 외우다시피 하기 때문이다. 잘못되어도 한참 잘못된 것 같다.

64괘 384개 爻辭에 대하여 그 판단 근거를 따져보는 노력을 해야 하는데 나름대로 그 판단 근거를 제시한 것이 있다면 바로 '小象辭'이다. 그러나 小象辭 내용을 분석해 보면, 한계도 있고, 전적으로 신뢰할 수만도 없으며, 그렇다고 무시할 수도 없다. 물론, 이것은 필자의 주관적인 판단이지만 필자의 생각은 이러하다. 곧, 육효의 이해득실과 길흉의 판단 근거를 한마디로 줄여서 말하자면, '卦의 의미를 전제한 육효 간의 상호작용'이다.

卦의 의미는, 上·下卦의 조합상태 곧 '卦象'이 결정짓는데, 속으로 더 들어가 보면, 六爻 안에서 가장 두드러진 활동을 하는 '主爻'와 다른 爻들 간의 상관성이 작용한다. 그러나 이 괘의 의미 곧 '卦意'는 육효사처럼 일방적으로 주어진 조건이다.

그리고 六爻의 상호작용은 육효 간의 '關係'로써 이루어지는데, 이 육효 관계는 ①자리의 當·不當과 높낮이 ②짝과 호응 여부 ③이웃과 親密 유무 ④타고난 性情(곧, 음이냐? 양이냐?) ⑤가운데 자리(中道) 획득 여부 ⑥시작 자리이냐? 끝나는 자리이냐? ⑦主爻와의 거리(遠·近) ⑧爻의 변화(爻의 미래) 등 여러 요소가 결정짓는다.

육효 관계를 결정짓는 이들 요소가 육효의 개별적인 움직임에 영향을 미치는데 이 과정에서 卦의 의미가 간섭하면서 중요우선순위가 바뀌게 되고, 달라진다. 그래서 일관성이 없어 보이고, 상황에 따라서 달라지기에 爻의 길흉을 결정짓는 요소가 명료하게 드러나지 않는다. 이점이 바로 주역을 어렵게 한다.

六爻는 上·下卦가 결합하여 생성되는 여섯 개의 음양 부호로 도식되는데, 이 여섯 개의 爻가 하나하나는 '時'이고, 변화 과정으로서 '段階'이다. 그런데 육효가 뭉쳐져서 하나의 독립적인 세계(卦意)를 이루어서 이것이 인간을 포함한 만물에 영향을 미치는, 실질적인 氣運體로서 그 안에서의 변화 과정을 보여주는 것이고, 그 자체가 이해득실과 길흉의 변화를 의미한다.

이러한 설명은 세상 그 어디에도 없다. 필자가 주역 역문 전체를 읽으며 유추해 낸 것이다. 그런데 육효의 길흉이 어디에서 오는지를 언급한 단서 하나가 있다. 그것은 다름 아닌, 繫辭傳 제2장으로 "八卦定吉凶, 吉凶生大業"이라는 語句이다. 곧, 팔괘가 길흉을 결정하고, 그 길흉이 크고 작은 일들을 만들어낸다는 것이다. 그러니까, 三爻 單卦인 八卦 속에 이미 길흉이 내장되어 있고, 그런 팔괘 가운데 둘씩 만나서 六爻 重卦가 되어서 육효 하나하나에 할 일이 생긴다는 의미로 읽힌다. 그래서 육효사 하나하나는 인간이 처한 상황으로 빗대어지고, 그런 상황 속에서 어떻게 처신해야 하는지를 직간접으로 말하고 있다. 하지만 너무나 일방적이다. 우리는 '왜?'를 설명하지 못하고, 받아들일 뿐이다.

19. 六爻辭 읽는 요령

첫째, 六爻의 음양 부호 배열을 보고 上·下卦가 무엇인지 확인한다.

둘째, 上·下卦를 확인하고, '卦名'이 인지되었다면, 그 의미가 무엇인지를 먼저 분명하게 이해해야 한다. '卦意'를 전제해야 한다는 뜻이다.

셋째, 확인된 卦 의미를 염두에 두고, 그 시작과 끝이 어떠한지 해당 爻辭 내용을 먼저 읽는다. 그리고 동시에 해당 爻가 陰인지 陽인지도 재확인한다. (대체로, 陽爻가 陰爻보다 일을 많이, 적극적으로 함을 확인하게 될 것이다.)

넷째, 上·下卦에서 가운데 자리를 차지한 五爻와 二爻의 '關係'를 살핀다. 곧, 오효와 이효의 관계는, ①양:음 ②음:양 ③양:양 ④음:음 등일 수 있는데 '양:음' 관계가 제일 좋고, 그다음이 '음:양' 관계이다. 오효가 이효보다 지위가 높기에 오효가 양이 오는 게 이상적이고, 그 짝인 이효는 순종의 의미를 지니는 음이 좋다는 뜻이다. 만약, 오효가 음이면 이효가 양이 좋은데, 이는 협력하여 일하는데 상호 보완적인 관계가 되기 때문이다.

다섯째, 六爻를 하나의 독립체로 보고 그 안에서 中爻에 해당하는 三·四爻를 살피는데, ①사효는 오효와의 관계가 중요한데, 오효가 陽이면 사효는 陰이어야 좋고, 오효가 陰이면 사효는 양이어야 좋다. 이 역시 일을 함에 있어 상호 보완적인 협력 관계가 전제되기 때문이다. 그리고 ②삼효는 下卦의 끝자리이기에 中道를 지나쳤다고 하여 '過中'이라는 말을 쓰면서 지나친 의욕을 보이는 경향이 짙다. 특히, 三爻가 陽일 때 그러하다. 그래서 凶이 많은데 卦意에 따라서 그 반대도 있다.

여섯째, 上·下卦의 끝효, 그러니까 上爻·三爻를 비교하듯 해당 爻辭를 다시 한 번 더 읽는다. 三爻의 과중이, 무엇 때문에 흉하고, 무엇 때문에 길한가를 살핀 다음, 上卦의 끝자리이자 卦의 상황이 종료되는 上爻는, 극에 달한 지점이자 종점이 되는데 괘의 의미와 상관성이 크다. 상효는 해당 상황이 종료되고 새로운 상황으로 전환되는 자리이기 때문이다. 이렇게 육효사를 분별하면 卦意와 六爻 간의 관계가 인지되면서 길흉의 근원적인 이유를 유추해 볼 수 있으리라 본다.

20. '十二辟卦'에 관하여

周易의 卦辭, 彖辭, 爻辭, 그리고 象辭 등을 읽어내는 데에 '12피괘(辟卦)'를 모르면 온전히 이해할 수가 없다. 예컨대, 지뢰복괘(地雷復卦) 卦辭에서 "反復其道 七日來復 利有攸往"에서 '七日來復'을 이해할 수 없고, 이를 설명하는 彖辭 내용을 또한 온전히 이해할 수 없다. 물론, 이뿐만은 아니다.

우리는 한사코 '12벽괘(辟卦)'라고 부르는데 '辟'은 '避'의 音借이다. 중국에서는 '[shí èr pì guà]'라고 읽는다. '辟(피)'를 우리는 임금 '벽'으로 읽고, 중국인은 '피하다, 물러나다, 숨다' 등의 뜻이 있는 '피'로 읽는다는 뜻이다. 중국에서는 일명, '12소식괘(消息卦)'라고도 부른다. '消息'이라는 말도, 사람의 安否나 일의 형세 따위를 알리는 일로써 消息이 아니고, 소멸하고 살아나는 일이 반복되어 나타난다는 의미에서 '消息'이다.

그렇다면, '12피괘'란 무엇인가? 주역 연구의 중요한 학설 가운데 하나로서 上古時代부터 전해 내려오는 것으로 알려져 있는데, 그 핵심 내용인즉 음력 일년 열두 달(月)에 12개의 卦를 배치하되, 12지지(地支:시간)와 24節氣 가운데 중요한 12절기를 각각 배치하여 卦象에서의 陰爻와 陽爻의 상관관계를 설명한다. 거꾸로 말하면, 卦象에서의 음효와 양효의 관계 곧, 음효로만 구성된 重地坤卦에서 양효로만 구성되는 重天乾卦가 되었다가 다시 중지곤괘로 돌아가는 천지(天地)의 순환 질서를 설명하는 이론이다.

이해하기 쉽게, 6개의 陰爻로만 구성된 重地坤卦를 기준으로 삼아서 말하자면, 중지곤괘는 음력 10월에 해당하는 괘인데, 다음 달인 음력 11월부터 9월까지 차례로 복괘(復卦:北) 임괘(臨卦) 태괘(泰卦) 대장괘(大壯卦:東) 쾌괘(夬卦) 중천건괘(重天乾卦) 구괘(姤卦:南) 돈괘(遯卦) 비괘(否卦) 관괘(觀卦: 西) 박괘(剝卦)를 배치하고, 子·丑·寅·卯·辰·巳·午·未·申·酉·戌·亥를 또한 각각 배치하는데, 이들 卦象을 살펴보면 11월 復卦에서부터 4월 중천건괘까지는 陽爻가 밑[初爻]에서부터 차례로 하나씩 증가하는 모양새이고, 5월 姤卦부터는 다시 밑에서부터 음효가 하나씩 불어나기 시작하여 10월 괘인 重地坤에 이르면 음효만으로 채워지게 된다. 이처럼 음이 점차 사라지면서 양이 돌아오고, 양이 점차 사라지면서 음이 다시 오는 天地 작용의 순환 이치를 설명한 것이다.

참고로, 12節氣를 열두 괘에 어떻게 배치했는지를 밝히면, 복괘 초구에 冬至를, 구괘 초육에 夏至를, 임괘 육삼에 大寒을, 돈괘 구삼에 大暑를, 태괘 육오에 雨水를, 비괘 구오에 處暑를, 대장괘 초구에 春分을, 관괘 초육에 秋分을, 쾌괘 구삼에 穀雨를, 박괘 육삼에 霜降을, 건괘 구오에 小滿을, 곤괘 육오에 小雪을 각각 배치하였다. 이를 한 면에 펼쳐서 도식하면 아래 그림 [十二辟卦圖]*와 같다.

이러한 12피괘설을 보면, 음(陰)과 양(陽)의 성정(性情)과 그 작용을 나름대로 과학적으로 해석하려고 노력한 결과로 보이며, 이런 노력이 있었기에 일 년을 열두 달로 정하고, 360일로 계산하며, 그 안에서 다시 24절기를 세우고, 그에 맞추어서 생활하는 고대인의 역술(曆術)이 나왔다고 본다.

[十二辟卦圖]

음력 [月]	11	12	01	02	03	04	05	06	07	08	09	10	참고사항
괘 (卦)	復 (복)	臨 (임)	泰 (태)	大壯 (대장)	夬 (쾌)	乾 (건)	姤 (구)	遯 (돈)	否 (비)	觀 (관)	剝 (박)	坤 (곤)	
지지 (地支)	子 (자)	丑 (축)	寅 (인)	卯 (묘)	辰 (진)	巳 (사)	午 (오)	未 (미)	申 (신)	酉 (유)	戌 (술)	亥 (해)	※ 양지(陽支) : 子·寅·辰·午·申·戌 ※ 음지(陰支) : 丑·卯·巳·未·酉·亥
방위 (方位)	北 (북)			東 (동)			南 (남)			西 (서)			
괘상 (卦象)													※ 회색으로 표시한 효가 해당 절기임.
12 절기 (節氣)	冬至 (동지)	大寒 (대한)	雨水 (우수)	春分 (춘분)	穀雨 (곡우)	小滿 (소만)	夏至 (하지)	大暑 (대서)	處暑 (처서)	秋分 (추분)	霜降 (상강)	小雪 (소설)	

작성 : 이시환 2021.05.20.ⓒ

21. 本卦의 六爻 變化 樣態
-綜卦·互卦·錯卦·綜錯卦·錯綜卦·上下交易卦 등

　八卦의 組合으로 64卦가 만들어지는데, 그 64괘 하나하나에 딸린 六爻가 변화함으로써 생기는 '變卦'들을 통해서 괘와 괘 사이의 상관성 곧 그 일정한 질서를 읽으려는 경향이 있다. 이런 움직임이 언제, 어디서, 누구로부터 시작되었는지 알 수 없으나 현재 중국에서 그 육효 변화의 질서를 이렇게 정리해 놓고 있다. 곧, ①자리는 그대로이면서 음과 양이 반대로 바뀌는 경우가 있고(이를 '錯卦'라 함), ②음과 양이 그대로이면서 그 자리가 뒤바뀌는 경우가 있으며(이를 '綜卦'라 함), ③初爻와 上爻를 배제한 채, 다시 말하면, 시작과 끝을 배제하고 그 사이에 있는 中爻들이 움직인다고 가정하고서 삼·사·오효를 묶어 上卦로 삼고, 이·삼·사효를 묶어 下卦로 삼는 경우가 있다(이를 '互卦'라 함). 그리고 上卦와 下卦의 자리가 통째로 서로 바뀌어 나타나는 경우가 있다(이를 '上下交易卦'라 함).

　육효의 변화가 반드시 이런 질서에 의해서만 변화하지는 않겠으나 주역을 연구하는 이들에 의해서 '피괘(辟卦)'처럼 이 '변괘(變卦)' 이론을 발전시켜 왔다고 보인다. 그러면, 이들 개념을 먼저, 분명하게 이해하기 위해서 구체적으로 설명해 보겠다.

　占을 쳐서 결정되어 나온 괘를 '본괘(本卦)'라고 하는데 우리는 이를 '정괘(正卦)'라고도 부른다. 本卦가 곧 正卦라는 뜻이다. 그런데 이 본괘의 육효가 변화하는데 그 방식 곧 변화 樣態가 여럿 있다는 것이다. 소위, 綜卦·互卦·錯卦·綜錯卦·錯綜卦·上下交易卦 등이 그것이다.

1) 綜卦

本卦의 上爻가 初爻가 되고, 五爻가 二爻가 되며, 四爻가 三爻가 되고, 三爻가 四爻가 되며, 二爻가 五爻가 되고, 初爻가 上爻가 되어서 이루어지는 괘가 있을 수 있는데, 이 괘를 '綜卦'라 부른다. 음과 양은 변하지 않고 그대로이지만, 그 자리가 뒤바뀌는 수직적인 변화인 셈이다. 上爻가 初爻가 되고, 初爻가 上爻가 되어 나타나는, 다시 말해 위아래가 차례로 바뀌어 나타나는 괘를 '綜卦'라 한다. 그러니까, '綜'은 베틀에서 세로로 걸린 실을 기준으로 횡으로 실을 넣어서 베를 짜듯, 세로축을 그대로 놓아두고 횡으로 놓이는 육효의 위치만 전도시켜 새롭게 만들어지는 괘이다. 이런 의미에서 '잉아, 짜다' 뜻이 있는 '綜'을 사용한 것으로 보인다.

[本卦와 綜卦]

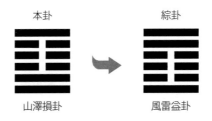

*山澤損卦의 綜卦가 風雷益卦라는 뜻임

2) 互卦(復卦)

本卦의 初爻와 上爻를 배제하고, 나머지 二·三·四·五爻라는 4개 효를 가지고 上·下卦를 만드는데, 五爻·四爻·三爻를 하나로 묶어 上卦로 삼고, 四爻·三爻·二爻를 하나로 묶어서 下卦로 삼아서 만들어지는 괘를 '互卦' 또는 '復卦'라고 부른다. 그러니까, 互卦는 ①初爻·上爻를 배제하고, 二爻는 下卦의 初爻로, 五爻는 上卦의 上爻로 한 차례씩 쓰이고, 三爻와 四爻는 上·下卦에서 한 차례씩 두 번 쓰인다. 곧, 三爻는 下卦 二爻와 上卦 初爻로 쓰이고, 四爻는 下卦 上爻와 上卦 二爻로 두 번 쓰이기에 '復卦'라는 별칭이 붙은 것으로 보인다. 이 互卦는 初爻와 上爻 사이에 있는 中爻들의 離合集散으로 생기는 변화 양태라고 말할 수 있다. 음과 양의 변화는 없으며, 上卦는 아래로, 下卦는 위로 한 단계씩 자리 이동이 있을 뿐이다.

[本卦와 互卦]

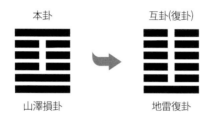

本卦   互卦(復卦)

山澤損卦   地雷復卦

*山澤損卦의 互卦가 地雷復卦라는 뜻임

3) 錯卦(旁通卦)

본괘의 육효가 무조건 陰爻는 陽爻로 변하고, 陽爻는 陰爻로 변해서 이루어지는 괘를 '錯卦'라고 부른다. 그러니까, 위치는 변하지 않으나 음이 양 되고, 양이 음 되어서 생기는 수평적인 변화인 셈이다.

[本卦와 錯卦]

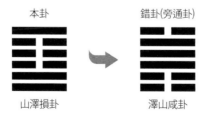

本卦   錯卦(旁通卦)

山澤損卦   澤山咸卦

*山澤損卦의 錯卦가 澤山咸卦라는 뜻임

4) 綜錯卦 & 錯綜卦

本卦가 변하여 綜卦가 되고, 이 綜卦가 변하여 錯卦가 될 수도 있는데 이런 괘를 '綜錯卦'라고 부르고, 본괘가 변하여 錯卦가 되고, 이 錯卦가 변하여 綜卦가 될 수도 있는데 이런 괘를 '錯綜卦'라고 부른다.

[綜錯卦 & 錯綜卦]

*山澤損卦의 綜錯卦가 雷風恒卦라는 뜻임

*山澤損卦의 錯綜卦가 風雷益卦라는 뜻임

5) 上下交易卦

本卦의 上卦가 통째로 아래로 내려가 下卦가 되고, 下卦가 통째로 올라가서 上卦가 되어서 이루어지는 괘를 '上下交易卦'라고 한다. 上·下卦가 무엇이냐에 따라서 64괘 卦意가 달라지기 때문에 대단히 중요하다. 따라서 八卦 하나하나에 부여된 의미와 함께 그 위치와 상호 관계가 중요하다.

[上下交易卦]

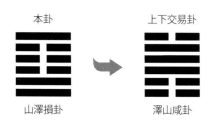

本卦   上下交易卦

山澤損卦   澤山咸卦

*山澤損卦의 上下交易卦가 澤山咸卦라는 뜻임

우리나라에서도 주역을 공부했다는 이들 가운데 일부는 이들 용어를 그대로 혹은 變容하여 쓰면서 이들 개념을 설명하지만, '왜?'에는 궁색하다. 왜, 本卦를 놓고서 이런 綜卦·互卦·錯卦·綜錯卦·錯綜卦·上下交易卦 등을 애써 설명해야 하는가? 그 이유가 궁금하다.

필자의 판단은 이러하다. 本卦의 意味를 새기고 그에 따른 대처법을 모색하기 위해서 본괘 육효가 변하여 생기는 變卦를 떠올리며, 비교하고, 그 상관성을 유추하지만 사실 이런 노력은 별 의미 없다고 본다. 본괘의 육효가 어떤 방식으로 변하든, 심지어 아무런 질서 없이 제멋대로 변한다 해도, 그러니까, 일정한 질서가 없는, 무질서의 변화 곧 '랜덤(ramdom)'으로 변한다 해도 그 결과는 64괘 안에 있다. 게다가, 앞서 언급한 방식으로만 변한다는 보장도 없거니와, 어떻게 변하든 그것은 음과 양의 질적 변화이거나 그 자리 변화이기 때문이다.

따라서 64괘 하나하나에 담긴 의미가 어떻게 결정되었는가를 이해하고, 해당 卦에서 어떤 과정을 거쳐 利害·吉凶이 나타나고 변화하는가를 이해하는 것이 그 무엇보다 중요하다고 생각한다. 卦意를 결정하는 上·下卦가 무엇이고, 그들이 어떻게 작용하는가를 이해해야 한다. 이런 의미에서 上下交易卦는 인지할 필요가 있다. 굳이, 의미를 찾는다면 易占을 치는 사람들이 本卦를 확인하고, 그 변괘와의 관계를 설명함으로써 상황변화를 이리저리 예측, 준비하게 한다는 점일 것이다. 그러나 64괘를 꿰뚫어 볼 수 있다면 변괘를 의식하지 않아도 된다고 본다.

22. '짝[匹]'이란 무엇인가?

위로부터 天·人·地를 상징하여 세 개의 爻로써 圖式되는 八卦, 곧, '乾·兌·離·震·巽·坎·艮·坤' 등이 둘씩 위아래로 만나 만들어지는 卦가 64개 괘인데, 이 괘는 팔괘가 중첩되기에 六爻로 도식되는데 결과적으로 天·人·地·天·人·地를 상징하게 된다. 이때 天과 天, 人과 人, 地와 地의 관계를 '짝'이라고 부른다. 그러니까, 初爻와 四爻, 二爻와 五爻, 三爻와 上爻를 각각 '짝'이라 하고, 짝의 陰陽 관계를 따져 음과 양으로 이루어지면 '互應한다'라고 하고, 그렇지 않으면 '호응하지 못한다'라고 말한다. 대체로, 호응하면, 相生·和合·親密 관계로 판단하고 조화로운 相扶相助가 이루어져 좋은 결과를 낳는다고 인식한다. 그러나 이 반대도 있다. 음과 양으로 호응해도 相推·相薄·排斥 관계가 되어서 서로 싸워 나쁜 결과를 초래하기도 한다.

그리고 양과 양, 음과 음으로 만나 호응하지 못하면, 상호 협력 관계가 형성되지 못하여 서로에게 도움이 되지 못하는 경향이 있으나 이 역시 반드시 그렇지도 않다. 오히려 호응하지 못하는 상황에서 길한 경우가 있다. 예컨대, 山天大畜卦 '양:양'으로 만난 삼·상효를 들 수 있다. 이는 卦의 의미 곧 '卦意'에 따라서 달라지기에 이를 잘 분별해야 한다.

짝은, 六爻 간의 관계 가운데 하나일 뿐이다. 관계는, ①짝[匹] ②이웃[隣] ③同類 ④異類 ⑤遠近 ⑥上下가 있는데, 짝은 관계 가운데 하나로 가장 중요하다. 이를 人間事로 바꾸어서 말하면, '夫婦·配匹'의 의미가 부여된다. 부부·배필은, 상·하괘로 인해서 결정되는 운명적인 것으로, 하늘과 땅이 맺어준다는 의미를 내포한다. 그러나 인간 세상에서는 사사로운 관계이고, 이 관계를 저버리면 윤리적으로 나쁘다고 말하지만, 상황에 따라서는 私를 버리거나 경시하고, 公을 선택하여 오히려 유리한 국면으로 전환되기도 한다. 주로, 四爻가 여기에 해당한다.

육효에는 세 짝이 있는데 人을 상징하는 이효와 오효의 짝이 다른 짝보다 더 중요하다. 그래서 오효와 이효가 어떻게 조합되느냐를 따지게 되는데 이효보다는 오효가 지위가 높기에 오효가 양이기를 원하고 양이라면 이효는 음이 좋다. 그리고 오효가 음이면 이효가 양이어야 하고, 위아래 이웃인 상효 사효도 양이어야 좋은 경향이 있다. 그러나 실제로는 '음:음' 혹은 '양:양'인 경우도 있는데 과히 좋지 않다. 주역에서는 이렇게 일관된 원칙이 적용되지 않는다. 원칙이 있어 보이지만 그것이 처음부터 끝까지 적용되지 않기에 어렵다고 인식하게 된다.

23. 八卦의 의미와 성품, 그리고 상관성 등에 관하여

1) 乾卦, 하늘(天)에는 어떤 의미가 담겼을까?

 周易 八卦 가운데 하나인 乾卦 곧, '하늘(天)'에는 어떤 의미가 담겨있을까? 卦象으로 보면, 陽爻 둘로 圖式되는 '太陽' 위로 陽爻 하나가 더 올라와 있는 모습이다. 그러고 보면, 양효 셋으로 도식되는 '乾'은, 태생적으로 太陽에서 나왔으므로 陽卦이다. 說卦傳의 주장을 따르면, 획수가 3획으로 홀수이고, '父'(說卦傳 제10장)이므로 역시 陽卦이다. 사람 신체상으로는 '머리(首)'에 해당하고(說卦傳 제9장), 동물로는 '말(馬)'로 빗대어진다(說卦傳 제8장). 그 성품(性品)으로는 '굳세다, 건강하다, 튼튼하다, 꿋꿋하다, 군사' 등의 뜻이 있는 '健'이라고 한다(說卦傳 제7장).

이러한 '하늘'은 '乾'이라고도 부르는데 이 '乾'은 '하늘, 임금, 남자, 아버지, 마르다, 건조하다, 말리다, 건성으로 일하다, 텅 비다, 아무것도 없다, 말린 음식' 등의 뜻이 있다. 그런데 '乾'이 '健'이고, '健'이 곧 乾의 성정(性情:타고난 성품, 자질)이라 하니, '하늘'이 '乾'이고, '乾'이 '健'이며, '健'이 곧 '天'이라는 뜻이다. 바로 이런 점에서 '乾=天=健=剛=陽'이라는 등식이 성립한다.

說卦傳 제11장에서는 乾이 내포하는 의미들로 圜·君·父·玉·金·寒·冰·大赤(대적:적색 깃발)·良馬·瘠馬(척마:여윈 말)·駁馬(박마:얼룩말)·木果(목과:과일나무) 등을 나열했다. 그리고 說卦傳 제4장에서는 "乾以君之"라 했다. 군자로서 나아감이 乾이라는 뜻이다. 그리고 제5장에서는 "戰乎乾, 乾, 西北之卦也, 言陰陽相薄也"라고도 했

다. 곧, 건은 싸우되 서북 괘이고, 음과 양이 서로 깔보고 업신여기며, 서로를 속박한다는 것이다.

이러한 性情과 意味를 내포하는 하늘은, 팔괘 중 하나로서 여덟 개의 괘를 만나서 열다섯 개의 괘를 만들어내는데, 하늘이 하늘을 만나 重天乾을, 땅을 만나 否와 泰를, 山을 만나 遯과 大畜을, 연못을 만나 履와 夬를, 바람을 만나 姤와 小畜을, 천둥 번개를 만나서 无妄과 大壯을, 불을 만나 同人과 大有를, 물을 만나 訟과 需를 각각 만들어낸다.

이미 주역을 공부하여 64개의 卦를 꿰고 있는 이들이 보면, 다시 말해, 이들 卦名에 부여된 의미를 훤히 알고 있는 이들에겐 너무나 '인간적'이라는 생각이 들 것이다. 여기서 '인간적이라' 함은, 사람 기준과 사람 시각에서 바라보면 그저 상식적인 수준에서 卦의 성정과 의미들이 부여되었다는 뜻이다. 이게 또 무슨 말인가? 의아스럽게 생각하는 이들을 위해서 설명하자면 이러하다.

옛사람 시각에서 하늘을 보면, 하늘은 태양과 달과 별들을 부리며, 비바람과 눈과 천둥 번개 등을 부리면서 만물이 살도록 도와주고 때에 따라서는 가뭄과 홍수와 벼락과 강풍, 불 등으로 크게 손실을 끼치는, 두려운 존재이다. 그래서 언제나 높이 있고, 말은 없으나 하는 일이 公明正大하고, 또한, 하늘이 뜻을 내어야 비로소 땅에서 일이 생기며, 사람도 하늘이 도와야 큰일을 할 수 있을 뿐 아니라 화를 면할 수도 있다고 보았다. 그러면서 하늘은 언제나 正義 편이고, 착하며, 이로운 존재이기를 은연중 기대해 왔다.

이러한 하늘이 땅을 짓누르고 있으면 꽉 막힌 세상이 되지만[否] 하늘의 뜻이 땅으로 움직이고 땅이 그 하늘을 받들면 소통이 이루어져 비로소 평안한 세상이 된다[泰]. 하늘이 산 위로 내려와 있으면 죄지은 자는 숨어야 하고[遯], 산 밑으로 내려오면 크게 길들여 쌓는다[大畜]. 하늘이 연못 위로 오면 하늘을 본받아 예를 받들고[履], 연못 아래까지 내려오면 마지막 결단을 내려야 한다[夬]. 그렇듯, 하늘이 바람을 올라타면 누군가를 만날 것이고[姤], 바람 속으로 숨으면 부드럽게 노력해야 하며[小畜], 하늘이 천둥 번개를 타면 그 순간 그 자리는 피하는 것이 좋고[无妄], 하늘이 천둥 번개 밑으로 내려오면 여자도 씩씩하게 된다[大壯]. 하늘이 불 위에 머물면 사람과 물질이 모이고[同人], 하늘이 불 밑에 머물면 사람과 물질이 많이 쌓여 소유하게 된다[大有]. 그렇듯, 하늘이 물 위에 앉아 있으면 자리싸움이 벌어지지만[訟], 물속에 머물면 사라질 때까지 기다려야 한다[需].

여기까지 읽으면서 고개를 끄덕였다면, 팔괘의 조합으로 이루어지는 64개 卦의 의미와 덕성(德性=性情+作用)도 먼저 부여된 팔괘의 성정과 의미에 의해서 결정된다는 사실을 짐작했으리라 본다. 바로, 그렇기에 팔괘에 부여된 의미와 성정을 먼저 이해하는 일이야말로 주역을 공부하는 전제조건이 되는데 이 점이 「說卦傳」을 면밀하게 읽어야 하는 이유이다.

2) 兌卦, 연못(澤)에는 어떤 의미가 담겼을까?

周易 八卦 가운데 하나인 兌卦 곧, '연못(澤)'에는 어떤 의미가 담겨있을까? 卦象으로 보면, 陽爻 둘로 도식되는 '太陽' 위로 陰爻 하나가 올라와 있는 모습이다. 그리고 보면, 양효 둘과 음효 하나로 도식되는 연못은, 태생적으로 太陽에서 나왔으므로 陽卦라고 판단되는데, 說卦傳에 따르면, 획수가 4획이고, 少女이므로 陰卦이다. 사람 신체상으로는 '입(口)'에 해당하고, 동물로는 '羊'으로 빗대어진다. 그 性品으로는 '기쁨, 희열, 기뻐하다, 즐거워하다, 즐기다, 공경하다, 복종하다, 아첨하다, 쉽다, 용이하다, 헤아리다' 등의 뜻이 있는 '說(열)'이라고 한다.

이러한 연못은 '兌'라고도 부르는데 이 '兌'는 '기쁘다, 기뻐하다, 즐거워하다' 등의 뜻이 있다. 그러고 보니, 兌가 곧 '說(悅)'이고, 說이 곧 연못(澤)의 性情이므로 연못이 兌이고, 兌가 說이며, 說이 곧 연못(澤)이라는 뜻이다. 그러니까, '兌=說=悅=澤'이라는 뜻이다.

說卦傳 제11장에서는 '兌'가 내포하는 의미들로, 少女(소녀), 巫(무), 口舌(구설), 毁折(훼절), 附決(부결), 地剛鹵(지강로), 妾(첩), 羊(양) 등을 나열했다. 그리고 說卦傳 제4장에서는 "兌以說之"라 했다. 기쁘게 나아감이 兌라는 뜻이다. 그리고 제5장에서는 "兌正西也, 萬物之所說也, 故曰說言乎兌"라 했다. 곧, 태는 서쪽 괘이고, 만물이 기뻐하는 바이며, 그러므로 說이 곧 兌라는 것이다.

이러한 성정과 의미를 띠는 연못은, 팔괘를 만나서 열다섯 개의 괘를 만들어내는데, 연못이 연못을 만나서 重澤兌卦를, 하늘을 만나서 夬와 履를, 땅을 만나서 萃와 臨을, 산을 만나서 咸과 損을, 물을 만나서 困과 節을, 불을 만나서 革과 睽를, 바람을 만나서 大過와 中孚를, 천둥 번개를 만나서 隨와 歸妹를 각각 만들어낸다.

옛사람 시각에서 연못(澤)을 보면, 연못은 지표면의 물이 모여드는 곳으로 언제나 물이 고여있어야 한다. 연못의 물이 가득할 때는 아껴 써야 하고, 가뭄이 들어서 그 바닥을 드러내 보이면 연못으로서 제 기능을 발휘하지 못하고, 피곤해진다. 그래서 연못은 평소에 잘 관리해야 한다. 잘 관리하면 생활용수를 공급해 주기에 크게 이롭고 유익하지만 잘 관리하지 못하면 재앙이 되기도 하고, 큰 손해를 끼치기도 한다.

연못 속으로 하늘이 내려오면 소인에 대하여 결단을 내려야 하고[夬], 연못 위로 하늘이 머물면 예의를 지켜 처신을 잘해야 한다[履]. 그렇듯, 땅 위에 연못은 물을 많이 모이도록 노력해야 하고[萃], 땅속에 연못이 있다면 모름지기 가까이 가보아야 한다[臨]. 그렇듯, 연못에 물이 가득하면 평소에 아껴 써야 하고[節], 연못 아래로 물이 새어나갔으면 궁색해지고 만다[困]. 그렇듯, 연못을 큰 솥으로 여기고 통째로 끓이면 혁신·혁명이 되겠지만[革], 연못 위로 불이 와 머무르면 결코 물을 끓이지 못하고 매사가 어긋나게 마련이다[睽]. 그렇듯, 연못 아래에서 태풍이 불면 크게 요동치며 움직이겠지만[大過] 연못 위로 바람이 산들산들 불면 물고기도 기뻐서 춤을 춘다[中孚]. 그렇듯, 연못 아래에서 천둥 번개가 치면 그 주인을 기꺼이 따라가야 하겠지만[隨], 연못 위에서 천둥 번개가 치면 누이를 시집보내야 한다[歸妹].

3) 离卦, 불(火)에는 어떤 의미가 담겼을까?

 周易 八卦 가운데 하나인 离卦, 불(火)에는 어떤 의미가 담겨있을까? 卦象으로 보면, '양, 음'으로 도식되는 '少陽' 위로 陽爻 하나가 올라와 있는 모습이다. 그러고 보면, '양, 음, 양'으로 도식되는 불은 태생적으로 少陽에서 나왔으므로 陽卦라고 판단되는데, 說卦傳의 주장을 따르면 획수가 4획이고, 中女이므로(說卦傳 제10장) 陰卦라고 한다. 사람 신체상으로는 '눈(目)'에 해당하고(說卦傳 제9장), 동물로는 '꿩(雉)'으로 빗대어진다(說卦傳 제8장). 그 성품(性品)으로는 '곱다, 아름답다, 맑다, 짝짓다, 빛나다, 매다, 붙다, 짝, 수효' 등의 뜻이 있는 '麗'라고 한다(說卦傳 제7장). 물론, 이들은 다 說卦傳에서 주장하는 내용이다.

이러한 불은 '离'라고도 부르는데 이 '离'는 '떠나다, 떼어놓다, 떨어지다, 갈라지다, 흩어지다, 가르다, 분할하다, 늘어놓다, 만나다, 맞부딪다, 잃다, 버리다, 지나다, 겪다, 산신, 근심' 등의 뜻이 있다. 그런데 离가 '麗'이자 '明'이고, 麗가 곧 离의 성정이니 불이 离이고, 离가 麗이며, 麗가 곧 火라는 뜻이 성립된다. 그러니까, '离=火=麗=明'이라는 뜻이다.

說卦傳 제11장에서는, 离가 내포하는 의미들로 日, 電, 中女, 甲冑(갑주:갑옷과 투구), 戈兵, 人大腹(인대복:사람의 큰 배), 乾卦, 鼈(별:자라), 蟹(해:게, 가물치), 蠃(라:소라, 땅벌), 爲蚌(위방:조개), 龜(귀:거북), 木科上槁(목과상고:속이 비어 위가 말라죽은 나무) 등을 나

열했다. 그리고 說卦傳 제6장에 의하면 만물을 말리고 불태우는 데에는 불[火]만한 것이 없다고도 했다.

이러한 성정과 의미를 띠는 불은, 팔괘를 만나서 열다섯 개의 괘를 만들어내는데, 불이 불을 만나서 重火離卦를, 하늘을 만나서 大有와 同人을, 땅을 만나서 晉과 明夷를, 산을 만나서 旅와 賁를, 물을 만나서 未濟와 旣濟를, 연못을 만나 睽와 革을, 천둥 번개를 만나서 噬嗑과 豊을, 바람을 만나서 鼎과 家人을 각각 만들어낸다.

옛사람 시각에서 불을 보면, 하늘의 해나 달처럼 밝고, 달과 별처럼 빛나며, 때에 따라서는 집과 산과 들을 말리고 불태워 버리기에 무섭고, 두려운 존재이다. 그러면서도 어둠 속에서는 길을 밝히고, 그 불빛을 좇아 사람들이 모여들기도 한다. 이뿐만 아니라, 그 빛으로 만물이 생장한다. 그래서 대표적인 불로 태양을 쉽게 떠올리고, 그 태양은 밝고 이롭기에 인간 무리 가운데에서도 지도자로 빗대어지며, 곧잘 인간의 총명과 지혜를 상징하기도 한다.

이러한 의미와 성정을 갖는 불이 하늘을 만나서 많이 소유하며[大有], 뜻과 행동을 같이하는 사람을 얻고[同人], 땅을 만나서 번져 나아가고[晉], 숨기기도 한다[明夷]. 그렇듯, 연못을 만나서 쉬이 꺼져버리기도 하지만[睽] 연못 안의 물을 통째로 끓일 수도 있다[革]. 그렇듯, 천둥 번개를 만나 양자 사이에 든 것들을 움직이지 못하게 가둬 놓기도 하고[噬嗑], 더욱 밝아지기도 한다[豊]. 그렇듯, 바람을 만나 솥 안의 음식을 익히고[鼎], 식구들을 먹여 살리기도 한다[家人]. 불이 산 위에서 타오르면 그 불꽃이 아름다워 구경할 만하고[旅], 산 아래에서 타오르면 아름답게 꾸미는 것처럼 보이기도 한다[賁]. 물을 만나면 그 물을 펄펄 끓여서 원하는 음식을 만들기도 하고[旣濟], 아무것도 만들어내지 못하고 꺼져버리기도 한다[未濟].

4) 震卦, 우레(雷)에는 어떤 의미가 담겼을까?

 周易 八卦 가운데 하나인 震卦, 우레(雷)에는 어떤 의미가 담겨있을까? 卦象으로 보면, '양, 음'으로 도식되는 '少陽' 위로 陰爻 하나가 더 올라와 있는 모습이다. 그리고 보면, '양, 음, 음'으로 도식되는 우레는 태생적으로 少陽에서 나왔으므로 陽卦라고 판단되는데, 說卦傳에 따르면 획수가 5획이고, 長男이므로(說卦傳 제10장) 陽卦라고 한다. 사람 신체상으로는 '발(足)'에 해당하고(說卦傳 제9장), 동물로는 '용(龍)'으로 빗대어진다(說卦傳 제8장). 그 性品으로는 '움직이다, 옮기다, 흔들리다, 동요하다, 떨리다, 느끼다, 감응하다, 일하다, 변하다, 일어나다, 시작하다, 나오다, 나타나다, 어지럽다' 등의 뜻이 있는 '動'이라고 한다(說卦傳 제7장). 물론, 이들은 說卦傳에서 주장하는 내용이다.

이러한 우레는 '震'이라고도 부르는데 이 '震'은 '우레, 벼락, 지진, 위엄, 위세, 벼락이 치다, 두려워 떨다, 흔들리다, 진동하다, 놀라다, 위세를 떨치다, 성내다, 마음이 움직이다, 격동하다, 빠르다' 등의 뜻이 있다. 그런데 震이 '動'이고, 動이 곧 '雷'의 性情이라 하니 우레가 震이고, 震이 動이며, 動이 곧 雷라는 뜻이 성립한다. 그러니까, '震=雷=動'이라는 뜻이다.

說卦傳 제11장에서는, 震이 내포하는 의미들로, 龍, 玄黃(현황:천지의 안색 곧 天은 玄이고, 地는 黃이라는 뜻임), 敷(부:涂上, 展開, 够 등의 뜻으로 사용됨), 大涂(대도:큰 도랑, 개천), 長子(장자), 決躁(결단할 결, 조:조급한 결단), 蒼莨竹(창간죽:푸르고 어린 대나무), 萑葦(물억새 환, 위:억새와 갈대), 馬善鳴(마선명:말의 건강한 울음소리), 馵(주:발이 흰 말), 足(족), 顙(상:이마), 嫁反生(가반생:시집감을 물린 삶), 究健(구건:튼튼함이 두루 미침), 蕃鮮(번선:무성함이 선명한 모양) 등을 나열했다. 그리고 說卦傳 제6장에 의하면 움직이는 만물로는 우레보다 빠른 것이 없다고도 했다.

이러한 성품과 의미를 띠는 우레는, 팔괘를 만나서 열다섯 개의 괘를 만들어내는데, 우레가 우레를 만나서 重雷震卦를, 하늘을 만나서 大壯과 无妄을, 땅을 만나서 豫와 復을, 산을 만나서 小過와 頤를, 물을 만나서 解와 屯을, 불을 만나서 豊과 噬嗑을, 연못을 만나 歸妹와 隨를 각각 만들어낸다.

옛사람 시각에서 천둥 번개를 보면, 그것은 하늘에서 치고, 그 소리가 요란하며, 그 불빛이 하늘에서 땅으로 순식간에 꽂히며, 동시에 어둠을 순간적으로나마 밝히기도 하고, 때에 따라서는 사람을 비롯한 생명을 위협하기도 하고, 대상이 무엇이든지 간에 불태우거나 파괴하기도 한다. 그러면서 대개는 많은 비를 뿌리고, 그 결과 도랑마다 물이 철철 흐르게 한다. 그래서 천둥 번개가 칠 때는 숨듯이 조용히 물러앉아 조마조마한 마음으로 지켜보며, 두려움을 느끼기도 하면서 하늘의 뜻으로 받아들이고, 그동안의 자신의 삶을 반성하기도 한다. 그러나 그것은 그리 오래 가지 않는다. 그 순간의 위기를 벗어나면 사람들은 언제 그랬냐는 식으로 두려움에서 벗어나 해해거리며 웃기도 한다.

이러한 천둥 번개가 하늘 위에서 치면 굉장히 씩씩하게 느껴지고[大壯], 하늘 아래에서 치면 정신이 번쩍 든다[无妄]. 그렇듯, 땅 위로 치면 하늘에 대한 두려움을 느끼며 기쁘게 받아들여야 하고[豫], 땅속에서 쳐 진동하게 하면 大道로 돌아와야 한다[復]. 그렇듯, 연못 위로 치면 즐거운 마음으로 누이를 시집보내고[歸妹], 연못 아래에서 치면 그 불빛을 따라가야 한다[隨]. 그렇듯, 불 위로 치면 불에 불이 더해져서 풍성해지고[豊], 불 아래에서 치면 위아래 불빛 사이에 있는 것들을 가두고[噬嗑], 바람 위에서 치면 항상 그러려니 해야 하며[恒], 바람 아래서 치면 하늘의 뜻이 더해진 줄 알아야 한다[益]. 그렇듯, 산 위에서 치면 놀란 산짐승들이 가까이에서 숨고[小過], 산 아래에서 치면 산속에 갇힌 것들을 길러낸다[頤]. 그렇듯, 물 위로 치면 물길이 풀리지만[解], 물속에서 치면 막혀 앞으로 나아가기가 어려워진다[屯].

5) 巽卦, 바람(風)에는 어떤 의미가 담겼을까?

 주역 팔괘 가운데 하나인 巽卦, 바람(風)에는 어떤 의미가 담겨있을까? 卦象으로 보면, '음, 양'으로 되식되는 '少陰' 위로 陽爻 하나가 올라와 있는 모습이다. 그러고 보면, '음, 양, 양'으로 도식되는 바람은 태생적으로 少陰에서 나왔으므로 陰卦라고 판단된다. 說卦傳에 따르면 획수가 4획이고, 長女이므로(說卦傳 제10장) 역시 陰卦라고 한다. 사람 신체상으로는 '넓적다리(股)'에 해당하고(說卦傳 제9장), 동물로는 '닭(鷄)'으로 빗대어진다(說卦傳 제8장). 그 性品으로는 '들다, 들이다, 간여하다, 빠지다, 시집보내다, 떨어지다, 투신하다, 섬기다, 공략하다, 죽다, 담그다, 수입' 등의 뜻이 있는 '入(입)'이자(說卦傳 제7장) '공손하다' 뜻으로 쓰이는 '巽'이라고도 한다. 물론, 이들은 다 說卦傳에서 주장하는 내용이다.

이러한 바람은 '巽'이라고도 부르는데 이 '巽'은 '부드럽다, 유순하다, 공순(恭順)하다, 사양하다' 등의 뜻이 있다. 그런데 巽이 '入'이고, 入이 곧 바람(風)의 성정이라 하니 바람이 巽이고, 巽이 入이며, 入이 곧 바람(風)이라는 것이다. 그러니까, '巽=風=入'이라는 뜻이다.

說卦傳 제11장에서는 '巽'이 내포하는 의미들로, 木(목:나무), 繩直(승직:줄이나 붓의 곧음), 工, 白, 長, 高, 進退, 不果(부과), 臭(취), 人寡髮(인과발:머리숱이 적은 사람), 廣顙(광상:넓은 이마), 多白眼(다백안:큰 눈), 近利市三倍(근리시삼배:이윤이 많은 것과 같음), 躁卦(조괘:성급하고 시끄러운 성향을 띤 卦라는 의미) 등을 나열했다. 그리고 說卦傳 제6장에 의하면 만물을 꺾고 휘게 하는 것으로 바람보다 빠른 것이 없다고도 했다.

이러한 성정과 의미를 띠는 바람은, 팔괘를 만나서 열다섯 개의 괘를 만들어내는데, 바람이 바람을 만나서 重風巽卦를, 하늘을 만나서 小畜과 姤를, 땅을 만나서 觀과 升을, 산을 만나서 漸과 蠱를, 물을 만나서 渙과 井을, 불을 만나서 家人과 鼎을, 천둥 번개를 만나서 益과 恒을, 연못을 만나 中孚와 大過를 각각 만들어낸다.

옛사람 시각에서 바람(風)을 보면, 바람은 큰바람이든 작은 바람이든 상관없이 틈이나 구멍만 있으면 비집고 들어가는 성향이 있고, 들어갈 때는 소리를 낸다. 가는 길을 막는 대상이 있다면 밀어내기도 하고, 쓰러뜨리기도 하며, 휘게도 하며, 부드럽게 감싸기도 한다. 그런 바람은 눈에 보이지 않으나 나무가 흔들리는 모습을 통해서 느낄 수 있다. 바람은 더운 몸을 식혀주어 기분을 좋게도 하지만 상대방을 날려버리기도 하고, 추운 몸을 더욱 얼어붙게도 한다. 바람은 어떻게 부느냐에 따라서 생명체에게 도움이 될 수도 있고 해로울 수도 있다. 특히, 하늘의 구름을 움직이어 비를 내리게 하고, 고여있는 물에 파문을 일게도 한다.

이러한 바람이 하늘 위에서 불면 작은 의미밖에 없고[小畜], 바람이 하늘 아래로 불면 내려가 누군가를 만날 수 있다[姤]. 그렇듯, 바람이 땅 위로 불면 바람이 부는 것이 보이고[觀], 바람이 땅속에서 불면 반드시 위로 올라와야 한다[升]. 그렇듯, 바람이 물 위에서 불면 물결이 일어 흩어지고[渙], 바람이 물 밑에서 불면 샘솟는 물처럼 솟아나야 한다[井]. 그렇듯, 바람이 불 위에서 불면 불꽃이 흔들리는 집안이 되지만[家人], 불 밑으로 가서 불면 솥 안의 음식물을 끓일 수 있다[鼎]. 그렇듯, 산들바람이 연못 위로 불면 물고기조차 춤을 추고[中孚], 바람이 연못 아래서 세차게 불면 크게 지나치게 된다[大過]. 그렇듯, 바람이 천둥 번개 위로 올라타면 그 속력이 보태어지지만[益] 바람이 천둥 번개 아래에서 불면 항상 따라다닌다[恒]. 그렇듯, 찬바람이 산 위에서 불면 점차 단풍이 들지만[漸] 산 아래에서 불면 막혀 힘들게 돌아가야 한다[蠱].

6) 坎卦, 물(水)에는 어떤 의미가 담겼을까?

周易 八卦 가운데 하나인 坎卦, 물(水)에는 어떤 의미가 담겨있을까? 卦象으로

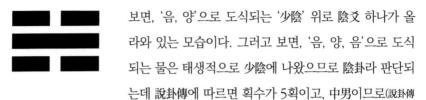보면, '음, 양'으로 도식되는 '少陰' 위로 陰爻 하나가 올라와 있는 모습이다. 그리고 보면, '음, 양, 음'으로 도식되는 물은 태생적으로 少陰에 나왔으므로 陰卦라 판단되는데 說卦傳에 따르면 획수가 5획이고, 中男이므로(說卦傳 제10장) 陽卦이다. 사람 신체상으로는 '귀(耳)'에 해당하고(說卦傳 제9장), 동물로는 '돼지(豕)'로 빗대어진다(說卦傳 제8장). 그 性品으로는 '험하다, 험준하다, 음흉하다, 간악하다, 위태롭다, 멀다, 간난(艱難)하다' 등의 뜻이 있는 '險'이라고 한다(說卦傳 제7장).

이러한 물은 '坎'이라고도 부르는데 이 '坎'은 '구덩이, 험하다, 고생하다, 험난하다, 괴로워하다, 애태우다, 묻다, 숨기다' 등의 뜻이 있다. 그리고 보니, '坎'이 곧 '險'이고, '險'이 곧 물(水)의 性情이라고 하니 물이 '坎'이고, '坎'이 '險'이며, 險이 곧 물(水)이라는 뜻이다. 그러니까, '水=坎=險'이라는 뜻이다.

說卦傳 제11장에서는 坎이 내포하는 의미들로, 溝瀆(구독:도랑), 隱伏(은복:엎드려 숨기), 矯輮(교유:바퀴를 바로잡음), 弓輪(궁륜:활에 바퀴를 달아서 여러 발의 화살을 연속으로 쏠 수 있도록 만든 활), 人加憂(인가우:사람에게 더해지는 슬픔, 근심), 心病(심병:마음의 병), 耳痛(이통:귀앓이), 血卦(혈괘:'水=血'이라는 생각에서 감괘를 다른 말로 '혈괘'라고 불렀음), 赤(적:血에서 유추된 관념이 아닌가 싶음), 馬美脊(마미척: 말의 매끄럽고 아름다운 등의 선), 亟心(극심:조바심), 下首(하수:동물을 '上首'라고 하고, 식물을 '下首'라고 부른 것임), 薄蹄曳(박제예:아주 빨리 달리어 끌어가는 것), 輿丁躓(여정찬:수레 위에 발을 포개고 앉음), 通(통), 月(월), 盜(도), 木堅多心(목견다심:단단한 나무의 복잡한 마음:물길을 건널 때는 나무로 만든 배가 있어야 하는데 이때 쓰이는 나무의 근심:필자의 일방적 상상임) 등을 나열했다. 그리고 說卦傳 제6장에 의하면 만물을 젖게 하고, 윤택하게 하는 것으로 물 만한 것이 없다고도 했다.

이러한 성정과 의미를 띠는 물은, 실제로 팔괘를 만나서 열다섯 개의 괘를 만들어내는데, 물이 물을 만나서 重水坎卦를, 하늘을 만나서 需와 訟을, 땅을 만나서 比와 師를, 산을 만나서 건蹇과 蒙을, 연못을 만나서 節과 困을, 불을 만나서

旣濟와 未濟를, 바람을 만나서 井과 환渙을, 천둥 번개를 만나서 屯과 解를 각각 만들어낸다.

옛사람 시각에서 물(水)을 보면, 물은 언제나 한 자리에 머물러 있지 않고 움직인다. 하늘에서 내리는 빗물을 떠올리기 쉽다. 빗물은 높은 곳에서 낮은 곳으로, 결국엔 많은 곳에서 적은 곳으로 흐른다. 흐르면서 산천초목을 비롯하여 인간에게 유용한 것이 되기도 하면서도 그 양이 많으면 막대한 피해를 안기기도 한다. 그래서 물은 이롭기도 하지만 위험하기도 하다. 지상의 뭇 생명을 살릴 때는 하늘의 은총이 되지만 해가 될 때는 위험(危險)하기 짝이 없다. 그래서 재앙이 되기도 한다. 결과적으로, 물하면 비(雨)를 떠올리고, 비하면 구름을 떠올리며, 비가 많으면 洪水를, 홍수 하면 水災를 떠올린다.

바람이 물밑에서 올라오면 샘물이 솟는 것이나 다름이 없고[井], 물 위로 바람이 불면 물결이 일어서 멀리 퍼져간다[渙]. 그렇듯, 물이 산 위로 흐르기는 어려워 절뚝거려야 하며[蹇], 산 아래 물은 그 흐름이 적어서 유치하고 어리석다고 말할 수 있다[蒙]. 그렇듯, 연못 안에 물이 차 있을 때는 아껴 써야 하지만[節] 물이 없을 때는 궁해지고 피곤해진다[困]. 그렇듯, 불이 물밑으로 오면 물을 끓여서 갖가지 음식을 만들 수 있지만[旣濟], 그 반대로 불이 물 위로 오면 물을 끓여 음식 만들기가 어려워진다[未濟]. 그렇듯, 물속에서 우레가 쳐보았자 막혀 멀리 나가질 못하고[屯], 물 위에서 우레가 쳐야 그 막힘이 풀린다[解]. 그렇듯, 물 밑에 있는 땅은 부드럽고 친하게 사귈 수 있지만[比], 땅속의 물을 물길 따라서 끌어 올려야 쓴다[師].

7) 艮卦, 산에는 어떤 의미가 담겼을까?

周易 八卦 가운데 하나인 艮卦, 山에는 어떤 의미가 담겨있을까? 卦象으로 보

면, 두 개의 陰爻로 도식되는 太陰 위로 陽爻 하나가 올라와 있는 모습이다. 그리고 보면, '음, 음, 양'으로 도식되는 산은 태생적으로 太陰에 나왔으므로 陰卦라 판단되는데 說卦傳에 따르면 획수가 5획이고, 少男이므로(說卦傳 제10장) 陽卦이다. 사람 신체상으로는 손(手)에 해당하고(說卦傳 제9장), 동물로는 개(狗)로 빗대어진다(說卦傳 제8장). 그 성품으로는 '그치다, 멈추다, 그만두다, 금하다, 억제하다, 멎다, 머무르다, 기다리다, 꼭 붙잡다, 한계' 등의 뜻이 있는 '止'라고 한다(說卦傳 제7장).

이러한 山은 '艮'이라고도 부르는데 이 '艮'은 '한계, 그치다, 멈추다, 한정하다, 어렵다, 가난하다, 머무르다, 어긋나다, 거스르다, 견고하다' 등의 뜻이 있다. 그리고 보니, 艮이 곧 '止'이고, 止가 곧 山의 성정이므로 '山'이 '艮'이고, '艮'이 '止'이며, '止'가 '山'의 성정이라는 뜻이다. 그러니까, '山=艮=止'라는 뜻이다.

說卦傳 제11장에서는, 산이 내포하는 의미들로 徑路(경로:지름길), 小石(소석:작은 돌), 門闕(문궐:궁궐의 문), 果蓏(과고=果蓏:다년생 초본식물의 열매), 蓏(라:열매), 閽寺(혼사:환관과 절 사람), 指(지:손, 발가락), 狗(구:개), 鼠(서:쥐), 黔喙之屬(검훼지속:검은 부리에 속하는 부류), 木堅多節(목견다절:나무의 단단한 마디) 등을 나열했다. 그리고 說卦傳 제6장에 의하면 만물이 끝나고 시작하는 곳으로 산보다 성한 곳이 없다고도 했다.

이러한 성정과 의미를 띠는 산은, 팔괘를 만나서 열다섯 개의 괘를 만들어내는데, 산이 산을 만나서 重山艮卦를, 하늘을 만나서 大畜과 遯을, 땅을 만나서 剝과 謙을, 연못을 만나서 損과 咸을, 불을 만나서 賁와 旅를, 바람을 만나서 蠱와 漸을, 물을 만나서 蒙과 蹇을, 천둥 번개를 만나서 頤와 小過를 각각 만들어낸다.

옛사람 시각에서 산을 보면, 산은 언제나 높고, 그 자리에 머물러 있어 움직이지 않는 대상이고, 그 산을 넘어가려면 힘이 드는 만큼 가던 걸음을 멈추거나 멈추지 않으면 어려움이 따른다. 이뿐 아니라, 산속에는 많은 동식물이 더불어 살아가고 있고, 물이 흐르는 시발점이 있으며, 평지나 연못이나 기암괴석 등과 어울려 그 모습이 꽤 아름답다.

이런 산이 하늘 위로 높이 솟아 있으면 큰 것을 많이 쌓았다는 결과이고[大畜], 하늘 아래 낮게 솟아 있으면 한 걸음 물러서서 숨어 있는 것이나 다름없다[遯]. 바람이 산 아래로 낮게 불면 산에 막혀서 돌아가야 하고[蠱], 산 위로 높게 불면 점점 세차게 나아갈 수 있다[漸]. 그렇듯, 산 아래에서 불길이 번지는 것은 산을 아름답게 꾸밈과 같고[賁], 산 위에서 불길이 타오르면 불구경이라도 갈만하다[旅]. 그렇듯, 땅 위로 솟은 산은 비바람에 깎일 수밖에 없고[剝], 땅속으로 숨어버린 산은 자신을 한없이 낮춘 것이나 다름없다[謙]. 그렇듯, 산 위의 연못은 평화롭고 아름답지만[咸] 산 아래 연못은 저 아래에서 살아가는, 목마른 이들에게 물을 덜어주어야 한다[損]. 그렇듯, 천둥 번개가 산 위에서 치면 새들을 비롯하여 짐승들이 놀라 움직이고[小過], 산 아래에서 치면 산속에 갇혀 스스로 반성하며 힘을 길러야 한다[頤].

8) 坤卦, 땅(地)에는 어떤 의미가 담겼을까?

 周易 八卦 가운데 하나인 坤卦, 땅(地)에는 어떤 의미가 담겨있을까? 卦象으로 보면, '음, 음'으로 도식되는 '太陰' 위로 陰爻 하나가 더 올라와 있는 모습이다. 그리고 보면, '음, 음, 음'으로 도식되는 땅은 태생적으로 太陰에서 나왔으므로 陰卦라 판단된다. 說卦傳에 따르면, 획수가 6획이고, '母'이므로 (說卦傳 제10장) 역시 陰卦이다. 사람 신체상으로는 '배(腹)'에 해당하고(說卦傳 제9장), 동물로는 '소(牛)'로 빗대어진다(說卦傳 제8장). 그 性品으로는 '순하다, 유순하다, 도리에 따르다, 순응하다, 가르치다, 교도하다, 잇다, 이어받다, 제멋대로 하다, 편안하다, 안락하다, 화순하다, 물러나다, 피하다, 바르다, 옳다, 귀여워하다,

차례, 도리, 실마리, 단서, 아름다운 눈' 등의 뜻이 있는 '順'이라고 한다(說卦傳 제7장).

이러한 땅은 '坤'이라고도 부르는데 이 '坤'은 '땅, 왕후, 왕비, 서남쪽, 유순함' 등의 뜻이 있다. 그런데 坤이 '順'이고, 順이 곧 坤의 성정이라 한다. 따라서 땅이 坤이고, 坤이 順이며, 順이 곧 地라는 뜻이다. 그러니까, '地=順=坤'이라는 뜻이다.

說卦傳 제11장에서는 '坤'이 내포하는 의미들로 母(모), 布(포:면이나 마 등으로 옷감을 짜는 재료. 또는 화폐로 통용되는 錢), 釜(부:냄비, 노구솥 등의 뜻으로 鍋와 같음), 吝嗇(인색), 均(균), 子母牛(자모우:일반적으로 '암소'를 말하나 송아지와 어미소를 지칭하기도 한다), 大輿(대여:큰 상여), 文(문), 衆(중), 柄(병), 地黑(지흑) 등을 나열했다. 그리고 說卦傳 제5장에 의하면 일을 이룬다고 했다.

이러한 성정과 의미를 띠는 땅은, 팔괘를 만나서 열다섯 개의 괘를 만들어내는데, 땅이 땅을 만나 重地坤卦를, 하늘을 만나 泰와 否를, 산을 만나 謙과 剝을, 연못을 만나 臨과 萃를, 바람을 만나 升과 觀을, 천둥 번개를 만나서 復과 豫를, 불을 만나 明夷와 晉을, 물을 만나 師와 比를 각각 만들어낸다.

옛사람 시각에서 땅을 보면, 땅은 넓고, 낮은 자리에서 만물을 생육시키며, 후덕하고, 어머니 품처럼 포근하다고 여긴다. 이뿐만 아니라, 땅은 하늘을 받들고, 그 뜻에 따라서 실행해 옮기는 성실한 일꾼과 같은 존재로 비추어졌다.

이러한 땅이 하늘 위로 올라가면 천지 간의 소통이 이루어지고[泰], 하늘 아래에서 짓눌리면 꽉 막힌 세상이 된다[否]. 그렇듯, 땅이 속으로 산을 품으면 겸손해지고[謙], 땅 위로 산을 솟구쳐 내놓으면 비바람에 깎일 뿐이다[剝]. 그렇듯, 땅속에 연못이 있으면 그 안으로 가까이 접근해봐야 알고[臨], 땅 위에 있는 연못 안으로는 사방의 물이 모여든다[萃]. 그렇듯, 땅속의 바람은 반드시 올라와야 하고[升], 땅 위의 바람은 온갖 사물을 흔들기에 볼 만하다[觀]. 그렇듯, 땅속에서 치는 천둥 번개는 대지를 깨워 돌아오게 하고[復], 땅 위로 치는 천둥 번개는 그 뜻을 생각하며 예를 갖추어야 한다[豫]. 그렇듯, 땅속의 불은 스스로 숨어든 것이지만[明夷] 땅 위의 불은 계속 전진할 것이다[晉]. 그렇듯, 땅속의 물은 물길을 따라 끌어올려야 쓸 수 있으며[師], 땅 위의 물은 서로 가까이 사귐과 같다[比].

9) 八卦 간의 상관관계에 대하여

64괘는 八卦가 위아래로 둘씩 조합되어서 만들어지므로 팔괘 간의 상관성이 대단히 중요하다. 64卦의 의미와 작용상의 특징에 영향을 미치기 때문이다. 그런데 팔괘 간의 상관성은 극히 제한적으로 언급되었다. 그것도 說卦傳 제3장에서뿐인데 ①天地定位 ②山澤通氣 ③雷風相薄 ④雷風不相悖(說卦傳 제6장) ⑤水火不相射 등이 전부이다.

'天地定位'란 말은, 하늘과 땅 곧 乾과 坤이 먼저 위아래에서 각기 자기 자리를 잡는다는 뜻이다. 그런 연후에 상호작용으로 나머지 여섯 괘가 만들어진다는 뜻으로 읽힌다. [乾坤이 변화하여 八卦가 성립되는 과정]이라는 도표를 참고하면 된다(45페이지). 彖辭가 바로 이런 원리로써 기술되었다. 그리고 乾坤이 만들어내는 卦로는 否와 泰 두 가지가 있다. 否는 막히고 泰는 소통한다.

그리고 '山澤通氣'란 말은, 山과 澤 곧, 艮과 兌라는 두 기운이 서로 잘 통한다는 뜻이다. 잘 통한다는 것은 兩者의 기운이 쉽게, 자주, 왕래하여 소통됨으로써 서로에게 도움이 된다는 뜻이다. 山과 澤으로써 이루어지는 卦로는 損과 咸이 있다. 損은 아래에서 덜어서 위로 보태어주는, 좋은 관계이고, 咸은 위아래가 호응하여 느끼는, 좋은 관계에 기초하고 있다.

그리고 '雷風相薄'이란 雷와 風 곧 우레와 바람 사이에는, 다시 말해, 震과 巽 사이에는 서로 속박한다는 뜻이다. '薄'은 엷을 박으로, '엷다, 얇다, 적다, 야박하다, 싱겁다, 묽다, 속박하다, 깔보다, 업신여기다, 척박하다, 가까워지다, 임박하다, 정박하다, 두려워하다' 등의 뜻으로 사용되는 한자로 여기서는 '속박하다, 업신여기다, 깔보다'의 의미로 쓰였다. 하지만 여기에 문제가 있다. '雷風相薄'이 아니라 '雷風不相薄'에서 '不'이 탈락한 것으로 보인다. 왜, 이런 판단이 가능한 가? 雷와 風이 만드는 卦로는, 恒과 益 두 가지가 있다. '恒'은 위아래가 호응하며 항상 됨이 있고, '益'은 위아래가 호응하며 위에서 덜어내어 아래로 보태어주는, 좋은 관계이다. 따라서 雷와 風은 서로 깔보고 업신여기는 '相薄' 관계가 아니라 서로 거스르지 않는 좋은 관계라고 말할 수 있다. 따라서 '相薄'이 '相縛'이 아니고 '不相薄'이라는 뜻이다. 이유 한 가지가 더 있다. 그것은 說卦傳 제6장의 언급인 '雷風不相悖'라는 말이다. 곧, 우레와 바람이 서로 거스르지 않는다는 뜻이다. 서로 거스르지 않기에 雷와 風이 만나 '恒', '益'이라는 좋은 괘를 만들어내는 것이다.

그리고 '水火不相射'이란 말은, 물과 불이 서로 싫어하지 않는다는 뜻이다. 여기서 '射'는 쏠 '사'가 아니고 싫어할 '역'으로 읽힌다. 水와 火가 만들어내는 卦로는 旣濟와 未濟가 있다. 旣濟는 위아래가 호응하며, 자리까지 모두 正位이다. 64 괘 가운데 유일하다. 未濟는 위아래가 호응하나 그 자리가 모두 不正位이다. 두 괘에서 물과 불은 근본적으로 서로를 적대시하는 상극관계가 아니다. 革과 睽 역시 같은 맥락에 있다. 불은 위로 움직이고, 물은 아래로 움직인다. 그래서 물이 위로 올라가고 불이 아래로 내려와 있는 상태가 좋다. 旣濟와 革이 그러하다.

10) 八卦의 作用과 方位에 대하여

'乾·兌·離·震·巽·艮·坎·坤'이라는 八卦 作用의 특징과 方位를 언급한 것으로는, 說卦傳 제5장에서이다. 그에 따르면, ①乾-戰-西北 ②兌-說-正西 ③離-相見-南 ④震-帝出-東 ⑤巽-齊-東南 ⑥艮-成-東北 ⑦坎-勞-正北 ⑧坤-致役-西南 등으

로 간단명료하게 정리된다.

그러나 震이 왜 東이고, 兌가 왜 西인지 설명하지는 않는다. 일방적으로 八卦와 八方이 언급되어 있을 뿐이다. 그런데 왜, 이를 확인해야 하는가? 그것은 주역 64괘 가운데 방위와 吉凶 관계가 두 卦 卦辭(重地坤·雷水解)에서 언급되었기 때문이다.

그리고 乾-戰, 兌-說, 離-相見, 震-帝出, 巽-齊, 艮-成, 坎-勞, 坤-致役 등이라는 팔괘 작용상의 특징에 대해서는 아주 간단한 설명이 있어 어렵지 않게 이해된다. 곧, '乾'은 하늘로서 언제나 正·善·義를 지향함이 전제된다. 그래서 그렇지 않은 세력과 싸우는 주체가 된다. 陽과 陰의 相推·相薄 관계를 말한 것이다. 兌 곧 연못은 만물이 기뻐하는 곳이다. 필요로 하는 물이 있기 때문이다. '離' 곧 불(火)을 상징하는 대표적인 사물이 태양이고, 그 태양은 밝다. 성인군자는 그 밝음을 좇아 살아가고, 생명이 있는 것들은 그 태양의 열과 빛 에너지가 필요하다. 그러니 기다리지 않고 바라보지 않는 만물이 없다. '震' 곧 천둥 번개가 침은 그 위세가 하도 당당하여 마치 제왕이 출정하는 것과 같은 모습이자 그런 기운이다. 그래서 우레가 칠 때는 만물이 두려움에 떨고, 조용히 물러나 앉아 그치기를 기다리는 것이다. '巽' 곧 바람(風)은 만물을 흔들고 휘어서 가지런히 하는 기능이 있고, 또한 몸과 마음을 깨끗이 하듯이 공손하고 엄숙하게 한다. '艮' 곧 산은 만물이 시작하고 끝나는 곳으로 그 이루어짐이 있다. '坎' 곧 빗물은 웅덩이가 있어도 끊임없이 흘러가야 하는 수고로운 일을 감당해야만 한다. '坤' 곧 땅은 불·비바람·우레·산·연못 등을 이르게 하여 만물을 양육하는 곳이다. 이러한 연유로 팔괘의 작용상 특징을 함축적으로 말했다.

참고로, '乾·兌·離·震·巽·艮·坎·坤'이라는 八卦에 '6·7·9·3·4·1·8·2'라는 數를 부여했는데 이 팔괘와 數에 관해서는 주역 어디에도 언급된 바 없다. 그리고 팔괘에 부여된 팔방이 어떤 근거에 기초했는지 알 수 없듯이 이 또한 알 수 없다. 추측건대, 道敎 사상이 주역과 융합되는 과정에서 나온 것으로 보이며, 필자

나름으로 궁구해 본 결과로는 「八卦에 부여한 方位·數·四象의 의미」라는 글과 「河圖·洛書에 부여한 方位·數·四象·五行·八卦 등의 의미」(『주역 공부를 위한 3단계 워밍업』, 신세림출판사, 2021. pp. 35~58.)라는 글에 나타나 있다.

[方位·數·家族 등을 함께 圖式한 八卦圖]

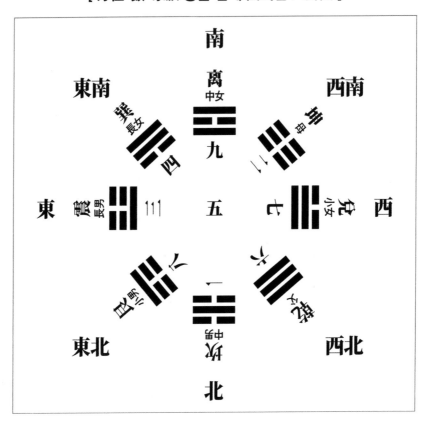

24. 周易과 '數'

周易에서 '數'라는 단어가 어디서 어떻게 사용되었는가?

첫째, 十翼 가운데 하나인 繫辭傳에서 네 군데에서 아홉 번 쓰였다. 그 문장을 가려내면 아래와 같다.

①極數知來之謂占(계사 상 제5장).

　수가 다하여 다가옴을 앎을 일컬어 '점'이라 한다.

②天數, 地數, 凡天地之數, 大衍之數, 萬物之數也(계사 상 제9장).

　천수, 지수, 범천지지수, 대연지수, 만물지수

③參伍以變, 錯綜其數, 通其變, 遂成天下之文, 極其數, 遂定天下之象(계사 제10장).

　다섯 번 변하는 절차를 세 차례 (되풀이 하여 한 효를 만들고), 그 수를 모으고 섞어서 그 변화에 통함으로써 마침내 천하의 문채 곧 이치를 이루고, 그 수를 다하여 마침내 천하의 상 곧 괘가 정해진다.

④古之葬者, 厚衣之以薪, 葬之中野, 不封不樹, 喪期无數(계사 하 제2장).

　옛적엔 장례라는 것은, 들 가운데에서 지냈는데 두꺼운 옷(襚衣) 대신에 잡풀로써 덮고 나무로써 덮어 봉하지도 않고, 그 장례 기간도 (따로) 없었다.

둘째, 64괘 각각의 괘마다 아래에서부터 위로 '初, 二, 三, 四, 五, 上'이라는 순서를 부여했고, 陽爻에는 九를, 陰爻에는 六을 붙여 읽었다. 그래서 양효일 경우 '初九 九二, 九三, 九四, 九五, 上九'로 읽고, 음효일 경우 '初六, 六二, 六三, 六四, 六五, 上六'으로 읽는다.

셋째, 주역 본문에는 나타나 있지 않으나 八卦 곧 '乾·兌·離·震·巽·艮·坎·坤'에 '六·七·九·三·四·八·一·二'라는 수를 부여했고, 또 팔괘를 陽卦와 陰卦로 구분하는데 획수를 헤아려 홀수이면 陽卦이고, 짝수이면 陰卦라고 한다.

넷째, 繫辭傳 제11장에 "강에서 그림이 나오고, 땅에서 글이 나와, 성인이 이를 본보기로 삼아서 易에 있는 四象을 드러냄이라(河出圖 洛出書 聖人則之, 易有四象 所以示也)"는 문장이 있는데, 여기서 말하는 河圖와 洛書에 각종 數가 나온다.

다섯째, 64괘가 짓는 운세를 따지기 위해서 각각의 卦마다 '主卦'와 '客卦'를 분별하고, 양효와 음효 數를 헤아리며, 上·下卦 기운의 움직임 방향 등을 따지기도 한다.

따라서 周易에서의 數가 가지는 의미와 상관성을 이해하려면 최소한 위 다섯 가지 설명에서 동원된 숫자 관련 개념들을 먼저 알 필요가 있다. 하지만 주역 본문 어디에서도 그것들을 설명해 주지는 않는다. 그러나 가능한 범위 내에서 차근차근 설명해 보고자 한다.

繫辭傳 제5장에서 쓰인 '數'의 의미를 분별하기 위하여 해당 문장을 다시 불러 오면, "成象之謂乾, 效法之謂坤. 極數知來之謂占, 通變之謂事, 陰陽不測之謂神"이다. 이를 우리말로 바꾸면, "모양을 이루는 것을 일컬어 하늘이라 하고, 그 하늘의 이치를 본받는 것을 일컬어 땅이라 한다. 수가 다하여 다가옴을 아는 것을 점이라 하고, 통하여 변하는 것을 일이라 하며, 헤아릴 수 없는 음양을 일컬어 신이라 한다"가 된다. 따라서 여기서 말하는 '數'는 '陰과 陽이 변하는 이치'를 의미한다고 판단된다.

繫辭傳 제9장은 數 관련 내용이 많기에 몇 단락으로 나누어서 설명하고자 한다.

"天一, 地二, 天三, 地四, 天五, 地六, 天七, 地八, 天九, 地十. 天數五, 地數五, 五位相得而各有合, 天數二十有五, 地數三十, 凡天地之數五十有五, 此所以成變化而行鬼神也."

"천1, 지2, 천3, 지4, 천5, 지6, 천7, 지8, 천9, 지10. 천수 다섯, 지수 다섯, 다섯이 자리를 서로 얻고 각각의 합이 있으니, 천수는 25요, 지수는 30이요, 범천지지수는 55이다. 이로써 변화를 이루고 귀신이 행한다."

여기에서 우리가 알 수 있는 것은, 수 '1, 2, 3, 4, 5, 6, 7, 8, 9, 10'에서 홀수

인 1, 3, 5, 7, 9 등 다섯 개의 수를 하늘의 수(天之數)라 하고, 짝수인 2, 4, 6, 8, 10 등 다섯 개의 수를 땅의 수(地之數)라 한다는 점이고, 또, 하늘의 수를 모두 합하면 25가 되고, 땅의 수를 모두 합하면 30이 되는데, 25를 天數라 하고, 30을 地數라 한다는 점이다. 그리고 天數와 地數의 합인 55를 천지지수(天地之數)라 한다는 점이다. 따라서 하늘의 수(天之數), 땅의 수(地之數), 천수(天數), 지수(地數), 천지지수(天地之數) 등 다섯 개의 용어가 나왔고, 그 의미를 이해했으리라 본다. 사실, 여기서 중요한 것은 이들 개념보다도 천지지수 55가 변화하는데 그 변화를 귀신이 부린다고 하는 점이다. 이 점을 어떻게 이해하고 받아들여야 하는 것이 주역의 본질에 더 가깝게 다가가는 일이다.

"大衍之數五十, 其用四十有九. 分而爲二以象兩, 挂一以象三, 揲之以四以象四時, 歸奇于扐以象閏, 五歲再閏, 故再扐而后掛. 乾之策二百一十有六, 坤之策百四十有四, 凡三百六十, 當期之日. 二篇之策, 萬有一千五百二十, 當萬物之數也. 是故四營而成易, 十有八變而成卦, 八卦而小成."

"대연지수 50, 그 49를 사용한다. (이 49를) 둘이 되게 나누어 양의(兩儀)를 짓고, 하나를 걸어서 삼재(三才)를 짓고, 넷으로 세어서 사시(四時)를 짓고, 합친 기수(奇數)를 손가락 사이에 끼워서 윤달을 짓고, 5년에 윤달이 거듭되므로 손가락 사이에 재차 끼우고 나서 지닌다. 건책 216, 곤책144, 이 둘을 합친 360이 일 년의 일수이다. 두 편의 책인 11,5200이 만물의 수이다. 이러함으로 4번 운영하여 역이 성립하고, 18번 변화해서 괘가 성립되어, 작은 팔괘가 이루어진다."

위 내용은 卦를 짓는 절차와 방법이 약술되었고, '數'와 관련된 용어들이 적잖이 쓰였다. 大衍之數·奇數·乾策·坤策·1年의 日數·萬物之數 등이 그것이다. 그러나 이해하기 대단히 어렵다. 괘를 짓는 방법도 소상하게 설명되지 않았고, 數 관련 용어들과 그것에 딸린 수의 산출근거가 해명되어야 한다. 괘를 짓는 방법은 별도로 다루기로 하고, 각종 數의 산출근거를 밝히자면 이러하다.

1) 大衍之數 : 五十

먼저, '大衍'이란 자의(字義)부터 따져보자. 大는 '크다, 넓다'라는 의미가 있고, 衍은 '넓다, 넓히다, 넘치다, 흐르다, 남다, 넉넉하다, 지나다, 펴다, 산개하다, 이끌다, 널리 퍼지다, 즐기다, 질펀하다, 크다, 미루어 말하다, 나머지, 산비탈, 허물, 상자' 등의 다양한 뜻으로 사용된다고 우리 자전은 설명하지만, 중국 자전에서는 '大衍'을 '개전(開展)'으로 풀이하고 있다. 그러니까, 능력을 발휘하거나 수를 펼치거나 밀고 나아감 등을 의미한다. 따라서 '大衍之數'란 '크고 넓게 펼쳐지는 수' 혹은 '크고 넓게 작용하는 수'라는 뜻으로, 태극(太極)이 움직이어 음수와 양수를 낳고, 64卦라고 하는 현상적 상황을 만들어 내는 수이다.

그렇다면, 대연지수 50은 어디에서 왔는가? 주역 어디에도 그 설명은 없다. 이 문제를 풀기 위하여 그 50이 주역에서 실제로 어떻게 활용되는지를 생각해 보자. 대연지수 50은 다름 아닌 卦를 짓는 데에서 활용된다. 원래, 주역이 占書로 출발하여 개인이나 단체나 국가가 처한 현재 상황과 다가오는 미래를 알기 위하여 괘를 지어야 했는데 바로 이 과정에서 수 50이 활용된다는 사실이다. 곧, 시초(蓍草) 50개로써 태극을 상징하는 시초 한 개를 떼어내고, 나머지 49개를 가지고 음양(陰陽)과 사람(人)과 사시(四時)와 윤달 등을 상징한다며 복잡한 절차를 걸쳐서 괘를 얻는 데에 활용된다. 바로 이 점을 주목하면 50이란 수가 어떤 의미인가를 유추해 볼 수 있다.

곧, 대연지수 50은 하늘과 땅 그리고 사람에게 두루 작용하여 영향을 미치는, 보이지 않는 기운(氣運)이다. 그것을 수량적으로 말했을 때 50이라는 것인데 이 수는 천수(天數)와 지수(地數)를 합한 수 곧 천지수 55가 아닐까 생각해 볼 수는 있다. 이렇게 생각하는 사람들은 천수 25와 지수 30을 합한 천지수 55가 애당초 잘못 표기되어 50이 되었다고 믿는다. 물론, 이는 불완전한 판단이다. 천수(天數) 지수(地數)가 있다면 '인수(人數)'도 있어야 하고, 실제로 50에서 태극을 상징하는 1을 제외한 49로써 괘를 짓기 때문이다. 물론, 이런 문제를 의식하여 그들은 천지수이자 대연지수 55에서 육효(六爻) 변화를 상징하는 6을 뺀 49를 가지고 괘를 짓는다고 주장한다. 일리가 없지 않다.

그렇다면, 지금으로부터 약 2,500년 전을 기준으로 말하면, 그 전부터 써왔던 이 대연지수에 대하여 중국인들은 어떻게 인식하고 받아들였을까? 그것을 먼저 소개하자면, 옛사람 京房(기원전77~기원전37, 西漢學者)은 10日+12辰+28宿=50이라 했고, 邵雍(1011~1077, 北宋哲學者)은 천수(天數) 25×2=50이라 했다. 그리고 馬融(79~166, 東漢儒家學者, 유명한 經學者)은 太極 1 + 兩儀 2 + 日月 2 + 四時 4 + 五行 5 + 月數 12 + 節氣 24 = 50이라 했으며, 荀爽(128~190, 東漢末年大臣, 經學者)는 6효×8+2(乾坤兩爻)=50이라고 했다. 그리고 鄭玄(東漢末年 儒家學者, 經學大師)은 천지수 55-5(오행)=50이라 했고, 朱熹(南宋 理學家, 思想家, 哲学家, 教育家, 詩人)는 하도(河圖) 속 중궁(中宮) 5×10(地)=50이라 했고, 杭辛斋(1869~1924, 문학가)는 (3×3)+(4×4)+(5×5)=50이라 했다. 金景芳(1902~2001, 역사학자, 吉林大學 교수)은 고서(古書)에서 대연지수 55가 50으로 잘못 표기되었다고 했고, 주역 팔괘의 기원과 역법(曆法)에 관해 널리 사용되었던 『乾坤譜』라는 고서(古書)에서는 "太極展開的天地十數中所含雙數之和"라고 했다.

[大衍之數圖]

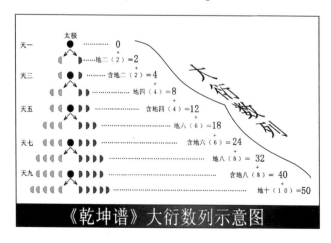

태극이 하늘에서 한 번 움직이면 땅에서는 양과 음이 하나씩 생긴다. 태극은 모두 다섯 차례 움직이는데 이를 두고, 각각 '天一, 天三, 天五, 天七, 天九'라 부른다. 태극이 한 번 움직일 때마다 양과 음이 하나씩 생긴다 하였으므로 다섯 차례 움직이면 양 다섯에 음 다섯이 나오는데, 문제는 앞서 생긴 양과 음을 내장한 상태에서 새로 만들어내기에 합산된다는 점이다. 그러니까, 태극이 두 번째, 세 번째, 네 번째, 다섯 번째 움직일 때마다 앞서 생긴 양과 음을 머금고 있기에 2, 4, 6, 8이 차례로 가산된다는 점이다. 그래서 '天一'에서 '地十'이 되기까지 양수의 합이 25가 되고, 음수의 합이 25가 되어서 땅에서는 '五十'이라는 수가 생기는 것이다. 이 五十을 두고 大衍之數라 한다. 왜냐하면, 이 五十이 움직이어서 64 괘를 만들어내기 때문이다. 따라서 大衍之數란, 태극이 다섯 번 움직이어서 天一 에서 地十이 되기까지 땅에서 생성되는 양수와 음수의 누적된 數로써 64괘를 만들어낸다.

한편, 우리나라의 역학자 가운데 혹자는 河圖의 수 55에 洛書의 수 45를 합하면 100이 되는데 이를 2로 나누어서 된 50이 대연지수라고 주장하기도 하는데 이는 잘못된 판단이다. 차라리, 天地之數 55에서 河圖의 중앙수인 5를 뺀 50이 라고 말하는 게 낫다. 좀 더 정확히 정의를 내리자면 이렇게 말할 수 있다. 곧, 대 연지수란 태극이 다섯 차례 드러나 작용하여 만들어내는 수로서 陽의 수 25와 陰의 수 25를 합친 수를 일컫는다. 繫辭傳 집필자 역시 이 '大衍之數圖'가 나오는 『乾坤譜』를 그대로 수용한 것으로 판단된다. 다만, 설명이 미흡하여 공연한 논쟁 과 의심을 불러일으켰을 뿐이다.

그리고 대연지수 50이 중요한 것은, 이 50에서 1을 뺀 49를 가지고 占卦를 구하기 때문이다. 물론, 점괘 구하는 절차에서 兩儀·三才·四時·閏 등을 상징하는 행위가 과연 천지의 신묘한 뜻의 반영을 담보하는가에 대해서는 또 다른 문제이 지만 생각해 볼 필요가 있다.

2) 奇數·天數 & 偶數·地數

'奇數'란 홀수인 '1, 3, 5, 7, 9' 등 5개의 수를 말하며, 이들의 합인 25를 '天數'라 한다. 그리고 '偶數'란 짝수인 '2, 4, 6, 8, 10' 등 5개의 수를 말하며, 이들의 합인 30을 '地數'라고 한다.

3) 天地之數

天數 25와 地數 30의 합인 55를 '天地之數'라 한다.

4) 乾策 & 坤策

'乾策'이란 奇數 가운데에서 成數 중 가장 큰 수인 9가 乾을 상징하는 것으로 보고, '9×四象×六爻=216'을 말한다. 그리고 '坤策'이란 偶數 가운데에서 成數 중 가장 작은 수인 6이 坤을 상징하는 것으로 보고, '6×四象×六爻=144'를 말한다. 여기서 乾은 陽이고, 坤은 陰이다

5) 當期之日

일 년의 日數를 의미하는 것으로 360을 산정했는데 이는 乾策 216과 坤策 144의 합이다.

6) 萬物之數

'11,520'을 萬物之數라고 하는데 이 수가 어떻게 산출되었는가? 64괘가 있고, 괘에는 육효가 있다. 따라서 64×6=384효가 있는데 이 가운데 양효가 192개 음효가 192개로 되어 있다. 192개 양효×陽의 상징수 9×四象= 6912에 192개 음효×陰의 상징수 6×四象= 4608을 합한 수이다.

7) 參伍以變

'參伍以變'이라는, 대단히 모호한 용어는 이미 확인했다시피, 繫辭傳 제10장에 나온다. 곧, "參伍以變, 錯綜其數, 通其變, 遂成天下之文, 極其數, 遂定天下之象"이란 문장에서이다. 이 말을 우리말로 바꾸면, "다섯 번 변하는 절차를 세 차례(되풀이하여 한 爻를 짓고, 이를 18번 하여 하나의 六爻 重卦를 짓는데), 그 수를 모으고 섞어서 그 변화에 통함으로써 드디어 천하의 무늬 곧 이치를 이루고, 그 수를 다하여 마침내 천하의 상 곧 괘(卦)가 정해진다"가 된다. 대연지수 50을 갖고서 하나를 제외한 49개의 蓍草를 이용하여 괘를 짓는 절차를 함축적으로 설명한 말이다. 여기서 천하의 무늬 곧 그 이치는 爻를 말함이고, 천하의 상 곧 그 뜻은 괘를 말함이다. 그리고 다섯 번 변한다는 것은 효 하나를 짓기 위하여 대연지수 50 곧 50개의 蓍草를 太極·兩儀·三才·四時·閏 등을 상징하여 일정한 절차로 빼고 나누고 더하는 과정을 말한 것이다. 이 절차를 세 번 해야 비로소 하나의 爻가 결정되기에 하나의 괘를 얻기 위해서는 3×6爻=18회 반복하여 얻게 된다. 따라서 '參伍以變'이라는 단어는 괘를 짓는 절차와 방법을 상징적으로 말한 것이다.

8) 陽의 상징수 九 & 陰의 상징수 六

64괘 각각의 괘마다 아래에서부터 위로 '初, 二, 三, 四, 五, 上'이라는 순서를 부여했고, 陽爻에는 九를, 陰爻에는 六을 붙여 읽었다. 그래서 陽爻일 경우 '初九, 九二, 九三, 九四, 九五, 上九'라 읽고, 陰爻일 경우 '初六, 六二, 六三, 六四, 六五, 上六'으로 읽는다고 전제했었다. 그렇다면, 왜일까?

六爻를 그릴 때 통상 아래에서부터 위로 그려 올라간다. 제일 아래가 시작점이고, 제일 위가 끝나는 지점이기 때문이다. 그래서 시작의 의미를 지니는 '初'는 '始'이고, 속[裏]이고, 안[內]이라면 '上'은 마침[終]이고, 바깥이다[外]. 그래서 위에 있는 '上卦'를 '外卦'라 하고, 아래에 있는 '下卦'를 '內卦'라 한다. 결과적으로, '처음과 끝, 시작과 마침, 아래[下]와 위[上]'라는 의미가 반영되어 '一, 二, 三, 四,

五, 六'이라는 여섯 개의 爻를 읽을 때 첫 번째 효를 '初爻'라 하고 여섯 번째 효를 '上爻'라고 부른다.

그리고 육효가 양효일 때는 '初九, 九二, 九三, 九四, 九五, 上九'로 읽고, 음효일 경우 '初六, 六二, 六三, 六四, 六五, 上六'으로 읽으면서, '初'와 '上'을 빼고는 앞에 '九'나 '六'을 붙여 읽는데 왜, 그럴까?

물론, '天一, 地二, 天三, 地四, 天五, 地六, 天七, 地八, 天九, 地十'이라는 數에서 天의 수는 홀수 곧 奇數이고, 地의 수는 짝수 곧 偶數이다. 그런데 九는 그 기수 가운데 가장 큰 수로서, '太陽之數'라고 부르고, 六은 偶數 가운데 앞의 二, 四와 뒤의 八, 十의 중간에 있는 수로 '太陰之數'라고 부른다. 물론, '河圖'와 '洛書'에 부여한 의미가 그렇다는 것이다. 동시에 七을 '少陽之數'라 하고, 八을 '少陰之數'라 한다. 그렇다면, 陽을 상징하는 수로 太陽之數 九를 썼고, 陰을 상징하는 수로 太陰之數 六을 쓴 것으로 판단된다. 그렇다면, 六이 왜 太陰之數가 되었는가?

'1, 3, 5, 7, 9'라는 奇數와 '2, 4, 6, 8, 10'이라는 偶數를 나열해 놓고 보면, 9는 奇數 가운데 제일 큰 수로서 양의 기운이 제일 강한 수이기에 太陽之數가 되었다. 그런데 6은 偶數 가운데 중간 수로서 陰의 기운이 제일 약한 수인 2나, 제일 강한 10이 아니다. 왜일까? 아마도, 5를 中央數로 기준 삼아 그 아래에 있는 2와 4를 제외하고, 그 위에 있는 6, 8, 10 가운데 음의 세력이 가장 작은 6을 태음지수라 하고, 8을 소음지수라고 정했는데, 이는 성수(成數) 가운데에서 가장 작은 수와 그 다음 작은 수를 각각 태음·소음지수라 한 것 같다. 만약, 이것이 아니면 중국인들이 말하는 오행을 생기게 하는 수 '1, 2, 3, 4, 5'에서 양수의 합인 9를 '양극지수'라 하고 음수의 합인 6을 '음극지수'라 하는데 이 양극지수 9를 쓰고 음극지수 6을 쓴다고도 볼 수 있다.

9) 八卦와 數
八卦 곧 '乾·兌·離·震·巽·艮·坎·坤'에 '六·七·九·三·四·八·一·二'라는 수를 각

각 부여해 놓았는데 어떤 근거로 이런 결과가 나왔을까? 필자는 알지 못한다. 다만, 추측해 볼 수 있는 점을 정리해 보자면 이러하다. 太極이 四象 곧 太陽·少陽·少陰·太陰을 낳았다고 했고, 太陽에서 乾·兌가 나오고, 少陽에서 離·震이 나왔고, 少陰에서 巽·艮이, 太陰에서 坎·坤이 나왔다. 따라서 팔괘를 陽의 세력 순으로 정리하면 '乾·兌·離·震·巽·艮·坎·坤'이 된다. 그런데 '六·七·九·三·四·八·一·二'라는 數가 부여되었고, '乾(六)·震(三)·坎(一)·艮(八)'이 陽卦이고, '兌(七)·離(九)·巽(四)·坤(二)'이 陰卦이다. 陽卦라고 해서 奇數가 부여된 것도 아니고, 陰卦라고 해서 偶數가 부여된 것도 아니다. 필자의 눈으로는 어떤 근거나 원칙을 찾을 수 없다.

만약, 象辭에서 즐겨 쓰인 것처럼 乾과 坤이 먼저 자리를 잡고서 서로 영향을 미치어 乾에서 '兌·離·巽'이 나오고, 坤에서 '艮·坎·震'이 나온다면 '兌·離·巽'은 모두 陰卦이고, '艮·坎·震'은 모두 陽卦이다. 그러니까, 乾이 變하여 생긴 것들은 모두 陰卦이고, 坤이 化하여 생긴 것들은 모두 陽卦이다. 곧, '乾(六)·艮(八)·坎(一)·震(三)'이 陽卦이고, '坤(二)·兌(七)·離(九)·巽(四)'이 陰卦이므로, 여기에서도 陽卦라고 해서 奇數가 부여된 것도 아니고, 陰卦라고 해서 偶數가 부여된 것도 아니다. 이들 팔괘에 부여된 數의 의미를 필자로서는 알지 못한다.

10) '河圖'와 '洛書'에 나오는 數

河圖와 洛書는 중국 古代로부터 전해 내려오는 '文明的 圖案'의 시초로, 2014년에 '중국국가급비물질문화유산'으로 등록되었다. 陰陽 五行術數의 근원으로 알려져 있고, 우주 성상(星象)의 이치를 담고 있다고 말한다. 곧, 별자리의 출현 시간, 방향, 계절 등을 담아냈다고도 주장하는데, 이 모두를 동의할 수 없으나 분명한 사실은, 이 하도 낙서로부터 시작해서 周易의 八卦가 나오고, 五方·五行이 나오며, 점차 天干, 十二支, 28별자리, 황도 12궁과도 관련지어 해석하는 노력이 이어져 나타났다는 점이다.

어쨌든, 河圖는 黃河에서 나왔고, 洛書는 洛水에서 나왔다고 전해지는데 이 황하와 낙수는 지금의 하남 낙양(洛陽) 지역으로 알려져 있다. 이는 전설적으로 내려오는 이야기에 근거해서 하는 말이기에 크게 신경 쓸 필요가 없다고 보이며, 중요한 것은 河圖에서는 1~10까지의 數를 天地生成數로 삼고, 洛書에서는 1~9까지의 수를 天地變化數로 삼았다고 하며, 하도 수의 합은 55요, 낙서 수의 합은 45이다. 그리고 하도 수와 낙서 수의 합은 100이라는 객관적 사실이다.

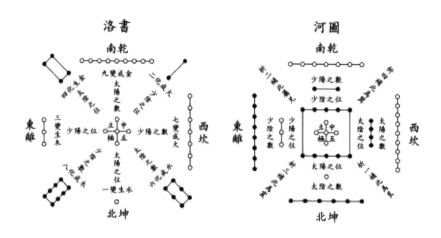

그림에서 보다시피, 검은 점과 흰점이 상하좌우로 배열되어 있는데, 1에서 10까지의 숫자 가운데 1, 3, 5, 7, 9 홀수는 흰점으로, 2, 4, 6, 8, 10 짝수는 검은점으로 각각 표시되었다. 그리고 동·서·남·북·중 五方과 南·北·西·東에 각각 乾·坤·坎·離를 배치한 것으로 보면, 처음 발견된 하도 낙서에 의미가 부여된 것이아니지만, 그러니까, 원래의 것과는 다른 모습이겠지만 이를 토대로 이 하도 낙서에 부여한 의미들을 유추해 낼 수 있을 것 같다.

먼저, 河圖를 보면, 上에 南과 乾을, 下에 北과 坤을, 左에 東과 離를, 右에 西와 坎을 각각 배치하였고, 上~右 사이에 巽을, 右~下 사이에 艮을, 下~左 사이에 震

을, 左~上 사이에 兌를 각각 배치하였다. 이를 다시 정리하자면, 東-離-左, 西-坎-右, 南-乾-上, 北-坤-下, 東北-震, 西北-艮, 西南-巽, 東南-兌로 각각 배열했다는 뜻이다. 그리고 東에 少陽之位와 少陰之數가, 西에 太陰之位와 太陽之數가, 南에 少陰之位와 少陽之數가, 北에 太陽之位와 太陰之數가 각각 자리 잡았다.

이렇게 있는 그대로를 놓고 단순하게 보면, 이 河圖에는 ①極이 있고, ②陰과 陽이 있고, 太陽·少陽·太陰·少陰 등 四象이 있으며, 東·西·南·北·中·東南·南西·西北·北東 등 9方이 있고, 동시에 離·乾·坎·坤·兌·巽·艮·震 등 상징적 함의를 지닌 八卦가 자리 잡고 있다. 이렇게 河圖를 외형적으로만 읽으면, 太極과 陰陽과 9方과 8卦 등이 서로 연계되어 있고, 흰점이 陽으로, 검은 점이 陰으로 각각 표시되었다는 점을 알아차릴 수 있다. 그리고 태양의 위치에 태음지수가, 소양 위치에 소음지수가, 태음 위치에 태양지수가, 소음 위치에 소양지수가 각각 짝을 이루고 있다는 점도 알 수 있다.

그렇다면, 이것이 전부일까? 그렇지는 않다고 본다. 도면상으로는 나타나 있지 않지만 설명되어야 할 것들이 있기 때문이다. 그것은, 한가운데 위치한 '中立五極'의 의미와 그 기능(작용)이 첫 번째이고, 동쪽에 소음지수 8을 陰으로, 서쪽에 태양지수 9를 陽으로 각각 설정했듯이, 남쪽에 소양지수 7을 양으로, 북쪽에 태음지수 6을 음으로 각각 설정한 근거가 무엇인가가 그 두 번째이다. 그리고 동쪽에 소양을, 서쪽에 태음을, 남쪽에 소음을, 북쪽에 태양을 각각 定位시킨 四象과 方位와의 관계가 그 세 번째이다. 그리고 하나가 더 있다면, 팔방에 離·乾·坎·坤·兌·巽·艮·震 등 여덟 개의 괘를 定位시킨 근거와 그 괘의 상징적 意味 등일 것이다.

이제, 洛書를 보자. 먼저, 河圖와 같은 점을 확인해보자, 첫째, 정중앙에 中立五極이 陽으로 표시된 점이다. 둘째, '東-離, 西-坎, 南-乾, 北-坤'으로 정위시킨 점이다. 셋째, 태양지수를 9로, 소양지수를 7로, 태음지수를 6으로, 소음지수를 8로 각각 표시한 점이다.

그리고 다른 점이 있다면, 그것은 첫째, 太陽·少陽·太陰·少陰의 각 數가 작용하는 자리가 바뀌었기에 이들과 짝을 이루는 太陽·少陽·太陰·少陰의 자리도 같이 바뀌었다는 점이다. 둘째, 四象의 수가 河圖에서는 수평(水平:橫) 아니면 수직(垂直:縱)으로 작용하는데, 洛書에서는 태양지수와 소양지수는 변하지 않고 그대로이나 태음지수와 소음지수는 바뀌어 방형(方形)으로 작용한다는 점이다. 그러니까, 양은 하늘에서나 땅에서나 종횡 사방으로 작용하나 음은 하늘에서는 종횡으로, 땅에서는 방형으로 작용한다는 점이다. 셋째, 東에 소양지위가 있고, 3이 變해서 木이 生하고[三變生木], 동남쪽에 태음지위가 있어서 4가 化해서 金이 生하며[四化生金], 남쪽에는 태양지수 9가 變해서 金이 成하고[九變成金], 남서쪽으로는 소음지위가 있어서 2가 化해서 火가 成하고[二化成火], 서쪽으로는 소양지수 7이 變해서 火가 成하며[七變成火], 서북쪽으로는 태음지수 6이 化해서 水를 成하며[六化成水], 북쪽으로는 태양지위가 있어서 1이 變하여 水를 生한다[一變生水]. 그리고 북동쪽으로는 소음지수 8이 化하여 木을 成한다[八化成木]. 다시 말해, 3이 變해서 生하는 木, 9가 變해서 生하는 金, 7이 變해서 生하는 火, 1이 變해서 生하는 水가 있고, 4가 化해서 成하는 金, 2가 化해서 成하는 火, 6이 化해서 成하는 水, 8이 화해서 성하는 木이 있다. 그러니까, 1, 3, 7, 9 奇數는 變하여 水, 木, 火, 金을 각각 生하고, 2, 4, 6, 8 偶數는 化하여 火, 金, 水 木을 각각 成한다. 그리고 보면, 奇數 중에서는 5가 빠졌고, 偶數 중에서는 10이 빠졌다. 5는 중립 태극[土]을 상징하고, 10은 하늘을 상징하기 때문이다.

이상의 설명에서 확인할 수 있는 것은, 陽은 陰의 영향으로 변하여 水, 木, 火, 金을 만들어내고, 陰은 陽의 영향을 받아서 화하여 水, 木, 火, 金을 만들어낸다. 陽의 움직임을 '變'으로, 陰의 움직임을 '化'로 표현했고, 양의 움직임으로 나타난 결과를 '生'으로, 음의 움직임으로 나타난 결과를 '成'으로 구분하여 사용했다. 바로 여기에서 '變化'와 '生成'이라는 낱말이 만들어졌다. 필자는 중국의 河圖 洛書를 보고 여기까지 설명할 수 있는데 이것을 총정리하자면 이러하다. 다시 말해, 하도 낙서에는 이런 종류의 수와 그 의미가 부여되어 있다는 뜻이다.

①천지지수(天地之數) : 1에서 10까지의 수 가운데 1, 3, 5, 7, 9를 양수(陽數, 奇數), 2, 4, 6, 8, 10을 음수(陰數, 偶數)라고 하며, 양수의 합은 25요, 음수의 합은 30이다. 음수와 양수의 합은 55가 되는데 이를 고대인은 '천지지수'라고 불렀으며, '귀신(鬼神)'이 이 천지지수를 가지고 변화시켜 '만물지수(萬物之數)'를 만들어낸다고 믿었다. 이때 귀신은 우리가 알고 있는 죽은 사람의 혼령이 아니며, 인간이 그 정체를 분명하게 인지할 수는 없으나 천지 만물을 빚어내고, 운용하는 그 무엇으로서의 실체라고 보면 틀리지 않는다. 천지 만물을 창조하는 신과는 같지 않지만 신묘하게 이루어내고 작용하는 기능이나 능력이 있는 존재라는 점에서는 같다.

②만물생존지수(萬物生存之數) : 만물이 생기어 존재하게 하는 數 곧 '生數'와 '成數'를 일컫는다. 부연하자면, 하늘과 땅이 호응하는 관계로써 만물을 낳는데 그 이치로 운영되는 1~10까지의 數를 말한다. 하늘이 1로써 水를 낳고자 하면 땅이 6으로써 水를 이루고, 땅이 2로써 火를 낳고자 하면 하늘이 7로써 火를 이룬다. 하늘이 3으로써 木을 낳고자 하면 땅이 8로써 木을 이루고, 땅이 4로써 金을 낳고자 하면 하늘이 9로써 金을 이룬다. 그리고 하늘이 5로써 土를 낳고자 하면 땅이 10으로써 土를 이룬다. 이처럼 낳고자 하는 數인 1, 2, 3, 4, 5를 '生數'라 한다면 낳고자 하는 것을 이루는 6, 7, 8, 9, 10을 '成數'라 한다.

1과 6이 관계하여 水를 生成하고, 2와 7이 관계하여 火를 생성하고, 3과 8이 관계하여 木을 생성하며, 4와 9가 관계하여 金을 생성하고, 5와 10이 관계하여 土를 생성한다는 것이다. 간단히 말해서, 十干을 반영했다는 河圖와 十二支를 반영했다고 보는 洛書를 보고 이미 설명했듯이, 1-6-水, 2-7-火, 3-8-木, 4-9-金, 5-10-土 관계이다.

③오행지수(五行之數) : 만물을 이룬다는 '水·火·木·金·土' 五行을 생기게 하는 數로써 水一, 火二, 木三, 金四, 土五를 말한다. 오행을 만들어내는 수 '1, 2, 3, 4,

5'에서 1, 3, 5 양수의 합이 9이고, 2, 4 음수의 합이 6인데, 9를 '陽極之數'라 하고, 6을 '陰極之數'라 한다. 이 양극지수와 음극지수의 합이 15인데 이를 두고 '陰陽五行之數'라 한다. 그런데 음양오행지수에서 五行을 상징하는 수 5를 뺀 10을 '小衍之數'라 부른다. 그러니까, 대연지수 50은 64괘를 이루는데 쓰이고, 소연지수 10은 오행을 이루는데 쓰인다고 판단된다.

④대연지수(大衍之數) : 『건곤보』에서 설명한 것처럼 '태극이 다섯 번 움직이어 나타나는 양수와 음수의 누적된 수의 합'이라는 주장도 있고, '五行의 상징수 5×土(토)의 成數 10'이라는 설도 있다. 또한, 천지지수 55에서 오행의 상징수 5를 뺀 수라는 설도 있으나, 천지지수 55에서 六爻를 상징하는 수 6을 뺀 49가 실제로 괘를 짓는데 쓰는 수라는 점은 분명하다. 어디까지나 만물을 구성한다고 믿는 오행이 만들어지는 이치를 설명해야 하고, 인간사의 萬有·萬象을 드러내주는 64괘가 만들어지는 이치를 '1~10'이라는 수를 가지고 설명해야 하니, 예로부터 많은 사람이 이리저리 궁리한 것 같다. 그러나 어디까지나 이들은 '說'일 뿐이다.

⑤천간교합지수(天干交合之數) : 하도지수(河圖之數) 10을 '천간지수(天干之數)'라고 하는데, '교합지수(交合之數)'란 1과 6 공종(共宗), 2와 7 동도(同道), 3과 8 붕(朋), 4와 9 우(友), 5와 10 동덕(同德)이 각각 교합(交合)하는데 이들의 조합이 만물생존지수로서 상호 작용하는 관계이다. 마치, 천간(天干)에서 첫째 甲과 여섯째 己가 합하여 1이 되고, 두 번째 乙이 일곱째 庚과 합하여 2가 되고, 세 번째 丙이 여덟 번째 辛과 합하여 3이 되며, 네 번째 丁이 아홉 번째 壬과 합하여 4가 되며, 다섯 번째 戊가 열 번째 癸와 합하여 5가 되는 이치와 같다. 천간이 움직이어서 교합이 이루어지고 나면 오행으로 변화함을 나타내고 있다. 그래서 하도(河圖) 오행의 근본이 천간 오행의 작용으로 발전하고, 이로써 하도로부터 오행이 나오는, 바꿔 말해, 역(易)과 오행과의 관계로 확대하여 설명하게 된다.

⑥육갑납음지수(六甲納音之數) : 천지지수 55에 오행지수 5를 합하면 60이 되

는데 이를 '갑자오행납음지수(甲子五行·納音之數)'라고 한다. 십 천간의 음양과 오행과 만물이 서로 교접하여 같은 기운을 서로 구하고, 같은 소리에 서로 응하여 12종의 소리를 발현하니 이것이 동(東)·서(西)·남(南)·북(北)·중(中) 오방(五方)으로 작용하여 60납음(納音)을 이룬다는 것이다. 이것을 '천지오행성음지수(天地五行聲音之數)'라고 한다.

ⓐ하도 낙서와 별자리 : 하도 낙서와 28별자리는 물론이고 황도(黃道) 12궁과도 밀접한 상관관계가 있다고 주장하며, 周易의 기초가 되었고, 천체운행의 규칙성을 포괄한다고 주장하지만, 이는 후대의 연구자들이 계속해서 뼈대를 세우고 살을 붙여온 결과로 판단된다. 28별자리는, 중국 고대 천문학자들이 東·北·西·南 방향에 각각 청룡, 현무, 백호, 주작을 배치하고, 이들에 각각 일곱 별자리씩을 배치하였다. 이를 정리하면, 동쪽 청룡에 角宿, 亢宿, 氐宿, 房宿, 心宿, 尾宿, 箕宿을, 북쪽 현무에 斗宿, 牛宿, 女宿, 虛宿, 危宿, 室宿, 壁宿을, 서쪽 백호에 奎宿, 娄宿, 胃宿, 昴宿, 毕宿, 觜宿, 參宿을, 남쪽 주작에 井宿, 鬼宿, 柳宿, 星宿, 张宿, 翼宿, 轸宿을 각각 배치하였다. 반면, 지구의 공전에 따라 보이는 황도(黃道)상의 12 별자리는 양자리, 황소자리, 쌍둥이자리, 게자리, 사자자리, 처녀자리, 천칭자리, 전갈자리, 궁수자리, 염소자리, 물병자리, 물고기자리 등이다.

11) 用九 & 用六

64괘 각각의 卦마다 아래에서부터 위로 '初, 二, 三, 四, 五, 上'이라는 순서를 부여했고, 陽爻에는 九를, 陰爻에는 六을 붙여 읽었다. 그래서 陽爻일 경우 '初九, 九二, 九三, 九四, 九五, 上九'로 읽고, 陰爻일 경우 '初六, 六二, 六三, 六四, 六五, 上六'으로 읽는다. 왜, 그러할까? 1, 2, 3, 4, 5는 生數이고, 6, 7, 8, 9, 10은 成數이다. 이미 언급한 바대로 生數는 무엇을 낳고자 하는 바람과 의욕을 갖고서 企圖하는 數이다. 무엇을 낳고자 할까? 다름 아닌 '五行'이다. 곧, 만물을 낳는다는 '水·火·木·金·土'이다. 이 오행이 서로 작용하여 만물을 낳는다고 믿는다. 그러나 실제로 이 오행을 이루는 것은, 다시 말해, 완성하는 것은 6, 7, 8, 9, 10이라는 成數이다. 따라서 成數 가운데 양수 곧 奇數로서 가장 큰 수인 9를 太陽之數라 부르고, 모든 陽의 활동을 상징하여 9를 사용한다. 그렇듯, 음수 곧 偶數로서 가장 작은 수인 6을 太陰之數라 부르며, 모든 陰의 활동을 상징하여 6을 사용하는 것이다. 이렇게 시작하다 보니, 7을 少陽之數라 하고, 8을 少陰之數라고 부른다. 결과적으로, 실제로 오행을 만들어내는 성수 가운데, 태양지수 9를 양수의 상징으로 쓰고, 태음지수 6을 음수의 상징으로 쓴다는 뜻이다.

25. 周易과 '時(때)'

　　天地의 陰과 陽이 작용하여 만들어내는 자연현상이 먼저 존재하고, 그 자연현상이 인간을 포함한 萬物에 지대한 영향을 미치는데, 만물이 어떻게 움직이고, 어떻게 대응하느냐에 따라서 利害·吉凶禍福이 결정된다는 믿음이 周易의 大前提이다. 사람이 일평생 살아가는 동안에 길함을 취하고, 흉함을 피하는 것이 무엇보다 중요한 '福'이다. 이 取吉避凶 함으로써 얻는 福이 바로 주역 공부의 궁극적인 목적이라 할 수 있다.

　　바로, 取吉避凶의 한 방법으로 제시된 것이 있다면, 豫測·豫斷되는 현상적 상황에 미리 대처하고, 주어진 현상적 상황에 지혜롭게 대응하는 일인데, 이를 위해서 다름 아닌 '때'를 읽을 줄 알아야 한다는 것이다. 때를 읽는다는 것은, 주어진 상황을 분별하고, 나아가 그 분별한 상황에 맞게 말하고 행동하여 처신함이다.

　　'때'는 周易에서 '時'로 표현되었는데, '時'라는 것은, 과연 어떤 의미로 쓰였을까? '時'의 의미를 결정짓는 因子가 둘이 있는데, 그 하나는 天地 곧 陰陽이 작용하여 인간에게 드리우는 '時'이고, 그 다른 하나는 인간이 모여 살며 인위적으로 만들어내는 '時'이다. 天地가 만들어내는 時라는 것은, 우리가 흔히 말하는 '自然現象'으로 나타나고, 인간이 모여 살며 만들어내는 인위적인 時라는 것은, 인간 집단 사회 내에서 개개인에게 영향을 미치고 적용되는 인위적인 '환경'이다.

　　자연현상으로서 時는, 낮과 밤, 봄 여름 가을 겨울 등의 四時, 24節氣 등을 들 수 있고, 인위적으로 조성되는 환경으로서 時는, 사람의 정신적 사유와 신체적 행동에 영향을 미치는 ①타고난 性情(陰이냐, 陽이냐?) ②사람과 사람 사이의 關係

③개인의 능력과 자리 ④公利와 共同善을 위한 각종 制度 ⑤일정 부분 구속받으며 활용하는 문명적 시스템 등이다. 따라서 周易에서 말하는 '時'라는 것은, 天地 곧 陰陽이 상호 작용하여 인간에게 안겨주는 자연적 현상으로서 상황과, 인간의 문명적 사회가 안겨주는 인위적 환경으로서 상황이 겹쳐 나타나는, 일종의 굴레 같은, 피할 수 없는 氣運이다.

따라서 자연적·인위적 두 상황은 서로 분리되는 게 아니고, 상호 긴밀한 관계 속에서 엮이어져 나타나는 하나의 상황으로서 하나의 기운으로 이해되며, 그것이 64가지가 있다는 것이다. 그러니까, 卦가 곧 인간에게 영향을 미치는 狀況이고 氣運이라는 뜻이다. 다시 말해, '卦=狀況=機運'이다. 부연하자면, 인간의 의지에 상관없이 64괘 하나하나가 천지 만물이 만들어주는 독립적인 상황이자 기운으로서 時이다. 다시 말해, '時=卦=狀況=機運'이라는 등식이 성립한다. 그렇다면, 時는 단순한 물리적인 시간이 아니고, 천지의 기운이 작용하여 만물로 하여금 어떤 대응을 요구하는, 주기성을 띠는, 다시 말해, 반복적으로 순환하는, 어떤 상황을 내장한 時期이다. 이렇게 보면, 卦의 六爻는 卦의 상황이 변해가는 과정으로서 단계이며, 상황변화의 정해진 樣態이다.

그렇다면, 어떤 근거로써 이런 판단에 이르렀는가? 周易에서 '時'가 쓰인 語句나 單語를 한데 모아보면 아래와 같은데, 이들이 말해준다.

[아래]
①六位時成, 時乘六龍, 以御天(乾卦 彖辭)

②承天而時行(坤卦 文言傳)

③蒙, 亨, 以亨行, 時中也(蒙卦 彖辭)

④時行(大有卦 彖辭)

⑤四時不忒, 豫之時義(豫卦 彖辭)

⑥隨之時義(隨卦 彖辭)

⑦四時不忒(觀卦 彖辭)

⑧以察時變(賁卦 彖辭)

⑨頤之時(頤卦 彖辭)

⑩大過之時(大過卦 彖辭)

⑪險之時用(坎卦 彖辭)

⑫四時變化(恒卦 彖辭)

⑬與時行也, 遯之時義(遯卦 彖辭)

⑭睽之時用(睽卦 彖辭)

⑮蹇之時用(蹇卦 彖辭)

⑯解之時(解卦 彖辭)

⑰與時偕行(損卦, 益卦 彖辭)

⑱姤之時義(姤卦 彖辭)

⑲柔以時升(升卦 彖辭)

⑳時舍也(井卦 初九 爻辭)

㉑革之時, 明時(革卦, 彖辭, 大象辭)

㉒時止則止, 時行則行, 動靜不失其時(艮卦 彖辭)

㉓與時消息(豐卦 彖辭)

㉔旅之時義(旅卦 彖辭)

㉕天地節而四時成(節卦 彖辭)

'時'라는 글자는 전체 25개 卦에서 27회 쓰였는데, 爻辭·文言傳·大象辭에서 각각 1회씩 사용되었고, 나머지 24회는 彖辭에서 사용되었다. 卦辭를 설명하는 彖辭에서 '時'가 주로 쓰였다는 것은, 卦 자체가 時라는 반증이며, 時는 天地, 乾坤이 작용하여 만들어내는 상황이라는 뜻이다. 乾坤의 작용을 조금 풀어 설명하자면, 乾이 먼저 時를 이루고(六位時成), 坤이 그 하늘을 받들면서 時가 움직이는 것으로(承天而時行) 이해한 것 같다.

그리고 위 25개 항의 내용을 일별하면, '時'가 ⓐ時成 ⓑ時乘·時升 ⓒ時舍 ⓓ時行 ⓔ時變 ⓕ時中 ⓖ失時 ⓗ時用 ⓘ~時 ⓙ時義 등 일련의 용어로써 설명되었음을 알 수 있다. 時는, 하늘이 짓고, 땅이 그 하늘의 뜻을 받들어서 움직임으로써 時가 움직이고, 時와 더불어 乾坤의 작용이 이루어지는데 時가 六龍을 타야 하며, 그 時의 뜻에 따라 현상적 상황을 조성해 놓는 것이다. 그래서 사람은 그 상황에 맞게 처신해야 한다. 그리고 時는 변하며, 하늘이 四時를 어김없이 부리듯이, 時가 64괘를 만들어 내놓는다는 인식이 깔려있다. 물론, 64괘 가운데 특별히 '時'를 강조한 卦로는, 豫·隨·頤·大過·坎·遯·睽·蹇·解·損·益·姤·升·革·豊·旅·節 등으로 제한되었으나 64괘가 다 '時'이다.

그리고 384개 爻辭에서는 '時' 字가 직접 쓰이면서 강조되지는 않았지만 실제로 내용상으로는 상황에 맞는 처신을 강조한다. 상황에 맞는 처신이라는 것이 곧 '道'인데, 이는 때를 분별하고, 때에 맞게 말하고 행동하며, 처신하는 것을 요구한다. 바로 그 '때'를 잃고(失時), 그 기회를 놓치며(失期·失機), 그 결과에 따라 利害가 갈리고, 吉凶이 결정되는 세계가 爻辭이다. 쉽게 말해, 解凍되면서 새움이 돋아나듯이, 播種할 때 파종해야 하고, 사람이 결혼 적령기에 이르면 결혼하여 가정을 꾸리고, 앞으로 나아갈 때 나아가고, 물러날 때 미련 없이 물러날 줄 아는 것이 때를 거스르지 않고 때를 탐이고(時乘·時升), 때맞추어 살아가는 지혜(時中)가 되는 것이다. 이런 의미에서 본다면, 時란 天道와 地道의 상호작용에 따라 조성되는 기운의 움직임이며, 이 움직임은 만물에 영향을 미치며, 순종을 요구한다. 따라서 그 기운을 認知·分別하고, 그 기운에 따라 순응하는 것이 '時乘·時升'이며, 그런 지혜가 바로 '時中'이다.

26. 太極에 관하여

'太極'이란 단어가 처음 사용된 것은 다름 아닌 周易 繫辭에서이다. 계사 상 제 11장 가운데 "易有太極 , 是生兩儀. 兩儀生四象. 四象生八卦. 八卦定吉凶 , 吉凶生 大業"이라는 문장에서이다. 물론, 이 '太極'이란 용어가 계사 집필 전부터 쓰였겠 으나 현재까지 남아있는 문장상으로는 이 繫辭에서 처음 사용되었다. 그런데 문 제는 주역 그 어디에서도 이 태극에 관해 더 이상의 설명이 없다는 점이다. 따라 서 태극을 운운하는 문장들은 다 개인적인 생각이 開陳된 것이거나 그것들이 종 합 정리된 것이다.

太極을 설명하는 유일한 위 문장을 "역에는 태극이 있어서 이 태극이 양의를 낳고, 양의가 사상을 낳으며, 사상이 팔괘를 낳는다. 팔괘가 길흉을 결정하고, 길흉은 많은 일을 낳는다"라고 우리말로 번역할 수 있는데, 여기에 동원된 어휘 하나하나가 다 설명되어야만 이해된다. 곧, '易·兩儀·四象·八卦·業' 등이 그러하 다. 이들 용어를 설명하면 자칫 주객이 전도될 가능성이 크기에 필자가 이해한 개념을 최소한으로 붙인 다음, 태극에 관해 얘기하겠다.

'易'은 '변화·생성하는 세계'이고, 兩儀는 '陽儀·陰儀'를 말하며, 四象은 '陽과 陰의 크고 작음으로써 분별한 그 양태' 곧 '太陽·少陽·少陰·太陰'을 말하며, 八卦 란 '陰과 陽의 위치[位]와 크기[勢]가 결합하여 독립적인 性品을 갖는 일종의 기 운체(氣運體)'이다. 그것을 陽의 크기순으로 호명하면 '乾·兌·离·巽·震·坎·艮·坤' 이고, 음의 크기순으로 호명하면 이 역순이 된다.

여하튼, 변화·생성하는 세계에는 그 중심에 太極이 있고, 그 태극이 있어서 陽 儀와 陰儀를 낳는다는 것인데, 이 짧은 말 한마디를 가지고 태극의 본질을 유추해내야 한다, 우리는. 그런데 왜 태극이 陰과 陽을 낳는다고 말하면 될 터인데 굳이 '儀'자를 붙였을까? 그리고 음과 양은 또 무엇인가? 이 두 가지 문제가 풀려야 한다.

'儀'는 '거동, 법도, 법식, 본보기, 예절, 선물, 짝, 천문기계, 본받다, 헤아리다' 등의 뜻이 있으나 여기서는 '擧動'으로 쓰였다. 그러니까, 태극이 '움직이는 양'과 '움직이는 음'을 드러낸다는 뜻이다. 그렇다면, 움직이는 陰과 陽이란 무엇인가? 이것이 대단히 중요하다.

'陰'과 '陽'의 개념을 유추할 수 있는 문장은 周易의 繫辭에서 사용되었는데 그 예문을 들면서 설명해보겠다. 첫째, 음과 양의 움직임 곧 그 작용을 道라고 했다. 더 구체적으로 말하면, 크고 작은 음과 양 곧, 四象에 한 번은 양이 더해지고, 한 번은 음이 더해져서 팔괘가 나오는데 그것이 바로 '道'라는 뜻이다. 계사 상 제5장에 "一陰一陽之謂道"라고 한 문장이 바로 그것이다. '하나의 음, 하나의 양이 나아감을 일컬어 도라고 한다'라는 뜻이다. 그리고 그 음과 양의 움직임 곧 그 작용을 豫測·豫斷할 수 없음을 일컬어 '神'이라고도 했다. 계사 상 제5장의 "陰陽不測之謂神"이라는 문장이 그것이다. 결과적으로, 태극은 음양을 드러내 낳는 본체이며, 그 자체가 道라는 것이며, 동시에 神 혹은 신묘한 것이라는 뜻이다.

그렇다고, 이 태극을 오늘날 천문학에서 정설로 받아들여지는, 빅뱅을 일으킨 초고밀도 초고압의 최초 점인 특이점(Singularity)이라고 할 수 없고, 원자의 핵과 전자도 아님에는 분명하다. 태극이라는 말이 사용된 약 3,000년 전에는 이들 개념이 없었고, 상상할 수도 없었기 때문이다. 역시, 계사 상 제6장에 "陰陽之義配日月"이라는 문장이 나온다. '음양의 이치는 해와 달에 딸려 있고, 음양의 법도란 일월에 견줄 수 있다는 뜻이다. 그러니까, 계사 집필자의 판단으로는, 음과 양이란 것이 日月로 빗대어 말할 수 있고, 해와 달에 딸린 현상으로 여겼던 것 같다.

그래서일까, 주역의 爻辭에서는 낮과 밤(晝夜)의 규칙적인 변화를 강조하고,

사계절(四時)이 어긋나지 않는다(不忒)는 地球의 自轉과 公轉의 이치를 강조한
다. 이뿐만 아니라, 차고 빔(盈虛), 시작과 끝(始終)이라는 자연현상 관찰을 통
해서 얻은 개념도 중요하게 받아들여 인간사에 접목한다. 雷火豐卦 彖辭에서는
"해가 중천에 있는 즉 기울고(日中則昃), 달이 차는 즉 이울고(月盈則蝕), 천지가
차면 비워지고(天地盈虛), 때와 더불어 사라지고 자란다(與時消息)"라는 표현까
지 나온다.

따라서 태양계 안에서 일어나는 규칙적인, 영원히 변하지 않을 것 같은, 그러
나 언젠가는 변화하며 끝이 있는, 지구의 기울어진 자전축을 중심으로 스스로
도는 자전과 일정한 속도와 궤도를 따라서 태양을 중심으로 도는 공전에 의한
주야, 사시의 변화 자체를 음과 양의 작용으로 인식했음을 알 수 있다. 바로 그
렇기에 계사 하 제6장에서는 "陰陽合德而剛柔有體"라는 말까지 하게 된다. 음과
양이 함께 작용하여 이루는 공덕이 바로 굳셈과 부드러움이라고 하는 성품이 있
기 때문이라는 뜻이다. 물론, 이 말을 이해하려면 易의 門이라고 한 '乾'과 '坤'
에 대해 부여한 의미를 자세하게 알아야 한다. 여기서 그것을 풀어서 일일이 설
명하면 배가 산으로 갈 가능성이 크기 때문에 최소한으로 줄이되 이해하기 쉽게
도식해 보겠다. 아래 도식은 필자가 계사 상하 24개 장 전문을 우리말로 번역하
는 과정에서 분석한 결과이다.

乾	天	陽	剛	健	大	知	尊	德	易	險	象	聖	男	君子
坤	地	陰	柔	順	廣	成	卑	業	簡	阻	像	君	女	小人

계사 집필자가 보기에, 위는 하늘이고, 아래는 땅인데, 그것들이 먼저 자리를
잡음으로써 그 중간에 인간을 비롯한 만물이 있다고 인식함으로써 천지인(天地
人) 삼재를 상정했고, 그 하늘과 그 땅의 작용으로 그 중간에 있는 만물이 生成·

變化한다고 믿었다. 그런데 乾과 坤을 설명하면서 부여한 의미들이 있는데 그것이 바로 위 도표 속 개념들이다. 乾이 天이라면 坤은 地이고, 乾이 陽이라면 坤은 陰이라는 식이다. 세상에 존재하는 모든 것을 이처럼 상대적인 乾과 坤으로, 陰과 陽으로 구분·분류할 수 있다는 뜻이다. 따라서 陰陽이란 단순히 어둠과 밝음이라기보다는 만물이 존재하는 근원적 양식으로서 서로 대립하는 구조 곧 힘의 균형을 유지하려는 관계라고 확대해석할 수 있다.

이렇게 음과 양을 이해한다면, 그 음양을 낳는다는 太極이란 것은 결국 萬物·萬象을 존재하게 하는 근원적인 실체이자 그 원리라고 할 수 있다. 여기까지는 주역의 문장을 통한 필자의 판단이지만 중국의 백과사전에서는 이 태극에 관해 이렇게 설명한다. 참고하기 바란다.

곧, ①우주 최초의 혼연일체 원기(宇宙最初浑然一体的元气), ②본체(本體)가 없이 텅 비어있는 공허(空虛) 자체, ③대연지수 49가 분화되기 전 상태, ④음양이 분화되기 전 상태, ⑤음과 양을 움직이게 하는 원리 혹은 본체 등으로 정리한다. 태극의 본체가 있다면 '氣'이고, 없다면 '理'인데, 태극이 理냐 氣이냐에 관한 논쟁도 있었다.

만일, 태극을 우주 최초의 혼돈 상태의 원기라고 한다면 빅뱅을 일으킨 고밀도 초고압의 특이점이 될 수도 있고, 빅뱅 후 원자(原子)가 만들어지기 전까지의 쿼크-글루온 플라즈마(Quark-Gluon Plasma) 상태의 초기 우주를 말할 수도 있다. 태극을 본체가 없이 텅 비어있는 '虛' 또는 '空'으로 인식한 것은 佛敎의 영향으로 보이며, 대연지수나 음양이 분화되기 전 상태라고 본 것은 周易 繫辭를 읽은 사람들의 판단이다.

27. '德'이란 무엇인가?

德이란 무엇일까? 사람들은 저마다 막연하게나마 덕의 개념을 인지하고, 그 덕이란 말을 쓰고 있으나 막상 '덕이 무엇이냐?'라고 물으면 쉽게 대답하질 못한다. 필자 역시 그러했는데 周易을 공부하면서 '德'이란 단어가 爻辭와 象辭에서만 25회나 사용되어 적잖이 강조되었다는 사실을 알았다. 爻辭에서는 6회 사용되었으나 나머지 19회는 象辭에서 사용되었다. 그것도 大象辭에서 13회, 小象辭에서 6회 사용되었다. 그리고 보면, 卦象을 보고 卦意를 생각하면서 군자의 실천덕목으로서 '德'을 많이 떠올렸다는 뜻이다.

그렇다면, 과연, 德이란 무엇인가? 先代가 이 덕에 대해서 어떻게 인지했는지는 고대 문헌들을 폭넓게 참고할 필요가 있다. 예컨대, 周易 외에도 詩經, 書經, 論語, 大學, 孟子, 中庸, 淮南子, 菜根譚 등 적지 아니한 문헌들에서 언급하는 德의 개념을 확인해 볼 필요는 있을 것이다. 그러나 현재 필자가 공부하고 있는 周易을 중심으로 그 개념을 밝히되 필요하다면 다른 문헌들도 참고해 볼 것이다.

① 《象》曰 : 見龍在田, 德施普也. (乾卦 구이 소상사)

② 《象》曰 : 用九, 天德不可爲首也. (乾卦 용구 소상사)

③ 《象》曰 : 地勢坤, 君子以厚德載物. (坤卦 대상사)

④ 《象》曰 : 山下出泉, 蒙 ; 君子以果行育德. (蒙卦 대상사)

⑤ 六三, 食舊德, 貞厲, 終吉 ; 或從王事, 无成. (訟卦 육삼 효사)

⑥ 《象》曰 食舊德, 從上吉也. (訟卦 육삼 소상사)

⑦ 《象》曰 : 風行天上, 小畜 ; 君子以懿文德. (小畜卦 대상사)

⑧ 上九, 旣雨旣處, 尙德載 ; 歸貞厲, 月几望 ; 君子征凶. <small>(小畜卦 상구 효사)</small>

⑨ 九三, 无平不陂, 无往不復 ; 艱貞无咎, 勿恤恤其孚, 于食有福. <small>(泰卦 구삼 효사)</small>

⑩ 《象》曰 : 天地不交, 否 ; 君子以儉德辟難, 不可榮以祿. <small>(否卦 대상사)</small>

⑪ 《象》曰 : 雷出地奮, 豫. 先王以作樂崇德, 殷荐之上帝, 以配祖考. <small>(豫卦 대상사)</small>

⑫ 《象》曰 : 山下有風, 蠱 ; 君子以振民育德. <small>(蠱卦 대상사)</small>

⑬ 《象》曰 : 干父用譽, 承以德也. <small>(蠱卦 육오 소상사)</small>

⑭ 《象》曰 : 天在山中, 大畜 ; 君子以多識前言往行, 以畜其德. <small>(大畜卦 대상사)</small>

⑮ 《象》曰 : 水洊至, 習坎 ; 君子以常德行, 習敎事. <small>(坎卦 대상사)</small>

⑯ 九三, 不恒其德, 或承之羞, 貞吝. <small>(恒卦 구삼 효사)</small>

⑰ 《象》曰 : 不恒其德, 无所容也. <small>(恒卦 구삼 소상사)</small>

⑱ 六五, 恒其德, 貞 ; 婦人吉, 夫子凶. <small>(恒卦 육오 효사)</small>

⑲ 《象》曰 : 明出地上, 晋 ; 君子以自昭明德. <small>(晉卦 대상사)</small>

⑳ 《象》曰 : 山上有水, 蹇 ; 君子以反身修德. <small>(蹇卦 대상사)</small>

㉑ 九五, 有孚惠心, 勿問元吉 : 有孚惠我德. <small>(益卦 구오 효사)</small>

㉒ 《象》曰 : 有孚惠心, 勿問之矣 ; 惠我德, 大得志也. <small>(益卦 구오 소상사)</small>

㉓ 《象》曰 : 地中生木, 升 ; 君子以順德, 積小以高大. <small>(升卦 대상사)</small>

㉔ 《象》曰 : 山上有木, 漸 ; 君子以居賢德善俗. <small>(漸卦 대상사)</small>

㉕ 《象》曰 : 澤上有水, 節 ; 君子以制數度, 議德行. <small>(節卦 대상사)</small>

주역 64개 卦辭와 大象辭, 그리고 384개 爻辭와 小象辭에서 '德'이란 글자가 쓰인 문장을 모두 가려내었다. 위 25개의 문장 어디에서도 德의 개념이 정리되어 있지는 않다. 그러나 몇 가지 관련 사항을 유추해 낼 수는 있다. 곧, 덕은 사람(我, 君子)에게만 있는 게 아니라 하늘(天)과 땅(地)에도 있고, 덕은 기르고(育), 닦고(修), 쌓는(畜) 것이며, 행하는(行) 것이고, 또한, 밝히고(明), 숭상하며(崇) 계승하는(承) 것이며, 언제나 있어야 하며(常, 恒, 居), 베푸는(施) 것이다. 그래서 도타운 덕(厚德)과 검덕(儉德)이 있고, 얇은 덕(薄德)이 있으며, 어진 덕(賢德)이 있고, 순한 덕(順德)도 있다. 그리고, 옛 덕(舊德)이 있으면 현덕(現德)이 있고, 문덕(文德)이 있으면 식덕(食德)도 있다.

주역에서는 하늘을 두고 剛健하고 크다(大)고 했으며, 땅을 두고는 順從하며 넓다(廣)고 그 性品을 부여했다. 그렇듯, 사람에게는 어짊(仁)과 의리(義理)와 예절(禮)이 있다고도 했다. 물론, 이것은 十翼을 집필했다고 전해지는 孔子의 시각이지만 剛健, 順從, 仁禮를 하늘, 땅, 사람의 '성품'으로 보았으며, 동시에 이를 본래부터 가지고 있는 '덕성(德性)'이라고도 했다. 하지만 德이 무엇인지는 여전히 설명되지 않았다.

그렇다면, 여기서 제한적이지만 몇 가지 시각에서 덕의 개념을 유추해낼 수밖에 없다고 생각한다. 첫째, 덕이란 것이 하늘, 땅, 사람 할 것 없이 다른 여타의 존재에게도 있다면, 덕이란 것은 그 존재를 그답게 하는 두드러진 성향·특징·고유성 등을 일컫지 않나 싶다. 둘째, 덕이란 것이 기르고, 쌓고, 밝히고, 계승하여 언제나 함께 머물러야 하는 것이라면, 덕은 자신과 타자에게 결코 해로운 것이 될 수 없다. 반드시 자신과 타자(他者)에게도 이로워야 한다. 셋째, 실천하고 베푸는 것이 덕이라면 직면한 상황에 맞게 말하고 행동하고, 상대방에게 필요한 무엇인가를 베풀어주는 행동이다. 이 세 가지 조건을 충족시키면서 덕을 풀어보자면 이렇게 간단히 줄여 말할 수 있을 것 같다. 곧, 德이란 속에 있어 보이지 않는 착한 마음이 겉으로 드러나는, 얼굴 모습으로부터 그 착한 마음을 근원으로 해서 정신적으로나 물질적으로 타인을 돕는, 佛經에서 말하는 '보시(普施)'까지이다. 여기서 착한 마음이란 타고난 성품으로 근본이 어질고, 자비로운 마음씨를 말한다. 부연하자면, 사람을 기준으로 말한다면, 타인의 눈에 편안한 얼굴 모습을 보이는 것도 덕이고, 자비로운 마음으로 말을 공손하게 하는 것도 덕이고,

자비로운 마음으로 배고픈 이에게 먹을 것을 베푸는 것도 역시 덕이다. 따라서 덕이란 자비이며, 관대함이며, 베풂이며, 이타적 사랑이라고 말할 수 있다.

그러면 이쯤에서 다른 고문헌에서는 이 덕을 어떻게 설명하고 있는지 잠시 살펴보자.

ⓐ 大學之道, 在明明德, 在親民, 在止於至善.：大學 經一

ⓑ 德不孤必有隣：論語 里仁

ⓒ 德輶如毛, 民鮮克擧之.：詩經 大雅 烝民

ⓓ 德者本也, 財者末也. 外本內末, 爭民施奪.：大學 傳十

ⓔ 德者事業之基, 未有基不固而棟宇堅久者：菜根譚 百五十八

ⓕ 免人之死, 解人之難, 救人之患, 濟人之急者, 德也.：六韜 文韜

ⓖ 富潤屋, 德潤身, 心廣體胖.：大學 傳六

ⓗ 不責人小過, 不發人陰私, 不念人舊惡, 三者可以養德, 亦可以遠害.：論語 公冶長

ⓘ 中庸之爲德也, 其至矣乎：論語 雍也

ⓙ 孝德之始也, 悌德之序也, 信德之厚也, 忠德之正也.：孔子家語 弟子行

ⓚ 忠德之正也, 信德之固也, 卑讓德之基也：春秋左氏傳 文公元年

여기에 인용한 위 11개의 문장 외에도 많지만 위 예문에서만 보면, 덕이 무엇인지 모르지만, 큰 배움의 목적도 밝은 덕을 밝힘에 있고, 덕은 사람의 근본이며, 사업의 기초이고, 사람의 몸을 윤택하게(빛나게) 하는 것이라고 했다. 그리고 덕이 있는 사람은 사람이 끓기에 외롭지 않으나 그 덕을 실행하기란 쉽지 않다고도 했다. 그렇다면, 덕이란 것은 무엇을 두고 하는 말일까? 효도가 덕의 시작이고, 공경이 덕의 실마리이며, 믿음이 덕의 지극함이자 곧음이고, 충성은 덕의 바름이며, 겸손은 덕의 기초라고도 했다. 그러니까, 효도·공경·믿음·충성·겸양 등이 덕을 이루는 중요한 요소가 되며, 이것들이 곧 中庸이라는 논리이다. 그러면서 작은 과실의 책임을 묻지 않고, 타인의 사적인 비밀을 발설하지 않으며, 과거의 옛 잘못을 생각하지 않는 것이 덕을 기르고 해(害)를 멀리하는 일이라고도 했다. 이쯤 되면, 옛사람들이 말하는 德이란 역시 사람과 사람 사이의 '관계'에 초점을 맞추고 있으며, 그 관계에서 자타를 이롭게 하는 실천적 마음가짐과 행위라고 말할 수 있다. 그 마음가짐과 행위에는 자비와 어짊이라고 하는 착한 마음씨가 바탕이 되며, 자신에게는 책임이 따르나 타인에게는 언제나 관대해야 한다. 이것이 바로 덕이다.

28. 64괘 卦名과 그 含意 총정리

 周易 64괘 易文을 어지간히 공부해도, 卦名에 따른 그 의미조차도 분명하게 인지하기가 쉽지 않다. 왜냐하면, 1~2자로 명명된 卦名의 漢字가 다중의 의미로 사용되는 뜻글자이고, 卦辭·彖辭·大象辭·爻辭 등을 읽다 보면 그것들이 통일된 하나의 의미로 사용되지 않고, 여러 의미로 사용되기 때문이다. 易文을 우리말로 번역하고 해설을 곁들이는 解釋을 하였기에, 64괘 卦名과 그 含意를 일목요연하게 정리해 놓을 필요가 있다고 생각한다.

 우선, 64卦 가운데 15괘는 卦名이 두 글자이고, 나머지 49괘는 한 글자로 붙여졌다. 두 글자로 붙여진 괘로는 小畜·同人·大有·噬嗑·无妄·大畜·大過·大壯·明夷·家人·歸妹·中孚·小過·旣濟·未濟 등이다.

 통상적으로 널리 쓰이는 글자이지만 그 音이나 訓이 전혀 다르게 쓰인 卦名들이 있는데 이를 정리하자면 이러하다. 屯(준, 둔), 賁(비, 분), 遯(둔, 돈), 否(비, 부) 등이 그것이다. 卦意와 中國語 발음을 전제하면 각각 '준, 비, 둔, 비'로 읽어야 옳다.

 그리고 통상적인 의미가 아니고 전혀 다른 의미로 사용된 글자도 있는데 比(친하게 지내다), 歸(시집가다) 등이 있고, 噬嗑·明夷 등 다소 생소한 단어가 사용되었다. 기타 소소한 점들은 아래 도표를 통해서 확인하기 바란다.

[64卦 卦名과 含意를 한눈에 볼 수 있도록 정리한 도표]

卦順	卦名	音	含意
1	乾	건	乾=天=龍=君, 剛健한 乾道=天德
2	坤	곤	坤=地=馬=臣, 柔順한 地道=地德
3	屯	준(둔)	屯=塞=難=險 *만물이 창조된 초기의 어려움 (開業, 開國, 開始의 어려움)
4	蒙	몽	蒙=幼, 稚=愚 *養正=養育=教育
5	需	수	需=須 *어쩔 수 없이 선택하는 關係改善을 위한, 전략적인 인내가 수반되는 기다림
6	訟	송	訟=競=訴 *사리를 분별하고, 시비를 가리는 言爭을 포함한 법적 訴訟
7	師	사	*무리를 지휘 통솔하여 征伐에 나서는 戰爭의 常道
8	比	비	比=親 *친밀한 관계 유지·발전을 위한 도움 주고받기
9	小畜	소축	*小人이 順從으로써 德을 기르고 쌓는 일
10	履	리	履:①지나오다(밟다) ②履行하다 ③禮節
11	泰	태	泰=通 *天地·上下·內外·剛柔·男女 등이 疏通 → 安定
12	否	비	否=閉塞 → 不通, 不交, 斷絕
13	同人	동인	*뜻과 행동을 같이하는 사람 & 관계
14	大有	대유	*하늘의 섭리를 믿고 따르면 인적·물적 자원을 크게 많이 가짐
15	謙	겸	謙=謙遜, 平等 *謙=자신을 낮추고 상대방을 높임. 平等=높은 곳을 헐어서 낮은 곳을 메우는 '整地'가 '平等'으로 발전
16	豫	예	*다가올 변화에 대비하여 미리 준비함

17	隨	수	隨=追從 *사람이 사람을 믿고 따르는 이치 곧, 상대방의 正道·義理·能力·性品·지도자로서 資質 등이 갖추어져야 추종함
18	蠱	고	蠱=飭=糾=事 *과거사 정리, 역사 바로 세우기
19	臨	임	*나라를 크고 부강하게 만들어야 하는 과제에 당면하여 어떤 자세로 어떻게 임해야 하는가에 대한 이치
20	觀	관	*觀察·省察의 주체이자 대상이 됨 → 眼目·洞察
21	噬嗑	서합	*法治 : 囚人과 刑人의 관계와 이치
22	賁	비	賁=飭 *개개인은 속과 겉모습을 꾸미어 자신의 품격을 드러내고, 국가는 국민을 위한 제도 개선 노력으로써 꾸밈
23	剝	박	剝=蝕 *깎고 벗기려는 자연적 상황=相推·相薄하는 陰陽 관계. 성대해지는 陰(소인)의 세력으로 밀려나는 陽(군자).
24	復	복	*본래의 자리로 돌아옴. 밀려났던 陽(군자)의 復歸
25	无妄	무망	无妄=无妄災 *어긋남이나 망령됨이 없음에도 재해 또는 복이 내려짐.
26	大畜	대축	*욕구·본능을 미리 制止하여 바르게 길러서 크게 되게 함.
27	頤	이	頤=養, 養=養生·養育
28	大過	대과	*①크게 지나침(질적판단) ②큰 것이 지나침(양적판단).
29	坎	감	*重水=習坎 *洪水 災難
30	離	리	離=日=明=麗 *해가 점진적으로 떠올라 중천에 떠 있다가 지는 해의 운명적 궤적이 인간사로 빗대어 짐. *두 陽 사이에 陰이 걸리어 있음.
31	咸	함	咸=感 *음과 양이 느끼어 교감함.
32	恒	항	恒=久 *恒道 : 夫婦의 도, 君臣의 도
33	遯	둔(돈)	遯=退 *음의 세력이 중대됨에 따라 양이 때를 놓치지 않고 물러남 → 隱遁

34	大壯	대장	*陽이 씩씩하게 나아감. 양이 점점 자라나는 형국임.
35	晉	진	晉=進=晝 *태양이 비추는 大地의 시간.
36	明夷	명이	*어둠이 지배하는 무질서한 혼돈의 시기에 대처법 (지혜·능력 등을 숨김).
37	家人	가인	家人=父 & 母 *家道·家節
38	睽	규	睽=乖=外 *睽 : ①어그러지다, 등지다 ②반목하다, 사이가 좋지 않다 ③떨어져 있다 등 세 가지 의미로 쓰임.
39	蹇	건	蹇=難 *험난함이 앞에 놓인 상황 → 止·避·協力 등이 중요함.
40	解	해	解凍 → 解消, 解放
41	損	손	*아랫사람이 자신의 것을 덜어내어 윗사람에게 주는 일 → 寄附·獻納
42	益	익	*윗사람이 자신의 것을 덜어내어 아랫사람에게 베풀어서 널리 이롭게 함 → 整地 → 平等
43	夬	쾌	*잘잘못을 가리는 과정을 거쳐서 최종적으로 판단하여 단죄함. 陽이 陰을 결단함. → 彈劾
44	姤	구	姤=遇 *剛과 柔의 만남 → 사라졌던 陰이 살아 돌아와 陽과 다시 만남.
45	萃	췌	萃=聚 *사람·재물·마음을 모으는 일 → 祭祀, 모임(명분·목적)
46	升	승	*위로 올라감 → 昇進·發展 *대인관계가 중요함.
47	困	곤	*괴로움을 겪는 곤궁함에 처함.
48	井	정	井=往來=通 *우물의 존재 이유와 그 쓰임의 양태 → 조건 없는 베풂.
49	革	혁	*改革·改變·革命

50	鼎	정	*솥의 존재 이유와 그 쓰임의 양태 → 權力의 權威와 施德
51	震	진	*거듭되는 천둥 번개에 직면한 사람들의 양태.
52	艮	간	*어긋나 그침(止) → 絶交·關係 斷切
53	漸	점	漸=進 *어떤 절차나 차례를 밟아 목표를 성취해 나감 → 婚事
54	歸妹	귀매	*현실적 조건에 따른, 여자의 시집가는 양태.
55	豊	풍	豊=大=多 *同類가 힘을 합쳐서 협력함. 햇빛을 가리는 요소를 제거 청산하는 일에 협력함이 큰일이고, 그 큰일이 바로 백성의 풍요를 가져오는 진짜 '豊'임.
56	旅	여	*行商을 포함한 객지살이. ①겸손 ②친절 ③중도 등 세 가지가 여행자의 正道.
57	巽	손	*유순한 공손함으로 순종함. 순종의 방법·정도·결과 등이 언급됨.
58	兌	태	*서로 교류·협력함으로써 기뻐함. 믿음·인내·노력 등이 요구됨.
59	渙	환	渙=散=離 *비바람으로 인한 거센 물결이 밀려오는 재난상황. 재난을 피하는 수단·방법이 중요함.
60	節	절	*정해진 한계를 넘지 않도록 조절하거나 제어하는 절제의 방법과 그 결과를 설명함. 節約·節水·調節 → 止
61	中孚	중부	*어미와 새끼의 숙명적인 관계에서 나오는, 끊으려고 해도 끊을 수 없고, 변질되지 않는, 본능적인 믿음 → 孚
62	小過	소과	*①작은 것이 지나치게 많음 ②조금 지나침=작은 과실
63	旣濟	기제	*물길을 이미 건넘. 이미 이룸. 이완된 상태로 이룬 것을 지켜내야 하는 어려움이 있음.
64	未濟	미제	*물길을 아직 건너지 못함. 아직 이루지 못함.

29. 주역 총정리

01. '太極'은 부처의 '空'과 같은 개념으로 텅 비어있지만, 그것의 움직임에 따라서 '陽'이 드러나기도 하고, '陰'이 드러나기도 한다. 드러난 陽의 움직임 곧 그 작용을 '乾'이라 부르고, 드러난 陰의 움직임 곧 그 작용을 '坤'이라 부른다. 乾坤이 가시적으로 드러나 있는 것이 바로 '하늘[天]'과 '땅[地]'이다. 그래서 하늘을 陽으로, 땅을 陰으로 인식한다.

02. '乾'과 '坤'이 먼저 위아래에서 자리를 잡고서 상호 작용하는데 그 공간은 上·中·下인 天·人·地이므로, 陽이 三才에 두루 미침이 바로 乾이기에 陽 符號 三劃으로써 圖式하며, 陰이 삼재에 두루 미침이 바로 坤이기에, 陰 부호 삼획으로써 도식한다.

03. 乾은 위에서부터 아래로 한 차례씩 陰으로 變하고, 坤도 위에서부터 아래로 한 차례씩 陽으로 化하는데, 陽이 陰으로 바뀌는 것을 '變'이라 하고, 陰이 陽으로 바뀌는 것을 '化'라고 하며, 변해서 생기는 것을 '生'이라 하고, 화해서 이루어진 것을 '成'이라 한다. 乾이 변하여 兌·离·巽이 만들어지고, 坤이 化하여 艮·坎·震이 만들어진다. 바로 여기에서 '變化'와 '生成'이라는 낱말이 생기었다.

04. 하늘과 땅, 곧 乾坤의 상호작용은 '協力'으로써 이루어지는데, 그것은 하늘이 뜻을 내면 땅이 그 뜻을 완성하고, 땅이 뜻을 내면 하늘이 그 뜻을 완성하는 관계로써이다. 곧, 하늘이 1로써 水를 낳고자 뜻을 내면 땅이 6으로써 水를

이루고, 땅이 2로써 火를 낳고자 뜻을 내면 하늘이 7로써 그 뜻을 이룬다. 그렇듯, 하늘이 3으로써 木을 낳고자 뜻을 내면 땅이 8로써 그 뜻을 이루고, 땅이 4로써 金을 낳고자 뜻을 내면 하늘이 9로써 그 뜻을 이룬다. 그렇듯, 하늘이 5로써 土를 낳고자 뜻을 내면 땅이 10으로써 그 뜻을 이룬다는 것이다. 이렇게 건곤이 상호 협력하여 '水·火·木·金·土' 五行을 만들어낸다는 것이다. 그러니까, 坤은 水, 木, 土를 이루고, 乾은 火, 金을 이룬다는 뜻이다. 이것은 周易에 道教의 음양오행설이 접목되면서 나타난 주장이다.

05. '五行'은 만물을 이루는 근원적인 요소로 부처의 '四大'와 같은 개념으로 보면 틀리지 않는다. 道教에서는 三才에 두루 영향을 미치며 존재하는 기운의 다섯 가지 양태를 '水·火·木·金·土'라는 이름으로 분별하였고, 이들의 관계 곧 相生·相剋 관계를 통해서 만물이 生成·消滅한다고 보았다. 佛教에서는 '地·水·火·風'이 바로 모든 물질을 구성하는 요소로 보았고, 물질로써 구조를 갖추어서 이루어지는 만물은 生老病死 과정을 거치며 輪迴한다고 보았다,

06. 乾이 변해서 되는 '兌·离·巽'은 乾이 母胎이므로 陽인 것 같은데 모두 陰이고, 坤이 化하여 되는 '艮·坎·震'은 坤이 모태이므로 陰인 것 같은데 모두 陽이다. 결과적으로, 陽은 陰을 낳고, 陰은 陽을 낳는다는 뜻이기도 하다. 다만, 陽과 陰의 勢와 그 위치[位: 자리]가 달라서 그에 따른 性情이 다르게 결정되고, 그 결정된 성정을 이해하기 쉽게 이론가들은 자연 구성물로 빗대어 표현하였으며, 그 작용을 설명하기 위해서 그들의 性品을 적극적으로 부여해 왔다. 그것이 바로 ①하늘(天:剛, 健, 父, 西北), ②땅(地:柔, 順, 母, 西南), ③연못(澤 : 說, 小女, 正西), ④불(火:明, 麗, 中女, 正南), ⑤바람(風:巽, 入, 木, 長女, 東南), ⑥산(山:艮, 止, 小男, 東北), ⑦물(水: 坎, 險, 天恩, 中男, 正北), ⑧우레(震:動, 長男, 正東) 등이다.

07. 乾坤이 母胎가 되어서 그 陰陽이 變化하여 生成된 '兌·离·巽·艮·坎·震' 등과 함께 八卦를 이루고, 이 팔괘는 독자적인 기운과 성품을 갖고 천지 사이에 존재하는, 일종의 '氣運體'로서 道教의 五行과 같은 개념으로 보면 틀리지 않는다. 주역의 팔괘가 도교의 오행과 같다는 뜻이다.

08. 팔괘 중 두 괘씩이 짝을 이루어 위아래로 결합함으로써 64개의 괘가 만들어지므로 팔괘 하나하나의 성품이 대단히 중요하며, 조합된 상태의 위치 곧 자리가 또한 중요하다. 그래서 「說卦傳」에서 팔괘의 性品·資質·意味·相互 關係 등을 애써 설명하며, 乾과 坤이 조합되어도 乾이 위로 가면 '天地否'가 되고, 아래로 가면 '地天泰'가 되어 전혀 다른, 아니, 상반된 의미를 띠게 된다.

09. 八卦가 위아래로 조합되어 64괘를 이루는데, 이 64괘가 비로소 萬物에 직접 영향을 미치는, 三才에 드리워지는 자연적, 시대적 불가피한 狀況이다. 따라서 사람의 개인적 의지와는 관계없이 주어지는 외적 환경으로서 여건인 셈이다.

10. 64괘 하나하나는 인간의 바람이나 의지와 상관없이 구축되는, 天地의 陰陽이 작용하여 만들어 주는 자연적, 시대적 상황으로 여섯 段階로 그 양태가 변하고, 종료된다. 그래서 현재 내게 어떤 괘의 상황이 드리워져 있다면 그 卦 안에서 고정된 여섯 단계를 거쳐 종료됨을 알기에 미리 대처할 수도 있다. 바로 이런 기능 때문에 주역의 卦名과 卦辭와 爻辭를 통해서 '占'을 쳐왔다. 따라서 六爻는 주어진 상황 안에서 단계적으로, 혹은 시차 순으로 나타나는 음양이 관계를 짓고 변화하는 양태이다. 이 음양 변화의 관계와 양태가 해당 괘 안에서는 고정되어 있기에 卦·爻辭를 통해서 앞으로 일어날 일을 추론할 수 있고, 또 그에 따라 대비할 수 있기에 周易이 占書로 오랫동안 사용되어올 수 있었다는 뜻이다.

11. 卦 짓는 방법은, 오로지 「繫辭傳」上 제9장에서만 언급되는데, 그 절차가 복잡하고, 그 설명이 불완전하다. 그래서 오늘날은 여러 가지 便法이 동원되고 있지만, 그 나름의 절차대로 괘를 지었다고 해서 과연, 天地가 점치는 자의 마음에 부응하여 응답하는가의 문제는 생각해 볼 일이다. 이는 주역의 본질 문제이기도 하지만 응답자는 결과적으로, '天地神明'이고, 점치는 자는 오로지 그 천지신명을 믿고, 그와 눈을 맞추려는 노력으로 보인다.

그리고 '64가지 시대적 상황(卦)과 384가지 양태 변화(爻)가 과연 인간사를 다 설명할 수 있을까?'라고 의심해 볼 수도 있다. 인간이 살아가면서 직면하게 되는 경우 수는 훨씬 더 많고 복잡할 수 있으나 주역의 말씀이, 다시 말해, 卦名·卦辭·爻辭가 함축적이고 비유적인 표현이 많기에 어떻게든 연계시켜 말할 수는 있을 것이다. 그러나 완벽할 수는 없다. 그저 아는 만큼 활용할 수 있을 따름이다.

12. 64괘 하나하나의 의미는 '괘명(卦名:괘의 이름, 호칭)'으로 드러내었고, 그 괘 성품과 德性의 작용으로 나타난 결과가 어떠한가에 관해서는 '卦辭'를 통해서 드러내었다. 그래서 괘사는 괘의 의미, 작용(기능), 그 특징 등을 평가, 결정한 짧은 문장으로 표현되었다. 그런 괘사에 관해 판단(괘의 의미, 작용 등을 평가 결정한)의 근거를 중심으로 보충 설명한 것이 오늘날의 '彖辭'이다.

13. 彖辭에서 언급된 그 판단의 근거는, 괘의 意味, 上·下卦의 德性과 作用, 中道를 얻는 五爻와 二爻의 역할, 陽爻와 陰爻의 상관관계 내지는 變化·推移 등이며, 항시 그 끝은 인간사의 道理와 천지의 理致를 결부시켜 그 당위를 설명하려고 한다는 점이다. 그래서 하늘의 이치가 이러하니 인간사도 역시 이러하다는 식이거나, 인간사의 도리를 보니 이러한데 역시 하늘의 이치가 그러하기 때문이라는 식이다. 이 이야기는 결과적으로, '하늘의 이치가 이러함으로 우리 인간의 도리도 마땅히 이러해야 한다'는 시각과 논리를 앞세우는 특징과 한계가 있다는

뜻이기도 하다.

14. 卦 안에서 변화하는 陰陽의 양태를 설명한 것이 爻辭인데 그것은 모두 의인법(擬人法)이라는 修辭를 사용했기에 爻 하나하나가 사람으로 비추어진다. 더욱이 당대 보편적인 생활 습속(習俗)과 관련된 일상사의 정황으로써 빗대어 설명했기에 다종다양한 인간사를 대입시켜 그 해석이 가능해진다. 모든 종교의 경전 문장이 문학적 수사로 표현되었기에 多重의 해석이 가능해진 것처럼 주역의 육효사도 마찬가지이다. 爻辭에 동원된 생활 습속으로는 祭祀, 사냥, 섭대천(涉大川:위험과 모험이 수반되는 국가적 대사), 견대인(見大人:對人關係, 人事), 혼구(婚媾=婚姻), 우물 사용 및 관리, 정벌(征伐), 언행(言行), 진퇴(進退:나아감과 물러남), 형벌(刑罰), 소비와 절약, 각종 도구(道具:배, 활, 수레, 솥, 제기 등) 이용, 음주(飮酒) 등을 들 수 있다. 물론, 이들 외에도 특정 동물의 생태도 활용된다.

15. 하늘의 이치를 '天道'라 하고, 인간의 도리를 '人道'라 한다면, 인도와 천도를 결부시켜 하나가 되어야 한다고 주장하는 이론가의 기본적 시각은 '象辭'에서 더욱 극명하게 드러난다. 특히, 上·下卦의 '卦象'을 보고 君子는 의당 ~해야 한다'라고 주장하는, '大象辭'가 그 명백한 증거라고 생각한다. 따라서 64괘 하나하나의 의미 64가지와 卦象을 통해서 군자에게 요구한 실천 덕목 64가지의 의미를 이해해도 주역 세계의 33% 정도는 이해하며, 그 나름의 意義가 있다고 본다. 단, 여기서 君子는 한 나라의 통치자이지만 꼭, 그렇게 보지 않고 조직이나 단체의 리더를 꿈꾸는 나 자신이라고 보아도 무리가 없기 때문이다.

16. 어김없이 晝夜가 바뀌고, 四時가 부리어짐을 두고 天地 陽陰의 상호작용으로 인식하고, 하늘의 선한 뜻을 받들어 땅이 만물을 낳는다고 믿었다. 그래서 하늘은 剛健하고, 땅은 柔順하다고 여기고, 사람도 天地의 그런 관계와 그 이치

를 본받아서 仁과 義를 德으로써 실천하고, 禮와 智를 孚[信]로써 세워야 하며, 그것이 바로 '天人合一'이라고까지 주장하는 것이 易의 세계이다.

17. 太極 - 兩儀 - 四象 - 八卦 - 64卦, 道 - 中道 - 常道 - 天道, 乾道 - 地道, 坤道, 四象 - 方位 - 色 - 數 - 별자리[星座] 등의 連繫, 天數 - 奇數 - 地數 - 偶數 - 天地之數 - 小衍之數 - 大衍之數 - 乾策 - 坤策 - 萬物之數 - 萬物生存之數 - 生數 - 成數 - 五行之數 - 天干交合之數 - 六甲納音之數, 君子 - 小人 - 하늘 - 땅 등 일체가 觀念으로 易의 外延이 확대되고 內包가 정밀해지면서 거대한 상징체계를 이루었다.

18. 易의 출발점이 '太極'이고, 태극에서 나오는 陰陽 곧 天地가 '生數'와 '成數'를 부리어서 萬物의 근원적 요소인 '水·火·木·金·土' 五行을 낳고, 오행이 萬物을 구성하며, 그 만물은 팔괘가 서로 만나 당면하게 하는 64괘 상황에 따라 변화하며 되풀이된다고 믿는다. 따라서 태극의 본질, 오행의 본질과 그 작용, 팔괘의 본질과 그 작용, 64괘의 변화 이치 등에 관한 탐구가 이루어져야 하며, 이들에 대한 객관적 신뢰도가 무너지면 易은 한낱 물거품 같은 虛構가 되고 만다는 사실도 알아야 한다.

19. 陽과 陰의 관계란 상추(相推)·상박(相薄)·상탕(相蕩) 등의 용어로 繫辭傳에서 표현되었듯이, 64괘 안에서는 양과 음이 서로 배척하듯 밀어내기도 하고, 상대의 세력 성장을 억제(抑制)·제지(制止)시키기도 하고, 서로 협력하듯 지시하고 순종하며 일을 도모(圖謀)하는, 협력 관계이기도 하다. 그래서 어떤 괘에서는 이 음과 양의 조화(調和)·협력(協力)·친비(親比)를 말하기도 하고, 또 어떤 괘에서는 상대의 세력 확장을 억제(抑制)·제지(制止)·퇴출(退出) 등을 말하기도 한다. 그렇듯, 동류 관계 곧 양과 양의 관계라든가, 음과 음의 관계 등도 競爭·排斥만

있는 게 아니라 團合·協力도 있다. 이것은 卦의 의미가 결정한다.

20. 우리가 易을 공부한다는 것은 이런 거대한 상징체계로써 구축된, 세상사의 이치가 고스란히 정리되어 있다고 믿는 '궁전' 안으로 들어감이며, 그 궁전의 안팎 재질·짜임새·모양새·기능 등을 살피며, 안주할 수 있는 곳인지를 탐색하는 것이다.

21. 이미 주어진, 낡은 爻辭에 전적으로 의지하지 않고, 음양 부호로써 도식된 卦象만을 보고서 나름대로 새롭게, 혹은 변화된 상황에 맞게 해석하고자 한다면 '卦象 읽는 방법'을 터득해야 한다. 그 방법을 설명해 보이겠는데 한계는 있다. 한계가 있다는 것은 완벽하지 못하다는 뜻이다. 이것은 어디까지나 기존의 효사를 읽으면서 주로 거론되었던 점들을 정리한 결과이기 때문이다.

①각 爻가 正位인지 不正位인지 확인한다. 初爻, 三爻, 五爻 자리에 陽이 오고, 二爻, 四爻, 上爻 자리에 陰이 오는 것을 '正位'라고 하고, 그렇지 않은 경우를 '不正位'라고 한다. 한마디로 말해, 陽의 자리에 陽爻가 오고, 陰의 자리에 陰爻가 오는 것을 '正位'라고 하고, 그렇지 못한 경우를 '不正位'라고 한다.

②짝이 되는 爻들이 呼應하는지 호응하지 못하는지를 확인한다. 짝이 陰陽으로 이루어지면 호응하는 '應爻'라 하고, 그렇지 않은 경우를 호응하지 못하는 '非應爻'라 한다. 짝이란 地를 상징하는 초효-사효, 사람[人]을 상징하는 이효-오효, 하늘을 상징하는 삼효-상효를 각각 '짝'이라 한다.

③中道를 얻은 二爻와 五爻가 陽인지 陰인지 확인한다. 陽이면 '剛中'이라 하고, 陰이면 '柔中'이라 한다. 오효가 剛이고 이효가 柔면 이상적이다. 만약, 오효가 음이면 三·四·上爻가 陽이면 좋다.

④六爻 가운데 가장 중요하고 큰일을 하는 주인공과 같은, '主爻'를 분별한다. 물론, 오효가 제일 많고, 그다음이 이효이다. 이들 외에 삼효, 사효, 상효, 초효도

드물게 주인공이 되기도 한다.

⑤육효의 전체적인 모습을 통시적으로 살핀다. 陰爻와 陽爻의 勢力이나 그 위치를 보고서 고립(孤立), 제지(制止), 밀어내는[相推] 관계 등을 판단하고, 인내하면서 세를 점차 키우는지, 아니면 쫓겨나는지를 앞으로 다가올 卦를 염두에 두고 판단한다. 주로, 12피괘설(辟卦說)과 관련된 괘에서 이런 설명이 있다. 예컨대, 復卦에서 하나뿐인 초효의 陽爻를 두고 剛이 돌아왔다고 했다. 臨卦에서는 오래가지 않아서 陽이 소멸할 것을 걱정하기도 한다. 그런가 하면, 泰卦에서는 군자의 陽가 자라나고 소인의 陰가 소멸한다고 예단하듯이, 否卦에서는 반대로 소인의 도는 자라나고 군자의 도가 소멸한다고 했다. 앞으로 시간이 가면 어떤 괘가 오리라는 것을 전제로 卦象을 설명했다는 뜻이다.

⑥初爻와 上爻만 陽이고 나머지가 음효인 山雷頤卦와 그 반대인 澤風大過卦 또는 삼효와 사효만 양이고 나머지가 음인 雷山小過卦와 그 반대인 風澤中孚卦 彖辭에서 확인할 수 있는 것처럼 같은 원칙으로 卦象을 설명하지 않는다는 사실을 유념할 필요가 있다. 이게 무슨 말인가? 택풍대과괘에서는 큰 것 곧 양효가 지나치게 많다고 했는데 이와 반대인 산뢰이괘에서는 음효가 많다는 언급이 없다는 뜻이다. 그렇듯, 뇌산소과괘에서는 작은 것이 넘친다고 했으나 이와 반대인 풍택중부괘에서는 큰 것이 넘친다는 말을 하지 않는다는 점이다. 그러니까, 卦象을 같은 원리로써 설명하는 게 아니라 먼저 괘에 부여된 의미 곧 괘명이나 괘사를 의식하고서 관련된 내용으로 卦象을 설명한다는 뜻이다.

⑦고정된 원칙이 있어서 모든 卦象을 읽는데 적용된다면 얼마나 좋겠는가. 위 ④, ⑤, ⑥에서 보듯이, 그렇지 않은 면이 적지 않다. 중도, 정위, 호응, 이웃하는 효와 親比 관계 등을 따지는 원칙이 있어 보이지만 모든 괘에서 꼭 적용되는 것이 아니다.

제Ⅱ부

64卦의 卦象·卦名·卦辭·彖辭·大象辭·爻辭·小象辭
기타, 序卦傳·雜卦傳·說卦傳 등 번역·해설 포함

1. 重天乾卦

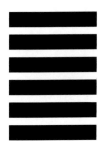 주역 첫 번째 괘로 중천건괘(重天乾卦)가 있다. 하늘 天
乾이 위아래로 붙어있다는 뜻이다. 그러니까, 上卦 곧
外卦가 乾이고, 下卦 곧 內卦도 乾이라는 뜻이다.

八卦 가운데 하나인 乾은, '양, 양, 양'으로, 陰 하나 없
이 陽 셋으로만 되었는데 이는 하늘 사람 땅 등 三才에
두루 양의 기운이 가득 차 있다는 뜻이다. 乾의 근원은,
太極에서 양의(兩儀) 곧 陰과 陽이 나오고, 이 음과 양은
큰 것과 작은 것으로 각각 나뉘어서 '태양(太陽), 소양(少陽), 소음(少陰), 태음(太
陰)' 등 '四象'을 낳는데, '양, 양'으로 된 太陽 위로 양효 하나가 덧씌워져서 양효
셋이 된 것이다. 따라서 그 태생이 太陽이므로 陽卦이고, 거기에다가 양효 하나
가 올라와서 된 것이기에 더욱 剛健한 성품을 지닌다. 이 강건하고 밝은 성품을
표징(表徵)할 수 있는 형상물로, 옛사람은 태양과 달과 별들이 있는 '하늘(天)'을
떠올렸던 것이고, 그 하늘이 갖는 성정을 '剛健'으로 인식했던 것 같다.

이런 乾을 두고, 「說卦傳」에서는, '天'이고(제10장), '君'이자(제4장) '父'이며(제10
장), '首'이고(제9장), '馬'이며(제8장), '健'이라고(제7장) 그 외연적 의미를 확대하여
부여했다. 여기서 가장 중요한 것은, '天'과 '地'가 무엇보다 먼저 생기어서 서로
의 자리를 결정짓고(제3장), '陽'은 '陰'과 상박(相薄)하는, 다시 말해서, 서로 속박
하며, 때로는 서로 업신여기는 관계(제5장)라고 인식했다는 점이다. 그리고 西北
卦(제5장)라고 했다.

이러한 乾이 위아래에 붙어서 밑으로부터 '양, 양, 양, 양, 양, 양'으로 된 64괘

가운데 하나인 重天乾卦를 이루었는데, 하늘 위에 또 하늘이 있는 모양으로 하늘이 겹쳐 있다. 이러한 '重天'을 '乾'으로 받았는데, '乾'은 어떤 의미로 쓰였을까? '乾'은, '하늘, 임금, 남자, 아버지, 마르다, 건조하다, 말리다, 건성으로 하다, 텅비다, 아무것도 없다, 말린 음식, 헛되이, 덧없이' 등 다양한 의미로 쓰인다. 물론, 여기서는 '하늘'이라는 의미로 쓰였는데, '天'이 아닌 '乾'이다. '天'이 가시적인 공간으로서 자연의 하늘이라면, '乾'은 그 하늘이 움직이고 작용하도록 하는 주체로서 근원적인 氣運이자 그 원리이다. 그러니까, 자연의 하늘에 인성을 부여하여 무언가 일을 하는 주체로서 하늘이 乾이다. 하지만 그 乾은 보이지 않는다.

「序卦傳」에 의하면, "有天地, 然後萬物生焉. 盈天地之間者唯萬物"이라 했고, 「雜卦傳」에 의하면 "乾剛"이라 했다. 곧, 하늘과 땅이 있고 난 연후에 만물이 생기고, 하늘과 땅 사이에 가득 찬 것이 오직 만물이라는 것이고, '乾=剛'이라 했다. 그러니까, 하늘과 땅이 먼저 자리를 잡고 존재하여 서로 합심 노력함으로써 만물이 생긴다는 것이고, 그래서 하늘과 땅 사이에는 만물로 가득하다는 주장이다.

그렇다면, 하늘과 땅이 어떻게 합심 노력하는지가 중요한데 사실 이 부분에 대한 설명은 없다. 여하튼, 이런 인식에는 보통 사람들이 느끼고 인식하는 하늘과 땅과의 관계가 전제되었다고 본다. 곧, 하늘에는 해와 달과 별이 있고, 그들의 빛이 있으며, 사람을 비롯하여 만물은 그 빛의 영향을 받는다. 특히, 해의 열과 빛에 너지는 지대한 영향을 미친다. 땅에 뿌리를 내린 모든 생명이 그 덕으로 살아간다고 해도 조금도 지나치지 않는다. 그래서 태양의 강건한 이미지가 그대로 하늘에 적용되어 하늘이 '剛'으로 인지되었고, 그 剛이 바로 陽의 기운으로 인지되었으리라 본다. 게다가, 하늘에는 구름이 있고, 그 구름을 바람이 움직이게 하여, 다시 말해, 離合集散하게 하고, 그 과정에서 천둥 번개를 치며 비를 내리고, 그 빗물로써 지상의 모든 생명에게 살아갈 수 있도록 절대적인 도움을 주기도 하고, 갖가지 피해를 안겨주기도 한다. 그래서 하늘이라면 그야말로 廣大하고, 엄청난 능력이 있는 존재로서 대단히 중요하게 인식될 수밖에 없다. 그러므로 하늘 '天'은 그 형상으로 모양(象)일 뿐이고, 그 하늘이 갖는 性品과 機能을 합쳐서 '德'이라고 부르면서 우리는 그 德에 '乾'이라는 性情을 부여했다. 이때 '乾'은, '剛'이요, '健'이라는 것이다.

* *

乾 : 元, 亨, 利, 貞.

중천건괘는, 만물의 근원으로 광대하고, 그 기운의 움직임이 형통하며, 만물에 두루 이롭고, 정도로서 변하지 않는다.

🖉 '元亨利貞'이란 네 글자를 하나씩 떼어서 읽음으로써 중천건괘의 성품(性品), 성정(性情), 자질(資質) 등으로 이해하는 이들이 있고, 오로지 다른 괘들처럼 중천건괘의 점사(占辭)로 이해하여 '元亨, 利貞'으로 읽는 이들도 있다. 전자로는 程伊川(1032~1085, 北宋 理學家, 敎育者) 외 많은 사람이 있고, 후자로는 朱子(1130~1200, 南宋時期 理學家, 思想家, 哲學家, 敎育者)를 비롯하여 적지 아니한 사람이 있다. 현재 중국 주역 전문사이트에서는 주로 한 글자씩 떼어 표기해 놓고, 정이천의 견해를 따르는 곳이 많다.

'元亨利貞'을 중천건괘의 성품, 성정으로 받아들이면, 하늘과 땅이 먼저 자리를 잡고 서로 작용함으로써 만물이 생긴다고 했으니, '元'을 만물의 根源, 根本으로, '亨'을 그 기운의 움직임이 형통함으로, '利'를 만물에게 주는 이로움으로, '貞'을 正道의 고수(固守) 혹은 견지(堅持)로 각각 해석해야 옳다고 본다. 물론, '正'자가 있는데 굳이 '貞'을 사용하고서 '正'으로 해석하는 것은, 正을 끝까지 지킨다는 固守와 堅持의 의미가 내재해 있기 때문으로 보인다. 한 가지 이유를 더 든다면, 자연의 성품이기에 '貞'을 썼지 인간의 성품을 드러냈다면 '正'을 썼을 것이다. 마치, '믿음'을 두고 자연의 믿음이기에 '孚'를, 인간의 믿음일 때는 '信'을 쓰는 것과 같은 이치이다.

만약, 朱子처럼 '元亨, 利貞'으로 읽는다면, '크게 형통하고, 끝까지 정도를 지켜야 이롭다'라고 해석해야 한다. 그런데 필자는 정이천의 견해를 따랐는데, 그 이유인즉 다음 괘인 중지곤괘(重地坤卦)의 괘사에서도 '元亨利貞'이 나오는데, 貞에만 '牝馬之'라는 조건이 붙어있는 것으로 미루어보아 한 자씩 떼어 읽는 것이 타당하다고 생각되었기 때문이다. 그러니까, 중천건괘의 괘사는 乾의 성정을 말한 것으로 끝내버렸고, 그에 뒤따르는 占辭가 붙었어야 했는데 그것이 생략되었다고 판단했다. 하지만, 중지곤괘는 元亨利貞 다음으로 이 괘를 얻은 사람에게 주는 占辭가 붙었다.

그리고 필자의 주관적인 판단이지만, 64괘의 卦辭를 모두 떼어내어 한눈에 보면, 대개는 ①元 ②亨 ③利 ④貞 ⑤吉 ⑥凶 ⑦无咎 등 일곱 가지가 그 핵심적 요소이며, 나머지는 이들 글자에 붙는 조건으로써 占辭임을 알 수 있다. 이 일곱 가지 중에서 아무것도 들어가 있지 않은 卦는, 64괘 중 觀卦, 晉卦, 姤卦 등 세 괘뿐이다. 그러니까, '卦辭'라는 것은, 위 일곱 가지 요소를 중심으로 판단한 것이며, 해당 괘의 상(象)과 점(占) 두 요소가 합쳐진 문장으로 극도로 압축된 것이다. 단, 여기서 '상(象)'이란 상·하괘의 조합으로 나타나는 자연의 기운이 어떠한가를 말하는 것이며(①~④), '점(占)'은 그 자연의 기운이 인간에게 미치어 어떠한 양태로 나타나는가를 설명한 내용을 말한다(⑤~⑦). 따라서 卦辭의 구조 곧 짜임새를 이해하면 괘사 해석에 도움이 된다.

《彖》曰：大哉乾元, 萬物資始, 乃統天. 雲行雨施, 品物流形. 大明終始, 六位時成, 時乘六龍以御天. 乾道變化, 各正性命, 保合太和, 乃利貞. 首出庶物, 萬國咸寧.

「단」에서 말했다. 위대하구나! 건원이여. 만물이 시작되는 바탕이고, 마침내 하늘을 다스린다. 구름을 움직이어 비를 내리고, 온갖 사물에 번져서 형태를 이루게 한다. 시작과 끝을 크게 밝히고, 여섯 자리가 때를 이루며, 때가 여섯 용을 타고서 하늘을 다스린다. 건도가 변화하여 각기 타고난 성품과 천명을 바르게 하고, 보호하고 합하여 크게 화목하니, 마침내 이롭고 정도를 견지한다. 여러 사물에서 우두머리가 나오고, 만국이 두루 평안하다.

✏️ '乾'을 '乾'이라 부르지 않고 '乾元'이라 불렀는데, 여기에는 乾이 坤과 함께 만물의 근원이라는 점에서 특별히 '근원'과 '으뜸'이라는 두 가지 의미로 '元'이라는 字를 붙여 호칭하였다. 만물이 시작되는 바탕이라는 것은, 만물이 나올 수 있도록 해주는 근원적인 재료가 된다는 뜻이다. 하늘을 다스린다는 것은, 하늘이 할 수 있는 일들을 조절하고 통제한다는 뜻이다.

그리고 구름을 움직이어 비를 내리고, 그 빗물이 온갖 사물에 번져서 형태를 이루게 한다는 것은, 乾이 하늘을 다스려서 하는 일 가운데 결정적인 한 가지를 말한 것으로, 하늘에서 비를 내려 만물이 生長하도록 하는 자연현상을 말한 것이다. 그리고 시작과 끝을 크게 밝힌다는 것은, 乾이 만물의 生長과 老死를, 다시 말해, 人間事의 흥망성쇠를 결정한다는 뜻이다. 그리고 여섯 자리가 때를 이룬다는 것은, 육효가 때에 맞추어서 자기 자리를 확보하여 결정짓는다는 뜻이다. 이를 거꾸로 말하면, 때가 변함에 따라서 여섯 자리가 만들어진다는 뜻이다. 그리고 때가 여섯 용을 타고서 하늘을 다스린다는 것은, 때가 여섯 단계를 거치며 변한다는 뜻이고, 그 단계에 맞게 하늘이 움직인다는 뜻이다.

그리고 '乾道'라는 말이 처음으로 쓰였는데 여기서 乾道란, 乾이 움직이는 길 곧 그 秩序를 의미한다. 곧, 때맞추어 여섯 단계로 변하면서 시작과 끝을 분명히 하는 것이다. 이런 乾道가 작용함으로써, 만물이 각기 타고난 性情과 天命을 바르게 이행하면서 서로 보호하고 합하여 크게 화목하니, 그런 건도는 만물에 이롭고 정도로써 견고하게 유지되어야 한다는 것이다.

그리고 여러 사물에서 우두머리가 나온다는 것은, 하늘과 땅이 작용하여 만물이 나오고, 그 만물 가운데에서 優劣이 가려지면서 분류되고, 분류된 집단에서 우두머리가 나오듯이, 인간 사회에서는 여러 국가가 생기고, 그 국가들 가운데에서도 제왕이 통치하는 제국이 나온다는 뜻이다. 그렇듯, 만국이 두루 평안하다는 것은, 왕 가운데 왕인 제왕이 나와 통치행위를 함으로써 위계질서가 확립된다는 뜻이다.

따라서 '乾=天=龍=君'으로 빗대어졌음을 알 수 있다. 아울러, '乾道'라는 말의 의미를 유추하여 그 개념을 정리할 수도 있는데, 곧, ①만물의 근원으로서 剛健하며, ②하늘을 다스리며(統天·御天), ③만물의 시작과 끝을, 다시 말해, 흥망성쇠를 주관하고, ④각각의 만물에 성정과 운명을 바르게 부여하여 큰 화목을 이루게 하는 주체로서 만물에 두루 이롭고 바른 '머리(首)'와 같은 구실을 하는, 보이지 않는 존재이다. 人性이 부여된 하늘이라는 뜻이다.

《象》曰 : 天行健, 君子以自强不息.

「상」에서 말했다. 하늘의 움직임이 굳세니, 군자는 이로써 보고 깨달아, 스스로 강해지도록 쉬지 않고 (노력하라).

🖉 하늘의 성품은 '乾'이고, '乾'은 '剛'이자 '健'이다. 剛健한 하늘이 구름을 움직이어서 비를 내리고, 그럼으로써 만물을 생육 성장하게 하듯이, 군자는 그런 하늘을 본받아서 백성을 기를 수 있는 능력을 갖추도록 쉬지 않고 노력해야 한다는 뜻이다. 그럼으로써 백성을 양육하고 잘 살게 하라는 뜻이다. 그러니까, 하늘은 군자로, 하늘의 강건함은 군자의 강건함 곧 능력으로 연계시켰음을 알 수 있다.

初九, 潛龍勿用.

초구, 물에 잠긴 용이니 쓰지 말라.

✎ 초구는 자리가 바르고, 짝인 구사와 호응하지 못하며, 가깝게 지낼 이웃도 없다. 초구는 '潛龍'으로 빗대어졌는데 이 잠룡은 어떤 의미인가? 초구는 乾卦의 가장 아래에 있는 양효로, 사람으로 치면 가장 미천한 자리에 있는 남자이다. 그래서 그 자리가 높아지도록 때를 기다리며 노력해야 한다. 乾卦의 六爻가 다 같은 陽爻이나 그 자리의 當不當과 높낮이가 달라서 하는 일과, 할 수 있는 일이 달라진다. 여기서는 일단, 하늘을 다스리는 여섯 용 가운데 가장 미천한 자리에 있는, 미력한 능력을 지닌 용이다. 따라서 이 용은 쓰지 말라고 했다. 사람으로 치자면, 너무 어리고, 아직 배우지 못해서 일할 수 있는 단계가 아니라는 뜻이다.

《象》曰 : 潛龍勿用, 陽在下也.

「상」에서 말했다. '물에 잠긴 용이니 쓰지 말라' 함은, 양이 아래에 있음이다.

✎ 양이 아래에 있다는 것은, 초구의 자리가 가장 아래의 미천한 자리라는 뜻이고, 동시에 쓰일 수 있는 능력이 갖추어지지 않았다는 뜻이다. 만약, 육효를 둘씩으로 나누어 보면, '上, 中, 下'로 구분되는데, 上은 상구와 구오가 해당하며, 하늘이라고 말할 수 있고, 中은 구사와 구삼이 해당하며, 만물이 머무는, 하늘과 땅 사이라고 말할 수 있다. 그리고 下는 구이와 초구가 해당하며 땅이라고 할 수 있다. 따라서 초구는 땅 아래, 곧 땅속이거나 그 웅덩이의 물속이라고 할 수 있다. 그래서 잠룡은 그 모습이 보이지 않는 상태이다. 그러니까, 세상에 드러나 있지 않은, 미력한, 혹은 미미한 존재라는 뜻이 된다.

九二, 見龍在田, 利見大人.

구이, 밭에 나타난 용이니, 대인을 만나는 이로움이다.

✏ 구이는 자리가 바르지 못하고, 짝인 구오와 호응하지 못하며, 가깝게 지낼 이웃도 없다. 그리고 剛中을 얻었다. 그런 구이는 밭으로 나온 용, 곧 '현룡(見龍)'으로 빗대어졌는데 이 현룡은 무슨 의미인가? 용은 근본적으로 점점 자라서 하늘로 날아올라야 하는데, 구이는 초구처럼 땅속이나 물속에 숨어있는 어린 용은 아니고, 육지인 밭으로 걸어 나온 용이다. 조금 성장했다는 뜻이다. 그래서일까? 어미용을 만나서 도움을 받으면 더욱 빠른 속도로 성장, 성숙할 것이다. 사람으로 치자면, 이끌어줄 대인의 도움을 받으면 이롭다는 뜻이다. 이처럼, 爻辭는 앞부분이 자연의 형상물로 빗대어지고, 뒷부분은 사람의 일로 빗대어서 말해진다. 앞부분을 象이라 하고 뒷부분을 占辭라고 할 수 있는데, 이 두 가지가 뒤섞여 있기에 그 의미 판단이 어렵게 느껴지는 것이다.

《象》曰 : 見龍在田, 德施普也.

「상」에서 말했다. '밭에 나타난 용이라' 함은, 덕이 널리 베풀어짐이다.

✏ 덕이 널리 베풀어진다는 것은, 구이의 덕이 아랫사람에게 널리 베풀어진다는 뜻일까? 아니면, 大人의 덕이 구이에게 베풀어진다는 뜻일까? 모호한 면이 없지 않다. 구이가 아랫사람에게 덕을 베풀기에는 그리 높지 않은 신분이나 중도를 얻었기에 능력은 있다고 볼 수 있다. 그런가 하면, 대인을 만나는 것이 이롭다고 한 점으로 미루어보면, 대인의 덕이 구이에게 베풀어지는 것으로도 판단되기 때문이다.

물속에 머물러있던 용이 조금 자라서 육지인 밭으로 나왔기에 그 모습을 드러내 보였고, 스스로 움직일 수 있어서 어렵지 않게 타자의 도움을 받아서 더 빠른 속도로 성장할 수 있다. 사람으로 치자면, 스스로 노력할 수 있을 만큼 성장했기에 대인을 찾아가 만나서 그의 도움을 받음으로써 더 빠르게 발전할 수 있는 단계라는 뜻이다. 이 점을 염두에 둔다면, 자신의 덕을 아랫사람에게 베푸는 것이 아니라 대인의 덕이 구이에게 베풀어지는 것으로 판단해야 옳다. 물론, 혹자는

重天乾卦의 六爻를 순(舜)임금의 개인 성장사로 여겨서 無名이었던 순임금의 덕이 널리 베풀어져서 요(堯)임금에게까지 알려지게 된 것으로 이 구이 효사를 해석하기도 한다.

九三, 君子終日乾乾, 夕惕若, 厲无咎.
구삼, 군자가 종일 건성건성 했으니, 저녁에 걱정하나, 위태롭지만 무구하다.

✍ 구삼은 자리가 바르고, 짝인 상구와 호응하지 못하며, 가깝게 지낼 이웃도 없다. 그리고 中道를 지나쳐 있다. 이런 구삼을 龍으로 빗대어 말하지는 않았으나 굳이, 용으로 빗대어 말한다면, 게으름을 피운 태만한 용 곧 '怠龍'이 되지 않을까 싶다. 그런데 孔子, 程伊川을 비롯하여 거의 모든 사람이 '君子終日乾乾'을 '군자가 종일토록 그침이 없이 힘쓴다'라고 해석한다. 문제의 '乾乾'을 쉼 없이 노력하는 모습으로 풀이하면, 구삼은 부단히 힘쓰는 '勉龍'이나 '勵龍'이나 '邁龍'이라고 해야 할 것이다. 아래 象辭를 비롯하여 문언(文言)의 해석이 다 그렇게 되었지만, 한 가지 분명한 의문이 해소되어야만 한다. 그것은, '종일 쉬지 않고 노력했는데 왜, 저녁에 근심 걱정해야 하며, 위태롭기까지 한가?'이다. 구삼은 낮에 건성건성 했기에 저녁이 되어서야 근심 걱정이 몰려든 것이고, 그래서 위태로워졌으나 무구하다는 뜻으로 필자는 이해하였다. 이런 필자의 개인적인 판단은 문언(文言)이나 소상사(小象辭) 등을 고려하지 않은, 효사 문맥으로 본 반사적인 판단에 기초한 해석이다.

그러나 다른 사람들은 구삼 군자를 낮에 강건하게 노력하고, 저녁에도 걱정되어서 강건하게 더 노력하는 상으로 본다. 물론, 인간사적으로 이런 타입이 있긴 하다. 소위, 노력형(努力型)의 인간이다. 밤낮으로 애쓰는 사람 말이다.

《象》曰 : 終日乾乾, 反復道也.
「상」에서 말했다. '종일 건성건성 했다.' 함은 도를 반복함이다.

✍ 도를 반복했다는 것은, 도를 복습(復習)했다는 뜻이다. 물론, 이런 상사를
전제하면 '乾乾'을 쉼 없이 노력하는 강건한 태도로 해석해야 옳다. 만약, 필자처
럼 건성건성 일했다는 뜻으로 해석한다면 이 小象辭의 '反復道也'가 '未盡道也'로
바뀌어야 할 것이다.

九四, 或躍在淵, 无咎.
구사, 간혹, 못에서 뛰어오름이니, 무구하다.

✍ 구사는 음의 자리에 양으로 와서 그 자리가 바르지 못하고, 짝인 초구와 호
응하지 못하며, 가깝게 지낼 이웃도 없다. 구사는 外卦 곧 上卦의 초효로서 날아
오르기 위해서 연습하는 용이다. 거의 날기 위한 준비가 되었다는 뜻이다. 용이
성장하여 물속에서 혹은 땅 위에서 하늘로 날아오르는 일이 단번에 이루어지겠
는가? 부단한 노력과 연습이 필요하다. 이렇게 본다면, 구사는 '躍龍'으로 도약
을 시도하는 용이다. 사람으로 치자면, 충분히 성장하고 노력해서 이제는 그야
말로 크게 변신, 도약(跳躍)할 기회를 엿보는 자이다.

《象》曰 : 或躍在淵, 進无咎也.
「상」에서 말했다. '간혹, 못에서 뛰어오른다' 함은, 나아감이 무구하다.

✍ 나아감이 무구하다는 것은, 나아갈 준비가 다 되어서 때에 맞게 행동한다는
뜻이고, 그런 나아감에는 화를 입지 않아 재해가 없다는 뜻이다.

九五, 飛龍在天, 利見大人.

구오, 하늘을 나는 용이니, 대인을 만남이 이롭다.

✎ 구오는 양의 자리에 양으로 와서 그 자리가 바르고, 짝인 구이와 호응하지 못하며, 가깝게 지낼 이웃도 없다. 그리고 中正을 얻었다. 구오는 비로소 뛰어오르기가 성공하여 하늘을 나는 용이 되었다. 소위, '飛龍'이 된 것이다. 용으로서 최종 목표를 달성한 것이다. 사람으로 치자면, 소기의 목표를 달성하여 이제부터 제구실할 수 있는 조건에 놓인 자이다. 목표를 달성하여 자기 자리를 차지했다면 제 임무를 완수해야 하는데, 그러기 위해서는 대인의 도움이 필요하다. 하늘의 용이 그러하듯이, 인간 세상의 군주 역시 대인의 자문이 필요하다. 군주로서 임무를 원활히 수행하려면 말이다. 그래서 '利見大人'이라는 占辭가 붙었다.

《象》曰 : 飛龍在天, 大人造也.

「상」에서 말했다. '하늘을 나는 용이라' 함은, 대인이 세움이다.

✎ 대인이 세운다는 것은, 대인이 나라를 건립했다는 뜻이다. 그러니까, 구오, 군주는 나라를 건립한 대인의 자문과 지도를 받아서 나라를 통치함이 이롭다는 뜻이다.

上九, 亢龍有悔.

상구, 높이 오른 용이니, 후회함이 있다.

✎ 상구는 자리가 바르지 못하고, 짝인 구삼과 호응하지 못하며, 가깝게 지낼 이웃도 없다. 乾卦의 끝자리로 그 道가 극한에 이르렀다. 상구는 '亢龍'으로 빗대어졌는데 이 '항룡'이라는 것은, 너무 높이 올라가서 더는 올라갈 수 없는 지경

에 이르렀다는 뜻이고, 그래서 스스로 安危를 걱정해야 하는 자리이다. 그래서 후회와 뉘우침이 수반된다.

《象》曰 : 亢龍有悔, 盈不可久也.
「상」에서 말했다. '높이 오른 용이니, 후회함이 있다.' 함은, 가득 찬 것은 오래가지 못함이다.

✎ 가득 찼다는 것은, 극에 달해 있다는 뜻이고, 극에 달해 있다는 것은, 오래 가지 못하고 스스로 무너진다는 뜻이다. 가득 찼기에 점점 줄어드는 상황으로 바뀐다는 뜻이다. 옛사람이 해와 달의 움직임을 관찰하여, 가득 차면 비워지고, 다 비워지면 다시 차오르는 '영허(盈虛)'라는 개념을 도출(導出)해 냈듯이, 시작이 있으면 끝이 있고, 끝나면 다시 시작한다는 '종시(終始)'라는 개념과 함께 만유(萬有)·만상(萬象)을 바라보기 때문에 이 같은 小象辭가 붙여진 것이다. 오래가지 못한다는 '不可久也'라는 말은, '何可久也', '不可長也', '何可長也' 등의 말과 함께 小象辭에서 즐겨 쓰이는 말이라는 사실이 반증해 준다.

用九, 見群龍无首, 吉.
용구, 우두머리가 없는 용의 무리가 보이니, 길하다.

✎ '用九'라는 말은, 수 9를 쓴다는 뜻이다. 9는 萬物生存之數 가운데 陽數로서 가장 큰 수 곧, 陽極之數 이기에 그 상징적인 수를 사용한다는 뜻이다. 그러니까, 시작은 初九, 끝은 上九 등으로 쓰고, 이효는 九二, 삼효는 九三, 사효는 九四, 오효는 九五 등으로 9를 쓴다는 뜻이다.
龍의 우두머리가 없는 용의 무리를 본다는 것은, 여섯 마리의 용이 있으나 한 마리 용과 같다는 뜻이고, 한 마리 용과 같다는 것은, 용이 하는 일이 같다는 뜻이다. 용은 乾이자 陽이므로, 乾, 陽은 시시때때로 움직이나 한결같다는 뜻이다. 이는, 六爻辭에서 본 것처럼, 용의 성장 과정이 있을 뿐 실은 여섯 마리의 용이 아니라는 뜻이다. 그리고 육효가 모두 짝이 없고, 가깝게 지낼 이웃도 없는데, 짝과 이웃이 없다는 것은, '關係'가 없다는 뜻이다. 관계가 없다는 것은, 오직 한 마리 용으로서 그 자리 곧 성장하는 과정인 단계가 있을 뿐이라는 말과 같다. 그 단계별로 자리의 當不當과 貴賤으로 할 수 있는 일이 제한되기 때문에 다소의 길흉 차이가 있을 뿐이다. 결국, 한 마리의 용이 성장 과정에 따라서 험난함의 정도가 달라져서 길흉이 결정되기에 여섯 용이라고 말하지만, 실제는 하나이다. 그래서 우두머리가 없다. 용은 용으로서 한결같다는 뜻으로 이해된다.

《象》曰 : 用九, 天德不可爲首也.
「상」에서 말했다. '아홉 구를 쓴다' 함은, 하늘의 덕이 우두머리가 될 수 없음이다.

✎ 하늘의 덕이 우두머리가 될 수 없다는 것은, 하늘의 덕만으로는 우두머리가 될 수 없다는 뜻이고, 이는 하늘의 덕만으로는 온전한 구실을 할 수 없다는 뜻이다. 모든 덕은 관계에서 나오고, 그 관계에서 필요로 한다. 간단히 말해서, 하늘의 덕이 제구실하려면 반드시 이와 상대적인 자리에 있는 땅의 덕이 관여해야 한다는 뜻이다. 다시 말해, 天道가 우두머리 구실을 하려면 地道가 함께 해야 한다는 뜻이다.

그리고 '用九'에 대해서 부연하자면, 숫자 9를 쓴다는 뜻인데, 9를 쓴다는 것은, 9를 부린다는 뜻이다. 이때 9는 陽의 數인 1, 3, 5, 7, 9 가운데에서 가장 큰 수이고, 양 가운데 가장 큰 양이라는 뜻이다. 가장 큰 양의 수 9가 양을 대표하는 상징적인 숫자가 되기에 9를 쓴다는 것이다. 그렇다면, 왜, 그러한가? 9는 洛書에서 '太陽之數(陽極之數)'이기 때문이다. 따라서 '用九'란 태양지수 곧 양 가운데 가장 큰 양의 수를 쓴다는 뜻이고, 9를 쓴다는 것은 9가 작용한다는 뜻이다.

重天乾卦와 짝인, 陰爻 여섯으로 이루어진 重地坤卦에서는 陰을 상징하는 수로 6을 선택했는데, 그래서 '用九'라는 말 대신에 '用六'이라는 말을 쓰는데 왜 그러한가? 음의 數로는 2, 4, 6, 8, 10이 있는데 陰으로서 가장 큰 2를 쓴 것도 아니고, 가장 작은 수인 10을 쓴 것도 아니다. 이도 저도 아닌 6을 쓰고서 '用六'이란 말을 쓰는데 그 이유인즉 역시 낙서(洛書)에서 太陰之數(陰極之數)가 6이기 때문이다. 6을 陰으로서 가장 큰 수로 본 것이다. 5가 중간 수로서 땅을 상징하고, 10이 하늘을 상징하는 수기에 그 사이에 있는 6, 7, 8, 9 네 개의 수를 놓고, 양으로 가장 큰 수인 9를 태양지수라 하고, 그다음 큰 수인 7을 소양지수라 했듯이, 음으로서 가장 큰 수를 6으로 판단하고서 이 6을 태음지수라 하고, 그다음 큰 수인 8을 소음지수라 했다.

이 9와 6을 씀을 다른 사각에서 해석해 볼 수 있는데 萬物生存之數 가운데 '6, 7, 8, 9, 10'을 '成數'로 보았고, 이 성수 가운데 양수로서 가장 큰 수 9와 음수로서 가장 작은 6을 쓴다고 보는 것이다.

*　　*

陽爻 여섯으로 도식되는 64괘 가운데 하나인 重天乾卦의 '乾'은, 만물을 낳는 근원적인 인자로서 하늘과 땅 사이에 존재하는 모든 것의 根源이자 根本이며, 그 활동 범위가 넓고 크다[元=①根本, 根源+②廣大]. 그리고 그 하는 일은 빈틈이 없이 완벽하고[亨], 모든 생명에게 이로우며[利], 일하는 자세와 마음은 끝까지 바르다[貞=正+固].

그런데 爻辭를 살펴보면, 육효로 구성된 卦는 독립적으로 움직이는 하나의 세계가 된다. 그 세계를 움직이는 주체인 乾의 작용을 '龍'으로 빗대어 놓았고, 龍의 성장 발달과정이 육효에 적용되었다. 곧, ①물속에서 머물며 숨어있는 용[潛龍], ②땅 위로 나와 그 모습이 보이는 용[見龍=田龍], ③군자가 게으름을 피우듯이 하루를 건성건성 보내기도 하는 것과 같은 용[怠龍 ↔ 邁龍], ④또 연못에서 뛰어오르기를 시도하는 용[躍龍], ⑤마침내 하늘을 나는 용[飛龍], ⑥너무 높이 올라가서 더는 올라갈 수 없는 지경에 이른 용[亢龍] 등이 그것이다. 물론, 자연에서의 이 龍은, 인간사회의 君子 곧 君主를 빗댄 말이다.

이렇게 여섯 마리의 용으로써 乾卦의 陽爻를 빗대어 놓았는데, 이들 용의 무리에는 우두머리가 없다. 결국, 한 마리뿐이라는 뜻이다. 그래서 관계(關係)가 있을 수 없고, 오직, 성장 과정의 단계인 '자리[位]'가 있을 뿐으로 육효의 길흉이 조금 다를 뿐이다. 구삼과 상구만, 그러니까, 상·하괘 上爻만 惕, 厲, 悔가 있으나 그조차 다 无咎하다. 전체적으로 보면 길하다.

2. 重地坤卦

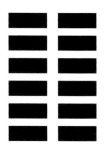

주역 두 번째 괘로 중지곤괘(重地坤卦)가 있다. 땅 地 坤이 위아래로 붙어있어 중첩되었다는 뜻이다. 그러니까, 上卦 곧 外卦가 坤이고, 下卦 곧 內卦도 역시 坤이라는 뜻이다.

八卦 가운데 하나인 坤은, '음, 음, 음'으로, 陽 하나 없이 陰 셋으로만 이루어졌다. 사실, 이것의 근원은, 太極에서 兩儀 곧 陰과 陽이 나오고, 이 음과 양은 큰 것과 작은 것으로 각각 나뉘어서 '太陽, 少陽, 少陰, 太陰' 등의 四象을 낳는데, '음, 음'으로 된 太陰 위로 陰爻 하나가 덧씌워져서 음효 셋이 된 것이다. 따라서 그 태생이 太陰이므로 陰卦이고, 거기에다가 음효 하나가 올라와서 된 것이기에 더욱 柔順한 성품을 지닌다. 더욱 유순한 성품을 지닌다는 것은, 결국, 天·人·地 등 三才가 두루 陰의 기운으로 가득 차 있다는 뜻이다.

이런 坤을 두고, 「說卦傳」에서는, "坤也者, 地也, 萬物皆致養焉, 故曰 致役乎坤(제5장)."이라 했다. 곧, '곤'이라는 것은 땅이고, 만물을 두루 길러내는 것이고, 그러므로 일하는 곤이라고 말한다. 그리고 "坤以藏之"라 했고(제4장), "坤, 順也"라 했으며(제7장), "坤爲牛"라 했고(제8장), "坤爲腹"이라 했으며(제9장), "坤地也, 故稱乎母"라 했다(제10장). 그러니까, 坤은 품는 것이고, 순종하는 것이며, 소이고, 인체의 배이며, 어머니라고 부르는 것이라 했다.

이러한 坤이 위아래로 중첩된, 64괘 가운데 하나인 重地坤卦는, 땅 위에 또 땅이 있는 모습이고, 卦德으로 보면, '順而順'이다. 곧, 순하고 순하다. 六爻 음양 배열을 보면, 양 하나 없이 '음, 음, 음, 음, 음, 음'으로 된, 온전한 陰의 세계이다. 이런 '重地'를 '坤'으로 받았는데 '坤'은 어떤 의미로 쓰였을까? '坤'은 '땅, 왕후, 왕비, 서남쪽, 유순함' 등의 의미로 쓰이는 字이다. 重天乾卦에서 하늘 '天' 대신에 '乾'을 썼듯이, 땅 '地' 대신에 '坤'을 썼다. 그것은, 땅은 땅이로되 땅 그 자체가 아니라 땅을 땅답게 움직이어 땅으로서 구실을 하게 하는, 정신적인 주인 노릇을 하는, 땅의 元氣라는 의미에서일 것이다. 그러니까, '地'는 있는 그대로 자연의 땅이고, '坤'은 인성이 부여된, 땅의 주인인 셈이다.

「序卦傳」에 의하면, "有天地, 然後萬物生焉, 盈天地之間者唯萬物."이라 했고, 「雜卦傳」에 의하면 "坤柔"라 했다. 곧, 하늘과 땅이 있고 난 연후에 만물이 생기고, 그 하늘과 땅 사이에 가득 찬 것은 오직 만물이라는 뜻이다. 그리고 坤은 부드럽다고 했다. '坤=柔'라는 뜻이다. 그러고 보면, '坤=柔=順'이라는 등식이 성립한다.

*　　　*

坤：元, 亨, 利, 牝馬之貞. 君子有攸往, 先迷, 後得主, 利. 西南得朋, 東北喪朋. 安貞吉.

중지곤괘는 만물의 근원으로 광대하고, 그 기운의 작용이 형통하며, 만물에 이롭고, 암말의 정도이다. 군자는 나아가야 하는데, 앞서면 길을 잃고, 뒤따르면 주인을 얻어 이롭다. 서남으로 가면 벗을 얻고, 동북으로 가면 벗을 잃는다. 편안하게 정도를 지키면 길하다.

✐ 地는 모양으로 象이고, 坤은 그 땅의 기운이고, 기능이며, 작용이다. 따라서 땅은 坤이 활동하는 터전이고, 坤은 땅의 바탕으로서 원기이다. 땅의 바탕이라고 하는 것은, 하늘의 도움을 받아서 만물의 흥망성쇠를 가능하게 하는 기운이므로, 만물의 근원으로서 광대하고, 그 기운의 움직임이 또한 형통하며, 만물에

두루 이롭고, 암컷 말의 정도(正道)가 지켜지는 것이다.

乾卦가 '수말'이라면, 坤卦는 '암말'이라는 뜻인데, 여기서 '암말의 정도'란, 새끼를 낳아 기른다는 번식 양육기능과 유순한 성품 등 두 가지를 두고 말할 것 같다. 이런 성품을 갖는 '坤'을 人間事로 바꾸어서 말한다면, '君子有攸往, 先迷, 後得主, 利. 西南得朋, 東北喪朋, 安貞吉.'이 된다. 그러니까, 사람이 坤卦의 상황을 당해서 마땅히 해야 할 일이 있는데, 앞장서면 일이 꼬여 어렵게 되므로 앞장서지 말고, 뒤따라 가면 길을 인도하는 주인을 얻어서 길하게 된다는 뜻이다. 결과적으로, 주인의 뜻에 따라 순종하듯이 따라가면 이롭다는 뜻이다. 그러니까, 坤에서의 사람은, 앞에서 끄는 주동적인 역할을 하는 것이 아니라 주인을 뒤따라가는 수동적이어야 한다는 뜻이다.

그리고 '서남쪽에서는 벗을 얻고, 동북쪽에서는 벗을 잃는다'라는 말에 대해서는, 여러 주장이 있다. 그러나 '方位와 八卦의 관계'에 근거하여 말한다면, 서남쪽은 母인 坤卦가 있고, 동북쪽은 少男인 艮卦가 있는 곳으로, 유순하게 순종해야 하는 坤卦의 상황에서 사람이 나아간다면 동류(同類)가 있는 서남쪽으로 가야 뜻을 같이하고 행동을 함께할 수 있는 벗을 얻을 수 있는 것은 당연하다. 이와 반대 방향인 동북쪽으로 간다면 남자들만 있기에 벗을 잃게 된다. 여기서 벗을 얻는다는 것은, 동류의 지지와 성원을 받는다는 뜻이고, 벗을 잃는다는 것은 동류의 지지 성원을 잃지만, 陽을 받들고 따르기 위해서 간다는 뜻이다.

그리고 길을 가는 난이도 면으로 보아도, 평지로 가는 길은 쉽고, 산으로 가는 길은 어려울 뿐만이 아니라 길이 끝이 나기에 쉬운 길인 坤卦가 있는 서남으로 가면 벗을 얻을 수 있지만 어렵고 길이 끝나는 艮卦가 있는 동북으로 간다면 동류인 벗을 잃게 된다. 남쪽은 離卦로 中女이고, 서쪽은 兌卦로 少女이다. 반면, 동쪽은 震卦로 長男이고, 북쪽은 坎卦로 中男이다. 유순하게 순종해야 하는 상황에서 여자는 여자에게 가서 그 수를 늘리는 것도 한 방편이지만 여자가 남자에게 가서 믿고 따르는 것이, 다시 말해, 陰이 陽에게 가서 순종함으로써 호응하는 것도 자연 이치에 부합한다고 볼 수 있다. 그리고 '安貞吉'이란, 편안하게 정도를 지키면 길하게 된다는 뜻이다. 陰이기 때문이다.

《彖》曰 : 至哉坤元, 萬物資生, 乃順承天. 坤厚載物, 德合无疆. 含弘光大, 品物咸亨. 牝馬地類, 行地无疆, 柔順利貞. 君子攸行, 先迷失道, 後順得常. 西南得朋, 乃與類行 ; 東北喪朋, 乃終有慶. 安貞之吉, 應地无疆.

「단」에서 말했다. 지극하구나! 곤원이여, 만물이 생기는 바탕이고, 이내 하늘을 받들어 순종한다. 곤은 정성을 다하여 만물을 경작하고, 덕을 끝없이 모은다. 크게 품고, 크게 빛나니, 경작한 사물이 두루 형통하다. 암말이 땅의 무리인데, 다니는데 땅이 끝이 없으며, 유순함이 이롭고 바르다. 군자가 나아감에, 앞서가면 헤매어 길을 잃고, 뒤따라 가면 순종하여 평상시 가던 길을 간다. '서남에서 벗을 얻는다' 함은, 곧 같은 무리와 함께 감이고, '동북에서 벗을 잃는다' 함은, 곧 끝에 경사가 있음이다. '편안한 정도의 길함'이란 끝없이 땅이 호응함이다.

✎ '坤'을 '坤'이라 부르지 않고 '坤元'이라 했다. 坤이 만물의 근원으로서 으뜸이라는 뜻을 강조하기 위함이다. 하늘은, 만물이 비롯되는 바탕이라면, 땅은 만물이 생기는 바탕이다. 그래서 '萬物資始'와 '萬物資生'이라는 말이 구분되어 쓰였다. 이 둘을 이해하기 쉽게 설명하자면, 하늘은 만물을 기획하고, 땅은 하늘의 그 기획을 실현한다고 말할 수 있다. 왜냐하면, 하늘은 주관하는 주체이고, 땅은 하늘의 뜻을 받들어 순종함으로써 실천하는 주체이기 때문이다. 이것을 요즈음 말로 바꾸면, 하늘이 설계, 디자인하고, 땅이 그대로 만들어내는 것이다. 그래서 하늘은 '道'가 강조되고, 땅은 '德'이 강조되는 것과 무관하지 않다. 하늘과 땅의 기본적인 관계 설정을 읽을 수 있는 단서들이 이 彖辭에 들어있다.

땅의 원기인 坤이, 만물이 생기게 하는 바탕이라는 것은, 실제로 坤의 작용으로 땅에서 만물이 생긴다는 뜻이다. 하늘을 받들어 순종한다는 것은, 하늘의 뜻에 따라서 땅이 움직인다는 뜻이다. 그리고 정성을 다하여 만물을 경작하고, 덕을 끝없이 모은다는 것은, 땅의 임무, 땅의 구실, 땅의 작용 등을 끝없이 수행한다는 뜻이다. 그리고 크게 품고 크게 빛나며, 品物이 두루 형통하다는 것은, 만물을 생장시키는 땅의 뜻이 위대하고 훌륭하다는 것이고, 그 결과로 나타난 형체를 갖춘 만물이 뜻대로 생장, 발육, 결실한다는 뜻이다.

그리고 암말이 땅의 무리라는 것은, 암말이 땅이 기르는 대표적인 만물 가운데 하나라는 뜻이고, 땅은 그 암말이 다니는데 끝이 없을 정도로 광대하다는 뜻이다. 그리고 유순함이 바르고 이롭다는 것은, 암말이 부드럽게 순종함이 살아가는 데에 이롭고 그것이 옳은 길이라는 뜻이다. 땅이 하늘 앞에서 순종하듯이 암말의 유순함이 살아가는 데 바른길이며 이롭다는 뜻이다.

앞서가면 헤매어 길을 잃는다는 것은, 길을 내고 인도하는 자가 있고, 그를 따르는 자가 있게 마련인데, 마땅히 안내를 따라야 하는 사람이 앞장서서 가면 길을 헤매다가 가야 할 길을 잃게 된다는 뜻이다. 그리고 뒤따라 가면 순종하여 평상시 가던 길을 간다는 것은, 길 안내를 받아 뒤따라 가듯 순종하면서 가면 언제나 가던 길을 가게 된다는 뜻이다. 언제나 가던 길이란 가장 편안하고 바른 지름길을 의미한다.

같은 무리와 함께 간다는 것은, 뜻을 같이하는 무리가 함께 간다는 뜻이고, 서남으로 가면 벗을 얻는다는 것은, 西南이 坤卦 本鄕이기 때문이다. 그리고 東北으로 가면 벗을 잃는다는 것은, 東北이 艮卦의 본향으로 길이 끝나는 곳이기 때문이다. 그리고 끝에 경사가 있다는 것은, 결실, 결과가 있다는 뜻이다. 편안하게 정도를 지킴이 길하다는 것은, 유순하게 순종해야 하는 시기에 즈음하여 편안한 마음으로 순종하며 뒤따라가야 좋다는 뜻이다. 끝없이 땅이 호응한다는 것은, 하늘에 땅이 그러하듯, 사람이 순종하면 땅이 그에 맞추어서 호응해 준다는 뜻이다. 그러니까, 땅에 순종하듯 살아가면 땅은 무한히 베푼다는 뜻이다.

참고로, 이 彖辭 내용을 쉽게 이해하기 위하여 乾卦 단사 내용과 비교하듯 유관 키워드를 정리하면 아래 도식과 같다. 이 도식을 살펴보면 彖辭 집필자의 하늘과 땅에 대한 기본적인 인식이 드러나 있음을 확인할 수 있다.

乾	坤
天	地
父	母
上	下
先	後
大	厚
統·御天	順·承天
乾道變化	地行無疆
保合太和	安貞吉
萬物資始	萬物資生
品物流形	品物咸亨
騺馬	牝馬
剛健	柔順
主	從
六龍	牝馬
西北	西南
元亨利貞	元亨利貞
大明終始	含弘光大
各正性命	後順得常

《象》曰：地勢坤, 君子以厚德載物.

「상」에서 말했다. 땅의 형세가 곤괘이니, 군자는 이로써 보고 깨달아, 민물을 일구어 덕을 두텁게 베풀라.

✎ 땅이 하늘의 뜻을 받들어서 만물을 낳고 생장시키듯이 군자는 그런 땅의 모습을 본받아서 만물을 경작하여 덕을 두텁게 쌓으라는 주문이다. 만물을 경작하라는 것은, 꼭 농사만을 지으라는 뜻이 아니라 인적 물적 수확물을 거두어 쌓으라는 뜻이다. 그런 다음, 그것으로써 덕을 많이 베풀라는 뜻이다.

彖辭에서 '坤厚載物'이라는 말이 쓰였는데, 이 대상사에서는 '厚德載物'이라는 말이 쓰였다. 땅이 하늘의 도움으로 만물을 생장(生長)시키는 주체라는 점에서 하늘은 乾道가 강조되지만, 땅은 地德이 강조된다. 따라서 군자는 곤괘의 모습과 성품과 작용 등을 보고 느껴서, 덕을 땅처럼 두텁게 쌓고, 만물을 경작하여 쌓기를 땅처럼 하라는 뜻이다. 만물을 경작하여 쌓는다는 것은, 군주로서 백성의 생명과 재산을 보호하고, 유사시 먹여 살릴 수 있도록 축적해 놓으라는 뜻이기도 하다.

初六, 履霜, 堅冰至.
초육, 서리를 밟으니 얼음이 굳는다.

✍ 초육은 자리가 바르지 못하고, 짝인 육사와 호응하지 못하며, 가깝게 지낼 이웃도 없다. 짝과 이웃이 없다는 것은, '關係'가 없이 독자적으로 움직인다는 뜻이다. 그러니까, 중천건괘와 마찬가지로 중지곤괘의 육효도 관계가 맺어지기 전에 '독립적으로 존재하는 기운체(氣運體)'라는 뜻이다. 이 기운체의 제일 안쪽에 자리한 초육은, 서리를 밟으면 굳은 얼음이 이른다는 뜻인데, 이는 땅에서의 기후 변화를, 그것도 규칙적인 변화를 암시하는 말이라고 생각된다. 곧, 서릿발이 생기면 이내 얼음이 어는, 추운 겨울이 온다는 뜻이다.

《象》曰：履霜堅冰, 陰始凝也 ; 馴致其道, 至堅冰也.
「상」에서 말했다. '서리를 밟으면 얼음이 굳는다'라는 말은, 음이 응결을 시작한다는 뜻이다. 그 도가 익숙하게 이름이고, 굳은 얼음이 이름이다.

✍ 서리가 내리고, 얼음이 어는 것도 陰의 작용으로 인식하고 있음을 알 수 있다. '그' 도(道)라는 것은, 땅이라고 하는 陰의 기운이 작용하여 서리를 내리고 얼

음을 얼게 한다는 이치를 말함이고, 그 도가 순치(馴致)한다는 것은, 이미 익숙해져서 때에 맞게 부리어진다는 뜻이다.

六二, 直方大, 不習无不利.
육이, 곧게 뻗고, 사방으로 퍼져나가며, 크기에, 익히지 않아도 불리할 게 없다.

✒ 육이는 자리가 바르고, 짝인 육오와 호응하지 못하며, 가깝게 지낼 이웃도 없다. 그리고 중도를 얻었다. 여기서 '直方大'라는 말은 땅의 모양을 설명한 말로, '直, 方, 大'라고 띄어 써야 옳다. 곧게 뻗어 나가고, 사방으로 퍼져 있으며, 크다는 것은 일차적으로 땅의 모양이고, 이차적으로는 육이의 움직임을 말한다. 곧, 육이가 대지처럼 '直方大'하게 움직이기에 배우지 않고, 익히지 않아도 불리할 게 없다는 뜻이다. 효사 전반부는 자연현상으로서 모습(象)이고 후반부는 그 상이 인간에게 미친 영향과 결과로서 人間事이다. 육이는 하괘 땅의 중심이기에 이런 말이 가능하다.

《象》曰 : 六二之動, 直以方也, 不習无不利, 地道光也.
「상」에서 말했다. 육이의 움직임은, 사방으로 곧게 뻗어 나간다. 익히지 않아도 불리할 게 없다는 것은, 땅의 도가 빛남이다.

✒ 육이가 下卦의 가운데에 자리했기에 땅의 가운데에 있다고 볼 수 있고, 그래서 '直方大'라는 말이 가능하다. 그러니까, 육이가 땅의 가운데에 있다는 것은, 육이가 중도를 얻었다는 뜻이고, 중도를 얻었기에 '直方大'라는 말이 성립한다는 뜻이다. 이것은 육이가 '直方大'하게 움직이어 활동한다는 뜻이다. 이런 육이를 인간사로 바꾸어 말하자면, 배우지 않아도 불리할 게 없다는 것인데, 그 이유가 地道가 빛나기 때문이라고 했다. '地道가 빛난다'라는 말은 너무나 추상적이다.

'地道가 빛난다'라는 것은, 무슨 의미일까? 일차적으로는, 땅 위의 길이 훤히 드러나 있다는 뜻이고, 이차적으로는 땅의 순종하는 자세나 처신이 바르고 옳다는 뜻이다. 결과적으로 광대한 땅이 알아서 움직인다는 뜻이고, 알아서 움직인다는 것은, 그 자체로서 완벽하다는 뜻이지 않을까 싶다.

사실, '乾道'라는 말은 重天乾卦의 彖辭에서 처음 사용되었고, '地道'라는 말은 이 重地坤卦 六二 小象辭에서 처음 사용되었다. 그런데 乾道와 地道의 개념이 정리되지 않은 채 사용되기 때문에 이들 단어가 사용된 문장 속에서의 의미와 그 문맥을 통해서 독자가 나름대로 정리해나가야만 한다. 이 중지곤괘 彖辭에서는 '乾道'와 상대적인 개념인 '坤道'가 쓰인 게 아니라 '地行'이라는 단어가 쓰였고, 육이 효사의 소상사에서 돌연 '地道'라는 말이 쓰였는데, 그것도 배우지 않아도 불리할 게 없다는 이유로 쓰였다.

六三, 含章可貞. 或從王事, 无成有終.
육삼, 속내를 숨긴 채 정도를 지킬 수 있다. 혹, 왕사에 종사한다 하더라도, 성취함은 없으나 끝은 있다.

✍ 육삼은 陽의 자리에 陰으로 와서 그 자리가 바르지 못하고, 짝인 상육과 호응하지 못하며, 가깝게 지낼 이웃도 없다. 그리고 中道를 지나쳐 있다. 육삼은 下卦 땅의 끝자리로서 가장 높은 자리이다. 게다가, 겉으로는 부드러운데 속으로는 陽剛한 면이 없지 않다. 그래서 자신의 '장(章)'을 숨긴 채 정도를 지킬 수는 있다. 그러나 그것이 언제든 겉으로 발휘될 수도 있다. 이런 능력과 성품을 지닌 육삼을 인간사로 바꾸어서 말한다면 '혹, 왕사에 종사한다 하더라도 성취함 곧 성공이 없으나 끝은 있다'라는 것이다. 왕사의 성취가 없다는 것은 성공하지 못한다는 뜻이고, 성공하지 못한다는 것은 자신의 공으로 취하지 못한다는 뜻이다. 그리고 끝이 있다는 것은 일의 결과가 좋게 풀린다는 뜻이다. 그렇다면, 육

삼은 왜, 이런 처세밖에 하지 못할까? 자리가 바르지 못하고, 뒤따르며 순종해야 하는 陰의 세계인 坤卦 상황이기 때문이다.

《象》曰：含章可貞, 以時發也；或從王事, 知光大也.
「상」에서 말했다. '속내를 숨긴 채 정도를 지킬 수 있다'라는 것은, 때에 따라서 그것이 발휘된다는 뜻이다. '혹, 왕사에 종사한다'라는 것은, 아는 게 많고 발휘함이다.

📝 때에 따라서 속내가 발휘된다는 것은, 육삼이 가진 능력이나 성품이 일하는 현장에서 발휘된다는 뜻이다. 그리고 아는 게 많고(大), 발휘된다는(光) 것은, 육삼의 양강한 능력과 성품이 왕사에 종사하면서 드러난다는 뜻이다.

'含'은 '품다, 가지다, 숨기다' 등의 뜻으로 '藏'의 의미이고, 이것의 반대말로 쓰인 것이 '發'이다. '知'는 지혜가 아닌 '지식, 앎'이고, '大'는 '多'이다. 그리고 '光'은 '顯'에 가깝다.

六四, 括囊, 无咎无譽.
육사, 주머니를 묶으니, 화를 당할 리 없고, 영예로울 일도 없다.

📝 육사는 陰의 자리에 陰으로 와서 그 자리가 바르고, 짝인 초육과 호응하지 못하며, 가깝게 지낼 이웃도 없다. 그리고 육오 군주를 가까이에서 모시는 자리이다. 여기서 '주머니'란 가장 쓰임새가 많은 돈을 비롯하여 자질구레한 물건 따위를 넣고, 그 아가리를 졸라매어 허리에 차거나 들고 다니는 물건이거나 또는, 의복에 대거나 곁들여 만든 공간이다. 이것을 '의낭(衣囊), 포켓'이라고 부르기도 하는데 중요한 것은 무엇인가를 넣어 휴대할 수 있는 옷의 부분으로 개인의 능력, 소유물 등을 보관하는 '창고' 내지는 '그릇'이라는 상징적 의미로 쓰인다는 점이다. 그래서 주머니를 묶는다는 것은, 그것을 사용하지 않는다는 뜻이고, 자

신의 능력이나 재물을 쓰지 않는다는 것은, 함부로 나서지 않는다는 뜻이다. 따라서 육사는 높은 자리에 있으나 함부로 나대지 않고, 신중하게 처신한다는 뜻이다. 그렇게 했을 때, 화를 면할 수 있고, 동시에 영광스러운 일도 없다는 뜻이다. 역시, 坤卦의 육사로서 '順從'이라는 덕목 안에서 움직이어야 하는 주체이기에 그렇다.

《象》曰 : 括囊无咎, 愼不害也.
「상」에서 말했다. '주머니를 묶어 무구하다' 함은, 삼감으로써 해를 입지 않음이다.

✎ 주머니를 묶는다는 행위가 신중함, 내지는 삼감으로 바뀌었다(括囊→愼). 삼간다는 것은 몸가짐이나 언행을 조심한다는 뜻이다. 육삼의 '含章'이 발전하여 '括囊'이 되었다.

六五, 黃裳, 元吉.
육오, 황색 치마이니, 크게 길하다.

✎ 육오는 陽의 자리에 陰으로 와서 그 자리가 바르지 못하고, 짝인 육이와 호응하지 못하며, 가깝게 지낼 이웃도 없다. 그리고 柔中을 얻었다. 順從을 최고의 덕목으로 치는 坤卦에서 육오는 양의 자리에 음으로 와서 중도를 얻었으니 더 말할 나위 없이 유순한, 존엄한 자리이다. 그래서 크게 길하다. 그런데 왜, 황색 치마인가? 역시, 황색은 坤卦의 땅을 상징하는 색일 뿐이고, 치마라는 것은 여자가 입는 옷이다. 육오가 군주라면 여왕이라는 뜻이다. 바꾸어 말하면, 그만큼 유순한 군주라는 뜻이다.

《象》曰 : 黃裳元吉, 文在中也.
「상」에서 말했다. '황색 치마의 원길'은, 무늬가 속에 있음이다.

✎ '文'을 '아름다운 무늬'로 해석했다. 이 아름다운 무늬는 황색 치마의 무늬에서 왔고, 그 옷의 무늬가 속에 있다는 것은 사람의 겉 장식에 있지 않고 그 속 곧 사람의 내면에 있다는 뜻이다. 그러니까, 여기서 말하는 무늬는 사람의 옷에 나타난 외관이 아니고 사람의 내면에 깃든 법도 예의 등이고, 그것의 본질은 역시 중도라는 뜻이다.

上六, 龍戰于野, 其血玄黃.
상육, 광야에서 용이 싸우니, 그 피가 검고 누렇다.

✎ 상육은 자리가 바르고, 짝인 육삼과 호응하지 못하며, 가깝게 지낼 이웃도 없다. 그리고 중도를 지나쳐 있으며, 上卦인 땅의 끝자리이면서 중지곤괘의 끝자리이다. 따라서 상육은 더는 뻗어 나갈 곳이 없다. 그 극지점에 달해 있기에 스스로 변하지 않고는 살길이 없다. 그래서 살기 위해서 싸우나 피를 본다. 그런데 그 피가 검고 누렇다는 것이고, 그것은, 흘린 피가 낭자(狼藉)하다는 뜻이다. 이 비유적인 말을 인간사로 바꾸어 말한다면, 사람이 아주 궁지에 몰려서 더는 피하지 못하고 결투하는데 그 상황이 격심하다는 뜻이다.

《象》曰 : 龍戰于野, 其道窮也.
「상」에서 말했다. '광야에서 용이 싸운다.' 함은, 그 도가 극에 달했음이다.

✎ 도가 극에 달했다는 것은, 순종이라는 길이 다하여 더는 순종하지 못함이다. 이 상육이 버티지 못하고, 양으로 바뀌면 山地剝卦가 된다는 사실이 이 싸움

을 간접적으로 시사해 준다.

用六, 利永貞.

용육, 끝까지 정도를 지킴이 이롭다.

✎ '用六'이란 六을 쓰는 법 또는 六을 쓰는 이치'를 뜻한다. 그러니까, 六爻에서 모든 陰爻에 六을 넣어 읽는데, 예를 들자면, '초육·육이·육삼·육사·육오·상육'이라고 읽는데 이 모든 음효는 끝까지 정도를 지켜야 이롭다는 것이다. 물론, 음효에 육을 넣어 읽는 것은, 太陰之數가 6이고, 소음지수가 8이기 때문이다. 이를 달리 말하면 成數 가운데 가장 작은 수가 6이기 때문이다.

《象》曰 : 用六永貞, 以大終也.

「상」에서 말했다. '음을 사용함에 끝까지 정도를 지킴이 이롭다'라는 것은, 크게 마치기 위해서이다.

✎ 크게 마친다는 것은, 유종의 미를 거둔다는 뜻이고, 동시에 크게 수확한다는 뜻이다.

*　　*

重地坤卦 六爻辭를 보면, 초효, 이효, 삼효는 자연현상을 말하고, 사효, 오효, 상효는 인간사를 말했다고 볼 수 있다. 그러니까, 하괘는 땅의 자연현상을 말하고, 상괘는 인간사를 말했는데, 초육은 서리가 내리면 곧 얼음이 언다는, 가을에서 겨울로 넘어가는 땅의 자연 이치를 말했고, 육이는 평평하고 사방으로 뻗어나간 대지가 크다는 점을 들어서 땅의 생동하는 봄 상황을 말했으며, 육삼은 숨

章·有終을 통해서 여름과 가을의 공덕을 빗대어 말했다. 그런가 하면, 육사는 括囊·愼을 통해서 신중함과 조심함의 처세법을 말했고, 육오는 黃裳을 통해서 중도의 길함을 말했으며, 상육은 '龍戰'이란 비유어를 통해서 道가 다하면 변할 수밖에 없고, 그 과정은 싸움이라는 점을 말했다. 한 가지 공통점이 있다면, 柔順이라는 덕목이 모든 가치 판단에서 최우선시된다는 점이다. 적어도 이 중지곤괘 상황에서는. 그래서 含·藏·括囊·貞 등 내면의 덕이 유달리 강조된다. 여기에는 땅에 대한 보편적인 인식과 무관하지 않다.

땅 곧 大地에는 산과 연못과 평지가 있고, 하늘이 내리는 햇빛과 비와 천둥 번개와 바람 등의 도움을 받아서 만물을 싹 틔우고 자라게 하며, 동시에 만물이 흥망성쇠를 거듭하며 살아가도록 하는 터전 구실을 한다. 그래서 땅은 하늘 없이 존재할 수 없으며 일할 수 없고, 하늘의 뜻을 받들어 그에 순응하면서 만물을 키우고 품는 어머니와 같다고 생각한다. 그래서 우리는 땅이라 하면 포용력이 크고, 만물을 두루 품으며, 어질다고 생각한다. 그래서 '柔順'이라는 덕목을 그 본질로 삼아도 무리는 없어 보인다. 이처럼 보통 사람들의 생각과 별반 다르지 않게 周易에서도 그 의미가 부여되었음을 확인할 수 있다.

3. 水雷屯卦

주역 세 번째 괘로 '수뢰준괘(水雷屯卦)'가 있다. 물 水 坎이 上卦이고, 우레 雷 震이 下卦라는 뜻이다. 그 모양 새로 보면, 물속에서 우레가 치는 모습이다. 그러니까, 비가 내리는 험난함 속에서 천둥 번개가 치는, 다시 말해서, 위에서는 비가 내리고, 아래에서는 천둥 번개가 치는, 조금은 부자연스러운 모습이다. 이런 상황에서 무슨 일을 한다고 가정해 보라. 움직임 자체가 어렵고 힘들 것이다. 만약에, 천둥 번개가 위에서 치고 그 아래에서 비가 내리면 어떻게 될까? 雷水解卦가 된다. 험난함이 해소되는 뇌수해괘(雷水解卦)가 된다. 정반대의 의미가 된다는 뜻이다. 그러니까, 천둥 번개가 물 아래에 있느냐, 물 위에 있느냐에 따라서 그 의미가 완전히 달라져 버린다. 卦의 의미는 상·하괘가 무엇이냐에 따라서 완전히 달라진다는 사실을 유념해 둘 필요가 있다.

卦德으로 보면, '動而險'이다. 곧, 움직이고 험난하다. 움직이는데 험난하다는 뜻이다. 六爻 음양 배열을 보면, '양, 음, 음, 음, 양, 음'으로, 양이 둘이고, 음이 넷이다. 삼효만 자리가 바르지 못하고 나머지 모두는 자리가 바르다. 그리고 육삼과 상육만 짝으로서 호응하지 못하고, 나머지 두 짝은 호응한다. 육이는 柔中을, 구오는 剛中을 각각 얻었다.

이런 '水雷'를 '屯'으로 받았다. '屯'은 어떤 의미로 쓰였을까? '屯'은 진 칠 '둔'으로 읽기도 하고, 어려울 '준'으로 읽기도 한다. 여기서는 '어렵다, 험난하다' 뜻으로 쓰인 것 같다. 그러나 정확한 의미는 육효사까지 두루 다 읽어야 알 수 있을 것이다.

「序卦傳」에 의하면, "有天地, 然後萬物生焉. 盈天地之間者唯萬物, 故受之以屯. 屯者 盈也:物之始生也."라 했고, 「雜卦傳」에 의하면, "屯見而不失其居"라 했다. 곧, 하늘과 땅이 있고 난 연후에 만물이 생기고, 하늘과 땅 사이에 가득 찬 것은 오직 만물이다. 그러므로 준괘가 중천건괘와 중지곤괘 다음을 이어받았다. '屯'이라는 것은 가득 참이다. 만물이 처음 생기는 것이다. 그리고 '屯'이라는 것은, 만나 뵙고, 그 거처를 잃지 않는다고 했다. 만나 뵙고 그 거처를 잃지 않는다니, 이것은 또 무슨 말인가? 아마도, 인간사로 바꾸어서 말한 것 같은데 높은 분을 만나 뵙고 나서 그 자리를 보전한다는 의미가 아닐까 싶다. 이 역시 육효사까지 다 읽어야 알 수 있을 것이다.

이런 '屯卦'를 우리는 통상 '둔괘'라고 읽는데, 이는 주역을 처음 받아들이는 先代의 누군가가 이 괘의 특성과 그 의미를 분명하게 인지하지 못한 채 진 칠 '둔'으로 읽었고, 그것이 널리 유포되다 보니 그렇게 되었다고 판단된다. 中文에서도 이 '둔'을 [zhūn]으로 읽는다. 그래서 음으로 보나 뜻으로 보나 '어렵다(難), 험난하다(險)'라는 뜻으로 '준괘'라고 읽어야 옳다.

*   *

屯 : 元亨, 利貞 ; 勿用有攸往. 利建侯.

수뢰준괘는 크게 형통하고, 정도를 지켜야 이롭다. 갈 바가 있어도 쓰지 말라. 제후를 세우는 것이 이롭다.

🖋 준괘가 크게 형통하다는 것은, 먼저 천지가 생기고, 그 천지 사이에 만물이 생기어서 가득해지는 상황인지라 다소 혼란스럽다. 위에서 비가 내리고 아래에서 천둥 번개가 치니 새로운 질서가 요구되는 상황이다. 그래서 막 생겨나는 만

물 입장에서는 한결같이 희망이고, 그 미래가 기대되기에 크게 형통하다고 말할 수 있다. 그리고 坎과 震이 모두 위에서 아래로 향하니 그 길은 형통하다. 그리고 正道를 지켜야 이롭다는 것은, 다소 어수선한 상황 속에서 새로운 질서를 확립해 가는 과정이기에 정도가 요구된다는 뜻이다.

이러한 자연적 상황을 人間事로 바꾸어 말하면, 나아갈 곳이 있어도, 즉, 할 일이 있어도 하지 말고, 제후를 세움이 이롭다는 것이다. 천지 사이에 만물을 처음 만들어내는 일이 어려운 것처럼, 인간사에서도 처음으로 군주를 내세워 나라를 세움이 어려운 것이고, 천지 사이에 만물이 가득 차 있는 것처럼 사람으로 가득할 때는 제후를 내세워 통치함이 이롭다는 뜻이다.

'제후를 세움이 이롭다'라는 '利建侯'라는 말은, 이 屯卦 외에도 주역 열여섯 번째 괘인 雷地豫卦에서도 사용되었다. 뇌지예괘 卦辭가 제후를 세워 군사를 움직이는 것이 이롭다는 뜻의 '利建侯行師'이다. 屯卦는 陽爻가 둘인데 밑에 있는 초구가 제후가 되지만, 豫卦는 양효가 하나뿐이고, 그 구사가 제후가 된다. 움직임을 덕성으로 지닌 震卦의 하나뿐인 양효가 어떤 자리를 차지했느냐에 따라서 그 의미가 달라짐을 알 수 있다. 물론, 아래보다는 위로 가면 좋다.

《彖》曰 : 屯, 剛柔始交而難生, 動乎險中, 大亨貞. 雷雨之動滿盈, 天造草昧, 宜建侯而不寧.

「단」에서 말했다. 수뢰준괘는 강과 유가 사귀기 시작하매 (만물이) 어렵게 생기고, 험난함 속으로 움직이니, 크게 형통하고 바르다. 뇌우의 움직임이 가득 차서 하늘의 창조가 어둡고 엉성하여 마땅히 제후를 세우나 편치 않다.

✎ 강과 유가 사귀기 시작한다는 것은, 전제된 乾과 坤이, 다시 말해, 하늘과 땅이 서로 작용한다는 뜻이고, 어렵게 생긴다는 것은, 주어가 생략되었으나 만물이 어렵게 나온다는 뜻이다. 그리고 험한 가운데 움직인다는 것은, 上·下卦의

德性을 이어서 말한 것뿐이다. 上卦 坎은 '險'이고, 下卦 震은 '動'이기에 이런 말을 할 수 있다.

그리고 雷雨의 움직임이 가득 찼다는 것은, 위에서 비가 내리고 아래에서 천둥 번개가 치는 '水雷'상황을 설명한 것이며, 하늘의 창조가 어둡고 엉성하다는 것은, 천지가 먼저 생기고 난 연후에 뇌우가 내려서 만물을 생성시키기에 다소 혼란스럽고 어려운 상황임을 설명한 말이다. 자연의 이런 상황을 人間事로 바꾸어서 말하면, 처음 나라를 열고 그곳에 제후를 세우는 일과 같다는 뜻이다. 그래서 편치 못한 '不寧'이 온 것이다. 그러니까, 자연의 '草昧'가 인간사의 '不寧'으로 연계되었다는 뜻이다.

결과적으로 보면, 하늘의 만물 창조가 어려운 이유로 두 가지를 들었는데, 그 하나는 험한 가운데로 움직이기 때문이고, 그 둘은 뇌우로 가득 찼기 때문이라는 것이다. 이 두 가지 이유가 있어서 ①강과 유가 교합(交合)하여 만물을 낳는데 어렵고, ②하늘의 창조 시기가 초기로 거칠고 어두운 상태이기 때문에 어렵다는 뜻이다. 이런 내용을 접하면 마치 '천지개벽'의 초기 상황인 것 같기도 하다.

이런 자연의 천지개벽 상황을 인간사로 바꾸어 말하자면, 나라를 세우는 '건국(建國)'에 해당한다. 그래서 제후를 세움이 마땅하다고 했다. 따라서 '뇌우(雷雨)'는 '천지가 만물을 낳는 초기 상황의 어려움'과 '건국 초기의 어려움' 두 가지를 빗대어 말한 비유어이다. 이를 뒷받침해 주는 증거가 있다. 그것은 곧 '不寧'이라는 말과 大象辭에서 쓰인 '經綸'이라는 단어이다. 곧, 건국 초기 상황이라 군주의 마음이 편할 리 없는, 坐不安席이고, 베를 짜듯이, '포부를 갖고 일을 짜임새 있게 계획하고 경영하라'라는 뜻인 經綸이 요구되는 상황이 바로 건국 초기 상황이기 때문이다. 인간 세상의 이런 상황을 천지가 만물을 창조해 내는 '天造草昧'와 같다고 본 것이다. 이처럼 周易은 자연현상을 먼저 말한 다음에 인간사로 바꾸어서 다시 설명하는 형식을 취한다. 이는 자연현상을 통해서 인간사의 도리를 도출해낸다는 뜻이기도 하다.

《象》曰：雲雷屯，君子以經綸.

「상」에서 말했다. 구름과 천둥 번개가 함께 함이 준이니, 군자는 이를 보고 깨달아 경륜하라.

✏️ 구름, 雲은 수뢰준괘 上卦인 水, 坎에서 왔고, 천둥 번개, 雷는 수뢰준괘 下卦인 雷, 震에서 왔다. 구름과 천둥 번개가 함께 함이, 다시 말해, 雷雨가 내리는 어두컴컴한 상황이 준괘의 모습이니, 군자는 이를 보고서, 포부를 갖고, 나랏일을 짜임새 있게 기획하고 경영하라는 주문이다. 천지 간에 만물을 내놓기 위해서 하늘에서는 구름을 움직이어서 천둥 번개를 치며 비를 내리니, 그 빗물이 땅을 적시고, 만물의 종자를 적시어서 새 생명이 움트고 자라서 가득 차기를 기대한다. 이런 상황이 준괘이니, 그 상황에 맞게 군자는 나라를 건설하고, 제후를 내세워서 통치하는 등 국사를 세밀하게 기획하고 경영하라는 뜻이다. 하늘의 '雷雨'가 군자의 '經綸'으로 연계되었다. 혹자는, 구름 雲 자를 쓴 것으로 미루어 보아, 하늘에 구름이 있고, 천둥 번개가 치지만 비가 내리는 않는, 답답한, 막힌 형세가 '둔'이라고 해석하기도 한다. 참고해볼 만한 해석이다.

初九, 磐桓, 利居貞, 利建侯.

초구, 배회함이니, 바르게 머무름이 이롭고, 제후가 되어야 이롭다.

✏️ 초구는 자리가 바르고, 짝인 육사와 호응하며, 柔中을 얻은 육이와도 가깝게 지낼 수 있다. 움직이는 震에서 유일한 양으로 움직이고 싶은 강한 욕구를 가졌으나 두 음에 눌리어 있고, 앞에 험난함이 있기에 선뜻 나서지 못하고 머뭇거리는 모양이다. 앞으로 나아가기가 쉽지 않은, 어려운 상황이다. 그래서 正道에 의지하여 머무르되, 제후가 되는 것이 이롭다고 했다. 이 屯卦의 주인공인 셈이다. '主爻'라는 뜻이다.

'盤桓(반환)'에 대하여, 우리는 대개 '머뭇거릴 반, 머뭇거릴 환'으로 읽어서 '머뭇거리고 주저한다'라고 나름, 맵시 있게 번역하나 중국에서는 '큰 돌이나 나무로 세운 이정표' 또는 '돌에 눌린 초목의 모습' 등으로 해석하여 앞으로 나아가지 못하고 배회하는 양태(徘徊不進)로 풀이한다.

《象》曰 : 雖磐桓, 志行正也. 以貴下賤, 大得民也.
「상」에서 말했다. 비록, 배회하지만 뜻을 바르게 행한다. 귀한 것이 천한 곳으로 내려감으로써 백성의 지지를 크게 얻는다.

✎ '貴賤'이란 용어가 처음 쓰였는데, 貴는 陽을 말함이고, 賤은 陰을 말함이다. 이 屯卦에서 양은 둘이고 음은 넷인데 여기서 '귀한' 것이란 제일 아랫자리에 있는 초구를 말한다. 그 초구에 의미 부여하기를, 귀한 자가 천한 자리로 내려와서 백성의 지지를 크게 얻는다고 했다. 두 음 밑에 있는 양을 두고서 의인법(擬人法)을 써서 귀하신 자가 천한 자 밑으로 자신을 낮추어 내려왔다고 했다. 이를 '겸손(謙遜)'이란 덕목으로 말할 수 있는데 역에서는 겸손을 참 좋아한다. 근원적으로, 강건한 양이 유순한 음 밑으로 내려와서 양은 음을 받들고, 음은 양을 따르는 관계를 좋아한다는 뜻이다. 그것은 음과 양의 조화로운 상생 관계로서 화합이지만, 여기서는 建國과 관련해서 해석하니 백성의 지지를 얻는다고 했다.

六二, 屯如邅如, 乘馬班如. 匪寇婚媾, 女子貞不字, 十年乃字.
육이, 어렵사리 배회하는 꼴이니, 말에 올라타 머뭇거림과 같다. 도둑이 아니고 혼인의 짝을 구하나, 여자가 마음이 곧아서 시집가지 않고, 십 년이 되어서야 마침내 시집가 아이를 낳는다.

✎ 육이는 자리가 바르고, 짝인 구오와 호응하며, 아래 이웃인 초구과 가깝게

지낼 수 있다. 그리고 柔中을 얻고, 剛中을 얻은 짝인 구오와 호응하는 좋은 관계에 있다. 그러나 육이는 구오에게 가려면 그 길이 험난하다. 육삼, 육사의 방해꾼이 있고, 멀리 떨어져 있기 때문이다. 그래서 가까이 있는 초구에게 이끌리는 상황으로 갈팡질팡한다. 이것이 육이에게 드리운 어려움이다. 그래서 어렵게 방황하는 꼴이다. 혼인의 짝을 구하러 가기 위해서 말을 타고서도 주저하듯 머뭇거린다. 이런 육이는 중도를 얻고 자리까지 바르기에 십 년이 되어서야 시집가 아이를 낳는다. 좋게 말하면, 일에 치여 결혼이 늦어졌고, 비록, 늦게나마 정도를 지켜 구오에게 시집가는 것으로 이해된다.

여기서 '班如'에 대하여, 우리는 대개 '머뭇거림과 같이', '머뭇거리듯이'로 해석하지만, 중국에서는 이 '班'에 대하여 여러 필의 말이 이끄는 모양(馬多之狀)으로 풀이하고 있다. 그리고 '字'에 대해서도 우리는 단순히 '시집가다'로 해석하지만, 중국에서는 '혼인하여 아이를 낳다'라고 해석하는 경향이 있다. 참고해 볼 만하다.

《象》曰 : 六二之難, 乘剛也. 十年乃字, 反常也.
「상」에서 말했다. 육이의 어려움은 강을 올라탐이다. '십 년이 되어서야 시집가 아이를 낳는다' 함은, 상도로 돌아감이다.

✑ 강을 올라탔다는 것은, 강을 업신여김이다. 물론, 여기서 강이란 초구를 말한다. 상도로 돌아왔다는 것은, 떳떳한 상도를 회복했다는 뜻이다. 따라서 육이는 초구와 가까이 지내는 방황과 배회를 그만두고, 본래의 짝인 구오와 혼인함으로써 正道를 회복했다는 뜻으로 이해된다.

'乘剛也'라는 말은, 小象辭에서만 쓰인 말인데 네 개의 괘에서 쓰였다. ①屯卦 이효 소상사, ②噬嗑卦 이효 소상사, ③困卦 삼효 소상사, ④震卦 이효 소상사 등이 그것이다. 그리고 이와 유사한 '敵剛也'라는 말도 쓰였는데 이는 同人卦 삼효 소상사에서 쓰였다. 이들은 陰과 陽의 관계를 말한 것으로, 음양 관계가 꼭 親密協力 관계만 있는 것이 아님을 말해준다.

六三, 即鹿无虞, 惟入于林中, 君子几, 不如舍, 往吝.

육삼, 아무런 생각 없이 사슴을 쫓아 나아가니, 홀로 숲속에 들어감이라. 군자가 기미를 알아차리고서도 멈추지 않음과 같으니, 나아가면 크게 후회한다.

✎ 육삼은 자리가 바르지 못하고, 짝인 상육과 호응하지 못하며, 가깝게 지낼 이웃도 없다. 그리고 중도를 지나쳐 있고, 험난함 가장 가까이에서 움직이고 있다. 이런 육삼은, 심사숙고하지 않고 사슴을 쫓아간다. 결과적으로, 홀로 숲속으로 들어가는 꼴이니 위험하다. 이런 행동은 군자가 기미를 알아차리고도 버리지 않음이니, 다시 말해, 포기하지 않음이니 나아가면 크게 후회하게 된다.

'虞(우)'에 대하여 우리는 한사코 '사냥터 지기' 요즈음 말로 하면, '사냥터 안내원'으로 해석한다. 중국에서도 고대에 산림과 물을 관리하는 관원(古代管理山林水的官員)으로 해석한다. 그러나 필자는 虞를 '생각하다'로 해석하고, 惟를 '홀로'라고 해석하였다.

《象》曰 : 即鹿无虞, 以從禽也. 君子舍之, 往吝窮也.

「상」에서 말했다. '아무런 생각 없이 사슴에게 나아간다' 함은, 날짐승을 쫓음이다. 군자가 멈추어야 함은, 나아감이 궁해져서 크게 후회하기 때문이다.

✎ 육삼이 처한 어려움을 아무런 생각 없이, 아무런 준비도 없이 눈앞에 사슴만을 보고서 쫓아가는 경솔한 행동으로 빗대었는데, 이 상사에서는 사슴 대신에 禽 곧 날짐승으로 대체되었다. 군자가 위험하다는 기미를 알아차렸다면 버려야 하는데, 다시 말해, 포기해야 하는데 그렇지 않고서 계속 나아가면 쫓아가는 길

이 궁해져서 크게 후회한다는 뜻이다.

六四, 乘馬班如, 求婚媾, 往吉, 无不利.

육사, 말을 타고서 머뭇거림이니, 혼인의 짝을 구하러, 가면 길하고, 불리할 게 없다.

✒ 육사는 자리가 바르고, 짝인 초구와 호응하며, 위에 있는 구오와 가깝게 지낼 수 있다. 육사는 짝인 초구에게 가는 길은 너무 멀고 장애 요인이 많다. 그러나 위에 있는 구오에게 가면 쉽고 빠르다. 그래서 육사는 말을 타고서 어디로 갈까 망설인다. 그 마음이 갈팡질팡한다는 뜻이다. 그래서 머뭇거린다는 '班如'가 붙었다. 그러나 혼인의 짝을 구하기 위해서 위로 나아가면 길하게 되고 불리할 것이 없다. 결국, 구오에게 가야 한다는 뜻이다.

《象》曰 : 求而往, 明也.

「상」에서 말했다. '혼인의 짝을 구하기 위해서 나아간다'라는 것은, 명석한 일이다.

✒ 육사는 짝인 초구에게 내려가지 않고, 위에 있는 구오 군주에게 올라감이니, 이것이 현실적으로 현명한 판단이라는 뜻이 반영되었다. 그래서 '명석(明晳)하다'를 줄여서 '明'이라고 했다.

九五, 屯其膏, 小貞吉, 大貞凶.

구오, 그 은혜가 막히어, 작은 일은 바르고 길하나, 큰일은 바르더라도 흉하다.

✒ 구오는 자리가 바르고, 짝인 육이와 호응하며, 위아래 이웃들과 가깝게 지낼 수 있다. 그리고 中正을 얻었다. 따라서 이웃인 육사와 상육으로부터도 도움을 받을 수는 있는데, 아래의 육사와 육삼은 구오의 짝인, 柔中을 얻은 육이를 시

샘할 수 있다. 겉으로 보기에는 최적의 조건을 다 갖추었는데, 육사와 육삼에 막혀서 구오가 베푸는 은덕이 제대로 내려가지 못한다. 그래서 작은 일에나 길하고, 큰일에는 흉할 수밖에 없다고 했다.

《象》曰：屯其膏, 施未光也.
「상」에서 말했다. '그 은덕이 막히었다.' 함은, 베풂이 빛나지 않음이다.

✎ 膏(고)가 기름, 지방, 살진 고기, 염통 밑, 은혜, 고약, 기름진 땅, 기름지다, 기름지게 하다 등 다양한 뜻이 있으나 여기서는 '은혜'로 해석하였다. 구오의 은혜가, 혹은 덕(德)이 그의 짝인 육이에게 내려가야 하는데 시샘하는 육사, 육삼에 의해서 제대로 내려가지 못하기 때문이다. 그래서 그의 베풂이 빛나지 못한다.

上六, 乘馬班如, 泣血漣如.
상육, 말을 타고 머뭇거림이니, 피눈물이 물 흐르듯 하다.

✎ 상육은 자리가 바르고, 짝인 육삼과 호응하지 못하며, 아래 이웃인 구오와 가깝게 지낼 수 있다. 그리고 屯卦의 끝자리로서 어려운 상황이 머지않아 끝나는 자리이다. 게다가, 구오를 올라타고서 교만하기까지 하다. 그러나 더는 나아갈 곳이 없는 궁지에 몰려있다. 그래서일까, 그에게는 피눈물이 흐른다.

《象》曰：泣血漣如, 何可長也？
「상」에서 말했다. '피눈물이 물 흐르듯 하다' 함은, 어찌 오래 갈 수 있는가?

✎ 피눈물을 흘리는 것에 대하여 혹자는 아주 크게, 심각하게 자기 반성한다는 의미로 해석하기도 한다. 그래서 그런 어려운 상황이 오래가지 않는다고 이

小象辭의 내용을 합리화시켜 해석한다. 하지만, 그게 아니라, 험난함의 극에 달한 상육은 피눈물을 흘리는 최악의 어려운 상황을 맞이하는데, 그런 그의 상황이 극에 달해서 변할 수밖에 없다. 그저 꽉 차면 이울게 되는 주역의 '終始' 개념에 따른 것이다. 만약, 이 상육의 음이 양으로 바뀌면 風雷益卦가 되어 백성이 기뻐할 것이다.

*   *

험난함 가운데 움직이어야 하는 건국 초기 상황인지라 우왕좌왕한다. 그 결과, 자리가 바르고 짝과 호응하는 초구와 육이도 배회하고, 자리가 바르지 못하고 짝과 호응하지 못하는 육삼은 크게 후회하고, 자리가 바르나 짝과 호응하지 못하는 상육은 피눈물을 흘린다. 강중을 얻은 구오조차도 小事에는 길하지만, 大事에는 흉하다. 오직 자리가 바르고 짝과 호응하는 육사만 길하고 이롭다.

한 가지 재미있는 사실은, 坎과 震이 만나 雷雨가 쏟아지는 자연적 상황을 만물 창조의 어려움으로 얘기했듯이, 이를 인간사로 바꾸어 말해 開國 또는 建國 초기의 어려운 상황으로 彖辭와 大象辭에서 말했는데, 정작, 爻辭는 그것에서 벗어나 있다는 점이다. 사실, 초구 효사에서만 그와 연관성이 있고, 나머지 다섯 효사에서는 '사냥'과 '혼인(婚姻)' 관련 내용으로 바뀌었다. 개국의 어려움이 다시 혼인과 사냥으로 빗대어지고 있다. 곧, 육삼은 사냥의 험난함으로, 육이, 육사, 상육 등은 혼인의 험난함으로, 초구는 건국 초기의 군주가 되는 과정의 어려움으로, 구오는 군주로서의 베풂이 순조롭지 못함으로 각각 기술되었다.

4. 山水蒙卦

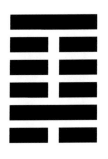

주역 네 번째 괘로 산수몽괘(山水蒙卦)가 있다. 山 艮이 上卦이고, 물 水 坎이 下卦라는 뜻이다. 그 모습으로 보면, 산 아래에서 물이 흘러내리는 모양이다. 그렇다면, 산 위에서 물이 흘러내리는 모습은 무엇이 될까? 그것은 '水山'이 되어서 '蹇卦'가 되어버린다. 이처럼 상·하괘가 무엇이냐에 따라서 卦名 곧 卦의 의미가 완전히 달라진다.

卦德으로 보면, '險而止'이다. 곧 험난하고 멈추어 있다. 六爻 음양 배열을 보면, '음, 양, 음, 음, 음, 양'으로, 양이 둘이고, 음이 넷이다. 육사만 자리가 바르고, 나머지는 모두 자리가 바르지 못하다. 그리고 초육과 육사는 짝으로서 호응하지 못하나 나머지 두 짝은 호응한다. 그리고 구이가 剛中을, 육오가 柔中을 각각 얻었다.

이러한 '山水'를 '蒙'으로 받았다. '蒙'은 어떤 의미로 쓰였을까? '蒙'은 '(사리에) 어둡다, 어리석다, 어리다, 무릅쓰다, 덮다, 받다, 속이다, 입다' 등의 뜻으로 쓰인다. 여기에서는 '사리에 어둡다', '어리다'로 쓰인 것 같다.

「序卦傳」에 의하면, "物生必蒙, 故受之以蒙, 蒙者, 蒙也; 物之稚也"라 했다. 곧, 만물이 처음 생기면 반드시 어리고, 우매하기에 만물이 생기는 屯卦 다음을 蒙卦가 이어받았고, '蒙'이라는 것은 '어림'이다. 만물의 어림이다. 그러니까, 어려서 어리석고 우매함을 '蒙'이라 한다는 뜻이다. 또한, 「雜卦傳」에 의하면, "蒙雜而著"라 했다. 곧, 어린 것들이 뒤섞여 있는 상태라고 했다. 그러니까, 어리고, 어리석다는 질적 판단에 어리고 어리석은 것들이 많다는 양적 판단이 곁들여진 것 같다.

*   *

蒙 : 亨. 匪我求童蒙, 童蒙求我 ; 初筮告, 再三瀆, 瀆則不告. 利貞.

산수몽괘는 형통하다. 내가 동몽을 구하는 게 아니고, 동몽이 나를 청한다. 처음으로 점을 치면 알려주고, 두 번 세 번 업신여기고, 업신여긴즉 알려주지 않는다. 정도를 지켜야 이롭다.

🖉 산수몽괘가 형통하다는 것은, 산과 물의 기운이 상통(相通)함이고, 더 나아가, 산 아래에 물이 있고, 그 물은 우수(雨水)가 아닌 천수(泉水)이지만, 그 천수의 흐름이 점차 나아가며 커진다는 뜻이다. 그렇듯, 사람의 일로 바꾸어 말하자면, 막 나온 지 얼마 되지 않아서 아직은 어려서 우매하지만 양육되어 점차 성장 성숙해진다는 뜻에서도 형통하다.

내가 동몽을 구하는 게 아니고, 동몽이 나를 청한다는 것은, 작고, 어려서 미숙한 사람이 가르침을 먼저 요청해야 한다는 뜻이다. 그러니까, 이 말은 내가 먼저 우매한 사람을 찾아서 가르치지는 않는다는 뜻이다. 그리고 '처음으로 점을 치면 알려주고, 두 번 세 번 업신여기고, 업신여기는 즉 알려주지 않는다' 함은, 알고자 함이 진정이 아니라면 가르쳐주지 말라는 뜻이다. 그리고 정도를 지켜야 이롭다는 것은, 알고자 하는 자나 알려주는 자가 진실로써 정도를 지켰을 때 서로에게 이롭게 된다는 뜻이다.

그리고 여기서 '나(我)'란 卦辭를 붙인 주 문왕이라고 말하는 이도 있고, 蒙卦의 主爻인 구이라고 말하는 이도 있다. 그러나 그것은 그리 중요한 문제가 아니라고 생각된다.

《象》曰 : 蒙, 山下有險, 險而止, 蒙. 蒙亨, 以亨行時中也. 匪我求童蒙, 童蒙
求我, 志應也. 初筮告, 以剛中也. 再三瀆, 瀆則不告, 瀆蒙也. 蒙以養正, 聖功也.

「단」에서 말했다. 산수몽괘는 산 아래에 험난함이 있음이니, 험하고 멈춤이 몽괘이다.
'산수몽괘가 형통하다' 함은, 때를 맞추어 행하는 형통함이다. '내가 동몽을 구하는 게 아니
고 동몽이 나를 청한다' 함은, 마음이 호응함이다. '처음 점을 치면 알려준다' 함은, 강중으
로서이다. '두 번 세 번 계속해서 업신여기면 알려주지 않는다' 함은, 버릇없이 구는 동몽이
다. 동몽을 바르게 기르는 것이 성인의 공이다.

✎ 산 아래 험난함이 있다는 것은, 上卦가 山 艮이고, 下卦가 물 水 坎이라는
뜻이다. 그리고 험하고 멈추었다는 말은, 艮의 덕성이 止이고, 坎의 덕성이 險이
기에 이를 이어서 말한 것뿐이다.

그리고 蒙卦가 형통한 이유로 '때를 맞추어 행한다'라는 '行時中'이라는 말이
처음 쓰였는데 그 의미가 깊다고 아니 말할 수 없다. 때에 맞추어서, 혹은 때에
맞게 말하고, 행동하고, 처신하는 것이야말로 인간사에서 대단히 중요하다. 때
를 놓치면 아무런 쓸모가 없기 때문이다.

마음이 호응한다는 것은, 점을 쳐서 자신의 운세를 알고자 하는 자와 알려주
는 자의 마음이 상통함이다. 그리고 알려주는 것은 剛中을 얻은, 다시 말해, 능력
이 갖추어진 자만이 가능하다는 뜻이다. 이 괘에서는 구이를 두고 말한다.

'瀆蒙(독몽)'이란 알고자 하는 진실과 진지함과 진정성이 없는 사람이 보이는
태도 곧, '버릇없이 구는 우매함'을 말한다. 그리고 '蒙'은 어린이이고, 어리석고
우매한 사람을 지칭하는데, 이들은 모두가 '養正'의 대상이 된다. 몸과 마음을 바
르게 기르는 일이 곧 養正인데 그 양정의 주체는 聖人이라는 古代人의 판단을 읽
을 수 있다.

《象》曰：山下出泉, 蒙 ; 君子以果行育德.

「상」에서 말했다. 산 아래에서 샘물이 나옴이 몽괘이니, 군자는 이로써 보고 깨달아, 실속있게 행하고 덕을 길러라.

🖉 단사의 '山下有險'이 상사에서는 '山下出泉'으로 바뀌었다. 원래는 '艮下有坎'이어야 하고, '山下有水'이어야 하며, '止下有險'이라고 말해야 정확한 표현이다. 그런데 '山下出泉'으로까지 바뀌었다. 그렇다면, 산 아래에서 샘물이 솟아난다는 사실과 군자의 '果行育德'과는 어떤 관계일까?

산은 멈추어 있다. 그곳에서 만물이 자라나고, 성장하고, 결실하며, 끝이 난다. 그래서 만물이 시작하는 곳이면서 동시에 끝나는 곳이 산, 艮卦라고 「說卦傳」은 설명한다. 그런 산의 아래쪽에서 샘물이 솟아난다. 샘물은 대개 고여있지만 혹, 넘친다면 흐르게 마련이고, 끊임없이 흐르는 물은 냇물이 되고 강물이 되어서 만물이 성장하도록 열심히 일한다. 그래서 坎卦를 두고 일하는 '勞卦'라고 말하지만, 여기서는 흐르는 물이 아니라 멈추어 있는 샘물이다. 여기서 미리 알아두어야 할 것은, 坎卦의 물은 하늘에서 구름이 모여 비로 내리는 빗물(雨水)이며, 流水이다. 그런데 여기서만은 '泉水'라고 했다.

그래서일까? 중국이나 우리나라에서 주역을 공부하는 이들은, 한결같이 모두가 강물의 근원을 생각하면서 험난한 물길을 따라 흘러가는 물로 확대하여 생각한다. 그래서 산에서 발원하여 흘러내리는 물이 계곡을 지나 강을 거쳐 바다로 흘러 들어가는 불교적 상상력까지 동원하면서 간단없이 흘러내려야 하는 물로 여긴다. 그러면서, 坎卦의 험난함과 연계하여 과감하게 행하라는 말로 '果行'을 풀이한다. 일리가 없지 않다. 下卦인 坎卦에서 '果行'이 나왔듯이, 上卦인 艮卦에서 '育德'이 나왔기 때문이다.

그러나 산 아래에 있는 '泉'을 의식하면, 다른 생각도 할 수 있다. 곧, 산이 베푼 것이 넘쳐 흐르는 빗물이 아니라 샘물이라고 생각하면, 이 샘물은 산에 사는 동식물이 갈증을 해소하는 정도의 구실을 하며, 그 샘은 목을 적실 정도의 德을 베푸는 존재가 되는 것이다. 이런 山과 泉의 관계와 모습을 보고서 깨달은 군자 라면, 덕을 길러서 무언가 결실이 있게, 다시 말해 실속있게 행동하라는 뜻으로 '果行育德'을 해석할 수도 있다는 뜻이다. 한마디로 말해서, 산이 샘을 베풀고, 샘이 갈증을 해소해주듯이, 이런 관계 이런 모습을 보고서 군자는 마땅히 덕을 기르고, 백성의 갈증 난 목을 축일 수 있도록 실속있게, 결실이 드러나도록 처신 하라는 뜻으로 이해된다.

初六, 發蒙, 利用刑人, 用說桎梏 ; 以往吝.
초육, 어리석음이 드러났으니, 형인을 씀이 이롭고, 질곡에서 벗어나야 한다. 나아감이 인색하다.

✎ 초육은 자리가 바르지 못하고, 짝인 육사와 호응하지 못하며, 위에 있는 이 웃인 구이와 가깝게 지낼 수는 있다. 초육은 양의 자리에 음으로 와서 그 의지가 약하다. 게다가, 자신의 어리석음이 드러났기에 엄격한 형인을 써서 훈육되어야 하고, 그 우매함으로 인한 어려움에서 벗어나도록 노력해야 한다. 그런데 초효 는 더욱 어리고, 미천하여 미숙한 면이 많은 상태이므로 적극적인 노력이 필요 하다. 그런데 나아감에 인색하다. 자신의 어리석음을 타개하려는 노력을 적극적 으로 기울이지 않는다는 뜻이다.

혹자는, '吝'을 '막히다'로 해석하는데 그 이유가 너무 궁색하다. 그러니까, 초 육 위로 있는 이, 삼, 사효 震卦를 상하로 뒤집어 놓으면 艮卦 山이 되기 때문에 초육이 나아가는데 막힌다고 풀이한다. 그런가 하면, 신원봉은 '뉘우침이 있다' 라고 풀이했으며, 심의용은 '인색해진다'라고 풀이했다.

그리고 '發蒙'의 '發'에 대해서도 '啓發'이라는 의미로 통상 해석하는데 필자는 다르게 풀이했다. 이 蒙卦 육효사에서는 ①發蒙 외에도 ②包蒙, ③童蒙, ④困蒙,

⑤擊蒙 등의 단어가 나오고, 彖辭에서 ⑥瀆蒙이 나오는데 이들의 의미를 해석, 분별하는 데에는 유기적 관계 위에서 판단해야 한다고 생각하기 때문이다.

《象》曰：利用刑人, 以正法也.

「상」에서 말했다. '형인을 씀이 이롭다' 함은, 바른 법으로써이다.

🖋 죄를 지은 자에게 벌을 가하는 형인이 의지해야 할 것은 다름 아닌 정법이다. 그렇듯, 자신의 잘못, 우매함을 떨쳐내기 위해서 공부하는 사람이라면 효과적인 방법을 택해서 엄격하게 적용해야 할 것이다. 형인이 의지하는 바가 정법이듯이, 어리석음이나 우매함을 떨쳐내기 위해서는 그 正法에 해당하는, 효과적인 방법론에 의지해야 할 것이다. 그것이 구체적으로 무엇인지는 아직 드러나 있지는 않다.

우리는 학창시절부터 '定石'이니 '王道'니 '解法'이니 하는 造語들을 가깝게 접해 왔으나 바로 이 定石·王道·解法에 해당하는 말이 곧 正法인데, 정법이란 단어에 내포된 방법론이 아직 드러나 있지 않다는 뜻이다. 사실, '정법'이란 단어는 불교 경전 가운데에서도 수없이 사용된 키워드 가운데 하나이지만 그 구체적인 방법론을 정리하려면 다종다양한 경문 자체를 두루 다 읽고 분석해 내야만 가능하다.

九二, 包蒙, 吉. 納婦, 吉 ; 子克家.

구이, 어리석음을 포용함이니 길하다. 부인을 들이니 길하다. 자식으로서 집안을 이룬다.

🖋 구이는 자리가 바르지 못하고, 짝인 육오와 호응하며, 위아래에 있는 이웃과 가깝게 지낼 수 있다. 그리고 剛中을 얻었다. 비록, 자리는 바르지 못하나 주변 사람들에게 인기가 많다. 그런 그가 童蒙들을 포용함이니 길하고, 부인까지

들여서 가정을 이루니 길하다. 자식으로서 집안을 이룬다.

이 구이는 음의 자리에 양으로 와서 강한 듯 보이나 부드러운 면이 있는 성품으로 주변의 음(陰:童蒙)들과 가깝게 지내며 敎化할 수 있는 조건을 갖추었다. 쉽게 말하면, 剛이지만 柔한 陰들과 친화성이 있다는 뜻이다. 이에 대하여, 중국에서는 흔히 '강명(剛明)의 재주와 중도(中道)의 덕과 계몽의 임무를 담당하여 관용과 엄격함을 적절히 베풀어 널리 가르침을 펼칠 수 있는, 동몽들의 스승이 될 수 있다(具剛明之才, 中和之德, 當啓蒙之任, 能以寬嚴适宜, 訓導有方, 可爲君蒙之師也)'라고 풀이하였다.

그리고 '子克家'에 대하여, 대다수는 '자식이 집안일을 다스리다'라고 번역하지만(심의용, 신원봉, 김재홍 외) 필자는 '자식이 집안을 이루다'로 해석하였다. 간단히 말해, '克'을 '다스리다'로 해석하는데 '이루다'로 해석했다는 뜻이다.

《象》曰 : 子克家, 剛柔接也.

「상」에서 말했다. '자식이 집안을 이룬다'라는 것은, 강과 유가 교제함이다.

✐ 蒙卦에서 양 곧 강은 구이와 상구뿐이다. 구이 강이 사귈 수 있는 음으로서 동몽은 초육, 육삼, 육오 등이다. 육사도 음으로서 동몽이긴 하나 구이와 멀리 떨어져 있기에 사귀기에 어렵다고 보았다. 효사에서 언급된 것처럼, 구이가 부인을 들이는 자식이라면 육오는 父母가 되는데 음효이기에 '母'라 할 수 있다. 그렇다면, 초육과 육삼 중에서 하나가 구이의 부인이 되는데 육삼은 상구와 호응관계이므로 초육이 부인이 된다고 판단한다.

六三, 勿用取女, 見金夫, 不有躬, 无攸利.

육삼, 여자를 취하여 쓰지 말고, 능력 있는 남자를 만나 몸 둘 바를 모르니 이로울 게 없다.

🖊 육삼은 양의 자리에 음으로 와서 그 자리가 바르지 못하고, 짝인 상구와 호응하며, 아래 이웃 구이와 가깝게 지낼 수 있다. 여기서 '金夫'란 재력이 있는 사내라는 뜻이지만, 여기서는 중도를 얻어 관용과 엄격함이 조화를 이루고, 능력이 갖추어진 구이를 말한다. 육삼은 짝인 상구와 호응하는 관계이기에 道義上 다른 남자와 가까이 지내면 안 된다. 그래서 '勿用取女'라는 말이 붙었다. 이 '勿用取女'라는 말은, 육삼이 여자이기 때문에 '勿用取男'으로 표기해야 하나 男尊女卑 사상이 지배하는 사회에서는 감히 '取男'이라는 말을 쓰지 못하고, '取女'라는 말로써 대신한 것으로 보인다.

따라서 육삼이라는 여자는, '金'에 해당하는 물질이나 돈을 밝히는 세속적인 가치관을 가졌으며, 그런 남자를 보면 사족을 못 쓰는, 正道를 잃은 사람이다. 오늘날에도 얼마든지 이런 유형의 사람은 있다. 아니, 많다.

《象》曰：勿用取女, 行不順也.
「상」에서 말했다. '여자를 취하지 말라' 함은, 행동이 순리에 어긋남이다.

🖊 행동이 순리에 어긋난다는 것은, 행실이 불순(不純)하다는 뜻이다. 사람의 생각이나 태도나 행동이 순수하지 못하여 순리에 어긋나 있다는 뜻이다.

六四, 困蒙, 吝.
육사, 막다른 어리석음이니, 인색하다.

🖊 육사는 자리가 바르고, 짝인 초육과 호응하지 못하며, 가깝게 지낼 이웃도 없다. 아주 불리한 조건으로 외톨이 신세이다. 육사는 上卦 艮의 제일 아래에 있는 爻로서 멈추어 있다. 그가 머무는 장소로 치자면 산간벽지나 오지에 해당하며, 그의 어리석음 상태로 보면, 꽉 막혀 통하지 않는, 막다른 어리석음이다. 그

래서 배우고자 하는 욕구나 마음 자세가 인색하다.

《象》曰 : 困蒙之吝 獨遠實也.
「상」에서 말했다. '막다른 어리석음의 인색함'이란, 실(陽剛)과 멀리 떨어져 홀로 있음이다.

✐ 육사는 上卦 初爻로 上九와도 멀고, 下卦에서 유일하게 강중을 얻은 구이와도 멀리 떨어져 외톨이 신세가 되었다. 그러니 도움의 손길이 닿지 않아서 꽉 막혀있는 상황이다. 여기서 '實'이란 陽爻를 의미한다. 이 蒙卦에서 양효는 구이와 상구 둘뿐이다. 이 둘 중에서도 중도를 얻은 구이와 멀리 떨어져 있다는 뜻이고, 멀리 떨어져 있다는 것은, 養育·養正의 도움을 받기 어렵다는 조건을 말한 것이다.

六五, 童蒙, 吉.
육오, 아이 어리석음이니, 길하다.

✐ 육오는 자리가 바르지 못하고, 짝인 구이와 호응하며, 위에 있는 이웃인 상구와 가깝게 지낼 수 있다. 육오는 바로 위에 있는 상구로부터 지도받을 수 있고, 짝인 구이의 도움을 받을 수 있는, 좋은 조건이다. 비록, 유순하고 겸손하게 자신의 속을 비운 (柔順謙虛) 자이지만 능력과 친화성을 갖춘 구이와 상구의 도움을 받기에 길한 것이다. 육오의 무능력을 '童蒙'으로 빗대어 표현한 것이지 실제로는 아이가 아님을 인지할 필요가 있다. 설령, 아이라고 하더라도 이 소녀는 가까이 위에 있는 상구와 멀리 짝으로서 있는 구이의 가르침을 받을 수 있기에 길한 것이다.

그러나 '童蒙'이라는 단어는 말 그대로 어린아이의 미숙과 우매함을 말한다.

그래서 宋나라 朱子가 「童蒙須知」라고 하는 아동교육 도서를 펴냈고, 이것이 우리나라에 들어와 1517년에 목판본으로 간행된 것을 비롯하여 10여 종의 판본이 전해지고 있다. '童蒙'이라는 단어의 의미에 대해서 참고할 만하다.

《象》曰："童蒙之吉", 順以巽也.
「상」에서 말했다. '아이의 어리석음이 길하다' 함은, 순종하는 공손이다.

✎ 육오는 양의 자리인데 음으로 와서 기본적으로는 유순해 보이지만, 자릿값인 剛性도 있다. 유순함은 순종으로 나타나고, 강성은 욕구로 나타난다. 그래서 구오는 비록 어린아이의 어리석음 곧 미숙이지만 순종하면서 배우고자 하는 욕구를 낸다. 그래서 구오는 길하고, 순종하는 공손함을 보이는 것이다.

上九, 擊蒙, 不利爲寇, 利御寇.
상구, 어리석음을 타개함이니, 도적이 되는 것은 불리하고, 도적을 막는 것은 이롭다.

✎ 상구는 자리가 바르지 못하고, 짝인 육삼과 호응하며, 아래 이웃인 육오와 가깝게 지낼 수 있다. 상구는 蒙卦의 가장 윗자리에 있으면서 어리석음을 적극적으로 깨려는 움직임을 보인다. 그래서 같은 양인 구이의 '包蒙'과는 전혀 다른, 상반된 방법인 '擊蒙'으로써 그 미숙함을 敎化하는 주체이다. 그렇다면, '包蒙'과 '擊蒙'은 어떻게 다른가?

'包蒙'은 가르침을 베푸는 자가, 다시 말해, 교육자가 스스로 자신을 낮추고, 가르침을 받는 이들을 조건이나 차별 없이 포용하여, 그들의 덕성이나 품성을 함양하는 데에 초점을 맞추고서 전인교육을 지향한다면, '擊蒙'은 가르침을 베푸는 자가 권위적이며, 가르침을 받는 이들을 분류 선택하며, 엄격하고, 결과에 따라서는 체벌(體罰)하는, 그야말로 능력 위주의 전문 교육을 지향한다. 그렇게 해서 능력을 갖춘 사람들이 도적이 되면 안 되고, 도적을 막는 데에 쓰이면 이롭게 된다. 매우 놀라운 말이다. 예나 지금이나 배운 자들이 도적질도 잘 하듯이, 법을 공부하여 법을 잘 아는 사람들이 법을 잘 어기고 피해 가는 것이 일반적인 현실이다. 전문 교육의 폐해를 경계하는 말이라고 생각된다. 배운 지식이나 기술이 잘못 사용되면 나쁜 일에 쓰이게 되고, 그로 인해서 자타 모두에게 해로움을 끼친다. 이 상구 爻辭에서 돌연, '도적(寇)'이 나오는 이유도 바로 잘못된 교육의 문제를 지적, 경계한 말이라고 생각된다.

조선 중기 학자인 이이(李珥:1536~1584)가 중국 朱子에게 질세라 늦었지만 1577년에 이 '擊蒙'이라는 단어를 써서 「擊蒙要訣」이라는 초학자 학습용으로 직접 써서 만든 책이 있다. 그 책은, 입지(立志)·혁구습(革舊習)·지신(持身)·독서(讀書)·사친(事親)·상제(喪制)·제례(祭禮)·거가(居家)·접인(接人)·처세(處世) 등 전체 10장으로 구성되었는데 후에 널리 유포되었다. 李珥가 직접 손으로써 써서 만든 책은 우리나라 보물 제602호로 지정되었다. '蒙'의 의미를 간접적으로 시사해 주는 바 있다.

《象》曰 : 利用御寇, 上下順也.

「상」에서 말했다. '도적을 막는 데 씀이 이롭다' 함은, 위아래가 순리를 따름이다.

✎ 여기서 위는 상구요, 아래는 육오·육삼이다. 상구와 육오의 관계는 親比이고, 육삼과의 관계는 짝으로서 호응하는 사이이다. 이 상구와 두 음의 관계는 교육자와 피교육자의 관계로 순리를 거스르지 않고, 道義를 따른다는 뜻이다.

*　　　*

중도를 얻은 구이와 육오는 陰陽에 관계없이 길하다. 그리고 양효인 구이와 상구는 교육자인데, 음효인 초육, 육삼, 육사, 육오 등은 피교육자이다. 교육자의 방법론은 상반된 '포몽'과 '격몽'이다. 피교육자 가운데에는 법으로써 다스려야 하는 이도 있고(초육), 배움을 나쁘게 쓸 수 있는 이도 있다(육삼). 그런가 하면, 단순히 어린 아이의 유치함처럼 배우면 바르게 성장 성숙하는, 말 그대로 童蒙도 있다(구오). 또, 그런가 하면, 배우고 싶어도 배울 수 없는 여건에 놓인 자도 있다 (육사).

　그런데 어색한 점이 있다. 그것은 막 생겨나서 작고 어린 만물을 양육시켜야 한다고 보는 「序卦傳」 시각에서 육효사를 읽으면 좀 당황스럽다는 점이다. 곧, '萬物'이 아니라 '童蒙'으로 어린아이의 유치함과 우매함 등을 양육시켜서 몸은 성장시키고, 정신은 성숙시켜서 제모습을 드러내고 제빛을 발하게 하는 인간 교육적 관점에서 말해지는가 하면, 범법자들은 법으로써 엄격히 다스리는 통치 관점에서 말해지는 부분도 있기 때문이다. 그리고 양육과 교육은 구분되어야 하는데, 양육은 주로 신체적인 발육 성장에 초점이 맞추어졌다면 교육은 주로 정신적인 성숙 발달에 초점이 맞추어졌다고 봄이 옳다. 그런데 뒤섞여 있다.

　하늘과 땅이 만물을 내어놓으면 처음에는 그 만물이 작고, 여리고, 이것저것 뒤섞여 있어서 분류와 양육이 불가피하다. 그 과정을 하늘과 땅이 합심하여 도맡아 하듯이, 사람들로 가득한 인간 세상에서는 먼저, 그들 가운데 우두머리를 내세워 군주로 삼고, 나라를 건설한다. 나라를 건설했으면 통치이념에 따라 백성을 교육해야 하고, 적재적소(適材適所)에 인재를 등용하고, 백성 모두가 잘 먹고, 잘 살 수 있도록 여건을 조성해 주어야 한다. 바로 이런 점을 중심으로 육효사에서 얘기하다 보니 관점이 뒤죽박죽되었다. 그래서 다소 혼란스러운 면이 없지 않다.

5. 水天需卦

주역 다섯 번째 괘로 수천수괘(水天需卦)가 있다. 물 水 坎이 上卦이고, 하늘 天 乾이 下卦라는 뜻이다. 그 모양으로 보면, 하늘 위에 비 곧 구름이 떠 있는 모습이다. 卦德으로 보면, '健而險'이다. 곧 튼튼하고, 험난하다. 六爻 음양 배열을 보면, '양, 양, 양, 음, 양, 음'으로 구성된다. 구이만 자리가 바르지 못하고, 나머지 모두는 자리가 바르다. 중도를 얻은 구이, 구오가 짝으로서 호응하지 못하나 나머지 두 짝은 호응한다. 그리고 육사, 구오만 위아래 이웃들과 가깝게 지낼 수 있는 親比 관계에 있으나 나머지는 없다. 양효가 넷이고, 음효가 둘인데, 爻辭에서는 陰爻에만 구멍 '穴'자가 붙었고, 나머지는 郊, 沙, 泥 등이 붙었다. 이들은 모두가 다 어떤, 정확히 말하여, 공방(攻防) 행위가 이루어지는 장소이다. 이 점은 六爻辭를 통해서 확인할 수 있다.

이런 '水天'을 '需'로 받았다. '需'는 어떤 의미로 쓰였을까? '需'는 쓰일 '수'로 읽히고, 연할 '연'으로도 읽으며, 미상 '유'로까지 읽는다. 쓰일 '수'로 읽을 때는, '쓰이다, 쓰다, 구하다, 공급하다, 기다리다, 머뭇거리다, 기르다, 비가 긋다, 요구' 등의 의미로 쓰인다. 그런데 여기서는 '기다리다' 혹은 '기르다'의 의미로 쓰인 것 같다. 그러나 그 정확한 쓰임새는 六爻辭까지 두루 다 읽어야 알 수 있을 것이다.

「序卦傳」에 의하면, "物稚不可不養也, 故受之以需, 需者, 飲食之道也"라 했고, 「雜卦傳」에서는 "需不進也"라 했다. 곧, 만물이 어릴 때는 기르지 않을 수 없기에

蒙卦 다음을 需卦가 이어받았다. '需'라는 것은 먹고 마시는 도이다. 그리고 需卦
는 나아가지 않음이라 했다. 이것이 다 무슨 말인가? 만물이 어릴 때는 길러내야
하기에 어린 蒙卦 다음을 기르는 需卦가 받았다는 뜻인데, 이를 거꾸로 말하면,
需卦는 어린 것들을 기른다는 뜻이다. 기른다는 것은, 음식을 먹어서 몸을 크게
성장시키고, 아울러 정신적 기능을 성숙시키는 일이다. 결과적으로 '養育'시킨
다는 뜻이다. 그리고 需卦는 나아가지 않음이라 했는데 이는, 나아가지 않고 때
를 기다린다는 뜻이다. 그러니까, '需'에는 음식을 먹여서 양육시키는 일이며, 동
시에 성장하여 나아갈 때를 기다리는 일이라는 두 가지 의미가 내포되어 있다고
볼 수 있다.

*　　　*

需 : 有孚, 光亨, 貞吉, 利涉大川.
수천수괘는 믿음이 있고, 크게 형통하며, 정도를 지켜야 길하고, 큰 강을 건넘이 이롭다.

✎ 하늘 위로 물 곧 구름이 있는 게 需卦인데, 이것에 믿음이 있다는 것은, 하
늘 위의 구름이 언젠가는 비가 되어 내린다는, '기약된 믿음'이 있다는 뜻이다.
이것이 바로 '信'이 아닌 '孚'이다. 다시 말해, 마땅히 그렇게 되는, 자연적인 현
상이라는 뜻이다. 그리고 크게 형통하다는 것은, 하늘 위의 구름이 마침내 비가
되고, 그 비는 지상의 만물을 생장하게 하는 공로가 있음을 말한다. 이런 기운의
움직임 곧 乾의 작용이 坎의 위험을 풀어서 하늘의 은택이 되게 한다는 점에서
크게 형통하다는 뜻이다. 그리고 正道를 지켜야 길하다는 것은, 乾의 작용으로
내리는 빗물도 그 量과 樣態에 따라서 만물에게 하늘의 은택이 되기도 하고, 水
難이 되기도 하기에 正道를 지킴이 이롭다는 뜻이다. 그리고 큰 강을 건넘이 이
롭다는 것은, 하늘이 작용하여 구름이 비가 되게 하고, 그것으로써 만물을 생장

하게 하는 큰일을 하듯이, 인간도 그런 하늘의 뜻과 움직임을 본받아서 큰일을 도모함이 이롭다는 뜻이다.

《彖》曰 : 需, 須也, 險在前也, 剛健而不陷, 其義不困窮矣. 需有孚, 光亨貞吉, 位乎天位, 以正中也. 利涉大川, 往有功也.

「단」에서 말했다. 수천수괘는 기다림이고, 험난함이 앞에 있으나 강건하여 빠지지 아니하며, 그 뜻이 곤궁하지 않다. '기다림에는 믿음이 있고, 크게 형통하며, 정도를 지킴이 길하다' 함은, 바른 중도로써 하늘 위치에 자리함이다. '큰 강을 건넘이 이롭다' 함은, 나아감에 공로가 있음이다.

✎ 기다린다는 것은, 작고 여린 만물이 성장하기 위해서 때를 기다린다는 뜻이다. 이 '때'라는 것은, 강건한 하늘이 움직이어서 험난함을 풀어주는, 그리하여 하늘 위의 구름이 비가 되어 내리게 하는, 그런 기약된 이치를 말한다. 따라서 성장을 위해서 꼭 필요한 것 -만물에게는 물이 되고, 사람에게는 음식이 되겠지만- 이 구해지기를 기다리는 것이 需이다. 그래서 '需=須'라고 했다.

그리고 험난함이 앞에 있다는 것은, 下卦 乾 기준, 上卦 坎을 두고 말함이다. 坎의 덕성이 '險'이기 때문이다. 그리고 강건하여 빠지지 않는다는 것은, 下卦 乾의 德性을 말한 것이며, 그 뜻이 곤궁하지 않다는 것은, 성장하기 위해서 노력하고, 나아갈 때를 기다리며 능력을 키워나가는 자세나 의지가 바람직하다는 뜻이다. 따라서 이런 기다림은 믿음이 있고, 크게 형통하며, 정도를 지켜야 길하다. 그리고 바른 중도로써 하늘 위치에 자리했다는 것은, 中正을 얻은 구오를 두고 한 말이다.

그리고 나아감에 공로가 있다는 것은, 下卦 乾의 세 陽爻가 上卦 坎의 위험을 피해 기다렸다가 올라가 그 위험을 풀어서 마침내 비가 내리게 하는 은택으로 바꾸어 놓는 功課를 말한다.

《象》曰：雲上于天, 需 ; 君子以飮食宴樂.

「상」에서 말했다. 구름이 하늘 위로 올라감이 수괘이니, 군자는 이로써 보고 깨달아, 먹고 마시는 잔치를 즐겨라.

✎ 물 水 坎卦가 하늘 天 乾卦 위로 올라가 조합된, 이 需卦의 모습을 '雲上于天'으로 표현하였다. 그러니까, '水'를 '雲'과 동일시한 것이다. 그런데 왜, 먹고 마시는 잔치를 즐기라고 하는가? 구름이 하늘 위로 올라갔으니 머지않아 비가 내리게 될 것이고, 그 비는 만물을 성장시키는 영양소를 공급해 줄 것이니, 자연의 이런 역할과 모습을 인간사로 바꾸어 말하면, 그것도 나라를 통치하는 군주 시각에서 말하자면, 백성을 먹여 살리는 일이 될 것이다. 그래서 '雲上于天'을 '飮食宴樂'이라는 말과 연계시킨 것이다.

작고 여린 생명체가 성장하기 위하여 '비(雨)'라는 생명수가 필요하듯이, 사람에게는 먹고 마시는 '음식'이 될 것이다. 바로 이런 시각에서, 군자는 먹고 마시는 음식을 베풀어 백성을 養生·養育해야 한다는 뜻이다.

初九, 需于郊, 利用恒, 无咎.

초구, 교외에서 기다림이니, 항도를 씀이 이롭고, 무구하다.

✎ 초구는 자리가 바르고, 짝인 육사와 호응하며, 가까이 지낼 이웃은 없다. 초구는 너른 교외에서 비가 내리기를, 아니면 비가 그치기를, 바꿔 말하면, 험난함이 풀리기를 기다린다. 험난함으로부터 멀리 떨어져서 기다리기에 항도(恒道)를 씀이 이롭고 무구하다. 여기서 항도란 언제나 변하지 않는 이치를 말한다. 곧, 느긋하게 기다리면 험난함이 풀리어 나아갈 때가 온다는 뜻이다.

'需'를 '기다리다'로 번역했지만 단순한 기다림은 아니다. 성장에 꼭 필요한 것을 얻기 위해서 기다리는 것이기도 하고, 험난함이 풀리어서 안전하게 나아갈 때를 기다리는 것이기도 하다. 여기서 기다림은 때가 되면 마땅히 이루어질, 항상 있는 자연적 현상의 이치를 기다리는 것이다. 이런 맥락에서 본다면, 비가 그치기를 기다리는 것보다는 비가 내리기를 기다린다고 보아야 옳을 성싶다.

《象》曰：需于郊, 不犯難行也；利用恒, 无咎, 未失常也.
「상」에서 말했다. '교외에서 기다린다'라는 것은, 난행을 범하지 않음이다. '항도를 씀이 이롭고 무구하다'라는 것은, 상도를 잃지 않음이다.

　✍ 난행을 범하지 않는다는 것은, 질서정연하게 움직인다는 뜻이다. 그리고 상도를 잃지 않았다는 것은, 언제나 변하지 않는, 떳떳한 도리를 저버리지 않았다는 뜻이다. 爻辭의 '恒'과 이 小象辭의 '常'은 사실상 같은 의미로서 항상, 언제나 변하지 않고, 마땅히 지켜야 하는 인간 도리를 의미한다.
　초구는 어렵거나 어지러운 행보를 하지 않는다. 초구는 험한 坎으로부터 가장 멀리 떨어져 있다. 그래서 초구가 기다리는 장소도 '교(郊)'이다. 게다가, 자리가 바르고, 陽剛한 지혜가 있기 때문이다.

九二, 需于沙, 小有言, 終吉.
구이, 모래밭에서 기다림이니, 말이 조금 있으나 끝이 길하다.

　✍ 구이는 자리가 바르지 못하고, 짝인 구오와 호응하지 못하며, 가깝게 지낼 이웃도 없다. 그리고 剛中을 얻었다. '모래밭'은 '교외'보다 더 가깝게 坎의 위험에 근접해 있는 상황이다. 그리고 말이 조금 있다는 것은, '구설수가 있다'라는 뜻인데 어떤 구설수인지는 알 길이 없다. 다만, 구이를 바라보는 주변 사람의 시선에서 나오는 구설수일 것이다. 예컨대, '안돼! 더 나아가면 위험해져…'를 비롯하여 이와 유사한 내용의, 걱정이 내포된 수군거림이 아닐지 모르겠다. 이는 그

저 상상일 뿐이다.

어쨌든, 그 내용이 구체적으로 무엇인지는 모르겠으나 분명한 사실은 구설수야 생명이나 신체에 가해지는 다른 위험보다는 그래도 낫다는 점이다. 중도까지 얻었으니 그 구설수를 의식하며 무리하게 더는 나아가지 않을 터이고, 크게 나쁠 일도 없어 보인다. 그래서 끝내 길하다는 말이 이해된다. 초구도 마찬가지이지만 각자의 자리에서 '그 정도로만' 그쳤기 때문에 어려움이나 재난을 피할 수 있다. 그러고 보니, 기다린다는 것이 그냥 막연히 기다리는 게 아니라 마땅히 기다려야 하는, 기다려야 안전이 보장되는, 장소와 때에 맞는 멈춤이라는 사실이 확인되었다. 위험이 해소되기를 기다리는 상황이다. 그러니 비가 내리기를 기다리는 게 아니라 비가 그치기를 기다리는 것이다. 이렇게 보면 정말이지, 헷갈리는 면이 없지 않다. 앞에서는 비가 내리기를 기다리고 여기에서는 비가 그치기를 기다리다니….

《象》曰：需于沙, 衍在中也 ; 雖有小言, 以終吉也.
「상」에서 말했다. '모래밭에서 기다림'이란 허물이 속에 있음이다. 비록, 말이 조금 있으나 끝이 길하다.

✎ 정이천은 '衍'을 '寬綽(관작)'으로 풀이했다. 그래서 중국이나 우리나 절대다수는 '너그럽다'로 풀이한다. 현재 중국 주역 전문사이트에서도 '寬厚'로 풀이한다. 그러함에도 불구하고, 필자는 동의하기가 쉽지 않다. 沙는 沙灘(사탄:물이 굽이치는 모래밭)이고, 그 모래밭 속으로 움푹 파인 웅덩이가 '衍'이라고 판단되기 때문이다. 따라서 모래밭에서 기다린다는 것은 위험이나 함정이 속으로 있다는 뜻으로 자연현상을 말한 것이고, 이것을 인간사로 바꾸어 말한다면, 구설수가 있으나 끝이 길하다는 것이다. 이처럼 爻辭도 앞부분은 자연현상이고, 뒷부분은 인간사로 바꾸어 말한다는 것을 유념해 두어야 한다. 卦辭와 爻辭가 이런 짜임새

를 갖는다는 것이 필자의 판단이다.

九三, 需于泥, 致寇至.
구삼, 진흙밭에서 기다림이니, 도적을 불러들임이다.

✎ 구삼은 자리가 바르고, 짝인 상육과 호응하며, 위에 있는 육사와 가깝게 지낼 수도 있다. 그리고 중도를 지나쳐 있다. 험난함에 아주 근접해 있다는 뜻이다. 그 위험성을 '도적을 불러들여서 이르게 한다'라고 했다. 아주 위험한 상황에 놓였다는 뜻이다. 도적(盜賊:寇)은 위험을 상징하는 대표적인 비유어로 이해하면 된다. 쉽게 말해서, 上卦인 坎의 위험성이 비가 내리는 것이지만, 그 위험성이 '도적'으로 빗대어졌다는 뜻이다.

주역 384개 爻辭 가운데에는 이 도적 '寇'가 쓰인 예문이 일곱 군데 나온다. ① 屯 육이 효사에서 匪寇婚媾 ②蒙 상구 효사에서 不利爲寇, 利御寇 ③需 구삼 효사에서 致寇至 ④賁 육사 효사에서 匪寇婚媾 ⑤睽 상구 효사에서 匪寇婚媾 ⑥解 육삼 효사에서 致寇至 ⑦漸 구삼 효사에서 利御寇 등이 그것이다. 참고하기 바란다.

《象》曰：需于泥, 災在外也；自我致寇, 敬愼不敗也.
「상」에서 말했다. '진흙밭에서 기다림'이란 재난이 밖에 있음이다. 내가 도적을 불러들임이니, 공경하듯 삼가야 재난에 떨어지지 않는다.

✎ 재난이 밖에 있다는 것은, 위험이 바로 앞에 당도해 있다는 뜻이고, 이는 험난한 坎과 가장 가까이에 있다는 뜻이고, 바꾸어 말하자면, 坎이 목전에 있다는 뜻이다. 이것을 인간사로 바꾸어 말하면, 자기 스스로 도적을 불러들이는 언행을 저질렀다는 뜻이다. 그리고 공경하고 삼가야 재난에 떨어지지 않는다는 것

은, 구삼의 자리가 양의 자리에 양으로 온데다가 중도를 지나쳐 있어서 의욕이 지나치게 앞서는 **過剛**한 성품이기에 위험한 상황을 최전방에서 맞고 있다. 좀 더 기다리지 못하고 나섰다가 스스로 위험을 맞이했으니 도적을 스스로 불러들였다고 말하는 것이고, 이런 사람은 공경하듯 삼가야 재난을 피할 수 있다는 경계의 말을 들어 마땅한 것이다.

六四, 需于血, 出自穴.
육사, 피를 흘리며 기다림이니, 동굴에서 나온다.

✎ 육사는 자리가 바르고, 짝인 초구와 호응하며, 위아래 이웃과 가깝게 지낼 수 있다. 아래 세 **陽爻**가 밀어붙이는 상황으로 보면, 육사는 제일 먼저 그들과 맞서야 하는 처지이다. 그래서 유순한 육사는 피를 보며 싸우는 처지이다. 이것을 인간사로 바꾸어 말하면, 여인이 자신의 집인 동굴에서 나와서 싸움을 피하지 못한 꼴이다.

《象》曰 : 需于血, 順以聽也.
「상」에서 말했다. '피를 흘리며 기다린다' 함이란, 듣고 순종함이다.

✎ 위로 올라오는 세 **陽爻**와 맞닥뜨려 유순한 육사는 피를 흘리면서 싸우나 그들의 말을 듣고 그들에게 순종한다는 뜻이다. 그렇다면, 이미 굴복했다는 뜻이다. 下卦의 陽爻 셋이 공격자(攻擊者)라면 上卦의 육사, 육오, 상구 셋은 방어하는 자(防者)이다. 진정으로 기다리는 자들은 험난함으로 머물러있는 上卦 세 효라고 볼 수 있다. 下卦 양효 셋은 머뭇거리면서 공격할 때를 기다리는 상황에 있다면, 上卦 두 陰爻와 하나의 陽爻는 방어진지를 구축하고 공자(功者)가 오기만을 기다리는 상황이다. 실로, 놀라운 관계이다. 필자도 육효사를 일일이 해석하

면서 새롭게 깨달은 내용이다.

九五, 需于酒食, 貞吉.
구오, 먹고 마시면서 기다림이니, 정도를 지켜야 길하다.

✎ 구오는 자리가 바르고, 짝인 구이와 호응하지 못하며, 위아래 이웃과 가깝게 지낼 수 있다. 그리고 中正을 얻었다. 구오는 두 陰爻를 거느리고서 공자(功者)인 손님을 기다리고 있는데 술자리를 마련해 놓고서 기다린다. 쉽게 말해, 음식 접대하는 자리를 마련해 놓고 기다린다. 그래서 바르게만 처신하면 길하다는 것이다. 공자(功者)가 손님으로 바뀌도록 중도로써 접대한다는 뜻이다. 껄끄러운 공자(功者)가 오는데 피를 보지 않기 위해서 정중하게 협상 테이블 앞에 앉는다는 뜻이다.

《象》曰 : 酒食貞吉, 以中正也.
「상」에서 말했다. '먹고 마시는 기다림이 정도를 지켜야 길하다' 함은, 중도로서 바르게 행함이다.

✎ 이 구오 때문에 이 需卦를 「序卦傳」에서 '飮食之道'라고 단정한 것 같다. 하지만, 무언가 자연스럽게 받아들여지지는 않는다. '공자(功者)'이면서 '도적(盜賊)'이 되는 乾卦 陽爻 셋을 맞이하기에 따라서는 '손님'으로 변한다는 뜻이다. 껄끄러운 개인 간 관계 내지는 나라 간 외교 관계라는 함의가 깃들어있지 않을까 하는, 강한 의심이 든다. 그렇지 않고서는 이해되지 않기 때문이다.

上六, 入于穴, 有不速之客三人來 ; 敬之, 終吉.
상육, 동굴로 들어감이니 초대하지 않은 손님 셋이 온다. 공경하면 끝이 길하다.

✑ 상육은 자리가 바르고, 짝인 구삼과 호응하며, 아래 이웃인 구오와 가깝게 지낼 수 있다. 상구는 방어하듯 기다리다가 지쳐서 그만 자기 집으로 들어갔다. 그런데 초대하지 않은 손님이 셋이 온다는 뜻이다. 따라서 그들을 받들 듯이 공경하면 끝내 길하다는 것이다. 여기서 세 손님은 下卦인 陽爻 셋을 가리킨다.

《象》曰：“不速之客來，敬之終吉”. 雖不當位，未大失也.
「상」에서 말했다. '초대하지 않은 손님이 오고, 공경하면 끝이 길하다' 함은, 비록, 자리가 바르지 못하더라도 크게 잃지 않음이다.

✑ 상육은 陰의 자리에 陰으로 와서 그 자리가 바르다. 그런데 자리가 바르지 못하다고 했다. 무언가 착오가 있어 보인다. 착오가 아니라면, 세 사람의 손님을 접대할 자리 곧 신분이 아니라는 뜻인가? 이것도 아니라면, 공격적인 태도를 보이는 下卦 세 양효를 집 밖에서 저지해야 하는데 그러지 않고 집안으로 들어와 버렸기에 그런 그의 태도와 처신이 바르지 않다는 뜻인가? 이런저런 생각을 해볼 수는 있으나 필자의 판단은 상사 집필자의 실수가 아닌가 싶다.

그리고 '초대하지 않은 손님일지라도 공경하듯 대하면 길하다'라는 판단을 정당하다는 식으로 받아들이는 태도는 무엇을 말하는가? 이 문제만을 따로 떼어내어 생각하면 주역이, 아니, 고대 중국인의 처세술이 얼마나 현실적인가를 생각게 한다. 초대하지 않은 손님이라는 것은 원치 않는 손님이란 뜻인데 그러함에도 불구하고, 공경하듯 대한다는 것은 옳고 그름도 없고, 그저 살아남기 위해서라면 수단 방법 가리지 않는, 자신의 속내를 숨기는 비겁한 처세술이다. 여기서도 보다시피, 크게 잃지 않기 위해서 적과 같고 도적과 같은 손님을 공경하듯 대하는 태도는 實利를 추구하는 주역의 관점이 그대로 반영되었다고 볼 수 있다.

$$* \qquad *$$

주역을 공부한 이들은 한사코 '需'와 '須'를 '기다림'으로 해석하는데 누가, 무엇을, 왜, 기다린다는 것인가? 이것이 설명되지 않으면 너무나 모호한 얘기가 되고 만다.

처음, 象辭만을 읽었을 때는, ①'하늘 위의 구름이 비가 되어 내리기를 기다리는가?'라고 생각했었고, 序卦傳에서 需卦가 '飮食之道'라고 했을 때는 ②'잔칫상을 차려놓고 손님을 기다리는가?'라고 생각했었다. 그런데 六爻辭를 다 읽고 나니, 이것도 저것도 아니었다. 곧, ③下卦 세 陽爻는 위로 나아가려는데 앞에 놓인 위험 때문에 멀리서 혹은 가까이에서 멈추어 서서 그 위험이 해소되기를 기다린다는 사실이다. 그리고 ④上卦 두 음효와 하나의 양효는 하괘의 세 양효가 도적처럼 공격적으로 다가옴을 방어하듯이 준비하고 기다린다는 사실이었다. 이런 어처구니없는 일도 있다는 말인가! 이런 관계가 과연, 인간사에서 무엇이 있을까? 필자는 후자(③, ④)의 문제에 대하여 이런 생각을 해보았다.

두 나라가 있는데 하나는 '건'이라는 나라이고, 다른 하나는 '감'이라는 나라이다. 그런데 '건'은 반드시 '감'을 정벌해야 하는 상황이다. 그렇다고, '감'이 손쉬운 상대는 아니다. '비(雨)'라고 하는 위험한 무기로 무장되어 있기 때문이다. 따라서 무작정 공격하면 큰 손실이 예상된다. 이것은 방자(防者)인 '감'도 잘 알고 있다. 그러나 두 나라 간 전쟁은 불가피하다. 이런 상황에서 공격하는 '건'은 위험이 해소되기를 기다리면서 준비가 되는 대로 점진적으로 나아간다. 下卦 세 효가 그러하듯이 말이다. 곧, 성(城)안에서 성 밖으로, 성 밖에서 모래밭으로, 모래밭에서 진흙밭으로 점점 가까이 다가간다.

사실, '건'의 일방적인 공격을 방어해야 하는 '감'으로서는 승산이 없다는 것을 잘 알고 있다. 그래서 외교적인 협상을 통해서 풀어야 하는데 쉽지가 않다. 그래도 中正을 얻은 군주가 나서서 백성의 지지를 받으며 적장(敵將)을 위한 잔칫상을 마련하고 기다린다. 이미 승자가 된 '건'에게 '감'의 백성은 공경하는 마음으로 예를 갖출 수밖에 없다. 그럼으로써 피해를 줄이고, 상생하는 길을 모색하는 것이다. 그야말로, 궁여지책이다. 바로 이런 관계를 설명한 것이 '需卦'라고 필자는 판단한다. 개인적으로는 어쩔 수 없이 살아남기 위해서 상대방을 받아들이는 불편한 관계가 될 것이다. 더 작게는 껄끄러운 관계를 매끄러운 관계로 바꾸기 위해서 참고 기다리며 음식 접대를 통해서라도 관계 전환을 시도하는 것이다.

결과적으로, 육효가 비가 되어 내리기를 기다리는 것도 아니고, 육효가 음식을 준비하고서 손님을 기다리는 것도 아니다. 需卦의 下卦인 乾의 세 양효는 위로 움직이면서 上卦인 坎의 위험이 해소되기를, 다시 말해, 비가 그치기를 기다리는 것이었고, 需卦 上卦인 坎의 세 효는 下卦인 乾의 세 양효가 공격적으로 다가오는 것을 방어하듯이 기다리는 것이었다. 싸우면 패배가 분명하기에 협상 테이블로 끌어들여서 정중한 예를 갖추고, 그들의 말을 듣고 받아들여야 하는 상황이다. 그렇지 않은 육사만 피를 보고 만다.

그러므로 '需'를 단순히 '기다리다'로 해석하는 것은 바람직하지 않아 보인다. 정확히 말하면, 어쩔 수 없이 선택하는 전략적인, 인내가 수반되는 기다림인 것이다. 그래서 공자(功者)는 공격의 적기를 결정하기 위해서 '멈칫멈칫하며 기다리는' 양태를 보이고, 방자(防者)는 속내를 숨기고 도적이 오는 것을 손님이 오는 것처럼 기다리는 양태를 보인다. 서로 피해를 줄이기 위해서이다. 실리를 위해서라면 굴욕도 참아내는 것이 易의 처세술이다.

6. 天水訟卦

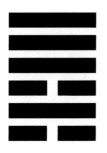

주역 여섯 번째 괘로 천수송괘(天水訟卦)가 있다. 하늘 天 乾이 上卦이고, 물 水 坎이 下卦라는 뜻이다. 그 모양으로 보면, 하늘 밑으로 구름이 있는 모습이다. 卦德으로 보면, '險而健'이다. 험하고, 튼튼하다. 六爻 음양 배열을 보면, '음, 양, 음, 양, 양, 양'으로 음이 둘이고, 양이 넷이다. 오효만 자리가 바르고, 나머지 모두는 자리가 바르지 못하다는 큰 특징이 있다. 구이와 구오는 짝으로서 호응하지 못하나 나머지 두 짝은 호응한다. 그리고 구이, 육삼만 위아래 이웃과 가깝게 지낼 이웃이 있으나 나머지 모두는 가깝게 지낼 이웃조차 없다.

이런 '天水'를 '訟'으로 받았다. '訟'은 어떤 의미로 쓰였을까? '訟'은 송사할 '송'으로 읽기도 하고, 용납할 '용'으로 읽기도 한다. 여기서는 송사할 '송'으로 쓰인 것으로 보이는데, 그 정확한 의미는 六爻辭까지 두루 다 읽어야 알게 되리라 본다. 만약, 물이 하늘 위로 올라가면, '水天'이 되고 需가 되어서 나아갈 준비를 하며 기다리는 水天需卦가 되지만, 물이 하늘 아래로 내려오니, 訟事가 일어나 법정 다툼이 벌어지는 天水訟卦가 되어버린다. 팔괘 조합상 이런 상하 관계로 변하는 괘의 의미를 周易에서는 주의 깊게 살펴야 한다. 팔괘 조합이, 다시 말해, 위아래 괘가 무엇이냐에 따라서 卦名이 결정되고, 그에 따라서 괘의 의미가 달라지기 때문이다.

「序卦傳」에 의하면, "飮食必有訟, 故受之以訟. 訟必有衆起,"라고 했다. 곧, 먹고 사는 일과 관련해서는 반드시 다툼이 있기에 飮食之道를 드러낸 需卦 다음을 다투는 訟卦가 이어받았고, 다툼에는 무리가 들고일어난다고 했다. 그런가 하면, 「雜卦傳」에서는, "訟不親也"라 했다. 곧, 다툼은 사이가 좋지 않다는 점이 전제된다는 뜻이다. 지극히 상식적인 말이다.

다툼에는 문제를 제기하는 쪽이 있고, 그것을 받아야 하는 쪽이 있다. 그리고 양자 사이의 문제 곧 서로의 주의 주장을 들여다보고, 판단하는 제삼자인 판관(判官)이 있어야 한다. 이런 다툼의 관계나 이치를 나름대로 밝히고 있는 것이 '訟卦'라고 판단되지만 다툼의 본질은 일반적으로 불평등과 피해의식에서 출발한다. 그래서 지위가 높은 자와 낮은 자 사이에서, 물질이 많은 자와 궁핍한 자 사이에서, 힘의 강자와 약자 사이에서, 피해 끼친 자와 피해당한 자 사이에서 흔히, 생긴다. 특히, 먹고 사는 일, 곧 이권(利權)과 자리 관련해서 다툼이 많은 것은 人之常情이다.

그래서일까? 유일하게 자리가 바르고 중도를 얻은 구오만 송사의 판관(判官)이 되고, 나머지 효들은 모두 송사에 휘말리는 이들이 된다. 이것은 육효사를 통해서 확인할 수 있다. 그런데 왜 '天水'를 '訟'으로 받았을까? 이 문제는 쉬이 이해되지 않는다. 하늘 아래로 구름이 낮게 내려와 있는데 왜 다툼이 될까? 아니, 하늘은 위로 향하고, 구름 곧 비는 아래로 향하기 때문일까? 上卦인 乾과 下卦인 坎이 서로 어긋나는 움직임을 보이는데 이 때문일까? 설령, 그렇다고 하더라도 쉬이 이해되지는 않는다. 육효사까지 마저 읽고 생각해 보자.

*　　　*

訟：有孚窒惕, 中吉; 終凶, 利見大人, 不利涉大川.

천수송괘는 믿음이 있으나 막히어 두렵고, 중도로써 임하면 길하다. 끝이 흉하니, 대인을 만나는 것이 이롭고, 큰 강을 건너기에 불리하다

✎ 믿음이 있다는 것은, 하늘 위에 구름이 머물든, 하늘 아래에 구름이 머물든 구름이 있다는 것은 그것이 언제가 비가 되어 내린다는 사실에 대한 믿음이다. 그래서 水天需卦의 卦辭에서도 '有孚'가 붙었고, 天水訟卦에서도 '有孚'가 붙었다. 그리고 막히어 두렵다는 것은, 일차적으로는 비가 내리지 못함이고, 이차적으로는 서로 소통하지 못해서 의견대립과 갈등이 있다는 뜻이다. 그리고 중도로써 임하면 길하다는 것은, 不通·對立·葛藤이 있을 때는 어느 쪽으로도 치우치지 않고 중재하는 노력 곧 중도가 필요하고 좋다는 뜻이다.

그리고 끝이 흉하다는 것은, 訟事에서 끝까지 가면 결국, 흉한 꼴을 보게 된다는 뜻이고, 대인을 만나는 것이 이롭다는 것은, 중재 능력을 지닌 대인을 만나 그의 도움으로 적절하게 타협을 보는 것이 이롭다는 뜻이며, 큰 강을 건너기에 불리하다는 것은, 큰일을 도모하기에는 여건이 좋지 않아서 불리하다는 뜻이다.

《彖》曰：訟, 上剛下險, 險而健, 訟. 訟, 有孚, 窒, 惕, 中吉, 剛來而得中也. 終凶, 訟不可成也. 利見大人, 尙中正也. 不利涉大川, 入于淵也.

「단」에서 말했다. 송괘는 강이 올라가고 험난함이 내려감이니, 험하고 튼튼한 게 송괘이다. '다툼에는 믿음과 막힘과 두려움이 있고, 중도로 임하면 길하다' 함은, 강이 와서 중도를 얻음이라. '끝이 흉하다' 함은, 다툼으로는 끝낼 수 없음이다. '대인을 만나는 게 이롭다' 함은, 중도의 바름을 숭상함으로써이다. '큰 강을 건너는 일이 불리하다' 함은, 물웅덩이로 들어감이기 때문이다.

✎ 강이 올라가고, 험난함이 내려간다는 것은, 訟卦 上卦가 하늘 天 乾卦이고, 下卦가 물 水 坎卦라는 뜻이다. 험하고 튼튼한 게 訟卦라는 말은, 상·하괘 덕성을 이어서 말한 것뿐이다. 그리고 강이 와서 중도를 얻었다는 것은, 구오를 두고 말함이다. 물론, 중도를 얻은 효는 구이도 있으나 자리가 바르지 못하기에 송사를 일으킨 주체가 된다. 따라서 中正을 얻은 구오가 이 괘의 主爻가 되는 것이다.

그리고 '訟不可成也'에 대해서 대개, '다툼으로는 이룰 수 없다'라고 해석하나 필자는 '成'을 '끝내다', '끝나다'로 해석하였다. 결국, 같은 의미가 되겠으나 다툼으로는 일을 온전하게 끝낼 수 없다는 의미로 해석했다. 그리고 '중도의 바름을 숭상함으로써 대인을 만나는 게 이롭다'라고 했는데 바로 이 구절 때문에 대인이 곧 구오라는 점을 알 수 있다. 그리고 물웅덩이로 들어간다는 것은, 큰 강을 건너다 실패하고 물에 빠진다는 뜻이고, 이 말인즉 사람이 큰일을 도모하다가는 실패한다는 뜻이다.

《象》曰：天與水違行, 訟；君子以作事謀始.

「상」에서 말했다. 하늘과 물이 어긋나게 움직임이 송괘이니, 군자는 이로써 보고 깨달아, 일할 때는 시작을 잘 꾀하라.

✎ '違行'이라는 말은, 上卦인 乾과 下卦인 坎이 서로 좋아서 끌어당기지 못하고, 서로 싫어서 등을 돌리고 멀어진다는 뜻이다. 하늘은 위로 가려고 하는데 물은 아래로 흐르려고 하기 때문이다. 서로 뜻을 합치지 못하고 반대 방향으로 나아가는, 이런 관계와 이런 양태를 두고 '違行'이라고 했다. 따라서 나라를 통치하는 군주라면, 하늘과 물의 배척 관계를 살피어서 어떤 일을 할 때는 처음을 잘 꾀하라는 뜻이다. 처음을 잘 꾀한다는 것은, 일의 시작부터 잘 도모해야 한다는 뜻이다. 한마디로 말해, 첫 단추를 잘 끼워야 입은 옷이 어그러지지 않는다는 뜻이다.

初六, 不永所事；小有言, 終吉.

초육, 일하는 바 오래가지 않음이니, 말은 조금 있으나 끝이 길하다.

✎ 초육은 자리가 바르지 못하고, 짝인 구사와 호응하며, 위에 있는 구이와 가

깝게 지낼 수 있다. 일하는 바 오래가지 않는다는 것은, 다투는 일을 오래 끌고 가지 않는다는 뜻이고, 다투는 일을 오래 끌고 가지 않는다는 것은, 끝까지 가지 않고 옳고 그름에 매듭짓는다는 뜻이다. 쉽게 말해, 조기에 다툼을 끝낸다는 뜻이다. 그리고 말이 조금 있다는 것은, 다투는 과정에서의 말 곧, 변론 내지는 구설수가 있다는 뜻이다. 그리고 끝이 길하다는 것은, 다툼의 결과가 좋게 끝났다는 뜻이다.

《象》曰 : 不永所事, 訟不可長也 ; 雖小有言, 其辯明也.
「상」에서 말했다. '일하는 바 오래가지 않는다' 함은, 다툼이 오래갈 수 없음이다. 비록, '조금 말이 있다' 함은, 그 변론이 명쾌함이다.

✎ 다툼이 오래가지 않는다는 것은, 다툼이 빨리 해결되었다는 뜻이다. 그 변론이 명쾌하다는 것은, 옳고 그름의 논리가, 다시 말해, 사리 분별력이 뛰어나다는 뜻이다. 자리가 바르지 못한 초육의 이런 능력은 중도를 얻은 구이의 도움을 받기에 가능한 것이다.

九二, 不克訟, 歸而逋, 其邑人三百戶, 无眚.
구이, 다툼에서 이길 수 없고, 돌아가 달아남이니, 그 고을에 삼백 호가, 화를 면한다.

✎ 구이는 자리가 바르지 못하고, 짝인 구오와 호응하지 못하며, 가깝게 지낼 이웃도 없다. 그러나 剛中을 얻은 구오가 군주라면 구이 역시 剛中을 얻은, 지방을 다스리는 성주(城主) 정도가 된다. 그런 그가 구오와 剛대 剛으로 다툰다면, 현실적으로 이길 수 없음은 자명하다. 설령, 그의 주장이 옳더라도 이길 수 없는 것이 인간 세상의 현실이다. 하지만 구이는 자리가 바르지 못하다. 그렇다 보니, 그는 다툼을 불러일으켰다면 돌아서서 달아남으로써, 자신의 통치 영역 안에 있

는 300가구라도 화를 면하게 해야 한다. 그 방법이 홀로 달아남이다. 싸워 이길 수 없는 마당에 대적하지 않고 달아나는 것은 中道의 지혜라 할 수 있다.

혹자는, 이 '300'이라는 숫자에 관해서, 河圖와 洛書의 수를 합한 '100'에 천지 인 3으로 곱한 수라고, 그 의미와 근거를 주장하기도 하나 이는 궤변(詭辯)이라고 생각한다. 신분상으로 보면, 구이는 300호 정도를 책임지고 대표하는 지방 관리 자이기에 중앙 부처의 책임자인 구오와 다툰다면 절대적으로 이길 수 없으므로 달아나 숨는 것이 상책이다. 그렇게 해서라도, 300호 읍인(邑人)이 화를 면할 수 있게 된다는 뜻으로 이해된다.

《象》曰 : 不克訟, 歸逋竄也 ; 自下訟上, 患至掇也.
「상」에서 말했다. '다툼에서 이길 수 없고, 돌아가 달아나서 숨는다' 함은, 아래가 위와 다툼이고, 근심이 이르러 주워 모음이다.

✎ 爻辭에서 달아난다는 '逋'가 小象辭에서는 달아나 숨는다는 '逋竄'으로 바 뀌었다. 다툼에서 이길 수 없을 때는 화를 면하기 위해서 돌아서서 달아나 숨어 야 한다는 것이고, 다툼에서 이길 수 없는 이유인즉 아랫사람이 윗사람에게 다 툼을 걸어왔기에 그렇다는 것이다. 결과적으로, 이런 싸움은 근심 걱정을 이르 게 하여 그것들을 한데 모으는 일이라는 뜻이다. 아랫사람이 윗사람과 다툰다는 것은, 구이와 구오가 짝으로서 호응하지 못하는 관계이고, 근심이 이르러 그것 을 주워 모은다는 것은, 근심 걱정을 만들어 쌓는 일이라는 뜻이다.

六三, 食舊德, 貞厲, 終吉 ; 或從王事, 无成.
육삼, 옛 덕으로 살아감이니, 정도를 지켜 위태로움에 대처해야, 그 끝이 길하다. 혹, 왕 사에 종사하더라도, 이룸이 없다.

✒ 육삼은 자리가 바르지 못하고, 짝인 상구와 호응하며, 위아래 이웃인 구이 구오와 가깝게 지낼 수 있다. 육삼은 陽의 자리에 陰으로 와서 유순한 剛明으로 대인관계가 아주 좋다. 구이 구사와 가깝게 지낼 수 있고, 구오를 원거리에서 보좌한다.

'舊德'이란 오래전부터 쌓아온 친분과 덕과 공로 등을 말하고, 그것으로써 먹고사는, 다시 말해, 현재의 자리를 유지하는 처지이므로 정도를 지켜서 위태로움에 대처해야 한다. 이런 상황을 인간사로 바꾸어서 말한다면, 혹, 왕사에 종사한다고 해도 이룸이 없는 것이다. 이룸이 없다는 것은, 성취함이 없고, 성취함이 없다는 것은, 공로가 인정되지 않는다는 뜻이다.

《象》曰食舊德, 從上吉也.
「상」에서 말했다. '옛 덕으로 살아간다' 함은, 윗사람을 모시는 길함이다.

✒ 윗사람을 모신다는 것은, 육삼이 구오를 모신다는 뜻이고, 그것이 길하다는 것은, 그 덕을 본다는 뜻이다.

九四, 不克訟 ; 復即命, 渝, 安貞吉.
구사, 다투어서 이길 수 없다. 돌아가는즉 명령을 따르고, 앙금을 풀고, 편안하게 정도를 지키니 길하다.

✒ 구사는 자리가 바르지 못하고, 짝인 초육과 호응하며, 아래 이웃인 육삼과 가깝게 지낼 수 있다. 구사는 剛中을 얻은 구오와 다투는데 이길 수 없다. 구오가 신분상으로 윗사람인 데다가 중도까지 얻어서 그의 正道를 이길 수 없기 때문이다. 그래서 그는 제자리로 돌아가는 즉시 명령을 받들고, 쌓인 앙금을 풀며, 편안하게 정도를 지킴이 길한 것이다. 구사는 결국, 다툼을 포기하고, 자기반성하

고, 스스로 앙금을 풀고, 안정을 되찾고 바르게 나아간다. 그랬을 때 길하게 된다는 뜻이다.

《象》曰 : 復即命, 渝, 安贞不失也.

「상」에서 말했다. '돌아가는즉 명령을 따르고, 앙금을 풀며, 편안하게 정도를 지킨다' 함은, 잃지 않음이다.

✎ 잃지 않는다는 것은, 여러 가지가 있을 수 있으나 그 무엇보다 '자리'일 것이다. 구오의 이해와 용서가 있었기에 구사가 자리를 지킬 수 있었고, 그로 인해서 복권(復權)되었기 때문이다.

九五, 訟, 元吉.

구오, 신원(伸冤)함이니, 크게 길하다.

✎ 구오는 자리가 바르고, 짝인 구이와 호응하지 못하며, 가깝게 지낼 이웃도 없다. 그리고 中正을 얻었으며, 육효 가운데에서 유일하게 자리가 바르고, 실권(實權)을 쥔 높은 신분이다. 따라서 짝과 이웃의 영향을 받지 않고, 바른 판단을 내릴 수 있다. 구오는 다툼을 일으킨 주체도, 그 대상도 아니고, 다툼에서 시시비비를 가리는 제삼자로서 문제를 풀어주는 판관(判官)이다. 그는 판관으로서 중도로 임하기에 어느 쪽으로도 치우치지 않은, 공명정대함으로 판결하기에 크게 길한 것이다.

《象》曰 : 訟, 元吉, 以中正也.

「상」에서 말했다. '다툼에 크게 길하다' 함은, 중도의 바름으로써이다.

✎ 중도의 바름이란, 중도를 얻고, 그 자리까지 바른 두 가지 조건을 충족한 사실을 말한다. 다툼을 분별하는 일이 크게 길한 것은 그 중정으로써 임하기 때문이라고 설명했다. 그 중도의 바름이 구체적으로 무엇인지는 설명되지 않았기 때문에 정확히 알 수는 없으나 유추하자면 이러하다. 곧, 양극단의 주장을 살피고, 주변 사람들의 입김으로부터 영향받지 않고 자유로우며, 정도에 근거하여 옳고 그름을 분별하는 능력이 아닐까 싶다. 한마디로 말해서, 사실에 근거하여 공명정대하게 처리할 수 있음이 중도의 바름이라고 생각한다.

上九, 或錫之鞶帶, 終朝三褫之.
상구, 혹, 벼슬자리가 주워지더라도, 끝내 조정에서 세 번 빼앗긴다.

✎ 상구는 자리가 바르지 못하고, 짝인 육삼과 호응하며, 가깝게 지낼 이웃이 없다. 그는 윗사람과 다투어서 벼슬자리를 상징하는 '鞶帶(반대)'를 하사받을 수 있으나 끝내는 조정에서 세 차례나 빼앗긴다. 상구의 교만과 오만함 때문일까?

《象》曰 : 以訟受服, 亦不足敬也.
「상」에서 말했다. 송사로써 벼슬자리를 받으나, 역시 삼감이 부족하다.

✎ 爻辭의 '鞶帶'가 小象辭에서는 '服'으로 바뀌었다. 이 둘은 같이 '벼슬자리'를 상징하는 말이다. 다툼을 통해서 벼슬자리를 얻으나 역시 몸가짐이나 언행을 조심하지 못해서 그 자리를 세 번씩이나 빼앗긴다는 것이다. 여기에는 言爭이나 訟事보다도 공경함이 더 중요하다는 뜻이 반영되었다. 이는 능력이나 실력보다도 신뢰와 인간 됨됨이가 더 중요하다는 인간적인 인식이 깔려있다고 판단된다.

       *   *

초육은 명쾌한 변론으로 訟事를 빨리 끝내서 길하고, 구이는 송사에 불리함을 알고 도망쳐 숨음으로써 300가구 화를 면했다. 육삼은 윗사람을 오래 모시는 덕으로 위태로움에 바르게 대처했기에 자리를 잃지 않고 왕사에 종사할 수는 있다. 구사는 송사를 포기하고 자기반성을 통해서 스스로 앙금을 풀고, 편안하게 바른길을 선택하여 길하게 되었고, 상구는 송사에 이겨서 벼슬자리를 얻으나 조정에서 빼앗기는 수모를 세 번이나 겪는다. 오효는 중도의 바름으로써 판결하는 판관으로서 소임을 다하여 크게 길하다.

이렇게 六爻辭에 반영된 訟事의 결과만을 놓고 볼 때, 訟事는 없는 것이 최선이며, 있다면, 명쾌하게 변론하여 초기에 이기거나 아니면 중도에 포기하고 화해해야 한다. 끝까지 가서 이기더라도 겸손하지 못하고 자만하거나 몸가짐이나 언행을 조심하지 않으면 끝내는 미운털이 박혀서 내쫓기는 상황으로 바뀐다.

이런 점으로 미루어보면, 訟은 사리를 분별하고 시시비비를 가리는 언쟁을 포함한, 오늘날의 법적인 소송(訴訟)에 가깝다. 죄의 유무(有無)와 정도(程度)를 가리는, 법정에서의 재판 곧 '송사(訟事)'라는 뜻이다. 서로가 不親하고, 서로가 등지기에 생기는 결과로 시비를 다투고, 잘잘못을 가리는 행위 일체가 '訟'인 것이다.

象辭에 의하면, 다툼에는 ①믿음 ②막힘 ③두려움 등 세 가지가 있다고 했다. 믿음이란 자신의 언행과 자신이 생각하는 正道에 대한 확신이며, 막힘이란 의견의 대립 갈등으로부터 시비를 가리는 변론의 논리나 논증이란 절차가 있음이고, 두려움이란 패배했을 때 수반되는 결과에 대한 염려 걱정일 것이다. 따라서 다툼을 막기 위해서는, 자신의 자리부터 바르게 해야 한다. 다시 말해, 처신을 잘해야 한다는 뜻이다. 그래야 송사에 휘말리지 않는다. 만약, 휘말렸다면 정도에 근거하여 변론이 명쾌해야 하고, 가능한 한 중도로써 타협을 이루는 것이 좋다. 끝까지 다투어서는 이긴다고 해도 결말이 좋지 않기 때문이다.

7. 地水師卦

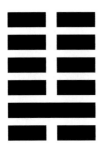

주역 일곱 번째 괘로 지수사괘(地水師卦)가 있다. 땅 地 坤이 上卦이고, 물 水 坎이 下卦라는 뜻이다. 그 모양으로 보면, 땅속에서 물이 흐르는 모습이다. 卦德으로 보면, '險而順'이다. 곧, 험하고, 순종한다. 六爻 음양 배열을 보면, '음, 양, 음, 음, 음, 음'으로 되어 陽 하나에 陰이 다섯이다. 모두가 음인데 구이만 양이라는 큰 특징이 있다. 육사와 상육만 자리가 바르고, 나머지는 자리가 바르지 못하다. 그리고 구이 육오만 짝으로서 호응하고, 나머지 두 짝은 호응하지 못한다.

이런 '地水'를 '師'로 받았다. '師'는 어떤 의미로 쓰였을까? '師'에는 '스승, 군사, 군대, 벼슬아치, 벼슬, 뭇사람, 신령, 전문적인 기예를 닦은 사람, 악관, 악공, 사자, 스승으로 삼다, 기준으로 삼고 따르다, 수효가 많다' 등 다양한 뜻이 있다. 여기서는 '군사, 군대' 또는 '많은 사람'이라는 뜻으로 쓰였다고 판단된다. 물론, 정확한 쓰임새는 六爻辭까지 두루 다 읽어 보아야 알 수 있을 것이다.

「序卦傳」에 의하면, "訟必有衆起, 故受之以師. 師者, 衆也"라 했고, 「雜卦傳」에 의하면, "師憂也"라 했다. 곧, 다툼에는 반드시 무리가 들고일어남이 있기에 다투는 訟卦 뒤를 師卦가 이어받았으며, '師'라는 것은 무리이다. 그리고 무리는 근심한다고 했다. 그렇다면, 무리는 어떤 무리라는 말인가?

六爻象으로 보면, 구이만 陽이고, 나머지는 모두 陰인데 이 양효를 기준으로 보면, 음효로 둘러싸인 유일한 君子가 剛中을 얻어 의욕적으로 험난함 속에서 나아가는 존재가 된다. 이런 모습을 두고, 현재 중국 주역 사이트에서는 '北向有征伐之象'으로 말하기도 하는데, 육효 관계로 보면, '陰'이라고 하는 군사 무리를 이끌고 나아가는 리더 곧 장수(將帥)가 된다. 따라서 무리란 이 장수가 이끄는 군사 무리일 것이다.

이런 상황을 다르게 표현하면, 소인이 지배하는, 먹고 살기 어렵고 험난한 시대에는 곧잘 욕구 충돌이 일어나 다투게 되고, 다투다 보면 그 싸움판이 커져서 민중적 봉기까지 일어나게 마련인데, 그런 봉기가 일어나면 통치자로서는 마땅히 진압 평정해야 하고, 이때는 무력을 행사하는 군사가 동원된다. 그 군사가 무리라는 의미이다.

*　　*

師 : 貞, 丈人吉, 无咎.
지수사괘는 정도를 지켜야 하고, 장인이 길하며, 무구하다.

✎ 正道를 지켜야 한다는 것은, 군사 무리가 움직이는 데에는 처음부터 끝까지 正義를 지켜야 한다는 뜻이다. 무력을 동원할 때는 반드시 그 명분과 목적이 분명해야 하고, 무력을 사용하는 절차나 방법에서도 正道를 지켜야 하며, 무력 행사가 다 끝나더라도 正道에 맞게 마무리를 지어야 한다는 뜻이다. 그리고 丈人이 길하다는 것은, 亂世에 군사 무리를 통솔하는 將帥 곧 전문적인 기량이 갖추어진 리더가 길하다는 뜻이다.

이를 음양 관계로써 설명하자면, 이 卦辭에는 象을 설명한 앞부분의 내용이 생략되었지만, 다섯 陰의 무리와 하나의 陽이 있는데, 이 양이 장수가 되고, 음이 군사가 된다. 장수가 군사를 지휘 통솔하여 나아가는데 군사는 장수를 믿고 따른다. 그 과정에서 고난과 희생이 수반됨은 말할 필요도 없다. 그렇기에 정도를 지켜 임무 수행을 잘 해야 고작 무구하다.

그런데 한 가지 의문은 있다. 그것은 爻辭에서 '長子'가 나오고, 이 卦辭에서는 '丈人'이라는 말이 쓰였다. 처음부터 '將師'라는 말을 쓰지 않고, 왜, '丈人'과 '長子'라는 말을 섞어 썼는지는 알 수 없다. 추측건대, 전쟁 경험과 전쟁 임무 수행 능력은 대체로 나이가 많고 陽剛한 사람에게 있다는 의미에서 '丈'과 '長'이 쓰인 게 아닐까 생각해 볼 수 있고, 周代의 역사적 사실이 전제되어 있는지도 모를 일이다.

《彖》曰：師, 衆也；貞, 正也. 能以衆正, 可以王矣. 剛中而應, 行險而順, 以此毒天下, 而民從之, 吉又何咎矣.

「단」에서 말했다. '師'는 무리이다. '貞'은 바름이다. 무리가 바를 수 있는 것은, 왕으로서이다. 강이 중도를 얻어 호응하고, 험난함으로 나아가고 순종하니, 이로써 천하를 다스리고, 백성이 따르니, 길한데 또 무슨 허물이 있겠는가.

✎ '師'가 '무리'라는 것은, '師'가 '軍師'가 아닌 '軍士'라는 뜻이다. '貞'이 '正'이라는 것은 '貞=正道'라는 뜻이다. 군사 무리가 바를 수 있는 것은, 왕이 지휘 통솔하기 때문이다. 그리고 '강이 중도를 얻고 호응한다' 함은, 하나뿐인 양효 구이가 중도를 얻고, 군주 육오의 부름에 호응한다는 뜻이다. '험난함으로 나아가고 순종한다' 함은, 下卦가 물 水 坎卦이고, 上卦가 땅 地 坤卦임을 그 덕성으로써 풀어서 말한 것뿐이다.

왕이 군사를 바르게 지휘 통솔하여 나아가니, 다시 말해, 천하를 다스리니 백성이 따름으로써 길하고, 무구하다고 말함으로써 '무력행사'라는 최후의 극단적인 통치수단에 일정 부분 긍정적 의미를 부여하고 있음을 알 수 있다. 물론, 여기에는 전제된 조건이 있다. 그것은 험난함 속에서 나아가야 한다는 시대적 상황이 첫째이고, 많은 군사를 바르게 통솔해야 한다는 것이 그 둘째이며, 강력한 리더십을 갖춘 장수가 있어야 한다는 것이 그 셋째 조건이다.

《象》曰 : 地中有水, 師 ; 君子以容民畜衆.
「상」에서 말했다. 땅 가운데 물이 있음이 사괘이니, 군자는 이로써 보고 깨달아, 백성을 포용하고, 군사를 길러야 한다.

✎ 유순한 땅이 험한 물을 품고 있는 모습을 보고서 나라를 통치하는 군자라면 험난함을 헤쳐나가기 위해서 백성을 너그럽게 받아들이고, 무리 곧 군사(軍士)를 길러야 한다는 주문이다. 그러니까, 험한 물을 품고 있는 대지가 험난한 세상이라는 뜻이다. 그 험난한 세상에서는 백성에게 관용을 베풀어 용서하고, 포용하며, 그 험난함의 결정적 시기나 사건에 대비하여 군사를 길러야 한다는 뜻이다. 한마디로 말해서, 난세(亂世)를 대비하여 군사력을 증강하라는 뜻이다. 그러니까, 유순한 땅은 군자이고, 험난한 물은 군사 무리로 빗대어진 셈이다. '坤 = 君子, 坎 = 軍士'라는 비유가 성립한다.

初六, 師出以律, 否臧凶.
초육, 군기로써 군사가 출정함이니, 군기가 숨겨져 있지 않으면 흉하다.

✎ 초육은 자리가 바르지 못하고, 짝인 육사와 호응하지도 못하며, 위에 있는 이웃 구이와 가깝게 지낼 수 있다. 초육은 무력행사의 출발선이며, 의당 군기(軍紀)로써 무장되어야 한다. 그런데 초육은 陽의 자리에 陰으로 왔기에 意志가 약하다는 걱정이 있다. 그래서 군기가 숨겨져 있지 않다면, 다시 말해, 군기로써 무장되어 있지 않다면 흉하다고 경계의 말이 붙은 것이다.

《象》曰：師出以律, 失律凶也.
「상」에서 말했다. '군율로써 군사가 출정한다' 함은, 규율을 잃음이 흉한 (결과를 가져온다는) 뜻이다.

✐ 현재 중국 주역 전문사이트에서는 '律(율)'을 '軍紀', '紀律'로 해석한다. 군사가 출정하는데 군율이 바로 서지 못하고, 군기가 문란하다면 흉한 결과를 초래하는 것은 너무나 자명한 일로 상식으로서 '常道'라는 뜻이다. 출정하는 군사에게 군기를 강조함은 당연한 일이지만 초육의 자리가 바르지 못한 점도 작용했으리라 본다.

九二, 在師, 中吉, 无咎 ; 王三錫命.
구이, 군사가 있고, 중도를 얻어 길하며, 무구하다. 왕이 세 번 명령을 내린다.

✐ 구이는 음의 자리에 양으로 와서 그 자리가 바르지 못하고, 짝인 육오와 호응하며, 위아래 이웃과 가깝게 지낼 수 있다. 그리고 剛中을 얻었다. 그런 구이에게는, 주어진 군사가 있고, 중도를 얻어서 길하며, 무구하고, 왕이 주는 세 번의 명령을 받는다고 했다. 그 세 번의 명령이란, 상식적으로 생각한다면, ①장수라는 직위직책 임명이 있을 것이고, ②전쟁의 구체적인 임무가 주어질 것이고, ③ 전쟁이 끝나면 논공행상(論功行賞)이 있을 것이다. 물론, 이것이 아니고서도 왕으로부터 세 차례 격려와 칭찬의 메시지를 받을 수 있다. 이를 중국에서는 嘉獎 [jiā jiǎng]이라 하여 '표창한다'라는 뜻으로 해석한다.

《象》曰：在師中吉, 承天寵也 ; 王三錫命, 懷萬邦也.
「상」에서 말했다. '군사가 있고, 중도를 얻어 길하다' 함은, 천자의 총애를 계승함이다. '왕이 세 번 명령을 내린다' 함은, 만방을 품음이다.

✎ '在師中吉'을 효사에 맞추어 해석하다 보니, '군사가 있고, 중도를 얻어 길하다'라고 해석했는데 이를 '군사 무리 가운데에 있어 길하다'라고 바꾸어 해석할 수도 있다는 생각이 든다. 이때 '군사의 중심에 있다'라는 것은, 군대의 우두머리라는 뜻이고, 우두머리라서 길하다고 풀이할 수도 있다는 뜻이다. 이 우두머리 곧 장수가 천자(天子·皇帝)의 총애를 계승하여 임무를 수행한다고 해석하면 효사와 상사 내용이 부합된다. 그리고 '왕이 세 번 명령을 내린다' 함을 '만방을 품는다'라고 설명했는데 이는 만방(여러 나라)을 정벌하라는 임무를 주는 명령이란 뜻이다.

六三, 師或輿尸, 凶.
육삼, 군사가 혹, 수레로 시신을 운반할 수 있으니, 흉하다.

✎ 육삼은 자리가 바르지 못하고, 짝인 상육과 호응하지 못하며, 아래 이웃인 구이와는 가깝게 지낼 수 있다. 문제의 '輿尸'에 대하여, 程伊川은 '輿尸, 衆主也'로 해석했다. 곧, '여럿이 주관하다'로 해석하였다. 그러나 현재 중국 주역 전문 사이트에서는 필자의 번역처럼 輿를 '車輛'으로, 輿尸를 '車輛運載尸体'로 해석하여 '兵敗之狀'으로 풀이한다.

《象》曰 : 師或輿尸, 大无功也.
「상」에서 말했다. '군사가 혹, 수레로 시신을 운반할 수 있다' 함은, 전혀 공이 없음이다.

✎ 전쟁터에서 군사가 수레로 시신을 운반한다 함은, 사상자가 많다는 뜻이고, 공로가 전혀 없다는 것은 전쟁에서 패했다는 뜻이다. '공로 없음이 크다'라는 것은 '전혀 공이 없다'라는 뜻이다.

六四, 師左次, 无咎.

육사, 군사가 후퇴하여 머묾이니, 무구하다.

✎ 아주 생소한 '左次'라는 단어가 신경 쓰인다. 물론, 우리말 사전에는 없는 단어이고, 중국어 사전에서도 널리 쓰이거나 쓰였던 말이 아니고, 이 師卦에서 처음 쓰인 말인지라 이 말을 풀어쓴 사람들의 견해가 소개되면서 정리되었을 뿐이다. 중국어 사전에서는, 공영달(孔穎達:574~648)의 견해와 상병화(尙秉和:1870~1950)의 견해가 소개되었는데, 공영달은 차선책으로 힘지의 좌측에 머무는 '주둔(駐屯)'으로 해석했고, 상병화는 '후퇴(後退)'로 해석했다. 물론, 정이천(程伊川:1112~1171) 역시 후퇴하여 쉬는(退舍也) 것으로 해석하였다. 필자도 이런 견해를 받아들여 '후퇴하여 머묾'으로 해석하였다.

육사는 자리가 바르고, 짝인 초육과 호응하지 못하며, 가깝게 지낼 이웃도 없다. '육사에게 왜, 이런 효사가 붙여졌을까?'를 생각해 볼 필요가 있는데, 육사는 음의 자리에 음으로 왔다. 그래서 성정으로 보면 아주 유순하다. 그리고 전쟁의 중반전에 돌입했다. 전쟁이란 적진(敵陣)을 향해 앞으로 나아가는 것이 그 본질이지만 나아가는 길에 장애물과 험난함이 예견되거나 봉착하면 우회하거나 작전상 후퇴할 수도 있다. 그리고 때에 따라서는 안전한 곳으로 물러나 주둔(駐屯)하여 정비(整備)할 수도 있다. 이것이 전쟁에서는 피해를 최소화하려는 기본 원칙으로서 상식이자 常道이다. 그러니까, 전쟁의 중반부에서 험난함을 만난 유순한 육사가 잠시 물러나 주둔하면서 정비하는 모습으로 묘사되었다고 판단된다.

《象》曰 : 左次无咎, 未失常也.

「상」에서 말했다. '후퇴하여 머묾이 무구하다' 함은, 상도를 잃지 않음이다.

✎ 상도를 잃지 않았다는 것은 전쟁의 상도를 지켰다는 뜻이고, 전쟁의 상도

란 것은, 전쟁의 기본 원칙으로서 상황에 따라서 전진하고 후퇴하고 머무는 이치를 말한다.

六五, 田有禽, 利執言, 无咎 ; 長子帥師, 弟子輿尸, 貞凶.

육오, 밭에 새가 있음이니, 언론을 다스림이 이로우며, 무구하다. 장자가 무리를 통솔하고, 아우가 시신을 수레로 운반하니 정도를 지켜서 흉함에 대처해야 한다.

🖉 육오는 자리가 바르지 못하고, 짝인 구이와 호응하며, 가깝게 지낼 이웃이 없다. 그리고 柔中을 얻었다. 밭에 있는 새는 농작물을 해치는 존재이다. 이것이 비유적 표현이라면 백성의 삶의 터전에서 피해를 안기는, 척결해야 할 대상이 된다. 침략자이거나 약탈자 등이 될 것이다.

그리고 '執言'을 어떻게 해석하느냐가 중요한데, 직역하면 '말을 다스리다'가 되는데 '말'은 곧 언로(言路), 언론(言論)이라 할 수 있기에 '언론을 다스리다'로 해석하였다. 따라서 새를 잡는 전쟁이 발발하면 언론을 도맡아 처리하면 무구하다는 뜻이다. 언론을 다스린다는 것은, 백성을 상대로 전쟁상황과 관련 정보를 전달 홍보하는 일을 통제한다는 것이고, 동시에 그것은 心理戰의 일부인 것이다.

그런데 전쟁의 경과를 보면, 장자가 군사를 통솔하고, 아우가 수레에 사상자(死傷者)를 싣고 돌아오기에 정도를 지켜서 흉함에 대처해야 한다. 구오는 양의 자리에 음으로 와서 전쟁을 치러야 하는 난세의 왕으로서는 유약하기에 흉한 결과를 초래하였다.

《象》曰 : 長子帥師, 以中行也 ; 弟子輿尸, 使不當也.

「상」에서 말했다. '장자가 무리를 통솔한다' 함은, 중도를 행함이다. '아우가 수레에 시신을 싣고 운반한다' 함은, 부림이 부당함이다

✎ 결과적으로, 군주는 아버지이고, 장수는 장자(長子)이고, 병졸은 시신을 운반하는 아우가 됨을 알 수 있다. 경험이 많은 장자가 군사를 통솔함은 중도를 행함이고, 아우가 시신을 운반함은 그 부림이, 그 일이 마땅하지 않다는 뜻이다. 마땅하지 않다는 것은, 옳지 않고 바르지 않다는 뜻이다. 그래서 흉하다는 것인데 전쟁의 이유랄까 명분이 언급되었고, 동시에 전쟁은 피해를 감수할 수밖에 없음을 상기시켰다고 볼 수 있다. 곧, 밭에 새들이 농작물을 해친다는 것이 출정의 명분이라면, 아우가 시신을 수레에 싣고 돌아옴은 전쟁의 피할 수 없는 결과라는 뜻이다.

上六, 大君有命, 開國承家, 小人勿用.
상육, 대군의 명령이 있으니, 나라를 열고, 가업을 계승하되, 소인은 쓰지 말라.

✎ 상육은 자리가 바르고, 짝인 육삼과 호응하지 못하며, 가깝게 지낼 이웃도 없다. 장수를 잘 기용하여 전쟁에 승리한 군주는 전쟁 공과(功過)에 대하여 바르게 평가함으로써 상벌을 명령하게 되는데, 나라를 연다는 것은, 공이 큰 장수에게 제후국을 신설해 준다는 뜻이고, 가업을 잇는다는 것은, 가정으로 돌아가 평시처럼 가업을 계승할 수 있는 권한과 자유를 주는 일이다. 소인은 쓰지 말라고 한 것은, 小象辭에서 설명한 것처럼 나라를 어지럽게 하기 때문이라는데 이 小人에 대해서는 大人과 함께 자세한 설명이 요구된다. 그러나 64괘 역문 그 어디에도 이에 대한 직접적인 설명은 없다. 다만, '小人'은 '大人'의 상대적인 개념으로, 大人이 君子로서 高貴하다면 小人은 賤民으로 卑賤하다. 그래서 종종 척결 대상이 되고(解卦), 매사에 소극적이고, 부정적이다(革卦, 遯卦, 大有卦). 그래서 소인을 쓰지 말라는 의미로 '小人勿用'이 이 師卦에서 한 번 쓰이고, 剝卦에서 '終不可用也'가 한 번 쓰인다.

《象》曰 : 大君有命, 以正功也 ; 小人勿用 必亂邦也.

「상」에서 말했다. '대군의 명령이 있다.' 함은, 공로를 바르게 평가함이고, '소인을 쓰지 말라' 함은, 반드시 나라를 어지럽히기 때문이다.

✎ 상육은 전쟁이 끝나고 소위, 논공행상(論功行賞)하는 주체이다. 전쟁의 공과를 바르게 평가하여 상벌을 명하여 내리는 자이다.

*　　*

師卦는 소인들이 지배하는, 어려움과 험난함이 있는 세상이다. 유일한 군자가 미천한 신분으로 나타나 군사를 동원하여 백성의 삶에 피해를 주는 요인을 척결하러 정벌에 나서는 일종의 전쟁 임무를 수행하는 괘이다. 물론, 전쟁의 명분과 목적이 분명해야 하고, 전쟁에 나서려면 군사의 기강이 바로 서야 하며, 훌륭한 지휘 통솔자가 있어야 하고, 전투 중에도 상황에 따라서 피해를 최소화하기 위한 작전상 후퇴도 하고, 정비하여 다시 전진하는 전쟁의 기본적인 상도(常道)가 지켜져야 한다. 그리고 전쟁이 끝나면 論功行賞이 사실에 근거하여 바르게 이루어져야 한다. 너무나도 상식적이고, 당연한 이야기로서 전쟁의 常道를 말하고 있으나 현실에서는 잘 지켜지지 못하는 내용이기도 하다.

이처럼, 주역은 오늘날 기준에서 보면, 내용상으로는 상식적인 이야기인데 다만, 그 상식적인 내용을 도출하거나 그 당위성을 설명하는 방식 등이 八卦의 조합과 그 육효 안에서 음과 양이 작용하는 관계를 통해서 이루어진다는 점에서 그 의의가 있다 하겠다. 이를 확대해석하면, 인간의 성품도, 행위도, 처신도, 모두가 음과 양의 기운에 의해서 결정된다고 보기에 주역을 쉬이 내버리지 못하는 것이고, 萬有 萬象이 다 이 음양의 작용으로 나타난다고 믿기에 오늘날까지도 연구 대상이 된다는 뜻이다. 따라서 우리의 주역 공부는 이 점에 초점이 맞추어져야 하는데 그렇지 못한 것이 심히 유감이다.

8. 水地比卦

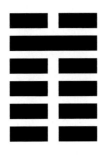

주역 여덟 번째 괘로 수지비괘(水地比卦)가 있다. 물 水 坎이 上卦이고, 땅 地 坤이 下卦라는 뜻이다. 그 모양으로 보면, 땅 위로 물이 있는 모습이다. 다시 말해, 땅 위로 비가 내리는 모습이다. 서로 반가워할 만하다. 卦德으로 보면, '順而險'이다. 곧 순종하고, 험하다. 六爻 음양 배열을 보면, '음, 음, 음, 음, 양, 음'으로 양이 하나이고, 음이 다섯이다. 육이, 육사, 구오, 상육 등은 자리가 바르고, 나머지는 자리가 바르지 못하다. 그리고 중도를 얻은 육이와 구오만 짝으로서 호응하고, 나머지 두 짝은 호응하지 못한다.

이런 '水地'를 '比'로 받았다. '比'는 어떤 의미로 쓰였을까? '比'는 견줄 '비'로 읽히며, '견주다, 비교하다, 본뜨다, 모방하다, 나란히 하다, 고르다, 갖추다, 같다, 친하다, 친숙하다, 남의 말이나 뜻을 따르다, 겨루다, 엮다, 편집하다, 돕다, 아첨하다, 미치다, 줄을 서다, 앞서다, 즐거워하다, 친하게 지내다, 합당하다, 섞다, 조사하다, 비율, 순서, 차례, 동아리, 패거리, 무리, 언제나, 자주, 빈번히, 선례, 전례' 등 다양한 의미로 쓰인다. 하지만 여기서는 '①돕다 ②친하다'라는 두 가지 의미로 쓰인 것 같다. 彖辭에서는 '돕다'라는 의미로 '輔'로 설명했지만 '가까이하다, 친하게 지내다, 친밀하다'라는 뜻으로 '親' 혹은 '密'로도 해석되기 때문이다. 그렇다면, 왜, 이 두 가지 해석이 가능하다고 하는가? 그것은, 왕과 제후들의 관계라는 것이, 서로 친밀해야 하고, 서로 도와야 하는, 다시 말해, 서로 친밀해지면 서로 돕게 되고, 서로 돕다 보면 친밀해지는 관계이기 때문이다.

「序卦傳」에 의하면, "衆必有所比, 故受之以比. 比者, 比也."라 했고, 「雜卦傳」에 의하면, "比樂"이라고 했다. 곧, 무리 속에는 반드시 돕는 바가 있기에 무리를 지휘 통솔하는 師卦 다음을 돕는 比卦가 이어받았고, '比'라는 것은 도움이라 했으며, '比'는 즐거움이라고 했다. '比'에는 돕고, 친밀하고, 가깝게 지내기 때문에 즐거워할 만하다.

중요한 것은, '水地'는 '比'가 되지만 '地水'는 '師'가 된다는 사실이다. '水地'는 땅 위로 비가 내리는 모습으로 서로 반가워할 만하고, 地水는 땅속에서 물이 흐르니 그 물길을 잘 다스려야 위험을 방지할 수 있다고 상상해 볼 수 있다. 그러나 객관적으로 드러난 사실은, '水地'와 '地水'는 음 다섯에 양 하나는 같으나 양의 위치만 오효에서 이효로 바뀐다. 양이 이효일 때는 군사를 지휘 통솔하는 장수가 되나, 오효일 때는 소국들을 다스리는 제왕(帝王)이 된다. 그래서 두 괘의 육효사가 그 장수와 제왕을 중심으로 바뀐다고 해도 틀리지 않는다. 따라서 師卦에서는 음효가 장수의 지휘 통솔을 따르는 군사가 되고, 比卦에서는 제왕에게 다가와 협조하며 친밀해지려는 소국의 제후(諸侯)들이 된다는 사실이다.

*   *

比 : 吉. 原筮, 元永貞, 无咎. 不寧方來, 後夫凶.

수지비괘는 길하다. 본래 점사(占辭)는 '처음부터 끝까지 정도를 지켜야 무구하다.'이다. 편치 않아 바야흐로 오니, 늦는 제후는 흉하다.

✎ '比'가 길하다는 것은, 서로 돕고, 친밀하고, 가깝게 지냄이 좋다는 뜻이다. 대지 위로 비가 내리니 좋지 않을 리 없다. 본래 占辭가 처음부터 끝까지 정도를 지켜야 무구하다는 것은, 대지 위로 비가 내림이 比이니, 처음부터 끝까지 정도를 지켜서 알맞게 내려야 한다는 것이고, 지나치게 많이 내리면 无咎를 넘어서

재난이 되고 지나치게 적게 내리면 그 소용이 닿지 않는다는 뜻이다. 편치 않아 바야흐로 온다는 것은, 불편한 마음으로 뒤늦게 온다는 뜻이고, 이는 비가 내릴까 말까 망설이다가 뒤늦게 온다는 뜻인데, 이를 인간사로 바꾸어서 말하자면, 마땅히 찾아가야 할 곳이 있는데 망설이다가 마지못해 뒤늦게 찾아간다는 뜻이다. 이런 비는 효용성 면에서 그 가치가 떨어지듯이 사람 역시도 크게 환영받지 못한다. 바로 이런 의미에서 늦게 오는 사내는 흉하다는 '後夫 凶'이 붙었다.

여기, '原筮'에 대해서, 신원봉은 '처음 점에서 이르기를'이라고 번역했고, 심의용은 '근원적으로 판단하되'라고 번역했다. 현재 중국 주역 전문사이트에서는 '原來的筮辞', '原來曾作過的卜筮'로 설명한다. 그런가 하면, 과거의 정이천은 筮를 '筮謂占決卜度, 非謂以蓍龜也'라고 설명했다. 그러니까, 比卦에 부여된 '본래의 점사(占辭)'라는 뜻이다. 우리는 '서사(筮辭)'라는 말을 쓰지 않고 '점사(占辭)'라는 말을 주로 쓰는데 '점사'란, 점을 쳐서 나오는 괘에 붙여진 말이다. 다시 말해, 점괘에 붙여진 짧은 설명문으로 오늘날 주역의 괘사(卦辭)를 말한다. 그러니까, 比卦의 본래 점사는 '元永貞 无咎'인데 '吉'이라고 먼저 바꿔 말했다는 뜻으로 이해된다.

그런데, 朱子는 '原'을 '再'로 해석했다. 그래서 '다시 점을 치다'로 해석하고, 이 말을 '자기 자신에 대하여 점을 다시 쳐서 물어 확인하는, 바꿔 말해, 자기 점검을 하는 절차 내지는 행위로 판단하였다.

그리고 '元永貞'에 대해서도, 해석이 분분한데, 신원봉은 '리더의 자질을 갖춘 자를 오랫동안 변함없이 따르니'라고 의역했고, 심의용은 '성숙한 지도력과 지속적인 일관성과 도덕적 확고함을 갖추었다면'으로 의역하였다. 현재 중국 주역 전문사이트에서는 '從開始便永遠堅守正道'로 풀이하였다. 곧, '시작부터 영원히 정도를 지키어 따르다'로 풀이하였다. 그런데 정이천은 '元謂有君長之道, 永謂可以常久, 貞謂得正道'라고 풀이하면서 이 세 가지를 군자가 갖추어야 할 덕목으로 판단하였다. 한편, 주자는 元을 '善'으로, 永을 '長'으로, 貞을 '正道'로 해석하면서 군자가 갖추어야 할 덕목으로 이해하였다. 우리나라에서 주역을 공부하는 이들은 대개 정이천이나 주자의 해설을 따르기에 '元·永·貞'의 의미를 조금씩 다르게 해석하나 공통적으로는 군자가 갖추어야 할 세 가지 덕목으로 받아들인다.

그리고 '不寧方來'를 직역하면, '편치 않아서 바야흐로 온다'이다. 편하지 못한 이유는 여러 가지가 있을 수 있으나 그 본질은 상하, 주종관계에서의 불편함일 것이다. 上, 主와의 친밀한 관계를 짓기 위해서 下, 從이 찾아오는 것이다. 卦象으로 말하면, 제후인 음효들이 제왕인 구오를 만나러 찾아오는 것이다. 이것은 제후들이 제왕을 만나 친밀한 협력 관계를 맺기 위함이고, 그 관계라는 것은 상부상조함으로써 상호신뢰를 전제로 공생하는 편안함을 이루고자 하는 것이다. 현재 중국 주역 전문사이트에서는 '方來'를 '귀부(歸附:스스로 찾아와서 복종함)'라는 말로써 풀이하는데 이 比卦의 상황을 무왕(周 武王 : ? ~ 기원전 1043)이 즉위하고 난 뒤 제후국들과의 관계를 반영했다고 보기 때문이다.

師卦의 장수가 만방을 정벌하고 제왕이 되었는데 이 왕이 바로 比卦의 구오이다. 그리고 장수를 따라서 정벌에 공을 세운 이들은 제후로서 봉해져서 제후국을 건설하였다. 따라서 比卦의 왕은 제왕이 되었고, 음효는 소국을 다스리는 제후가 된 것이다. 이런 상황에서 제왕을 믿고 따르는 분위기가 자연스럽게 조성되어 모두가 각자의 위치에서 협력하며 돕는 관계로 발전하는 것이다. 그런데 그 돕는 시기와 방법과 정도(程度) 등이 모두 다르다. 六爻辭는 바로 이것을 드러내 주는데, '편안하지 않아서 바야흐로 온다' 함은 제왕과 친밀한 관계를 유지 발전시켜 협력함으로써 편안함을 추구하기 위해서 온다는 뜻으로 이해된다.

그리고 '後夫凶'에 대해서는, '後 夫凶'이 아니고 '後夫 凶'이다. 다시 말해, '늦어서 많이 흉하다'가 아니고, '늦은 제후는 흉하다'이다. 괘상에서는 상육을 두고 말함인데 주역 해설자들은 역사적 인물들(예컨대, 防風, 譚子 등)을 거명하기도 한다.

《彖》曰 : 比, 吉也 ; 比, 輔也. 下順從也. 原筮, 元永貞, 无咎, 以剛中也. 不寧

方來, 上下應也. 後夫凶, 其道窮也.

「단」에서 말했다. 비괘는 길하다. 비는 도움이다. 아래가 순종함이다. '원래 친 점의 말씀이 처음부터 끝까지 정도를 지켜야 허물이 없다' 함은, 강중으로서이다. '편치 않아서 바야흐로 온다' 함은, 상하가 서로 호응함이다. '늦게 오는 제후는 흉하다' 함은, 그 도가 궁색해짐이다.

✎ 비괘는 왜 길할까? 그 이유를 ①比가 輔라는 점과 ②아래가 순종한다는 점 등 두 가지를 들었다. 친밀해져서 도와주기 때문이고, 아래에서 순종하기 때문이라는 것이다. 도와준다는 것은, 제후들이 왕을 돕는다는 뜻이다. 그리고 아래에서 순종한다는 것은, 比卦의 下卦가 坤卦라는 점을 말한 것이지만, 제후가 왕에게 순종한다는 뜻이다. 다시 말해, 작게는 坤卦의 덕성을 말한 것이고, 크게는 하나뿐인 陽爻 구오 군주에게 나머지 다섯 음효 곧 제후들이 순종하면서 따름이다.

'강중(剛中)으로서이다'라는 것은, 양의 자리에 양으로 와서 양강(陽剛)한 구오가 중도를 얻어서 정도를 행할 수 있는 것을 말한다. 그리고 '편치 않아서 바야흐로 온다'라는 말은, 편하기 위해서 온다는 뜻으로, 이를 현실적으로 말하면, 서로를 믿고 필요로 하는 상황에서 약자가 강자를, 아랫사람이 윗사람을 찾아와 친밀한 관계를 유지·발전시킴으로써 불편과 불안을 해소한다는 뜻이다.

그리고 '상하가 호응한다' 함은, 윗자리에 있는 양, 구오가 상(上)이 되고, 아랫자리에 있는 뭇 음이 하(下)가 된다. 그래서 상하가 호응한다는 것은, 구오를 중심으로 다른 효들이 호응한다는 뜻으로 이해된다. 굳이, 이를 좁혀서 말하자면, 많은 사람이 주장하는 것처럼, 구오와 육이의 中正 호응 관계라고도 말할 수 있다.

'늦게 오는 제후는 흉하다'라는 것은, 구오에게 순종하면서 따르는 제후들인 음이 때를 놓치어 나중에, 뒤늦게 찾아오면 흉하게 된다는 뜻이다. 도울까 말까

214

망설이다가 적기를 놓치면 오히려 미움을 사 해를 받을 수 있다는 현실적인 의미가 반영되었다고 보인다. 그리고 '그 道가 궁색해졌다' 함은, 믿음을 전제로 친밀한 관계를 맺고, 도움을 주어야 하는데 그 도리, 곧 그 관계가 소원해졌다는 뜻이다.

《象》曰 : 地上有水, 比 ; 先王以建萬國, 親諸侯.
「상」에서 말했다. 땅 위에 물이 있음이 비괘이니, 선왕은 이로써 보고 깨달아, 만국을 건설하고, 제후들과 친밀하라.

✎ 땅 위에 물이 있다는 것은, 물이 땅을 만나서 스며들고, 남은 물은 쌓여서 넘쳐 흐른다. 땅은 물을 만나 속으로 받아들이고 스스로 부드러워져서 만물을 키운다. 이런 관계를 두고 물과 땅이 친밀해져 서로의 거리를 두지 않는다고 말한다. 바로 이점을 염두에 두고서 '서로 돕는다'라고 말하고, '서로 밀접하다'라고 말한다. 물과 땅의 이런 자연적 관계를 보고 살피어서 만방을 평정한 장수라면 왕으로서 마땅히 만국을 건설하고, 제후와는 친밀한 협력 관계를 유지하라는 조언이다.

初六, 有孚比之, 无咎 ; 有孚盈缶, 終來有他, 吉.
초육, 믿음으로 친밀하게 도우니, 무구하다. 믿음으로 그릇이 가득 참이니, 끝내는 다른 것이 와 길하다.

✎ 초육은 자리가 바르지 못하고, 짝인 육사와 호응하지 못하며, 가깝게 지낼 이웃도 없다. 그러나 양강한 구오에 대한 믿음이 충만해 마침내 다른, 뜻하지 않은, 길함 곧 행운이 찾아온다는 뜻이다. 초육은 양의 자리에 음으로 와서 순종하면서도 의리가 있기에 믿음이 충만하다고 할 수 있다. 물론, 여기서 믿음은 구

오, 제왕에 대한 신뢰이고, 그 길함은 구오가 초육에게 내리는 은총이다.

《象》曰 : 比之初六, 有他吉也.
「상」에서 말했다. 친밀한 믿음으로 돕는 초육은, 다른 길함이 있다.

✎ 다른 길함이 있다는 것은, 기대하지도 않고, 생각지도 않은, 뜻밖의 길함이 있다는 뜻이다. 그것이 구체적으로 무엇인지는 알 수 없으나 구오 군주가 내리는 은총임에는 분명하다. 오로지 상대방에 대한 신뢰와 협력으로 오는 결과라는 점 때문이다. 이런 실례가 있었는지 주(周) 무왕(武王) 즉위 전후 역사를 샅샅이 뒤져 봐야 하나? 현실사회의 대인관계에서는 이런 일이야 얼마든지 있을 수 있다.

六二, 比之自內, 貞吉.
육이, 속으로부터 친밀하게 도우니, 바르고 길하다.

✎ 육이는 자리가 바르고, 짝인 구오와 호응하며, 가깝게 지낼 이웃은 없다. 오로지 정도를 지킴으로써 중도를 얻어서 하나뿐인 양효, 구오와 호응한다. 가장 이상적인 관계이다. 육이도 中正이고, 구오도 中正이기 때문이다. 여기서 '속으로부터'라는 말은, 육이가 下卦 곧 內卦에 속했다는 의미라고 포괄적으로 생각해 볼 수 있으나 이보다는 '진실하게'에 더 가깝다. 육이는 하괘의 중간 자리를 차지하고 있으며, 부드러운 중도 곧, 柔中를 얻었다. 그런 그가 剛中을 얻은 구오를 향해 친밀하게, 진실하게 도우니 바르고, 길한 것이다.

《象》曰 : 比之自內, 不自失也.
「상」에서 말했다. '속으로부터 친밀하게 돕는다' 함이란, 스스로 잃지 않음이다.

✎ '스스로 잃지 않는다' 함은, 중도를 잃지 않는다는 뜻인데, 이는 자기 본분을 지킨다는 뜻으로, 육이가 ①자리가 바르고, ②중도를 얻어서 ③정도를 행하기 때문이다.

六三, 比之匪人.
육삼, 사람답지 않은 사람이 친밀하게 돕는다.

✎ 육삼은 자리가 바르지 못하고, 짝인 상육과 호응하지 못하며, 가깝게 지낼 이웃도 없다. 그리고 중도를 지나쳐 교만하기까지 하다. 그런 그가 구오와 친밀한 관계를 맺거나 유지하기 위해서 돕는데 그의 행실과 처신이 사람 같지 않다는 뜻이다. 사람 같지 않다는 것은, 정상적인 사람답지 못하다는 뜻이다. 개인 간에도 사람답지 못한 사람이 얼마든지 있을 수 있고, 그런 나쁜 사람과 친밀하게 사귀면 결국에는 착했던 사람도 나쁜, 그 영향을 받아서 나쁘게 됨을 염두에 둔다면 이해가 빠를 것이다.

《象》曰 比之匪人, 不亦傷乎？
「상」에서 말했다. '사람 같지 않은 사람이 친밀하게 돕는다' 함은, 역시 상하지 않겠는가?

✎ 사람 같지 않은 사람과 친밀한 관계를 유지한다면 분명히 그로 인해서 사람의 도리가 훼손된다는 뜻이다. 훼손된다는 것은, 인도(人道)가 무너진다는 뜻으로, 나쁜 사람의 영향으로 언행과 행실이 나빠져 결과적으로 몸과 마음에 해를 입을 수 있다는 뜻이다.

六四, 外比之, 貞吉.
육사, 밖에서 친밀하게 도우니 정도를 지켜야 길하다.

✐ 육사는 자리가 바르고, 짝인 초육과 호응하지 못하며, 위에 있는 이웃인 구오와 가깝게 지낼 수 있다. 밖에서 친밀하게 돕는다는 것은, 겉으로, 표면적으로 돕는 관계라는 뜻이다. 표면적으로 돕는다는 것은, 구오 군주를 가까이에서 보좌하는 대신(大臣)이라는 자리에서 공적으로 돕는 관계를 의미한다. 물론, 육사가 上卦 곧 外卦의 제일 아랫자리에 머물며 구오를 친밀하게 돕는다는 의미로도 해석할 수는 있다. 이 육사의 '外比之'와 육이의 '內比之'는 상반된 모습으로 외조(外助)와 내조(內助) 차이지만 다른 자리[位] 때문에 나타난 결과이다.

《象》曰 : 外比于賢, 以從上也.
「상」에서 말했다. 현인을 밖에서 친밀하게 도우니, 위를 따름이다.

✐ 여기서 賢人은 위에 있는 구오, 이웃이며, 구오를 따르니 정도를 지켜야 길하다.

九五, 顯比王用三驅 失前禽邑人不誡 吉.
구오, 친밀한 관계의 도움을 드러내 왕이 삼구법을 씀이니, 앞의 날짐승을 잃어도 읍인을 훈계하지 않으니, 길하다.

✐ 구오는 자리가 바르고, 짝인 육이와 호응하며, 위아래 이웃과도 가깝게 지낼 수 있다. 그리고 剛中을 얻은, 陽剛한 군주이다. 구오는 만방을 정벌하고, 제후국을 건설한 제왕으로서 강력한 리더십을 발휘하기에 제후들과 친밀한 관계를 맺어 상부상조하는 실질적인 주체이다. 그는 正道로써 中道까지 얻어 관용(寬容)과 여유(餘裕)가 있기에 삼구법(三驅法)을 쓴다. '삼구법'이란 사냥을 하는데 세 방면에서 날짐승을 몰되, 한 쪽 방향을 터놓음으로써 달아나는 들짐승을 포획하지 않는다는 고대 중국 왕(商湯:商朝의 제1대 군왕)의 너그러운 사냥 방법이다.

이 삼구법에 대해서는 여러 의견이 있다.[1]

　삼구법을 써서 앞의 사냥감을 놓쳐도 읍인(邑人)을 나무라지 않기에 길하다. 여기서 '읍인'이란 구오 명령이 바로 미치는 백성이지만 여기서는 자신과 함께 사냥에 나섰던 신하들이다. 그런데 재미있는 것은, 이 삼구법이 사냥의 한 방법을 넘어서서 對人 관계로도 확대 적용된다는 점이다. 곧, 내가 싫어서 달아나는 이를 붙잡지 않고, 내가 좋아서 다가오는 이를 막지 않는 친교(親交)의 한 방식으로써 말이다.

《象》曰 : 顯比之吉, 位正中也. 舍逆取順, 失前禽也 ; 邑人不誡, 上使中也.

「상」에서 말했다. '친밀한 관계의 도움을 드러내는 길함'이란, 자리가 바르고, 중도에 머

---

1) 삼구법에 관한 여러 의견

① 孔穎達疏 : 褚氏 諸儒皆以爲三面著人驅禽. 必知三面者, 禽唯有背己, 向己, 趣己, 故左右及於后, 皆有驅之. 一說, 田猎一年以三次爲度.

공영달(574~648) : 사냥 몰이꾼, 선비들이 모두 삼면을 에워싼 채 날짐승을 쫓는다. 삼면이라는 것을 반드시 알아야 하는데, 들짐승은 나를 등지는 게 있고, 나를 향해 오는 게 있으며, 나에게 관심을 보이는 게 있어서 좌우 뒤까지 미치어 모두 쫓는다. 일설에 의하면, 일 년에 세 차례 정도 사냥함을 말하기도 한다.

② 陸德明 釋文引馬融云 : "三驅者, 一曰乾豆, 二曰賓客, 三曰君庖."

육덕명(약 550~630)이 마융(79~166)의 말을 인용하여 풀기를 "'삼구'라는 것은 첫날은 제사용 고기로 제사 지내고, 둘째 날은 손님에게 접대하며, 셋째 날은 임금의 음식으로 삼는다."

③ 『漢書·五行志上』 : "故行步有佩玉之度, 登車有和鸞之節, 田猎有三驅之制." 此謂田猎以三驅爲度, 見 顏師古 注.

『한서, 오행지 상』 : "옛날에 행차할 때는 패옥의 도(옷차림의 도)가 있고, 마차를 탈 때는 화란의 예절(종을 치는 예절)이 있으며, 사냥할 때는 삼구의 법이 있다." 이를 일컬어 삼구의 도라 하고, 이를 보고 안사고(顏師古:581~645)가 주를 달았다.

④ 唐 吳兢 《貞觀政要·君道》 : "樂盤游則思三驅以爲度, 憂懈怠則思愼始而敬終." 戈直注 : "三驅者, 圍合其三面, 前開一路, 使之可去, 不忍盡物, 好生之仁也."

당나라 오긍(670~749)의 저서 『貞觀政要-君道』: 악반유는 삼구를 도리로 삼고, 태만을 우려하여 시작을 신중히 하고 마침을 조심스럽게 했다. 과직 주 : '삼구'라고 하는 것은 삼면을 포위하고 한 길을 열어 두어 빠져나갈 수 있게 함으로써 참을 수 없도록 몰아붙이지 않는다. 살아감에 어짐을 좋아함이다.

⑤ 『史記』「殷本紀」 권3에 나오는 성탕(成湯)의 일화를 정이천이 주석으로 달았다. (재인용) "湯出, 見野張網四面, 祝曰, 自天下四方皆入吾網. 湯曰, 嘻, 盡之矣! 乃去其三面, 祝曰, 欲左 左, 欲右 右. 不用命, 乃入吾網. 諸侯聞之日, 湯德至矣, 及禽獸."

탕이 나가, 벌판에서 사면으로 망을 치고서, '천하 사방에 있는 (짐승들이) 다 내 그물 안으로 들어오라'라고 기원하는 말을 들었다. 탕이 말하기를 '오라! 다 잡겠다!' 이내 그 삼면의 그물을 치우면서 기원하기를 '좌로 가고자 하면 좌로 가고, 우로 가고자 하면 우로 가라. 내 명을 따르지 않는 (녀석들만) 내 그물 안으로 들어오라.' 제후가 이 말을 듣고 말하기를 '탕의 덕이 금수에게까지 미치는구나.'

물며, 거스름을 버리고 순종을 취함으로써 앞의 날짐승을 잃음이다. 읍인을 훈계하지 않음은 윗사람으로서 중도를 부림이다.

✎ '禽'은 사냥감으로서 들짐승을 총칭하는데 이것이 비유어로 사용되었음을 알 수 있다. 사냥의 주체인 나를 거역하고 도망치는 것을 버려두고, 내게 순종하는 것을 취한다고 하는 것은, 꼭 사냥감에 국한한 것이 아니라 제왕인 내게 친교를 맺고자 스스로 다가오는 제후를 취하지만 거역하고 달아나는 제후를 버린다는 뜻이다. 내 명령이 미치는 성(城)안 사람들을 경계하지 않고 나무라지 않는, 너그러움과 관용을 베푸는 것은 윗자리에 있는 구오가 중도를 부리기 때문이라는 것이다.

上六, 比之无首, 凶.
상육, 머리가 없는 친밀한 도움이니, 흉하다.

✎ 상육은 자리가 바르고, 짝인 육삼과 호응하지 못하며, 아래 이웃인 구오와 친하게 지낼 수 있다. 그러나 중도를 지나쳐 있다. 상육은 구오에게 친밀하게 돕는데 머리가 없는 자이다. 머리가 없다는 것은, 가장 윗자리에 있으면서도 음효(陰爻)들의 수령(首領) 노릇을 못한다는 뜻이다. 음효 다섯을 지휘 통솔하지 못하고 그들과 다른 행동을 하는 것이다. 그래서 뒤늦게 구오를 찾아오는, 괘사의 '후부(後夫)'가 되는 것이다.

《象》曰 : "比之无首", 无所終也.
「상」에서 말했다. '머리가 없는 친밀한 도움'이란 끝내는 바가 없음이다.

✎ 효사의 '无首'가 상사에서는 '无終'으로 바뀌었다. 머리가 시작이라면 꼬리

는 끝이라는 뜻인데, 상육이 시작을 잘못해서 머리가 없는 자가 되었다. 그러니까, 상육은 가장 높은 자리에 있으면서 수령(首領)으로서 끝을 잘 마무리 지어야 하는데 제구실을 하지 못하기에 제대로 끝내지 못하는 것이다. 그래서 '무종(無終)'이 되었고, 흉하다는 것으로 풀이했다.

사실, '无首'라는 말은, 重天乾卦의 用九에서도 쓰였다. 머리가 없다는 뜻인데, 머리가 없다는 것은, 乾이 없다는 뜻이고, 乾이 없다는 것은 明智가 없다는 뜻이며, 명지가 없다는 것은 실체가 없다는 뜻이다. 그밖에 '切首'가 나오고(重火離卦), '濡首'가 나온다(火水未濟卦). 머리는 신체의 부위 가운데 한 곳으로 가장 중요한 기능을 하는, 가장 중요한 기관이다. 그래서 해당 생명의 대표적인 부위로서 그 생명을 상징하는 본질이다.

*   *

친밀한 도움을 주고받는 관계를 설명하는 比卦에서는, 그 도움을 받고 드러내는 제왕인 구오가 가장 길하고, 나머지 다섯 제후는 그 여건과 처신에 따라 다르다. 곧, 육삼은 사람 같지 않은 언행으로 가장 흉하고, 상육은 明智 곧 실체가 없어서, 다시 말하면 자질이 부족하여 흉하다. 그리고 육이는 구오와 호응하는 관계로서 중도를 얻어 바르고 길하며, 내조하는 진실이 있고, 초육은 믿음의 진실로써 생각지도 않은 길함이 있으며, 육사도 가까이에서 현자를 겉으로 도우나 정도를 지켜야 길하다. 제후가 길할 때는 언제나 正道를 전제로 하고, 또한, 믿음과 도움이 진실해야 한다.

왕과 제후들의 관계처럼, 사람과 사람 사이에서도 친밀한 관계를 유지하며 서로 도움을 주고받는 관계는 기본적으로 좋은 것이다. 누가 누구에게 어떤 방식으로 도움을 주고, 누가 누구와 무엇으로써 친하게 지내느냐에 따라서 득이 될 수도 있고 해가 될 수도 있다. 그러나 일반적으로 사람과 사람이 도움을 주고받는 것은 길한 것이고, 사람이 사람과 친밀하게 지내는 것 또한 좋은 일이다. 도움을 주고받는다는 것과 서로 친밀하다는 것은 밀접한 상관관계가 있다.

　이런 比卦에서 한 가지 확인할 수 있는 중요한 사실은, 같은 음양 관계가 육효에 똑같이 적용되지만, 그 위치에 따라서, 다시 말해, 그 자리의 **貴賤**과 **當·不當**에 따라서 길흉이 달라진다는 점이다. 사람으로 바꾸어 말하자면, 사람의 자리 곧 신분과 지위 그리고 그 자리의 정당성에 의해서 利害, 吉凶이 달라진다는 뜻이다.

9. 風天小畜卦

주역 아홉 번째 괘로 풍천소축괘(風天小畜卦)가 있다. 바람 風 巽이 上卦이고, 하늘 天 乾이 下卦라는 뜻이다. 그 모양으로 보면, 하늘 위에서 바람이 부는 모습이다. 하늘 위에서 바람이 분다는 것은, 양강한 양효 위로 유순한 陰이 영향력을 행사한다는 뜻이다. 여기서 陰은 上卦의 육사를 두고 말함인데, 이 육사가 순종으로써 덕을 길러 양들 속에서 관계를 맺고 신뢰를 얻어 처신을 잘하는 것이 '小畜'이라는 암시가 깔려있다.

卦德으로 보면, '健而巽'이다. 곧, 튼튼하고 공손하다. 튼튼함 속에서 공손함이 군림하는 것이다. 六爻 음양 배열을 보면, '양, 양, 양, 음, 양, 양'으로, 음이 하나이고, 양이 다섯인데, 양들 속에서 홍일점으로 있는 육사의 역할이 중요해 보인다. 초구 구삼 육사 구오 등은 자리가 바르고, 구이 상구 등은 자리가 바르지 못하다. 그리고 구이 구오가 중도를 얻었으나 호응하지 못한다.

이런 '風天'을 '小畜'으로 받았다. '小畜'은 어떤 의미로 쓰였을까? '畜'은 짐승 '축'으로 읽히고, 쌓을 '축'으로도 읽히며, 기를 '휵'으로도 읽힌다. 그래서 '畜'에는 '짐승, 가축, 개간한 밭, 비축, 쌓다, 모으다, 쌓이다, 모이다, 간직하다, 소장하다, 제지하다, 말리다, 기르다, 양육하다, 먹이다, 치다, 아끼다, 효도하다' 등 다양한 뜻이 있다. 여기서는 어떤 의미로 쓰였을까? '小'는 작은 것이고, 작은 것은 '陰'이란 뜻이다. 그리고 '畜'은 길러서 쌓음이다. 길러서 쌓는 것은, 자기 능력이나 德으로부터 人才·財物 등이 되리라 본다.

「序卦傳」에 의하면, "比必有所蓄, 故受之以小畜"이라 했고, 「雜卦傳」에서 의하면, "小畜寡也"라 했다. 곧, 친밀하게 서로 도우면 반드시 모으고 쌓는 바가 있기에 친밀한 比卦 다음을 쌓는 小畜卦 이었고, 小畜은 적다고 했다. 무엇이 적다는 뜻일까? 모으고 쌓는 내용물이 적다는 뜻일까? 아니면, 모으고 쌓는 도구나 수단이 적다는 뜻일까? 아니면, 모으고 쌓는 주체가 적다는 뜻일까? 六爻辭까지 두루 다 읽고 나야 분명하게 알 수 있으리라 본다.

* *

小畜 : 亨 ; 密運不雨, 自我西郊.

풍천소축괘는 형통하다. 먹구름이어도 비가 내리지 않으니, 서쪽 교외에 있는 나로 인함이다.

✎ 소축괘가 '형통하다' 함은, 겉으로는 자기 욕구나 본능을 제지하고, 속으로는 자기 能力이나 德을 쌓아 기르는 일이기 때문이다. 따라서 '제지한다'라는 것은, 자기 욕구·욕망을 억제함이고, 그것은 곧 능력과 덕을 쌓고, 기르는 일로 연계된다.

그리고 '密雲不雨, 自我西郊'라는 문장은, 이 小畜卦 말고도 小過卦 六五 爻辭에서도 사용되었는데 같은 의미로 쓰였다. 여기서 '나(我)'는 周 文王이 된, 은나라 주왕(紂王)의 신하 가운데 한 사람이었던 '姬昌(기원전 1152년~기원전 약 1056년)'을 말하고, 그가 서쪽에서 왔다는 것은, 商朝(기원전 1600~기원전 1046)에서 諸侯의 한 사람으로 '西伯'이라 봉해져 옹주성(雍州城)의 城主가 되었는데, 이 옹주성이 상조(商朝)의 도성(都城)이었던 城亳, 邢, 殷, 偃師 등을 기준으로 보면 서쪽에 있었기 때문이다.

'姬昌'이라는 인물은 '明夷卦'에서도 나오는데 자신의 속내를 숨기고 충성심을 드러내는 지혜를 발휘하여 감옥에서 풀려나와 폭군 주왕(紂王)의 신임을 받고, 주나라 건립의 기초를 닦은 인물이다. 그는 자기 뜻을 펼치기 어려운 상황에서도 부드럽게 순종하면서 나름대로 최선을 다하여 단계적으로 노력한 사람이다. 그런 그가 백성이 간절하게 원하는 비를 뿌리려고 먹구름까지 만들어냈으나 전권을 행사할 수 없는 위치(자리)인지라 비를 내리지 못하나 비록, 유순한 '陰'으로서 자기 본능·욕구를 제지하고 억눌러서 속으로 자기 '德'을 크게 쌓는다.

이러한 性品과 德性을 지닌 '姬昌'이라는 역사적 인물을 끌어들여서 '小畜'의 의미를 비유적으로 설명한 것이다.

《彖》曰 : 小畜, 柔得位而上下應之, 曰小畜. 健而巽, 剛中而志行, 乃亨. 密雲不雨, 尚往也. 自我西郊, 施未行也.

「단」에서 말했다. 풍천소축괘는 유가 자리를 얻어 위아래가 호응하니 (이를) 일러서 작은 것으로써 제지하여 길들임이라고 한다. 튼튼하고 공손하며, 강이 중도를 얻고 뜻을 행하니 마침내 형통하다. '먹구름이나 비가 내리지 않는다' 함은, 오히려 가버림이다. '서쪽 교외에 있는 나로 인함'이란, 베풂이 실행되지 않음이다.

✎ 柔가 자리를 얻었다는 것은, 陽들의 세상에서 하나뿐인 陰爻가 높은 지위를 얻었다는 뜻으로 육사를 가리킨다. 그리고 위아래가 호응한다 함은, 육사의 위아래인 구오 구삼이 가깝게 지낼 수 있음을 말한다. 더 넓게 생각하자면, 이 하나뿐인 陰에 다섯 양이 호응한다고도 볼 수 있다. 그리고 튼튼하고 공손하다 함은, 상·하괘의 卦德을 이어서 말한 것이며, 강이 중도를 얻고 뜻을 행한다는 것은, 구오의 움직임을 말한다.

그리고 오히려 가버렸다는 것은, 빽빽한 구름이 비가 되어 내리지 않고 그 자리를 떠나가버렸다는 뜻이고, 이는 베풂이 이루어지지 않았다는 뜻이다.

《象》曰 : 風行天上, 小畜 ; 君子以懿文德.

「상」에서 말했다. 하늘 위에서 바람이 붊이 소축이니, 군자는 이를 보고 깨달아, 문덕(文德)을 키워라.

✎ 하늘 위에 바람이 움직인다는 것은, 하늘 위에서 바람이 분다는 것이고, 그것은 곧. 하늘이 바람을 부린다는 뜻이다. 그 바람에 따라서 구름이 움직이기에 그 결과로 비가 내리기도 하고, 내리지 않기도 한다. 내리는 비는 하늘이 베푸는 덕이다. 따라서 구름의 움직임은 하늘의 뜻이고, 그 하늘의 뜻에 따라 비가 내리기도 하고 내리지 않기도 하는 것은 하늘의 은택으로써 하늘의 덕이다. 이처럼 하늘이 바람과 구름을 부리어서 은택을 만물에 베풀 듯이, 백성을 다스리는 군자라면 군주로서의 '문덕'을 키우라는 주문이다.

그렇다면, '文德'이란 무엇인가? '文'은 뜻을 내는 정신적 영역의 가치체계 기반이고, '德'은 그 문이 겉으로 드러나는 실천적 영역에서의 言行의 당위와 자기 능력 발휘 곧 베풂이다. 그래서 仁慈나 愛民은 文에서 나오고, 寬容·普施·救恤 등은 德에서 나온다. 따라서 '文德'이란 개인의 정신적인 세계의 깊이와 여유로움이 실생활에서 나타나는 언행과 물질적 베풂 등의 상관적 능력을 말한다. 결과적으로, 사람을 사람답게 하는 속과 겉의 무늬가 곧 문덕이다. 물론, 정이천처럼 군주로서의 문덕으로 제한하여 말하면 경륜(經綸)·도덕(道德)·문장(文章)·예술(藝術) 등을 포괄하는 능력과 자질로 말할 수도 있을 것이다.

初九, 復自道, 何其咎? 吉.

초구, 자기 길로 돌아옴이니, 무슨 허물이 되겠는가? 길하다.

✎ 초구는 자리가 바르고, 짝인 육사와 호응하며, 가깝게 지낼 이웃은 없다. 그런 초구는 자기 길로 돌아왔기에 길하다고 하는데, 이것이 무슨 말일까? 자기

길로 돌아왔다는 것은, ①양의 자리에 양으로 와서 그 자리가 바른, 다시 말해, 正道를 수행할 수 있고, ②공손한 육사와 짝으로서 스스로 아랫자리로 내려와서 육사를 받드는, 좋은 剛과 柔의 관계 지음을 말한다.

《象》曰 : 復自道, 其義吉也.
「상」에서 말했다. '자기 길로 돌아옴'이란, 그 의리가 길함이다.

　✍ '義理'란 사람과 사람 사이 관계에서 마땅히 지켜져야 할 도리이다. 초구의 의리는 육사와의 관계에서 자신을 스스로 낮추어서 그 음 밑으로 와서 陽이 陰을 받드는 관계를 두고 말한다.

九二, 牽復, 吉.
구이, 이끌어 돌아옴이니, 길하다.

　✍ 구이는 자리가 바르지 못하고, 짝인 구오와 호응하지 못하며, 가까이 지낼 이웃도 없다. 그러나 剛中을 얻었다. 구이는 음의 자리에 양으로 왔는데 무리를 이끌고 돌아왔다. 무리를 이끌고 돌아왔다는 것은, 同類인 초구 구삼 등을 인솔하여 함께 돌아왔다는 뜻이고, 그런 능력 발휘는, 陰의 자리에서 얻은 '剛中'이라는 부드러움과 강함이라는 양면성을 지녔기에 가능하다. 쉽게 말해, 중도를 얻었기에 동류를 이끌고 돌아올 수 있었다는 뜻이다.

《象》曰 : 牽復在中, 亦不自失也.
「상」에서 말했다. 이끌어 돌아옴이란, 가운데 자리에 있음이니, 역시 자기를 잃지 않는다.

✍ '得'과 '失'은 爻辭를 설명하는 小象辭에서 주로 많이 쓰이는데, 그 잃는 대상은 주로 ①道(中·常) ②類(朋) ③때[時] ④자리[位] ⑤節(禮) ⑥義理 등이다. '不自失也'라는 말도, 이 소축괘 말고도 水地比卦 육이 효사에서도 나오는데 '자기를 잃지 않는다'라는 뜻이다. 자기를 잃지 않는 것은, 자신의 본분인 中道를 잃지 않음이다. 그래서 二爻에서만 쓰였다.

九三, 輿說輻, 夫妻反目.
구삼, 수레에서 바퀴가 빠졌음이니, 부부(夫婦)가 반목한다.

✍ 구삼은 자리가 바르고, 짝인 상구와 호응하지 못하며, 위에 있는 이웃 육사와 가깝게 지낼 수 있다. 이 구삼은, 乾卦의 끝자리로서 양의 자리에 양으로 와서 지나치게 강하고, 자기중심적인 성향이 짙다. 자기중심적이라는 것은, 상대방을 이해하거나 배려하지 못하고 독단적인 태도를 견지함이다. 이를 두고 '過剛'이라는 말을 쓰기도 하는데 구삼의 지나친 강함은 수레를 지나치게 거칠게, 혹은, 많이 사용하여 바퀴가 빠져나갈 정도가 되었으니, 이를 가정사로 빗대어 말하면, 부부가 서로 이해하지 못하고, 대립하고 미워하는 갈등 관계인 것이다. '輿說輻'이란 말은 이 구삼 爻辭 말고도 山天大畜卦 구이 爻辭에서도 그대로 쓰이고 있다. 하지만 그 결과는 사뭇 다르다. 小畜 구삼의 수레바퀴가 빠진 것은 부부 반목을 낳았지만 大畜 구이의 수레바퀴 빠짐은 걱정할 일이 못 된다. 똑같은 수레바퀴가 빠졌는데 이처럼 그 결과는 다르게 나타난다.

《象》曰 : 夫妻反目, 不能正室也.
「상」에서 말했다. '부부가 반목한다' 함은, 집안을 바르게 할 수 없음이다.

✍ 집안을 바르게 할 수 없다는 것은, 서로 다름에서 오해가 생기고, 생긴 오

해는 하나둘 쌓이면서 미움으로 변질되는데, 이 미움은 서로를 등지게 하는 요인이 된다. 따라서 反目이란, 하루아침에 생긴 것이 아니고, 상당히 긴 시간 속에서 쌓이고 굳어져서 생긴 것이니만큼 돌이키어 바로잡으려 해도 쉬이 되지 않는 법이다.

六四, 有孚；血去惕出, 无咎.
육사, 믿음이 있다. 피를 제거하고 두려움에서 벗어나니, 무구하다.

✎ 육사는 자리가 바르고, 짝인 초구와 호응하며, 위아래에 있는 이웃과 가깝게 지낼 수 있는, 좋은 조건이다. 게다가, 하나뿐인 陰爻로서, 다시 말해, 홍일점으로서 자신을 에워싸고 있는 陽爻들을 상대로 싸워야 하는데 공손한 순종으로써 처신함으로 능력을 기르고 덕을 쌓는다.

피를 제거한다는 것은, 피를 보게 하는 적을 제거한다는 뜻이고, 두려움에서 벗어난다는 것은, 적으로 인한 공포에서 벗어남이고, 적의 공포에서 벗어난다는 것은, 싸움을 종결짓는다는 뜻이다.

육사의 이런 능력은 어디서 오는 것일까? 주변에 사람이 많이 꾀면 자연히 시기하고 질투하며 싸움이 일어나는 것은 보편적인 인간사인데 육사는 그런 문제에서 벗어난다. 육사가 그럴 수 있는 것은, 다 믿음 때문이다. 무엇에 대한 믿음이란 말인가?

육사는 구오를 가까이에서 받드는 자이다. 부드러움과 순종으로써 받들면 구오의 신임을 얻게 되고, 총애를 받을 수도 있다. 바로 이런 이치에 대한 확신일 것이다. 마치, 하늘이 때를 맞추어서 바람을 부리어 구름을 움직이게 함으로써 비를 내리게 하듯이 말이다.

육사는 바람 風 巽卦의 일원으로, 가장 아래에 위치하지만, 위아래에 있는 강한 陽爻에, 아니, 모든 陽爻에 둘러싸여 갇힌 상태로 있어서 언제나 위험할 수 있다. 그러나 비를 내리는 하늘의 마음으로 陽爻들을 잘 구슬리면 구오와 상구가 협력하여 비를 내릴 수 있도록 협력할 것이다. 육사의 이런 自救 努力이 '畜'인 것이다.

《象》曰 : 有孚惕出, 上合志也.
「상」에서 말했다. '믿음이 있어서 두려움에서 벗어날 수 있다' 함은, 위와 뜻을 합하기 때문이다.

✍ 여기서 '위(上)'라 함은, 크게 보면, 하늘이 되겠으나, 卦象으로 보면, 구오이다. 결국, 구오의 뜻과 합해 支持·聲援을 받는다는 뜻이다.

九五, 有孚攣如, 富以其鄰.
구오, 믿음으로써 연계되었음이니, 그 이웃으로써 부유하다.

✍ 구오는 자리가 바르고, 짝인 구이와 호응하지 못하며, 아래에 있는 육사와 가깝게 지낼 수 있다. 또한, 剛中을 얻었다. 구오는 지체 높은 군주로서 믿음으로 연계되어 있고, 그 연계된 이웃들로 인하여 부유하게 되었다는 뜻이다. 그런데 믿음으로써 서로 끈끈하게 얽혀 있는 이웃들이 많아서 인적 자원의 부자라는 뜻인지 아니면 다수가 말하는 것처럼 그들을 통해서 물질적인 부자가 되었다는 것인지 쉽게 판별되지는 않는다. 필자는 전자로 해석했기에 구오 군주가 축재(蓄財)했고, 그 부를 이웃에게 도와준다는 식의 해석은 억지라고 생각한다.

구오는 무엇보다도 가까운 거리에서 보필하는 육사의 진실한 믿음으로 자신의 양강한 태도가 많이 억제되고, 육사의 순종을 확신하기에 동류인 상구와 하괘의 양효들을 자기를 중심으로 연대하도록 이끄는 데에 성공했다. 이것이 '有孚攣如'이다. 따라서 구오에게 있다는 믿음은 일차적으로는 육사에 대한 신뢰이요, 이차적으로는 건도(乾道) 실행의 필요성에 대한 인식 공유라고 판단된다.

《象》曰：有孚攣如, 不獨富也.

「상」에서 말했다. '믿음으로써 연계되어 있다' 함은, 홀로 부자가 아니다.

✎ 혼자서 부자가 아니라는 것은, 다수가 모여서 부자가 되었다는 뜻이다. 다시 말해, 뜻을 같이하는 사람들이 많아서 부자라는 뜻이다.

上九, 旣雨旣處, 尙德載 ; 婦貞厲, 月几望 ; 君子征凶.

상구, 이미 비가 내리고 그쳤음이니, 오히려 덕을 실행함이다. 부인은 정도를 지켜 위험에 대처해야 하고, 달이 보름에 가까워졌으니, 군자는 나아가면 흉하다.

✎ 상구는 자리가 바르지 못하고, 짝인 구삼과 호응하지 못하며, 가깝게 지낼 이웃도 없다. 그리고 공손함의 끝자리이다. 상구는 해야 할 일을 이미 마치었다. 바람으로서 구름을 움직이어 비를 내릴 만큼 이미 내렸다는 뜻이다. 그렇게 덕을 베풀어 실행하였다. 이런 자연적인 상황을 인간사로 바꾸어서 말한다면, 달이 꽉 차는 보름에 가까워졌으니, 부인은 정도를 지켜서 위험에 대처해야 하고, 군자는 나아가면 흉하게 된다는 뜻이다. 달 밝은 밤인데 왜 군자가 나아가면 흉하게 될까? 그것은 음의 기운이 정점을 향해서 가기 때문이고, 그럴 때는 양이 맞장구를 치듯이 대들어서는 안 된다는 뜻이다. 때가 되어 스스로 기울어지기를 기다려야 한다.

음의 기세를 드러내기 위해서 '月幾望'이라는 표현을 썼다. 쉽게 말해, 해가 양이라면 달은 음이다. 그 음을 상징하는 달이 보름달에 거의 가깝게 다가와 있다는 것은, 음력 14일 정도가 되었다는 뜻이다. 그러니 부인의 음기(陰氣)가 거의 정점을 찍기 직전이라는 뜻이다. 그래서 부인은 정도를 지켜서 위태로움에 대처해야 하고, 남자인 군자는 함부로 나서서는 안 된다는 뜻이다.

《象》曰 : 旣雨旣處, 德積載也 ; 君子征凶, 有所疑也.
「상」에서 말했다. '이미 비가 내리고 그쳤다' 함은, 덕을 쌓고 실행함이며, '군자가 나아가면 흉하다' 함은, 의심되는 바가 있음이다.

✎ 하늘에서 비가 내리고 그쳤다는 것은, 하늘의 덕, 하늘의 은택이 이미 베풀어졌다는 뜻이고, 의심되는 바가 있다는 것은, 상구의 행동 곧 나아감이 들통난다는 뜻이다.

*   *

小畜卦 卦辭와 彖辭 내용에 의하면, '小畜'이란 작은 것인 陰이 자신의 덕과 능력을 기르고 쌓아서 높은 자리를 얻고, 위아래와 호응하며, 다음을 기약 도모하는 일이다. 간단히 말해, 小人이 순종으로써 덕을 기르는 일이 小畜의 核이다.
'小畜'이 있으니 '大畜'도 있겠다는 점을 생각해 볼 수 있는데, '하늘 위에 바람'이 '小畜'이 되었지만, '大畜'은 무엇이 되는가? '하늘 위에 산'이 '大畜'이다. 그렇다면, 風天은 小畜이고, 山天은 大畜인데, 이 둘의 공통점이 있다면 下卦가 하늘 天 乾卦라는 점이다. 그러니까, 하늘 위에서 바람이 불면 小畜이 되고, 하늘 위로 산이 높이 솟아있으면 大畜이 된다는 뜻이다.
공통인수 '畜'은, ①제지하여 기르다 ②모아서 쌓다 등 두 가지 의미가 함께 쓰인다는 점은 같다. 곧, 제지하여 기른다는 것은, 자기 욕구·욕망 분출을 제지하고 순종함으로써, 혹은 순종하게 함으로써 능력과 덕을 모아서 쌓는 것이다. 이것이 '畜'인데, 그 주체가 陰爻이면 小畜이 되고, 그 주체가 陽爻이면 大畜이 된다. 따라서 小畜은 소인이 자신의 능력과 덕을 기르고 쌓는 일이라면, 大畜은 대인이 인재와 재물을 기르고 쌓는 일이다. 그러므로 小畜은 개인에게 국한된 일이지만 大畜은 개인의 일을 넘어서서 국정 운영 차원의 일이다. 그래서 小畜은 六四가 主爻이고, 大畜은 上九가 主爻가 된다.

그리고 小畜에서는 부드러움과 순종이, 덕을 기르고 쌓는 일의 중요한 수단이 되지만, 大畜에서는 송아지 뿔 보호대를 설치하고, 난폭한 돼지를 거세하는 일 등이 가축을 기르고 재물을 쌓는 중요한 수단이 된다. 小畜이 소극적인 방법을 쓴다면, 大畜은 적극적인 방법을 쓴다. 그리고 大畜에서는 기르는 소축에서처럼 대상이 개인적인 덕이나 능력이 아니라 재물이고, 인재이다. 이 말인즉 기르는 대상이 가축을 비롯하여 사람까지도 포함한다는 사실이다. 그래서 '畜'은 자타의 욕구나 본능 등을 제지하여 덕을 기르고, 동시에 재물과 인재를 길러 모으고 쌓는 것으로까지 확대된다는 사실이다. 그러니까, 小畜은 자기 덕과 능력을 기르는 일로 국한된다면 大畜은 재물과 인재를 기르고 쌓는 일이 되는 차이가 있다.

미리 小畜과 大畜을 비교해 보았으나 小畜卦는 음이 하나이고, 양이 다섯인데, 양효들은 유일한 육사와의 관계로써 각 爻辭를 읽어야 한다는 점을 간과해서는 안 된다. 곧, 초구와 육사의 관계는 짝이 성립됨으로 상관없지만, 구이 구삼 구오 상구 등은 육사와 짝인 것처럼 관계를 지어서 효사를 해독해야 한다는 뜻이다.

초구는 道와 義理가 강조되면서 길하고, 구이는 '牽復'으로 길하며, 구삼은 夫妻 反目으로 흉하고, 구오는 믿음과 이웃으로 부유하며, 상구는 德이 강조되면서 부인은 위태롭고, 군자는 나아가면 흉하다.

구름이 빽빽하나 비가 내리지 않는 상황에서 각자 최선의 노력을 다하여 조금씩이나마 덕을 쌓고, 이웃들 간에 신뢰를 회복하여 쌓고, 財富를 쌓아가는 것이 小畜이다. 陽들 속에서 陰이 살아남으려면 부드러움과 순종으로써 처신하여 믿음을 얻는 것만이 유일한 길임을 말해 주고 있다고 하겠다.

$10.$ 天澤履卦

주역 열 번째 괘로 천택리괘(天澤履卦)가 있다. 하늘 天乾이 上卦이고, 연못 澤 兌가 下卦라는 뜻이다. 그 모양으로 보면, 하늘 아래 연못이 있는 모습이다. 卦德으로 보면, '說而健'이다. 곧, 기쁘고, 튼튼하다. 六爻 음양 배열을 보면 '양, 양, 음, 양, 양, 양'으로 되어 음이 하나이고, 양이 다섯이다. 이것의 위아래를 뒤집어 놓으면, '양, 양, 양, 음, 양, 양'이 되어 風天小畜卦가 된다. 풍천소축괘 역시 음이 하나이고, 양이 다섯인데 그 陰爻의 위치가 三爻에서 四爻로 바뀔 뿐이다. 그래서 上卦가 바람 風 巽卦가 되고, 下卦가 하늘 天 乾卦가 되어서 전혀 다른 의미를 부여받는다. 그런데 履卦에서 하나뿐인 음효인 육삼은 흉하지만 小畜卦에서 하나뿐인 음효인 육사는 무구한 主爻가 된다.

이런 '天澤'을 '履'로 받았다. '履'는 어떤 의미로 쓰였을까? '履'는 '밟다, 신다, 행하다, 겪다, 지위에 오르다, 신, 신발, 복록, 밟는 땅, 영토, 禮' 등으로 쓰인다. 일차적으로는, '밟다'라는 의미로 쓰인 것 같다. 그래서 중국인들도 '履'를 두고 '천(踐)' 혹은 '채(踩)'로 풀이한다. 모두 '밟는다'라는 뜻이다.

「序卦傳」에 의하면, "物畜然後有禮, 故受之以履"라 했고, 「雜卦傳」에 의하면, "履不處也"라 했다. 곧, 만물을 기르고 쌓은 연후에는 禮가 있게 마련이므로, 기르고 쌓는 小畜卦 다음을 예절이 있는 履卦가 이었다고 했고, 履 곧 禮는 때와 장소를 가리지 않는다고 했다.

그런데 「序卦傳」에서 본 것처럼, 이 '履'를 '禮'로 받았다. 그래서 자전(字典)에서도 '履' 속에는 '禮'의 의미가 있다고 정리되었다. 주역에서 사용된 글자의 의미가 자전으로 정리되었다는 뜻이다. 여하튼, '履'가 어떤 의미로 쓰였는지는 六爻辭까지 두루 다 읽어야 알 수 있을 것이다.

* *

履 : 履虎尾, 不咥人, 亨.
천택리괘는 호랑이 꼬리를 밟는데, 사람을 물지 않으니, 형통하다.

✎ 天澤은 하늘 아래 연못이다. 하늘은 강건하고 위에 있으나, 연못은 기뻐하며 아래에 있다. 하늘이 내리는 바람이나 비나 우레나 빛이나 할 것 없이 다 받아들여 담는 곳이 연못이다. 따라서 연못은 하늘의 뜻을 기쁘게 받아들이면서 받드는 모양이다. 하늘 입장에서는 미워하고 싶어도 미워할 수 없는 존재이다. 하늘이 아버지라면 연못은 소녀이다. 그러니 柔 곧 陰이 剛 곧 陽을 받드는 것이다. 부연하자면, 막내딸이 훈육된 대로 아버지에게 예의를 갖추면 아버지는 막내딸을 나무라지 않는다는 뜻과 같다.

사람이 호랑이 꼬리를 밟는다는 것은, 비유적 표현으로, 약자가 강자의 심기를 건드린다는 뜻이다. 陰이 陽을 불편하게 하고, 막내딸이 아버지의 심기를 건드리는 격이다. 그러함에도 불구하고, 陽은 陰을 해치지 않고, 아버지는 딸을 나무라지 않는다. 兩者 사이에는 예절이 있기 때문이다. 예절이 있다는 것은, 그만큼 조심한다는 뜻이기도 하다. 이런 陰과 陽 사이 관계는, 그 기운이 형통할 수밖에 없다. 그렇다면, '禮란 무엇인가?'라는 새로운 질문이 성립된다. 이에 대해서는 六爻辭를 다 읽고서 정리함이 옳을 것 같다. (履=踐踏. 咥=咬=噬.)

《彖》曰 : 履, 柔履剛也. 說而應乎乾, 是以履虎尾, 不咥人, 亨. 剛中正, 履帝位而不疚, 光明也.

「단」에서 말했다. 이괘는 유가 강을 밟음이다. 기쁨으로 하늘에 호응하니, 이로써 호랑이 꼬리를 밟아도, 사람을 물지 않으니, 형통하다. 강이 중도를 바르게 행함이니 왕의 자리에 올라 근심하지 않으니 밝게 빛나다.

✎ 柔가 剛을 밟는다는 것은, 陰이 陽을 밟고 올라선다는 뜻으로, 六爻에서는 육삼이 구오의 자리를 탐냄이다. 기쁨으로 하늘에 호응한다는 것은, 下卦인 연못이 上卦인 하늘의 뜻을 받들어 이행하며 소통한다는 뜻이다. 그리고 사람이 호랑이 꼬리를 밟아도 호랑이가 그 사람을 물지 않는다는 것은, 사람이 호랑이를 조심함이고, 그 조심함은 상대방에 대한 예의를 차린다는 뜻이기도 하다.

그리고 강이 중도를 얻어 바르게 행한다는 것은, 中道와 正位를 얻은 구오를 두고 말함이고, 왕의 자리에 올라서 근심하지 않는다는 것은, 양의 자리에 양으로 와서 그 자리가 바른, 剛中을 얻은 구오를 두고 말함인데, 重天乾卦로 치자면 '飛龍'에 해당한다. 따라서 구오의 지위와 처신이 합당하여 밝게 빛나는 것이다.

《象》曰 : 上天下澤, '履' ; 君子以辨上下, 定民志.

「상」에서 말했다. 하늘이 위로 올라가고, 연못이 아래로 내려옴이 예(禮)이니, 군자는 이로써 보고 깨달아, 위아래를 분별하고, 백성의 뜻을 결정하라.

✎ 하늘이 위에 있고, 연못이 아래에 있다는 것은, 하늘이 연못에 미치고, 연못은 하늘을 받드니, 강과 유가 반듯한 관계에 있다는 뜻이다. 이를 두고 '禮'라고 했다. 그래서 禮는 위아래를 구분, 분별하는 것으로부터 시작한다. 이것이 禮의 기본이라는 뜻이다. 바로 이런 모습을 보고서 군자라면 백성의 위아래를 분별하고, 백성이 실천할 수 있도록 뜻을, 다시 말해, 예절을 정해 주어야 한다는

뜻이다. 쉽게 말해서, 위아래를 구분하여 예절의 기본적인 사항들을 결정해 주라는 뜻이다.

初九, 素履, 往无咎.

초구, 꾸밈없는 본성으로 이행함이니, 나아가면 무구하다.

✎ 초구는 양의 자리에 양으로 와서 그 자리가 바르고, 짝인 구사와 호응하지 못하며, 가깝게 지낼 이웃도 없다. 짝이나 이웃으로부터 도움을 받을 수 없는, 오직 홀로이다. 그런데 초구는 타고난 대로 꾸미지 않고 바르게 나아간다. 그 나아감에 꾸미지 않는다는 것은, 예절에서도 질박하다는 뜻이다. 그래서 무구하다. 예절의 가장 기본적인 요소를 말한 것이다. 꾸미지 않고, 진실해야 한다는 원칙이 禮의 출발점이라는 뜻으로 이해된다. (素=質朴=本性, 履=鞋=出行)

《象》曰：素履之往, 獨行愿也.

「상」에서 말했다. 꾸밈없는 본성으로 이행해 나아간다는 것은, 원하는 바 홀로 행함이다.

✎ 이웃과 짝이 없는 초구의 처지를 고려하면 타고난 천성대로 바르게 행할 수밖에 없다. 원하는 바 홀로 행한다는 것은, 원하는 바가 홀로 행함이라는 뜻이다. 남들이 어떻게 보고 생각하든 신경 쓰지 않고 자기의 뜻대로 행한다는 의미이다.

九二, 履道坦坦, 幽人貞吉.

구이, 이행하며 나아가는 길이 평탄하니, 은거하는 사람은 정도를 지켜야 길하다.

✎ 구이는 자리가 바르지 못하고, 위에 있는 육삼과 친하게 지낼 수 있으며, 짝

인 구오와 호응하지 못한다. 그러나 剛中을 얻었다. 구이는 음의 자리에 양으로 왔으나 중도를 얻었기에 탄탄대로(坦坦大路)를 걸어가는 격이다. 그런데 '유인(幽人)'은 정도를 지켜야 길하다고 했다. '幽人'이라면, 어지러운 세상을 피해서 세상과 거리를 둔 채 조용히 숨어 사는 隱士를 말한다. 그렇다면, 왜, 구이는 隱士로 빗대어지는 것일까? 짝인 구오와 호응하지 못하고, 상대적으로 지위가 낮기 때문이다. 그리고 하나가 더 있다면, 홍일점인 육삼과 가깝게 지낼 수 있는 여건 때문이다. (幽人 = 隱居之人)

《象》曰：幽人貞吉, 中不自亂也.

「상」에서 말했다. 은사가 정도를 지켜야 길하다는 것은, 가운데에 머물러 스스로 어지럽히지 않음이다.

✐ 가운데에 머물러있다는 것은, 구이가 下卦 兌의 中爻라는 점을 말한 것이고, 스스로 어지럽히지 않는다는 것은, 自中之亂을 일으키지 않는다는 뜻이다. 자중지란을 일으키지 않는다는 것은, 구이가 짝인 구오와 호응하지 못한다고 해서 가깝게 지낼 수 있는 육삼과 어울려 소란을 피우지 않는다는 뜻이다. 결과적으로, 구이는 주변 상황에 한눈팔지 않고, 불필요하게 방황하지 않으며, 자기 갈 길을 묵묵히 걸어간다는 뜻이다.

六三, 眇能視, 跛能履. 履虎尾咥人, 凶 ; 武人爲于大君.

육삼, 애꾸눈으로 보려 하고, 절름발이 발로 걸어가려 한다. 호랑이 꼬리를 밟아 물리니, 흉하다. 무인이 대군 됨이다.

✐ 육삼은 양의 자리에 음으로 와서 그 자리가 바르지 못하고, 짝인 상구와 호응하며, 위아래 이웃들과 가깝게 지낼 수 있다. 그러나 중도를 지나쳐 있다. 그

래서 자칫, 의욕을 앞세워 나아갈 수 있다. 육삼은 애꾸눈이고 절름발이며, 대군이 되려는 武人이다.

위아래 이웃들과 가깝게 지낼 수 있는 조건이 육삼에게는 自慢을 불러들이는 요소가 된다. 육삼은 자신이 처한 좋은 여건에 들떠 자기 능력을 무시한 채 지나친 의욕을 내는 상황이다. 급기야 武人 주제에 大君을 꿈꾸는 惡手를 둔다. 한사코, 예절을 지키며 조심해야 하는데 그렇지 못한 육삼은 호랑이 꼬리를 밟아 물리는 사람이 되고 만다.

《象》曰：眇能視, 不足以有明也；跛能履, 不足以與行也；咥人之凶, 位不當也；武人爲于大君, 志剛也.

「상」에서 말했다. 애꾸눈으로 보려 한다는 것은 밝음이 부족함이고, 절름발이 발로 걸어가려 한다는 것은 함께 나아가는 데 부족함이다. 사람을 물어 흉하다는 것은 자리가 부당함이다. 무인이 대군이 된다는 것은 의지가 굳셈이다.

✎ 육삼은 의지만 강해서, 다시 말해, 의욕만 앞서서 武人인 주제에 대왕이 되려 하고, 애꾸눈과 절름발이라는 불리한 조건에 놓였음에도 불구하고 조심하지 않고, 겸손하지 않아서 결국, 호랑이 꼬리를 밟게 되고, 그러함으로써 호랑이에게 물리게 되는 흉한 꼴을 당한다. 무엇을 보면서도 눈의 능력에 따르지 않고, 함께 가고자 할 때도 발의 능력을 무시하는 상황이다. 자신의 분수 곧 자신의 능력에 맞게 처신해야 하는데 그 본분을 망각하고 의욕만으로 밀어붙이는 격이니, 끝내 험한 꼴을 당한다. 이런 무모함과 무지는 어디서 오는 것일까? 자리가 바르지 못함이란 점과 위아래 이웃들과 가깝게 지낼 수 있다는 함정 때문이다. '가까울수록 예를 지켜야 한다'는 세간의 말을 상기시켜 주는 효이다.

九四, 履虎尾, 愬愬, 終吉.

구사, 호랑이 꼬리를 밟고, 놀라 두려워하면, 끝내 길하다.

🖉 구사는 음의 자리에 양으로 와서 그 자리가 바르지 못하고, 짝인 초구와 호응하지 못하며, 아래 이웃인 육삼과 가깝게 지낼 수는 있다. 구사는 육삼과 마찬가지로 호랑이 꼬리를 밟는데 흉하지 않고, 길하다고 했다. 똑같이 호랑이 꼬리를 밟는데 육삼은 호랑이에게 물리어 흉하고, 구사는 놀라 두려워함으로써 물리지 않고 끝내 길하다. 호랑이 꼬리를 밟고도 물리지 않는, 卦辭의 주인공인 셈이다. 그렇다면, 왜, 이런 차이가 생길까?

육삼은 의지가 강해서 의욕만 앞세웠고, 자기 분수 내지는 자기 처지를 고려하지 않았으며, 조심하지 않고 자만했기에 호랑이에게 물렸다. 반면, 구사는 호랑이 꼬리를 밟고 놀라 두려워했기에 물리지 않았다. 두려워했다는 것은, 자신의 행위에 대한 자각이 이루어졌다는 뜻이고, 동시에 자기 실수와 자기 잘못을 알아차리고 반성하며 두려운 마음으로 노력했기에 당장은 어렵더라도 끝내 길하게 되는 것이다. 한마디로 말해서, 예를 갖추었다는 뜻이다.

호랑이는 강(剛)이고, 건(乾)이며, 군(君)이고, 부(父)이다. 따라서 아랫사람들은 마땅히 몸가짐을 삼가고, 언행을 조심해야 하는데, 그렇지 못한 쪽은 육삼이고, 조심한 쪽은 구사이다. 禮를 설명하는 비유적인 표현으로 받아들이면 어렵지 않게 이해되리라 본다. (愬愬=戰戰兢兢, 惊慎的樣子)

《象》曰：愬愬終吉, 志行也.

「상」에서 말했다. 놀라 두려워함이 끝내 길하다는 것은, 뜻을 행함이다.

🖉 '志'는 자신의 의중, 의욕, 의지이고, '行'은 실천하여 옮긴다는 뜻이다. 육삼에서는 '志剛'으로 표현되었는데 구사에서는 '志行'으로 표현되었다. '志行'과

'志剛'은 엄연히 다르다. 의지·의욕만 강하고 실천되지 않으면 아무 소용없다. 그러나 품은 뜻인, 의지나 의욕이 실행으로 옮겨지면 그 결과는 있게 마련이다. 그런 차이로 똑같이 호랑이 꼬리를 밟고도 한 사람은 물리고, 다른 한 사람은 물리지 않았다. 이것을 卦象으로 해석해 보면, 육삼은 양의 자리인데 음이 와서 자릿값 한답시고 의욕만 앞세웠지 실천하지 못했다면, 구사는 음의 자리에 양으로 와서 조심스럽게 의욕을 실행에 옮겼다. 그래서 그 결과가 다르게 나타난 것이다.

九五, 夬履, 貞厲.
구오, 결정하는 이행함이니, 정도를 지켜서 위태로움에 대처해야 한다.

✑ 구오는 양의 자리에 양으로 와서 그 자리가 바르고, 짝인 구이와 호응하지 못하며, 가깝게 지낼 이웃도 없다. 그리고 剛中을 얻었다. 구오는 높은 자리로 자신의 결정권과 결단력을 앞세워 의욕적으로, 그리고 독자적으로 자기 임무를 수행한다. 그래서 반드시 정도를 지켜야 한다. 그래야 만이 위태로움을 피할 수 있다.

중국 주역 전문사이트에서는 '夬'를 '快, 快速'으로 풀이하고, '夬履'를 '行爲莽撞急躁'로 풀이한다. 곧, '쾌리'라는 것은 조급하고 경솔하게 행함이라는 것이다. 하지만, 彖辭 내용을 상기하면 앞뒤가 맞지 않는다는 사실을 확인할 수 있다. 彖辭에서는 '剛中正, 履帝位而不疚, 光明也'라고 했다. 곧, '강이 중도를 바르게 행함이니, 왕의 자리에 올라 근심하지 않고, 밝게 빛나다'라고 했다. 이런 彖辭와 爻辭 내용이 일치하지 않는다. 그래서 결정하는 이행함으로 풀이했다.

《象》曰 : 夬履貞厲, 位正當也.
「상」에서 말했다. 결정하는 이행함이니, 정도를 지켜서 위태로움에 대처해야 한다는 것은, 자리가 바르고 마땅함이다.

✍ 자리가 바르고 마땅하다는 것은, 구오의 자리가 禮에 관련된 모든 일을 결정하는 자리로 합당하다는 뜻이고, 그런 자리인 만큼 위험이 수반된다는 뜻이다.

上九, 視履考祥, 其旋元吉.
상구, 지나온 길을 살펴보며 세세하게 생각함이니, 그 되짚어봄이 크게 길하다.

✍ 상구는 자리가 바르지 못하고, 짝인 육삼과 호응하며, 가깝게 지낼 이웃이 없다. 그리고 중도를 지나쳤으며, 禮를 이행함의 끝자리에 와있다. 그래서일까? 상구는 자신이 지나온 길을 되돌아보며 숙고(熟考)에 잠긴다. 이런 되돌아봄이 크게 길하다는 뜻이다. 결국, 자신이 살아온 길을 되돌아보는 시간을 가짐으로써 반성할 것은 반성하고, 칭찬할 것은 칭찬하며, 그 의미를 새기어 평가해본다는 것은 매우 바람직하다. 이런 기회를 통해서 남아있는 생을 보다 의미 있게 장식할 수 있기 때문이다.

한국 사람들은 '祥'을 '상서로움'으로, '旋'을 '두루하다'로 해석하는데 祥은 '자세하다'로, 旋은 '되짚다'로 각각 쓰였다고 판단했다. (視=察看, 審視. 視履=審察一下走過的路. 考祥=全面仔細地考慮. 旋=反復, 返回.)

《象》曰 : 元吉在上, 大有慶也.
「상」에서 말했다. 상구의 크게 길함은, 큰 경사가 있음이다.

✍ 상구의 큰 길함이 곧 큰 경사가 있음인데, 그 경사 내용이 구체적으로 무엇인지는 알 수 없으나 좋은 일임에는 틀림이 없다. 혹자는, 한사코 聖人之道에 대

한 깨달음이요, 실천이라고 강조하지만 그렇게까지 억지를 부릴 필요는 없다고 본다. 해롭지 않은 이로움이며, 잃어버리지 않는 얻음일 것이다. 아마도, 禮 관련 공개적인 행사를 통해서 得과 利가 있으리라 본다. 이해득실을 따지는 것이 주역의 본질이기 때문이다.

*　　　*

하늘 아래 연못을 '履'로 받았는데 이 '履'는 어떤 의미로 쓰였을까? 卦辭에서는 '밟다'라는 의미로 쓰였고, 彖辭에서는 '지위에 오르다'라는 의미로 쓰였으며, 大象辭에서는 '禮'로 쓰였다. 그리고 六爻辭에서는 ①이행하다 ②지나온 길 ③밟다 등으로 쓰였고, ①素履 ②夬履 ③視履 등 함의가 깊은 造語들로도 쓰였다. 한마디로 말해, 여러 가지 의미로 쓰였다. 그만큼, 문맥에 따라 잘 살펴야 한다.

그러나 '이행하다' 또는 '禮(예절)'로 해석하면 무리가 없어 보인다. 사람이 무슨 일을 하든 이행하며 나아감에는 예절이 있어야 하기 때문이다. 필자의 눈에는 六爻辭가 이렇게 보인다. 곧, 꾸밈없는 예절의 시작은 무구하나(초구) 그 끝은 크게 길하다(상구). 그리고 중도를 얻은 구이, 구오는 일을 많이 하기에 자칫 위험해질 수 있다. 그래서 정도를 지켜야 한다. 예절을 결정하고 실천하기까지 공감을 얻기가 쉽지 않다는 뜻이다. 그런가 하면, 中爻인 육삼은 자만하여 호랑이에게 물려 흉하고, 구사는 호랑이 꼬리를 밟고서도 조심하여 물리지 않는다. 예절에는 상대방을 두려워하듯이, 말을 삼가고, 행동을 조심한다는 것이 핵심이라는 뜻이다.

예절이란 자기 본분을 행하는 과정에서 다른 사람과의 관계에서 성립되는 것이기 때문에 그 禮에는 ①꾸밈없이 자기 본성대로 행하는 진실함이 전제되어야 하고, ②윗사람에 대한 경외감, 다시 말해, 몸가짐을 삼가는 조심성과 두려움이 본질이며, ③자기 점검, 자기반성 등이 있어야 한다. 그리고 자기 본분을 행함에는 자기중심을 잃지 않도록 자신의 능력을 점검하고, 자기 능력에 맞는 의욕을 내야 하며, 일을 결정할 때는 언제나 주변의 의견을 청취하고, 여론을 수렴하며, 독단이 아닌 합리적 절차에 의해서 해야 한다는 점 등을 말해 주고 있다.

11. 地天泰卦

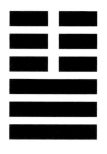 주역 열한 번째 괘로 지천태괘(地天泰卦)가 있다. 땅 地
坤卦가 上卦이고, 하늘 天 乾卦가 下卦라는 뜻이다. 그
모양으로 보면, 하늘이 땅 밑으로 내려와 있는 모습이
다. 卦德으로 보면, '健而順'이다. 곧, 튼튼하고, 순종한
다. 六爻 음양 배열을 보면, '양, 양, 양, 음, 음, 음'으로
되어, 음이 셋이고, 양이 셋으로, 세 짝이 호응하며, 중
도를 얻은 二爻와 五爻만 자리가 바르지 못하고, 나머지
효들은 모두 자리가 바르다.

이런 '地天'을 '泰'로 받았다. '泰'는 어떤 의미로 쓰였을까? '泰'는 '크다, 심하
다, 편안하다, 교만하다, 너그럽다, 통하다, 술동이, 심히' 등의 뜻으로 쓰이는 글
자이다. 여기서는 '편안하다' 혹은 '통하다'로 쓰인 것 같다.

「序卦傳」에 의하면, "履而泰然後安, 故受之以泰, 泰者 通也"라 했다. 곧, 예절
이 있고 통하고 난 연후에는 편안해지므로 예절이 있는 履卦 다음을 편안한 泰
卦가 이어받았고, '泰'라는 것은 통함이라 했다. '泰=通'이라는 뜻이다. 통한다는
것은, 서로의 처지를 잘 알고, 서로 왔다 갔다 하며, 以心傳心 협력이 이루어지는
관계라고 풀이할 수 있다.

'地天'은 위에 있어야 할 하늘이 땅 밑으로 내려왔고, 그 하늘 위로 땅이 올라
감으로써 위아래가, 다시 말해, 乾과 坤의 위치가 실제와 반대가 된 상태이다. 그
리고 '天地'는 하늘이 위로 올라가고, 땅이 그 하늘 밑으로 내려와 있는 상태이
다. 그런데 '地天'은 '泰'가 되었고, '天地'는 '否'가 되었다. 그래서 '泰=通'이라

면, '否=不通'이라고 해석한다. 그 결과, 泰는 안정되어 太平聖代가 이루어지고, 否는 不通으로 어지러운 亂世가 된다고 한다. 이런 성질을 두고 「雜卦傳」에서는, "否泰, 反其類也"라 했다. 곧, 否와 泰는 서로 반하는 부류, 서로 반대되는 卦라고 했다.

* *

《泰》: 小往大來, 吉, 亨.
　지천태괘는 작은 것이 가고, 큰 것이 오니, 길하고, 형통하다.

　✎ 여기서 작은 것은 陰이고, 큰 것은 陽을 말한다. 그리고 작은 것이 간다는 것은 작은 것이 앞으로, 다시 말해, 위로 나아간다는 뜻이고, 큰 것이 온다는 것은 위에서 아래로 내려온다는 뜻이다. 여기서는, 음 셋으로 구성된 坤卦의 세 효가 위로 올라가고, 양 셋으로 구성된 乾卦의 세 효가 아래로 내려와 地天泰卦가 되었다는 사실을 말한 것이다.

　그리고 地天泰卦가 길한 것은, 양이 내려와 음을 위로 모시듯 받들기 때문에 음과 양이 서로 화합하고, 상생하며, 조화를 이루기 때문이다. 그리고 형통하다는 것은, 천지 기운의 움직임이 막히지 않고 잘 통한다는 뜻인데, 이는 상반된 음과 양, 곧 剛柔가 교제함이고, 그 결과 만물을 낳는다는 뜻이다.

《彖》曰: "泰, 小往大來. 吉, 亨."則是天地交而萬物通也, 上下交而其志同也. 內陽而外陰, 內健而外順, 內君子而外小人, 君子道長, 小人道消也.
　「단」에서 말했다. '태괘는 작은 것이 가고, 큰 것이 옴이니, 길하고, 형통하다' 함은, 천지가 사귀고 만물이 통함이다. 위아래가 교류하고 그 뜻이 같음이다. 안의 양과 바깥의 음, 안의 튼튼함과 바깥의 유순함, 안의 군자와 바깥의 소인이라, 군자의 도는 자라나고, 소인의 도는 사라진다.

✎ 천지가 사귀고 만물이 통한다는 것은, 乾과 坤이 작용하여 만물을 낳고, 만물은 하늘과 땅의 기운으로 서로 소통하여 성장·번식한다는 뜻이다. 그리고 위아래가 교류하고 그 뜻이 같다는 것은, 하늘과 땅의 기운이 작용하여 한마음 한뜻이 되었다는 것이고, 이는 和合·相生·調和를 이룬다는 뜻이다. 그리고 안의 양과 바깥의 음, 안의 튼튼함과 바깥의 유순함, 안의 군자와 바깥의 소인이라는 것은, 泰卦의 上·下卦를 두고 말함이다. '下=內, 上=外'라는 말과 '陽=剛健, 陰=柔順'이라는 말을 풀어서 강조한 것에 지나지 않는다.

그리고 군자의 도는 길고, 소인의 도는 사라진다는 것은, '12辟卦說'을 염두에 둔 말로써 여기에는 두 가지 의미가 내포되어 있다. 곧, 하나는, 시작이 있으면 반드시 끝이 있다는 믿음이 전제되어 64개 괘의 하나하나 상황도 결국에는 끝이 난다는 자연 순환질서에 대한 믿음이고, 그 다른 하나는, 泰卦에서 大壯卦가 되고, 대장괘에서 夬卦가 되며, 쾌괘에서 重天乾卦가 되어가는 과정, 곧, 태괘에서 중천건괘가 되기까지 음효 하나씩이 양효로 바뀌어 감으로써 음효가 사라져 간다는 점을 염두에 둔 말이다. 참고로, 泰卦는 음력 1월 괘로 우수(雨水)가 있고, 춘분(春分), 곡우(穀雨)를 거쳐 소만(小滿)이 있는 4월 중천건괘가 될 때까지 음효 하나씩이 사라져 양효로만 꽉 찬 중천건괘가 된다.

《象》曰：天地交, 泰. 后以財成天地之道, 輔相天地之宜, 以左右民.

「상」에서 말했다. 천지의 교제가 태괘라. 군주는 이로써 보고 깨달아, 천지의 도를 마름질하여 갖추고, 천지의 마땅함을 보조하여 이로써 백성을 돕고 도우라.

✎ 하늘과 땅이 교제함에는 일정한 질서가 있고, 그 질서를 두고 천지의 마땅한 道라고 말한다. 자연현상 관찰을 통해서 그 천지의 도를 깨달았다면 군주는

그 도를 본받아서, 혹은 그 도에 맞추어서 백성이 살 수 있도록 제도로 만들고, 도움이 되는 도구를 만들어서 백성을 도우라는 뜻이다. 한마디로 말해, 천지가 교제 소통하여 만물을 이롭게 하듯이, 군주는 그 천지의 도와 이치를 본받아서 만든 도구를 베풀어 백성의 삶을 도와 이롭게 하라는 뜻이다.

'財'는 '裁度'의 의미로 쓰였고, '成'은 '이루다', '갖추다'의 의미로 사용되었다. 천지의 도에 맞추어 무엇인가를 만들어서 갖추라는데 그것은 무엇일까? 그것은 천지 運行의 秩序라고 할까, 規則이라고 할까 그것에 맞추어서 만들어지는 '책력 (冊曆)'이 아닐까 싶다. 그리고 천지의 마땅함을 보조(補助)하여 백성을 통치하라고 했는데 '천지의 마땅함을 보조하는' 것 역시 책력과 유사한 도구가 아닌가 싶다. 천지자연 변화의 때를 맞추어서 적응하며 살아가도록 도와주는 도구가 아닐까 싶다. 그리고 '左右'는 '돕다'의 뜻인 '佐佑'를 대신하여 쓰였다고 판단된다. 音借라는 뜻이다.

初九, 拔茅茹, 以其彙, 征吉.
초구, 띠 무더기를 뿌리째 뽑으니, 나아가면 길하다.

✎ 초구는 陽의 자리에 양으로 와서 그 자리가 바르고, 육사와 짝으로서 호응하며, 가깝게 지낼 이웃은 없다. 초구는 짝에게 올라가고자 하는 욕구가 강하다. 그런데 앞에 구이와 구삼이 있다. 하지만, 이들 역시 욕구가 다르지 않다. 아래에 있는 陽爻들은 위로 올라가야 하는, 올라가기를 원하는, 다 같은 처지이고, 다 같은 입장이다. 그래서 세 陽이 무리를 지어서 같이 나아가면 초구는 무리의 뿌리로서 길하다는 뜻이다. 바꿔 말해, 그렇게 했을 때, 땅 地 坤卦에 속한 짝과 교제할 수 있기 때문이다.

《象》曰：拔茅征吉, 志在外也.

「상」에서 말했다. '띠 무더기를 뿌리째 뽑고 나아감이 길하다' 함은, 뜻이 밖에 있음이다.

✎ 뜻이 밖에 있다는 것은, 위에 있는, 그러니까, 하늘의 자리로 올라가 있는 坤을 두고 말함이다. 그 坤의 짝을 향해 가고자 하는 마음, 곧, 그와 교류·교제하고자 하는 욕구를 말한다.

현재 중국에서는 '茅'를 茅草로, '茹'를 蔬菜로, '茅茹'를 草本植物의 총칭으로 쉽게 해석하기도 하고, '茹'를 띠의 뿌리가 서로 연결되어 잡아끄는 모습(茅根相牽連貌)이라는 왕필(王弼:226~249)의 견해를 받아들여 해석하기도 한다. 그래서 문제의 '茅茹'를 서로 잡아 끌어당기는 同類를 빗댄 말(喩同類事物之相互牽引)이라고 해석하는 것이다. 그러다 보니, 茅가 곧 같은 陽爻인 '구이, 구삼'이라고 주장한다.

九二, 包荒, 用馮河, 不遐遺. 朋亡, 得尙于中行.

구이, 거친 것을 포용하고, 말을 타고서 큰 강을 건너고, 멀리 있는 것을 버리지 않으며, 벗을 잊으면, 중도를 행함에 숭상함을 얻는다.

✎ 구이는 자리가 바르지 못하고, 짝인 육오와 호응하며, 가깝게 지낼 이웃은 없다. 그리고 剛中을 얻었다. 따라서 강중을 잘 실천함이 무엇보다 중요하다. 그런 구이는 중도를 행하여 숭상함을 얻는다는데, 숭상함을 얻는다는 것은 존경받는다는 뜻이다. 그렇다면, 무엇 때문에 존경받는가? ①包荒 ②用馮河 ③不遐遺 ④朋亡 등 네 가지를 실천하기 때문이다. 곧, 거친 자를 포용하고, 말을 타고서 큰 강을 건너는 용맹함을 보이고, 멀리 있는 자들을 버리지 않으며, 사사로운 벗을 잊었기 때문이다. 한마디로 말해, 통이 큰 리더 상이다.

《象》曰 : 包荒, 得尙于中行, 以光大也.

「상」에서 말했다. '거침을 포용하고, 말을 타고서 큰 강을 건너고, 멀리 있는 것을 버리지 않고, 벗을 잊으면 중도를 행함에 숭상함을 얻는다' 함은, 대의(大義)가 빛남이다.

✍ 보통, 大를 '크게'로 해석하는데 필자는 '大義'라고 해석했다. 여기서 '大義'란 위 네 가지 덕목을 발휘하며 원대한 꿈인 큰일을 도모함이다. 그것이 구체적으로 무엇인지는 알 수 없으나 널리 신임을 얻고 능력을 인정받아 통치함을 의미하지 않을까 싶다.

九三, 无平不陂, 无往不復. 艱貞无咎. 勿恤其孚, 于食有福.

구삼, 비탈지지 아니한 평지가 없고, 돌아오지 않는 나아감이 없다. 어렵더라도 정도를 지키면 무구하다. 믿음으로 근심하지 말라, 먹을 복이 있으리라.

✍ 구삼은 자리가 바르고, 짝인 상육과 호응하며, 위에 있는 육사와 가깝게 지낼 수 있다. 그리고 중도를 지나쳐 있다. 구삼은 짝인 상육을 향해서 과감하게 나아가지만, 한눈팔 수 있는 육사가 있다. 그래서 그 길이 험할 뿐 아니라 종국에는 돌아와야 한다. 서로 소통하며 교제하는 일도 끝이 있기 때문이고, 상육이 소통의 끝자리이기 때문이다. 그러나 어렵더라도 정도를 지키면 무구하다.

그리고 믿음으로써 근심하지 않으면 먹을 복이 있다는데, 무슨 믿음이란 말인가? 소통하는 일에도 '험하지 아니함이 없고, 돌아오지 않는 나아감이 없다'라는 천지간의 자연 이치에 대한 믿음일 것이다. 그런데 왜, 먹을 복이 있다고 하는가? 필자는 '구삼'과 '食福'과의 연관성을 아직 모른다. (陂= 山坡, 斜坡)

《象》曰 : 无往不復, 天地際也.

「상」에서 말했다. '비탈지지 아니한 평지가 없고, 돌아오지 않는 나아감이 없다' 함은, 하늘과 땅이 사귐이다.

✎ 하늘과 땅이 교류·교제하여 소통함으로써 만물을 낳고 양육시키는 일이 결코, 쉽지 않다는 것이고, 그것은 계속해서 되풀이된다는 두 가지 함의가 있다. 만물의 養生이 어려운 이치에 대해서는 水雷屯卦에서, 천지의 교류가 되풀이된다는 것은 地雷復卦에서 비교적 자세하게 설명된다.

六四, 翩翩, 不富以其鄰, 不戒以孚.

육사, 가볍게 높이 날아오름이니, 이웃으로써 부유하지 않고, 믿음으로써 경계하지 않는다.

✎ 육사는 자리가 바르고, 초구의 짝으로서 호응하며, 아래 이웃 구삼과 가깝게 지낼 수 있다. 上卦인 坤의 初爻로서 乾의 陽과 교류하기 위하여 가장 먼저 아래로 내려가려는데, 그 이웃 때문에 부유하지 않고, 믿음 때문에 경계하지 않는다. 마치, 下卦인 乾의 초구가 띠 풀로 빗대어지면서 동류와 함께 나아가고자 했듯이 말이다. 그러니까, 초구는 '茅'로 빗대어지면서 양효 셋을 띠의 뿌리로 묶었듯이, 육사는 불특정 '새(鳥)'로 빗대어지면서 음효 셋을 새의 무리로 묶었다.

부유하지 않다는 것은, 높은 자리에 있어도 陽이 아닌 陰이기 때문이고, 믿음으로써 경계하지 않는다는 것은, 음효 셋이 똘똘 뭉쳐서 아래에 있는 양효 셋과 교제하기 위한 단합이다. 그리고 '翩翩'은 가볍고 높이 자유롭게 날아오르는 모습인데, 음효 셋이 하늘 天 乾卦의 양 셋과 교제하기 위하여 땅에서 날아올라 하늘로 향하는 모습이다.

《象》曰 : 翩翩, 不富, 皆失實也. 不戒以孚, 中心愿也.

「상」에서 말했다. '가볍고 높이 날아오름이 부유하지 않다' 함은, 모두 실익을 잃음이고,

'믿음으로 경계하지 않는다' 함은, 마음의 중심 곧 진심을 원함이다.

✎ 모두 實을 잃었다는 것은, 上卦인 坤의 陰爻 셋이 陽이 아니고 모두 陰이라는 점을 말한 것이다. 그리고 중심을 원한다는 것은, 양과 교제하고자 하는 진심을 원한다는 뜻이다.

六五, 帝乙歸妹, 以祉元吉.
육오, 제을이 누이동생을 시집보냄이니, 이로써 복되고 크게 길하다.

✎ 육오는 자리가 바르지 못하고, 짝인 구이와 호응하며, 가깝게 지낼 이웃이 없다. 그리고 柔中을 얻었으나 구이의 강력한 리더십이 필요하다. 그래서 자신의 누이동생을 구이에게 시집 보내는 것이다. 여기서 '帝乙'은 상(商)나라 주왕(紂王)의 아버지 곧 상나라 고종(高宗)이고, 고종의 사위가 되는 이는 다름 아닌 주왕을 치고 주(周)나라를 세우는데 그 기틀를 닦은 문왕(文王) '희창(姬昌)'이다.

《象》曰 : 以祉元吉, 中以行愿也.
「상」에서 말했다. '복되고 크게 길하다' 함은, 중도로써 원하는 바를 행함이다.

✎ 중도로써 원하는 바를 행한다는 것은, 도리를 잃지 않고, 누이동생을 시집보냈다는 뜻이다.

上六, 城復于隍, 勿用師, 自邑告命. 貞吝.
상육, 성이 해자로 무너져 내림이니, 군사를 쓰지 말라. 성으로부터 명이 있으리다. 정도를 지킴에 인색하다.

✎ 상육은 자리가 바르고, 짝인 구삼과 호응하며, 가깝게 지낼 이웃은 없다. 그리고 소통하는 泰卦의 끝자리이다.

시기적으로 보면, 소통 안정의 시기가 끝나는 때이다. 태평성대도 그 끝이 되면 성(城)이 무너져 내리듯 혼란스럽고, 명령조차도 바로 서지 않는 것인가? 그런 시기가 되었음을 알리는 것 같다. 육오가 누이동생을 시집보낼 때만도 좋았는데 고종의 뒤를 이은 주왕이 폭정을 일삼고, 그 끝은 멸망했듯이 그런 역사적 사실을 비유적으로 표현한 것이 아닌가 싶기도 하다. 물론, 이런 식으로 주역 64괘 384효의 괘·효사가 붙여졌다면 우리는 주역을 다른 시각에서 다른 방법으로 읽어야 할 줄로 믿지만 말이다.

城이 垓字로 무너져내린다는 것은, 스스로 멸망할 때가 되었다는 뜻이고, 군사를 쓰지 말라는 것은, 자구노력이 불필요하다는 뜻이다. 결과적으로 소용없다는 뜻이다. 성으로부터 명령이 있다는 것은 항복한다는 뜻이다. 그리고 정도를 지킴에 인색하다는 것은, 정도를 지키기가 어렵고 지키지 못한다는 뜻이다.

《象》曰 : 城復于隍, 其命亂也.
「상」에서 말했다. '해자로 성이 무너져 내린다' 함은, 수명이 손상되었음이다.

✎ 城의 수명이 손상되었다는 것은, 수명이 다했다는 뜻이다. 다시 말해, 무너질 때가 되었다는 뜻이다.

*   *

'泰'를 '通'으로 이해했고, '通'은 天地의 소통이고, 上下의 소통이며, 內外의 소통이고, 剛柔의 소통이며, 陰陽의 소통으로 萬物의 소통을 의미한다고 象辭에서 이미 말했다. 이를 인간사로 바꾸어 말하자면, 大人과 小人의 소통이며, 聖人과 君子의 소통이며, 남자와 여자의 소통이다. 이렇게 대척점(對蹠點)에 있는 兩者

가 서로 소통하여 화합하면 자식을 낳고 열매를 맺는 생산적인 의미를 낳는다.

이러한 의미를 내포하는 泰卦는, 육효로 보아도, 세 짝이 모두 호응하고, 중도를 얻은 구이와 육오만 자리가 바르지 못하고, 나머지는 모두 자리도 바르다. 그리고 시작이 있으면 끝이 있다는 易의 기본 원리가 그대로 적용되었음을 六爻辭를 통해서 확인할 수 있다.

六爻辭의 내용을 살피면, 소통·교제를 시작하는 초구는 나아가면 길하고, 교제가 끝나는 상육은 정도를 지키기가 쉽지 않다. 그리고 중도를 얻은 구이는 강중을 행하여 존경받고, 육오는 유중을 행하여 누이동생을 시집보내고 복을 받으며 크게 길하다. 그리고 中爻인 구삼은 어려움이 있으나 食福이 있고, 육사는 不富, 不戒하나 이웃과 함께하고 믿음이 있다. 상육만 빼고 대체로 길하고 좋다는 점을 확인할 수 있다. 소통·교제가 정도를 지키면 매우 바람직한 일로서 자연현상에 부합됨을 알 수 있다.

문제는, 天地 곧 남녀가 교제해도, 陽剛한 陽이 아래로 내려와서 유순한 陰을 받들고, 음은 양을 믿고 따르는 관계로써 해야 한다는 사실이다. 이를 천지 기운의 움직임으로 바꾸어 말하자면, 위에 있는 하늘의 기운은 아래로 움직이어야 하고, 아래에 있는 땅의 기운은 위로 향하는, 그래서 서로 만나 균형을 통해서 상생과 조화를 이루는 관계이어야 한다는 점이다.

12. 天地否卦

주역 열두 번째 괘로 천지비괘(天地否卦)가 있다. 하늘 天 乾이 上卦이고, 땅 地 坤이 下卦라는 뜻으로, 地天泰卦가 상하 교역된 괘로서 정반대 의미를 지닌다. 마치, 水火旣濟卦와 火水未濟卦처럼 말이다. 天地否는 막히고, 불통(不通)이며, 불교(不交)라면, 地天泰는 열려 있고, 소통(疏通)이며, 상교(相交)이다. 卦德으로 보면 '順而健'이다. 곧, 순하고, 튼튼하다. 六爻 음양 배열을 보면, '음, 음, 음, 양, 양, 양'으로 음이 셋이고, 양도 셋이다. 陰이 아래로 내려와 있고, 陽이 위로 올라가 있다.

이런 '天地'를 '否'로 받았다. '否'는 어떤 의미로 쓰였을까? '否'는 '아니다, 부정하다, 불가하다, 없다, ~느냐'라는 뜻으로 '부'로 읽히고, '막히다, 곤하다, 비루하다, 악하다' 등의 뜻으로 '비'로 읽힌다. 여기서는 '막히다'의 의미로 '비'로 쓰인 것 같다.

「序卦傳」에 의하면, "物不可以終通, 故受之以否"라고 했다. 곧, 만물은 끝까지 통할 수 없기에 소통하는 泰卦 다음을 막힌 否卦가 이어받았다고 했다. 그렇다면, '地天'은 '通'인데 '天地'는 '不通'이라 했으니 그 이유를 반드시 알아야 한다.

우리가 전적으로 신뢰하는 「彖辭」에서의 주장을 살피면, 이러하다. 곧, 泰가 통하고 안정되는 이유로, ①작은 것이 가고 큰 것이 오기 때문이고, ②군자도가 자라나고 소인도가 소멸해 가기 때문이며, ③안의 튼튼함과 바깥의 유순함 곧 內剛外柔 등 세 가지를 들었다. 그리고 否가 막히어 불통하며 난세가 되는 이유로, ①큰 것이 가고 작은 것이 오기 때문이고, ②소인도가 자라나고 군자도가 소멸해 가기 때문이며, ③안의 유순함과 바깥의 튼튼함 곧 內柔外剛 등 세 가지를 들었다.

彖辭 집필자의 ①, ②의 판단에는 분명한 한 가지 이유가 있고 ③의 판단은 上·下卦 卦象을 보고 말한 것일 뿐이다. 그 한 가지 이유인즉 「12辟卦說」에 대한 믿음이다. 곧, 泰는 음력 1월 괘로, 2월, 3월, 4월이 되기까지 泰의 음효 하나씩이 없어지면서 大壯卦와 夬卦를 거쳐서 六爻가 陽으로 가득한 重天乾卦이 되고, 否는 음력 7월 괘로, 8월, 9월, 10월이 되기까지 否의 양효 하나씩이 없어지면서 觀卦, 剝卦를 거쳐서 육효가 陰으로 가득한 重地坤卦가 된다는 주장이다.

* *

否 : 否之匪人, 不利, 君子貞 ; 大往小來(중문).
천지비괘는 사람의 길이 아닌 막힘이니, 불리하고, 군자는 정도를 지켜야 한다. 큰 것이 가고 작은 것이 온다.

否 : 否之匪人. 不利君子貞. 大往小來(다른 중문, 고은주, 신원봉).
천지비괘는, 불통은 사람의 길이 아니다. 군자는 바르더라도 불리하다. 큰 것이 가고 작은 것이 온다.

✐ 地天泰의 정반대가 이 天地否이듯이, 泰의 반대가 否이다. 泰가 疏通이라면 否는 不通이다. '不通'은 막히어서 통하지 못하는 폐색(閉塞), 조격불통(阻隔不通)의 뜻이다. 이러한 막힘이 사람의 길이 아니라는 것은, 막힌, 폐색된 세상에서는 사람이 사람 구실을 할 수 없다는 뜻이다. 한마디로 말해, 사람이 사람답게 살수 없다는 뜻이다. 그래서 불리한 것이고, 그런 세상이니 군자가 정도를 지켜야

한다는 뜻이다.

그리고 큰 것(大)은 陽이고 君子이며, 작은 것(小)은 陰이고 小人이다. 큰 것이 가고, 작은 것이 온다는 것은, 큰 것이 위로 올라가고, 작은 것이 아래로 내려온다는 뜻이다. 그러니까, 양효는 올라가고, 음효는 내려온다는 뜻인데, 이것은 음과 양이 서로 반대 방향으로 움직이는 형세이어서 소통·상생·조화의 관계가 아닌 불통·불화의 적대적인 관계로 작용한다는 뜻이다.

이를 '12피괘설'로 해석하면, 양효로 가득한 음력 4월 괘인 重天乾에서 5월에는 姤卦, 6월에는 遯卦, 7월에는 否卦가 되고, 8월에는 觀卦, 9월에는 剝卦, 10월에는 음효(陰爻)로 가득한 重地坤이 되는데, 重天乾의 양이 밑에서부터 차례로 하나씩 음으로 변하여 아래 양 셋 모두가 음으로 변하여 否卦가 되었다는 뜻이다. 이 결과를 놓고 보면, 양 셋은 위로 올라가고, 음 셋은 아래로 내려와 있다고 본 것이고, 점점 양의 세계 곧 군자도(君子道)는 줄어들고, 음의 세계는 곧 소인도(小人道)는 점점 길어진다.

천지비괘 괘사 14자를 놓고 띄어쓰기와 문장부호의 위치가 한국과 중국이 다르고, 중국에서조차도 조금씩 다르게 표기하고, 다른 해석을 한다. 참고하라는 의미에서 부기해 놓았다.

《象》曰：'否之匪人, 不利, 君子貞, 大往小來.'則是天地不交而萬物不通也, 上下不交而天下无邦也. 內陰而外陽, 內柔而外剛, 內小人而外君子. 小人道長, 君子道消也.

「단」에서 말했다. '사람의 길이 아닌 불통이니, 불리하고, 군자는 정도를 지켜야 하고, 큰 것이 가고 작은 것이 온다' 함은, 곧 천지가 교류하지 않고, 만물이 통하지 않음이니, 위아래가 교류하지 않고, 천하의 나라 간 교류가 없음이라. 안의 음과 밖의 양이, 안의 유와 밖의 강이, 안의 소인과 밖의 군자가 (서로 교류하지 않고 소통하지 않음이다). 소인의 도는 자라나고, 군자의 도는 소멸해 간다.

✎ 이 否卦 단사 내용은 앞선 泰卦 단사 내용과 같은 구조이고 그 내용만 상반된다. 따라서 별도의 해설이 필요하지 않으나 天地否가 왜 막히어 있고 不通인지는 분명하게 알아야 한다. 그것은 양은 위로 향하는데 음은 아래로 향하기 때문이다. 이 否卦의 양효 셋은 위로 향하기에 위로 올라가고, 음효 셋은 아래로 향하기에 아래로 내려와 있다. 현재는 양과 음이 셋씩으로 균형 잡혀있으나 시간이 갈수록 음이 늘어나고 양은 줄어든다. 음과 양이 서로 배척하는 관계이기 때문이다. 그래서 상괘인 乾卦 양효 셋은 위에서 머물고, 하괘인 곤괘 음효 셋은 아래에서 머물러 정체되어 있고, 소통하지 않으며, 교제가 이루어지지 않는다.

'天下无邦也'에 대하여 모두가 '천하에 나라가 없다'라고 번역하나 천하에 '나라'가 없는 게 아니라 '나라 간 교류'가 없다고 해야 논리상 맞다. 그리고 '소인의 도가 길어지고, 군자의 도가 사라진다' 함은, 重天乾에서 重地坤이 되어가는 과정에서 이 비괘(否卦)는 딱 중간지점에 있는데 시간이 가면 갈수록 위에 있는 양효가 하나씩 사라져간다는 뜻이다.

《象》曰 : 天地不交, 否 ; 君子以儉德辟難, 不可榮以祿.

「상」에서 말했다. 하늘과 땅이 교류하지 않음이 비괘이니, 군자는 이로써 보고 깨달아, 녹봉으로 영화로운 생활이 불가하므로 검소한 생활로 어려움을 피하라.

✎ '否'의 막힘이란, 하늘과 땅이 불통하고, 인간 사회의 위아래가 불통한다. 그렇듯, 剛柔 곧 陰陽이 불통하고, 萬物이 不通·不交하기에 살아가기가 어렵고, 생산적인 활동 또한 어렵다. 그래서 물질적으로도 풍요롭지 못하고, 어렵고 궁핍한 세상이 되는 것이다. 그러므로 '否'에는 '難'과 '亂'이 수반된다. 이러한 난세에서는 녹봉으로써 영화로운 생활이 불가하므로 군주는 모름지기, 검소한 생활을 솔선수범하여 어려움을 피해야 한다는 뜻이다.

初六, 拔茅茹, 以其彙, 貞吉, 亨.

초육, 띠 무더기를 뿌리째 뽑으니, 정도를 지키면 길하고, 형통하다.

✎ 초육은 자리가 바르지 못하고, 짝인 구사와 호응하며, 가깝게 지낼 이웃이 없다. 乾과 坤이 不通하기 때문에 가장 밑에 있는 초육으로서는 홀로 버티기가 힘들 것이다. 그래서 음은 음끼리 뭉쳐야 한다. 그래서 띠처럼 하나로 단합하여 나아가도 나아가야 하고, 머물러도 함께 머물러야 한다. 자세히 보면, "初九, 拔茅茹, 以其彙, 征吉."이라는 泰卦 초구 爻辭와 그 내용이 유사하다. 차이가 있다면, 자리가 바르지 못한 초육은, 무리로써 정도를 지켜야 좋다는 것이고, 자리가 바른 초구는 무리로써 나아가야 좋다는 점이다.

《象》曰 : 拔茅貞吉, 志在君也.

「상」에서 말했다. 띠 무더기를 뿌리째 뽑으니, 정도를 지키면 길하고, 형통하다는 것은, 뜻이 군자에게 있음이다.

✎ 뜻이 군자에게 있다는 것은, 소인인 초육이 군자인 짝 구사에게 마음이 가 있다는 뜻이다. 마음이 가 있다는 것은, 소통·교제를 원함이다.

六二, 包承, 小人吉 ; 大人否, 亨.

육이, 너그럽게 받아들이고 받드니, 소인은 길하다. 대인은 불통이나 형통하다.

✎ 육이는 자리가 바르고, 짝인 구오와 호응하며, 가깝게 지낼 이웃은 없다. 그러나 中正을 얻었다. 그러나 막혀 불통인 세상에서도 중정을 얻었기에 육이는 소통하고 교제하기 위해서 너그럽게 받아들이고 받드는 자세를 취한다. 그런데 역시 음 곧 소인이기에 그 활동에는 한계가 있다. 泰卦 구이 효사와 유사하나 그

활동이 그에 미치지 못함을 확인할 수 있다. 곧, "九二, 包荒, 用馮河, 不遐遺. 朋亡, 得尙于中行"이라는 말과 비교해 보라.

그리고 너그럽게 받아들이고 받드는 사람으로서 소인이 길하다는 것은 그런 일을 수행함에 소인이 잘한다는 뜻이고, 대인이 불통한다는 것은, 대인에게는 썩 어울리지 않는다는 뜻이다. 그러함에도 불구하고, 육이가 형통한 것은, 막혀 불통인 세상에서 육이가 구오와 같은 中正의 道로써 서로를 포용할 수 있음이다.

《象》曰 : 大人否亨, 不亂群也.

「상」에서 말했다. '대인의 불통이 형통하다' 함은, (소인의) 무리를 다스리지 않음이다.

✎ 육이가 소인이라면 길한데 육이가 대인이라면 불통이다, 그러함에도 불구하고 대인이 형통한 것은, 무리를 다스리지 않기 때문이다. 무리를 다스리지 않는다는 것은, 육이의 신분이 나라를 다스리는 군주가 아니고 낮은 직급의 사람이기에 설령, 불통한다고 해도 형통하다는 것이다.

'不亂'에서 '亂'을 '어지럽다', '어지럽히다'로 해석하지 않고, '다스리다'로 해석하였다.

六三, 包羞.

육삼, 너그럽게 받아들이나 수치스럽게 여긴다.

✎ 육삼은 양의 자리에 음으로 와서 그 자리가 바르지 못하고, 짝인 상구와 호응하며, 위에 있는 이웃 구사와도 가깝게 지낼 수 있다. 그리고 중도를 지나쳐 있다. 그래서 그의 성품은 陽順하다. 막혀있고 불통인 세상에서 육삼은 의욕을 내어서 짝인 상구와 이웃인 구사와 소통 교류하고자 포용력을 발휘하지만 스스로 부끄럽게 여긴다. 왜, 그럴까? 그것은 위에 있는 구사와 상구가 원치 않기 때

문이 아닐까 싶다.

육삼 효사 '包羞'는 육이 효사 '包承'과 자연스럽게 대비되는데, 우리는 전혀 다르게 해석한다. '包承'을 '포용하고 계승하다' 혹은 '받아들이고 받들다'라고 대등한 복합동사로 해석했으면 바로 뒤에 나오는, 이 '包羞'에 대해서도 그렇게 해석해야 하는데, 그렇지 않다는 뜻이다. 심의용과 고은주는 '마음에 품고 있는 것이 부끄럽다'라고 번역했고, 신원봉은 '포용 받으나 수모를 당한다'로 해석하였다. 그런가 하면, 김석진은 '마음의 주머니에 부끄러움이 가득 싸여 있다'로 해석하였고, 김재홍은 '부끄러움을 품고 있다'로 해석하였다.

《象》曰：包羞, 位不當也.
「상」에서 말했다. '너그럽게 받아들이나 수치스럽게 여긴다' 함은, 자리가 부당함이다.

✎ 자리가 부당하다는 것은, 육삼이 양의 자리인데 음으로 왔기에 부당한 것은 사실이다. 근본적으로 자리가 부당하다는 것은, 그의 언행이 바르지 못하다는 뜻이다. 그래서 스스로 수치스럽게 여긴다.

九四, 有命无咎, 疇離祉.
구사, 명이 있어 무구하고, 무리가 복을 받는다.

✎ 구사는 자리가 바르지 못하고, 짝인 초육과 호응하며, 아래 이웃 육삼과 가깝게 지낼 수 있다. 구사는 구오의 명령을 받아서 일하기에 무구하다. 일에 동참한 무리가 복에 걸린다 하니, 복을 누린다는 뜻이다. 막히어 소통되지 않는 세상에서 군주의 명을 받아서 일치단결하여 나아간다면 무리 전체가 복을 누린다는 뜻으로 이해된다.

《象》曰：有命无咎, 志行也.
「상」에서 말했다. '명이 있으면 무구하다' 함은, 뜻을 행함이다.

✑ 뜻을 행한다는 것은, 군주의 명을 받아서 실행에 옮긴다는 것이고, 군중의 명이란 막힌 세상에서 소통하기 위한 자구책이 아닐까 싶다.

九五, 休否, 大人吉 ; 其亡其亡, 繫于苞桑.
구오, 막힘이 멈추니 대인은 길하다. 망할까, 망할까 염려스러워 튼튼한 뽕나무에 묶어둔다.

✑ 구오는 양의 자리에 양으로 와서 자리가 바르고, 짝인 육이와 호응하며, 가깝게 지낼 이웃은 없다. 그리고 중정을 얻었다. 중도를 얻은 육이와 긴밀한 협력으로 불통의 세상을 극복하려 陽剛한 자세로 리더십을 발휘한다.
중국에서는 休를 止, 停止로, 苞(포)를 荔(려:타래붓꽃)나 蒻(석:굵은 냉이)과 같이 뿌리가 발달하여 튼튼하고, 생존력이 강한 식물을 뜻한다고 풀이하며, 또, 桑을 桑樹로 해석한다. 그러나 필자는 '苞桑'을 두 종류의 수종(樹種)으로 보지 않고, '우거진, 무성한 뽕나무=튼튼한 뽕나무'로 해석하였다. 苞를 '무성하다'로 해석했다는 뜻이다.

《象》曰：大人之吉, 位正當也.
「상」에서 말했다. '대인의 길함'은, 자리가 바르고 마땅함이다.

✑ '자리 곧 지위가 부당하다, 정당하다'라는 말은, 小象辭에서 주로 쓰이는 말이다. ①'不當位(需卦, 困卦)', ②'位正當也(履卦, 否卦, 噬嗑卦, 兌卦, 中孚卦)', ③'位不當也(否卦, 豫卦, 大壯卦, 晉卦, 睽卦, 夬卦, 萃卦, 震卦, 豐卦, 兌卦, 中孚卦,

小過卦, 未濟卦)', ④'位當也(臨卦)', ⑤'位當實也(蹇卦)', ⑥'未當位也(解卦)', ⑦'正位也(渙卦)' 등 일곱 가지 말로 쓰이는데 위에서 보는 바와 같이 '位不當也'가 제일 많이 쓰였고, 그다음이 '位正當也'이다.

자리의 正·不當性에 대해서는 두 가지 점에서 판단된다. 하나는, 양의 자리에 양이 왔는가? 음의 자리에 음이 왔는가? 등을 판단하는 일이고, 그 다른 하나는, 효사에 적시된 임무를 수행하는 데에 그 자리의 고하(高下)가 맞는지 맞지 않는지를 판단하는 일이다. 간단히 말하면, 地位 문제이다. 이 구오 효사에서는 군주로서 나라가 망할까 걱정되어 망하지 않도록 튼튼한 뽕나무에 묶어두는 일을 감당하기에 구오의 지위가 합당하다는 의미에서 '位正當也'라는 말이 쓰였다는 뜻이다.

上九, 傾否 ; 先否後喜.
상구, 막힘이 뒤집힘이니, 처음엔 불통이나 나중엔 기쁘다.

✎ 상구는 자리가 바르지 못하고, 짝인 육삼과 호응하며, 가깝게 지낼 이웃은 없다. 그리고 막힘, 불통의 끝자리이다. 막힘이 뒤집히는 것은, 막힘이 풀린다는 뜻이다. 처음에는 막히어서 불통이나 나중에는 풀리어서 기쁘게 된다는 뜻이다.

중국인은 傾을 覆으로 읽고, 이 상구의 세상이 '否極泰來, 곧, 막힘이 극에 달해 태 곧 소통이 오는 것'이라고 말한다. 물론, 우리는 傾을 '기울어지다'로 읽기 때문에 막힘이 기울어져 처음엔 막혀 있으나 나중에는 그것이 풀리어 기쁨이 있다고 한다. 그 이유는 더 갈 수 없는, 끝나는 자리라는 뜻이다. 이런 판단에는 시작이 있으면 반드시 끝이 있다는 믿음이 전제된 것이지만 효사처럼 모든 현상이 진행되지 않는 게 현실임을 인식할 필요도 있다.

《象》曰 : 否終則傾, 何可長也 !

「상」에서 말했다. '막힘이 끝나는 즉 뒤집힘이니, 얼마나 오래가겠는가.

✎ '何可長也'라는 말도 주로 小象辭에서 사용되는 말이다. '얼마나 오래가겠는가?', '결코, 오래가지 못한다'라는 뜻이다. '何可長也'는 屯卦, 否卦, 豫卦, 節卦 등에서 쓰였고, 이와 같은 의미로 '不可長也'라는 말이 訟卦, 夬卦, 小過卦에서, '咎不長也'라는 말이 臨卦, 大壯卦에서, '何可久也'라는 말이 大過卦, 離卦, 旣濟卦 등에서 각각 사용되었다. 64괘 가운데 12개 괘에서 오래가지 않는다는 말을 한 것을 보면, 시작이 있으면 끝이 있고, 끝이 있으면 새로운 시작이 있다는, 소위, 역(易)의 終始原理가 적용되고, 易의 세계는 끊임없이 변한다는 이치를 반영하고 있다 하겠다. 그래서 주로 上爻에 제일 많이 쓰였고, 그다음이 上卦의 끝자리인 三爻에 많이 쓰였다.

*　　*

하늘은 위로 올라가 있고, 땅은 아래로 내려와 있어서 서로 소통하지 못하고 막히어 있는 답답한 상황에서는, 陰은 음대로 뭉치고, 陽은 양대로 뭉치어서 움직이게 마련이다. 그래서 초육은 가장 아랫자리로서 동류인 음의 세력과 연대하여 정도를 지켜야 길하고 형통하다. 그리고 끝자리인 상육은 막힘, 불통의 상황이 극에 달해서 기울어지기 시작하여 뒤집힘이니 끝내는 기쁨이 있다. 그리고 중도를 얻은, 육이는 포용하고 받드는 자세로 임하여 길하고 형통하며, 구오는 막힘, 불통을 걱정하고 노력하여 문제를 타개하니 길하다. 그리고 中爻인, 육삼은 포용하나 수치스럽게 여기고, 구사는 군주의 명을 받들어 일함으로써 그 무리가 복을 받는다.

위에 있는 하늘이 아래로 내려오고, 밑에 있는 땅이 위로 올라가서 서로 소통

교제하는 태괘 상황에서 육효는 어떻게 움직이어서 어떠한 길흉이 결정되는지를 비교해서 살피면 역(易)이 관계(關係)를 중시하고, 시작이 있으면 끝이 있다는 자연계의 질서(秩序)를 중시하며, 양강(陽剛)·강건(剛健)한 대인에게는 겸손과 포용이, 음유(陰柔)·유순(柔順)한 소인에게는 순종과 믿음이 강조된다는 사실을 확인할 수 있으리라 본다. 대체로, 지위가 높은 陽剛한 자에게 막중한 임무가 주어지며, 상황에 따라서는 지위가 미천한 자가 이로울 수도 있다.

13. 天火同人卦

주역 열세 번째 괘로 천화동인괘(天火同人卦)가 있다. 하늘 天 乾이 上卦이고, 불 火 離가 下卦라는 뜻이다. 그 모양으로 보면, 하늘 아래 태양이 떠 있는 모습이다. 그러니까, 태양이 하늘 아래에서 밝게 빛난다는 뜻이다. 그리고 卦德으로 보면, '明而健'이다. 곧, 밝고, 튼튼하다. 그리고 六爻 음양 배열을 보면, '양, 음, 양, 양, 양, 양'으로 하나의 陰에 다섯 陽으로 이루어졌다. 그런

데 하나뿐인 陰爻는, 二爻로서 中道를 얻었고, 자리가 바르며, 위아래 이웃들과도 가깝게 지낼 수 있는, 좋은 조건을 갖추었다. 그리고 剛中을 얻은 九五와 짝으로서 호응한다. 게다가, 홍일점이어서 초구, 구삼, 구사, 구오까지 네 陽爻가 이 六二를 중심으로 모여들고자 하는 의욕을 갖는다.

이런 '天火'를 '同人'으로 받았다. '同人'은 어떤 의미로 쓰였을까? '同人'이란, 글자 그대로 해석하자면, 같은 사람이고, 함께 하는 사람이다. 무엇으로서 같은 사람이며, 무엇을 함께 한다는 것인가? 그것은 추구하는 대상 곧 목표가 같고, 그 목표 달성을 위해서 추구하는 방법을 같이한다는 뜻이다. 같이 추구한다 함은, 함께 말하고 함께 행동함이다. 결과적으로 뜻을 같이하고 행동을 같이하는 사람이 곧 同人이라는 뜻이다.

따라서 동인에게는, '親'이 제일 중요하다. '親'이란 어떠한 이유에서든 서로 친밀하고 가까워야 한다. 그것 없이는 동인이 될 수 없다. 그리고 추구하는 공동 목표가 같아야 하는데, 그 공동 목표가 무엇이냐에 따라서 구성원이 달라지고,

언행으로 드러나는 활동의 내용조차도 달라진다. 오늘날 종친회, 향우회, 동창회, ~협회 등도 다 동인이다. 회원간 친목을 도모하고, 회원의 권익을 보호하면서 공동 목표를 달성하기 위해서 조직된 것이기 때문이다.

「序卦傳」에 의하면, "物不可終否, 故受之以同人"이라 했고, 「雜卦傳」에 의하면, "同人親也"라 했다. 곧, 만물은 끝까지 막혀 있을 수 없기에 不通의 否卦 다음을 뜻과 행동을 같이하는 同人卦가 뒤를 이었고, 동인은 친밀하다고 했다.

그렇다면, 왜, '天火'를 '同人'으로 받았을까? 그것은 上·下卦 조합으로 이루어진 卦象 때문이다. 곧, 하늘 아래에 밝게 떠 있는 태양의 관계인데 하늘의 뜻에 따라 태양이 만물에 빛을 뿌리는 협업 관계에서 유추되었다고 판단된다.

*　　*

同人, 同人于野, 亨, 利涉大川, 利君子貞.

천화동인괘는 광야에서 (활동하는) 동인은 형통하고, 큰 강을 건넘이 이로우며, 군자가 정도를 지켜야 이롭다.

✒ 광야에서 활동한다는 것은, 너른 들로 햇볕이 내리고, 그곳에서 초목들이 자람을 의미한다. 하늘 아래 태양이 빛나는 것이 '天火同人'이므로 햇빛을 뿌리는 태양과 그곳, 광야에서 자라는 초목들은 서로를 요긴하게 받아들이며 서로 형통한 것이다. 이것을 인간사로 빗대어 말하자면, 사람이 활동할 수 있는 좋은 여건이므로 큰일을 도모함이 이롭고, 군자는 정도를 지켜야 이롭게 된다는 뜻이다.

하늘 아래 태양은, 다시 말해, 하늘에 걸리어 있는 태양은, 만물에게 빛과 열에너지를 공급해 준다. 그 덕으로써 지상의 만물은 살아간다. 이런 의미에서 하늘과 태양은 뜻을 같이하겠다고 뭉친 동인이라고 말할 수 있다. 이를 일컬어 소위,

'志同道合'이라고 말한다. 쉽게 말해서, 뜻이 같아서 도를 합하는 관계가 성립되는 것이다. 뜻과 길이 같다는 것은, 목표 달성을 위해서 같은 길을 걸으며 행동을 같이하는 사이가 곧 동인이라는 뜻이다. 이런 동인이 광야에서 활동한다 함은, 햇빛이 광야에 두루 비춘다는 뜻이므로 광야에서 살아가는 초목들은 두루 형통한 것이다.

여기서 '野'는 城 밖 너른 교외(郊外)를 말하지만 이를 더 근원적으로 생각하면, 어떤 장애나 걸림이 없는 '天下大同之境埌'를 의미한다. 탁 트인 광야에서 만물이 차별 없이 햇빛을 받듯이, 그런 광야에서 동인이 결성되고 활동한다는 것이 바로 '同人于野'이다. 그러므로 두 기운의 작용이 형통하고, 국가적으로도 큰일을 감행할 수 있으며, 군자가 바르게 통치해야 이로운 것이다. 결국, 君子는 하늘의 태양이라는 뜻이며, 태양이 차별하지 않고 빛과 열에너지를 광야의 만물에게 공급해 주듯이, 군자 역시 백성을 위하여 선정(善政)을 베푸는 것이 군자의 정도(正道) 곧 바름이라는 뜻이다. 따라서 군자가 正道를 지켜야 이로운 것은 당연하다.

따라서 동인이란, 하늘과 태양이 만물에 빛과 열을 공급해 주어 발육 성장하도록 하듯이, 사람이 뜻을 같이하고 행동을 같이하여 공동의 큰 목표를 달성하고자 노력하는 관계에 있는 '무리'라고 할 수 있다

《象》曰 : 同人, 柔得位得中, 而應乎乾, 曰同人. 同人曰 "同人于野, 亨. 利涉大川." 乾行也. 文明以健, 中正而應, 君子正也. 唯君子爲能通天下之志.

「단」에서 말했다. 동인괘는 유가 자리를 얻고 중도를 얻어서, 건에 호응함을 일러 '동인'이라 한다. 동인괘 괘사에서 말한 '광야에서의 동인 활동이 형통하고, 큰 강을 건넘이 이롭다' 함은, 건의 움직임이다. 문채를 밝히어 튼튼하고, 중도의 바름이 호응하는 (것이) 군자의 바름이다. 오직, 군자만이 천하의 뜻을 능히 통하게 한다.

✒ 柔가 자리를 얻고 중도를 얻어서 乾에 호응하는 것이 동인이라고 했는데, 육효로 보면, 하나뿐인 음효, 곧, 六二를 두고 말함이다. 이는 곧 육이가 동인의 구심체가 된다는 뜻이다. 그리고 여기서 '乾'이란 同人卦 上卦를 말하는데 그 가운데에서도 剛中을 얻은 九五를 말한다.

그리고 文彩를 밝히는 것은 下卦 離의 덕성 곧 卦德이고, 튼튼한 것은 上卦 乾의 덕성 곧 卦德이다. 그렇듯, 중도가 바르게 호응하는 것 역시 六二를 두고 말한다. 그것이 곧 군자의 正道라는 뜻이다. 오직 군자만이 천하의 뜻과 능히 통한다는 것은, 柔中을 얻은 육이가 剛中을 얻은 구오와 통하여 하늘의 뜻인 섭리를 이해하여 밝은 세상을 구현한다는 뜻이다. 결과적으로 보면, 구오는 하늘에 속한 자로 강중을 얻어서 하늘의 섭리를 주관하는 자라면, 육이는 불에 속한 자로 유중을 얻어서 하늘의 섭리에 호응하면서 하늘과 태양의 공동 목표를 달성하기 위해서 적극적으로 협력하는 주체가 되었다는 뜻이다.

《象》曰：天與火, 同人 ; 君子以類族辨物.
「상」에서 말했다. 하늘과 더불어 불이 동인이다. 군자는 이로써 보고 깨달아, 종족을 분류하고, 만물을 분별하라.

✒ 하늘과 태양이 한마음 한뜻을 가진 동인이 되어서 만물을 양육하는 공동 목표를 달성하듯이, 나라를 통치하는 군주라면 서로 다른 종족들이 모여 있는 가운데 뜻을 같이하는 동족끼리 분류하여 나누고, 다종다양하게 섞여 있는 만물을 분별하여 대동단결할 수 있도록 통치하라는 뜻이다.

여기서 중요한 한 가지 사실을 확인할 수 있는데, 그것은 통치 기술로써 하나가 바로 同人 결성이고, 그 동인의 핵심이 바로 사람을 포함한 만물을 '類'하고 '辨'하는 일이라는 점이다. 곧, 비슷한 것들끼리 묶어 나누고, 이들을 분별하는 일이 동인 결성의 목적이라는 뜻이다.

初九, 同人于門, 无咎.

초구, 문에서 활동하는 동인은 무구하다.

✎ 초구는 자리가 바르고, 짝인 구사와 호응하지 못하며, 위에 있는 육이와 가깝게 지낼 수 있다. 卦辭에서 말하기를, 동인 활동은 너른 들에서 해야 형통하고, 큰일을 도모할 수 있다고 했는데, 초구는 그 너른 들이 아니고 門에서의 활동이다. 문은 집 밖으로 나가고, 城 밖으로 나가는 곳이기에 교외나 들로 나가는 첫 단계라고 할 수 있다. 초효가 양이 아니고 음이라면 무구하지 못할 텐데 그나마 陽으로서 正位이기에 무구하다.

《象》曰 : 出門同人, 又誰咎也!

「상」에서 말했다. 문을 나선 동인을 또 누가 탓하겠는가.

✎ 초구는 동인의 구심체 역할을 하는 육이 아랫자리에 있기에 다른 陽爻들의 간섭이나 방해를 받지 않는다. 그렇기에 누구도 초구의 활동을, 다시 말해, 문밖으로 나섬을 탓하거나 방해하지 않는다. 동인 결성을 위하여 집 밖으로 나서는 단계이고, 방해하는 요소들이 없기에 무구하다.

六二, 同人于宗, 吝.

육이, 종친끼리 동인 활동을 하니, 인색하다.

✎ 육이는 자리가 바르고, 짝인 구오와 호응하며, 위아래 이웃과 가깝게 지낼 수 있는, 아주 좋은 조건이다. 그리고 부드러운 중도까지 얻어서 무리가 되지 않고 바르게 행할 수 있다. 이런 육이가, 자리가 바르고 剛中을 얻은 구오 짝과 동인이 되어서 활동한다면 크게 길할 것이다. 그런데 의외로 인색하다고 했다. 그

것은 육이의 자리가 아래에 있기 때문이다.

그래서 그의 활동이 종친으로 국한되어 있다. 종친이란 일족(一族)·동성(同姓)·친척(親戚) 등을 말한다. 동인 활동을 종친으로 제한하니 자기들끼리는 더없이 소중히 여기겠으나 밖으로는 개방되지 않아서 옹색하고 인색한 것이다. 그러니까, 동인 활동을 하는데 신분적인 차별이나 제한을 두어서는 광야에서 만물이 햇빛을 차별 없이 받는 것처럼 되지 않는다는 뜻이다. 바로 이런 점에서 인색하다고 말한 게 아닐까 싶다.

《象》曰 : 同人于宗, 吝道也.
「상」에서 말했다. '종친끼리의 동인 활동'은 인색한 방법(길)이다.

✐ 하늘과 태양이 동인이 되어서 빛과 열에너지를 베풀어 광야의 만물을 차별하지 않고 키우듯이, 사람이 뜻을 합쳐서 큰일을 하고자 할 때는 차별이나 제한을 두어서는 안 된다는 뜻이 전제되었다. 가까운 사람들끼리만 뭉쳐서 큰일을 도모한다면 그 나아가는 길이 좁아질 수밖에 없다. 가는 길이 비좁고 옹색한데 그 결과야 말할 것 있겠는가. 여기서 '吝道'라는, 잘 쓰이지 않는 말이 쓰였는데 그 의미는 동인 활동을 하는 구성원의 마음 자세나 목표가 작고, 그 나아가는 길 곧 그 방법이 또한 옹색하다는 뜻이다.

九三, 伏戎于莽, 升其高陵, 三歲不興.
구삼, 풀숲에 병사를 잠복시키고, 높은 언덕에 올라가 (망을 보나) 삼 년 동안 일어나지 못한다.

✐ 구삼은 자리가 바르고, 짝인 상구와 호응하지 못하며, 아래에 있는 육이와 가깝게 지낼 수 있다. 그러나 중도를 지나쳐 있다. 그런데 구삼은 왜, 동인 활동

에 역행하는 짓을 할까? 무슨 이유로 풀숲에 병사를 잠복시키고 높은 언덕에 올라가서 망을 보며, 삼 년 동안 일어나지 못하는가? 도대체, 무엇을 망보면서까지 경계해야 하는가?

육효 관계로 보면, 하나뿐인 육이와 가깝게 지내려 하는데, 육이는 짝인 구오를 향한 마음밖에 없다. 그러니, 시샘이 나고, 경쟁자인 구오의 동태를 살펴야 한다. 나아가서 그가 육이에게 오는 길목에 병사를 매복시켜 놓고 망보나 삼 년 동안이나 헛고생을 하는 꼴이다. 결과적으로, 뜻을 이루지 못한다는 뜻이다. 하나뿐인 음과 동인이 되려고 같은 양효끼리는 경쟁 구도 속에서 적대시한다.

《象》曰 : 伏戎于莽, 敵剛也 ; 三歲不興, 安行也.
「상」에서 말했다. '풀숲에 병사를 잠복시켜 살핌'은 적이 굳세기 때문이다. '삼 년 동안 일어나지 못함'은 안일한 행동이다.

🖊 적이 강하다는 것은, 정면 대결하여 이길 수 없는 힘의 불균형 상태이다. 여기서 적은 구오이다. 구오는 신분상으로 높지만 구삼은 상대적으로 보아, 그 지위나 능력으로 보아 싸워 이길 수 없는 낮은 신분이다. 그러니, '潛伏'이라는 비겁한 방법을 동원할 수밖에 없고, 삼 년 동안 흥하지 못하는, 안일한 행보를 취한다.

대개, '安'을 '어찌 안'으로 읽어서 '어찌 행할 수 있겠는가?'로 해석하는데 필자는 다르게 해석했다. '伏戎于莽, 敵剛也 ; 三歲不興, 安行也'에서 '①伏戎于莽, 敵剛也'와 '②三歲不興, 安行也'를 구분, 대등한 관계로 보았기 때문이다. 다시 말해, ②는 ①의 결과라는 뜻이다.

九四, 乘其墉, 弗克攻, 吉.
구사, 성벽을 오르나, 극복하여 공격하지 못하니, 길하다.

✒ 구사는 자리가 바르지 못하고, 짝인 초구와 호응하지 못하며, 가깝게 지낼 이웃도 없다. 아주 불리한 조건이다. 그러나 육이와 동인이 되고자 하는 의욕이 있다. 구사 역시 오로지 구오만을 생각하고 있는 육이와 동인 활동을 하기 위해서 구오를 견제하고 있다. 그런데 신분상으로는 가까운 거리에서 구오를 보좌해야 한다. 그런 구사가 넘지 말아야 할 선인 담벼락을 기어오르나 극복하여 공격하지 못하니, 중도에 포기했다는 뜻이다. 이 포기가 결과적으로 길하다는 것이다. 왜, 길할까? 그 이유는 아래 小象辭가 말해준다.

《象》曰 : 乘其墉, 義弗克也, 其吉, 剛困而反則也.
「상」에서 말했다. '성벽을 오름'은 의리로써 이길 수 없음이고, 그 '길함'은 강이 궁색해져서 법도로 돌이킴이다.

✒ 구사는 上卦 일원으로 구오와 협력해야 하는데, 벽을 기어올라 구오를 넘보니 의리상, 다시 말해, 도리상 이길 수 없다. 잘못하면 역도(逆徒)로 몰릴 뿐만 아니라 목숨이 위태로워진다. 이런 현실적인 벽을 넘지 않고서 중도에 포기함으로써 그 상하 관계의 의리로 돌이켰다는 뜻이다. 결과적으로, 자신의 의도를 포기함으로써 다가올 위태로운 상황을 모면하게 되어 길하게 됐다는 뜻으로 이해된다.

九五, 同人, 先號咷, 而後笑, 大師克相遇.
구오, 동인은 먼저 울부짖고, 뒤에 웃는다. 큰 무리의 군사를 (써서) 이김으로써 서로 만난다.

✒ 구오는 자리가 바르고, 짝인 육이와 호응하며, 가깝게 지낼 이웃은 없다. 그러나 剛中을 얻어서 오로지 柔中을 얻은 육이와 동인을 이루어 광야를 비추는

태양처럼 큰일을 도모할 수 있다. 그런데 육효 관계에서 보듯이, 짝인 육이에게 내려가려면 방해 공작을 펼치는 구사와 구삼을 물리쳐야 하기에 육이를 만나 동인이 되기까지는 험난하다. 그래서 처음에는 울부짖고, 나중에는 웃는다고 했다. 웃게 되는 것도, 大軍을 써서 방해꾼들을 물리쳤기 때문이다. 그만큼, 동인을 결성하여 소기의 목표를 달성하기가 힘들다는 뜻이 전제되었다.

이 同人卦에서 말하는 '同人'이란 단순히 친하여 뜻을 같이하는 사람들의 모임이라는, 본래의 의미보다 훨씬 더 복잡한 것 같다. 자발적으로 자연스럽게 이루어지는 게 아니고, 시샘과 경쟁과 방해 등의 공작이 펼쳐지고, 필요에 따라서는 그 방해꾼을 무력으로써 물리치고 정벌해야 하는, 아주 복잡한 관계 속에서 이루어지는, 큰 규모의 동인이기 때문이다.

너른 들에 내리는 태양의 빛과 열에너지는 조건과 차별이 없건만, 인간의 동인은 결성부터가 험난하고, 설령, 동인이 결성되었다고 해도 태양처럼 조건과 차별이 없는 베풂이 이루어지지 않는다. 게다가, 동인 결성 목적이 천차만별인바 조건 없는 베풂이란 어려울 것이다. 동인 구성원들의 권익을 보호하고 친목을 도모하는 목적이라면 더욱 그러할 것이다. 卦辭·彖辭·大象辭 등은 理想이고, 爻辭는 인간 세상의 現實인가?

《象》曰 : 同人之先, 以中直也 ; 大師相遇, 言相克也.

「상」에서 말했다. '동인이 먼저 울부짖고 나중에 웃는다' 함은, 중도로서 곧기 때문이고, '큰 무리의 군사를 써서 서로 만난다' 함은, 서로가 (장애를) 극복했음을 말한다.

✎ 구오가 처음에는 울부짖고 나중에는 웃을 수 있는 것은, 중도로서 곧게 처신하기에 힘이 들고, 끝내는 이긴다는 뜻이다. 큰 무리의 군사를 써서 서로 만난다는 것은 구오와 육이의 만남이 이루어진다는 뜻이고, 서로가 장애를 극복했음을 뜻한다.

上九, 同人于郊, 无悔.

상구, 교외에서 동인 활동함이니, 후회가 없다.

✎ 상구는 자리가 바르지 못하고, 짝인 구삼과 호응하지 못하며, 가깝게 지낼 이웃도 없다. 동인의 구심체인 육이와는 가장 멀리 떨어져 있다. 그래서 육이를 중심으로 한 동인으로 활동하기는 현실적으로 어렵다. 重天乾卦로 치면, 이미 너무 높이 오른 용이라서 후회가 있는 자리이다(亢龍有悔). 그런데 이 同人卦에서는 '유회(有悔)'가 아니라 '무회(无悔)'이다. 동인 활동을 하지 않고 멀리 떨어져서 홀로 살아감이니 유유자적(悠悠自適)한단 뜻인가? 활동을 줄이면 근심이 줄게 마련이고, 엮이지 않으면 후회할 일이 없어지는 게 인간사 이치란 말인가? 아니면, 들, 곧 야외에서 이루어지는 동인 활동이기에 걱정할 일이 없는 것인가? 분명, 卦辭에서는 '同人于野, 亨'이라 했는데 이를 고려하면 어떤 조건이나 제한이 없는 동인 활동이기에 후회할 일도 없고 걱정할 일도 없는 것으로 판단된다.

《象》曰 : 同人于郊, 志未得也.

「상」에서 말했다. '교외에서의 동인 활동'은, 아직 뜻을 얻지 못함이다.

✎ 뜻을 얻지 못했다는 것은, 동인의 필요성을 인식하지 못했다는 의미일 수 있고, 동지(同志)를 얻지 못했다는 의미일 수도 있다. 卦辭에서 광야에서 동인 활동이 이루어져야 형통하다고 했는데 이 상구의 '郊'는 괘사의 '野'와 다르단 말인가? 小象辭 집필자가 오해한 듯 보이며, 이 小象辭는 잘못 붙여진 것으로 판단된다.

*　　　*

커다란 모순 하나가 보인다. 그것은 彖辭와 爻辭의 불일치이다. 彖辭에서는

'柔가 바른 자리와 중도를 얻고 健에 호응하는 것이 동인이라' 했는데, 爻辭에서는 乾에 소속된 양효들이 하나뿐인 유순한 음효에게 호응하려고 노력하며, 양효 간에는 시샘·경쟁·감시·방해·정벌 등의 공작이 벌어진다는 점이다. 그리고 彖辭 내용을 전제하면, 육이와 구오 관계만이 동인이라는 뜻인데, 이는 강(剛)과 유(柔)의 관계이고, 그 관계는 정위(正位)와 중도(中道)로써 이루어져야 하며, 유(柔)가 강(剛)에게 호응해야 한다. 그러나 효사는 그렇지 않다.

그리고 동인 활동이 이루어지는 장소랄까 그 영역이 중요하다. 爻辭를 살피면, 초구는 門이지만 육이는 宗이고, 구삼은 高陵이지만 구사는 墉 위다. 그리고 상구는 郊外가 된다. 그러니까, 초구는 자신의 집 밖으로 나오고, 육이는 가까운 종친끼리 동인 활동을 제한하며, 구삼은 숲속에 군사를 매복시켜 놓고 높은 언덕에 올라가 망보았으나 구사는 담 위로까지 올라가나 이길 수 없음을 알고 스스로 포기하고 돌아선다. 그런가 하면, 구오는 대군을 써서 적을 정벌하였다. 이렇게 동인 활동을 하기 위해서, 아니 마음속에 두었던 陰과 친하게 지내기 위해서 양들은 자신의 지위와 능력을 다 동원하여 술수를 쓴다. 이것은 무엇을 말하는가? 上·下卦의 조합으로 이루어지는 64가지 卦의 六爻의 세계는 독자적으로 움직이는 상황별 인간 세상이라는 생각이 든다. 그렇지 않고서야, 어찌, 상·하괘의 조합 원리와 그 두 기운의 작용을 설명하는 彖辭와 배치되는 六爻辭가 된단 말인가.

여하튼, 육효사를 통해서 보면, 이런 생각이 든다. 곧, 동인 활동에 참여하려면, 자신의 여건이 조성되어 있지 않다면 상구처럼 처음부터 멀리해야 후회가 없고, 어렵다면 구사처럼 중도에 포기해야 길하다. 그리고 안일한 태도로 임하면 구삼처럼 흉해지고, 활동을 제한하면 육이처럼 인색해진다. 그리고 유리한 조건이 조성되었다면 초구처럼 시도할 필요가 있고, 반드시 동인의 목표를 달성하고자 했다면 자신의 능력을 고려하여 장애 요인을 물리칠 수 있어야 구오처럼 마침내 웃을 수 있다. 이러한 효사 내용을 전제한다면, 동인도 통치의 한 가지 수단이라는 것이 분명하다.

14. 火天大有卦

주역 열네 번째 괘로 화천대유괘(火天大有卦)가 있다. 불 火 離가 上卦이고, 하늘 天 乾이 下卦라는 뜻이다. 그 모양으로 보면, 하늘 아래가 아닌, 하늘 위에 태양이 있는 모습이다. 육효 배열을 보면, '양, 양, 양, 양, 음, 양'으로 되어, 하나의 음에 다섯의 양으로 이루어진 점은 앞의 同人卦와 같으나 그 음의 위치가 二爻에서 五爻로 바뀐 점이 다르다. 바로 이 점은 대단히 중요한데, 음이 차지하는 자리가 군자(君子) 자리에서 성인(聖人)의 자리로, 다시 말하면, 신하(臣下)의 자리에서 군주(君主)의 자리로 더 높이 올라가 바뀌었다는 뜻이다. 이렇게 자리가 바뀜으로써 사람들이 모여드는, 떠오르는 태양인 구심점에서 인적·물적 자원이 많이 모이는, 존귀한 자리의 인물로, 비유적으로 말해, 중천에 떠오른 태양으로 탈바꿈된 것이다.

이런 '火天'을 '大有'로 받았다. '大有'는 어떤 의미로 쓰였을까? 글자 그대로 해석하자면 '크게 가짐'이거나 '큰 것을 가짐'이 된다. 그렇다면, 무엇을 크게 가지고, 무엇이 큰 것이란 말인가? 六爻辭까지 두루 다 읽어야 알 수 있을 것이다.

「序卦傳」에 의하면, "與人同者物必歸焉 故受之以大有"라 했고, 「雜卦傳」에 의하면 "大有衆也"라 했다. 곧, 사람과 더불어 하나가 되는 만물은 반드시 모이게 되므로, 뜻과 행동을 같이하는 同人卦 뒤를 큰 것을 가진 大有卦가 이어받았다고 했고, '大有는 무리'라고 했다. '大有=衆'이라는 뜻으로 수적으로 많다는 뜻이다.

그런데 왜, 하늘 위의 태양은 '大有'가 될까? 태양이 하늘보다 높은 곳에서 하늘을 두루 밝게 비추기 때문일까? 이에 대해 송나라 소옹(邵雍:1012~1077)은 해가 중천에 떠 있는 모습으로 보았는데, 깊이 생각해 볼 필요가 있다. 그리고 하늘 아래에서 태양이 비춤은 그 태양을 향해서 뭇 생명이 모여들 수 있지만, 그래서 同人卦가 되었다지만, 하늘 위에서 태양이 비추면 태양이 하늘의 문채 곧 하늘의 섭리를 드러내 보일 수 있기에, 다시 말해, 天道를 비추기에 크게 갖고 많이 소유하는 '大有'가 되는 것일까? 하늘 아래 태양은 '同人'이 되는데 하늘 위의 태양은 '大有'가 된다? 이것은 과연, 무슨 의미일까?

하늘 아래 태양은 만물을 끌어들이는 구심점이 되어서 비슷한 무리를 모여들게 하여 동인을 결성하여 그 하늘을 받들지만, 하늘 위 태양은 그 하늘의 무늬를 밝게 비추어 드러나게 하는 차이가 있다. 따라서 전자는 同人이 되지만 후자는 하늘의 무늬 곧 섭리를 가지는 부자가 된다. 그래서 '大有'이다. 아주 크고 귀한 것을, 다시 말해, 다름아닌 '天道'를 가진 자가 되기에 부자가 된다.

*　　*

大有 : 元亨.
화천대유괘는 크게 형통하다.

🖋 태양이 중천에 떠올라 하늘을 두루 밝게 비춘다면 그 기운이 잘 통하고, 그 결과도 좋은 것은 분명하다. 그래서일까? '元亨'에 대하여, 현재 중국 주역 전문 사이트에서는 '昌隆通泰' 또는 '大的亨通'으로 풀이한다. 문제는, 대유괘가 왜, 크게, 형통하고, 성대하게 번창하여 태평성대로 통하는 지이다. 그것은 여름철에 많은 햇빛을 받고 만물이 크게 성장하는 이치라고 보면 틀리지 않는다. 해가 중천에 높이 떠서 만물을 두루 비추는 것이 곧 '火天'이기 때문이다. 이것을 육효 관계로 설명한 것이 아래 象辭이다.

《彖》曰 : 大有, 柔得尊位, 大中而上下應之, 曰大有. 其德剛健而文明, 應乎天而時行, 是以元亨.

「단」에서 말했다. 대유괘는 유가 존귀한 자리를 얻고, 위대한 중도를 얻어 위아래가 호응하니 이를 일러 '대유'라고 한다. 그 덕이 강건하고, 문채가 드러나니 하늘에 호응하고, 때맞추어 행하니 이로써 크게 형통하다.

✐ 柔가 존귀한 자리를 얻었다는 것은, 하나뿐인 陰爻인 六五를 두고 말한다. 위대한 중도를 얻어 上下가 호응한다는 것은, 柔中을 얻은 六五와 剛中을 얻은 九二의 호응함을 두고 말한다고 볼 수 있으나, 더 크게는 그 육오를 중심으로 위와 아래가 두루 호응한다고 말할 수 있다. 그러니까, 모든 陽爻가 하나뿐인 陰爻에게 호응하는 것으로 이해할 수 있다는 뜻이다.

그리고 강건한 덕은 아래 乾의 卦德이고, 문채가 밝다는 것은, 위 離의 卦德을 말한 것뿐이다. 그리고 하늘에 호응하고, 때맞추어 행한다는 것은, 육오의 작용, 곧 육오의 활동이다. 결과적으로, 대유괘가 왜, 크게 형통한지를 彖辭 집필자가 나름대로 육효 관계를 보고서 설명한 것인데, 한마디로 줄여 말한다면, 태양이 하늘을 비추어 하늘의 문채 곧 하늘의 무늬가 밝게 드러나고, 그 드러난 하늘의 무늬 곧 하늘의 섭리 내지는 이치에 맞게 행할 수 있음이 곧 '大有'라는 뜻이다. 이를 육효로써 말하자면, 하나뿐인 음효가 높은 군주의 자리에서 위아래 모든 양효를 거느림을 말한다. 이때 陽爻라는 것은 문채를 머금은 하늘 곧 하늘의 섭리를 내재한, 乾의 속성을 지닌 君子로서의 백성이다. 그래서 훌륭한 인적 자원과 물적 자원을 풍부하게 가지는 것으로 '大有'를 해석할 수 있다. 다만, 이 彖辭에서 신경이 쓰이는 단어는, '大中'과 '時行'이다. 中이 大의 꾸밈을 받는 것은, 이번이 처음인데 왜, 양적으로 '큰' 혹은 질적으로 '위대한'이라는 의미를 지니는 수식어를 앞에다 붙였을까? 그만큼 육오의 역할이 중요하다는 뜻일진대 아직은 알 수 없다. 혹, 육효사를 다 읽고 나면 이해할 수 있을지 모르겠다. 그리고

'때맞추어 행한다'라는 '時行'이란 과연 무슨 의미일까? 사시(四時)와 절기(節氣)에 맞게, 혹은 시시때때로 변하는 상황에 맞추어 지나치지도 않고 부족하지도 않게 중도를 행한다는 뜻일까? 이 또한 아직 알 수 없다.

《象》曰 : 火在天上, 大有 ; 君子以遏惡揚善, 順天休命.

「상」에서 말했다. "하늘 위에 불이 있음이 대유괘이니, 군자는 이로써 보고 깨달아, 하늘의 명을 받들어 하늘에 순종하여, 악을 막고, 선을 드날리라.

✎ 하늘 위에서 태양이 밝게 비추니 하늘의 섭리이자 하늘의 뜻인 文彩가 드러나고, 그 문채 속에 담긴 하늘의 뜻에 따라 순종하고, 그 하늘의 명을 받들어서 인간 세상의 악을 막아 끊고, 선을 권장하여 드날리라는 뜻으로 이해된다. 결국엔, 하늘의 작용은 언제나 선하고 아름답다는 古代人의 기본적인 인식이 전제되었음을 알 수 있다.

현재 중국 주역 전문사이트에서는 '休'를 '美'로, '休命'을 '佳運'으로 풀이하지만, 필자는 '順天'과 '休命'을 끊어서 읽었다. 그래서 하늘에 순종하고, 하늘의 명을 받든다고 해석하였다(休=奉). 물론, 우리나라에서 주역을 공부한 이들도 모두 '하늘의 아름다운 명령에 순종한다'라고 해석한다.

初九, 无交害, 匪咎 ; 艱則无咎.

초구, 교제도 없고 해로움도 없으니, 허물이 되지 않는다. 어려운즉 무구하다.

✎ 초구는 자리가 바르고, 짝인 구사와 호응하지 못하며, 가깝게 지낼 이웃도 없다. 重天乾卦로 치자면 '潛龍'에 해당한다. 따라서 자기 성장을 위한 노력이 필요하며, 활동할 때를 기다려야 한다. 이런 과정을 어렵게 여기고 받아들이면 무구하다는 뜻이다. 모든 陽을 거느리는 육오 입장에서도 가장 멀리 떨어져 있는

초구에게 직접 영향을 미치거나 요구하지 않으니, '无交'이고 '无害'라고 말할 수 있다.

《象》曰:大有初九 无交害也.
「상」에서 말했다. 대유괘의 초구는, 사귐이 없고, 해로움도 없다.

✐ 초구는 大有 상황의 시작점이며, 상황을 촉발하는 육오와 가장 멀리 떨어져 있기에 직접 나서서 관계를 맺지 않는다면 그 상황의 소용돌이에 휘말리지 않을 것이다. 그런 의미에서 无交이고 無害이다. 서로 권리를 침해하지 않고 침해당하지도 않는다는 뜻으로 읽힌다. 육오 시각에서 보면, 초구는 관심권 밖이고, 초구 시각에서 보면, 육오에게 호응할 준비가 아직 되지 않았다는 뜻이다.

九二, 大車以載, 有攸往, 无咎.
구이, 큰 수레로 싣고, 나아감이 있으며, 무구하다.

✐ 구이는 음의 자리에 양으로 와서 그 자리가 바르지 못하고, 짝인 육오와 호응하며, 가깝게 지낼 이웃은 없다. 그리고 剛中을 얻었다. 陰의 자리에서 과분한 권한을 부여받았다는 뜻이다. 따라서 구이는 육오에게 적극적으로 나서서 공물이나 재능을 바쳐야 한다. 그러함으로, 큰 수레가 필요하며, 그 수레에 짐을 싣고 육오에게 나아가야 해가 되지 않는다.

《象》曰:大車以載, 積中不敗也.
「상」에서 말했다. '큰 수레에 싣는다' 함은, 그 가운데에 실어서 무너지지 않음이다.

✐ 겉으로 보기에는 큰 수레 가운데에 물자를 실어서 무너지지 않음이고, 속

으로 보기에는 중도를 얻어서 지나치지도 않고 부족하지도 않게 적당하게 실어서 떨어지지 않는다는 뜻이다. 결과적으로는, 처신을 잘해서 실패하지 않고 무탈하다는 뜻이다.

九三, 公用亨于天子, 小人弗克.
구삼, 공은 천자에게 잔치를 베풀고, 소인은 불가하다.

🖉 구삼은 자리가 바르고, 짝인 상구와 호응하지 못하며, 가깝게 지낼 이웃도 없다. 중도를 지나쳐 있으며, 육오를 모시는 아랫사람이다. 구삼은 자신의 바른 자리를 이용하여 육오 천자에게 잔치를 베푸는데, 소인은 불가하다. 불가하다 함은, 해낼 수 없다는 뜻이다. '克'에는 '해내다, 이루다'라는 뜻이 있다. '公'은 구삼 제후(諸侯)이며, '天子'는 六五이다. 그리고 '亨'은 대개 祭(제) 또는 享(향)으로 해석하지만, 필자는 '宴(연)'으로 해석하였다.

《象》曰 : 公用亨于天子, 小人害也.
「상」에서 말했다. '공이 천자에게 잔치를 베푼다' 함은, 소인에겐 해가 된다.

🖉 周易 爻辭에서는 '小人'은 곧잘 배제된다. 소인은 전쟁에서 이겨도 쓰지 말아야 하고(旣濟卦 九三, 師卦 上六), 잔치도 베풀 수 없다. 그 이유인즉 소인은 소인대로 할 수 있는 일이 있고, 대인은 대인대로 할 수 있는 일이 다르기 때문이다. 천자가 주빈으로 참여하는 잔치를 소인이 주관한다면 어울리지 않는 일이다. 왜냐하면, 국사(國事)를 함께 논할 능력이 되지 않기 때문이다. 한마디로 말해, 격이 다르기 때문이다.

九四, 匪其彭, 无咎.

구사, 교만스럽지 않으면, 무구하다.

🖋 구사는 자리가 바르지 못하고, 짝인 초구와 호응하지 못하며, 위에 있는 육오와 가깝게 지낼 수는 있다. 육오 군주를 가까이에서 모시는 신하로서 교만하지만 않다면, 다시 말해, 몸가짐을 삼가고 말을 조심한다면 害가 되지 않는다는 뜻이다. 彭(팽)을 '방'으로 읽으며, 성(盛)한 모양, 교만을 부리는 모양으로 해석했다. 그러나 이 '彭'을 몸이 부풀어 올라 띵띵해진 모양으로 해석할 수도 있다. 어떤 병(病)의 조짐으로써 말이다. 물론, 이렇게 해석하면 '(몸이) 띵띵 붇지 않음이면 무구하다'로 번역해야 할 것이다.

그런데 현재 중국의 주역 전문사이트들에서는 대개, "用曝晒男巫來求雨, 旱情嚴重, 但沒有灾禍."라고 풀이한다. 곧, 맹렬한 기세로 햇볕이 내리쬐어 가뭄이 심각해져서 일단 재난이 없도록(면하도록) 박수무당으로 하여금 비를 구하면(기우제를 지내면) 무구하다는 뜻으로 해석한다. 정말, 의외이다. 중국에서도 퍼즐을 맞추듯 육효사를 해석해오고 있는 증거이기도 하다.

《象》은 : 匪其彭, 无咎, 明辨晳也.

「상」에서 말했다. '교만스럽지 않으면 무구하다' 함은, 분별함에 밝고 슬기롭기 때문이다.

🖋 교만스럽게 처신하지 않아서 무구한 것도, 사리를 분별함에 명석하기 때문이라는데 결국, 구사의 명석하고 지혜로운 처신이 화를 면하게 한다는 뜻이다.

六五, 厥孚交如, 威如, 吉.

육오, 믿음으로 사귀고, 위엄이 있으면, 좋다.

✒ 육오는 자리가 바르지 못하고, 짝인 구이와 호응하며, 위아래 이웃과 가깝게 지낼 수 있다. 그리고 柔中을 얻었다. 양의 자리에 음으로 와서 유약해 보이는 군주로서 잘 처신해야 신하들로부터 충성과 좋은 군신(君臣) 관계를 보장받게 되는데, 그러려면 첫째는 믿음이 있어야 하고, 둘째는 군주로서 위엄이 있어야 좋다는 뜻이다. 여기서 말하는 믿음이란, 일차적으로는 신하에 대한 인간적 믿음이고, 이차적으로는 하늘의 섭리에 대한 믿음이다. 그리고 위엄이란, 군주로서의 최소한의 권위(權威)와 체통(體統)이다. 이런, 믿음과 위엄을 말한 것은 매우 현실적인 판단이다.

《象》曰：厥孚交加, 信以發志也；威如之吉, 易而无備也.

「상」에서 말했다. 믿음으로 사귄다는 것은, 뜻을 드러내서 믿는다는 뜻이다. 위엄이 있어야 좋다는 것은, (위엄이 없으면) 쉽게 여기고 대비하지 않음이다.

✒ 위엄이 있어 보임이 좋다는 것은, 위엄있게 보여야 상대방이 나를 쉽게 생각지 않고, 준비하게 된다는 뜻으로 이해된다.

上九, 自天佑之, 吉无不利.

상구, 하늘로부터 도움이 있으니, 불리함이 없어 길하다.

✒ 상구는 자리가 바르지 못하고, 짝인 구삼과 호응하지도 못하며, 아래 육오와는 가깝게 지낼 수 있다. 상구가 할 수 있는 일은, 오로지 육오 군주가 행하는 국사(國事)에 의욕적으로 자문해주는 일이다. 양의 자리에 음으로 와 조금 유약한 군주를 위하여 음의 자리인데 양으로 온 상구가 적극적으로 도와준다. 유약한 군주에게 상구의 강건함이 보완해주고, 강단 있게 처리해야 할 군주에게 선천적인 유순함이 있지만 강건한 상구가 도움이 된다. 서로 궁합이 잘 맞는다는

뜻이다. 육효 관계를 보고 이 정도까지는 말할 수 있으나 왜, 상구가 하늘이 도와주는 은덕을 입는지는 알 수 없다. 이를 설명하는 아래 상사에서도 하늘의 도움이 있다는 것만 말할 뿐 왜 상구가 하늘의 도움을 받는지는 말하지 않았다. 굳이, 둘러대자면, 필자가 말하는 궁합이 곧 하늘의 도움이라고 말할 수는 있을 것 같다. 궁합이란 상구와 육오의 선천적인(타고난) 기질과 후천적으로 양육된 능력이 서로 보완되는 관계이기 때문이다.

《象》曰 : 《大有》上吉, 自天佑也.
「상」에서 말했다. 대유괘에서 상구가 길한 것은, 하늘로부터 도움이 있음이다.

✎ 현재 중국 주역 전문사이트에서는 孔子의 말을 인용하여 설명했는데 "佑者, 助也. 天之所助者, 順也 ; 人之所助者, 信也. 履信思乎順, 又以尙賢也, 是以自天佑之, 吉无不利也"라 했다. 곧, "佑는 助이고, 하늘이 돕는 것은 순종함으로써이고, 사람이 돕는 것은 믿음으로써이다. 순종을 생각하며 믿음으로 실천하고, 또한 현인을 숭상함으로써이다. 이로써 하늘이 도와서 불리할 것이 없이 길하다고 함이다."

공자의 이 말을 전제한다면, 상구는 하늘에 순종하는 마음으로 육오 현인을 믿음으로써 숭상했다는 뜻이다. 여기에서도 하늘에 대한 古代人의 인식 곧, 하늘은 거역할 수 없는, 오직 순종하는 것만이 최선이라는 믿음이 전제되었다.

* *

同人卦와 大有卦는 이미 확인되었다시피, 하늘과 불 곧 하늘과 태양과의 관계인데, 태양의 위치에 따라서 양자가 구분된다. 태양이 하늘 위로 올라가면 大有가 되고, 태양이 하늘 아래로 내려가면 同人이 된다. 음양 관계로 보면, 하나뿐인

陰爻와 다섯이나 되는 陽爻와의 관계에 초점이 맞추어져서 육효사가 붙여졌다고 해도 틀리지 않는다.

하나뿐인 음이 五爻일 때는 二爻일 때보다 높은 자리이기에 陽爻들의 호응 정도가 달라진다. 높은 지위인 오효가 뜻을 내면 모든 양효가 그에게 적극적으로 호응하는데 그것은 '의무'에 가깝다. 극단적으로 말하면, 종속되는 관계라고 할 수 있다. 반면, 二爻에게는 陽爻들이 뜻을 같이하는 정도로 응하는 '자발적인' 관계이다. 그만큼, 결속력은 상대적으로 약하다고 볼 수 있다.

하늘 위에 불이 있으면, 소옹(邵雍)의 말대로, 하늘의 한 가운데에 해가 떠 있으므로 하늘의 문채가 드러나고, 그만큼 신뢰할 수 있으며, 널리 비출 수 있다. 그래서 적극적으로 모여들 수 있으며, 그만큼 영향력도 크다. 그러나 하늘 아래 불이 있으면, 다시 말해, 하늘 아래에서 태양이 막 떠오르면 중천에 오른 태양보다는 못할 것이다. 우선, 빛이 닿는 영역이 좁고, 그 영향력도 약해 가까이하고자 하는 이들도 소극적이며 적어질 것이다. 그러니까, 막 떠오르는 태양과 중천에 오른 태양과의 차이라고 할 수 있다.

어쨌든, 태양을 人間事로 바꿔 말하자면, 인간사회의 구심점이 되는 자이고, 그의 신분이 높고 낮음에 따라서 그 의미와 역할도 달라지고, 그로 인한 결과도 달라짐을 알 수 있다. 부연하자면, 태양이 하늘 위에서 하늘을 널리 비추면 하늘의 文彩 곧 하늘의 무늬이자 하늘의 섭리가 드러나게 되고, 그 이치대로 이행하면 인간의 만사가 크게 형통하다는, 그래서 크게 가질 수 있고, 많이 소유할 수 있다는 古代人의 믿음이 전제되었음을 확인할 수 있다. 그렇듯, 그 태양에 해당하는 군주가 만백성을 향해 선정으로써 두루 베풀면 그것이 곧 하늘의 섭리를 믿고 따르는 것으로 보았음도 알 수 있다. 따라서 사람이 하늘의 섭리를 믿고 따르면 크게, 그리고 많이 소유하게 된다는 믿음이 곧 凶이 없는 大有卦의 본질임을 알 수 있다.

15. 地山謙卦

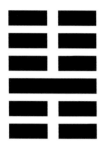

주역 열다섯 번째 괘로 지산겸괘(地山謙卦)가 있다. 땅 地 坤이 上卦이고, 山 艮이 下卦라는 뜻이다. 그 모양으로 보면, 땅 아래로 산이 있다는 뜻인데, 이는 땅속으로 산이 들어가 있는 모습이다. 원래는 산이 땅 위로 솟아있어야 하는데 땅속으로 들어가 있다니, 이런 모습을 두고, 흔히 사람들은 두 가지로 생각한다. 하나는, '높이 솟은 산이 스스로 자신을 낮추어서 땅속으로 들어갔다'라고 생각한다. 그리고 그 다른 하나는, 높은 산을 헐어서 땅의 낮은 부분을 메웠다고 생각한다. 앞의 생각은 인간의 겸손으로 연계되고, 뒤의 생각은 지표면의 정지작업이 사회적 불평등을 해소하는 평준화로 연계된다. 이렇게 주역은 가상의 자연적 현상을 상정하고 그것을 人間事로 연계시켜 말하기에 복잡해지면서 난해해지는 것이다.

卦德으로 보면, '止而順'이다. 곧, 멈추고, 순종한다. 육효 배열을 보면, '음, 음, 양, 음, 음, 음'으로 되어 하나의 陽에 다섯의 陰으로 이루어졌다. 초육과 육오만 자리가 바르지 못하고, 나머지는 모두 자리가 바르다. 그리고 구삼과 상육이 짝으로서 호응하고, 나머지 두 짝은 호응하지 못한다. 그리고 中道를 얻은 육오와 육이는 '陰:陰'으로 柔中을 얻었다.

이런 '地山'을 '謙'으로 받았다. '謙'은 어떤 의미로 쓰였을까? '謙'은 겸손할 '겸', 흡족할 '겹', 혐의 '혐' 등으로 읽힌다. 물론, 여기서는 '겸손하다, 겸허하다'라는 뜻으로 쓰인 것 같다.

「序卦傳」에 의하면, "有大者不可以盈, 故受之以謙"이라 했고, 「雜卦傳」에 의하면, "謙輕而"라 했다. 곧, 큰 것을 가진 자는 가득 참이 불가하므로 많이 가진 大有卦 다음을 덜어내는 謙卦가 이어받았고, '謙'이라는 것은 가볍게 함이라고 했다. '謙=輕'이라는 뜻이다.

일반적으로, 謙遜은 자신을 낮춘다는 것이고, 자신을 낮추는 것은 눈에 잘 보이는 물질적 재산이나 지위 등은 비교하거나 자랑하지 않고, 눈에 잘 보이지 않는 능력이나 성품 등은 겉으로 드러내지 않고 숨기는 것이다. 이렇게 자신을 낮추는 자세나 노력을 두고 우리는 소위, '겸손'이라고 말한다. 그런데 「雜卦傳」에서는 '謙=輕'이라 했다. '輕'은 가벼울 '경'으로 읽히는데 '가볍다, 가벼이 여기다, 가벼이 하다, 업신여기다, 천하다, 빠르다' 등의 의미로도 쓰인다. 그러니까, 여기서는 자신과 자신이 가진 것을 가볍게 함이다. 가볍게 한다는 것은, 자신은 낮추고, 자신의 것은 덜어내서 그 量을 줄여 작게 혹은 적게 한다는 뜻이다.

이런 의미에서 본다면, 땅속으로 들어간 山인 '地山'을 두고, 높은 산의 흙을 헐어서 낮은 곳을 메워 평평하게 하는 整地作業으로 볼 수 있고, 이것은 동시에 많은 곳에서 덜어내어 없거나 부족한 곳에 보태어 줌으로써 모두가 평등해지는, 일종의 '평준화'라고도 할 수 있다. 이처럼 땅속으로 들어간 山을 가정하고서 우리는 '겸손'이라는 덕목을 떠올리고, 나아가, 사회적 불평등을 해소하는 '평준화'까지 떠올리는 것이 '謙'인 것 같다.

그렇다면, 땅 위로 높이 솟은 산을 두고는 주역에서 무엇을 떠올렸을까? 만물을 품어서 그 만물이 시작하고 끝이 나게 하는 山이 땅 위로 높이 솟아있으면 아름답고, 자랑스러우며, 때로는 그 기세가 위압적이기도 할 것이다. 그러나 종국에는 비바람에 깎이기밖에 더하겠는가. 그래서 주역에서는 산이 위로 가고 땅이 아래로 내려온, 땅 위로 솟은 산의 모습을 두고는 '山地剝卦'라는 이름과 그 의미를 부여하였다. 퍽 재미있는 비유적 상징체계가 바로 주역임을 말해준다.

인간 사회에서, 사람은 재산을 많이 소유하여 부자가 되고, 그 지위가 높아지면 거만해지게 마련이다. 거만해지면 상대방을 쉬이 경시하고 무시하며, 그래서 기분을 상하게 하는 경향이 짙다. 그렇기에 예로부터 부처·예수·마호메트·공자 등 성인들은 自慢·驕慢은 경계하고, 謙遜을 갖추어야 할 최고의 덕목으로 강조했다. 이 점은 현대인도 마찬가지인데 이 謙卦의 '謙'은 단순히 개인적인 덕목으로서의 겸손이 아니라 사회적 불균형과 불평등을 해소하는 노력 일체까지 포함하는 것 같다.

*　　　*

謙 : 亨, 君子有終.
지산겸괘는 형통하고, 군자는 끝마침이 있다.

✎ 謙卦가 형통하다는 것은, 겸손이 인간 사회에서는 통하지 않는 바가 없기에 만사를 잘 풀리게 한다는 뜻이다. 그리고 정지작업을 하면 통행하는 사람이나 마차나 할 것 없이 두루 잘 통하게 될 것이다. 이런 두 가지 의미에서도 謙이 형통한 것은 맞다.

그리고 군자에게 끝마침이 있다는 것은, 유종의 미를 거둘 수 있다는 뜻이다. 겸손이 군자가 지켜야 할 덕목의 끝으로서, 다시 말해, 군자를 군자답게 하는 '완성'이라는 뜻이다. 결국, 겸손으로 시작해서 겸손으로 끝내야 마무리가 되며, 그것은 곧 군자가 실천해야 할 가장 중요한 덕목이라는 뜻으로 이해된다. 또한, 통치자로서 사회적 불평등을 해소하는 정책적 배려와 실행이야말로 통치의 본질이라는 말로도 이해된다.

《象》曰 : 謙亨, 天道下濟而光明, 地道卑而上行. 天道虧盈而益謙, 地道變盈而流謙, 鬼神害盈而福謙, 人道惡盈而好謙. 謙尊而光, 卑而不可逾, 君子之終也.

「단」에서 말했다. '지산겸괘가 형통하다' 함은, 천도가 아래로 내려가고 밝게 빛나며, 지도는 낮으나 위로 올라감이다. 천도가 가득 찬 것을 기울여 겸손에 보태주고, 지도가 가득 찬 것을 변화시켜서 겸손에 흐르게 하고, 귀신이 가득 찬 것을 해치어 겸손을 복되게 하며, 인도는 가득 찬 것을 싫어하고 겸손을 좋아한다. 겸손은 (타인을) 높이어서 빛나고, (자신을) 낮추나 뛰어넘을 수 없기에 군자의 끝마침 (곧 완성)이다.

✎ '謙'을 일단 '겸손(謙遜)'으로 해석했으나 이 '겸손'이라는 말 대신에 '덜다', '헐다'의 명사형으로 '덞' 또는 '헒'으로 해석해도 통한다. 그리고 천도(天道)·지도(地道)·인도(人道)·귀신(鬼神) 등의 단어가 쓰였는데, 이들은 易에서 반드시 풀고 넘어가야 할 키워드들이다. 그러나 여기서는 간단히 말하겠다. 天道가 하늘의 도리, 하늘의 이치라고 한다면, 地道는 땅의 도리, 땅의 이치라고 말할 수 있다. 그리고 人道란 사람으로서 마땅한 도리, 사람으로서 지켜야 할 도리를 말한다. 그리고 鬼神이란 천도라고 말할 수 없고, 지도라고도 말할 수 없으며, 인도도 아닌, 인간으로서는 알 수 없으나 분명히 있다고 믿는 신명(神明)이다.

아래로 내려와서 밝게 빛나는 天道는 謙 下卦인 艮卦에 속한, 유일한 陽인 구삼을 말함이고, 낮아서 위로 올라간 地道는 謙 上卦인 坤卦에 속한 세 효를 두고 말한다. 그리고 휴영(虧盈)·변영(變盈)·해영(害盈)·오영(惡盈) 등의 단어가 익겸(益謙)·유겸(流謙)·복겸(福謙)·호겸(好謙) 등의 단어와 함께 나란히 쓰였는데 '盈' 자(字) 앞에 있는 글자들은 모두 '盈'을 꾸미는 말이고, '謙' 자 앞에 붙은 글자들은 모두 '겸에게 ~한다'는 말들이다. 그러니까, '천도가 盈을 일그러뜨리고, 지도가 盈을 변형시키며, 귀신이 盈을 해치고, 사람이 盈을 싫어하여', '겸손한 이에게 보태어 주고, 겸손한 이에게 흐르도록 하고, 겸손한 이에게 복을 주며, 겸손한 이를 좋아한다'라는 것이다. 물론, 이런 행위를 하는 주체는 天道·地道·鬼神·人道이다.

참고로, '濟'를 '際'로 바꿔 써야 옳다고 주장하는 이도 있다(정이천). '下濟'와

'下際'라는 말 가운데 어느 말이 적절한가인데 본래의 의미를 바꿔 놓지는 않는 다고 판단된다. '下濟'는 위에 있어야 할 陽 곧 天道가 아래로 건너간다는 뜻이고, '下際'는 위에 있어야 할 陽 곧 天道가 아래쪽에 가 닿았다는 뜻이기 때문이다.

《象》曰：地中有山, 謙. 君子以裒多益寡, 稱物平施.

「상」에서 말했다. 땅속에 산이 있음이 겸괘이니, 군자는 이로써 보고 깨달아, 많은 쪽에서 덜어서 적은 쪽에 더해주고, 물질을 달아서 고르게 베풀라.

🖉 이 大象辭 집필자는, '땅속에 있는 산'을 이렇게 보았다. 곧, 높이 솟은 산을 헐어내어서 움푹움푹 파인 땅을 모두 메워 지표면이 평평하게 됐다는 뜻으로 말이다. 문제는 바로 이것을, 이런 활동을 '謙'이라고 해석한다는 사실이다. 따라서 謙은 많은 쪽에서 덜어서 적은 쪽에 보태어 주고, 높은 곳을 헐어서 낮은 곳을 메워주는 활동이다. 그러니까, 높은 곳을 헐어서 낮은 곳을 메워 평평해지게 하고, 많은 쪽에서 덜어서 적은 쪽에 보태어 줌으로써 균등하게 소유하게 함으로써 모두가 평등하게 되는 정치 사회적 활동을 두고 '謙'이라고 했다는 사실이다. 굳이, 요즈음 말로 바꾼다면, 사회복지정책에 해당한다. 앞의 彖辭에서는 '謙'을 겸손으로 풀었는데, 이 대상사에서는 사회적 불평등을 해소하는 평준화 작업으로 풀었다.

初六, 謙謙君子, 用涉大川, 吉.

초육, 겸손하고 겸손한 군자이니, 큰 강을 건넘을 감행해야, 길하다.

🖉 초육은 자리가 바르지 못하고, 짝인 육사와 호응하지 못하며, 가깝게 지낼 이웃도 없다. 초육은 謙의 가장 아랫자리에 처하여 의욕을 내서 적극적으로 임해야 하는데 양의 자리에 음으로 와서 조금 소극적인 면이 없지 않다. 하지만,

초육은 艮卦의 가장 밑에 처한 자로 이미 땅에서 가장 깊게 파인 부분을 먼저 메우고 있는 자이다. 그래서 '謙謙'으로 받았는데, 자신의 것을 덜어내고 또 덜어내서 가장 낮은 부분을 먼저 메웠기에 그는 그만큼 더 겸손하다. 현재 중국 주역 전문사이트에서도 '겸허하고 또 겸허하여 특별히 더 겸허한(謙虛而又謙虛, 特別的謙虛)'으로 해석한다.

그런데 그는 왜 큰일을 도모함이 좋은가? 초육은 땅의 가장 낮은 부분으로 먼저 내려온 자인 만큼 위험이 수반되는 큰 강을 건널 필요가 있고, 육효 배열을 보아도 초육 앞에는 물 水 坎卦가 놓여있다. 그의 운명인 것이다.

《象》曰 : 謙謙君子, 卑以自牧也.

「상」에서 말했다. '겸손하고 겸손한 군자'란 낮춤으로써 자신을 기르는 것이다.

✎ 가장 낮은 곳으로 먼저 내려간 초육은, 자신의 것을 가장 많이 덜어내서 땅의 가장 깊은 곳을 메웠으니 스스로 낮춤으로써 자신을 기른 자라고 말할 수 있다.

六二, 鳴謙, 貞吉.

육이, 드날리는 겸손이니, 정도를 지켜야 길하다.

✎ 육이는 자리가 바르고, 짝인 육오와 호응하지 못하며, 위에 있는 구삼과 가깝게 지낼 수 있다. 그리고 중도를 얻었다. 육이는 드날리는 덜어냄을 수행하는 군자이기에 바르게 처신해야 길하다. 그렇다면, 왜 드날리는 것일까? 그리고 왜, 바르게 처신해야 길할까? 육이의 앞길에는 천둥 번개가 치기 때문이다. 육이 위로는 '양, 음, 음'이라는 震卦가 있음이 말해준다. 결과적으로, 육이는 자신의 것을 덜어내어 적은 이에게 보태어 주는데 그 길이 천둥 번개처럼 크게 진동한다.

천둥 번개가 치는 상황처럼 감행해야 하니 바르게 행해야 길하다.

《象》曰 : 鳴謙, 貞吉, 中心得也.
「상」에서 말했다. '드날리는 겸손이 정도를 지켜야 길하다' 함은, 속마음을 얻음이다.

✎ '中心得'이란 문구를 두고, ①마음으로 중도를 얻음 ②중도로써 마음을 얻음 등으로 해석하기도 한다. 그러나 필자는 '鳴謙'이란 단어를 의식하여 ③속마음을 얻음으로 해석하였다. 진실한 마음을 얻지 못하면 자신을 낮추는 겸손도, 자신의 것을 덜어서 없는 자에게 나누어줌으로써 실현되는 사회적 평등도 드날리면서 할 수 없기 때문이다.

九三, 勞謙 君子, 有終, 吉.
구삼, 수고롭게 겸손한 군자이니, 끝마침이 있고, 길하다.

✎ 구삼은 자리가 바르고, 짝인 상육과 호응하며, 위아래 이웃들과 가깝게 지낼 수 있는, 가장 좋은 조건을 가지며, 유일한 陽爻로서 청일점이다. 구삼은 양의 자리에 양으로 왔고, 유일한 남성적 에너지를 가진 의욕적인 군자이다. 게다가, 주변 여건이 아주 좋다. 그러하니, 그는 아주 열심히 덜고 덜어내는 일을 하는 자이다. 下 艮卦의 끝자리로서 땅의 파인 부분을 메우는 작업을 마무리하는 자이다. 그러니 그는 수고로울 수밖에 없고, 땅으로 보아서는 가장 고마운 자이다. 그래서 '勞謙'이란 단어와 '有終'이라는 단어가 쓰였다고 본다. 현재 중국 주역 전문사이트에서는 이 노겸(勞謙)을 '공로 있음(有功勞)'으로 풀이한다.

《象》曰 : 勞謙君子, 萬民服也.
「상」에서 말했다. '수고롭게 겸손한 군자'는 만백성이 따른다.

✎ 평평한 지표면을 만들기 위해서 산의 정상 부분까지 나서서 스스로 헐어내 땅의 파인 부분을 메우니 땅에 사는 백성들이야 고맙기 짝이 없고, 자신들을 위해서 수고롭게 헌신하는 그를 받들고 따라주는 것은 당연한 이치이다.

六四, 无不利, 撝謙.

육사, 불리함이 없으니, 겸손을 휘두른다.

✎ 육사는 자리가 바르고, 짝인 초육과 호응하지 못하며, 아래 이웃인 구삼과 가깝게 지낼 수 있다. 육사는 施惠者 山의 도움을 받는 受惠者이다. 그래서 덜어내는 일을 하는 데에도 차이가 있을 수 있다. 그는 육오 군주의 지시를 받아 임무를 수행하는 大臣이다. 그래서 그는 높은 곳에서 덜어내어 낮은 곳을 메우는 일을 총괄하여 지휘하는 자이다. 겸손을 휘두른다는 것은, 겸손이라는 깃발을 높이 들고서 휘두른다는 뜻이다. 깃발을 휘두른다는 것은, 독려하며 총지휘한다는 뜻이다.

우리나라 주역에서는 '撝(휘)'를 쓰고, 현재 중국 주역에서는 '揮(휘)'와 '撝(휘)'를 같이 쓴다. 어떤 곳에서는 撝를 쓰고, 어떤 곳에서는 揮를 쓴다는 뜻이다. 우리나라 사람들은 '撝'를 '엄지손가락 휘'라고 읽으며 '두루'라고 해석하기도 하고(김석진, 김재홍, 심의용), '휘'로 읽으며 '발휘하다'로 해석하기도 한다(고은주). 그런가 하면, '撝'를 '裂(열)'로 해석하고 '어디서든'으로 의역하기도 한다(신원봉). 한편, 중국 沙少海(1907~1996)는 撝[huī]가 '揮[huī]'의 음차(音借)라고 주장하기도 했다.

《象》曰 : 无不利, 撝謙, 不違則也.

「상」에서 말했다. '불리함이 없으니, 겸손을 휘두른다' 함은, 법도에 어긋나지 않음이다.

✎ 육사는 바른 자리에 머물면서 육오 군주의 지시를 받아 땅을 메우는 일을 잘 이행했다는 뜻이다. 그것이 바로 법도를 지켰다는 의미로 받아들여진다.

六五, 不富, 以其鄰利用侵伐, 无不利.
육오, 부유하지 않아, 그 이웃으로써 침략하여 정벌함을 이용하니, 불리함이 없다.

✎ 육오는 자리가 바르지 못하고, 짝인 육이와 호응하지 못하며, 가깝게 지낼 이웃도 없다. 다만, 중도를 얻은 군주 신분으로 부유하지도 않다. 부유하지가 않다는 것은, 자신이 통치하는 영역인 땅에 파인 부분들을 메우느라 자신의 것을 덜어내 썼기 때문이기도 하지만 그 이웃들도 모두 음효로서 같은 처지로 부유하지 않다. 특히, 가까이 있으면서 친하게 지낼 수 없는 상육과 육사도 마찬가지이다. 그래서 그는 부유하지 않다. 그러나 그는 이웃들을 동원하여 침략하여 정벌하는 데에 이용함으로써 부유하지 못한 상황을 극복하려고 한다. 그렇게 되면 이롭게 된다는 뜻이다.

《象》曰：利用侵伐, 征不服也.
「상」에서 말했다. '침략 정벌을 이용한다' 함은, 복종하지 않음을 정벌함이다.

✎ 침략 정벌을 정당화하는 이유를 말했는데, 육오는 군주로서 백성이 골고루 잘 살도록 해야 하는 막중한 임무를 띠고서, 높은 곳을 헐어서 낮은 곳을 메우는 작업을 벌이는 총 책임자이다. 이런 대업을 수행하는 데에 따르지 않는 이들을 무력으로써 응징하는 일을 동지(同志)를 규합하여 수행한다는 것이다. 그러니 이롭지 아니함이 없다고 말할 수 있다. 謙이 자신을 낮추는 겸손이라는 덕목이 아니라 사회학적 개념으로서 富의 재분배를 통한 사회적 평등을 실현하고자 하는 정치적·정략적 행보임을 짐작할 수 있다.

上六, 鳴謙, 利用行師, 征邑國.

상육, 드날리는 겸손이니, 군사를 움직이어 씀이 이롭고, 속국(屬國)을 친다.

✏ 상육은 자리가 바르고, 짝인 구삼과 호응하며, 가깝게 지낼 이웃은 없다. 상육은 땅의 끝자리에서 '사회적 평등'을 실현하기 위해 노력하는 육오 군주의 활동을 도와야 한다. 그리고 그 역시 국사(國師)로서 책임의식을 갖고 많은 곳에서 헐어내어 적은 곳에 보태주는 일을 널리 알려야 한다. 왜일까? 널리 공감하지 못했기 때문이다. 그래서 부득불 군사를 동원하여 복종·협조하지 않는 속국(屬國)을 치러 나가는 것이다.

《象》曰 : 鳴謙, 志未得也 ; 可用行師, 征邑國也.

「상」에서 말했다. '드날리는 겸손'이란, 뜻을 아직 얻지 못힘이고, '군사를 움직이어 씀이 이롭다'라는 것은 속국을 침이다.

✏ 뜻을 얻지 못했다는 것은, 높은 곳을 헐어서 낮은 곳을 메우는 작업(사회적 평등 실현)에 동참하도록 해야 하는데 아직 속국에서 지지를 받지 못했다는 뜻이다.

*   *

謙卦의 '謙'에는 두 가지 의미가 내포되어 있다. 하나는, 사람이 살면서 갖추어야 할 정신적 덕목으로서 '謙遜'이고, 다른 하나는 사회학적 개념으로서 '平等'이다. 전자는 자신을 낮추고 상대방을 높이는 언행(言行)을 말하고, 후자는 많은 쪽에서 덜어내어 적은 쪽에 보태주고, 높은 곳을 헐어서 낮은 곳을 메워줌으로써 평등한 삶의 조건을 조성하는, 소위, 사회적 평등을 구현하는 일이다.

그렇다면, 어떻게 자신을 낮추고 타인을 높이는가? 눈에 보이는 요소는 자랑하지 않고, 눈에 보이지 않는 요소는 겉으로 드러내지 않고 숨기는 것으로써 한다. 이것이 정신적인 덕목으로서 개인이 갖추어야 할 겸손이다. 그리고 어떻게 많은 쪽에서 덜어내어 적은 쪽에 보태주고, 높은 곳을 헐어내어 낮은 곳에 메워주는가? 사회적 평등 실현은 정치적인 목적으로서 정책을 입안하고 실행하는 과정을 거친다. 결국, 홍보, 여론 형성 및 동참, 실행, 반대자 정벌(응징) 등이 수반된다. 이 괘의 六爻辭와 小象辭가 그렇게 말해준다.

따라서 謙卦의 '謙'은, 겸손보다는 사회적 평등에 비중을 두고 말해졌다. 그래서 謙이 '卑自牧'이나 '謙遜'·'謙虛' 등의 의미보다는 '平'의 의미로 가깝게 쓰였다는 사실을 지적하고 싶다. 물론, 여기에는 이유가 있다. 곧, 땅속으로 들어간 산의 모습에서 출발하다 보니, 높이 솟아있는 산을 헐어서 땅의 꺼진 부분을 메워 평지(平地)가 됨을 생각했고, 그런 整地作業 자체가 '裒多益寡 稱物平施'라는 정치적 목적으로 연계되고 확대된 것이다.

육효사에 쓰인 ①謙謙 ②鳴謙 ③勞謙 ④撝謙 ⑤侵伐 ⑥征邑 등 일련의 단어를 살피면 '謙'이 단순히 '겸손하다, 겸허하다' 등의 뜻으로 쓰인 게 아니라 '덜다, 덜어내다'의 '損'의 의미로 쓰였음을 알 수 있다. 어떻게, 겸손의 이치를 설명하면서, 아니, 겸손을 실행해 옮기면서 드날리고(鳴), 지휘하고(揮, 撝), 수고롭겠으며(勞), 겸손을 위해서 전쟁(侵伐, 征邑國)까지도 불사해야 하는가? 말이 되지 않는다. 그래서 필자는 '謙'에는 '헐다, 덜다'라는 속뜻이 내포되어 있다고 믿는다.

내가 부자이면서 부자인 척 자랑하지 않고 늘 삼가는 태도를 두고 겸손하다고 말할 수 있지만 내 지갑 속에 있는 큰돈을 헐어서 가난한 사람들에게 나누어 준다고 해서 겸손하다고 말하진 않는다. 바로 이 점을 염두에 두고 爻辭를 읽으면 모호함이 다소 해소되리라 믿는다.

16. 雷地豫卦

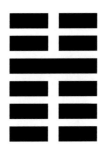

주역 열여섯 번째 괘로 뇌지예괘(雷地豫卦)가 있다. 우레 雷 震이 上卦이고, 땅 地 坤이 下卦라는 뜻이다. 그 모양으로 보면, 땅 위로 우레가, 다시 말해, 대지 위로 천둥 번개가 치는 모습이다. 대지 위로 천둥 번개가 친다는 것은 雷雨가 내린다는 뜻이기도 하다. 卦德으로 보면, '順而動'이다. 곧, 순종하고, 움직인다. 震卦의 德이 움직임으로 '動'이며, 坤卦의 德이 유순함으로 '順從'이기 때문이다. 육효 배열을 보면, '음, 음, 음, 양, 음, 음'이 되어, 하나의 陽에 다섯의 陰으로 이루어졌다. 육이와 상육만 자리가 바르고, 나머지는 자리가 바르지 못하다. 초육과 구사만 짝으로서 호응하고, 나머지 두 짝은 호응하지 못한다. 中道를 얻은 육오와 육이는 '陰:陰'으로 호응하지 못한다.

이런 '雷地'를 '豫'로 받았다. '豫'는 어떤 의미로 쓰였을까? '豫'는 미리 '예'로 읽히고, 펼 '서'로도 읽힌다. 그리고 학교 이름 '사'로도 읽힌다. 그래서 ①미리, 앞서, 먼저 ②기뻐하다, 편안하다, 즐기다, 놀다, 유람하다 ③게으르다, 머뭇거리다, 망설이다, 싫어하다 ④참여하다, 속이다, 미리하다, 대비하다, 간섭하다, 펴다 등 다양한 뜻으로 사용되는데 여기서는 단정하기 쉽지 않다. 六爻辭까지 두루 다 읽어 보면 알 수 있겠지만 여러 의미로 쓰인 것 같다.

「序卦傳」에 의하면, "大有而能謙必豫, 故受之以豫"이라 했고, 「雜卦傳」에 의하면, "豫怠也"라 했다. 곧, 크게 가지고, 겸손해지면, 반드시 편안해지므로, 많이 가진 大有卦와 겸손한 謙卦 뒤를 편안한 豫卦가 이었다고 했고, 편안하면 게을러진다고도 했다. 상식적으로는 일리가 있는 말이다. 이 「序卦傳」과 「雜卦傳」에서는 '豫'가 ①'편안하다, 기뻐하다'라는 의미와 ②'게으르다, 안락하다'라는 의미로 쓰였음을 알 수 있다.

크게, 많이 가진 사람이 자신의 것을 덜어서 적게 가진 자들에게 겸손한 마음으로 나눠주었다고 상상해 보자. 나아가, 한 나라의 군주가 그렇게 빈부 격차를 해소하고, 평등사회를 구현했다면 백성은 기뻐하며, 심정적으로 편안해질 것이다. 이 편안함이 증대되면 안락해진 삶을 구가할 것이고, 그런 상태가 오래가면 몸과 마음이 게을러져서 태만하게 될 것이다. 아마도, 이런 이치를 「序卦傳」과 「雜卦傳」이 말한 것이 아닐까 싶다.

*　　*

豫：利建侯行師.
뇌지예괘는 군사를 움직이어 제후국을 건설함이 이롭다.

✎ 큰 것을 많이 소유하여 물질적으로 풍부하고, 군주가 겸손하여 백성이 두루 믿고 따르는 사회적 안락(安樂)이 조성되면, 그 인적 물적 자원을 활용하여 군사를 움직이어서 제후국을 건설하는 것이 이롭다는 뜻이다. 여기에는 국가적으로 안정기에 있을 때 불안정해짐을 미리 대비해 두라는 뜻이 내포되어 있기도 하다.

여기서 '豫'를 어떤 의미로 해석하느냐는 대단히 중요하다. 물론, '豫'의 정확한 의미를 판단하려면 아래 彖辭·大象辭·六爻辭 등까지 면밀하게 읽으며, 살펴야만 한다. 현재로서는, 卦名 卦辭 내용만을 가지고 판단해야 하는 제한이 따른다. 그러니까, '땅 위에서 우레가 친다'라는 자연적 현상 하나와 '군사를 움직이어 제후국을 건설한다'라는 人間事가 있을 뿐인데, 이 두 가지를 가지고 豫의 의미를 유추해야 한다는 뜻이다.

雷는 震이고, 震이 動이라면, 地는 坤이고, 坤이 順이다. 그리고 震은 龍이고, 長男이며, 坤은 牛이며, 母이다. 따라서 陽이 위에 있고 陰이 아래에 있다고 말할 수 있다. 따라서 위에 있는 陽은 아래로 작용하고, 아래에 있는 陰은 위로 작용한다. 우레의 움직임이 땅에 미치고, 땅의 움직임이 우레에 미치는, 좋은 상호관계라고 말할 수 있다. 마치, 천둥 번개가 잠자는 대지를 깨우는 것과 같은 상황이다. 그리하여, 대지가 약동하고, 만물이 번성하게 되는 여름날과 같은 인상을 주며, 긍정적인 기운이 물씬 느껴진다.

그런 자연의 기운을 받아서 인간 사회에서는 풍부한 물적 인적 자원을 활용하여 군사를 움직이어서 제후국을 건설하고, 사회 질서와 기강을 바로잡는다. 그러므로 '豫'는 풍요로움 속에서 궁핍을 대비하는 일이며, 사회적 안정과 화락(和樂) 속에서 그것을 오래 유지하기 위한 세력 확장과 질서확립을 실현하는 예비조치라고 할 수 있다.

《象》曰 : 豫, 剛應而志行, 順以動, 豫. 豫順以動, 故天地如之, 而況建侯行師乎? 天地以順動, 故日月不過而四時不忒 ; 聖人以順動, 則刑罰淸而民服. 豫之時義大矣哉.

「단」에서 말했다. 예괘는 강이 응하고 뜻을 행하니, 움직이어 순종함이 '예'이다. 움직이어 순종하는 것이 예이므로, 하늘과 땅 사이와 같은데, 하물며, 군사를 움직이어 제후국을 건설함에랴. 천지는 순리에 따라 움직이기에 해와 달이 지나치지 않고, 사시가 어긋나지 않는다. 성인이 순리에 따라 움직이는즉 형벌이 투명하니 백성이 복종한다. 예괘 때의 의미가 크구나!

✎ 호응하고 뜻을 행한다는 '剛'이란, 雷地豫卦의 上卦인 震을 말하고, 동시에 하나뿐인 陽爻, 九四를 의미한다. 그리고 뜻을 행한다는 것은, 上卦의 뜻을 下卦

가 이행한다는 의미이자 동시에 하나뿐인 陽인 구사의 뜻을 받들어 다섯 陰이 이행한다는 뜻이다. 그리고 순리에 따라 움직인다는 것은, 上·下卦가 각자의 소명을 다한다는 뜻인데, 上卦는 下卦인 坤으로 움직이고, 下卦는 上卦인 震의 움직임에 따라서 순종한다는 뜻이다. 이것을 두고 '順以動'이라 했을 뿐이며, 이 자체는 上·下卦의 德性을 이어서 말한 것이다.

그리고 '雷地'와 '天地'가 동일시되었는데 곧, 雷와 地의 관계를 天과 地의 관계로 보았다는 뜻이다. 하늘이 뜻을 내면 땅이 그에 맞추어 순종하면서 함께 움직이는 것처럼 우레와 땅의 관계를 그렇게 보았다는 뜻이다. 그러나 이를 좁혀서 말하자면, 하나의 陽과 다섯의 陰과의 관계를 하늘과 땅의 관계로 보았다는 뜻이다.

그래서 '雷地'를 설명하면서 해와 달이 지나치지 않고, 사계절이 어긋나지 않는다는 거창한 표현이 덧붙여졌다. 그리고 천지 간에 그런 질서가 있듯이 인간세상에서는 성인이 그 하늘처럼 순리에 따라 움직이면 형벌이 맑아지고 투명해져서, 백성이 따른다고 했다. 이런 이치가 담긴 것이 곧 '豫'라는 것이고, 동시에 그 豫가 드러나는 때가 시사하는 그 의미가 매우 크다는 것이다.

따라서 豫卦에서의 주인공은 땅을 진동시키는, 하늘에 해당하는 우레이며, 육효로는 모든 陰爻를 진두지휘하는 陽爻인 九四이다. 따라서 彖辭에서 말하는 豫란, '양의 바른 리더십에 순종하는 음의 움직임'이거나 '그런 음양 관계의 질서를 좇아서 군주가 미리 대비함'이라고 말할 수 있다. 더 이해하기 쉽게 부연하자면, 큰 것이 작아지고, 있는 것이 없어지며, 사회적인 안락이 불안으로 바뀜을 우레가 깨우쳐줄 때 땅처럼 순종하며 대비함이 '豫'인 것이다. 그런데 우리나라에서는 한사코 이 豫를 '열광, 화락, 기쁨' 등으로 풀이한다. 바로 이 부분에서 커다란 오해가 있다고 생각한다.

《象》曰 : 雷出地奮, 豫. 先王以作樂崇德, 殷荐之上帝, 以配祖考.

「상」에서 말했다. 우레가 나와 땅이 움직이니 예이다. 선왕은 이로써 보고 깨달아, 예악을 지어 덕을 숭상하며, 상제께 성대하게 제사 올리고, 이로써 조상께 배향한다.

🖉 '雷地'를, 우레가 쳐서 땅이 움직이는 調和로 해석했고, 그런 자연현상을 보고서 선왕은 덕을 숭상하는 예악을 짓고, 상제께 성대하게 제사를 올리며, 동시에 선조(先祖)를 배향해야 한다고 했으니, 豫에는 제사가 있고, 음악이 있으며, 선대를 기리는 의식(儀式)이 있는 것으로 보인다. 따라서 여기서 '樂'이란 예악(禮樂)이며, 굳이 우리로 치자면 제례악(祭禮樂)인 셈이다. 이런 대상사까지 고려하면, 豫란 이렇게 정리할 수 있을 것 같다. 곧, 물질적으로 풍요롭고, 사회적으로 평등이 실현되어 안락한 시대에는 제사·음악·의식 등으로써 사회 질서 내지는 기강을 바로잡는 것이 豫이다. 결과적으로, '豫'란, 미리 대비함인데 무엇으로써 대비하는가? 그것은 ①제후국 건설 ②형벌의 법칙을 세움 ③제사 ④음악 ⑤의식 등으로써이다. 현재 중국 주역 전문사이트에서는 殷을 盛大로, 荐을 奉献으로, 配를 配享으로, 祖考를 祖先 등으로 각각 해석한다.

初六, 鳴豫, 凶.

초육, 울면서 대비함이니, 흉하다.

🖉 초육은 자리가 바르지 못하고, 짝인 구사와 호응하며, 가깝게 지낼 이웃은 없다. 초육은, 유일한 陽으로서 제후가 된 구사와 짝으로서 호응하는데 자신의 감정을 절제하지 못하고 울음을 보인다. 그 이유는, 陽의 자리에 陰으로 와서 剛健하지 못하기에 미래를 대비하는 일이 감당하기에 버겁기 때문이다. 쉽게 말해, 重天乾卦의 '潛龍'이기에 미래를 대비하기에는 벅찬 일이 된다. 게다가, 그의 앞길에는 '음, 음, 양'이라는, 멈추어야 하는 '山'이라는 장애물이 놓여있다. 그래

서 초육은 기쁜 마음으로 대비해야 할 일을 울면서 한다. 그래서 흉하다.

《象》曰 : 初六, 鳴豫, 志窮凶也.
「상」에서 말했다. 초육이 울면서 대비한다 함은, 뜻이 궁색해진 흉함이다.

✎ 뜻이 궁색해져 흉하다는 것은, 의지가 박약해졌다는 뜻이다. 의지가 박약해진 것은 일을 감당하기에 상대적으로 불리한 조건에서 연유한다. 곧, 초육이 구사의 짝으로서 호응하나, 구사는 이미 위아래 이웃들로부터도 선망의 대상이 되어있을 뿐 아니라 모든 음이 가까이하고자 경쟁적으로 노력하는 상황이다. 그런데 초육은 구사로부터 가장 멀리 떨어져 있고, 신분까지 미천한 처지이다. 그래서 초육이 구사를 가까이하기에는 여러모로 불리하다. 이러한 현실적인 여건이 초육의 의지를 꺾고 무력하게 만들었다는 뜻이다.

六二, 介于石, 不終日, 貞吉.
육이, 돌에 끼어있으나, 종일 가지 않고, 정도를 지켜야 길하다.

육이:바위처럼 단단하여 하루에 끝나지 않으니, 곧음을 견지해 길하다(신원봉).
육이:절도가 돌과 같아 하루를 기다리지 않고 단호하게 행동하니, 올바르고 길하다(심의용).
육이:절개가 돌과 같이 굳세어 하루 종일 기쁨에 취해 있지 않고 떠나가니 올바르고 길하다(고은주).

✎ 육이는 자리가 바르고, 짝인 구오와 호응하지 못하며, 가깝게 지낼 이웃도 없다. 그러나 柔中을 얻었다. 돌에 끼어있다는 것은, 위아래 동류이자 경쟁자인 陰에 갇혀 있다는 뜻이고, 동시에 움직이지 못한다는 뜻이다. 그런 상태가 하루

내내 가는 게 아니니 바르게 처신하면 길하다는 뜻이다. 육이의 앞길에는 '음, 양, 음'이라는, 험난한 坎이 놓여있기 때문에도 이런 말이 가능하고 판단된다.

그런데 우리나라에서 주역을 공부한 사람들은 위 번역문에서 보다시피, 모두가 필자의 판단과 정반대로 해석한다. '介'를 節槪(김석진, 김재홍, 고은주), 또는 節度(심의용) 등으로 해석하고, '于'를 '같다'라는 의미의 '如'로 해석한다. 현재 중국 주역 전문사이트에서도 '介于石'을 '사람의 품행이 반석과 같이 바르고 견고하여 동요되지 아니함'이라고 풀이한다.

《象》曰 : 不終日, 貞吉, 以中正也.

「상」에서 말했다. '종일 가지 않고, 정도를 지켜야 길하다' 함은, 중도를 얻고 자리가 바르기 때문이다.

✎ 육이가 돌에 끼어서 오도 가도 못하는 상황은, 앞에 험한 坎이 놓여있어서 생긴 일이며, 육효 관계로는 위아래 두 陰 곧 경쟁자에 갇혀 있음을 말한다. 그런 상태가 하루 내내 가지 않는 것은, 중도를 바르게 행하기 때문이라는 뜻이다. 곧, 육이가 중도를 얻고, 자리까지 바르다는 뜻이다. 소위, '中正'을 얻었다는 이유에서이다.

六三, 旴豫悔 ; 遲有悔.

육삼, 눈을 부릅뜬 채 대비하며 분하게 여긴다. 지체하면 후회한다.

✎ 육삼은 자리가 바르지 못하고, 짝인 상육과 호응하지 못하며, 위에 있는 구사와는 가깝게 지낼 수 있다. 게다가, 중도를 지나쳐 있다. 그래서 육삼은 선망의 대상인 구사를 의식하며 즐거운 마음으로 미래를 대비해야 하는데, 마음속으로 분하게 여긴다. 이런 이유로 그가 일을 지체하면 후회함이 있게 된다. 지체한

다는 것은, 마지못해서, 혹은 억지로 대비함이니. 그렇게 했을 때 육삼은 시대에 걸맞지 않은, 능력 없는 사람으로 찍히게 되고, 그것으로써 구사의 총애를 받지 못해서 후회하게 된다는 뜻이다. 현재 중국 주역 전문사이트에서는 '盱'를 '張目仰視的樣子'로, '遲'를 '遲緩'으로 각각 풀이한다.

《象》曰：盱豫有悔, 位不當也.

「상」에서 말했다. '눈을 부릅뜬 채 대비하며 분하게 여기다'라는 것은, 자리가 부당함이다.

🖉 육삼은 양의 자리인데 음으로 왔기에 자리가 바르지 못하다. 게다가, 중도를 지나쳐 있기에 더욱 그러하다. 자리가 부당하다는 것은, 임무 수행에 적절하지 않다는 뜻이다. 임무 수행에 적절하지 않다는 것은, 임무 수행 능력 부족이거나 도덕적 결함으로 바르게 수행하지 못한다는 뜻이다.

九四, 由豫, 大有得；勿疑, 朋盍簪.

구사, 대비하는 일의 근원이니 크게 얻는다. 의심하지 않으면, 비녀가 머리카락을 모으듯이, 벗들이 모인다.

🖉 구사는 자리가 바르지 못하고, 짝인 초육과 호응하며, 위아래 이웃들과도 가깝게 지낼 수 있다. 자리만 바르지 못할 뿐 청일점으로서 천둥 번개 치는 그 앞자리에서 용맹함을 떨친다. 그러함으로써 유순한 陰들로부터, 다시 말해, 백성들로부터 선망의 대상이 된다.

'대비하는 일의 근원'이라는 것은, 대비하게 하는 근원적 주체라는 뜻이다. 구사의 리더십에 의해서 백성이 미래를 대비하는 상황에 놓임으로써 구사는 크게 얻고, 의심하지 않는다면 머리카락을 가지런히 모으는 비녀처럼 친구들이 그를 중심으로 모여든다는 뜻이다. 현재 중국 주역 전문사이트에서는 由를 '由來, 原

由'로, 朋을 '朋友, 同類'로, 盍를 '合, 會合'으로, 簪을 '古人固定發髻的頭飾'으로 각각 풀이한다.

《象》曰 : 由豫, 大有得, 志大行也.
「상」에서 말했다. '대비하는 일의 근원이니, 크게 얻는다' 함은, 뜻을 크게 행함이다.

✎ 구사가 행하는 큰 뜻이란 무엇일까? 땅 위로 천둥 번개를 치는 震의 주체로서 앞장서는, 人間事로 바꿔 말하면, 백성을 일깨우는, 능력 있는 통솔자이다. 그래서 군주로부터 제후로 임명된 자이다. 천둥 번개가 침으로써 잠자는 대지를 깨워 만물이 소생하고 번성하도록 하듯이, 구사라고 하는 훌륭한 지도자가 나와서 백성을 일깨우고, 나라의 안녕을 위해서 미래를 준비하듯 미리미리 사회 질서를 잡아간다는 뜻이다.

六五, 貞疾, 恒不死.
육오, 지병이 있으니, 죽지 않고 그대로이다.

✎ 육오는 양의 자리에 음으로 와서 그 자리가 바르지 못하고, 짝인 육이와 호응하지 못하며, 아래 이웃인 구사와는 가깝게 지낼 수 있다. 그리고 중도를 얻은, 유순한 군주 신분이다. 육오에게는 지병(持病)이 있는데 그것 때문에 죽음에 이르지는 않는다는 뜻이다. 그가 쉽게 죽지 않는 이유는 그나마 중도를 얻어서 매사에 지나치지 않고 판단의 균형감각을 유지하기 때문이다.

그런데 어떤 지병이 있다는 말인가? 모든 백성이 강건한 구사로 인하여 불안한 미래를 대비하는 상황인데, 그것도 구사의 선정(善政)을 기원하기 위해서 천제께 제사를 지내거나 등극(登極)을 기념하는 의식을 통해서 모두가 기뻐하는 상황인데 육오는 속내가 불편하다. 자신의 신하에 지나지 않는 자가 백성의 부러움과 존경을 한몸에 받으니 늘 좌불안석이다. 따라서 육오에게 있다는 지병이란 시샘·질투·불안 등의 심리상태가 아닐까 싶다.

우리나라에서 주역을 공부했다는 이들은 대개 '貞疾'을 '올바르되 질병이 있어 (심의용, 김석진, 김재홍 등)'라고 번역하거나 '꿋꿋이 질병에 대처하니(신원봉)'로 번역한다. 현재 중국 주역 전문사이트에서는 '疾'을 '疾病'으로, '恒'을 '恒久, 長久'로, '貞疾, 恒不死'를 '正固會有疾病, 但總不至于死亡'으로 각각 풀이한다. 따라서 '貞疾[zhēn jí]'은 항상 지닌 고질병(常病, 痼疾)으로 봄이 옳다고 판단한다.

《象》曰：六五貞疾, 乘剛也；恒不死, 中未亡也.
「상」에서 말했다. '육오의 지병'이란, 강을 올라탐이고, '죽지 않고 그대로이다' 함은 중도를 잃지 않음이다.

✎ 육오에게 있다는 지병의 근원적인 이유가 드러나 있다. 그것은 음으로서 강을 올라탔기 때문이라는데, 강을 올라탔다는 것은 강에 의지하고 의존한다는 뜻이다. 그러니 육오는 늘 불안할 수밖에 없다. 결국, 자리와 능력 문제이고, 처신의 옳고 그름의 문제이다. 그러니까, 자리가 바르지 못하고, 능력도 없으나 그나마 중도를 얻어서 조심조심하기 때문에 쉽게 죽지는 않는다는 뜻이다. 쉽게 죽지 않는다는 것은, 쉽게 군주의 자리에서 쫓겨나지 않는다는 뜻이기도 하다.

上六, 冥豫成, 有渝无咎.
상육, 어리석게 대비를 마치나, 변화가 있어 무구하다.

✎ 상육은 자리가 바르고, 짝인 육삼과 호응하지 못하며, 가깝게 지내는 이웃도 없다. 그리고 豫卦의 끝자리로서 변화를 감당할 수밖에 없다. 그런데 상육은 왜, 어리석게 대비할까? 불안한 시기가 도래한다는 사실을 믿으며 안정기에 대

비함이 옳을진대, 나라의 웃어른으로서 왜, 어리석게 대비하는 것일까?

　백성이 오직 구사만을 존경하고, 그로 인해서 미래를 준비하는데 자기의 아들인 왕이 주체가 되지 못하고 신하격인 구사가 앞장서서 하니 모든 일이 심히 못마땅했을 것이다. 이러한 점에서 상육에게는 昏昧한, 못마땅한, 어리석은 대비를 했으리라 본다. 현재 중국 주역 전문사이트에서는 冥을 '昏昧'로, 成을 '終'으로, 渝를 '改變'으로 각각 풀이한다.

《象》曰 : 冥豫在上, 何可長也?
「상」에서 말했다. 어리석은 대비가 위에 있는데 얼마나 오래가겠는가?

　✎ 어리석은 대비란 윗사람이 미래를 위하여 잘못 준비함이다. 그리고 그것이 오래가지 않는다는 것은, 상황이 변화하여 곧 끝이 난다는 뜻이다. 상효 자리는 어느 괘이든지 간에 운명적으로 해당 괘의 상황이 끝나는 자리이다. 그래서 어리석게 대처했어도 무구하다.

*　　*

　'豫'는 여러 의미로 쓰여 조금 복잡하다. 卦辭에서는 나라의 물질적 풍요와 사회적인 安樂을 오래 유지하기 위해서 '미리 대비하는 일'이라는 의미로 쓰였는데, 彖辭에서는 순리에 따르는 움직임, 바꿔 말해, 천지의 이치에 순종하는 자세로 임하여 내일을 대비한다는 의미로 쓰였다. 그리고 大象辭에서는 물질적 풍요와 사회적 안락 속에서 덕을 쌓고 음악을 짓고 제사를 지내는 등 현실적으로 할 수 있는 일을 통해서 백성을 가르치는 '즐거운 일'을 의미했다. 그리고 六爻辭에서는 초효, 삼효, 사효, 상효 등 네 개 爻에서 '豫'가 쓰였는데 물질적 풍요가 궁핍으로 변화하고, 사회적 안정이 불안정으로 바뀔 수 있음에 대비하여 '준비하는 일'의 의미로 쓰였다. 물론, 이런 일들로는 음악회라든가, 제례(祭禮)라든가, 在位 기념 축하공연이라든가 제후국 건설 등이 두루 포함될 수 있으나 육효사에 서는 '대비하다'라는 의미로 쓰였다. 그리고 「序卦傳」과 「雜卦傳」에서는 '편안하 다, 태만하다'의 의미로도 쓰였다.

여하튼, 현재는 풍요롭고 안정기이지만 이것이 깨어지는 어려운 시기가 도래 할 수 있음에 대비하여 모든 사람이 각자의 위치에서 준비하는 일을 하는데, 초 육은 흉하고, 육이는 정도를 지켜야 길하며, 육삼은 후회함이 있다. 그리고 구사 는 뜻을 크게 행하여 크게 얻고, 육오는 지병으로 근심하며, 상육은 무구하다.

17. 澤雷隨卦

 주역 열일곱 번째 괘로 택뢰수괘(澤雷隨卦)가 있다. 연못 澤 兌가 上卦이고, 우레 雷 震이 下卦라는 뜻이다. 그 모양으로 보면, 연못 아래에서 우레가 있는 모습이다. 연못 아래에 우레가 있다는 것은, 우레가 연못 속으로 숨어들었다는 뜻이다. 卦德으로 보면, '動而說'이다. 곧, 움직이고, 기쁘다. 연못 속에서 천둥 번개가 친다고 가정해 보면, 가만히 고여있던 연못의 물이 그 우레의 영향을 받아서 출렁이며 파문이 일 것이다. 물론, 심하다면 요동칠 수도 있을 것이다. 숨어든 우레를 따라서 함께 움직이니 기쁘다. 소녀가 장남을 따라서 같이 움직이니 어찌 기쁘지 않겠는가.

연못과 우레가 이렇게 호응하는 隨卦의 六爻 배열을 보면, '양, 음, 음, 양, 양, 음'으로 되어 양이 셋이고, 음이 셋으로 균등하게 이루어져 있다. 육삼과 구사를 빼고는 모두 자리가 바르다. 따라서 구오와 육이가 정위(正位)·중도(中道)를 동시에 얻은 가운데 호응(呼應)하는 좋은 점이 있다.

이런 '澤雷'를 '隨'로 받았다. '隨'는 어떤 의미로 쓰였을까? '隨'는 따를 '수'로 읽히고, 게으를 '타'로도 읽힌다. 따라서 '隨'에는 '따르다, 추종하다, 附和하다, 좇다, 추구하다, 발, 발꿈치, 따라서, 즉시, 게으르다, 타원형' 등 여러 의미로 쓰인다. 여기서는 '따르다, 추종하다'의 의미로 쓰인 것 같다. 이런 '隨'와 비슷한 말로는 '從'이 있고, '隨伴'이라는 파생어가 가까이 있다.

「序卦傳」에 의하면, "豫必有隨, 故受之以隨"이라 했고, 「雜卦傳」에서는 "隨无故

也"라 했다. 곧, 대비(對備)함에는, 혹은 기뻐함에는 반드시 추종이 있기에 미리
대비하는(혹은 기뻐하는) 豫卦 다음을 추종하는 隨卦가 이어받았고, 추종 곧 따름에
는 故意나 거짓이 없다고 했다. 고의나 거짓이 없다는 것은, 반드시 그럴 만한 이
유가 있다는 뜻이다. 대비하기 위해서 따르는 일이나 기뻐하면서 따를 때는 합
당한 이유가 있다는 뜻이다.

　이처럼, 우레가 연못 속에 있다면 장남이 소녀를 받드는 모습이니, 소녀가 그
장남을 따를 것이다. 그래서 '隨'가 되었다. 만약, 우레가 연못 위로 있다면 어떻
게 될까? 소녀가 장남을 받드는 모습이니, 소녀가 그 장남에게 시집가는 '歸妹'
가 된다. '澤雷隨'와 '雷澤歸妹'의 차이를 여실히 말해준다.

＊　　　＊

隨：元亨, 利貞, 无咎.
택뢰수괘는 크게 형통하고, 정도를 지켜야 이로우며, 무구하다.

　✎ 소녀가 장남의 움직임에 따라 같이 움직이니 형통하다. 다시 말해, 양이 아
래로 내려와 음을 받들고, 음은 위로 올라가서 순종하듯 따르니 두 기운이 상생
화합한다는 의미에서 크게 형통한 것이다. 이런 陰陽 관계는 반드시 正道를 지켜
야 이롭고, 무구하다는 뜻이다.

　위 隨卦 卦辭를 중국에서는 '元, 亨, 利, 貞, 无咎'와 '元亨, 利貞, 无咎' 두 가지
로 표기한다. 한국에서도 '元亨, 利貞, 无咎(심의용, 고은주)'로 표기하기도 하고, '元
亨利貞, 无咎(신원봉)'로 표기하기도 한다. 띄어쓰기와 문장부호에 따라서 그 의미
가 달라지는데 보다시피 韓中이 두 가지로 표기한다. 어느 것이 옳으냐는 六爻辭
까지 다 읽어 보아야 알 수 있으리라 본다.

《彖》曰：隨, 剛來而下柔, 動而說, 隨. 大亨貞无咎, 而天下隨時. 隨時之義大矣哉.

「단」에서 말했다. 수괘는 강이 와서 유에게 낮추고, 움직이어 기쁘니 '수(추종)'이다. 크게 형통하고, 정도를 지켜야 무구하며, 천하가 때를 따른다. 때를 따르는 뜻이 크구나!

🖎 강이 와서 유에게 낮춘다는 것은, 크게는 隨卦의 下卦인 震이 上卦인 兌 밑으로 내려왔다는 뜻이고, 작게는 上·下卦에서 陽爻가 陰爻 아래로 내려왔다는 뜻이다. 그리고 움직이어 기쁘다는 것은, 上·下卦의 덕성을 이어서 말할 것뿐으로, 震의 움직임에 맞추어 兌가 따름으로써 기쁘게 순종한다는 뜻이다.

그리고 '천하가 때를 따르고, 때를 따르는 뜻이 크다'라는 것은, 하늘과 땅의 관계로, 陽인 하늘이 뜻을 내면 陰인 땅이 그 뜻에 따라서 순종함으로써 만물을 만들어 내놓듯이, 陽인 震의 움직임에 맞추어서 陰인 兌가 따라서 순종하는 관계로 보았고, 그 의미를 말한다. 하늘과 땅이 그러한 것처럼 연못 아래로 내려온 우레 역시 그렇다는 뜻이다.

《象》曰：澤中有雷, 隨 ; 君子以嚮晦入宴息.

「상」에서 말했다. 연못 속에 우레가 있음이 수괘이다. 군자는 이를 보고 깨달아, 어두워지면 침실로 들어가 쉰다.

🖎 연못 안으로 우레가 들어갔다는 것은, 땅속으로 태양이 들어간 것과 같다. 태양이 땅속으로 들어갔다는 것은, 해가 졌다는 뜻이고, 해가 졌다는 것은, 어두워졌다는 뜻이다. 이런 자연의 모습을 보고서 사람도 어두워지면 모름지기, 집안의 침실로 들어가 쉬라는 뜻이다. 결과적으로, 자연의 이치대로 살라는 뜻이다. 곧, 해가 뜨면 자리에서 일어나 밖으로 나가 일하고, 해가 지면 집안으로 들어와 쉬라는 뜻이다. 이것은 만물이 낮과 밤에 맞추어서 활동하고 휴식을 취하

는 뭇 생명의 이치와 다르지 않다. 우리나라에서는 '宴'을 '잔치하다'로 해석하나 현재 중국 주역 전문사이트에서는 '宴'을 '安'으로 풀이하고, '宴息'을 '安息', '休息' 등으로 풀이한다.

初九, 官有渝, 貞吉. 出門交, 有功.
초구, 직위 직책상 업무 변화가 있으니, 정도를 지키면 길하다. 문밖으로 나가 교류하면, 공이 있다.

  ✎ 초구는 양의 자리에 양으로 와서 그 자리가 바르고, 짝인 구사와 호응하지 못하며, 위에 있는 육이와 가깝게 지낼 수 있다. 초구는 추종하는 초기 단계로, 의욕을 내고 있다. 육이의 도움이 있기에, 바꿔 말하면, 육이를 추종하기에 열심히, 바르게만 일한다면 좋은 결과가 뒤따른다는 뜻이다.

《象》曰：官有渝, 從正吉也 ; 出門交, 有功, 不失也.
「상」에서 말했다. '직위 직책상 업무 변화가 있음'은 정도를 좇아서 길하다는 뜻이고, '문밖을 나서서 교류하면 공이 있다' 함은, 잃는 바가 없음이다.

  ✎ 초구가 正道를 좇는다는 것은, 위에 있는 이웃 육이의 中正을 믿고 따른다는 뜻이다. 그리고 잃는 바가 없다는 것은, 양자 사이의 추종 관계가 손해를 입히지 않는다는 뜻이다.

'失'에 대하여, 혹자는 '실수'라고 해석하기도 하나, '잃음'이라고 해석해야 옳다고 본다. 중요한 것은, 무엇을 잃는가이다. 문장상으로는 드러나 있지 않기에 단정해서 말할 수는 없으나 대개는 ①자기 본분(道理) ②자기 자리(位) ③자기 의욕이나 뜻(意志) ④믿음 ⑤사람 ⑥물질 등이 된다. 이 '失'은 주로 爻辭를 설명하는 小象辭에서 쓰였는데 64괘 중 열여섯 개 괘에서 두루 쓰였다. 이를 밝히자면 이러하다. 곧, ①未失常也(需卦 초효 소상사) ②未大失也(需卦 상효 소상사) ③安貞不失也(訟卦 사효 소상사) ④示失常也(師卦 사효 소상사) ⑤不自失也(比卦 이효 소상사) ⑥亦不自失也(小畜卦 이효 소상사) ⑦不失也(隨卦 초효 소상사) ⑧未失道也(觀卦 삼효 소상사) ⑨失上下也(剝卦 삼효 소상사) ⑩行失類也(頤卦 이효 소상사) ⑪失道凶也(坎卦 이효 소상사) ⑫失則也(明夷卦 상효 소상사) ⑬未失道也(睽卦 이효 소상사) ⑭未失正也(艮卦 초효 소상사) ⑮失其道也(漸卦 이효 소상사) ⑯失時極也(節卦 이효 소상사) 등이다.

六二, 係小子, 失丈夫.

육이, 어린아이에 얽매이고, 어른을 잃는다.

  ✎ 육이는 자리가 바르고, 짝인 구오와 호응하며, 아래 이웃인 초구와 가깝게 지낼 수 있다. 그리고 中正을 얻었다. 비교적 좋은 조건이다. 얽매인다는 어린아이란 아래 이웃인 초구를 말하고, 잃는다는 어른은 짝인 구오를 말한다. 결과적으로, 육이가 누구에게 관심과 애정을 쏟으며 따르느냐의 문제인데, 짝인 어른을 택하지 않고 아래 이웃인 어린아이를 택했다는 뜻이다.

《象》曰 : 係小子, 弗兼與也.

「상」에서 말했다. '어린아이에 얽매임'은 겸해서 함께 할 수 없음이다.

  ✎ '어린아이에 얽매이면 어른을 잃는다'라는 것은, 소자 초구와 장부 구오를 겸해서 함께 따를 수 없다는 뜻이다. 양다리를 걸칠 수 없고, 둘을 다 수용할 수 없으니 둘 가운데 하나를 선택하라는 뜻이기도 하다.

六三, 係丈夫, 失小子. 隨有求得, 利居貞.

육삼, 어른에 얽매이고, 어린아이를 잃는다. 추종함에 구하여 얻는 바가 있으니, 정도에 머물러야 이롭다.

✎ 육삼은 자리가 바르지 못하고, 짝인 상육과 호응하지도 못하며, 위에 있는 이웃인 구사와 가깝게 지낼 수는 있다. 육삼이 매이는 어른은 위에 있는 이웃 구사를 말하며, 육삼의 어린아이는 동체(同體)의 초구를 말한다. 육삼은 초구와 구사 사이에서 둘 가운데 하나를 선택해 추종해야 한다. 그런데 추종하면서 이득을 구하니 신분이 낮은 초구가 아니라 상대적으로 높은 구사를 추종한다는 뜻이다. 추종하면서 구하여 얻는 바가 있으니 더더욱 정도를 지켜 정도에 머물러야 이롭게 된다.

《象》曰：係丈夫, 志舍下也.
「상」에서 말했다. '어른에 얽매인다' 함은, 뜻이 아래를 버림이다.

✎ 육삼이 위에 있는 이웃인 구사, 장부에게 매인다는 것은, 결국 동체(同體) 동괘(同卦)의 초구를 버린다는 뜻이다.

九四, 隨有獲, 貞凶 ; 有孚在道, 以明, 何咎 !
구사, 추종함에 얻음이 있으니, 정도를 지켜 흉함에 (대처해야) 한다. 도에 믿음이 있으니, 투명하게 드러내면, 어찌 허물이 되겠는가.

✎ 구사는 자리가 바르지 못하고, 짝인 초구와 호응하지 못하며, 아래 이웃인 육삼과 가깝게 지낼 수는 있다. 구오 군주를 가까이에서 모시는 신하로서 군주를 따라야 하는데 그 과정에서 무언가 얻는 게 있으니, 정도로서 흉함에 대처해야 한다. 그러므로 매우 조심해야 한다. 도리에 대한 믿음이 있어야 하고, 이로써 투명하게 드러낸다면, 허물이 되지 않는다는 뜻으로 이해된다.

그렇다면, 구사가 얻는 것이란 무엇일까? 역시 문장상으로 드러나 있지 않아서 단정해서 말할 수는 없다. 다만, 상식적으로 생각하여, 청탁 관련 뇌물이 있을 수 있고, 군주보다 더 높은 지지나 성원을 받는 일 등이 있을 수 있다. 이런 추론에 근거가 있다면, 구사의 신분이 ①구오 군주를 모시는 실세라는 점 ②가깝게 지낼 수 있는 아래 이웃 육삼이 있다는 점 ③조금 원거리이지만 육이 등이 따를 수 있는 '위치'와 '관계'라는 점 등이다.

《象》曰：隨有獲, 其義凶也. 有孚在道, 明功也.
「상」에서 말했다. '추종함에 얻음이 있다' 함은, 그 의리가 흉함이다. '도에 믿음이 있다' 함은, 공로가 밝게 드러남이다.

✎ 추종함의 의리가 흉하다는 것은, 구오 군주와 구사 신하 사이에 지켜져야 할 도리가 흉하다는 뜻이고, 이는 추종하는 이유나 목적에 숨은 의도가 있다는 뜻이기도 하다. 도리에 믿음이 있는 상태에서 추종한다면 구사의 공로가 자연히 명백하게 드러나게 된다는 뜻으로 이해된다.

九五, 孚于嘉, 吉.
구오, 아름다움에 믿음이 있으니, 길하다.

✎ 구오는 자리가 바르고, 짝인 육이와 호응하며, 위에 있는 상육과 가깝게 지낼 수 있다. 그리고 中正을 얻었으며, 존귀한 군주 신분이다. 이런 구오를, 자리가 바르고 柔中을 얻은 육이가 추종하는데 이들과의 관계를 '嘉'에 대한 믿음으로 말했다고 판단된다. 곧, 육이의 유순함과 반듯함, 중도에 대한 상호신뢰 등을 '嘉'로 표현한 것이다.

그런데 현재 중국 주역 전문사이트 가운데 한두 곳에서는 "적지 않은 가인을 포로로 잡았으니 이롭고 길하다(俘擄了不少嘉人, 吉利)"라고 풀이한다. 물론, 이 때는 중국 李鏡池(1902~1975) 교수의 주장대로 '孚'를 '俘(부)'로 해석하고, '嘉'를 소국(小國)의 이름으로 해석한다. 그런가 하면, 우리처럼 '嘉'를 '善美之意'로 풀이하기도 한다. 한편, 우리나라 신원봉은 이 '嘉'를 '嘉禮(가례)'로 이해, 번역하였다. '가례'란 왕의 성혼, 즉위, 세자나 태자의 성혼, 책봉 따위의 경사스러운 예식을 말한다. 하지만, 이런 견해들이 옳지 않다고 판단되는 이유는, 이 卦가 다른 것이 아닌 누가 누구를 추종하거나 따르며 순종하는 의미를 드러낸 隨卦 爻辭라는 점을 간과했기 때문이다.

《象》曰：孚于嘉, 吉, 位正中也.
「상」에서 말했다. '아름다움에 믿음이 있어 길함'은, 자리가 바른 중도를 얻음이다.

 ✎ 구오는 陽의 자리에 양이 왔기에 그 자리가 바르고, 중도를 얻어서, 소위, '中正'을 얻어 맡은 바 임무를 바르게 수행한다. 게다가, 구오를 추종하는 육이 역시 陰의 자리에 음으로 와서 中正을 얻었다. 따라서 이들의 추종 관계는 매우 이상적인, 아름다운 관계이다.

上六, 拘係之, 乃從維之 ; 王用亨于西山.
상육, 붙잡아 묶고, 마침내 추종을 동여맨다. 왕은 서산에서 제사를 지낸다.

 ✎ 상육은 자리가 바르고, 짝인 육삼과 호응하지 못하며, 아래 이웃인 구오와 가깝게 지낼 수 있다. 붙잡아 묶고, 추종을 동여맨다는 것은, 믿고 따르는 자들의 마음을 공고(鞏固)히 한다는 뜻이다.
 그런데 이에 대해서 신원봉은, 구오 군주가 더는 따르지 않는 상육을 붙잡아 가둔다고 했다. 그러면서 이 효사를 "잡아 가두니, 마침내 복종하여 온 마음을 다한다. 왕이 서산에서 제사를 지낸다."라고 번역했다. 그럴듯하지만, 앞뒤가 맞지 않는 것 같다. 상육의 효사인데 구오가 주체가 된다면 최소한 '잡아 가두니'가 아니라 '잡아 가둠을 당하니'로 해석해야 옳다. 그런가 하면, 중국의 정이천(程伊川)은 이와 반대로 '상육은 유순하고 따름에 처하여 극에 달한, 그 따름이 지극한 자(上六以柔順而居隨之極, 極乎隨者也)'라고 했다.

상육은 陰의 자리에 陰으로 와서 그 자리가 바르고, 유순한 것도 사실이다. 그리고 추종하는 일이 극에 달해 있는 상황인 것도 사실이다. 여기서 한가지 간과해서는 안 될 일이 있다. 그것은 곧, 상육이 다른 누구를 추종하는 게 아니라 다른 사람이 상육을 추종한다는 점이다. 이 점을 염두에 두고 효사를 해석한다면 쉽게 풀리리라 본다. '붙잡아 묶고, 마침내 추종을 동여맨다는 것은, 상육이 자신을 믿고 따르는 이들의 마음을 붙잡아 묶고, 추종자를 동여맨다는 뜻이다. 추종자를 동여맨다는 것은, 그들의 마음을 믿고 변함없도록 단단히 결속한다는 뜻이다. 이런 좋은 상황이라면 추종을 받는 王인 상육은 안심하고서 서산에서 제사를 지낼 수 있다는 뜻으로 필자는 이해했다. 굳이 상육을 추종하는 이를 爻로써 말하자면 상육 밑으로 온 구오와 구사가 된다.

그런데 현재 중국 주역 전문사이트 가운데에서는 '拘系'를 '拘禁'으로, '維'를 '捆綁(곤방:동여매다)'으로, '之'를 '俘虜[fú lǔ :捕虜]'로 각각 풀이하고 있기도 하다. 한편, 우리나라에서는 정이천의 주역을 받아들여서, '亨'을 '형통하다'로 해석하면서 王을 周 太王 公亶父(주 문왕의 祖父:姬亶)가 서산(西山=岐山)에서 왕업을 형통하게 했다는 고기(古記)를 얘기하기도 한다. 그리고 '亨'을 '제사지내다'로 해석하는 이들은, 王을 周 文王으로 얘기하면서 문왕이 기산(岐山)에서 제사를 지냈다는 고사(古事)를 말하기도 한다. 이런 점은, 현재 중국 주역 전문사이트들에서도 같이 나타나 있다. 어느 곳에서는 亨을 '형통하다'로, 또 어느 곳에서는 '祭祀지내다'로 풀이한다는 뜻이다. 그러나 '亨'을 '用'과 함께 쓴 것으로 미루어보면, '형통하다'가 아니라 '제사 지내다'로 해석함이 옳다고 본다.

그리고 '乃從, 維之'를 '乃從維之'로 붙여 쓰는 이들(정이천, 신원봉, 고은주)도 있고, 띄어 쓰는 이들도 있다. 이점 역시 현재 중국 주역 전문사이트들에서도 마찬가지이다. 그리고 '從'을 '복종하다'로 해석하는 이도 있고, '따르다(隨)'로 해석하는 이도 있다. 이렇게 짧은 爻辭 문장 하나를 놓고 해석이 분분하다.

《象》曰：拘係之, 上窮也.

「상」에서 말했다. '붙잡아 묶고, 마침내 추종함을 동여맨다'라고 함은, 위가 다함이다.

✎ 위가 다했다는 것은, 상육을 따르는 이들의 마음이나 자세가 극에 달하여 추종자의 몸과 마음을 단단히 결속해 둘 수 있다는 뜻이다. 바꿔 말하면, 상육 곧 윗사람을 추종함이 극에 달했기 때문에 결속 가능했다는 뜻으로 이해된다.

＊　　　＊

'隨'라는 말의 의미는 卦辭·象辭·六爻辭 등에서 한결같이 '추종하다, 따른다'라는 뜻으로 쓰였음을 확인할 수 있었다. 이때 상·하괘로 말하면, 陰이 陽을 따른다는 뜻인데, 이것을 인간사로 바꾸어 말하자면, 여자가 남자를 추종하고 따른다는 뜻으로 해석할 수 있지만, 그것이 아니고, 그저 사람이 사람을 믿고 따르는 일로 확대된다.

이에 관해 다시 정리하자면, 象辭에서의 '隨' 곧 '追從'은 자신을 낮추어 陰 아래로 내려온 陽을 陰이 믿고 따르는 것으로 설명했지만, 六爻辭에서의 추종은 陰陽 구분이 없어지고, 위아래 구분도 없어진다. 그래서 초구는 가까이 위에 있는 육이를 추종하고, 육이는 위에 있는 짝 구오를 추종하지 않고 아래 이웃 초구를 추종한다. 육삼은 위에 있는 이웃 구사를 추종하고, 구사는 위에 있는 구오를 추종한다. 구오는 짝으로서 아래에 있는 육이와 이웃으로서 위에 있는 상육의 추종을 받는다. 상육은 아래 있는 구오로부터 추종을 받는다.

여하튼, 사람이 사람을 믿고 따른다는 일에는 조건이 있다. 사람이 믿고 따르는 대상에게는 그럴 만한 이유가 있어야 한다는 뜻이다. 누군가를 믿고 따랐을 때는 어떠한 형태로든 내게 이득이 있어야 한다. 그 이득을 가져다주는 요인으로는 여러 가지가 있을 수 있지만, 대개는 상대방이 갖는 정도(正道), 의리(義理), 능력(能力), 성품(性品), 지휘 통솔자로서의 자질(리더십) 등이다. 그리고 믿고 따름의 관계가 올바르게 형성되려면, 상호신뢰라고 하는 믿음이 있어야 하고, 서로가 떳떳하게 도움이 되어야 한다는 사실이다. 이것이 육효사를 통해서 배울 수 있는 점이다.

18. 山風蠱卦

주역 열여덟 번째 괘로 산풍고괘(山風蠱卦)가 있다. 山 艮이 上卦이고, 바람 風 巽이 下卦라는 뜻이다. 그 모양 으로 보면, 산 아래에서 바람이 부는 모습이다. 山은 만 물이 시작하고 끝나는 곳이다. 그리고 巽은 만물을 휘 게 하고, 가지런히 정리하기도 한다. 이런 산 아래에서 바람이 분다는 것은 많은 일을 한다는 뜻이다. 곧, 산에 사는 초목을 흔들고, 그에 따라서 동물들도 이리저리 피하게 될 것이다. 물론, 바람의 세기에 따라서 초목이 흔들리고, 나뭇잎이 떨어 지고, 가지가 부러지기도 하며, 더러는 통째로 넘어지기도 할 것이다. 그렇게 바 람은 살아있는 것들에게 시련을 안기기도 하면서 산속을 가지런히 재정비하기 도 할 것이다. 이러한 산을 한 나라라 하고, 인간 사회라 하고, 한 가정이라고 한 다면, 그 속으로 부는 바람은 낡고 쓸모없는 것들을 정리하면서 새로운 질서를 부여하는 새 기운이자 새 조류(潮流)일 수도 있다고 생각한다.

卦德으로 보면, '巽而止'이다. 곧, 공손하고, 멈춘다. 그리고 '散而止'라고도 할 수 있다. 곧, 흩어지게 하고, 멈춘다. 그리고 육효 배열로 보면, '음, 양, 양, 음, 음, 양'으로, 음이 셋이요, 양이 셋으로 균등하다. 구삼과 육사만 자리가 바르고, 나머지는 자리가 바르지 못하다. 구이가 剛中을 얻고, 육오가 柔中을 얻어 짝으 로서 호응하나 나머지 두 짝은 호응하지 못한다.

이런 '山風'을 '蠱'로 받았다. '蠱'는 어떤 의미로 쓰였을까? '蠱'는 '뱃속 벌레, 기생충, 곡식 벌레, 악기, 독기, 굿, 정신병, 일, 미혹하게 하다, 주문을 외다, 의심하다, 요염하다, 아름답다' 등 다양한 뜻으로 쓰이는데, 여기서는 '일'로 생각해볼 수 있으나 아직은 분명하지 않다. '蠱=事'라고 생각해 볼 수 있다는 정도이다.

「序卦傳」에 의하면, "以喜隨人者必有事, 故受之以蠱. 蠱者, 事也"라고 했고, 「雜卦傳」에 의하면 "蠱則飭也"라 했다. 곧, 기쁘게 따르는 사람에게는 반드시 일이 있으므로 따르는 隨卦 다음을 일하는 蠱卦가 이어받았고, '蠱'라는 것은 '정비하다, 정리한다, 바로 잡다'라는 뜻이다. 그러니까, '飭'를 '정비하다, 정리하다, 바로잡다'라는 뜻으로 해석했다. 물론, 이런 일들도 일은 일이다. 중국에서는 이 '飭'을 '糾(규)'로 바꾸어 표기하기도 한다. 이 '糾'에는 '끌어모으다, 합치다, 바로 잡다' 등의 뜻이 있다. 그렇다면, '蠱'는 '바로잡다, 정리하다'라는 뜻으로 쓰였을 가능성이 있다. 정확한 것은 六爻辭까지 다 읽어 보아야 분별 되리라 본다.

참고로, 산 아래에서 부는 바람은 山風 '蠱'가 되지만 산 위에서 부는 바람은 風山 '漸'이 된다. 이 둘의 대비를 통해서 蠱의 의미를 생각하면, 앞으로 점점 나아가지 못하고, 무언가 과거사를 정리하고 바로잡는 일을 하는 것이 '蠱'가 아닌가 싶기도 하다. 글자의 형상대로, 접시 위에 놓인 벌레 세 마리를 잡는 일이라고 빗대어 말할 수 있다.

*　　　*

蠱 : 元亨, 利涉大川 ; 先甲三日, 後甲三日.

산풍고괘는 크게 형통하고, 큰 강을 건넘이 이롭다. 일을 시작하기 전 3일과 일을 시작하고 나서 3일을 (신중히 한다).

✎ 바람이 산속에서 분다는 蠱卦가 크게 형통한 것은, 산속의 만물을 가지런히 정리함이기에 형통한 것이고, 큰 강을 건넘이 이롭다는 것은, 국가적 대사를 감행함이 이롭다는 뜻이다. 그리고 일을 시작하기 전 3일과 일을 시작하고 나서

후 3일을 신중히 한다는 것은, 大事를 감행함에 그 전후를 면밀하게 따지고 살펴서 조심스럽게 이행하라는 뜻이다.

'先甲三日, 後甲三日'이 왜, 일을 시작하기 전 3일과 일을 시작하고 나서 3일을 신중히 한다는 뜻이 되는가? 甲은 十干의 첫째 天干이다. '甲·乙·丙·丁·戊·己·庚·辛·壬·癸' 십간에서 갑 앞의 3일은 辛이고, 갑 뒤로 3일은 丁이다. 신일(辛日)에서 정일(丁日)까지 7일 동안에 대사를 신중하게 실행하라는 뜻인가? 무언가 이상하다는 생각이 든다. 대사를 어떻게 7일 동안에 실행하라 하는가? 바로 여기에서 '七日來復' 원리를 떠올리는 사람도 있을 것이다. 그러니까, 건괘(乾卦)가 곤괘(坤卦)가 되고, 곤괘가 다시 건괘로 되돌아오듯이, 천지 순환의 질서에 맞추어서 믿음을 갖고 대사를 감행하라는 의미로 받아들일 수 있다는 뜻이다.

그리고 十干이 순서, 순위를 매길 때도 사용되기에 甲을 어떤 행동이나 일을 시작하는 始點으로 해석하고, 행동개시 3일 전과 행동개시 후 3일을, 그러니까, 대사를 현재 기준 그 전후를 잘 따져서 신중하게 하라는 포괄적인 의미로 해석할 수도 있다는 점이다. 물론, 필자는 여기에 맞추어 해석했는데 현재 중국에서는 전혀 다른 해석을 한다. 곧, '대사를 행동으로 옮기는 시간을 최소한으로 축소하여 '선갑삼일과 후갑삼일'이라는 말로 표현했다는 설(行動的 時間)과 제사를 지내는 시간으로 보는 설이다(祭祀的 時間). 이 두 가지 중에서도 후자일 가능성이 매우 크다고 말하는데, 이는 卦辭를 占을 친 결과로 보기 때문이다.

그리고 이 '先甲三日, 後甲三日'과 유사한 말이 重風巽卦 九五 爻辭에서도 나오는데 그곳에서는 '先庚三日 後庚三日'이라는 말이 나온다. 중국에서는 일반적으로 '庚'을 '申命'으로 해석하기도 하고, '更'으로 해석하기도 한다(朱熹). 명령을 내리기 전 3일과 내린 후 3일에 걸쳐 간곡하게 명령 준수를 당부한다는 뜻이다.

《彖》曰：蠱, 剛上而柔下, 巽而止, 蠱. 蠱元亨, 而天下治也. 利涉大川, 往有事也. 先甲三日, 後甲三日, 終則有始, 天行也.

「단」에서 말했다. 산풍고괘는 강이 올라가고, 유가 내려오니, 공손하고 멈춤이 고이다. '고괘가 크게 형통하다' 함은, 천하를 다스림에 있다. '큰 강을 건넘이 이롭다' 함은, 가면 일이 있음이다. '일을 시작하기 전 3일과 일을 시작하고 나서 3일을 신중히 함'이란 끝마치는 즉 시작하는데 (이것이) 하늘의 움직임이다.

✎ 剛이 올라가고 柔가 내려왔다는 것은, 크게 보면, 산 艮卦가 小男으로 上卦가 되고, 바람 風 巽卦가 長女로 下卦가 되었다는 점이고, 작게 보면, 下卦에서 구이 구삼이 陰爻 초육 위로 올라가 있고, 上卦에서 상구가 육오 육사 위로 올라가 있다는 사실을 말한 것이다. 그리고 공손하고 멈춤이 蠱卦라는 것은 蠱卦 상·하괘의 덕성을 이어서 말한 것이다. 곧, 산은 멈춤이고, 바람은 공손함이기 때문이다.

그리고 蠱卦가 크게 형통한 이유가 천하를 다스림에 있다고 설명했다. 천하를 다스린다는 것은 통치자로서 나랏일을 주도한다는 뜻이다. 나아가면 일이 있다는 것은 앞으로 나아가면 감행해야 할 국가적 대사가 기다리고 있다는 뜻이다. 끝마치는 즉 시작이 있다는 것은, 주야(晝夜)·사시(四時)라는 자연현상처럼 일정한 질서에 의해서 되풀이된다는 뜻이다. 그래서 '天行'이라는 말이 붙었다. '天行'이란 하늘의 움직임 곧 그 작용이다.

《象》曰：山下有風, 蠱 ; 君子以振民育德.

「상」에서 말했다. 산 아래에 바람이 있음이 고괘이니, 군자는 이로써 보고 깨달아서, 백성을 떨쳐 일어나게 하고, 덕을 기르게 하라.

✎ 山 艮卦에서 '育德'을, 바람 巽卦에서 '振民'을 도출(導出)해 낸 것 같다. 산은 만물을 시작하게 하고 끝나게 하는 것이지만, 바람은 만물을 흔들고 휘게 하기도 하지만 가지런히 정리한다. 그런 바람이 산속에서 부는 것은, 산에서 살아

가는 생명을 흔들어 깨우고 채찍질하여 더욱 분발해서 살도록 한다. 이것을 인간사로 바꾸어서 말하자면, 통치자로서 백성을 흔들어 깨워서 덕을 기를 수 있도록 하라는 뜻이다.

初六, 幹父之蠱, 有子考, 无咎 ; 厲終吉.

초육, 아버지의 일을 맡아 처리하는데, 자식의 깊은 헤아림이 있으니, 무구하다. 위태로우나 끝내 길하다.

初六 : 幹父之蠱, 有子, 考无咎, 厲終吉. (한국 & 중국)

아버지의 일을 맡아 처리하는데, 자식이 있으니, 죽은 아버지에게 화가 없다. 위험하나 끝내 길하다.

✎ 초육은 자리가 바르지 못하고, 짝인 육사와 호응하지 못하며, 이웃인 구이와 가깝게 지낼 수는 있다. 그런 그가 아버지의 일을 주관하여 처리한다. 양의 자리에 음으로 와서 柔剛한 초육이 신중함을 보인다. 그리고 가깝게 지낼 수 있는 육이의 도움을 받을 수도 있다. 그래서 무구하고 끝내 길하다. 그렇다면, 왜, 위태로운가? '아버지의 일'이라고 말했지만, 실은, '아버지의 蠱'이다. '蠱'는 '事'와는 다르다. 事 대신에 蠱를 쓴 이유를 생각해야 한다. 아버지의 일은 일이로되 變故나 事故 같은, 좋지 못한 일이다. 아버지의 그런 일을 맡아서 처리, 정리하는데 아버지의 일이라고 해서 무조건 좋게만 할 수는 없을 것이다. 지나간 일은 반드시 시비를 가리게 되고, 평가가 뒤따른다. 그래서 논쟁이 있을 수 있고, 그 과정에 위험스러운 일이 발생할 수도 있기 때문이다.

'幹'을 '主管하다'로 해석하면 '관'으로 읽어야 하고, '맡다, 담당하다'로 해석하면 '간'으로 읽어야 한다. 그런데 대개는 '주관하다'로 해석하면서 '간'으로 읽는다. 우리의 한문 번역이 世襲되었다는 反證이기도 하다. 이 '幹'을 해석하는 데에는 주의가 필요하다. 왜냐하면, 육사 효사에 '裕父之蠱'라는 말이 나오기 때문이다. '幹'과 '裕'를 구분해야 한다는 뜻이다. '幹'은 '담당하다, 맡다, 하다' 등의 의미라면, '裕'는 '받아들이다, 용납하다, 너그럽다, 관대하다' 등의 의미로 쓰였다.

그릇(皿) 위에 놓인 벌레들(蟲)을 잡아내는 일을 맡아서 처리하는데 대개는 '幹'하지만, 누구는 '裕'한다. '幹한다'라는 것은, '맡아 처리하다, 주관하다'의 뜻이고, '裕한다'라는 것은, '받아들이다, 용납, 용인하다'라는 뜻이다.

《象》曰 : 幹父之蠱, 意承考也.
상에서 말했다. '아버지의 일을 맡아 처리함'이란, 뜻을 계승하고 깊이 헤아림이다.

✎ 뜻을 계승하고 깊이 헤아린다는 것은 아버지의 좋지 못한 일, 곧 아버지의 과거사를 정리하면서 정당성을 부여했다는 뜻이다.

九二, 幹母之蠱, 不可貞.
구이, 어머니의 일을 맡아 처리하는데, 정도를 고수할 수 없다.

✎ 구이는 자리가 바르지 못하고, 짝인 육오와 호응하며, 아래 이웃 초육과 가깝게 지낼 수 있다. 그리고 剛中을 얻었다. 구이는 음의 자리에 양으로 와서 밀어붙이는 경향이 없지 않다. 어머니의 과거사에 대하여 정당성을 부여하고 싶어도 이루어지지 않는다는 뜻이다. 구오와 초육의 지지를 받을 수도 있는데 왜, 그럴까? 오로지 부당한 자리 때문일까?

'不可貞'이라는 말에 대하여, 신원봉은 "곧음을 견지해서는 안 된다"라고 번역하였고, 고은주는 "지나치게 굳세게 밀어붙이면 안 된다"라고 번역하였으며, 심의용은 "지나치게 곧으면 안 된다"라고 번역했다. 그런가 하면, 중국에서는 '점을 쳐서 길흉을 물을 수가 없다(吉凶不可卜問)'라고 해설하기도 하고, '바름을 지키려고 고집부리면 불가하다(不可固執(守正)'라고 해석하기도 한다.

《象》曰 : 幹母之蠱, 得中道也.
상에서 말했다. '어머니의 일을 맡아 처리함'이니, 중도를 얻음이다.

✎ 중도를 얻었다는 조건이 어머니의 일을 맡아 처리한다는 당위 설명이 너무나 피상적이고 상투적이라는 생각이 든다. 중도를 얻지 못한 초육과 구삼도 아버지의 일을 맡아 처리하고, 유중을 얻은 육오는 어머니가 아닌, 아버지의 일을 맡아 처리하지 않는가? '小象辭'라고 해서 100% 옳다고 말할 수 없으며, 한계가 있다.

九三, 幹父之蠱, 小有悔, 无大咎.
구삼, 아버지의 일을 맡아 처리함에 후회함이 좀 있으나 큰 허물은 없다.

✎ 구삼은 자리가 바르고, 짝인 상육과는 호응하지 못하며, 이웃인 육사와는 가깝게 지낼 수 있다. 그런데 왜, 아버지 일을 맡아 처리함에 작은 뉘우침이 있으며, 큰 허물은 없다고 하는가? 구삼은 짝인 상구와 호응하지 못하고, 중도를 지나친 교만함 때문에 자리가 바른 데에도 약간의 후회와 허물이 있다. 이것이 무슨 말인가? 구삼은 下卦 巽의 상효로서, 다시 말해, 바람의 제일 앞잡이로서 산속으로 들어가는, 過中한 者라는 뜻이다. 그래서 지나친 의욕과 언행으로 아버지의 일을 맡아 처리하기에 약간의 무리가 따른다는 뜻이다.

《象》曰 : 幹父之蠱, 終无咎也.
상에서 말했다. '아버지의 일을 맡아 처리함'이니, 끝내 무구하다.

✎ 아버지의 뜻을 계승하고 깊이 헤아린다는 것은, 의리상 마땅한 일이며, 아버지를 자식으로서 섬기는 일이기 때문에 그 과정에서는 약간의 후회와 허물이 있을지라도 끝내는 좋다는 뜻이다. 그 정도의 線은 보아줄 수 있다는 뜻으로 해석된다.

六四, 裕父之蠱, 往見吝.

육사, 아버지의 일을 용인함이니, 나아가면 인색함을 보게 된다.

✎ 육사는 자리가 바르고, 짝과 호응하지 못하며, 아래 이웃 구삼과 가깝게 지낼 수 있다. 그런데 왜, 육사는 아버지의 일을 맡아 처리하되, 용인하고 나아가면 인색함을 보게 되는 것일까? 先代의 과거사를 놓고, 그 잘잘못을 따지고, 진실을 규명하며, 바로잡아 정리해야 하는 상황에서 왜, 육사는 관대하게 받아들일까? 관대하게 받아들인다는 것은, 정당성을 부여하면서 덮어둔다는 뜻이다. 물론, 인간사적인 시각에서 보면, 지위가 높은 자는 그 권위로써 是正의 요구가 있어도 적당히 덮어두는 수가 있다. 육사가 바로 그런 경우라고 볼 수 있다. 그리고 인색함을 보게 된다는 것은, 육사처럼 시정의 요구가 있는 데에도 불구하고 적당히 덮어두고 넘어가게 되면 주변 사람들이 곱게 보지 않는다는 뜻이다.

《象》曰 : 裕父之蠱, 往未得也.

상에서 말했다. '아버지의 일을 용인한다' 함은 가서 얻지 못함이다.

✎ 가서 얻지 못한다는 것은, 아버지의 일을 맡아 적당히 처리하기 때문에 동의와 지지를 받지 못한다는 뜻이다. 따라서 섬기는 부모의 일이라도 마땅히 비판할 것은 비판하고, 바로 잡아야 할 것은 바로 잡는 게 도리이고, 그래야 뒷일에 걱정이 없는데 그 해야 할 일을 하지 않음은 지지받지 못할 뿐 아니라 다른

문제의 화근이 되기도 한다.

六五, 幹父之蠱, 用譽.

육오, 아버지의 일을 맡아 처리함에, 좋은 평판을 활용하라.

✎ 육오는 자리가 바르지 못하고, 짝인 구이와 호응하며, 이웃인 상구와 가깝게 지낼 수 있다. 그리고 柔中을 얻었고, 지체 높은 자리이다. 아버지의 일을 맡아 처리하는데 자신의 혹은 아버지의 좋은 평판을 활용하여 정리한다는 뜻이다.

'譽'는 명사로 명예, 영예, 칭찬, 찬양, 좋은 평판 등의 뜻이 있으나 필자는 '좋은 평판'으로 해석하였다. 그 좋은 평판이란 자신과 아버지에 대한 세간의 評일 것이다.

《象》曰 : 幹父用譽, 承以德也.

상에서 말했다. '좋은 평판을 활용하여 아버지의 일을 맡아 처리한다' 함은, 덕으로써 받들어 계승함이다.

✎ '아버지에 대한 좋은 평판을 활용하여 아버지 대(代)의 일을 처리 정리한다' 함은 덕으로써 아버지의 유업과 뜻을 받들어 계승함이다.

上九, 不事王侯, 高尙其事.

상구, 왕을 섬기지 않고, 그 일을 높이 숭상한다.

✎ 상구는 음의 자리에 양으로 와서 그 자리가 바르지 못하고, 짝인 구삼과 호응하지 못하며, 아래 이웃 육오와 가깝게 지낼 수 있다. 높이 숭상한다는 것은 높이 평가한다는 뜻이다. 상구는 자신의 先王을 섬기지 않고, 그 일을 높이 숭상

한다. 그 일이란, 先代인 부모의 일을 맡아서 처리하는 일이다. 따라서 상구의 일은 냉정할 것이다.

여기서 '王侯'를 글자 그대로 '왕과 제후'로 해석하는 이도 있고, '왕'으로 뭉뚱그려서 해석하는 이도 있으나 이것은 큰 문제가 되지 않는다. 진짜 문제는, '高尙其事'이다. 여기서 '高尙'을 '높이 숭상한다'로 해석함에는 대개 이의가 없으나, '其事'에서 其가 지시하는 내용에 대해서는 구체적으로 언급하지 않으면서 '자기의 일'로 해석한다. '事'가 '일'이라면 선대인 부모의 일을 맡아서 처리하는, 현재의 일일 것인데 그런 설명도 없이 그냥 '자기의 일'로 번역한다. 여기에는, 상구를 부모의 일을 정리 처리하는 주체로 본 것이 아니라 대상으로 보았기 때문이다. 과연, 어느 쪽이 맞는가? 필자는 대상으로 보지 않고 주체로 보았다는 점이 다르다.

상구를 蠱의 대상으로 본 이들은 이 爻辭에 대하여 이렇게 해석한다. 곧, 신원봉은 "왕이나 제후가 되려 하지 않고, 자신의 일로만 만족한다"라고 의역하였고, 고은주는 "왕과 제후를 섬기지 않고 자신이 해야 할 바를 높인다"라고 번역했다. 그런가 하면, 심의용은 "왕후의 일을 섬기지 않으면서도, 자신의 일을 고결하게 숭상한다"라고 번역했다. 그렇다면, '자신의 일이란 무엇인가?'라는 새로운 질문이 성립한다.

《象》曰 : 不事王侯, 志可則也.

상에서 말했다. 왕을 섬기지 않는다는 것은, 의중이 법칙이 될 수 있기 때문이다.

✎ 의중이 법칙이 될 수 있다는 것은, 선왕인 부모의 일을 판단, 정리해야 하는 주체인 상구의 의중이 판단에 영향을 미치어 법칙 곧, 그릇된 판단의 결과가 될 수 있기에 왕을 섬기지 않고, 다시 말하면, 편견을 갖지 않고, 과거사를 평가하고 정리하는 일을 높이 존중한다는 뜻이다.

　　　　　　*　　　*

　‘蠱’는 ‘飭’이면서 ‘糾’이고 ‘事’이다. 곧, ‘蠱=飭=糾=事’라는 뜻이다. 蠱는 일은 일이로되, 先代인 부모의 일을, 다시 말해, 과거사를 취합하여, 옳고 그름을 분별하면서, 정리하는 과정이다. 그러고 보면, ‘역사 바로 세우기’ 내지는 ‘과거사 정리’라고 말할 수 있다.

　六爻는 이런 일을 도맡아 하는 주체로서 그 대상이나 방법이나 임하는 태도 등을 달리하면서 길흉이 생기는 이치를 말한 것이 바로 이 蠱卦이다. 그런데 누구는 아버지의 일을 맡아서 정리하고, 누구는 어머니의 일을 맡아 정리한다. 그리고 누구는 부모의 일을 취합, 옳고 그름을 분별하여 정리함으로써 뜻을 받들고 계승하는데, 또 누구는 덮어둔 채 너그럽게 용인하고 넘어가려 한다.

　하지만, 여기에 어떤 일관된, 근원적인 질서가 보이지는 않는다. 곧, 아버지의 일이라고 해서 陰이 하는 것도 아니고, 어머니의 일이라 해서 陽이 하는 것도 아니다. 그저 二爻만 어머니의 일을 맡아서 하고, 나머지는 아버지의 일을 맡아서 한다. 그리고 부모의 일을 맡아 처리하는 데에도 ‘幹’과 ‘裕’가 있다. 곧, 九四는 ‘裕’하고, 나머지는 ‘幹’한다. 다만, 육효 관계에서 호응하는 구이와 육오는 대체로 좋으나, 호응하지 못하는 두 짝인 초육과 육사, 구삼과 상구는 허물과 뉘우침이 있을 뿐이다. 그렇다고, 반드시 딱딱 떨어지는 것도 아니다.

　일단, 전체를 내려다보면, 초육, 구삼, 육사, 육오는 아버지 일을 맡아서 정리하고, 구이는 어머니의 일을 맡아 정리한다. 그리고 상구는 직접 관여하지 않는 듯 냉정한 태도를 보인다. 이런 구분이 어떤 근거에 의한 것인지, 현재의 필자로서는 알지 못한다. 그리고 초육, 구이, 구삼, 육오 등은 부모의 과실에 대하여 ‘幹’하지만 유독, 육사만은 ‘裕’한다. 이런 차이는 왜 생기는 것일까? 필자는 아직 이해하지 못했다.

　그리고 도맡아서 정리해야 할 대상으로는, ‘아버지의 일(父之蠱)’과 ‘어머니의 일(母之蠱)'이라는 말로써 표현했지만, 꼭 이 두 가지 일만은 아니라고 생각된다. 先代에서 추진해 온 정책적인 모든 일이 될 수 있다. 그런데 그 일에 관하여 '事' 또는 '業'이란 글자를 쓰면 되는데 그렇지 않고 '蠱'라는 글자를 사용했다. 여기에는 반드시 그럴 만한 이유가 있을 것이다. 이미, '蠱'에 대하여 '飭, 糾, 事' 세 글자로 풀었고, 그릇 위의 벌레들이라는, 蠱의 含意를 고려하면 좋지 못한 일임에는 분명하다. 그래서 이 '蠱'를 두고, 작게는 '過失·過誤'라고 하고, 크게는 '腐敗·積弊'라고까지 확대해석할 수 있다고 본다.

따라서 蠱는 바로잡아 정리해야 하는 '過去事'라고 말할 수 있으며, 이를 요즈음 말로 바꾸어 말하자면, 선대의 정치적 '잘잘못에 관한 규명', '부패 혁신', '적폐청산'이라고까지 할 수 있다. 그러니까, 당대에서는 필요하다고 판단하여 추진한 일이지만 한 대를 내려가면서 오히려 그것이 불편하고 마땅치 않은 일로 판단되어 그것을 수정 보완하거나 청산하는 일이 蠱라는 뜻으로 이해하고 싶다. 이름하여 '積弊를 청산하는 일'에 가장 가깝다.

그 적폐를 청산하는 방법인즉 上·下卦 덕성이 말해주었듯이, 공손하게 멈추는 것이고, 그것은 곧 섬김이다. 그 섬김을 전제로 '깊이 헤아리고(考, 意)', 필요하면 그 뜻을 '계승(繼承)'하며, 그렇지 못한 경우에는 중지를 모아 신중하게 처리하되 자신의 지위와 선대의 좋은 평판을 최대한 활용해야 한다는 것이 六爻辭의 가르침이다. 권력이 세습되는 사회에서는 이것이 최선의 방책일 수는 있겠으나 오늘날처럼 선거를 통해서 권력을 쟁취하는 듯한 사회에서는 그 반대로 책임을 묻고 사법적으로 단죄하기 바쁘다.

19. 地澤臨卦

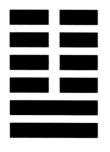

주역 열아홉 번째 괘로 지택임괘(地澤臨卦)가 있다. 땅 地 坤이 上卦이고, 연못 澤 兌가 下卦라는 뜻이다. 그 모양으로 보면, 연못 위로 땅이 있는 모습이다. 연못 위로 땅이 있다는 것은, 땅이 연못 위로 섬처럼 솟아있다는 뜻으로 땅이 연못을 내려다보는 상황이다. 마치, 어머니가 소녀를 품고 있는 모습이다. 卦德으로 보면, '說而順'이다. 기뻐하며, 순종한다. 두 기운의 소통이 형통할 것이다. 육효 배열로 보면, '양, 양, 음, 음, 음, 음'으로, 밑으로 양이 둘이고, 위로 음이 넷인데, 점차 陰이 양으로 바뀌어 종국에는 陽으로 가득한 重天乾卦가 되어가는 길을 밟는다. '12피괘설'에 의하면 그렇다는 뜻이다. 따라서 陽의 작용이 중요할 것이라는 생각이 들며, 과연 上·下卦의 덕성처럼 기쁨으로 순종하는지도 궁금하다.

이런 '地澤'을 '臨'으로 받았다. '臨'은 어떤 의미로 쓰였을까? '臨'은 임할 '림'으로 읽히는데 '임하다, 내려다보다, 다스리다, 통치하다, 대하다, 뵙다, 비추다, 비추어 밝히다, 본떠 그리다, 접근하다, 지키다, 치다, 공격하다, 哭하다, 임시, 장차' 등의 뜻으로 쓰인다. 여기서는 '다스리다', '내려다보다' 등으로 쓰인 것 같다. 물론, 정확한 의미는 六爻辭까지 두루 다 읽어야 알 수 있을 것이다.

「序卦傳」에 의하면, "蠱者事也. 有事而后可大, 故受之以臨. 臨者大也"라 했고, 「雜卦傳」에 의하면, "臨, 觀之義, 或與或求"라고 했다. 곧, '蠱'라는 것은 '일'이다. 일이 있고 난 뒤에는 가히 커진다. 그러므로 일하는 蠱卦 다음을 커지는 臨卦가

이어받았고, '臨'이란 것은 크다는 뜻이다. 그리고 臨과 觀의 의리는 혹 주기도 하고, 혹 구하기도 한다는 것이다. 이것이 무슨 의미인가? 그것은 곧 臨卦에서는 陽에게 陰을 내어주지만, 觀卦에서는 陰에게 陽을 내어주는, 兩卦 사이에 의리가 있다는 뜻이다.

蠱卦가 아버지 어머니 代의 일을 맡아서 옳고 그름을 판단 규명하여 정리하는 일을 하는 상황인데, 이런 일을 나랏일로 바꾸어 크게 보면, 새로 들어선 왕조가 先代의 과거사를 정리하고, 정비하는 과정이다. 그래서 이어받을 것은 계승하고, 폐기할 것은 폐기하는 일을 대대적으로 하고 나면 나라를 새롭고 부강하게 만드는 일이 과제로 주어질 것이다. 바로 이런 과제에 당면해서는 어떤 자세와 어떤 태도로 임하느냐가 무엇보다 중요할 것이다. 이런 맥락에서 본다면, '臨'은 '임한다'라는 뜻으로 읽힌다.

임한다는 것은, 어떤 상황에 직면하여, 그 상황을 바라보고 인지하는 과정과 그 상황을 타개하기 위한 행동하는 과정으로 나타날 것이다. 먼저, 상황 파악이 선행되고, 구체적인 지침이나 계획에 따라 움직이는 행동이 뒤따른다. 그래서 상황을 바라보는 태도나 자세 등이 드러나고, 그다음, 직접적인 행동이 나타나게 마련이다. 이것을 통치자 시각에서 바라보면 '臨'이 '통치하다, 다스리다'라는 의미가 될 것이다.

*　　*

臨 : 元亨, 利貞. 至于八月有凶.

지택임괘는 크게 형통하고, 정도를 지켜야 이롭다. 8월에 이르러 흉이 있다.

✍ 臨卦가 크게 형통하다는 것은, 어머니가 소녀를 품어 키우는 기운이기에 그러하고, 점차 음이 양으로 바뀌어 가면서 4월이 되면 양효로만 가득한 중천건괘가 되기에 형통한 것이다. 그리고 8월에 이르면 흉함이 있다는 것은, '臨'은 절

기 大寒이 들어있는 음력 12월 卦인데 8월이 된다는 것은, 泰·大壯·夬·乾·姤·遯 否를 거쳐 절기 秋分이 있는 觀이 된다. 그렇다면, 왜 臨이 觀이 되면 흉하다고 할까? 그것은 '양, 양, 음, 음, 음, 음'이 '음, 음, 음, 음, 양, 양'이 되기 때문이다. 臨에서는 밑에 있는 양효 둘의 노력으로 위에 있는 陰 넷이 차례로 점차 陽으로 바뀌어 가지만, 觀에서는 밑에 있는 陰 넷의 協攻으로 위에 있는 陽 둘이 차례로 陰으로 바뀌어 가기 때문이다.

　臨卦 卦辭는, 현재 중국 주역 전문사이트에서 ①元, 亨, 利, 貞. 至于八月有凶 ② 元亨, 利貞. 至于八月有凶 ③元亨利貞. 至于八月有凶 등 세 가지로 표기된다. 우리 나라에서도 마찬가지이다.

《彖》曰：臨, 剛浸而長, 說而順, 剛中而應, 大亨以正, 天之道也. 至于八月有 凶, 消不久也.

　「단」에서 말했다. 임괘는 강이 스며들어 자라나고, 기쁨으로 순종하며, 강이 중도를 얻어 호응하니, 바름으로써 크게 형통하고, (이것이 바로) 하늘의 도이다. '8월에 이르면 흉하다' 함은, 오래지 않아 (양이) 소멸함이다.

　🖊 강이 스며들어 자라난다는 것은, 臨卦는 양이 밑에서부터 둘이지만 앞으로 시간이 가면 갈수록 양이 침투하여 자라나, 결과적으로 양이 하나씩 늘어나 음 력 4월이 되면 陽으로만 가득한 중천건괘가 된다. 이 같은 천지자연의 질서를 말 한 것이다. 더 구체적으로 말하자면, 지구의 자전과 공전으로 인해서 생기는 四 時 변화이며, 晝夜 길이의 변화이다.

　그리고 기쁨으로 순종한다는 것은, 臨卦 上·下卦의 덕성을 이어서 말했을 뿐 이다. 그리고 剛이 중도를 얻어 바르게 호응한다는 것은 九二를 두고 말함이며, '天道'라고 하는 것은, 陰의 자리에 陽으로 와서 剛中을 얻은 구이가 陽의 자리 에 陰으로 와서 柔中을 얻은 짝인 六五에게 바르게 호응함을 말한다. 물론, 이 호응 관계를 확대해석할 수도 있다. 곧, 임괘의 하괘인 兌는 양효 셋인 乾의 상효가 변하여 생긴 것이므로 그 근본 속성은 乾이다. 따라서 하늘 같은 연못이 땅 밑으로 내려와 上卦인 坤과 서로 호응하여 조화롭고 상생하는, 地天泰卦처럼 작용한다고 보는 것이다. 그래서 상·하괘가 서로 호응하여 긴밀하게 작용한다는 의미로도 해석할 수 있다는 뜻이다. 쉽게 말해, 剛中을 얻은 구이와 강중을 얻지는 못했지만, 초구가 乾卦를 대신하여 上卦인 坤과 호응한다는 뜻으로 이해된다. 아주 간단히 말하자면, 地澤臨卦는 地天泰卦의 동생 격이라는 뜻이다.

그리고 팔월에 이르면 흉이 있는 이유를 '소멸하여 오래가지 않는다'라고 했는데, 소멸하는 것은 觀卦에서 위에 있는 두 陽爻를 두고 말한 것이다.

《象》曰 : 澤上有地, 臨 ; 君子以敎思无窮, 容保民无疆.

「상」에서 말했다. 연못 위로 땅이 있음이 임괘이니, 군자는 이로써 보고 깨달아, 가르치고 생각함에 끝이 없어야 하고, 백성을 포용하고 보호하는 일에 경계가 없어야 한다.

✎ 연못 위로 땅이 있다는 것은 '섬'이라는 뜻인데, 섬은 빗물을 연못으로 공급해 주고, 연못의 물은 섬에서 자라는 동식물에 생명수를 공급해 준다. 연못과 땅은 이처럼 서로 긴밀하게 작용하여 기쁘고 순종한다.

이를 다른 각도에서 바라보면, 땅속으로 연못이 들어가 있는 모습이니, 땅 곧 어머니가 연못 곧 소녀를 품고 있는 모양이다. 소녀는 순종을 배우고, 어머니는 기쁜 마음을 감출 수가 없다. 어머니와 소녀의 이런 유순한 기쁨의 관계를 살펴보고서 군자라면 가르치고 생각함을 끝없이 하고, 백성을 포용하고 보호하는 일에 경계가 없이 하라는 뜻이다.

이처럼, 어머니와 소녀의 관계에서, 다시 말해, 上·下卦의 상호작용에서 '敎思'와 '容保'라는 개념이 나왔다. 더 세분하여 말하자면, 敎는 어머니요, 思는 소녀이듯이, 容은 땅이요, 保의 대상은 연못이다.

初九, 咸臨, 貞吉.

초구, 두루 미치도록 임함이니, 정도를 지켜야 길하다.

✎ 초구는 양의 자리에 양으로 와서 그 자리가 바르고, 짝인 육사와 호응하며, 가깝게 지낼 이웃은 없다. 초구는 둘뿐인 양효 가운데 하나이다. '咸'을 '感'으로 해석하는 이들이 많으나, '두루 미치다'로 해석하였다. 이 臨卦에는 양효가 둘이 있는데 이 양효가 있는 초구와 구이에만 '咸臨'이라는 爻辭가 붙었다. 이 양효는 兌卦의 중심으로 '하늘'을 대신해선 땅 밑으로 내려온 자이다. 따라서 이 양효는 꼭 호응하는 짝만이 아니라 음효 모두에게 두루 영향을 미치도록 작용한다고 판단했기 때문이다.

'咸'은 대개, '두루 미치다'가 아니면 '느끼다'로 해석한다. 특히, '咸'을 '感'으로 해석한 이들은, 정이천을 비롯하여 많은데 '감동시켜 다가감' 또는 '감화시켜 군림하니' 등으로 풀이한다. 물론, 정이천이 먼저 '咸, 感也'라고 해석한 데 따른 것이다. 그런데 현재 중국 주역 전문사이트에서는 이 '咸臨'을 "无心之感, 就是發自內心的誠懇, 是一種无私心偏見的交合接觸, 而沒有做作, 做秀的意思"라고 풀이한다. 곧, 사사로운 마음이나 편견 없이 속으로부터 우러나온 정성으로써 접하고 만나 임하는, 그야말로 꾸밈이나 가식이 없는 진솔한 마음으로 임하는 것이라고 했다.

《象》曰 : 咸臨, 貞吉, 志行正也.

「상」에서 말했다. '두루 미치도록 임함이 정도를 지켜야 길하다' 함은, 뜻을 바르게 행함이다.

✎ 뜻을 바르게 행한다는 것은, 양효 곧 군자 혹은 대인으로서 국정을 수행함에 正道로써 통치한다는 뜻이다. 우리는 '臨'을 '임하다'라고 간단하게 번역하지

만 실제로는 어떤 상황에 직면하여 대응, 대처한다는 뜻이 들어있다. 이 임괘의 상황이라는 것은, 과거로부터 쌓인 적폐 곧 과거사를 정리, 청산하고, 나라를 부강하게 해야 하는 임무이다. 이 임무를 다하기 위해서는 국민 교육과 국민의 재산과 생명을 보호하고, 국민을 포용하는 일 등 세 가지가 彖辭에서 언급되었으나 꼭 그 일만이 아니라고 본다. 국가를 크고 강하게 성장·발전시키기 위해서 통치하는 과정으로 보면 틀리지 않는다.

九二, 咸臨, 吉, 无不利.

구이, 두루 미치도록 임함이니, 길하고, 불리할 게 없다.

✎ 구이는 자리가 바르지 못하고, 짝인 육오와 호응하며, 위에 있는 육삼 이웃과 가깝게 지낼 수 있다. 그리고 剛中을 얻었다. 국가를 크고 강하게 성장 발전시키기 위해서는 강력한 리더십이 요구되는데 음의 자리에 양으로 온 구이가 적임자임을 짐작할 수 있다.

《象》曰 : 咸臨, 吉, 无不利, 未順命也.

「상」에서 말했다. '두루 미치도록 임함이니, 길하고, 불리할 게 없다' 함은, 명령을 따름만이 아니다.

✎ 육오와 구이는 君臣 관계인데, 국가를 크고 강하게 성장 발전시키기 위한 國事에 임해서 육오 군주의 명령을 구이가 받아 따름은 지극히 당연하다. 둘 사이 호응하는 관계가 말해주는데 이 관계가 길한 것이다. 그런데 불리한 게 없다는 것은, 바꿔 말해, 유리한 것은 그 順命만이 아닌 다른 무엇이 있다는 뜻이다. 그렇다면, 그것은 무엇인가? 분명하게 말할 수 있는 것은 ①剛中을 얻었다는 조건이자 능력이고, ②유순한 군주와 강력한 신하 사이의 상호 보완적인 찰떡궁합

이다.

이렇게 해석하면, '未順命也'를 '명을 따르지 아니함'으로 해석해도 문제가 되지 않는다. '명을 따르지 않는데 어떻게 길하고 유리한가?'라는 모순이 해소된다는 뜻이다. 곧, 당장은 군주의 명을 곧이곧대로 따르지 않아도 종국에는 군주가 원하고 지시한 목표를 이루어 명령을 따른 것이 되기 때문이다. 구이는 밝은 지혜를 가진 신하로서 신분은 낮으나 백성의 삶이 이롭도록 노력하기 때문이다. 결과적으로 보면, 육오 군주가 그릇된 명령을 내릴지라도 구이가 알아서 처리한다는 뜻이다.

六三, 甘臨, 无攸利 ; 旣憂之, 无咎.
육삼, 달콤하게 임함이니, 이로울 바 없다. 이미 걱정함이니, 무구하다.

✒ 육삼은 자리가 바르지 못하고, 짝인 상육과 호응하지 못하며, 아래 이웃인 구이와 가깝게 지낼 수는 있다. 그러나 중도를 지나쳐 있다. 육삼은 국가를 크고 강하게 성장 발전시키는 상황에 임하여, 우선 보기 좋고 먹기 좋게 임한다는 뜻이다. 그러니까, 말로 한다면, 감언이설이나 늘어놓고, 겉을 많이 꾸미는 등 성실하게 임하지 않기에 불리한 것이다. 그러나 이미 근심하고 있기에 무구하다는 것이다. 꾸미는 것을 좋아하고 감언이설을 즐기는 그가 왜, 돌연, 근심할까? 그것은 사회적 大勢가 국가를 위해서 너도나도 할 것 없이 바르고 정직하게 일하는 분위기인데 자신만이 동참하지 못함을 자각했기 때문일까?

《象》曰 : 甘臨, 位不當也. 旣憂之, 咎不長也.
「상」에서 말했다. '달콤하게 임한다' 함은, 자리가 부당함이고, '이미 걱정한다' 함은, 허물이 오래가지 않음이다

✎ 자리가 부당하다 함은, 양의 자리에 음으로 와서 그 자리가 합당하지 못하다는 뜻이고, 동시에 중도를 지나쳐 있다는 점이다. 그리고 허물이 오래가지 않는다는 것은, 육삼이 陰으로서 자리를 오래 지키지 못하고, 陽으로 바뀌어 地天泰卦가 되어버린다는 뜻이다. 바로 그런 다가올 운명을 알았기에 미리 걱정했다는 뜻이다.

六四, 至臨, 无咎.
육사, 지극정성으로 임함이니, 무구하다.

✎ 육사는 자리가 바르고, 짝인 초구와 호응하며, 가깝게 지낼 이웃은 없다. 국가를 크고 강하게 성장·발전시키기 위해서 다 같이 노력하는 상황에서 육사는 초구와 협력한다. 육사는 신분이 높지만 직접 아래로 내려가 현장에서 세세하게 따지고 챙기는 성실성을 발휘한다. 육사의 이런 자세와 노력이 있기에 비록 柔弱하나 허물이 없다.

'至'를 대개 '지극하다'로 해석하는데, 현재 중국 주역 전문사이트에서는 '親自處理國事'로 해석한다. 육사는 육오 군주를 가까이에서 모시는 大臣으로 아래에 있는 짝 초구에게까지 내려가, 직접 일일이 챙기고 확인하는 성실성을 발휘함으로써 화를 면한다. 위로는 순종하면서 아래로는 성실하게 일하여 자신의 무능력을 보완하는 경우이다.

《象》曰: "至臨, 无咎 位當也.
「상」에서 말했다. '지극정성으로 임함이 무구하다' 함은, 자리가 마땅함이다.

✎ 육사는 음의 자리에 음으로 왔기에 자리가 바르다. 그런 육사가 현장으로 내려가서 직접 확인하고 챙기는 성실함이 높고 바른 자리에서 나올 수 있다고

본 것이다.

六五, 知臨, 大君之宜, 吉.
육오, 지혜로서 통치함이니, 대왕의 마땅함으로, 길하다.

🖉 육오는 자리가 바르지 못하고, 짝인 구이와 호응하며, 가깝게 지낼 이웃은 없다. 물론, 柔中을 얻었다. 국가를 크고 강하게 성장·발전시키기 위한 국가적 대사를 지휘 통솔해야 하는데 가장 근원적인 것은 지식과 지혜이다. 특히, 중도에서 나오는 지혜가 있으니 길하다. 육오는 양의 자리에 음으로 와서 유약한 면이 있으나 신중하다. 그래서 강력한 추진력은 없으나 짝인 구이에게 일임하면, 이것도 육오가 갖는 지혜의 산물이지만, 상호 보완적이어서 국가적 대사를 무난히 완수할 수 있다.

《象》曰：大君之宜, 行中之謂也.
「상」에서 말했다. '대왕의 마땅함'이란 중도로써 행함을 일컫는다.

🖉 중도를 행하기 때문에 대왕으로서 마땅하다는, 다시 말해, 대왕은 모름지기 중도를 행해야 한다는 믿음이 반영되었다.

上六, 敦臨, 吉, 无咎.
상육, 돈독하게 임하니, 길하고, 무구하다.

🖉 상육은 자리가 바르고, 짝인 육삼과 호응하지 못하며, 가깝게 지낼 이웃도 없다. 그런데 상육은 왜, 돈독하게 임할까? 자리가 바르기에 바른 생각을 함일까? 아니면, 초구와 구이의 뜻을 따르고 동참하기 때문일까?

《象》曰：敦臨之吉, 志在內也.

「상」에서 말했다. '돈독한 임함의 길함'이란 뜻이 안에 있음이다.

✎ 뜻 곧 의중이 안에 있다는 것은, 內卦에 있다는 뜻이고, 내괘 중에서도 양인 초구와 구이를 말함이다. 이들 양효에 뜻을 두었다 함은, 그 양효의 뜻을 본받음 이고, 따름이며, 협력함이다.

*　　*

臨卦는 나라를 크고 부강하게 만들어야 하는 과제에 당면하여 어떤 자세로 어 떻게 임해야 하는가를 설명한다. 따라서 개인의 성품이 제일 중요하고, 그다음 이 대인관계이다. 대인관계란 협력할 수 있는 사람이 있느냐 없느냐인데 결과적 으로 짝과의 호응 관계이다. 그리고 그다음이 자리의 當不當이다.

초구와 구이는 신분은 낮으나 陽爻로서 陰爻 넷에게 영향을 미치는 관계로 그 움직임이 대단히 중요하다. 그래서 '咸臨'이라는 爻辭가 붙는다. 육삼은 자리가 바르지 못하고 중도를 지나쳐 있으며, 짝과도 호응하지 못하는 관계로 '甘臨'하 여 无有利하나 无咎하다. 臨卦에서는 가장 나쁜 결과이다. 그리고 육사는 지극정 성으로 현장을 뛰어다니기에 '至臨'으로 받았고, 그래서 무구하다. 육오는 군주 로서 유약한 면이 있으나 강건한 구이와 협력하는 지혜를 발휘하여 '知臨'으로 받았고, 길하다. 그리고 상육은 자리가 바르고, 초구와 구이를 돈독하게 따름으 로써 '敦臨'으로 받았고, 길하다.

결과적으로 보면, 큰일을 당해서는, 자신의 자리부터 정당해야 하고, 협력자 가 있어야 하며, 기쁜 마음으로 따르는 믿음과 포용이 있어야 한다는 것이다. 모 든 인간사가 그러하듯이, 진실하고, 성실하며, 능력이 갖추어져 있을 때 사람과 사람 사이에 믿음이 생기고, 협력 관계가 성립되며, 함께 할 수 있다는 사실이다.

20. 風地觀卦

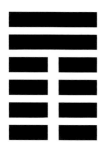

주역 스무 번째 괘로 풍지관괘(風地觀卦)가 있다. 바람 風 巽이 上卦이고, 땅 地 坤이 下卦라는 뜻이다. 그 모양새로 보면, 땅 위로 흩어지는 바람이며, 卦德으로 보면, '順而巽(散)'이다. 곧, 순종하며, 공손하다. 육효 배열로 보면, '음, 음, 음, 음, 양, 양'으로 음이 넷이고, 양이 둘이다.

　臨卦에서도 음이 넷이고 양이 둘이었는데 그 陽의 위치가 다를 뿐이다. 양의 위치가 아래에 있으면, 곧 초효와 이효에 있으면 '臨'이 되지만, 위에 있으면 곧 오효와 상효에 있으면 '觀'이 된다. 臨卦 육효를 거꾸로 배열하면, 다시 말해, 倒顚시키면 觀卦가 되는데, 음효 넷에 양효 둘은 똑같은데 그 위치가 아래에서 위로 옮겨 가면서 그 의미가 완전히 바뀌어버린다. 곧, 臨卦 밑에 있는 두 양효는 국가를 크게 성장 발전시키는 大事에 임하는 막중한 책임을 갖고 노력하는 주인공이 되지만, 觀卦 위에 있는 두 양효는 소인으로 가득한 나라의 현실을 직시하고, 앞날을 걱정하며 내려다보는 주체가 된다.

　이런 '風地'를 '觀'으로 받았다. '觀'은 어떤 의미로 쓰였을까? '觀'은 볼 '관'으로 읽히는데, '보다', 보이게 하다, 보게 하다, 나타내다, 점치다, 모양, 용모, 생각, 누각, 황새' 등 다양한 의미로 쓰이나 여기서는 '보다'로 쓰인 것 같다.

　「序卦傳」에 의하면, "物大然后觀, 故受之以觀"이라 했고, 「雜卦傳」에 의하면, "臨, 觀之義, 或與或求"라고 했다. 곧, 사물이 커진 연후에는 보이게 되니 크게 하는 臨卦 뒤를 보는 觀卦가 이었고, '臨과 觀의 의리는 혹 주기도 하고, 혹 구하기도 한다고 했다. 물론, 여기서 주거니 받거니 하는 것은, 점점 세력이 증대해졌다가 약해지는 음과 양을 말한다. 쉽게 설명하면, 臨卦에서는 陽에게 陰을 내어주지만, 觀卦에서는 陰에게 陽을 내어준다는 뜻이다.

그렇다면, '觀'이란 구체적으로 어떤 의미일까? 물론, 글자 그대로 해석하자면, '보다'이다. 본다는 것은, 눈으로써 시각적인 자극을 접수하여 대상을 분별함을 말한다. 이런 '본다'라는 의미로 쓰이는 글자는 '觀' 외에도 많다. 見(견), 視(시), 瞻(첨), 睹(도), 看(간), 監(감) 등 이외에도 많다. 그리고 '觀' 자가 들어간 단어로는 觀察(관찰), 觀照(관조), 直觀(직관) 등이 있는데 단순히 보는 행위에서 더 나아가 적극적인 사유 기능이 첨가된다. 그래서 '觀'은 단순히 시각적으로 보는 행위만을 의미하는 게 아니라 사유가 수반되는 봄이다. 게다가, 보는 주체의 위상(직위), 관심, 능력 등에 따라서 그 보는 범위가 달라지고, 또한, 보는 시각에 따라서 보이는 대상의 의미나 그 깊이(진실) 등이 달라진다. 그래서 높이 올라가서 보면, 그 보이는 범위가 넓어지고, 자세히 들여보면 잘 보이지 않는 영역의 진실을 알게 된다. 단순히 공간적인 크기 문제만이 아니라 사유 기능이 들어가 있기에 현재를 통해서 보이지 않는 과거와 미래를 통시적으로 보는 것도 포함된다. 한마디로 말해서, '觀'은 일종의 '안목(眼目)'이고 '통찰(洞察)'에 가깝다는 뜻이다.

*　　*

觀 : 盥而不荐, 有孚顒若.
풍지관괘는 (제사 전에 손을) 씻고 (제물을) 올리지 않음이니, 믿음으로 우러른다.

✎ '盥(관)'에 관하여 제사 지내기 전에 손을 씻는 의식으로 보는 이도 있고(程伊川, 朱熹), 술을 땅에 뿌려서 신을 맞이하는 의식으로 보는 이도 있다(馬融). 그

런 탓인지, 현재 중국 주역 전문사이트들에서도 이 두 가지 해석이 혼재해있다. 곧, '盥'을 '祭祀前淨身沐浴, 洗淨雙手的行爲' 또는 '祭祀開頭盛大的傾酒灌地的降神儀式'으로 풀이한다.

그리고 '믿음으로 우러른다' 함은, 卦象으로 말하자면, 觀卦 하괘인 坤이 순종하며 믿음으로써 위에 있는 巽을 우러러본다는 뜻인데, 결국, 위에 있는 군주가 천제께 제사 지내는 모습을 아래에 있는 백성이 지켜보며, 믿음을 갖게 되고, 우러러보게 된다는 뜻이다. 중요한 것은, 觀卦가 위에서 하는 일을 아래에서 본다는 것이고, 보았으면 그 결과로 우러러보면서 믿음을 갖는다는 점이다. 그러니까, 아래에서 위가 보인다는 것이고, 윗사람이 하는 언행을 보고 아랫사람이 배우고, 따라 한다는 의미이기도 하다. 따라서 관괘는, 보고, 보여서 영향을 미침으로 본을 잘 보여야 한다는 의미가 들어있으며, 제사(祭祀)를 그 예로 들어서 말했다고 본다. 쉽게 말해, 보고, 보이어지는 것으로써 제사 만한 것이 없다는 뜻이다.

《象》曰 : 大觀在上, 順而巽, 中正以觀天下. 觀, 盥而不荐, 有孚顒若, 下觀而化也. 觀天之神道, 而四時不忒 ; 聖人以神道設敎, 而天下服矣.

「단」에서 말했다. 크게 보이는 주체가 위에 있고, 순종하며 공손하니, 중도의 바름으로써 천하를 굽어본다. '관괘가 (제사 전에 손을) 씻고 (제물을) 올리지 않음이니, (백성이) 믿음으로 우러른다' 함은, 아래가 보고 교화됨이다. 하늘의 신묘한 도를 보면, 사시가 어긋나지 않는다. 성인이 (그) 신묘한 도로써 배울 수 있는 시설을 설치해야 천하(백성)가 따른다.

✎ 크게 보이는 주체가 위에 있다는 것은, 구오와 상구 두 양효를 말한다. 물론, 이 둘 가운데에서도 中正을 얻은 구오를 두고 말한다고 해야 더 정확할 것이다. 순종하며 공손하다는 것은, 觀卦 상·하괘의 덕성을 이어서 말한 것뿐이다. 그리고 중도의 바름으로써 천하를 굽어보는 주체는 구오를 두고 말함이다. 그리

고 (제사 전에 손을) 씻고 (제물을) 올리지 않음이니, 믿음으로 우러른다는 것은, 아래가 보고 교화됨이다. 결국, 몸과 마음을 깨끗이 하고서 지내는 제사가 백성을 교화시키는 데에 중요한 수단이 된다는 인식이 전제되었다.

그리고 사계절이 어긋나지 않고 순환하는 질서를 두고 彖辭 집필자는 '하늘의 신묘한 도'라고 했음을 알 수 있다. 그러니까, 하늘의 신묘한 도가 사계절을 만들어낸다고 믿었다. 그 하늘의 도를 깨달아 알았으면 성인은 마땅히 그 도로써 가르치는 곳을 설치해야 한다고 했다. 교육기관이라는 시설물을 설치하라는 뜻이다. 그래야 천하의 백성이 따른다는 뜻이다. 여기서 교육기관이란, 천제께 제사 지내는 장소의 시설물이라고 말할 수 있다. 그러니까, 天帝를 모시는 신전과 그 부속 건물이 될 것이다. 간단히 말해, 祠堂이나 宗廟 등이 최우선순위 교육시설이라는 뜻이다. 校舍가 아님에 주의할 필요가 있다.

《象》曰 : 風行地上, 觀 ; 先王以省方觀民設敎.

「상」에서 말했다. 땅 위로 바람이 붊이 관괘이니, 선왕은 이로써 보고 깨달아서, 장소를 물색하고, 백성을 살피어, 교육시설을 설치하라.

✎ 땅 위로 바람이 부는 모습과 백성을 가르칠 교육시설을 설치하는 일과는 어떤 상관성이 있을까? 먼저, 卦象으로 보면, 觀卦의 하괘인 坤은 아래에서 위로 움직인다. 그래서 위를 우러러본다. 이를 중국에서는 '瞻上'이라고 했다. 그리고 상괘인 巽은 땅 위로 내려와서 흩어지듯 움직이니 아래를 굽어본다. 이를 두고 '觀下'라고 했다.

손괘의 바람은 하늘의 섭리, 곧 하늘의 道이므로 天道가 땅에 미치고, 땅은 그 천도를 우러러보고 있는 형국이다. 물론, 彖辭에서는 그 천도를 두고 '하늘의 神道'라는 말을 썼다. 그리고 그 신도가 사시의 변화 질서로 나타난다고 했다. 이렇게 계절의 변화를 천도 곧, 하늘의 신도라고 했다는 뜻이다. 하늘의 신묘한 도가 사계절을 부린다는 사실을 깨달았다면, 성인은 모름지기 그 神道로써 백성을 가르칠 장소를 물색하고 관련 시설물을 백성을 위해서 설치하라고 했다.

初六, 童觀, 小人无咎, 君子吝.
초육, 아동으로 보이니, 소인은 무구하나, 군자는 크게 후회한다.

🖉 초육은 자리가 바르지 못하고, 짝인 육사와 호응하지 못하며, 가깝게 지낼 이웃도 없다. 그리고 우러러보아야 할 구오로부터 가장 멀리 떨어져 있다. 그래서 그가 보는 눈은 아동의 수준이다. 아동의 眼目으로 보고, 또 그렇게 보인다는 뜻이다. 현재 중국 주역 전문사이트에서는 '吝'을 '麻煩[máfan]'으로 풀이한다. 단순히 '인색하다'가 아니라 수고롭게 번민하며 고생한다는 뜻이다.

《象》曰：初六, 童觀, 小人道也.
「상」에서 말했다. '초육이 아동으로 보인다'라는 것은, 소인의 도이기 때문이다.

🖉 초육은 양의 자리에 음으로 와서 자리가 바르지 못하고, 인도해 줄 짝도 이웃도 없는 상황이라 초육의 안목이라는 것은 어린아이 수준이고, 그것이 곧 '小人道'라는 뜻이다. 그래서 초육은 어린아이로 보인다. 그렇다고, 초육이 어린아이라는 것은 아니다.

주역에서는, 小人과 大人, 君子와 聖人 등의 용어가 자주 쓰이고, 小人道, 君子之道, 聖人之道 등의 용어도 함께 쓰이는데 이들에 대해서는 그 개념이 일목요연하게 정리되어야 할 줄로 믿는다. 물론, 그러려면 주역 역문 전체를 꿰뚫고 난 다음에나 가능한 일이다.

六二, 闚觀, 利女貞.
육이, 엿보이니, 여자는 정숙해야 이롭다.

✍ 육이는 자리가 바르고, 짝인 구오와 호응하며, 가깝게 지낼 이웃은 없다. 그리고 중정을 얻었다. 그러나 육이는 자신도 모르게, 구오에게 엿보이니, 다시 말해, 훔쳐 보이는 대상이 되니 바르게 처신해야 이롭다는 것이다. 대개, 여자는 집안에서 활동하고, 남자는 집 밖에서 활동한다. 그래서 집 밖에서 집안을 훔쳐 보는 경향이 있으므로 집안에서 주로 살림하는 여자는 모름지기 정숙해야 이롭다는 뜻이다.

《象》曰 : 闚觀, 女貞, 亦可醜也.
「상」에서 말했다. '엿보임이니, 여자가 정숙해야 이롭다'라는 것은, 역시 추하기 때문이다.

✍ 역시 추하다는 것은, 여자가 정숙하지 않음이 추하다는 뜻인데, 사람의 이중성을 경계한 말이다. 사람은 대개, 보이지 않는 곳에서는 본능대로 행동하고, 보이는 곳에서는 그 본능이 억제되고 절제되는 이중성을 갖는다. 이처럼 겉과 속이 다른, 인간의 이중적인 행동이 추하므로 경계하고 있다.
그리고 훔쳐본다는 것, 몰래 엿본다는 것 자체도 옳지 않은 일이다. 옳지 않기에 당당하지 못한 것이고, 당당하지 못한 것이기에 부끄러운 일이고, 부끄러운 일이기에 아름답지 못한, 추한 일이 되는 것이다.

六三, 觀我生, 進退.
육삼, 내 삶의 길이 보이니, 나아가고 물러난다.

✍ 육삼은 자리가 바르지 못하고, 짝인 상구와 호응하며, 가깝게 지낼 이웃은

없다. 육삼은 짝인 상구와의 교제를 통해서 자신의 처지에 눈을 돌리는 상황이다. 상구로 인하여 자기 자신에 대해 관조(觀照)한다는 뜻이다. 음으로서 소인인 육삼은, 양으로서 군자인 상구를 통해서, 서로 많이 다름을 확인할 수 있고, 스스로 나아갈 때와 스스로 물러날 때를 분별하는 안목을 지녔다. 현재는 음의 세력이 점차 증대되는 상황이지만, 그래서 나중에는 박괘(剝卦)가 되고 곤괘(坤卦)가 되지만, 종국에는 다시 양의 세력에 밀려 나갈 수밖에 없는, 순환하는 하늘의 이치를 깨달았다는 뜻이다. 여기서 내 삶의 길이 보인다는 것은, 현재는 소인으로서 나아갈 수 있지만 언젠가는 물러나게 됨을 깨달았다는 뜻이다.

《象》曰：觀我生, 進退, 未失道也.
「상」에서 말했다. '내 삶의 길이 보이니, 나아가고 물러난다' 함은, 도를 잃지 않음이다.

🖉 육삼이 잃지 않은 道란, 상구에게서 보고 배운 君子道이며, 이를 확대해석하면, 점점 음의 세력이 성대해지면서 양의 세력이 사라져 가지만 때가 되면 반대로 양의 세력이 돌아와 점점 커져서 자신이 물러나게 된다는 하늘의 섭리 곧 이치이다. 그래서 그는 나아갈 때와 물러날 때를 분별하는 것이다.

六四, 觀國之光, 利用賓于王.
육사, 나라의 풍속을 관찰함이니, 왕의 손님으로서 이롭다.

🖉 육사는 자리가 바르고, 짝인 초육과 호응하지 못하며, 위에 있는 구오와 가깝게 지낼 수 있다. 땅을 굽어보는 주체인 구오와 가장 가까이에 있다. 따라서 그의 눈에는 자기 자신이 아니라 한 나라의 전모(全貌)라고 할 수 있는 民間 風俗을 관찰한다. 그런 육사는 왕으로부터 초대되는 손님으로 쓰임이 이로운 것이다. 왕의 손님으로 쓰인다는 것은, 결국, 왕으로부터 벼슬자리를 부여받아 國事

에 참여한다는 뜻이다. 현재 중국 주역 전문사이트에서는 '光'을 '民俗風情'으로, '賓'을 '賢德之人'으로 각각 해석한다.

《象》曰：觀國之光, 尙賓也.

「상」에서 말했다. '나라의 풍속을 관찰한다' 함은, 손님을 존숭함이다.

✎ 손님을 존숭한다는 것은, 손님의 현덕을 높이 사 등용하여 쓴다는 뜻이다.

九五, 觀我生, 君子无咎.

구오, 내 삶의 길이 보이니, 군자는 무구하다.

✎ 구오는 자리가 바르고, 짝인 육이와 호응하며, 아래 이웃인 육사와 가깝게 지낼 수 있다. 그리고 중정을 얻어서 아래 땅의 세계를 굽어보는, 관하(觀下)의 주체이다. 점점 소인의 세력이 커지는 상황에서 구오는 군주로서 나라를 다스리고 국민을 통치해야 하는 어려운 처지이다. 그래서 그에게 삶의 길이 보인다는 것은, 앞서 걸어온 길을 돌아보고, 현재의 위치를 직시하며, 앞으로 갈 길을 걱정한다는 뜻이다. 그렇게 해야 만이 군주로서 재해를 면할 수 있다.

《象》曰：觀我生, 觀民也.

「상」에서 말했다. '내 삶의 길이 보인다'라는 것은, 백성이 보임이다.

✎ 구오의 눈에 백성이 보인다는 것은, 그동안 자신이 걸어온 길이 보인다는 뜻이다. 군주로서의 삶이란 그 자체가 백성의 삶과 연계되어 있기 때문이다. 군주가 스스로 자신이 살아온 길을 돌아본다는 것은, 백성을 위해서 살아온 자신의 통치행위를 반성한다는 뜻이다. 소인의 세력이 점차 증대되어 가는 나라의

현실을 통해서 지금껏 어떻게 통치했는지를 스스로 돌아본다는 것이고, 그것은 동시에 백성의 삶을 통해서 자신의 삶을, 바꿔 말해, 자신의 통치 역량을 가늠해 본다는 뜻이다. 한마디로 말해서, 자아 성찰하고 있다는 뜻이다.

上九, 觀其生, 君子无咎.
상구, 그 삶의 길이 보이니, 군자는 무구하다.

✎ 상구는 자리가 바르지 못하고, 짝인 육사와 호응하며, 가깝게 지낼 이웃도 없다. 상구는 구오와 함께 남아있는 군자로서 시대 상황을, 다시 말해, 소인이 좌지우지하는 세상에서 군자로서 그 역할과 앞날을 생각한다. 따라서 상구가 보는 '그' 삶의 길이란 자기 자신의 과거와 미래이다.

《象》曰 : 觀其生, 志未平也.
「상」에서 말했다. 그 삶의 길이 보인다는 것은, 의중이 편치 않음이다.

✎ 상구의 의중이 편치 않다는 것은, 속마음이 편치 않다는 뜻이고, 그것은 자신의 미래가 걱정된다는 뜻이다. 결국, 점점 커지는 음의 세력에 밀리어 쫓겨나게 된다는 걱정이다.

*　　　*

초효로부터 육효까지 각 효는, 대상을 보는 주체이면서 동시에 보이는 대상이기도 하다. 초육과 육이는 타자의 눈에 보이는 대상이고, 육삼 구오 상구 등은 자기 자신의 존재와 삶에 대해 省察·觀照하는 주체이다. 그리고 육사는 백성의 세시풍속을 관찰하는 주체이다. 下卦 세 효는 가장 위에 있는 육삼을 제외하고는 보이는 대상인데 소인들인지라 ①童觀, ②窺觀에 해당하고, 삼효만 상구와 호응하는 관계가 있고, 그 자리도 낮지 않기에 군자도를 잃지 않는다. 그래서 ③觀我生이다. 그리고 上卦인 세 효 가운데, 양효인 구오 상구는 음의 세력이 점차 증대되는 상황을 잘 알고 있기에 스스로 걸어온 길과 앞날을 걱정하면서 ⑤觀我生, ⑥觀其生한다. 그러나 육사는 ④觀國之光한다. 이처럼 세상을 보는 주체의 신분, 성품, 능력 등 여러 요인에 의해서 보는 영역의 범위나 그 내용이 달라진다.

소인의 세력이 점점 증대되어 현재는 둘밖에 남아있지 않는 군자조차 머지않아 사라지게 될 앞날을 걱정하는 상황에서 가장 중요한 것은, 자신의 존재에 관한 성찰이다. 나의 근본이 무엇이며, 그동안 어떻게 살아왔으며, 앞으로 살아갈 날이 얼마나 남았는지, 그리고 어떻게 살아가야 하는지 등에 대해 깊게 생각해야 한다는 점이다. 이것이 '觀我生'이다. 그래서인지, 觀卦는 크게 흉이 없다. 天道에 순종하면서 공손하기까지 한데 험난함과 흉이야 있겠는가. '12피괘설'에 의하면, 觀卦는 음력 8월 괘로 절기 秋分이 있는 서쪽 괘로서 9월에 剝卦를 거쳐 10월에 중지곤괘가 된다.

21. 火雷噬嗑卦

주역 스물한 번째 괘로 화뢰서합괘(火雷噬嗑卦)가 있다. 불 火 離가 上卦이고, 우레 雷 震이 下卦라는 뜻이다. 모양으로 보면, 밝은 태양 아래에서 우레가 치는 모습이고, 卦德으로 보면, '動而明'이다. 곧, 움직이어, 밝게 드러난다. 육효 배열로 보면, '양, 음, 음, 양, 음, 양'으로 양이 셋, 음이 셋으로 균등하며, 초효와 이효만 자리가 바르고, 나머지는 바르지 못하다.

이런 '火雷'를 생소한 '噬嗑'으로 받았다. 그렇다면, '噬嗑'이란 무슨 의미로 쓰였을까? '씹다, 먹다, 깨물다, 삼키다, 빼앗다, 미치다, 다다르다' 등의 뜻이 있는 '噬'에 '입 다물다, 웃음소리, 어찌, 말이 많다, 수다스러운 모습' 등의 뜻이 있는 '嗑'이 붙은 造語이다. 그러니까, 두 턱 사이에 있는 입안으로 음식물을 넣고 씹어서 삼킴으로써 입을 닫는 것이, 다시 말해, 음식이 들어있어서 떨어져 있던 두 턱을, 그 음식을 씹어 먹음으로써 합치는 것이 '噬嗑'이라는 뜻이다. 글자 그대로 풀이해도, '씹어서 삼키고, 입을 다물다'라는 뜻이다.

「序卦傳」에 의하면, "可觀而后有所合, 故受之以噬嗑. 嗑者, 合也"라 했다. 곧, 볼 수 있으면 그 후에는 합하는 바가 있으므로 보는 觀卦 뒤를 합치는 噬嗑卦가 이었고, '噬'라는 것은 합치는 것이라 했다. 「雜卦傳」에 의하면, "噬嗑食也"라 했다. 곧, '서합은 먹는 일'이라고 했다.

그런데 64괘 중에서 턱 '頤(이)'자를 쓰는 '頤卦'가 있다. 이 山雷頤卦는, 그 육효 배열이 '양, 음, 음, 음, 음, 양'으로, 初爻와 上爻만 陽爻이고, 중간에 있는 네 개 효는 모두 陰이다. 그래서 두 양효를 위턱 아래턱으로 빗대고, 가운데 음효를 입안에 든 음식물로 빗대어서, 음식을 절제하여 먹고 말을 신중하게 하도록 하는 '양육(養育)'의 의미를 담아낸다.

그런 頤卦나 噬嗑卦는, 모두 우레 雷 震이 下卦라는 사실이다. 이 震은 진동하여 두려움을 느끼게 하면서 위엄마저 느끼게 한다. 그래서 불과 우레는 함께 작용하여 죄인을 다스리는 상황으로 그 의미가 부여되지만, 산 아래 우레는 사람을 양육하는 의미가 부여된다.

*　　*

噬嗑 : 亨, 利用獄.
화뢰서합괘는, 형통하고 '옥(獄)'을 씀이 이롭다.

✐ 위의 밝은 태양과 아래의 위엄 어린 천둥 번개가 같이 움직이면 그 효과가 커진다. 움직이어서 밝게 드러나니, 그런 자연적인 기운은 형통함을 불러온다는 뜻이다. 그리고 그런 자연적 현상에 비견되는 인간사로는, 정의를 지향하고, 투명하게 집행되어야 하는 형벌에 관한 일을 들 수 있다. 형벌 제도를 바르게만 쓴다면 그 결과는 형통함을 가져온다. 바로 이런 두 가지 의미에서 서합괘는 형통하다고 말할 수 있다.

그리고 옥사(獄事)를 씀이 이롭다는 것은, 형벌(刑罰)을 근간으로 하는 법치(法治)를 함이 이롭다는 뜻이다. 그러니까, 위엄 어린 천둥 번개가 움직인다는 것은 범죄자를 다스리는 형인(刑人)의 일로 연계시켰고, 밝게 드러난 태양은 정의를 지향하는 법치의 투명성으로 연계시켰다는 뜻이다.

《彖》曰：頤中有物, 曰噬嗑. 噬嗑而亨, 剛柔分, 動而明, 雷電合而章. 柔得中而上行, 雖不當位, 利用獄也.

「단」에서 말했다. 턱 안에 물질이 있음을 일컬어 '서합'이라고 한다. '서합이 형통하다' 함은, 강과 유가 나뉘고, 움직이어서 밝게 드러남이니, 우레와 번개가 합하여 성대함이다. 유가 중도를 얻어서 위로 가고, 비록, 자리가 부당하나 옥사를 씀이 이롭다.

✎ 턱 안에 물질이 있다는 것은, 입안에 음식물이 들어있다는 뜻이다. '頤'는 턱을 뜻하는 '顊'이다. 서합이 형통하다는 것은, ①강과 유가 나뉘었고, ②움직이어서 밝게 드러나며, ③번개와 천둥이 함께 쳐서 성대해지기 때문이라고 설명했다. 여기서 강과 유가 나뉘었다는 것은, 下卦가 우레 雷 震으로서 陽 곧 剛이고, 上卦가 불 火 離로서 陰 곧 柔임을 말한다. 震은 장남으로, 離는 중녀로 각각 빗대어지기 때문이다. 혹자는, 양효와 음효가 셋씩으로 똑같이 양분(兩分)되었다고 설명하기도 하나, 양분된 괘는 이 외에도 있으나 그들 괘에서는 이 같은 말을 하지 않는다. 예컨대, 똑같은 離와 震으로 구성되어 위아래만 바뀐 雷火豊卦도 괘사에서 형통하다고 말하나 양효와 음효가 양분되어서 그렇다고 그 이유를 대지 않는다는 뜻이다. 그리고 움직이어서 밝게 드러난다는 것은, 서합괘 상·하괘의 덕성을 이어서 말했을 뿐이고, 천둥과 번개가 함께 쳐서 장(章)하다는 것은, 천둥과 번개가 합해져서 성대해졌다는 뜻이다. 혹자는 이 '章'을 '빛나다'로 해석하기도 한다.

그리고 '柔가 중도를 얻어서 위로 가고, 자리가 부당하나 옥사를 씀이 이롭다'에서 그 주체는 당연히 六五이다. 육오가 서합괘의 주인공, 主爻라는 뜻이다.

《象》曰：雷電, 噬嗑 ; 先王以明罰勅法.

「상」에서 말했다. 천둥 번개가 불과 (함께함이) 서합이니, 선왕은 이를 보고 깨달아, 법을 제정하여 벌을 밝히라.

✒ 雷는 下卦 震에서 왔고, 電은 上卦 離에서 왔다. 「說卦傳」제11장에서는 '離 爲電'이라 했다. 그러니까, 震과 離가 곧 '雷電'이라는 뜻이다. 그리고 '雷電이 곧 噬嗑'이라고 했는데, 이 양자 사이의 상관성에 대해서는 좀 생각해봐야 한다. 곧, 위에서는 번개가 치고 아래에서는 천둥이 울리는 합동작전이 그 사이에 있 는 만물을 놀라게 하면서도 밝게 드러내는 상황을 噬嗑과 동일시했다는 뜻이다. 입안에 든 음식물을 씹어서 삼켜야 하는데 이때 위아래 두 턱이 힘을 합쳐서 합 동작전을 펴야 한다는 점에서 雷電과 같다.

이런 噬嗑을 두고서 법을 제정하여 널리 펴고, 죄와 벌을 밝히는 일로 연계시 켰는데, 바로 여기에 반영된 수사적 상상력이 돋보인다. 입안에 든 음식물을 죄 인이라고 은유(隱喩)했기 때문이다. 음식물에는 부드러운 것도 있고 단단한 것 도 있듯이, 수용 불가한 것도 있다. 그렇듯, 죄에도 가벼운 죄가 있고, 무거운 죄 도 있으며, 도저히 용서할 수 없는 죄도 있다. 이런 연관성에 기초하여 '噬嗑'을 통해서 '明罰勅法'을 떠올렸다.

初九, 屨校, 滅趾, 无咎.
초구, 족쇄를 차서, 발을 쓰지 못하나, 무구하다.

✒ 초구는 자리가 바르고, 짝인 구사와 호응하지 못하며, 위에 있는 육이와 가 깝게 지낼 수 있다. 초구는 족쇄가 채워진 상태이다. 죄인이라는 뜻이다. 그래서 마음대로 다닐 수가 없다. 마음대로 다닐 수는 없으나 더 큰 죄를 범하지 않는다 는 뜻으로, 족쇄가 채워졌음에도 불구하고 무구하다고 했다. 결과적으로, 가벼 운 죄를 지었다는 뜻이고, 그것은 자리가 바르기에 있을 수 있는 일이다. 여기서 '校'는 형구(刑具)의 총칭으로 쓰이는데, 발을 쓰지 못하게 했기에 '족쇄(足鎖)'로 풀이했다.

《象》曰：屨校, 滅趾, 不行也.
「상」에서 말했다. '족쇄를 차서, 발을 쓰지 못한다' 함은, 움직이지 않음이다.

✎ 움직이지 않는다는 것은, 움직일 수 없고, 다니지 못한다는 뜻이다. 나아가, 행동할 수 없다는 뜻이다.

六二, 噬膚, 滅鼻, 无咎.
육이, 부드러운 살코기를 씹어 먹으나, 코를 쓰지 못하고, 무구하다.

✎ 육이는 자리가 바르고, 짝인 육오와 호응하지 못하며, 아래 이웃인 초구와 가깝게 지낼 수 있다. 그리고 中道를 얻었다. 육이가 부드러운 살코기를 씹어먹는다 함은, 그만큼 다루기 쉬운 죄인을 다스린다는 뜻이다. 그리고 코를 쓰지 못한다는 것은, 바르게 일을 처리하는 데에 어려움이 있다는 뜻이다. 그 어려움은 어디서 오는 것일까? 죄인인 초구와 가깝게 밀착되었기 때문이다. 가벼운 죄인이라고 너그럽게 보아주거나 결탁했다는 뜻이다.
'膚'에 대해서는, 현재 중국 주역 전문사이트에서는 '連着皮的肥肉'으로 풀이한다. 곧, 껍질에 붙어있는 기름진 살코기이다. 필자는 부드러운 살코기로 번역했다. 우리나라 심의용은 '피부', 고은주, 신원봉은 '살점'으로 각각 번역했다.

《象》曰：噬膚, 滅鼻, 乘剛也.
「상」에서 말했다. '부드러운 살코기를 씹어 먹으나, 코를 쓰지 못한다' 함은, 강을 올라탐이다.

✎ 강을 올라탔다는 것은, 柔가 剛을 올라탔다는 뜻이고, 陰이 陽을 올라탔다는 뜻이며, 그것은 부당함이 정당함을 올라탔다는 뜻이다. 부당함이 정당함을

올라탔다는 것은, 부당함이 정당함을 업신여긴다거나, 이용한다거나, 편승한다는 뜻이다.

'강을 올라탔다(乘剛也)'라는 말은, 64괘 가운데 小象辭에서 네 번 이상 나오는데, 그것은 ①屯卦 二爻 小象辭(六二之難, 乘剛也), ②噬嗑卦 二爻 小象辭(噬膚, 滅鼻, 乘剛也), ③困卦 三爻 小象辭(据于蒺藜, 乘剛也), ④震卦 二爻 小象辭(震來厲, 乘剛也) 등이다.

六三, 噬腊肉, 遇毒 ; 小吝, 无咎.
육삼, 포를 뜬 고기를 씹어 먹으나, 독(해로움)을 만난다. 조금 후회스러우나, 무구하다.

✐ 육삼은 자리가 바르지 못하고, 짝인 상구과 호응하며, 위에 있는 이웃 구사와 가깝게 지낼 수 있다. 양의 자리에 음으로 와서 강한 듯 부드러운 자신의 자리와 양강한, 짝과 구사의 영향을 받는다.

저미어 포를 뜬 고기를 씹어 먹는다는 것은, 부드러운 살코기보다는 씹어 먹기에 어렵다는 뜻이다. 그만큼, 다루기 쉽지 않은, 가벼운 죄인보다는 다루기 어려운 죄인을 다스린다는 뜻이다.

그런데 육삼은 '독을 만난다'하니, 이것은 무슨 말인가? 毒을 만난다는 것은, 결국 害가 된다는 뜻인데, 육삼은 왜, 해를 받는가? 육삼은 무거운 죄인을 다스리는데 그 과정에서 장애를 만난다는 뜻이다. 그 장애물이 바로 독이다. 독은 어디서 왔을까? 양강한 자세로 처리해야 할 일을 유순한 陰으로 와서 제대로 처리하지 못함인데, 그것은 구사의 간섭이거나 압력일 수도 있다. 그리고 조금 인색하다는 것은, 조금 후회스럽고 부끄러운 곤란함을 당하게 된다는 뜻이다. 그러나 무구하다. 화를 입지 않는다는 뜻이다.

《象》曰：遇毒, 位不當也.
「상」에서 말했다. '독을 만난다' 함은, 자리가 부당함이다.

✑ 자리가 부당하다는 것은, 육삼이 양의 자리에 음으로 와서 자리가 바르지 못하고, 중도를 지나쳐 있다는 점이다. 죄인을 다스리는 자로서 공명정대함과 위엄과 결기가 있어야 하는데 그것이 부족하기에 형인으로서 임무를 불완전하게 처리한다는 뜻이다.

九四, 噬干胏, 得金矢 ; 利艱貞, 吉.
구사, 뼈에 붙은 고기를 씹고, 쇠 화살촉을 얻는다. 어렵더라도 정도를 지켜야 이롭고, 길하다.

✑ 구사는 자리가 바르지 못하고, 짝인 초구와 호응하지 못하며, 위아래 이웃과 가깝게 지낼 수 있다. 대인관계가 좋다는 뜻이다.
뼈에 붙어있는 고기를 씹어먹는다는 것은. 살코기와 포보다 씹어먹기에 질긴 고기를 먹는다는 뜻이다. 그만큼, 다루기 힘든 죄인을 다스린다는 뜻이다. 그런데 그는 그 과정에서 뜻밖에 쇠 화살촉을 얻는다. 여기서 말하는 '쇠 화살촉'이란 무엇일까? 혹자는 '소송비(訴訟費)'라고 말하기도 하는데, 육오, 육삼의 도움이다. 쉽게 말하면, 이웃의 지지와 지원을 받는 것이다.
'干胏'에 대해, 현재 중국 주역 전문사이트에서는 '帶骨頭的干肉'으로, 金矢를 '金屬箭頭'으로 각각 풀이한다.

《象》曰：利艱貞, 吉, 未光也.
「상」에서 말했다. '어렵더라도 정도를 지켜야 이롭고, 길하다' 함은, 빛나지 않음이다.

✏ 빛나지 않는다는 것은, 구사의 죄인을 다스림이, 다시 말해, 구사의 임무 수행 그 결과가 빛나지 않는다는 뜻이다. 다루기 힘든 죄인을 어렵게 정도를 지키며 다스렸으나 그 결과가 빛나지 못하는 이유는 무엇일까? '金矢'라는 지지와 성원을 받으면서도 음의 자리에 양으로 와서 좀 과격한 태도가 주변에 영향을 미치기 때문일까? 아니면, 유약한 육오 군주의 뜻을 받아서 임무를 과감하게 수행하나 생색(生色)을 낼 수 없는 위치와 관계 때문일까?

六五, 噬乾肉, 得黃金 ; 貞厲, 无咎.
육오, 통째로 말린 고기를 씹어 먹고, 황금을 얻는다. 정도를 지켜 위태로움에 대처하니, 무구하다.

✏ 육오는 양의 자리에 음으로 와서 그 자리가 바르지 못하고, 짝인 육이와 호응하지도 못하며, 위아래 이웃인 구사, 상구와는 가깝게 지낼 수 있다. 그리고 中道를 얻었다. 육오가 乾肉을 씹는다는 것은, 그만큼 다루기 힘든 죄인을 다스린다는 뜻이고, 황금을 얻었다는 것은, 위아래 이웃 구사와 상구의 도움을 받는다는 뜻이다. 구사의 '金矢'보다도 더 큰 지지와 성원, 곧 황금을 받는다는 뜻이다.

그런데 많은 사람이 程伊川의 견해(黃中色, 金剛物, 五居中爲得中道, 處剛而四輔以剛, 得黃金也)를 그대로 받아들여서 해석한다. 곧, 황은 중앙의 색이고, 금은 강한 물질이며, 오효가 중에 머물며 중도를 얻었기에 강의 자리에 처하여 사효의 도움으로써 강하게 처리하니 황금을 얻었다고 한다. 아마도, 彖辭 내용과 맥락을 같이하려고 하다 보니 중도를 강조하게 된 것이 아닐까 싶다.

《象》曰 : 貞厲, 无咎, 得當也.
「상」에서 말했다. '위태로움에 바르게 대처하니 무구하다' 함은, 마땅함을 얻음이다.

✎ 육오가 마땅함을 얻었다는 것은, 강의 자리이지만 음으로 와서 유순한 처신을 보인다는 점이고, 바로 그 점 때문에 위아래에 있는 이웃인, 陽剛한 구사와 상구의 지지와 성원을 받을 수 있는 관계를 말한다.

上九, 何校滅耳, 凶.
상구, 차꼬를 짊어져 귀를 쓰지 못하니, 흉하다.

✎ 상구는 자리가 바르지 못하고, 짝인 육삼과 호응하며, 아래 이웃인 육오와 가깝게 지낼 수 있다. 상구는 초구와 마찬가지로 씹어먹는 음식물이 없다. 역시 죄인이라는 뜻이다. 왜, 그럴까? 직위직책 곧 직분이 없는 신분이기 때문일까? 그래도 상구는 국사(國師)로서 직분이 있지 않은가. 이 문제도 한번 생각해 볼 일이다. 육효가 모두 죄인을 다스리는 이들로 일관성이 있어야 하는데 그렇지 않음도 爻辭 해독을 어렵게 하는 이유 가운데 하나이다.

형구(刑具)의 총칭으로 쓰이는 '校'를 여기서는 '차꼬'라고 번역했다. 초구에서는 발을 쓰지 못하게 했고, 신었기에(屨) '족쇄'라고 번역했고, 이 상구에서는 귀를 쓰지 못하게 했고, 짊어진다는 '荷'의 의미로 '何'가 쓰였기에 '차꼬'로 번역했다. 현재 중국 주역 전문사이트에서도 何=荷(짊어지다), 校=木制刑具(나무로 만든 형구), 滅=遮住(보이지 않게 가리다) 등으로 각각 풀이한다.

《象》曰 : 何校滅耳, 聰不明也.
「상」에서 말했다. '차꼬를 짊어져 귀를 쓰지 못하다' 함은, 귀가 밝지 못함이다.

✎ '귀가 밝지 못하다' 함은, 사람의 말귀를 알아듣지 못함이다. 상구가 지은 죄가 무엇인지 구체적으로 알 길이 없으나 사람의 말을 듣지 않아서 지은 죄가 아닐까 생각해 볼 수 있을 뿐이다.

초구와 상구는 씹어먹는 음식이 없다. 초구는 발을 쓰지 못하고, 상구는 귀를 쓰지 못한다. 초구는 무구하나 상구는 흉하다. 초구는 자리가 바르고, 상구는 자리가 바르지 못하다. 그래서 법으로 다스려지는 죄인이다.

그리고 육이, 육삼, 구사, 육오 등은 음식을 씹어 먹는다. 육이는 부(膚:부드러운 살코기)를, 육삼은 석육(腊肉:脯:저미어서 말린 고기)을, 구사는 건자(乾胏:뼈에 붙은 고기)를, 구오는 건육(乾肉:햇빛 바람 등에 통째로 말린 고기)을 각각 씹어먹는다. 씹어먹는다는 것은, 죄인을 다스린다는 뜻이다. 그래서 刑人으로 보았다. 먹는 것이 다르듯이 죄인의 죄질도 다르다.

육이만 자리가 바르고, 나머지는 자리가 바르지 못하다. 그리고 이들은 모두 无咎하다. 특히, 구사는 金矢를 얻고 어렵지만 정도를 지키면 길하고, 육오는 황금을 얻고 위태롭지만 正道를 지켜서 대처하여 무구하다. 육삼은 독을 접하게 되나 무구하다. 구사와 육오는 위아래 가깝게 지낼 수 있는 이웃, 곧 협력자가 있다. 육이 육삼은 위아래 중에서 한쪽의 협력자가 있을 뿐이다. 위아래 협력자가 있는 구사와 육오만 얻는 게 있다. 그 얻는 '金矢'와 '黃金'을 협력자의 지지와 성원으로 풀이했으나 정반대 의미인 이웃들의 뇌물(賂物)로도 해석될 수 있다.

한가지 간과해서는 안 될 일이 있다면, 그것은 죄인을 다스리는 형인 처지에서는 무엇보다 위엄과 명석한 판단력이라고 하는 陽剛한 성품, 곧 자질이 요구된다. 위에서 태양이 밝게 빛나듯 그 처리가 투명해야 하고, 아래에서 우레가 치듯이 두려움과 위엄이 느껴져야 한다. 그런 성품과 자질을 갖추고서 능력을 발휘해야 죄인을 다스리는 임무 수행이 제대로 된다. 물론, 이런 판단을 할 수 있는 데에는, 초구와 상구는 죄인이기에 다스림을 받는 대상이므로 제외하고, 나머지 효들은 다스리는 자로서 구사 빼고는 다 陰爻인데, 구사만 吉하고, 나머지 음효인 육이, 육삼, 육오 등은 无咎하다는 사실이 작용했다. 심지어, 中道라는 것도 어떤 상황, 어떤 관계에서 작용하는가에 따라 그 기능, 그 영향력이 발휘되는 程度가 달라진다. 柔中을 얻은 육이와 육오는 전혀 힘을 쓰지 못한다. 그래서 육오는 양강한 구사, 상구에 크게 의지한다.

22. 山火賁卦

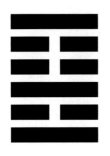

주역 스물두 번째 괘로 산화비괘(山火賁卦)가 있다. 山 艮이 上卦이고, 불 火 離가 下卦라는 뜻이다. 그 모양으로 보면, 산 아래에 걸린 태양이고, 卦德으로 보면, '明而止'이다. 곧, 밝게 멈추어 있음이다. 육효 배열로 보면, '양, 음, 양, 음, 음, 양'으로 양이 셋이고, 음이 셋으로 균등하다. 초구와 육사만 짝으로서 호응하고, 나머지 두 짝은 호응하지 못한다. 그리고 육오 상구만 자리가 바르지 못하고, 나머지는 모두 자리가 바르다.

이런 '山火'를 '賁'로 받았다. '賁'는 어떤 의미로 쓰였을까? '賁'는 클 '분'으로 읽히고, 꾸밀 '비'로도 읽힌다. 그래서 '賁'는 '크다, 거대하다, 날래다, 아름답다, 꾸미다, 장식하다, 섞이다, 노하다, 성내다, 결내다, 끓다, 끓어오르다, 패배하다' 등의 의미로 쓰인다. 여기서는 '꾸미다, 장식하다'로 쓰인 것 같다.

산 아래에 태양이 있다면, 西山에 기울어진 태양이거나 아침에 동녘에서 떠오르기 전 태양일 것이다. 기울어진 태양이나 떠오르는 태양은 주변을 온통 붉게 물들인다. 그림을 그려놓은 것처럼 아름답고, 태양이 산 주변을 장식했다고 말할 수 있다. 이런 자연현상을 보고서 '꾸미다, 장식하다'를 생각하면서 '飾'을 떠올리고, 그 범위가 넓어서 '賁'를 떠올렸는지도 모를 일이다. 이렇게 산 아래에 걸린 태양은 山火 '賁'가 되지만, 산 위로 걸린 태양은 火山 '旅'가 된다.

「序卦傳」에 의하면, "物不可苟合而已, 故受之以賁. 賁者, 飾也"라 했고,「雜卦傳」에 의하면, "賁无色也"라고도 했다. 곧, 사물은 구차스럽게 합쳐놓을 수 없을 뿐이기에 합하는 噬嗑卦 뒤를 꾸미는 賁卦가 이었고, '賁'이라는 것은 꾸미는 일이다. 그리고 꾸미는 데에는 색이 없다고도 했다. 이해하기 쉽지 않은 말이다.

'苟'는 ①진실로 ②구차하게 등의 뜻이 있는데 여기서는 '구차하게'라는 의미로 쓰였다. 사물은 구차하게, 혹은 적당히, 미봉(彌縫)으로 합할 수 없기에 잘 꾸며야 한다는 뜻이다. 그리고 꾸밈에는 색이 없다고 했는데, 색을 가리지 않는다는 뜻인지, 말 그대로 무색의 깨끗함으로, 진실하게 해야 한다는 뜻인지 분별할수가 없다. 따라서 六爻辭까지 두루 다 읽어 보아야 알 수 있을 것 같다.

그런데 '꾸민다'라는 의미로 왜, '賁'을 사용했을까? '꾸미다'라는 의미로는 '飾'도 있고, '裝'도 있고, '修'도 있는데 '크다'라는 뜻으로 많이 쓰이는 '분'을 쓰고 '비'로 읽을까? 여기에도 이유가 있을진대 현재로서는 알 수가 없다. 물론, 중국어로는 '賁卦'를 [bìguà]라고 읽는나.

* *

賁 : 亨, 小利有攸往.
산화비괘는 형통하고, 갈 곳이 있어도 조금 이롭다.

✎ 산 아래로 기울어진 태양은, 산을 온통 붉게 물들인다. 그리고 산속의 사물들을 밝게 드러내어 준다. 그래서 더욱 분명하게 돋보인다. 태양이 밝은 기운으로 산속의 사물들을 비추어 주기 때문에 가능한 일이다. 이처럼 사물들을 드러내어 하나로 합쳐서 일체가 되게 하려면 그냥 모아놓는다고 해서 되는 것은 아니다. 일정한 질서에 의해서 배열하고, 묶고, 드러나도록 꾸며야 한다. 그 일을 태양이 하는 것이다. 태양의 밝음이, 밝음의 지혜가, 산속의 만물을 비추어 드러내고, 그것들을 묶어 일체가 되게 함으로써 새로운 생명력을 부여한다. 그래서 산빛이 아름다워지는 것이다. 바로 이런 의미에서 태양이 산 아래로 기울어져서

산을 꾸미는 일은 형통하다. 그렇듯, 밝음이 만물을 두루 비춤은 형통하다는 뜻이다. 문명이 인간 세상을 편리하게 한다는 뜻이기도 하다.

그리고 나아갈 곳이 있어도 조금 이롭다는 것은, 꾸며 놓으면, 다시 말해, 여러 가지 방편으로 꾸미고 장식해도 그 바탕보다는 낮지만 크게 이롭지 못하다는 뜻이다. 그저 꾸민다는 것은 다소의 이득이 되어줄 뿐 그 본질보다 우선할 수 없다는 뜻이다.

《彖》曰：賁, 亨, 柔來而文剛, 故亨；分剛上而文柔, 故小利有攸往, 天文也；文明以止, 人文也. 觀乎天文, 以察時變；觀乎人文, 以化成天下.

「단」에서 말했다. 산화비괘가 '형통하다' 함은, 유가 와서 강을 꾸미어 빛나게 함으로 형통하다. 강이 분리되어 위로 올라가서 유를 꾸며 빛나게 해주기에 갈 곳이 있으면 조금 이롭고, (이것이) 하늘의 이치이다. 이치를 밝힘으로써 머무름이 사람의 법도이다. 하늘의 이치를 관찰하여 이로써 때의 변화를 살핀다. 사람의 법도를 관찰하여, 이로써 천하(인간 세상)를 변화시켜 이룬다.

✎ 柔가 와서 剛을 꾸미어 빛나게 한다는 것은, 下卦 '離'를 설명한 말인데, 이 '離'는 '양, 양, 양'으로 된 '乾'이 변해서 된 것으로 이해하기 때문이다. 곧, '양, 양, 양'으로 된 '乾'에 '음, 음, 음'으로 된 '坤'에서 陰이 하나 와 '乾'의 가운데 자리를 차지함으로써 '離'가 되었다고 본다는 뜻이다. 결과적으로, 六二를 두고 말했는데, 賁卦가 형통한 이유라는 것이다. 하지만, 실재하는 육효사는 이를 전혀 받쳐 주지 않는다.

그리고 剛이 분리되어 위로 올라가서 柔를 꾸미어 빛나게 해준다는 것은, 上卦 '艮'을 설명한 말인데, 이 '艮'은 '음, 음, 음'으로 된 '坤'이 변해서 된 것으로 이해하기 때문이다. 곧, '음, 음, 음'으로 된 '坤'에 '양, 양, 양'으로 된 '乾'의 陽 하나가 떨어져 나와 '坤'의 上爻가 됨으로써 '음, 음, 양'으로 된 '艮'이 되었다고 믿기 때문이다. 그러니까, 賁卦 상효인 上九가 아래 육오, 육사를 꾸미어 빛나게 해준다고 보았다. 결과적으로, 육이 상구가 주효라는 뜻이다.

문제는, 乾의 양이 음으로 변해서 생기는 괘가 離 외에도 兌, 巽이 있고, 坤의 음이 양으로 화해서 생기는 괘가 艮 외에도 坎, 震이 있는데 이런 식의 설명은 그 어디에서도 한 적이 없다. 일관된 원칙이 적용되지 않는다는 뜻이다.

그리고 柔가 내려와서 剛을 꾸며주는 것은 형통함의 이유가 되는데, 剛이 올라가서 유를 꾸며주는 것은 조금 이롭게 된다는 이유가 되었다. 이 차이를 분별하는 일도 중요하다고 판단된다. 그리고 이것이 곧 하늘의 이치라는 것이다. 우리는 여기서 하늘의 이치, 곧 '天文'에 대하여 생각해 볼 필요가 있다.

나아가, '天文'과 '人文'이라는 단어가 '文明'이라는 단어와 함께 쓰였는데, '文'이 들어간 이들 세 키워드에 대해서도 짚고 넘어갈 필요가 있다. 곧, '文'은 속이 겉으로 드러나는 '무늬'이고, 일정한 질서에 의해서 나타나는 現象이며, 그 理致가 된다. 그래서 天文은 하늘의 무늬요, 하늘에서 일어나는 제 현상이요, 하늘이 움직이어 작용하는 이치이다. 人文은 사람의 무늬요, 사람이 살아가는 양태이자 문화이며, 사람의 法度가 된다. 그렇다면, 文明은 천문을 인문으로 삼아서, 다시 말해, 천문을 본받아서 인문으로 삼고, 그 인문의 이치와 법도를 밝히는 것이라는 뜻이다.

이렇게 이해하면, 천문을 관찰하여서 시절의 변화를 살피고, 인간의 법도를 관찰하여 인간 세상의 질서를 완성해 간다는 말이 이해되리라 믿는다.

《象》曰：山下有火, 賁 ; 君子以明庶政, 无敢折獄.

「상」에서 말했다. 산 아래 불이 있음이 꾸밈이니, 군자는 이로써 보고 깨달아, 여러 가지 정사(政事)를 밝히고, 함부로 옥사를 판단하지 말라.

✎ 산 아래로 기울어진 태양이 그 여명으로 산을 꾸며줌으로써 산에 있는 나

무 바위들을 돋보이게 하듯이 이런 모습을 보고 군자는 여러 가지 정치적인 일을 밝히되 함부로 옥사를 결단함이 없도록 해야 한다는 뜻이다. 옥사(獄事)는, 요즈음 말로 치면, 사법부(司法部)의 일이다. 결과적으로, 자연의 밝은 빛이 만물을 비추어 그 형태와 빛깔을 돋보이게 하듯이 군주는 백성을 위하여 여러 가지 제도적 장치를 만들어 백성의 삶을 돋보이도록 해야 한다는 것이고, 그것이 바로 인간사회의 꾸밈이라는 뜻이다. 이처럼, 자연을 통해서 읽는 天文을 人文으로 바꾸어 실행함이 文明이라는 뜻이다. 이를 뒤집어 말하면, 감옥을 신설하고 여러 가지 정치적 제도를 마련함이 곧 문명이라는 뜻이다.

그런데 여기서 한 가지 유념해 둘 것이 있다. 그것은 불 火 離가 다른 괘와 만날 때 위아래 어디로 가든, 불은 자연현상으로는 '밝다, 밝히다, 비추다' 등의 의미가 되고, 인간사로 빗대어지면은 어둠을 밝히는 빛, 지혜 등이 되어 주로, 刑罰을 다루는 사법제도와 관련된다는 점이다. 大象辭가 그 증거이다. 예컨대, 火雷噬嗑卦에서는 '明罰勅法'이라고 했듯이, 雷火豊卦에서는 '折獄致刑'이라고 했다. 그리고 山火賁卦에서는 '明庶政, 无敢折獄'이라고 했듯이, 火山旅卦에서는 '明愼用刑, 而不留獄'이라고 했다.

初九, 賁其趾, 舍車而徒.
초구, 발을 꾸밈이니, 수레를 버리고 걷는다.

✎ 초구는 자리가 바르고, 짝인 육사와 호응하며, 위에 있는 육이와 가깝게 지낼 수 있다. 초구는, '꾸미고, 장식하는' 첫 시작 단계로 자신의 발을 대상으로 한다. 그렇다면, 발을 꾸미고 장식한다는 것은, 어떤 의미일까? 발을 돋보이게 하고, 발을 당당하게 하고, 발을 바르게 쓴다는 뜻이다. 자리가 바르고 陽剛한 초구는, 편한 수레를 버리고, 걸어서 힘들게 간다는 뜻이다. 수레는 가깝게 지낼 수 있는 육이를 빗댄 말이고, 걸어서 가는 곳은 짝인 육사를 의미한다. 그러니까,

초구는 正道를 택하여 편리함과 손쉬움을 버리고, 어렵고 힘든 길을 걸어서 간다. 발의 당당함을 위해서이다.

《象》曰：舍車而徒, 義弗乘也.

「상」에서 말했다. '수레를 버리고 걷는다' 함은, 의리상 타지 않음이다.

✎ 짝을 놓아두고 가까운 이웃을 선택한다는 것은, 인간 도리상 옳지 않은 일이라는 뜻이다.

六二, 賁其須.

육이, 턱수염을 꾸민다.

✎ 육이는 자리가 바르고, 짝인 육오와 호응하지 못하며, 위아래 이웃인 초구, 구삼과 가깝게 지낼 수는 있다. 게다가, 중도를 얻은 유순한 군자이다. 그런 그가 턱수염을 꾸민다는 것은, 바로 위에 있는 구삼을 선택하여 가깝게 지낸다는 뜻이다. 왜, 육오가 되지 못하는가? 그것은 호응하지 못하기 때문이다.

《象》曰：賁其須, 與上興也.

「상」에서 말했다. '턱수염을 꾸민다' 함은, 위와 더불어 창성(昌盛)함이다.

✎ 여기서 '上'은 구삼이고, 興은 흥함 곧 창성해짐이다. 혹자는 '시작하다(심의용)' 또는 '일어나다(신원봉)'로 해석하기도 한다.

九三, 賁如, 濡如, 永貞吉.

구삼, 꾸미어, 윤기가 흐르니, 오래도록 정도를 지키면 길하다.

✒ 구삼은 자리가 바르고, 짝인 상구와 호응하지 못하며, 위아래에 있는 육사, 육이와 가깝게 지낼 수 있다. 구삼은, 육사와 육이의 관심을 받으며 자신의 외모를 꾸미는데 그 상태가 윤기가 날 정도이다. 그래서 오래오래 正道를 지켜야 길하다.

《象》曰 : 永貞之吉, 終莫之陵也.
「상」에서 말했다. '오래도록 정도를 지켜야 길함'이란, 끝내 업신여기지 않음이다.

✒ 업신여김을 당할 수 있는 상대는 구삼과 가까이 지내는 육이 육사이다. 구삼이 그들을 업신여기지 않는 것은 중요한 일이다. 행여, 그들을 가볍게 취급한다면 안 될 일! 그래서 그는 끝까지 교만을 부리지 말고, 정도를 지켜야 한다는 뜻이다.

六四, 賁如, 皤如, 白馬翰如 ; 匪寇, 婚媾.
육사, 꾸미어, 희니, 백마의 깨끗함 같다. 도적이 아니고, 혼구(婚媾:혼인을 청함)이다.

✒ 육사는 자리가 바르고, 짝인 초구와 호응하며, 아래 이웃인 구삼과 가깝게 지낼 수 있다. 육사는 정도를 지키어 자신을 꾸몄는데 그 얼굴이 희니 백마의 깨끗함 같다는 뜻이다. 그만큼 잘 어울리고 아름답다는 뜻이다. 사람의 일로 빗대면 청혼이 있다는 뜻이다. 물론, 청혼은 짝인 초구의 청혼이고, 이때 구삼은 시샘하는 자이자 방해꾼이 된다.

《象》曰 : 六四當位, 疑也 ; 非寇婚媾, 終无尤也.
「상」에서 말했다. '육사가 당면한 자리'가 의심스럽다. '도적이 아니고 혼구라' 함은, 끝내 근심이 사라짐이다.

🖋 육사는 음의 자리에 음으로 와서 바른데 왜, 의심스럽다고 할까? 아래 이웃 구삼이 육사를 시샘하고, 짝인 초구가 정도를 지키며 청혼하러 오기 때문에 육사 시각에서 보면, 스스로 오락가락하는 처지이다. 그래서 자신이 처한 상황이, 그 자리가 의심스러운 것이다. 그리고 마침내 근심 걱정이 없어진다는 것은, 도적이 아니라 청혼을 받기 때문이다.

六五, 奔于丘園, 束帛戔戔 ; 吝, 終吉.

육오, 외딴 초야에서 꾸밈이니, 예물이 아주 적다. 인색하나 끝내는 길하다.

🖋 육오는 자리가 바르지 못하고, 짝인 육이와도 호응하지 못하며, 위에 있는 이웃인 상구와는 가깝게 지낼 수 있다. 물론, 중도를 얻었다. 육오는 외딴 초야에서 꾸미는데 비단을 아주 적게 썼다. 그런 점에서 인색하다고 말할 수 있고, 그 인색함으로 끝내는 길하게 된다는 것이다. 끝내 길하다는 것은, 현재는 길하지 않다는 뜻이다.

여기서 '丘園'을 글자 그대로 해석하면, '언덕에 꾸며진 정원' 곧, 우리로 치자면 '과수원' 정도가 될 것이다. 그러나 조금 더 생각하면, 복잡다단한 세상사를 멀리하기 위해서 도심에서 떨어진 초야에 작은 집을 짓고 살아가는, '한가한, 외딴곳'이 된다.

현재 중국에서는 황량한 교외의 산림이 우거진 곳으로(荒郊野外的山林之地) 이해하고 있으며, 이를 초야(草野)에 묻혀 살아가는 어진 은사(隱士)를 빗댄 말이라고 여긴다(定居的賢能隱士). 그리고 帛은 견직물(絲織品)이고, 束은 비단 묶음을 세는 단위로 양사(量詞)이며, 束帛은 예물(禮物)로, 戔戔은 少量, 微薄의 뜻으로 이해하고 있다. 참고로, 비단 다섯 필(匹)을 한 속(束)이라고 한다.

따라서 육오는 隱居 중인 賢人으로 벼슬을 하지 않고 숨어 사는 인물로 빗대면 틀리지 않을 것 같다. 마치, 번다한 도심을 떠나서 초야에 소박한 집을 짓고 살아가면서 安貧樂道를 추구하는 선비와도 같다.

《象》曰 : 六五之吉, 有喜也.
「상」에서 말했다. '육오의 길함'은, 기쁨이 있음이다.

✍ 육오의 기쁨이란 무엇일까? 안빈낙도하는 생활 속에서 오는 마음이 편안해짐일까? 아니면, 뜻을 같이하는 우군(友軍)이 나타남일까? 후자라면 상구와 상종(相從)하는 관계일 것이다.

上九, 白賁, 无咎.
상구, 하얗게 꾸밈이니, 무구하다.

✍ 상구는 자리가 바르지 못하고, 짝인 구삼과 호응하지도 못하며, 아래 이웃인 육오와는 가깝게 지낼 수 있다. 하얗게 꾸몄다는 것은, 화려하지 않고 소박하게 꾸몄다는 뜻이다. 상구는 왜, 하얗게 꾸몄을까? 육오의 영향 탓일까? 아니면, 나름의 뜻이 있음일까?

《象》曰 : 白賁, 无咎, 上得志也.
「상」에서 말했다. '하얗게 꾸밈이 무구하다' 함은, 위가 뜻을 얻음이다.

✍ 위는 상구 자신이다. 그가 '뜻을 얻었다' 함은, 육오의 안빈낙도를 넘어서서 유유자적(悠悠自適)하겠다는 뜻인가? 꾸미는 사회적 분위기 속에서 자신만의 초연함일까? 꾸미는 일도 끝이 있음을 자각함일까?

한 가지 질서가 있어 보인다. 그것은, 초효로부터 상효에 이르기까지 꾸밈의 정도(程度)라고 할까, 농도(濃度)라고 할까, 그것이 초효부터 삼효까지는 점점 많아지면서 짙어지고, 四爻부터 上爻까지는 점점 적어지면서 옅어진다는 사실이다. 그렇다면, 왜 그럴까? 山火賁卦의 下卦는 꾸미는 주체적 성질을 가지고 있으면서 밝게 빛나는 능동적인 離이고, 上卦는 꾸미는 주체적 성질보다는 꾸밈을 받는 대상으로서 머무는 수동적인 성향이 크기 때문일까?

그리고 꾸민다는 것은, 자연의 꾸밈을 통해서 개인의 꾸밈과 국가의 꾸밈을 생각할 수 있다는 사실이다. 자연의 꾸밈이란 산 아래로 기울어진 태양이 산을 두루 비추어 줌으로써 만물을 돋보이게 함이고, 개개인의 꾸밈이란 대인관계를 위해 스스로 분장하고 자신의 몸에 맞는 옷을 만들어 입고, 보이지 않는 인품까지도 맵시 있게 다듬어 가는 일체의 노력이다. 그렇듯, 국가의 꾸밈이란 백성이 편리하고 안락하게 살 수 있도록 필요한 장치를 만들어가는, 정치적 제반 활동이 꾸밈이다. 그래서일까? 꾸미는 상황에서는 흉함이 없다. 꾸미는 방법이나 정도에 따라서 달라지겠으나 대체로 길하고, 무구하다.

23. 山地剝卦

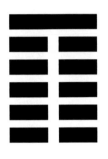

주역 스물세 번째 괘로 산지박괘(山地剝卦)가 있다. 山艮이 上卦이고, 땅 地 坤이 下卦라는 뜻이다. 그 모양으로 보면, 땅 위로 산이 솟아 있는 모습이다. 卦德으로 보면, '順而止'이다. 곧, 순종하며, 멈추어 있다. 육효 배열로 보면, '음, 음, 음, 음, 음, 양'으로 되어 陰이 다섯이고, 陽이 하나뿐이다. 그리고 육이 육사만 자리가 바르고, 나머지는 모두 바르지 못하다. 그리고 육삼 상구만이 호응하나 나머지 두 짝은 호응하지 못한다. 그리고 육오와 상구만 親比이지 나머지는 모두 가깝게 지낼 수도 없다. 무언가 심상치가 않아 보인다. 부정적인 의미가 클 것이라는 예감이 든다.

이런 '山地'를 '剝'으로 받았다. '剝'은 어떤 의미로 쓰였을까? '剝'은 벗길 '박'으로 읽히며, '(가죽을) 벗다, 벗겨지다, 깎다, 빼앗다, 약탈하다, 벗다, 드러내다, 상처를 입히다, 떨어뜨리다, 찢다, 논박하다, 줄다' 등 다양한 의미로 쓰인다. 여기서는 '벗기다, 깎다'의 의미로 쓰인 것으로 판단된다.

「序卦傳」에 의하면, "致飾然後亨則盡矣, 故受之以剝"이라고 했고, 「雜卦傳」에 의하면, "剝爛也"라 했다. 곧, 꾸밈에 이른 연후에는 형통하나, 그 형통함이 다하게 되므로 꾸미는 賁卦 다음을 벗겨지는 剝卦 이었으며, 깎임은 문드러짐이라고 했다. '爛'은 빛날 '란' 또는 문드러질 '란'으로 읽힌다. 그래서 '빛나다, 화려하다'의 뜻도 있지만 '문드러지다, 부스러지다' 등의 뜻도 있다.

이런 剝卦는, '12피괘설'에 의하면, 음력 9월 괘로, 十二地支로는 '戌'에 해당하며, 서리가 내리기 시작한다는 '霜降'이라는 節氣가 있는 괘이다. 머지않아서 하나 남은 陽爻조차 사라져 陰爻로만 가득 차는 重地坤卦가 된다는 뜻이다.

만약, 이 剝卦와 반대로, 아래에서부터 오효까지 양효가 차지하고, 상효만 음효라면 음력 3월 괘로 '穀雨' 절기가 있는 澤天夬卦가 되어서 重天乾卦를 기다리는 상황이 된다.

여하튼, 剝卦는 重地坤卦로 가는 길에서 양효 하나만 덜렁 남은 상태의 괘라는 것인데, 이때 '剝'이란 어떤 의미일까? 물론, 「序卦傳」에서 말하기를, "剝者, 剝也"라 했다. 곧, '박'이라는 것은 '깎다, 벗기다, 깎이다, 벗겨지다' 등의 뜻으로 쓰이는데 이것이 확대되어서 '침식(侵蝕), 쇠락(衰落)' 등의 의미로도 쓰인다. 그래서 신중하게 읽고 사유해야만 한다.

이 山地剝卦처럼 땅 위로 높이 솟은 山이 있다면 반대로 땅속으로 들어간 山, 다시 말해, 높은 산을 헐어서 낮은 땅을 메운 그래서 땅속으로 들어간 山도 있을 것이다. 이런 산을 두고는 '地山', '謙'으로 받았다. 높고 많은 쪽에서 헐어서 낮고 적은 쪽에 보태어 주는 '겸손'이라는 의미를 부여했다는 뜻이다.

*　　*

剝 : 不利有攸往.

산지박괘는 갈 곳이 있어도 불리하다.

🖉 침식당하고 쇠락해 가는 상황에서 의욕을 갖고 일을 추진한다면 이롭지 못하고 불리하다는 뜻이다. 오히려 침식당하지 않고 쇠락하지 않기 위한 자구책을 찾는 것이 급선무일 것이다. 침식당한다는 것은 자연현상이고, 쇠락한다는 것은 인간사의 부침(浮沈)이다.

《彖》曰：剝, 剝也, 柔變剛也. 不利有攸往, 小人長也. 順而止之, 觀象也. 君子尙消息盈虛, 天行也.

「단」에서 말했다. 박괘는 벗겨짐(깎임)이라, 유가 강을 변화시킴이다. '갈 곳이 있어도 불리하다' 함은, 소인이 자라남이다. 순종하고 멈추어가니, (그런) 모습을 보인다. 군자 또한 사라지고 자라나고, 차고 비워짐이 하늘의 움직임이다.

✎ '柔가 剛을 변화시킨다' 함은, 음효가 양효를 변화시킨다는 뜻이며, 더 구체적으로 말하면, 음의 세력이 양의 세력을 밀어내어 그 자리를 차지하거나, 음의 세력이 양의 세력을 문드러지게 하여 弱化시키고 변하게 해서 음이 되게 한다는 뜻이다. 그리고 '소인이 자라난다'라는 것은, 음효의 세력이 점점 커지고, 그 수가 또한 많아짐이다.

'순종하고 멈춘다'라는 것은, 上·下卦 덕성을 이어서 말했을 뿐이고, 이러한 剝卦 모습을 살펴보면, 증감(增減)이 있고, 성쇠(盛衰)가 있으며, 유무(有無)가 존재한다는 사실이 전제되었다. 자연현상이 그러하듯이, 인간사회의 군자 역시 증감(增減)·성쇠(盛衰)·유무(有無)의 변화가 있고, 그것이 곧 하늘의 작용이라는 뜻이다. 이 말을 뒤집어서 말하면, 하늘의 법도에 의해서 자연이나 인간이나 할 것 없이 흥망성쇠의 이치가 작용하여 드러난다는 뜻이다.

대개, '尙'을 '推崇'으로 풀이하는데 필자는 '又'로 해석하였다. 그리고 '消'는 '消退'로, '息'은 '生息'으로, '盈'은 '滿'으로, '虛'는 '空虛'로, '天行'은 '天道'로 각각 풀이하였다.

《象》曰：山附于地, 剝 ; 上以厚下安宅.

「상」에서 말했다. 산이 땅에 붙어있음이 박괘이니, 윗사람은 이로써 보고 깨달아, 아래를 두껍게 해서 택지를 안정시켜라.

✎ 산이 땅 위로 붙어있다는 것은, 산이 땅 위로 솟아있으니 그 산의 흙으로써 땅의 지반을 두껍게 하여 택지를 안전하게 하라는 뜻이다. 물론, 이 말은 겉모습을 말한 것이고, 속뜻인즉 물질이 많은 위에서 부족하거나 없는 아래로 도와주어 집안을 안정시키라는 뜻이다. 모든 大象辭가 그러하듯이, 자연의 형상을 보고서 인간사로 환치시켜 무엇을 어떻게 하라는 식의 실천덕목을 강조한다. 결과적으로, 자연을 통해서 삶의 지혜를 터득하고 배우는 형식이다.

初六, 剝床以足, 蔑, 貞凶.

초육, 침상의 다리가 깎이어, 없어짐이니, 정도를 지키어 흉에 (대처해야 한다).

✎ 초육은 양의 자리에 음으로 와서 그 자리가 바르지 못하고, 짝인 육사와 호응하지 못하며, 가깝게 지낼 이웃도 없다. 초육은 깎이어 나가는 상황에서 시작하는 단계로 침상의 다리로 빗대어졌다. 침상의 가장 아랫부분인 다리가 깎이어 침상으로서 바른 구실을 하지 못한다. 그래서 정도를 지키어야 그 흉에 대처할 수 있다.

여기서 '剝'을 '脫落'으로 해석하였고, '蔑'을 '滅'로 해석하였다. 그리고 많은 이가 蔑과 貞을 붙여 쓰고 바름을 없앴다고 해석하기도 하나 오늘날 중국 주역 전문사이트들에서는 蔑과 凶貞 사이를 띄어 쓴다.

《象》曰 : 剝床以足, 以滅下也.

「상」에서 말했다. '침상의 다리가 깎이어, 없어짐'이란, 아래가 없어짐이다.

✎ 침상의 아래가 없어졌다는 것은 침상의 다리가 깎이어 결국, 떨어져 나갔다는 뜻이다. 그래서 '剝'을 '脫落'으로 해석한다.

六二, 剝床以辨, 蔑, 貞凶.
육이, 침상의 상판이 깎이어, 없어짐이니, 정도를 지키어 흉에 (대처해야 한다).

✏️ 육이는 자리가 바르고, 짝인 육오와 호응하지 못하며, 가깝게 지낼 이웃도 없다. 그러나 中正을 얻었다. 그러함에도 불구하고, 정도를 지키어 흉에 대처해야 하는 것은, 초육과 다르지 않다. 육이는 陰의 중심 세력으로 陽의 세력을 밀어내는 주역 가운데 하나이다. 그래서 초육은 다리가 깎이어 없어진 침상으로 빗대어졌다면, 육이는 상판이 깎이어 없어진 침상으로 빗대어졌다. 그래서 침상으로서 바른 기능을 할 수 없다. 그러므로 정도를 지키어서 그 흉함에 대처해야 한다. 우리는 여기서 한 가지 사실을 확인할 수 있다. 그것은, 모든 것이 깎이어 나가는 나쁜 상황에서는 中正도 힘을 쓰지 못한다는 점이다. 중국의 高亨 (1900~1986)은 '辨[biàn]'이 '牑[biān]'의 음차라고 판단했다. 그래서 그는 이 辨을 '床板'이라고 풀이했다. 필자도 이를 따랐다.

《象》曰：剝床以辨, 未有與也.
「상」에서 말했다. '침상의 상판이 꺾이어 없어짐'이란, 함께하지 않음이다.

✏️ 침상의 상판이 꺾이어 없어졌으니 침상을 쓸 수 없다는 뜻이다. 그래서 침상과 더불어 생활할 수 없다는 의미이다. 이것을 인간사로 환치시켜 말하자면, 陰 곧 小人이 陽 곧 군자와 함께하지 못한다는 뜻이다. 이 剝卦에서는 음과 양이 相縛·相推의 관계이기 때문이다.

六三, 剝, 无咎.
육삼, 깎이어 떨어져 나감이나, 무구하다.

✐ 육삼은 자리가 바르지 못하고, 짝인 상구와 호응하며, 가깝게 지낼 이웃이 없다. 게다가, 中道를 지나쳐 있다. 이런 육삼은 하나뿐인 陽, 상구와 호응한다. 상구 군자의 영향을 받는다는 뜻이다. 그래서일까? 육삼은 침상의 무엇이 깎이어 없어졌는지, 아니면, 다른 무엇이라도 깎이어 없어졌는지를 밝혀 놓지 않았다. 게다가, 무구하다고 했다. 당혹스러운 면이 없지 않다. 역시, 剝卦의 유일한 군자인 상구와 호응하기 때문이다. 호응한다는 것은, 군자를 밀어내는 일에 同類와 함께하지 않는다는 뜻이다.

《象》曰 : 剝之无咎, 失上下也.
「상」에서 말했다. '깎이어 떨어져 나감이 무구하다' 함은, 위아래를 잃음이다.

✐ 육삼이 위와 아래를 잃었다는 것은, 무슨 뜻인가? 육삼을 기준으로 위에 있는 陰爻 둘이 上이 되고, 아래에 있는 음효 둘이 下가 된다. 그렇다면, 결과적으로 위아래에 있는 同類 小人을 모두 잃음이다. 그러니까, 육삼은 침상의 어느 한 부분이 떨어져 나간 게 아니라 동류가 떨어져 나감이다. 이것을 다른 음효, 소인 시각에서 바라보면, 동지에 대한 일종의 배신행위를 한 자이다. 이 배신행위가 왜, 이루어지는가? 그것은 군자 상구와의 짝이라는 이유에서이다. 인간 사회로 해석하면, 소인들이 많은 사회에서 유일하게 남은 군자와 짝으로써 가깝게 지내다 보니 그의 영향을 받아서인지 동류 소인들이 육삼으로부터 떨어져 나가는 결과를 낳았고, 그것이 오히려 육삼에게는 무구하게 되었다는 의미로 받아들여진다.

六四, 剝床以膚, 凶.
육사, 침상의 깔개가 깎이어 떨어져 나감이니, 흉하다.

✎ 육사는 자리가 바르고, 짝인 초구와 호응하지 못하며, 가깝게 지낼 이웃도 없다. 침상의 다리에서 상판에 이어 그 상판 위로 까는 자리까지 깎이어 떨어져 나감이니 이제는 사용할 수 없는 지경에 이르렀다. 침상이 깎이어 떨어져 나가는 진행 과정이 점층법적 수사(修辭)로 표현되고 있음을 알 수 있다. 물론, 혹자는 '膚'를 침상 위에 누워있는 사람의 살갗이라고 풀이하는 이들도 있긴 하다.

《象》曰 : 剝床以膚, 切近災也.

「상」에서 말했다. '침상의 깔개가 꺾이어 떨어져 나감'이란 재앙이 가까이 있는 절박함이다.

✎ 침상의 상판에 까는 자리마저 떨어져 나갔으니 그런 침상에 눕는다면 몸이 밑으로 떨어지고 말 것이다. 이처럼 생명에 위해(危害)를 가하는 상황을 재앙으로 빗대어 표현한 것이다.

六五, 貫魚, 以宮人寵, 无不利.

육오, 꿴 물고기이니, 이로써 궁인이 총애하니, 불리할 게 없다.

✎ 육오는 자리가 바르지 못하고, 짝인 육이와 호응하지 못하며, 위에 있는 상구와 가깝게 지낼 수는 있다. 그리고 中道를 얻었다. 유일한 군자인 상구와 짝이라거나 가깝게 지낼 수 있는 관계라면 모든 것이 깎이고 떨어져 나가는 상황에서 유리한 국면을 맞는데, 육오는 그 상구와 親比 관계에 있다. 그래서일까? 육오는 동류인 음효 곧 소인들을 물고기처럼 꿰어서 바친다. 육삼과 다르게 동류 배신행위를 아주 적극적으로 행한다. 그 결과, 궁인으로부터 총애를 받는다, 그러하니, 불리할 것이 없다. 궁인은 상구요, 물고기는 초육, 육이, 육삼, 육사 등을 말한다.

《象》曰：以宮人寵, 終无尤也.
「상」에서 말했다. '궁인이 총애한다' 함이란, 끝내 근심 걱정이 없어짐이다.

✎ 육오는 상구와 가깝게 지내기에 그의 영향을 받았음일까? 그에게 물고기들을 꿰어서 바친다. 그런 계기로 그의 총애를 받는다. 총애를 받다 보니 근심 걱정이 없어진다는 것인데, 그의 근심 걱정은 무엇이었을까? 소인의 세력이 점점 증대되는 현실과 그에 따른 결과에 대한 인식이었을까? 아니면, 소인의 세력에 동참하지 못하고, 오히려 소인들을 물고기처럼 꿰어서 상구, 군자에 붙어서 저 홀로 근심하지 않고 살아가는 양심상의 문제인가? 알 수 없다. 다만, 다들 침식당하고 쇠락하는 상황에서 믿음직한 상구에게 의지하여 견디어낸다는 점에서 일시적으로나마 안전을 확보했기에 근심 걱정이 없어졌다고는 말할 수 있다.

上九, 碩果不食, 君子得輿, 小人剝廬.
상구, 크고 단단한 과일은 벌레 먹히지 않음이니, 군자는 수레를 얻고, 소인은 초가지붕을 벗겨낸다.

✎ 상구는 자리가 바르지 못하고, 짝인 육삼과 호응하며, 아래 이웃인 육오와 가깝게 지낼 수 있다. 그래서 상구는 아래를 두껍게 하는 유일한 군자로서 일하는 주인공이다. 主爻라는 뜻이다. 그런 탓인지, 현재 중국 주역 전문사이트에서는 상구를 두고 '勞者'로 풀이한다. 그래서 '일하는 이는 먹는 것을 탐하지 않고, 일하지 않는 이는 먹는 것을 탐한다(勞者不得食 不勞者得食)'라고 덧붙여 설명한다. 바로 이 말을 확대해석해서 '군자는 화려한 수레를 타고, 소인은 초가집을 벗겨내 비바람을 가리지 못한다(君子乘坐華麗的車子 小人的草屋不蔽風雨)'라고 연계시켰다.

그러나 필자는 이 견해를 받아들이지 않는다. 여기서 '碩果'는 크고, 단단하고,

속이 실한 열매로서 상구 군자를 빗댄 비유어이다. 이 군자는 먹는 것을 밝히지 않는다는 게 아니라 침식당하지 않는다는 뜻이다. 그러니까, '食[shí]'은 '蝕[shí]'의 音借라고 생각된다. 그래서 군자는 크고 단단하고 실한 열매이기 때문에 벌레에 먹히지 않는다는 뜻이다.

그리고 군자가 수레를 구할 때 소인은 자기 草家의 지붕을 벗겨낸다는 것은, 군자와 소인의 역할과 소임이 다름을 말한 것이다. 곧, 군자는 수레에 백성을 싣는 사회적 구제 활동을 펴지만, 소인은 공연한 허튼짓을 해서 오히려 피해를 자초하는 근시안적 안목으로 살아간다는 뜻이다.

《象》曰 : 君子得輿, 民所載也 ; 小人剝廬, 終不可用也.
「상」에서 말했다. '군자가 수레를 얻는다 함'이란, 백성을 싣는 바이다. '소인이 초가지붕을 벗겨낸다' 함은, 끝내 사용할 수 없음이다.

✎ '백성을 싣는 바이다'라는 말은, 백성을 싣는다는 뜻이다. 군자가 얻은 수레에 백성을 싣는다는 것은, 백성에게 도움과 편리를 베풀어 구제한다는 뜻이다. 그리고 '끝내 사용할 수 없다'라는 것은, 쓸모가 없어서 버려짐이다.

상구 군자는 소인처럼 깎이어 없어짐이 아니라 수레를 얻어서 백성을 싣고 다시 돌아온다는 의미를 내재하고 있고, 군자를 밀어내고자 하는 소인은 자기 집의 초가지붕을 벗겨내어 비바람을 피하지 못하는 어리석음을 범한다는 점을 강조하고 있다. 그러니까, 여기서 초가지붕은 상구를 빗댄 말이다.

*   *

땅 위로 솟아 있는 산은, 비바람에 침식당할 수밖에 없다. 그래서 사람은, 자신이 사는 곳이 침식당하지 않도록 지반을 단단하게 다져야 하고, 타력에 의해서 스스로 깎여나가지 않도록 크고 단단한 열매가 되어야 한다. 碩果가 되어야만이 쉽게 벌레 먹히지 않고, 그 씨앗으로 새 생명을 태동시켜 대를 이어 살아갈 수 있기 때문이다.

모든 것이 닳고, 깎이고, 꺾이어서, 떨어져 나가는 상황 속에 놓여있는데, 사람은 그러한 현실 속에서 어떻게 처신해야 하는가? 그 양태와 방법을 나름대로 설명해 주고 있는 게 六爻辭이다. 곧, 바르게 살려는 군자는, 스스로 석과가 되려고 노력하나, 이 군자를 밀어내기 위해서 애쓰는 소인들은 凶을 자초한다. 그나마 나은 것은 이 군자와 짝이거나 이웃이어서 그의 영향을 받는 이들이다. 그래서 구삼은 无咎하고, 육오는 无不利하다. 그러나 나머지는 아주 흉하다.

이 剝卦처럼 나쁜 의미의 괘에서는 중도를 얻은 효보다 중도를 지나친 삼효와 상구가 오히려 좋다는 사실이다. 좋은 여건조차도 나쁜 쪽으로 사용되기 때문이다. 64개 괘가 다 그렇듯이, 짝이 중요하고, 가깝게 지내는 이웃(친구)이 중요하며, 자신의 자리(지위)가 중요하다. 이들 삼자보다 더 중요한 것이 있다면, 나의 근본, 나의 바탕이 '양이냐? 음이냐?'라는 선천적인 '타고남'이라고 말할 수 있다. 주역에서 모든 활동의 主役이 陽爻이기 때문이다.

24. 地雷復卦

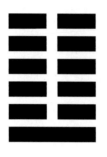

주역 스물네 번째 괘로 지뢰복괘(地雷復卦)가 있다. 땅 地 坤이 上卦이고, 우레 雷 震이 下卦라는 뜻이다. 그 모양으로 보면, 땅속에서 우레가 치는 모습이고, 卦德으로 보면, '動而順'이다. 곧, 움직이며, 순종함이다. 육효 배열로 보면, '양, 음, 음, 음, 음, 음'으로, 양이 하나요, 음이 다섯으로, 山地剝卦와 같으나 양효의 위치가 위 상구에서 아래 초구로 바뀌어 있을 뿐이다. 그리고 육삼, 육오만 자리가 바르지 못하고, 나머지는 자리가 바르며, 초구와 육사만 호응하나 나머지 두 짝은 호응하지 못한다.

이런 '地雷'를 '復'으로 받았는데 이 '復'은 어떤 의미로 쓰였을까? '復'은 회복할 '복' 또는 다시 '부'로 읽힌다. 따라서 '復'에는 '회복하다, 돌아가다, 돌아오다, 돌려보내다, 되돌리다, 告하다, 갚다, 겹치다, 중복되다, 되풀이하다, 채우다, 머무르다, 뒤집다, 대답하다, 실천하다, 제거하다, 면제하다, 盛하다, 사뢰다, 다시, 거듭하여, 거듭하다' 등 다양하게 쓰인다. 여기서는 '회복하다, 돌아오다'라는 뜻으로 쓰인 것 같다.

「序卦傳」에 의하면, "物不可以終盡剝, 窮上反下, 故受之以復"이라 했고, 「雜卦傳」에 의하면, "復反也"라 했다. 곧, 만물은 끝까지 다할 수 없기에 깎이어 쇠락하는 것이니, 위가 다하면 아래로 돌아오기에 깎이는 剝卦 뒤를 돌아오는 復卦가 이어받았으며, 복은 돌이킴이라고 했다. '復=反'이라는 뜻이다.

여기서 위가 다하여 아래로 돌아왔다는 것은, 剝卦의 유일한 陽爻 상구가 다하여서 없어졌다가 다시 아래로, 그러니까, 復卦 초구로 돌아와 유일한 君子가 되었다는 뜻이다. 한마디로 말해서, 剝卦의 하나뿐인 陽이 없어져서 陰으로 가득한 重地坤卦가 되었다가 다시 陽 하나가 제일 밑으로 돌아와서 復卦가 되었다는 설명이다. 이처럼 점점 성장하는 陰의 세력에 의해서 陽이 하나하나 밀려나는데 제일 윗자리에 하나 남았던 陽爻마저 없어졌다가 다시 제일 아랫자리로 돌아왔으니 이런 陽의 몰락과 회복에 대하여 어떤 얘기들이 가능한지 궁금하다.

* *

復 : 亨. 出入无疾, 朋來无咎. 反復其道, 七日來復. 利有攸往.

지뢰복괘는 형통하다. 들고나는데 흠이 없으며, 벗이 오니 무구하다. 그 도가 반복되어 칠 일에 다시 오니, 나아갈 곳이 있으면 이롭다.

✎ 復卦가 형통하다는 것은 이런 의미 때문이다. 곧, 안에서 우레가 움직이니 밖에서 땅이 순종하듯 따름으로써 두 기운의 작용이 좋은 결과를 낳는다. 다시 말해, 땅속에서 우레가 치니 잠자던 땅이 놀라 깨어나면서 잠복해 있던 씨앗인 군자가 눈을 뜨고 일어나 움직이기 시작한다는 뜻이다. 다시 말해, 싹이 자라나 성장하기 시작한다. 그러함으로, 복괘는 희망이 있고, 형통하다고 말할 수 있다. 다 밀려났던 군자가 살아나 다시 돌아왔으니 이제부터는 점진적으로 군자의 세력이 커지기 때문에 형통하다는 말이기도 하다.

그리고 '들고나는데 흠이 없다'라는 것은, 들어가고 나오는데 장애가 없다는 뜻으로, 음이 양으로 변하고, 양이 음으로 변하는 일은 하늘의 뜻, 순리이지 그 순리를 거스름이 아니라는 뜻이다. 그래서 누구도 막을 수 없고 방해할 수 없다는 뜻이다. 그리고 '벗이 와서 무구하다'라는 것은, 陰爻의 근원적인 벗인 陽爻가 돌아왔음을 의미한다. 음과 양은 서로 밀어내고 싸우는 관계이기도 하나 근원적으로는 서로를 필요로 하는, 없어서는 안 되는, 서로 신뢰하고 배려하고 도와주는, 그럼으로써 상생하는 관계이다. 물론, 이 復卦에서는 초구를 두고 말함이다.

그리고 '그 도가 반복되어 나타나는데 7일 만에 다시 온다'라는 것은, 重天乾卦에서 양효가 밑에서부터 차례로 음효로 바뀌어 重地坤卦가 되는데, 구(姤), 둔(遯), 비(否), 관(觀), 박(剝)을 거쳐서 되며, 바로 그 중지곤괘를 지나 復卦가 되기에는 일곱 개의 괘를 지나서 원래 자리로 돌아왔다는 뜻이다. 다시 말해, 復卦가 되어서 비로소 양의 기운을 회복했다는 뜻이다. 물론, 중지곤괘를 기준으로 말하자면, 음이 밑에서부터 차례로 하나씩 양으로 바뀌어나가 여섯 효가 모두 양이 되는 중천건괘를 거쳐 음효 하나가 생기는 구괘(姤卦)가 되려면, 곤(坤)에서부터 복(復), 임(臨), 태(泰), 대장(大壯), 쾌(快), 건(乾)을 거쳐야 한다. 이 또한 일곱 개 괘를 거쳐야 비로소 음효가 돌아와 그 세력을 다시 증대시켜가는 姤卦가 된다. 이처럼 음의 세력이 점차 커지면 커지는 만큼 양의 세력이 줄어들고, 양의 세력이 점차 커지면 커지는 만큼 음의 세력이 줄어드는, 인간사로 바꾸어 말하면, 흥망성쇠가 되풀이됨을 말한다.

그리고 '갈 곳이 있으면 이롭다'라는 것은, 양효가 돌아왔으니 할 일이 있다는 뜻이다. 물론, 이를 확대해석하면, 현재는 양이 하나이지만 점차 많아져서 중천건괘가 되어 다시 쇠퇴하기 전까지는 전진하는 희망만이 있다는 점에서도 적극적으로 나아가 일할수록 이롭다는 의미로 해석할 수 있다.

《象》曰：復亨, 剛反, 動而以順行, 是以出入无疾, 朋來无咎. 反復其道, 七日來復, 天行也. 利有攸往, 剛長也. 復, 其見天地之心乎!

「단」에서 말했다. '복괘가 형통하다' 함은, 강이 되돌아옴이고, 움직이되 순종함으로써 들고나옴에 흠이 없고, 벗이 와서 무구함이다. '그 도가 반복되어 7일 만에 온다' 함은, 하늘의 움직임이다. '갈 바가 있어서 이롭다' 함은, 강이 자라남이다. 돌아옴, 천지의 그 마음, 뜻이 보이는구려!

✎ 剛이 되돌아왔다는 것은 初九를 두고 말함이고, 움직이며 순종한다는 것은 下·上卦의 덕성을 이어서 말한 것이다. 들어가고 나옴에 흠이 없다는 것은, 陽과 陰이 사라지고 다시 나타나는 데에 어떤 장애나 문제가 없다는 뜻이다. 다시 말해, 양이나 음이 때가 되어서 나가고 다시 돌아오는 일에는 하등의 문제 됨이 없다는 뜻이다. 벗이 왔다는 것은 陽인 초구가 돌아왔다는 뜻이다. 이처럼 음과 양이 나가고 다시 돌아오는 것은 반복되어 나타난다는 것이고, 이것이 바로 '天行' 곧, 하늘의 움직임, 하늘의 작용이라는 뜻이다. 그리고 剛이 자라난다는 것은, 현재는 陽이 하나이지만 점차 많아지고 그 세가 커진다는 뜻이다.

이 彖辭에서는, 딱 한 가지를 새겨볼 필요가 있다. 그것은, 地雷, 곧 땅속에서 진동하는 우레를 '天地之心'으로 이해했다는 점이다. 이게 무슨 말인가? 우레를 하늘이 부리는 것으로 보았다는 사실이다. 그래서 하늘의 대리자 우레와 땅이 서로 작용하여, 다시 말하면, 하늘이 뜻을 내고 땅이 순종하여 조화를 부리는 이치가 바로 없어졌던 양의 기운을 소생시켜서 돌아오게 했다고 보는 시각이다. 주역에서 입이 닳도록 말하는, 만물·만상에서 消息하고, 盈虛하고, 盛衰하고, 興亡하게 한다는 큰 이치에서 '양의 돌아옴'을 하늘의 뜻 곧 天行, 天道로 보았다는 점이다.

《象》曰 : 雷在地中, 復 ; 先王以至日閉關, 商旅不行, 后不省方.

「상」에서 말했다. 우레가 땅속에 있음이 복괘이니, 선왕은 이로써 보고 깨달아, 동짓날에는 문을 닫아 행상(行商) 객(客)이 다니지 않게 하고, 군주는 나라를 순시하지 말라.

✎ 대상사 집필자는, 필자의 생각보다 땅속에 우레가 있는 상황을 더 엄숙하고 더 정밀(靜謐)한 상황으로 인지한 것 같다. 땅속에 우레가 있는 것과 동짓날 성문을 닫고, 행상인이 다니지 못하게 하고, 군주조차도 지방을 순시하지 않는 일에는 어떤 상관성이 있을까? 이 문제에 대해서 오래 생각해 보았다.

復卦는 음력 11월 괘로 '冬至'라는 절기가 있고, 正北 괘이다. 그래서인지 동짓날의 의미인 '至日'이 언급되고, 동시에 성문을 닫아 행상이 드나들지 않도록 하고, 왕조차 나라 안을 순방하지 말라고 했다. 동짓날에 대해서 각별한 의미부여가 있다고 보이는데 그 내용은 노출되어 있지 않다. 그래서 중국에서는 현재 이에 대하여 어떻게 풀이하고 있는지 살펴보았는데 그 결과, 옛사람은 추운 시기를, 우레가 땅속으로 돌아와 있고, 소리 없는 정막 속으로 침잠하여, 만물이 엎드려 겨울잠을 자는 때(古人認爲天寒之時, 雷返歸地中, 沉寂无聲, 萬物蟄伏)라고 인식했다는 사실을 확인할 수 있었다. 이해되는 바 없지는 않다. 이런 인식이 전제되었기에, 땅속에 우레가 있다는 가상의 자연현상을 통해서 고대사회에서는 동짓날의 의미를 부여하고, 그 의미에 맞게 생활함으로써 문화적 습속을 형성해 왔음을 알 수 있다.

동짓날은 연중 밤이 가장 긴 날로, 만물은 가장 깊이 겨울잠에 빠져든 상황이다. 그래서 사람들은 활동을 최소한으로 줄이고, 행동도 조심하는데, 그 이유가 바로 땅속으로 우레가 들어와 있기 때문이다. 이 우레가 조심스럽게 움직이어서 겨울잠을 자는 군자를 눈뜨게 하는 엄숙한 일을 하기에 그에 맞추어 조용히 침잠하고, 땅의 소리에 귀를 기울이는 것이다. 우리 민족에겐 동짓날에 붉은 팥죽을 끓여서 마을의 수호신 당산나무나 집안 출입문(대문)을 비롯하여 집 안 구석구석에 붉은 팥죽을 뿌려서 나쁜 악귀가 들어옴을 물리치는 풍습이 있었는데 이 復卦의 엄숙함과 무관해 보이지는 않는다. (至日=冬至之日. 關=城關. 閉關=關閉城門. 后=君王. 省=巡視. 方=邦國.)

初九, 不遠復, 无祗悔, 元吉.

초구, 멀지 않아서 돌아옴이니, 후회에 이르지 않아서, 크게 길하다.

✐ 초구는 자리가 바르고, 짝인 육사와 호응하며, 위에 있는 이웃 육이와 가깝

게 지낼 수 있는, 비교적 좋은 여건에 있다. 초구는 멀리 가지 않고 곧바로 돌아왔기에 후회하지 않는 단계이다. 그래서 크게 길하다는 것인데, 이 말 속에는 멀리 갈수록 후회하게 된다는 뜻이 내포되어 있고, 그 내포된 뜻으로 미루어보면, 멀리 간다는 것은 잘못된 행위임을 짐작할 수 있다. 그것이 무엇이든지 간에 잘못했으면 곧바로 뉘우치고 곧바로 돌아서야 한다는 대전제가 깔려있다.

땅속에서 우레가 치니 놀라서 자기 자신을 되돌아보게 되고, 잘못이 있다면 곧바로 반성하면서 돌아서기에 초구는 크게 길하다.

여기서 '祗'의 표기와 그 의미가 거슬리는데, 이 '祗'는 '공경하다, 구하다, 공경, 다만, 바로, 어찌' 등의 의미로 쓰이는 글자이다. 그런데 우리나라에서는 '祗'로 표기하고, '~에 이르다, ~다다르다'의 뜻으로 해석한다. 이는 程伊川 견해의 영향을 받은 듯하다. 현재 중국에서는, '祗'를 '只'로 표기하고 '大'의 의미로 풀이하기도 한다. 물론, 내용상으로는, '다다르다, 이르다'라는 의미로 쓰였다고 봄이 옳다고 판단된다. 멀리 가지 않고 돌아왔기에 후회가 없다는 뜻이기에 '祗'가 誤記이건 아니건 간에 '抵(저)'보다는 '至'의 의미로 해석하는 것이 옳다. 물론, 抵에도 '至'의 의미가 있긴 있다. 정이천은 이 '祗'를 '柢(저)'와 같은 음으로 읽고, 뜻으로는 '抵(저)'라고 풀이하였다. 그런가 하면, 육덕명(陸德明:약 550~630)은 '支(지)'라고 풀이하였다.

《象》曰 : 不遠之復, 以修身也.

「상」에서 말했다. '멀리 가지 않고 돌아옴'이란, 수신함이다.

✎ '修身'이라는 낯익은 단어가 동원되었다. 이에 대하여 우리는 통상, '몸을 닦는다'라고만 풀이한다. 이에 대하여 중국에서는, '몸과 마음을 다스려서 바르게 한다(陶冶心身)'라고 풀이하고, 이것을 다시 덕성을 함양하는(涵養德性) 것과 체성(體性)을 닦아 지니는(修持身性) 것으로 나누어 생각하였다. 물론, 덕성은 정

신적 영역이요, 신성은 몸의 영역이다. 그러니까, 몸과 마음을 닦아 바르게 함으로써 훌륭한 사람 됨이 곧 修身이다. 그러니까, 멀리 간다는 것은 그 修身과 멀어지는 일이라는 뜻이다.

그렇다면, 왜, 이런 생각을 하게 되었는가? 양효는 군자이고, 밝음이고, 智라면 음효는 소인이고, 어두움이며, 우매(愚昧)라는 이분법적인 비유가 전제되어, 양이 점점 성장하는 음의 세력에 밀려서 쫓겨났더라도 오래가지 않고, 군자로서 할 바를 다하기 위해서 기운을 회복하여 다시 돌아오는데 이왕이면 빨리 오는 게 좋다는 인식이 깔려있기 때문이다. 사람으로 치자면, 나쁜 사람들에 밀려나서 자리를 잃었으면 하루빨리 건강과 능력을 회복하여 제자리로 돌아와서 다시금 의욕을 갖고 일해야 한다는 뜻이다.

六二, 休復, 吉.
육이, 훌륭한 돌아옴이니 길하다.

✒ 육이는 자리가 바르고, 짝인 육오와 호응하지 못하며, 아래 이웃인 초구와 가깝게 지낼 수 있다. 그리고 중도를 얻었다. 그런 육이는 두 번째로 돌아오는 주체인데, 아래 이웃인 초구를 본받아 돌아섰다는 사실이 중요하다. 현재 중국 주역 전문사이트에서는 이 '休'를 '美'로 풀이하고, '休復'을 '圓滿而歸'으로 풀이했다. 틀리지 않다고 본다.

《象》曰 : 休復之吉, 以下仁也.
「상」에서 말했다. '훌륭한 돌아옴이 길하다' 함은, 자신을 낮추는 어진 마음으로써이다

✒ 신분상으로 육이가 초구보다 높으나 자신을 낮추어서 초구에게 가는, 마음을 내었기에 돌아올 수 있었고, 바로 그 점이 훌륭하다는 것이다. 육이의 그런

마음을 어진, 자애로운 마음으로 보았다.

　六三, 頻復, 厲无咎.
　육삼, 절박하게 돌아옴이니, 위태로우나 무구하다.

　✐ 육삼은 자리가 바르지 못하고, 짝인 상육과 호응하지 못하며, 가깝게 지낼 이웃도 없다. 그래서 그는 가다가 급하게 되돌아옴이니 위태롭지만 무구하다는 것이다. 아마도, 되돌아옴 곧 반성을 언제 하느냐의 문제인 것 같다. 그 시기가 중요하다는 뜻이다. 그런데 육삼은 아무런 연고가 없고, 도와주는 상대가 없는데 수신과 멀어지다가 돌연 갑작스럽게 돌아섰다. 갑작스럽게 돌아섰다는 것은, 그만큼 다급(多急)하고, 급박(急迫)하다는 뜻이다.

　현재 중국 주역 전문사이트에서는 '수심에 찬 얼굴로 험지로 돌아왔다(愁眉苦臉地回來)'라고 풀이하는데, 우리나라 신원봉은 '頻'을 '顰(빈)'으로 해석하여 '얼굴을 찌푸리며 돌아옴'이라고 해석하였다. 현재 중국에서는 '頻'을 '顰(빈)'의 音借로 판단한다. 정이천의 주역을 완역한 심의용은 '자주 회복함'으로 해석하였는데 이의 영향을 받은 우리나라의 많은 사람은 頻을 '자주'로 해석한다.

　《象》曰 : 頻復之厲, 義无咎也.
　「상」에서 말했다. '절박한 돌아옴이 위험하나 무구하다' 함은, 의리가 무구함이다.

　✐ '의리가 무구하다' 함은, 비록 반성하는 시기는 늦었지만, 반성하고 돌아서는 것이 벗인 초구와 의리상 잘못됨이 없다는 뜻이다. 다시 말해, 비록, 의리상 조급하게 돌아섰으나 그 자체로써 화를 면할 수 있다는 뜻이다.

六四, 中行獨復.

육사, (음의 무리) 가운데에서 움직이다가 홀로 돌아온다.

✎ 육사는 자리가 바르고, 짝인 초구와 호응하며, 가깝게 지낼 이웃은 없다. 그리고 음의 무리 가운데에 있어서 그 아래로 음이 둘이고 그 위로도 음이 둘이다. 육사는 자리가 바르고, 짝인 초구의 영향을 받기에 음의 무리 속 한가운데에 끼어있다가도 홀로 돌아설 수 있었다고 본다.

《象》曰 : 中行獨復, 以從道也.

「상」에서 말했다. '음의 무리 가운데에서 움직이다가 홀로 돌아온다' 함은, 도를 따름이다.

✎ '도를 따른다' 함이란, 가장 먼저 돌아온 初九 군자의 길을 따른다는 뜻이다. 초구는 陽이기에 소인이 아닌 군자이고, 군자의 도를 가는 지혜로운 존재이다.

六五, 敦復, 无悔

육오, 도타운 돌아옴이니, 후회가 없다.

✎ 육오는 자리가 바르지 못하고, 짝인 육이와 호응하지 못하며, 가깝게 지낼 이웃도 없다. 다만, 중도를 얻었다. 여기서 '도타운 돌아옴'이란 부지런히 힘써서, 다시 말해, 애써 노력하여 돌아왔다는 뜻이다. 그가 노력하여 돌아올 수 있었던 것은, 군주의 자리에서 중도를 얻었기 때문으로 보인다. 剝卦 같으면 음의 무리를 꿰어서 상구에게 바치는 자인데 여기서는 상구가 없고 그 대신에 초구가 있기에 성실하게 노력하여 돌아서는 것이다.

《象》曰：敦復, 无悔, 中以自考也.
「상」에서 말했다. '도타운 돌아옴이니, 후회가 없다' 함은, 중도로써 자신을 성찰함이다.

    ✎ 혹자는 '考'를 '成'으로 해석하기도 하나 옳지 않다고 본다. 중국의 高亨 (1900~1986)은 여러 예문을 들면서 '敦'이 '考察'이라는 뜻으로 쓰였다고 주장했다. 그가 든 예문은 이러하다. 곧, ①《孟子·公孫丑》下篇：使虞敦匠 ②《荀子·榮辱篇》: 以敦比其事 ③《疆國篇》: 則常不勝夫敦比小事者矣 등이다. 中道로써 자신을 완성했다기보다는 자신을 성찰했다는 쪽이 더 현실적이다.

    上六, 迷復, 凶, 有灾眚. 用行師, 終有大敗；以其國, 君凶. 至于十年不克征.
    상육, 길을 잃고 헤매는 돌아옴이니, 흉하며, 재난이 겹친다. 군사를 쓰더라도 끝내는 크게 패한다. 그 나라 그 군주로서 흉하다. 앞으로 아주 오랫동안 정벌에 나서도 이기지 못한다

    ✎ 상육은 자리가 바르고, 짝인 육삼과 호응하지 못하며, 가깝게 지낼 이웃도 없다. 그리고 제일 마지막으로 돌아오는, 마지못해서, 어쩔 수 없이 반성하는 주체이다. 돌아서서 되돌아오는 길이 아주 멀고, 어디로 가야 하는지조차 스스로 분간하지 못하는 반성이라 그에게는 길이 주는 험난함도 있거니와 분별력 없는 자신으로부터도 생기는 험난함도 있다. 험난함이 겹치는 상황으로, 그가 군사를 동원한다고 해도 대패하고 마는, 아주아주 좋지 않은 처지이다. 쉽게 말해, 상육은 너무 멀리 나아갔기에 돌아서자니 돌아갈 길조차 멀고, 잘못했어도 너무 크게 많이 잘못했기에 이제는 어디서부터 바로잡아야 할지 분간이 서지 않는 상황이다. 그래서 그에게는 어떠한 조치도 소용없다는 뜻이다. 百藥이 無效라는 뜻이다. 修身과는 아주 멀어져 버린 존재라는 뜻이다.

《象》曰：迷復之凶, 反君道也.

「상」에서 말했다. '길을 잃고 헤매는 돌아옴의 흉함'이란, 군자의 도에 상반됨이다.

✎ 여기서 '君道'는 君子道이고, 군자도는 陽爻의 道이자 초구의 道이다. 그러나 주역에서 입이 닳도록 말하는 군자도가 구체적으로 무엇인지는 그 어디에서도 일목요연하게 정리되어 있지 않다. 마치, 中道와 正道를 수없이 말하지만, 이역시 상세한 설명이 없는 것처럼 말이다.

현재까지 역문을 읽고 해석하면서 필자가 확인한 것은, 이러하다. 곧, 대자연에는 天道와 地道가 있듯이, 인간 세상에는 君子道와 小人道가 있다. 그래서 군자는 천도를 본받고, 소인은 지도를 본받아야 한다. 천도는, 뜻을 내는 주체로서 언제나 바르고, 착해야 하며, 어질어야 하고, 어김없는 질서가 있어야 한다. 이를 인간사로써 바꾸어 말하면, 정(正, 貞)하고, 선(善)하고, 인(仁)하며, 의로워야 (義) 하고, 예절이 서야(禮→祭祀, 音樂) 하고, 부족하거나 넘치지 않아야(中) 하고, 겸손해야(謙) 하며, 물심양면으로 베풀어야(施→救恤, 敎育) 하며, 옳고 그름을 분별해야(明, 智→訟事) 하고, 결과에 따라서 징벌해야(罰→公明正大, 寬容) 하며, 때와 상황에 맞추어 처신해야(時宜→涉大川, 征伐, 遯) 하는 것 등이다. 그리고 地道는, 하늘의 뜻을 받들어 따르고 순종하면서 만물을 품어 기르듯이, 소인도 군자의 뜻을 따르며(從), 믿음을 갖고(孚), 순종하며(順), 배우며, 성실하게 살아가야 한다는 것이다.

* *

이 復卦에서 '復'은 '돌아옴'이다. 돌아온다는 것은, 자신의 현 위치 곧 처지를 자각하고, 자신의 잘못을 반성하며, 본래의 자리로 돌아간다는 뜻이다. 그래서 修身·省察·君子 등의 단어와 함께 쓰인다.

그리고 춥고 어두운 동지 철을 지내면서 눈을 뜨고 새 기운을 얻어서 능력을 비축하면서 세상 밖으로 나갈 준비를 해야 한다. 어두운 땅속에서 밝은 세상으로 나아감이 돌아감이고, 자기반성이며, 마땅히 해야 할 일을 하는 것이다. 바로 그 시기와 방법이 대단히 중요하다. 다시 말하면, 언제, 어떻게 돌아가느냐가 중요하다는 뜻이다.

그래서 초구는 '不遠復'으로 元吉이며, 육이는 '休復'으로 길하다. 그리고 육삼은 '頻復'으로 위태로우나 无咎하며, 육사는 '獨復'으로 무구하다. 육오는 '敦復'으로 无悔하고, 상육은 '迷復'으로 아주 凶하다.

여기서 우리는 한 가지 중요한 사실을 확인할 수 있다. 위에서 사라졌던 마지막 군자가 제일 낮은 신분으로 돌아왔는데, 나머지 다섯 소인 가운데에는 군자와 짝이라고 영향을 받고, 이웃이라고 영향을 받아서 자기 성찰을 통한 돌아섬이 빠르고 길하다. 그리고 가장 멀리 떨어져서 영향을 받지 못하는 소인은 늦으며 흉하다는 점이다. 인간사로 바꾸어 말하면, 대인관계와 신분 곧 자기 자리가 그만큼 중요하다는 뜻이다.

25. 天雷无妄卦

주역 스물다섯 번째 괘로 천뢰무망괘(天雷无妄卦)가 있다. 하늘 天 乾이 上卦이고, 우레 雷 震이 下卦라는 뜻이다. 그 모양으로 보면, 하늘 아래에서 우레가 치는 모습이고, 卦德으로 보면, '動而健'이다. 곧, 움직이고, 튼튼하다. 육효 배열로 보면, '양, 음, 음, 양, 양, 양'으로 이루어져서 양이 넷이고, 음이 둘이다. 그런데 확연하게 눈에 띄는 점이 있다면, 자리가 바르고 중도를 얻은 구오 육이의 '陽:陰' 호응 관계이고, 초구 육이 구오 등이 자리가 바르다는 사실이다. 그리고 초구와 구사는 짝으로서 호응하지 못하는데 나머지 두 짝은 호응한다.

이런 '天雷'를 '无妄'으로 받았다. '无妄'은 어떤 의미로 쓰였을까? '无'는 없을 '무'로 읽히며, '없다, 아니다, ~이 아니다, 말다, 금지하다, ~하지 않다, ~를 막론하고, ~하든 간에' 등의 뜻으로 사용된다. 여기서는 '없다' 또는 '~하지 않는다'라는 의미로 쓰였다. 그리고 '妄'은 망령될 '망'으로 읽히며, '망령되다, 어그러지다, 허망하다, 속이다, 잊다, 잊어버리다, 거짓, 제멋대로, 대개' 등의 뜻으로 사용된다. 여기서는 '망령되다, 어그러지다'의 의미로 쓰인 것 같다.

그렇다면, '无妄'이란 '망령됨이 없다' 혹은, '어그러지지 않는다'라는 뜻일 것이다. 다시, 그렇다면, 망령은 또 무엇인가? '妄靈'이란 늙거나 정신상태가 흐려져서 말이나 행동이 정상에서 벗어남을 말한다. 여기서 조금만 더 확대되면, 망동(妄動)·난동(亂動)·거짓(僞)까지를 두루 포함할 수 있다. 따라서 '无妄'이란, 망령됨이 없음, 경거망동하지 않음, 진실함(眞), 혹은 성실함(誠) 등의 의미를 지닌다고 볼 수 있다. 그러나 '妄'을 '어그러짐'이라고 해석한다면 '어그러짐이 없는 것'이거나 '어그러지지 않음'이 곧 '无妄'이다. 역시, 그 정확한 의미는 六爻辭까지 두루 다 읽은 후에야 알 수 있으리라 본다.

「序卦傳」에 의하면, "復則不妄矣, 故受之以无妄"이라 했고, 「雜卦傳」에 의하면, "无妄災也"라 했다. 곧, 돌아온즉 어그러지지 않음이니, 돌아오는 復卦 다음을 어그러지지 않는 无妄卦가 이어받았고, 无妄은 災害라고 했다. 그러니까, 「序卦傳」에서 '无妄'이란, '어그러지지 않음'이라고 했고, 어그러지지 않았다는 것은 바르다는 뜻인데, 「雜卦傳」에서는 '災害'라고 했다. 다소 당황스럽다. 어그러지지 않고 바른데 왜 그것에 재해가 따를까? 무언가 이상하다. 어그러지지 않은 생활을 하는데 왜, 재해가 생기는가? 이것이 문제로다.

하늘 아래에서 움직이는 우레 곧 '天雷'는 어그러짐이 없는데, 하늘 위에서 치는 우레 곧 '雷天'은 씩씩하다고 했다. 어그러짐이 없는데 왜, 재해가 생기는지를 염두에 두고 육효사까지 마저 읽어보자.

*　　*

无妄 : 元亨, 利貞. 其匪正有眚, 不利有攸往.
천뢰무망괘는 크게 형통하고, 정도를 지켜야 이롭다. 바르지 않으면 재앙이 있고, 나아가면 불리하다.

🖋 无妄이 크게 형통하다는 것은, 하늘 아래에서 움직이는 우레가 바르기 때문이다. 바르다는 것은, 장남이 아버지의 뜻을 받드니 그릇된 길을 갈 리 없고, 아버지와 장남이 합심한다는 뜻이다.

그리고 정도를 지켜야 이롭다는 것은, 아버지의 뜻을 받들어서 장남이 강건하게 행동하나 正道를 무시하거나 외면하면 害가 따르는 것 역시 당연하다. 그래서 正道를 지켜야 만이 이롭다는 조건이 붙었다.

그렇다면, 여기서 '正道'란 무엇인가? 六爻로 따지자면, 자리가 마땅해야 하고, 이웃과의 관계가 친밀해야 한다는 점이다. 자리가 마땅하다는 것은, 양의 자리에는 양이 와서 움직여야 하고, 음의 자리에는 음이 와서 움직여야 함을 말한다. 그리고 이웃과의 친밀한 관계라는 것은, 짝과 음양으로 호응하고, 가까이 있는 이웃과 음양으로 친밀함이 있음을 말한다.

그리고 바르지 않다는 것은, 사람의 처신이 바르지 않다는 것이 아니라, 때가 바르지 않다는 뜻이고, 재앙이 있다는 것은 재앙이 생긴다는 뜻으로, 자연의 災害가 아니라 사람으로 인한 災禍이다. 사람이 아무리 바르게 살아도 하늘이 돕지 않으면, 다시 말해 때가 아니면 人災가 따른다는 뜻이다. 때는 하늘이 결정하기 때문이다.

그리고 나아가면 불리하다는 것은, 때가 아니면 바르게 나아가도 사람으로 인한 재앙이 따르므로, 다시 말해, 손해 수가 생기므로 나가지 않아야 한다는 뜻이다. 부연하자면, 내 잘못이나 내 실수가 없는, 어그러짐이 없는 상황이나 때가 아니므로 이럴 때는 나아가지 말고 조심하는 게 좋다는 뜻이다. 그러니까, 无妄한 가운데에서도 재난이 따르는 것이 이른바 '无妄災'라는 것이다. 따라서 '无妄災'는 내 잘못이 없는데 때가 아닌 관계로 내게 재난이 따르는, 불가피한 상황을 말함이다. 「雜卦傳」에서 '无妄災也'라 한 말이 비로소 이해된다.

그리고 64개 괘 卦辭에서 '元亨'이라는 용어가 다섯 번 사용되었는데, 대유괘(大有卦), 고괘(蠱卦), 무망괘(无妄卦), 승괘(升卦), 혁괘(革卦) 등에서이다. 대개, '元'을 '大'로 해석하여 '크게 형통하다'로 이해하고 번역한다.

卦辭 중 전부 혹은 일부인 '元亨, 利貞'에 대하여, ①元, 亨, 利, 貞. ②元亨, 利貞. ③元亨利貞. 등 세 가지로 표기하고 있는데, 이 점은 우리나라나 중국이나 마찬가지이다. 역문을 옮겨 쓰는 이마다 같은 문장을 놓고 이해한 정도나 그 결과

가 다르게 나타난다는 뜻이다.

《彖》曰 : 无妄, 剛自外來, 而爲主於內. 動而健, 剛中而應, 大亨以正, 天之命
也. 其匪正有眚, 不利有攸往, 无妄之往, 何之矣? 天命不佑, 行矣哉?

「단」에서 말했다. 무망괘는 강이 밖으로부터 와서 안의 주인이 되었다. 움직이되 튼튼하
고, 강이 중도를 얻어 호응하며, 바름으로써 크게 형통한데 (이는) 하늘의 명령이다. '그 바
름이 아니면 재앙이 있고, 갈 바가 있어도 불리하다' 함은, 무망재가 있는 상황에서 나아가
면 어디로 가겠는가? 하늘이 돕지 않는데 나아갈 수가 있겠는가?

✎ 강이 밖으로부터 와서 안의 주인이 되었다는 것은, 下卦의 초구를 두고 말
함인데 雷, 震은 '음, 음, 음'으로 된 坤에 乾의 陽이 하나 내려와 '양, 음, 음'이 되
었다는 乾坤의 변화 과정 사실을 의미한다. 그리고 움직이되 튼튼하다는 것은,
无妄卦 下·上卦의 德性을 이어서 말한 것이고, 강이 중도를 얻어서 호응하며, 바
름으로써 크게 형통하다는 것은, 九五를 두고 말함이다. 이 구오가 육이와 호응
하는 것 자체가 하늘의 명령, 곧 하늘의 뜻이라고 본 것이다.

그리고 바름이 아니면 재앙이 있고, 갈 바가 있어도 불리하다는 것은, '无妄災'
가 있는 상황이라 정도를 지키지 않으면 재앙이 따르고, 할 일이 있어서 나아가
도 이롭지 않다는 뜻이다. 한마디로 말해서, 때가 아니라는 뜻이다. 따라서 어지
간하면 나서지 말고, 나가지도 말라는 뜻이다. '无妄災'가 있는, 때가 아닌 상황
에서는 가지 않는 게 좋다는 뜻이다. 하늘이 돕지 않기 때문이다.

그렇다면, 여기서 말하는 '바름(正)'이란 무엇인가? 앞서 말했지만, 첫째는 자
리[位]의 마땅함이다. 양의 자리에 양이 오고, 음의 자리에 음이 와야 마땅하고
바르다. 이 无妄卦에서는, 초구, 육이, 구오 등 세 효의 자리가 바른데, '吉, 利,
흉'라는 이들의 길흉이 无妄이 요구하는 바름, 곧 正道가 무엇인지를 시사해 준
다. 그리고 자리가 바른 짝끼리의 호응 관계와 이웃과의 친비 관계가 또한 바름

이다. 구오와 육이 관계, 그리고 초구와 육이 관계 등이 말해준다.

《象》曰 : 天下雷行, 物與无妄 ; 先王以茂對時, 育萬物.
「상」에서 말했다. 하늘 아래에서 우레가 움직이니, 만물이 어그러지지 않음과 함께한다.
선왕은 이로써 보고 깨달아, 때를 맞추려고 애쓰고, 만물을 길러라.

✎ 하늘 아래에서 우레가 움직인다는 것은, 하늘의 뜻과 명을 받들어서 우레
가 움직인다는 뜻이고, 만물이 무망과 함께한다는 것은, 만물이 때를 어기지 않
는다는 뜻이다. 따라서 때를 잘 살피고, 때에 맞추어서 만물을 기르고 양육해야
한다는 뜻이다. 이 말은 결국, 사람을 기르거나 농사를 짓는데에도 다 그 적절한
때가 있는 법이니 그때를 놓치지 말라는 주문이기도 하다.

그렇다면, 하늘의 뜻과 명령이 무엇보다 중요함을 알아야 한다. 주역에서 하
늘의 의미가 어떻게 정의되는지는 별도의 연구가 필요하다. 그러나 필자의 현
재 생각으로는, 낮과 밤, 사계절을 부리는 주체로 인식되었고, 지상의 만물이 그
晝夜·四時의 변화 속에서 生·長·老·病·死를 거듭한다는 인식이 전제되어서, 하
늘은 언제나 바르고, 선하며, 의롭다는 믿음이 있다. 그래서 그에 맞추어 살아야
한다는 것이 易의 기본적인 주장이다.

이런 맥락에서 본다면, 우레가 하늘의 뜻을 받들어 움직임으로써 만물이 바르
게 성장하도록 하듯이, 선왕은 때 곧 節氣를 대조·확인해 가며 힘쓰고, 그에 맞
추어 만물을 기르라는 뜻이다. 여기서 때를 대조해 간다는 것은, 절기를 살핀다
는 뜻이고, 그 절기에 맞추어서 바르게 노력함으로써 만물을 바르게 기르라는
뜻이다. 결국엔, 하늘과 우레의 관계처럼, 선왕은 하늘의 때 곧 절기에 맞추어
농사를 짓고, 만물을 양육하라는 뜻이다.

이 상사 번역을 힘들게 하는 요소가 바로 '茂' 자인데 이 '茂'를 '힘쓰다, 노력
하다'로 해석하면 자연스럽게 解讀된다. '對'도 '맞추어 보다, 대조하다'의 뜻으

로 해석하면 무리가 없다. 때를 맞추어 본다는 것은 절기를 확인한다는 뜻이다. 간단히 말하면, 때를 맞추어서 만물을 기르라는 뜻이다. 때를 맞추는 노력이나 살핌 곧 관찰이 '茂'라는 뜻이다.

初九, 无妄往 吉.
초구, 무망으로 나아가니, 길하다.

🖊 초구는 자리가 바르고, 짝인 구사와 호응하지 못하며, 위에 있는 육이와 가깝게 지낼 수 있다. 초구는 양의 자리에 양으로 와서 陽剛한 지혜와 의지를 갖고 움직인다. 게다가, 하늘 乾에서 때를 맞추어 온 자이기에 일종의 사신(使臣)이다. 그러니 하늘의 뜻을 거역하거나 바르지 않게 행동할 리 없다. 그래서 초구는 어그러짐이 없어 나아가도 길하다.

《象》曰 : 无妄之往, 得志也.
「상」에서 말했다. '무망으로 나아감'은, 뜻을 얻었기 때문이다.

🖊 뜻을 얻었다는 것은, 하늘의 명을 받았다는 뜻이다. 그래서 해야 할 일과 그 의욕이 생겼다는 뜻이다. 초구는, 비록, 신분은 낮으나 자리가 반듯하고, 강건한 품성을 지닌 존재로 진실하고 성실하며, 육이를 향해 나아간다. 그 의지도 있고, 초심을 잃지 않고 나아가니 길한 것이고, 동시에 나아가는 목적도 하나로 그 마음이 혼란스럽지 않다. 나아가는 목적이 하나라는 것은, 오직 위에 있는 이웃인 육이만을 향해서 간다는 뜻이다.

六二, 不耕獲, 不菑畬, 則利有攸往.
육이, 경작하지 않고 수확하며, 개간하지 않고도 새 밭이 되니, 나아갈 바를 두면 즉시 이롭다.

✎ 육이는 자리가 바르고, 짝인 구오와 호응하며, 아래 이웃인 초구와 가깝게 지낼 수 있다. 그리고 中正을 얻었다. 아주 좋은 조건이다. 하늘의 사신인 초구와 가까이할 수 있어서 좋고, 짝인 구오 군주와 中正으로써 호응하니 도덕적 흠결이 있을 리 없다. 하늘의 사신인 초구와 가까이할 수 있어서 좋다는 것은, 하늘의 도움이 있다는 뜻이다. 그래서 육이에게는 경작하지 않고 수확하며, 개간하지 않고도 새 밭이 되는 이로움이 즉시 있는 것이다.

육이는 애써 경작하지 않고 수확하며, 개간하지 않고도 개간한 새 밭을 소유하는, 하늘의 도움 곧 하늘의 은총을 받는 존재이다. 육이가 어그러지지 않고 중도를 얻은 자인지라 하늘의 도움과 더불어서 존엄한 구오의 도움까지 있어서 그런 뜻밖의 행운을 얻는 결과를 낳는다.

《象》曰 : 不耕獲, 未富也.
「상」에서 말했다. '경작하지 않고 수확한다' 함이란, 부유함이 아니다.

✎ 육이가 부자가 아니라는 것은, 물질에 대한 욕구가 크고 강해서 경제적인 부를 이룩한 게 아니고, 오로지 하늘의 이치와 뜻에 따라서 살아가는 지혜로운 사람이라는 뜻이다. 게다가, 현실적으로는 지나치지도 않고 부족하지도 않게 中道로써 임하니 사람들 간에 미움을 사지도 않을 뿐 아니라 오히려 도움을 받는다는 뜻이다.

六三, 无妄之灾, 或系之牛, 行人之得, 邑人之災.
육삼, 무망의 재난이라, 혹, 소를 묶어놓으면 행인이 가져가고, 마을 사람이 재난을 받는다.

✎ 육삼은 자리가 바르지 못하고, 짝인 상구와 호응하며, 위에 있는 구사와 가깝게 지낼 수 있다. 그리고 중도를 지나쳐 있다. 육삼 역시 어그러지지 않았는데 재난을 받는다. 어떤 재난인가? 곧, 매어놓은 소를 지나가는 사람이 끌고 가버렸는데 뜻하지 않게 마을 사람이 소도둑으로 의심받는 고난을 받게 된다는 재난이다. 이런 일이야 사람이 살면서 얼마든지 있을 수 있다고 본다. 참, 재미있는 비유(譬喩)이다. 우리말로 빗대어서 말하자면, '일진(日辰:꿈자리)이 사납더니 별꼴을 당한다'라는 경우이다. 나는 잘못이 없는데도 상황적 추론으로, 다시 말해, 여건상 덤터기를 쓰는 꼴이다. 烏飛梨落과 같은 상황이다. 누명(陋名)도 여기에 해당한다고 볼 수 있다. 그렇다면, 육삼은 왜, 이런 곤란한 상황에 직면하게 되는 것일까? 그것은 下卦 離의 上爻 곧 머리(首)로써 지나친 의욕을 내기에 때를 거슬렀기 때문이다.

《象》曰 : 行人得牛, 邑人災也.
「상」에서 말했다. 행인이 소를 얻음(가져감)이, 마을 사람의 재난이다.

✎ '得'이라는 글자 때문에 오해 소지가 있지만, '행인이 소를 얻었다' 함은, 소를 훔쳐갔다는 뜻이고, 그 일 때문에 고을 사람이 공연히 누명을 쓴다는 뜻이다.

九四, 可貞, 无咎.
구사, 정도를 지킬 수 있어, 무구하다.

✎ 구사는 자리가 바르지 못하고, 짝인 초구와 호응하지 못하며, 아래 이웃인 육삼과 가깝게 지낼 수 있다. 구사가 정도를 지킬 수 있다는 것은 '초구를 본받을 수 있다'라는 뜻이다. 구사는 陰의 자리에 陽으로 와서 초구와 호응할 수는 없으나 초구와 같이 陽剛한 지혜와 의지를 갖고 행한다면 무구하다는 뜻이다. 그

렇지 않고, 육삼과 가깝게 지내거나 陰의 나약함으로 때를 지키지 못한다면 재난을 입을 수 있다는 뜻이기도 하다. 그러나 정도를 지킬 가능성에 무게를 두었다. 구사는 上卦인 乾의 일원이고, 음의 자리에 양으로 왔기에 강건한 자기 본성을 발휘하여 초구를 본받아 행동하면, 다시 말해, 때를 지키면 '无妄災'가 따르는 상황을 피할 수 있다는 의미로 받아들여진다.

《象》曰 : 可貞, 无咎, 固有之也.
「상」에서 말했다. '정도를 지킬 수 있으면 무구하다' 함은, 완고하게 나아감이다.

✎ 구사는 乾體의 일원으로 강건함을 끝까지 고집하는 완고함으로 가야 한다는 뜻이다. 그래야 만이 육삼의 영향을 받지 않고, 초구처럼 정도를 지켜서 무망재를 피할 수 있다는 뜻이다.

九五, 无妄之疾, 勿藥有喜.
구오, 무망의 병이니, 약을 쓰지 말아야 기쁨이 있다.

✎ 구오는 양의 자리에 양으로 와서 그 자리가 바르고, 짝인 육이와 호응하며, 가깝게 지낼 이웃은 없다. 그리고 자리가 존엄하고, 剛中을 얻었다. 구오는 어그러짐이 없는데도 불구하고, 병을 얻는다. 여기서 '병'이란 허물과 잘못이 없는데 생긴 병이라는 뜻인데, 과연 어떤 병일까? 분명한 것은 약물을 사용하지 않아야 낫는 병이다. 병을 얻을 만한 이유가 없는데 갑작스럽게 생긴, 의외의 병에 가깝다. 쉽게 말해, 평소에 반듯한 생활을 해왔기에 딱히 병이 발생할 만한 이유가 없는데도 불구하고 생긴 병이라는 뜻이다. 오늘날 현대의학의 시각으로는 있을 수 없는 일이지만, 사람이 생각하기에 딱히 병을 얻을 만한 직접적인 이유가 없는데 일시적으로 생겨서 가볍게 지나가는, 그래서 약물을 복용하지 않아도 되는

병이라는 뜻일까? 그것은 아버지로서 장남이 바르게 처신하는 일 관련 노파심 같은 것이 아닐까 싶다. 그렇듯, 군주가 백성이 때를 맞추어서 바르게 움직이어 야 하는데 행여, 그렇지 못할까 염려하는 걱정 같은 것이다.

《象》曰 : 无妄之藥, 不可試也.
「상」에서 말했다. 무망의 약이란, 시험이 불가하다.

  🖊 시험이 불가하다는 것은, 약이 없다는 뜻이다. 병을 낫게 하는 확실한 효용 성이 검증된 약이 없다는 것은 약을 써서 낫는 병이 아니라는 뜻이다. 결과적으 로 마음의 병으로, 근심·걱정·그리움 등이 될 수 있다. 구오는 양강한 무리에 휩 싸여 있는데 이들로부터 받는, 경계·경쟁 등으로 받는 중압감일 수도 있고, 짝인 육이에 대한 불안의식일 수도 있겠다는 추론은 가능하다. 육효 관계로 보면 말 이다.

上九, 无妄, 行有眚, 无攸利.
상구, 어그러짐이 없으나, 행하면 인재가 있고, 이로울 게 없다.

  🖊 상구는, 자리가 바르지 못하고, 짝인 육삼과 호응하며, 가깝게 지낼 이웃이 없다. 그리고 괘의 끝자리로 가장 높이 올라가 있다. 重天乾卦로 치자면 '亢龍, 有悔'의 자리이다. 그래서 상구 역시 어그러짐이 없지만, 움직이면 인재가 따른 다. 이때 인재는 하늘이 주는 '災'이긴 하지만 자기 자신에게 원인이 있어서 받게 되는 재난 곧, '眚'이다. 그래서 상구는 움직이지 않는 게 최선이라는 의미가 담 겨 있다. 상구가 움직인다는 것은, 호응하는 짝인, 무망의 재난을 받는 육삼에게 간다는, 다시 말해, 호응한다는 뜻이다. 육삼과 상구는 중도를 지나쳐 있는 괘로 서 자리마저 바르지 못하고, 때를 어기는 공통점이 있다.

《象》曰 : 无妄之行, 窮之災也.
「상」에서 말했다. 무망의 움직임은, 극에 달해서 받는 재난이다.

✎ 극에 달했다는 것은, 더는 움직일 여지가 없다는 뜻이다. 그러함에도 불구하고, 움직인다는 것은 화를 자초하는 일이다. 아마도, 이런 이유로, 모든 상황에서 극에 달하면 그 상황을 끝내야 옳지 그러지 않고 계속 끌고 가면 스스로 재해를 불러들이고, 스스로 화를 입을 뿐이다.

*　　*

하늘 아래에서 우레가 치는 '无妄'은 '하늘'과 '우레' 양자 사이의 관계가 반듯하다. 관계가 반듯하다는 것은, 우레가 하늘의 뜻을 받들어 움직인다는 이치를 두고 말함이다. 이를 人間事로 바꾸어서 말한다면, 아버지의 뜻을 받들어서 장남이 움직이기에 처신을 잘 할 수 있는 기본적인 여건을 갖추었다는 뜻이다. 그러함에도 불구하고, 正道를 지키지 못하면 害가 생긴다. 정도를 지키지 못한다는 것은, 하늘의 뜻을 거스르는 일이다. 육효 관계로 말하면, 짝과의 관계를 바르게 하지 못함이다. 초구와 구사는 '剛:剛'으로 호응하지 못하나 서로가 뜻을 받들고 순종하기에 좋은 것이고, 육이와 구오는 중정의 바른 道로서 호응하니 더 말할 나위 없이 좋은 것이다. 그리고 육삼과 상구는 '陰:陽'으로 호응하나 過中하여 욕심을 내기에 나가지 않아야 하는데 나가기 때문에 흉하다. 단순히 음양 관계로써 호응하는 관계와는 다른 호응이다. 곧, 음양 관계로써 호응하지 못한다 하더라도 짝끼리 순종하고 따르는 관계가 호응이고 正道인 셈이다.

초구는 어그러짐이 없고, 강한 의욕으로 나아가니 吉하다. 어그러짐이 없기에 자리가 미천해도 그 나아감이 길하다. 호응하지 못하나 짝인 구사의 지시를 받고 잘 따른다는 뜻이다. 육이는 자리가 바르고 중도를 얻어 신중하다. 더욱이,

구오와 호응하며 순종함으로써 도움을 크게 받는다. 그리고 구사는 양강한 지혜와 의욕으로 정도를 지켜서 무구하다. 특히, 구오와 '剛:剛'으로 대처하지만, 구오의 지시를 어기지 않으므로 무구하다.

육삼 상구는 자리가 바르지 못하고 중도를 지나쳐 지나친 욕심을 내기에 나아가지 않아야 하는데도 불구하고 나아간다. 나아갈 때를 기다리지 못한 것이다. 그래서 육삼은 烏飛梨落과 같은 상황에서 오해를 받고 고난을 받으며, 상구는 움직이지 않아야 하는데 움직이어서 사람으로 인한 재해를 받는다. 그리고 구오는 자리가 바르고 중도까지 얻어 짝인 구이와 호응하지만, 위아래 양강한 구사 상구 등으로 인한 마음 쓰임의, 약물로 치료 불가한 마음의 병을 얻는다. 일종의 불안의식으로 인한 스트레스일 것이다.

이러한 六爻辭를 통해서 보면, 无妄卦에서 正道란, 욕심을 과하게 부리지 않는 것이고, 나아갈 때와 나가지 말아야 하는 때를 분별하고 지킴이다. 이것이 곧 하늘의 뜻을 거스르지 않는다는 뜻으로 읽히며, 음양 관계로써 짝과 호응하지 못하더라도 믿고 따름이 진정한 호응 관계이다. 이를 어기기 때문에 손해 수가 생긴다.

하늘의 뜻을 헤아리고 믿고 순종하며 따르면 하늘의 도움을 받아 福을 받는다. 이와 반대로, 하늘의 뜻을 거스르면 재난을 받고, 손해 수가 생긴다. 문제는, 그 '하늘의 뜻을 어떻게 아느냐?'이다. 육효 관계로 보면, 짝과의 호응 여부가 중요한데, 음양 관계로 호응하는데도 正道로써 호응해야 하고, 정도가 아니면 호응한다고 해도 문제가 생긴다. 육삼과 상구처럼 말이다. 그리고 초구와 구사처럼 호응하지 못하더라도 순종하면 길하고, 구사와 구오처럼 상하 관계가 '剛:剛'일지라도 아래가 순종하면 무구하다.

그러나 세상을 살다 보면, 하등의 잘못이 없는데 우연히 화를 입기도 하고, 이와 반대로 생각지도 않은 행운이 찾아오기도 한다. 이는 내가 잘못 처신하거나 바르게 살기 때문이 아니다. 사람이 병들거나 불의로 사고로 죽는 일에도 다 이유가 있듯이, 세상에 존재하는 모든 현상에는 인과(因果) 관계가 있다. 이것을 佛

家에서는 '時節 因緣'이라는 말로 표현하는데 이와 유사하다. 어떤 결과가 현상으로 나타났을 때는 반드시 그 전에 이유와 과정이 있다고 믿는 것이다. 그런데 우리가 모르는 인과 관계가 많을 뿐이다. 그래서 해명되지 않는 현상을 두고 말하기 쉽게 '우연'이라고 하고, 그것이 '하늘의 뜻'이라고 우리는 말하는 것과 같다.

26. 山天大畜卦

주역 스물여섯 번째 괘로 산천대축괘(山川大畜卦)가 있다. 山 艮이 上卦이고, 하늘 天 乾이 下卦라는 뜻이다. 그 모양으로 보면, 산이 하늘 위로 높이 솟아있는 모습이다. 이를 바꾸어 말하면, 산속에 하늘이 내려와 있는 모습이다. 산속으로 내려온 하늘이 강건하게 멈추어서, 다시 말해, 하늘이 산속에서 움직이어 산의 만물을 기르고, 번성하게 하며, 열매를 맺게 함으로써 크게 쌓을 수 있다. 卦德으로 말하면, '剛而止'이다. 곧, 굳세고, 멈추어 있다. 육효 배열로 보면, '양, 양, 양, 음, 음, 양'으로 양이 넷이요, 음이 둘이다. 초구 구삼 육사 등은 자리가 바르고, 나머지 구이 육오 상구 등은 자리가 바르지 못하다. 구이가 剛中을, 육오가 柔中을 각각 얻어 호응하고 있다.

이런 '山天'을 '大畜'으로 받았는데, 이 '大畜'은 어떤 의미로 쓰였을까? '大'는 클 '대' 또는 '태'로 읽히며, '크다, 심하다, 높다, 존귀하다, 훌륭하다, 뛰어나다, 많다, 자랑하다, 낫다, 늙다, 대강, 대략, 크게' 등 여러 의미로 쓰인다. 그리고 '畜'은 짐승 '축', 쌓을 '축', 기를 '휵' 등으로 읽히며, '짐승, 가축, 개간한 밭, 비축, 쌓다, 모으다, 쌓이다, 모이다, 간직하다, 소장하다, 제지하다, 말리다, 기르다 양육하다, 먹이다, 아끼다 효도하다' 등 다양한 의미로 쓰인다. 따라서 '大畜'은 '크게 기르다, 높이 쌓다'의 의미로 쓰였을 것으로 판단된다. 그러나 정확한 것은 육효사까지 두루 다 읽어야 알 수 있으리라 본다.

「序卦傳」에 의하면, "有无妄然後可畜, 故受之以大畜"이라 했고, 「雜卦傳」에 의

하면, "大畜時也"라 했다. 곧, 어그러짐이 없어야 기를 수 있기에 어그러짐이 없는 无妄卦 뒤를 크게 기르는 大畜卦가 이어받았으며, 大畜은 '때'라 했다. 어그러짐이 없어야 기를 수 있고, 쌓을 수 있는 것은 이해되지만, 大畜이 '때'라는 말은 무슨 의미인가? '大畜=時'라는 뜻인데, 원하는 대로 크게 기르거나 높이 쌓으려면 때를 맞추어야 하고, 필요한 시간이 소요된다는 의미에서 '大畜'을 '때'라고 말했는지 모르겠지만 육효사까지 두루 읽어야 만이 알 수 있을 것 같다.

하늘 위로 높이 솟은 산과 산속으로 내려온 하늘을 '大畜'으로 받았으니, 하늘 아래로 낮게 내려앉은 산도 있을 수 있는데, 그를 두고는 '天山遯卦'라는 이름을 부여하여, '遯'으로 받았다. 이를 염두에 두면서 '大畜'의 진정한 의미를 가능한 범위 내에서 미리 생각해보고자 한자.

'大畜'이라 함은, ①크게(大) 제지하여(畜), ②바르게(大=正) 기르고(畜), ③높이(大=高) 쌓는(畜) 일이다. 크게 제지하고, 바르게 기르고, 높이 쌓는다는 것은 그 방법론이다. 그렇다면, 무엇을 제지하고, 기르며, 쌓는다는 말인가? 크게 말하면, 만물의 生命을 기르고, 작게 말하면, 사람과 가축을 기른다. 사람은 인재(人材)요, 가축은 활용할 가치가 있는 동물이다.

그렇다면, '크게, 높이'는 기르고 쌓은 결과이고, '바르게'는 기르는 방법인데 어떻게 기르는 것이 바르게 기르는 것인가? 그것은, 때를 맞추어야 하고, 기르는 대상의 좋은 혹은 유용한 점은 잘 자라도록 직접적인 도움을 주지만, 나쁜 점은 자라나지 못하도록 미리부터 수단·방법을 찾아 제지한다. 곧, 성장과 함께 나쁜 기질이나 본성이 발현될 기미가 보이면 미리 나서서 그 본능적 욕구를 제지해야 하고, 그것이 이미 발현되었다면 직접적인 수단으로써 그 기능을 억제, 제지하는 방책을 써야 한다. 이렇게 기르는 것이 바른 방법이다. 이렇게 기른 것들을 수확하여 높이 쌓아서 그것으로써 큰일을 할 수 있어야 '大畜'의 진정한 의미가 확보되는 것이 아닌가 싶다. 인간의 이런 노력이 하늘에 호응함이며, 하늘의 뜻에 부합한다.

그러나 이것도 확신할 수는 없다. 육효사까지 두루 다 읽어야 판별되리라 본다. 따라서 '畜'이라고 하는 글자를 놓고, 현재로서는 ①제지하다 ②기르다 ③쌓다 등 세 가지 의미로 쓰일 수 있다고 가정해 본다.

*   *

大畜 : 利貞 ; 不家食吉, 利涉大川.
산천대축괘는 정도를 지켜야 이롭다. 집에서 먹지 않음이 길하고, 큰 강을 건넘이 이롭다.

🖉 크게 제지하고, 바르게 기르고, 높이 쌓는 일은, 제때 혹은 충분한 시간을 갖고 올바른 방법으로써 해야 이롭다. 지극히 당연한 말이다. 그리고 집에서 한가하게 밥을 먹을 수 없을 정도로 바쁘게 움직이어야 길하고, 또한, 큰일을 도모해야 이롭다. 하늘의 강건한 기운이 산속으로 내려와 산속의 만물을 키우고 결실을 거두어서 쌓이게 하려면 그 두 기운이 굳세고 멈추어야 한다. 이것을 인간사로 바꾸어 말하면, 사람들을 써서 분주하게 일함이고, 가능한 한 큰일을 도모 감행함이 이롭다는 뜻이다. 그것도 굳센 의지를 갖고서 말이다.

사람이 짐승을 기르는 일에 주로 '畜'을 쓰지만, 사람이 사람을 기를 때에는 '育'을 주로 쓴다. '家畜, 養育' 등의 단어가 잘 말해준다. 물론, '飼育'이라는 단어도 있긴 있지만. 여하튼, 사람이 무엇인가를 기를 때에는 그 효과적인 방법 곧 正道가 있어야 하고, 다시 말해, 바르게 길러야 이롭게 되고, 많이 길러서 산처럼 높이 쌓으면 큰일을 도모할 수밖에 없다. 그러니 '大畜'은 근본적으로 이롭다.

이를 뒤집어서 말하면, 국가든 가정이든 개인이든 할 것 없이 大事를 치르기 위해서는 그에 걸맞게 준비해야 하는데, 우선은 필요한 인재를 양성하고, 그들의 능력을 배양하며, 필요한 물자를 비축하고, 절차상 효율적인 방법론을 궁구해야 할 것이다. 그러니 바쁘게 살 수밖에 없고, 그럴 때는 한가하게 집에서 밥 먹기조차 어려울 것이다. 이렇게 준비해야 비로소 큰 강을 건너는, 모험과 위험을 수반하는 大事를 감행할 수가 있고, 그것이 성공하면 이로운 것이라는 뜻이다.

《彖》曰：大畜, 剛健篤實輝光, 日新其德. 剛上而尙賢. 能止健, 大正也. 不家食吉, 養賢也. 利涉大川, 應乎天也.

「단」에서 말했다. 산천대축괘는 굳세고 튼튼함이 독실하여 빛나고, 날마다 덕을 새롭게 하니, 강이 위로 올라가서 현인을 숭상한다. 능히 머물고 튼튼함이 크게 바르다. '집에서 먹지 않음이 길하다' 함은 현인을 양성함이고, '큰 강을 건넘이 이롭다' 함은 하늘에 호응함이다.

✎ 굳세고 튼튼함은 下卦인 乾의 德이요, 독실한 것은 上卦인 艮의 德이다. 그리고 빛이 난다는 것은, 上·下卦인 乾·艮의 상호작용을 두고 말함이다. 그리고 그 덕을 날마다 새롭게 한다는 것은, 상·하괘의 작용이 매일 이루어져 새롭게 변하고 있다는 뜻이다. 그리고 강이 위로 올라가서 현인을 숭상한다 함은, 上卦 艮의 三爻인 上九를 두고 말함인데, '음, 음, 양'으로 된 艮이, 원래는 '음, 음, 음'으로 된 坤에서 삼효 陰이 陽으로 化해서 되었다는 사실을 말한다. 결과적으로, 下卦 乾의 陽爻 하나가 위로 올라가서 上卦 艮의 三爻인 上九가 되었다고 본 것이다. 그리고 능히 머물고 튼튼함이 크게 바르다는 것은, 상·하괘의 덕성을 이어서 말한 것뿐이다.

그리고 집에서 밥을 먹지 않음이 길하다는 것은, 그만큼 분주하게 산다는 뜻인데, 여기서는 賢人을 양성하는 일로 바빠서 나라의 녹봉을 먹거나 현장에서 함께 식사한다는 뜻으로 읽힌다. 大事를 앞두고 준비하는 과정에서는 그렇게 해야 한다는 뜻이며, 그것이 바람직하다는 뜻이다. 그리고 큰 강을 건넘이 이롭다는 것은, 모험과 위험이 수반되는 대사를 감행함이 이롭다는 뜻이고, 이것이 하늘에 호응함이라는 것은, 하늘의 뜻이 대사를 감행하라는 명령이자 바로 그 적절한 때라는 뜻이다. 부연하자면, 강건한 하늘이 산속으로 내려와 머물러있으니 하늘이 돕는 시기임을 알고 산속의 만물을 길러서 그 결실을 쌓고, 그런 다음에는 큰일을 감행함이 이롭고 길하다는 뜻이다. 자연이 그러할 때, 인간 사회에서는 현인을 양성하여 그 덕을 널리 펴고, 국가적인 대사를 감행할 수 있도록 준비하는 것이 곧 하늘의 뜻이라는 의미이다.

《象》曰 : 天在山中, 大畜 ; 君子以多識前言往行, 以畜其德.

「상」에서 말했다. 산속에 하늘이 있음이 대축이니, 군자는 이로써 보고 깨달아, 앞서 한 말과 앞서 취한 행동(선현의 언행)을 많이 알고, 이로써 그 덕을 길러 쌓아야 한다.

✎ 하늘이 산속에 있다는 것은 가상의 자연 모습인데, 이 말의 의미를 먼저 이해할 필요가 있다. 위에 있어야 할 강건한 하늘이 산속으로 내려와 있다는 것은, 하늘이 부리는 우레와 구름과 바람, 그리고 하늘에 있는 태양과 달 등을 통해서 산에서 살아가는 생명에게 오랫동안 은택을 내림으로써 도움을 크게 준다는 뜻이다. 이런 자연의 모습을 보고서 군자는, 그 산속에 머무는 그 하늘처럼 백성에게 덕을 쌓아서 베풀어야 하고, 그러려면 앞서 했던, 말과 행위 등에 대해서 많이 알아야 한다는 것이다. 앞서 했던 말과 행위라는 것은, 결국, 선대(先代)의 말과 행위이고, 그 선대의 말과 행위라는 것은 결국, 歷史이다. 역사 속 지식을 많이 앎으로써 지혜를 얻고, 그 지혜로서 베풀 수 있는 덕을 쌓으라는 뜻이다.

初九, 有厲, 利已.

초구, 위험이 있으니, 그만둠이 이롭다.

✒ 초구는 양의 자리에 양으로 와서 그 자리가 바르고, 짝인 육사와 호응하며, 가깝게 지낼 이웃은 없다. 초구는 강한 의욕을 갖고 짝인 육사에게 올라가려고 한다. 그런데 왜, 위험이 있을까? 그것도 하던 행위를 멈추어야 할 정도로 위험한 상황이라는데 그 직접적인 이유는 무엇일까?

초구는 重天乾卦로 치면, '潛龍'이다. 너무 어려서 물속에 있어야 한다. 그래서 성장을 기다려야 하고, 성장하기 위해서는 스스로 노력해야 한다. 그런데 하늘의 강건한 속성으로 위로 올라가려는 본능적인 움직임을 보인다. 그래서 초구는 마땅히 그 움직임을 멈추고, 성장을 기다려야 하며, 동시에 성장을 위한 자구노력을 기울여야 한다. 그런 연후에, 뭍으로 올라갈 수 있고, 뭍에서 더 성장한 다음 하늘로 뛰어올라서 날을 수 있게 될 것이다. 이런 과정과 절차를 무시하고 의욕만 앞세운다면 위험한 도전이 되는 것이다. 육효 관계로 보아도, 그 위험한 도전적인 요소는 있다. 올라가려는데 짝인 육사가 제지한다.

《象》曰 : 有厲, 利己 不犯災也.
「상」에서 말했다. '위험하니 그침이 이롭다' 함은, 재난을 범하지 않음이다.

✒ 재난을 범하지 않는다는 것은, 재난을 피한다는 뜻이다. 위로 올라갈 준비가 되어있지 않은 상태이므로 의욕만을 앞세우면 위험하니 올라가려는 동작을 멈추고 포기함으로써 재난을 피할 수 있다는 설명이다.

九二, 輿說輹.
구이, 수레의 바퀴가 빠진다.

✒ 구이는 자리가 바르지 못하고, 짝인 육오와 호응하며, 가깝게 지낼 이웃은 없으며, 剛中을 얻었다. 구이 역시 강한 의욕으로 짝인 육오에게로 올라가려고

한다. 그러나 육오가 제지한다. 그 제지를 넘어설 수 없다. 그래서 구이는 수레의 바퀴가 빠져버린 상태로 빗대어졌다. (說=脫)

《象》曰 : 輿說輹, 中无尤也.
「상」에서 말했다. '수레의 바퀴가 빠진다' 함은, 가운데에 있기에 과실이 없음이다.

✎ 가운데 있어서 過失이 없다는 것은, 下卦인 乾의 中爻로서 중간 자리를 차지했기에, 다시 말해, 中道를 얻었기에 잘못이 없다는 뜻이다. 수레바퀴가 빠져서 앞으로 나아갈 수 없는 상황인데 그것이 자기 과실, 자기 잘못 때문이 아니라 타력, 타자에 의해 생긴 일로 보았다는 뜻이다.

그런데 혹자는 중도를 얻은 구이가 앞으로 나아갈 수 없음을 깨닫고, 스스로 알아서 바퀴를 빼어버렸다고 해석한다. 앞으로 계속 나아가면, 짝인 육오로부터 제지당하고, 그 과정이 위험하기에 구이 스스로가 바퀴를 빼어버려 앞으로 나아감을 포기했으니 허물이 없다는 뜻으로 이 爻·象辭를 해석한다.

九三, 良馬逐, 利艱貞. 日閑輿衛, 利有攸往.
구삼, 좋은 말이 달려감이니, 어렵더라도 정도를 지켜야 이롭다. 날마다 수레를 보위하며, 나아가면 이롭다.

✎ 구삼은 양의 자리에 양으로 와서 그 자리가 바르고, 짝인 상구와 호응하지 못하며, 위에 있는 육사와 가깝게 지낼 수 있다. 구삼은 중도를 지나쳐 더욱 陽剛하다. 따라서 짝인 상구에게 올라가려는 욕구가 매우 크다. 그런 구삼을 '良馬'로 빗대었고, 달리는 길에 어려움이 있더라도 바르게 처신해야 이롭다는 조건이 붙었다. 그리고 이 '良馬'의 처지를 인간사로 바꾸어 말하자면, '날마다 수레를 보위하며 앞으로 나아가면 이롭다'라는 것이다.

下卦의 세 爻는, 다 같이 위로 올라가려는 강한 욕구가 있고, 그 욕구가 제지당하는 구도인데, 왜, 구삼만은 나아가야 이롭다고 말하는가? 물론, 그 길이 어렵고 험난하나 정도를 지켜야 한다는 조건이 붙긴 했지만, 그 이유인즉 그에게 '良馬'가 있기 때문이다. '良馬'는 '乾爲良馬(說卦傳 제11장)'에서 왔다고도 볼 수 있는데, 구삼의 ①正位, ②陽剛, ③중도를 지나친 過中 ④짝인 상구와 호응하지 못함 등 네 요소를 근거로 쓰인 말이라고 판단된다. 쉽게 말하면, 구삼의 자질과 성품, 그리고 여건 등이 '良馬'라는 비유어를 끌어들였다고 보인다. 특히, 짝으로서 호응하지 못함이 구삼의 전진을 상구가 제지하지 않음으로 작용한다.

사실, 구삼은 동류인 초구 구이보다는 나아갈 의욕이 더 크고 준비도 더 잘 되어있다. 양의 자리에 양으로 왔고, 중도를 지나쳐 '過剛한' 상태이다. 그리고 重天乾卦로 치면, 자신만만해져서 건성건성 지내는 태만한 용 곧, '怠龍'이지만, 怠龍은 潛龍이 뭍으로 나온 '田龍'을 거친 상태로 조금 있으면 하늘로 날기를 시도하는 '躍龍'이 된다.

그리고 '날마다 수레를 호위하면서 나아가면 이롭다'라는 것은, '좋은 말이 달려감이니 어렵더라도 정도를 지켜야 이롭다'라는 自然象을 人間事로 바꾸어서 말한 것이다.

대개는, '閑'을 '習'으로 해석한다. 물론, 이런 근거는 없다. 우리 자전에도 나오지 않는 의미이다. 현재 중국 주역 전문사이트에서는 '閑'이 '嫺(익다, 익숙하다)'으로 통하기에 '嫺熟'으로 해석한다. '날마다 익히어 수레를 호위한다'라고 해석함이 앞뒤 문맥상 타당하다고 판단했기 때문이다. 이런 중국의 영향이 선대로부터 있었던 듯 보인다. 필자는 '보위하다, 지키다'의 뜻으로 '閑'과 '衛'가 같이 쓰였다고 보았다.

《象》曰 : 利有攸往, 上合志也.
「상」에서 말했다. '나아가면 이롭다' 함은, 위와 뜻을 합침이다.

✍ 위와 뜻을 합쳤다는 것은, 의기투합(意氣投合)했다는 뜻이다. 上卦의 어느 爻와 뜻을 합쳤을까? 물론, 짝으로서 호응하지 못하는 상구와 뜻을 합쳤다. 그 뜻이란 제지를 뚫고 나아감이다.

六四, 童牛之牿, 元吉.
구사 : 송아지의 뿔 보호대이니, 크게 길하다.

✍ 육사는 음의 자리에 음으로 와서 그 자리가 바르고, 짝인 초구와 호응하며, 아래 이웃인 구삼과 가깝게 지낼 수 있다. 육사는 柔順하다. 그래서 송아지로 빗대어졌고, 제지당하는 상황에서 뿔 보호대를 착용한 상태이다. 때맞추어 보호대를 설치했으니 뿔도 다치지 않고, 사람도 다치지 않으니 크게 길한 것이다. 송아지 작은 뿔에 가로 막대를 대어서 뿔로 들이받아 그 뿔이 상하지 않도록 미리 대비해 둔 것이다. 그러하니, 앞으로 발생 가능한 화를 미리 조치하여 막는 것이니 크게 길함에는 틀림이 없다.

《象》曰 : 六四元吉, 有喜也.
「상」에서 말했다. '육사의 큰 길함'이란, 기쁨이 있음이다.

✍ 송아지 뿔에 보호대를 설치하면, 길들이어지지 않은 송아지의 날뜀으로 자라나는 뿔을 보호하고, 동시에 사람도 받히지 않기에 크게 길한 것이고, 그 자체로써 기쁜 일이 된다.
중국인은 소를 제사용으로 사용할 때 소의 뿔이 반듯하고 그 모양이 온전한 것을 최고로 치기에 송아지 뿔을 어렸을 때부터 바르게 자랄 수 있도록 보호대를 침이 후에 있을 제사에 쓰일 때 기쁨이라고까지 추론하는데 그럴 수 있다고 본다. 일리가 있다는 말이다. 주역과 제사는 밀접한 관계가 있음이 이를 뒷받침

한다고 볼 수 있다. 꼭 그것이 아니더라도 화를 면하는 것 자체가 기쁨이지 않겠는가.

그런데 구삼은 '良馬'로 빗대었는데 육사를 왜 '송아지'로 빗대었는가? 구삼은 乾의 陽이고, 그 乾을 상징하는 대표적인 동물이 말(馬)이기 때문이라면, 육사는 艮의 初爻이나 山 艮을 근원적으로 坤으로 본 것이고, 그 坤을 상징하는 대표적인 동물이 소(牛)이기 때문이다. 艮을 상징하는 대표적인 동물이 개(狗)인데 제지하여 사육함에는 개보다 소가 더 가깝고 생활과 밀접한 관계가 더 크기 때문으로 보인다. 게다가, 「說卦傳」 제11장에 의하면, '坤爲子母牛'라 했다.

六五, 豶豕之牙, 吉.
육오 : 불깐 돼지의 어금니이니, 길하다.

✎ 육오는 양의 자리에 음으로 와서 그 자리가 바르지 못하고, 짝인 구이와 호응하며, 위에 있는 상구와 가깝게 지낼 수 있다. 물론, 剛中을 얻었다. 육오는 유순해 보이나 강건함이 있으며, 역시 坤의 일원이다. 길러진 유순함을 '불깐 돼지'로 빗대었고, 타고난 강건함을 돼지의 어금니로 빗대었다고 볼 수 있다. 사실, 돼지는 물 水 坎의 상징적인 동물이다.

수퇘지의 어금니가 길게 자라나도록 성장했다면 거칠기 짝이 없을진대 그 사나움을 거세(去勢)로써 차단하여 막아버린 것이다. 비록, 미리 방지하지는 못했으나 때에 맞추어서 그 사나움을 제지한 것이라 볼 수 있다. 그러니 크게 길하지는 않더라도 역시 길한 것은 사실이다. 돼지의 사나움으로 인한 화를 면할 수 있기 때문이다.

《象》曰 : 六五之吉, 有慶也.
「상」에서 말했다. '육오의 길함'이란, 경사가 있음이다.

✍ 육사의 ‘元吉’은 ‘기쁨’이 있는데, 육오의 길함은 ‘경사’가 있다고 말한 것으로 미루어보면, ‘喜’가 ‘慶事’보다 나은 모양이다. 경사가 구체적으로 무엇인지는 모르겠으나 분명한 사실은 거칠고 사나운 돼지를 거세함으로써 그로부터 받을 수 있는 화를 면할 수 있다는 점일 것이고, 키워서 祭物로 사용할 수 있음이다.

上九, 何天之衢, 亨.
상구 : 하늘길에 해당하니(열리니), 형통하다

✍ 상구는 자리가 바르지 못하고, 짝인 구삼과 호응하지 못하며, 아래 이웃 육오와 가깝게 지낼 수 있다. 象辭에서는 乾卦 양효 하나가 올라와서 된 자로서 아래 육오 賢人을 숭상한다고 했던 주제이다. 모두가 나아가려는데 제지당하는 상황인데, 구삼은 어렵더라도 정도를 지키면서 나아가면 이롭다고 했고, 상구는 하늘길이라 형통하다고 했다. 그러고 보면, 중도를 지나친 三爻와 上爻만 제지당하면서 길러지는 상황에서 앞으로 나아갈 수 있다는 사실을 확인할 수 있다.

상구는 하늘 위로 가장 높이 솟아있는 자리이기 때문에 걸림이 없고, 사통팔달(四通八達)의 大路가 되었다고 인식한 것일까? 제지함이 극에 이르고, 길러서 가장 높이 쌓았기 때문일까? 그렇다면, 무엇을 제지하고, 무엇을 길렀으며, 무엇을 쌓았다는 뜻인가? 爻辭에 등장하는 말·소·돼지 등 가축인가? 아니면, 象辭에서 내비친 賢人을 포함한 人材인가? 아니면, 사람 살아가는데 필요한 물질적 도구인가?

상구는 대체로 해당 괘의 상황이 극에 달해 종료되는 자리이기 때문에 좋은 결과를 낳지 못하는 경향이 있는데 때맞추어 제지하여 기르는 대축괘에서는 가장 좋은 효사가 붙었다. 이 점도 눈여겨볼 만하다.

혹자는 ‘何天之衢’에서 ‘何’가 아래 象辭의 ‘何’가 잘못 붙었다고 말하기도 하고(胡瑗, 程伊川), 다른 혹자는 의문사가 아니고 감탄사라고 말하기도 한다(朱子,

신원봉). 그런데 현재 중국 주역 전문사이트에서는 이 '何'가 '荷'와 통한다며 '擔(담), 負(부)'로 해석하기도 한다. 그래서 필자도 하늘의 큰길에 '해당함으로'라고 해석하였다.

《象》曰 : 何天之衢, 道大行也.

「상」에서 말했다. '하늘길에 해당한다' 함이란, 도를 크게 행함이라는 뜻이다.

✎ 道를 크게 행한다는 것은, 하늘이 본시 광대한 것처럼 하늘길이 열리었으니 하늘의 道, 天道가 크게 행해진다는 뜻이다. '道'처럼 모호하게 쓰이는 말도 없으나 여기서 '道'란 때맞추어 제지하여 바르게 기르고, 그 기른 것들을 높이 쌓아서 큰일을 감행하는 일이다. 간단히 말해, 大畜의 道인 것이다.

*　　*

下卦인 乾의 세 陽爻는 모두 위로 올라가려는 욕구를 강하게 갖는다. 하지만 초구는 위태로워 그 뜻을 접는 게 이롭다고 했다. 아무런 준비가 되어있지 않고 제지하는, 호응하는 짝이 있기 때문이다. 그리고 구이는 처음부터 포기할 수밖에 없는 상황이다. 수레의 바퀴가 빠져버린 상황으로 빗대어졌는데, 존귀한 자리를 차지한 육오가 짝으로서 호응하여 강력하게 제지하기 때문이다. 그런데 구삼은 어렵더라도 正道를 지키며 나아가면 이롭다고 했다. 그에게는 강한 의욕과 여건 곧, 좋은 말이 준비되어 있기 때문이라는데, 짝인 상구와 뜻을 합칠 수 있기 때문이다. 짝으로서 호응하지 못함이 오히려 제지하고 제지받는 관계에서는 자유로워진다.

반면, 上卦인 艮의 세 爻 가운데 陰爻인 육사·육오는, 천성이 유순하고, 일찌감치 때를 맞추어서 자라나는 강성을 제지하는 수단을 써서 제지해 놓았으니 크게

길하고 기쁨과 경사가 있다. 그런데 유일한 陽인 上九는 현인을 기르는 양육의
도를 크게 행하여 형통하다.

　육효사에서는 '畜' 자가 단 한 번도 쓰이지는 않았음을 알 수 있다. 다만, 그 내
용상으로 보아, 육효가 정도 차이는 있지만, 모두가 제지당하는 대상이라는 점
이다. 엄밀하게 말해서, 상구만 제지당하지 않아서 형통하고, 나머지는 모두 제
지당한다. 그런데 그 제지(制止)는, 안전을 위해서 필요하고, 결과적으로 바르게
성장하여 이로운 존재가 되도록, 다시 말해, 잘 키워서 이로움이 되도록 사육하
고 양육하는 목적과 방법이라는 점을 간과해서는 안 된다.

27. 山雷頤卦

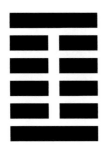

주역 스물일곱 번째 괘로 산뢰이괘(山雷頤卦)가 있다. 山 艮이 上卦이고, 우레 雷 震이 下卦라는 뜻이다. 그 모양으로 보면, 산속에서 우레가 치는 모습이고, 卦德으로 보면, '動而止'이다. 곧, 움직이고, 멈춤이다. 육효 배열로 보면, '양, 음, 음, 음, 음, 양'으로 양이 둘이고, 음이 넷이다. 그런데 두 양은 시작과 끝자리를 차지하고 있고, 그 속으로 음 넷이 갇혀 있는 모양새이다.

이런 '山雷'를 '頤'로 받았다. '頤'란 어떤 의미로 쓰였을까? '턱'을 뜻하는 '頷(함)'이고, '頜(함)'이며, '顎(악)'이다. 「序卦傳」에 의하면, "頤者, 養也. 不養則不可動"이라 했고, 「雜卦傳」에 의하면, "頤養正也"라 했다. 곧, '頤'라는 것은 양육함이다. 양육하지 않는 즉 움직일 수 없다고 했고, 頤는 바르게 양육함이라고 했다. '턱, 기르다, 보양하다' 등의 뜻이 있는 '頤'를 '養'의 의미로 썼다는 뜻이다. '頤=養'이라는 뜻이다.

그렇다면, 처음부터 '山雷養卦'라고 하면 될 터인데 굳이 '頤' 자를 썼을까? 그것은 '山雷' 곧 艮과 震이 위아래로 조합되었을 때 그 모양을 보아하니, 위아래에 있는 두 양이 단단한 위턱과 아래턱으로 보이고, 중간에 있는 네 음이 치아(齒牙) 또는 입안에 든 부드러운 음식물로 보였기 때문에 턱 '頤'를 쓰고, 그 뜻을 '養'으로 부여했을 것으로 판단된다. 그래서 주역에서는 上·下卦로 이루어진 六爻 배열 곧 그 전체적인 모양새를 제일 먼저 살펴보아야 한다. 다시 말해, 陰陽으로 도식된 육효의 조합된 모습을 먼저 살피고, 그다음 그 괘에 부여한 의미를 생각해야 한다는 뜻이다. 두 陽이 처음과 끝자리에 있는 '山雷'의 위아래가 바뀌어 '雷山'이 되면 두 陽이 中爻 곧 三, 四爻로 옮겨가면서 '頤'가 '小過'로 바뀌게 되고, '턱' 모양이 날아가는 '새(鳥)' 모양으로 바뀌어버린다.

* *

頤 : 貞吉 ; 觀頤, 自求口實.
산뢰이괘는 정도를 지켜야 길하다. 턱을 관찰함이니, 입으로 먹을 것을 스스로 구한다.

🖋 산속에서 천둥 번개가 친다는 것은, 천둥 번개가 산속에서 바쁘게 움직이어서, 다시 말해, 작용해서 산속에서 살아가는 만물을 놀라게 하면서 키우는 역할을 한다는 뜻이다. 쉽게 말해, 산속의 만물을 生長시키는 역할을 한다. 따라서 이때 正道를 지켜야 길한 것은 당연하다. 문제는 正道가 무엇이냐인데, 천둥 번개는 그 程度를 지켜야 하고, 만물은 위험을 스스로 무릅쓰지 말아야 한다는 두가지를 들 수 있다.

이는 가상의 자연현상을 말한 것이지만, 인간사로 바꾸어서 말한다면, 턱을 관찰하고, 입안에 넣어 씹어먹을 음식물을 스스로 구하는 활동으로 빗대어진 것이다. 그러니까, 산은 사람의 턱으로, 산속의 만물은 입안에 든 음식물로 각각 연계되어 있음을 알 수 있다.

그리고 '턱을 관찰한다' 함은, 턱의 기능을 살핀다는 뜻이고, 턱의 기능을 살핀다는 것은, 위턱과 아래턱에 치아가 박혀있고, 그것으로써 음식물을 씹어먹고서 살아가는 이치를 알라는 뜻이다. 결과적으로, 산이 뭇 생명을 품어 키우는 것과 동일시되었다. 그리고 '입으로 먹을 것을 스스로 구한다' 함은, 살아가는 데 필요한 음식물을 스스로 알아서 획득하라는 뜻이다. 간단히 말해, 알아서 스스로 찾아먹으라는 뜻이다. 이는 산속에서 살아가는 생명이 스스로 노력하는 것과 같다.

참고로, '貞吉'이라는 단어는, 卦辭에서 需卦, 蹇卦, 頤卦 등에서 쓰였고, 坤卦에서 '安貞吉'이, 旅卦에서 '旅貞吉'이 각각 쓰였다. 그래서 모두 다섯 번 쓰인 셈인데, '貞吉'은 '바르게 처신해야 길하다', 혹은 '바름으로써 행해야 길하다', 혹은 '正道를 지켜야 길하다' 등으로 해석하면 무리가 없다.

《彖》曰 : 頤貞吉, 養正則吉也. 觀頤, 觀其所養也 ; 自求口實, 觀其自養也. 天地養萬物, 聖人養賢以及萬民. 頤之時大矣哉.

「단」에서 말했다. 이괘가 '정도를 지켜야 길하다' 함은, 바르게 기르는 길함이다. '턱을 관찰한다' 함은, 그 양생하는 바를 관찰함이다. '스스로 먹을 것을 구한다' 함이란, 자기의 양생을 관찰함이다. 천지가 만물을 기르듯이, 성인이 현인을 양육함으로써 만민에게 미친다. 양생하는 때의 의미가 크구나!

✎ 정도를 지켜 기른다는 것이, 바르게 기른다는 뜻이라고 했는데, 무엇이 정도이고, 어떻게 기르는 것이 바르게 기르는 것인지에 대해서는 언급되지 않았다. 그리고 턱을 관찰함이 양생하는 바를 관찰함이라 했으니, 턱이 곧 양생 혹은 양육기관으로 말해졌음을 알 수 있다. 산은 뭇 생명을 품는 그릇으로써 땅의 작은 영역이고, 산속에 있는 생명을 양생·양육하는 것은 산속으로 내려온 천둥 번개이듯이, 사람 개개인을 양생·양육하는 것은 사람의 턱으로 구축되는 입(口)이다. 따라서 스스로 입안에 넣을 실한 것을, 바꿔 말해 먹을 음식물을 구한다는 것은 자기 자신을 양생하는 일이고, 그 턱을 관찰한다는 것은 자신의 양생·양육을 관찰함이라는 뜻이다.

산과 우레의 관계를 땅과 하늘의 관계로 확대하면 천지가 만물을 양생·양육하는 것과 같음을 의식하면서, 彖辭 집필자는 聖人이 賢人을 양육하고, 그 양육된 현인을 통해서 만민에게 두루 미치도록 한다는 만민 양육 내지는 만민교육의 방법론을 제시하고 있는 셈이다.

《象》曰 : 山下有雷, 頤, 君子以愼言語, 節飮食.

「상」에서 말했다. 산 아래에 우레가 있음이 이괘이니, 군자는 이로써 보고 깨달아, 말을 신중히 하고, 먹고 마심을 절제하라.

✎ 산 아래에 우레가 있다는 것은, 산속에서 우레가 친다는 뜻이고, 산속에서 우레가 친다는 것은, 산에서 살아가는 동식물을 깜짝 놀라게 함으로써 주의를 환기해 주고 바른길로 가도록 인도한다는 뜻이다. 자연의 이런 모습을 살펴보고서 군자라면 말을 삼가서 신중히 하고, 음식을 먹고 마심에도 절제해야 한다는 뜻이다. 턱으로 구축되는 입으로써 음식을 먹고, 또한 말을 하기에 이 두 가지를 모두 언급한 것 같다.

上·下卦 德性으로 보아도, 山 艮은 멈춤이고, 우레 雷 震은 움직임이다. 움직이어야 할 때 움직이고, 멈추어야 할 때 멈출 줄 아는 것이 頤卦의 德이라는 뜻이다. 따라서 입으로써 하는 말은 신중하게 하고, 입으로써 먹는 음식은 통제해야 한다는 실천적인 덕목을 도출해낼 수 있었다고 본다.

이 大象辭에서 한 번쯤 생각해 볼 만한 게 있다면, 그것은, '頤'를 통해서 '口'를 떠올리고, 그 '口'를 통해서 '言語'와 '飮食' 두 가지를 떠올렸다는 사실이다. 사람의 입으로 할 수 있는 중요한 일이, 하나는 먹는 일이고, 그 다른 하나는 말하는 것이다. 그런데 먹는 일은 자신의 몸을 위해서 입안으로 음식물을 섭취하는 활동이고, 말하는 것은 그 몸 안의 것을 몸 밖으로 배출, 표현하는 활동이다. 혹자는, 전자를 '養身'이라고 하고, 후자를 '養德'이라고 구분하여 말하기도 했다.

初九, 舍爾靈龜, 觀我朶頤, 凶.

너의 신령스러운 거북이를 버리고, 턱을 늘어뜨린 채 나를 쳐다보니, 흉하다.

✎ 초구는 자리가 바르고, 짝인 육사와 호응하며, 위에 있는 이웃인 육이와 가깝게 지낼 수 있다. 배열된 육효의 모습이 하나의 턱이므로, 초구가 아래턱이라면 상구는 위턱이다. 그리고 그 중간에 있는 음효 넷은 齒牙이거나 입안에 든 음식물로 볼 수 있다.

그런데 초구는 신령스러운 거북이를 버린다고 했는데 그 신령스러운 거북이는 무엇인가? 그리고 턱을 늘어뜨린 채 '나'를 본다는데, 나는 누구이며, 왜, 흉할까? 아무리 생각해도 爻辭 집필자의 의중을 읽을 수가 없다. 단서는 아래 小象辭 하나밖에 없다. 귀함이 부족해서 턱을 늘어뜨린 채 나를 쳐다본다는데 그렇다면, 그 귀함이란 것은 또 무엇인가? 신분의 貴賤밖에 더 있겠는가?

초구와 상구는 陽으로서 양육기관인 턱으로서 서로 긴밀하게 움직이어야 한다. 초구와 상구는 陽剛하다. '陽'하다는 것은 밝고 지혜롭다는 뜻이고, '剛'하다는 것은 의욕적이고 心地가 强하다는 뜻이다. 그런 자질과 능력을 신령스러운 거북이라고 했다. 초구는 자신의 뛰어난 자질과 능력을 버리고서 스스로 養生·養德하는 노력을 하지 않고, 그것도 턱을 늘어뜨린 채 위를 올려다보고 있다. 여기서 위란, 대개 짝인 육사라고 말하나 필자는 운명적으로 상부상조하면서 협력해야 하는 상구라고 판단한다. 이렇게 보면, 신령스러운 거북은 초구의 자질과 능력을 빗댄 譬喩語이고, 턱을 늘어뜨렸다는 것은 마땅히 해야 할 일을 하지 않고 상대방을 쳐다보며 무기력하게 머물러있다는 뜻이다. 그러니까, 부지런히 움직이어야 할 아래턱이 움직이지 않고, 오히려 위턱에 의지하는, 주객이 전도된 자세를 취한다는 뜻이다.

그리고 또 하나의 문제가 있는데, '너'와 '나'라는 의미의 '爾'와 '我'가 쓰였는데, 초구가 처한 상황을 말하는 話者가 '나'이고, 따라서 '너'는 초구를 지칭한다. 대다수 사람은, 화자를 짝인 육사라고 말하나 필자는 上九라고 판단한다. 입안에 음식물을 잔뜩 넣고서 아래턱을 움직이어 열심히 咀嚼 활동을 해야 하는데, 초구는 입을 벌린 채 상구 위턱을 쳐다보는 상황이기에, 자기가 마땅히 해야 할 일을 하지 않고 상구에게 기대고 있는 상황이다. 그래서 흉하다.

《象》曰：觀我朶頤, 亦不足貴也.
「상」에서 말했다. '턱을 늘어뜨린 채 상구를 쳐다본다' 함은, 역시 귀함이 부족함이다.

✑ 상사 집필자는, 초구가 왜 양육의 소임을 방기(放棄)하는지 그 이유를 두고 '귀함이 부족하기' 때문이라고 설명했다. 다시 말해, 신분이 낮고, 천하기 때문이라고 했다. 自他에 대한 양육의 중요성을 인식하지 못했다는 뜻인데, 그것은 그의 신분이 낮아서라는 것이다. 혹자는, 초구의 물질적 욕구가 크기 때문에 자신의 靈龜 곧 재능을 버려두고 육사의 먹거리에 식욕이 돋아서 입을 벌린 채 침을 흘린다고 주장하기도 하나 동의하기 어렵다.

六二, 顚頤, 拂經, 于丘頤, 征凶.
전도된 턱이니, 이치에 어긋나고, 언덕의 턱으로, 나아가면 흉하다.

✑ 육이는 자리가 바르고, 짝인 육오와 호응하지 못하며, 아래 이웃인 초구와 가깝게 지낼 수 있다. 그리고 중도를 얻었다. 그런데 육이는 '顚頤'이다. '전도된 턱'이란 뜻이다. 턱이 전도되었다는 것은, 양육의 방법이 잘못되었다는 뜻이고, 그 핵심인즉 양육의 주체와 대상이 뒤바뀌었다는 뜻이다. 곧, 육이가 아래턱인 初九에게 양육 받아야 하는데, 위턱인 상구에 의지한다. 가까이 있는 초구에게 가서 양육됨을 받아야 하는데 멀리 있는 상구에게 가니 잘못된 일이다. 이런 상황을 '이치에 어긋난다(拂經)'라고 했으며, '전도된 턱(顚頤)' 곧, 뒤바뀐 양육이라고 했다.

그리고 '언덕의 턱'이라는 '丘頤'가 나오는데, 언덕은 높은 곳이고, 높은 곳은 육효로 치면 상구이다. 그런데 상구에게로 가면 흉하다고 했다. 육이와 상구는 너무 멀리 떨어져 있을 뿐 아니라 서로를 잡아당기는, 아무런 관계가 없기 때문이다. 그래서 육이는 위로 올라갈 수도 없고, 아래로 내려가자니 불편한, 딱한 상황이다.

《象》曰 : 六二征凶, 行失類也.
「상」에서 말했다. '육이가 상구에게로 나아가면 흉하다'라는 것은, 동류를 잃는 행동이기 때문이다.

✎ 여기서 '類'란 초구와 상구를 뺀 가운데 陰의 무리이다. 동료를 배신하고 떠나감을 의리상 좋지 않은 일로 여기는 상사 집필자의 마음을 읽을 수 있다.

六三, 拂頤, 貞凶, 十年勿用, 无攸利.
육삼, 어긋난 턱이니, 정도를 지켜도 흉하고, 십 년이나 쓸 수 없으니, 이로울 바 없다.

✎ 육삼은 자리가 바르지 못하고, 짝인 상구와 호응하며, 가깝게 지낼 이웃은 없다. 그리고 중도를 지나쳐 있으며, 움직이는 震의 끝자리이다. '어긋난 턱, 拂頤'라는 것은, 양육이 어긋나 잘못되었다는 뜻이다. 근본적으로 양육이 잘못되어서 바르게 하려고 해도 흉하다는 것이다. 그것도 아주 오랫동안, 중국인이 말하는 것처럼 '영영' 쓸 수 없다고 했다. 속된 말로, 아무짝에도 쓸 수 없는, 救濟不能이라는 뜻이다. 왜, 그렇게 되었을까? 육삼은 짝인 상구에게서 양육 받을 수 있다. 적극적으로 양육을 받고자 노력해야 하는데 육삼은 양의 자리에 음으로 와서 소극적인 면이 있고, 또한, 중도를 지나쳐서 제멋대로 하는 경향이 있는 데다가 움직이는 震의 끝자리이기에 多欲妄動하는 자로 빗대어 말할 수 있다. 이런 이유로 바르게 길러지는 데에는 매우 좋지 못한 여건이다.

《象》曰：十年勿用, 道大悖也.

「상」에서 말했다. '아주 오랫동안 쓸 수 없다' 함은, 도리가 크게 어긋나있기 때문이다.

  ✎ 육삼의 도리가 크게 어긋나 있다는 것은, 그의 행위가 패륜적이라는 뜻이다. 사람으로서 마땅히 지켜야 할 도리에서 크게 벗어나 있다는 뜻이다. 그리고 '十'이라는 숫자에 관해서는, 주역에서 十을 끝수라고 해서 십 년을 '끝까지', '영영'으로 풀이한다. 물론, 역문을 해석해 온 사람들의 견해가 쌓이면서 타당성이 있는 것들은 널리 인정되어 일반화되었다. 이도 그 가운데 하나이다.

  六四, 顚頤, 吉 ; 虎視眈眈, 其欲逐逐, 无咎.

육사, 전도된 턱이나 길하다. 호랑이 눈빛으로 노려보며, 그 욕구가 갈급(渴急)하니, 무구하다

  ✎ 육사는 음의 자리에 음으로 와서 그 자리가 바르고, 짝인 초구와 호응하며, 가깝게 지낼 이웃은 없다. 육사는 육오 군주를 모시는 대신으로서 백성을 양육시킬 능력이 없다. 육사는 자리는 바르나 유약하고, 위로는 군주를 모시고, 아래로는 가장 신분이 낮은 백성인 초구에게 어려움을, 다시 말해, 백성의 양육을 부탁, 의지해야 하는 처지이다. 그런데 상구에게 의지한다. 그래서 전도된 턱이 되는 것이다. '顚頤'는 육사 말고도 육이도 해당하는데, 육이 역시 가까운 초구에게 의지해야 하는데 멀리 있는 상구에게 의지하기 때문에 잘못된 양육이 된다. 그런데 육이는 흉하고, 육사는 무구하다. 육사는 그래도 초구보다는 상구가 가깝기 때문이다.

  그리고 한 가지 이유가 더 있다면, 육이는 자기 일신을 위해서 양육되기를 기대하는 자라면 육사는 자신이 아니라 백성을 양육시키기 위해서 후원을 기대하는 자이다. 다시 말하면, 육이는 양육의 직접적인 대상이 되고, 육사는 양육의

주체가 되어서 부족한 자신의 능력을 상구에게 지원받아서 해결하고자 하는 공명심과 이타심이 큰 자이다. 그런데 그 열정이 호랑이 눈빛으로 노려보듯 하며, 도움받고자 하는 욕구가 크고 갈급한 모양새이다. 그래서 똑같은 '顚頤'라고 해도 하나는 어긋나 흉하고, 다른 하나는 길하여 무구한 것이다.(眈眈=專一注視貌. 逐逐=貪利欲速貌)

《象》曰: 顚頤之吉, 上施光也.
「상」에서 말했다. '어긋난 턱의 길함'이란, 위에서의 베풂이 빛남이다.

✎ 위에서 베풂이 빛난다는 것은, 위의 베풂이 크다는 뜻이고, 그 위는 상구를 말한다.

六五, 拂經, 居貞吉, 不可涉大川.
육오, 이치에 어긋나니, 집에 머무르며 정도를 지켜야 길하고, 큰 강을 건넘이 불가하다.

✎ 육오는 양의 자리에 음으로 와서 그 자리가 바르지 못하고, 짝인 육이와 호응하지 못하며, 위에 있는 상구와 가깝게 지낼 수 있다. 그리고 柔中을 얻었다. 육오는 지위에 걸맞지 않게 매사에 소극적이다. 군주로서 백성을 양육해야 할 책무가 있는데 능력이 없다. 그래서 도움을 청해야 하는 처지이다. 그래서 상구에게 도움을 청하니 그 모양새가 껄끄럽고, 부자연스럽다. 그래서 이치에 어긋나 있다고 말하는 것이다. 따라서 육오는 집에 머무르며, 정도를 지켜야 길하다. 상구의 도움을 받아서 백성을 양육시켜야 하는 입장(立場)이기에 시종일관 바르게 처신해야 하고, 행동반경을 줄이어 궁궐에 머물며, 모험과 위험이 수반되는 국가적 대사를 도모해서는 안 된다는 뜻이다.

《象》曰 : 居貞之吉, 順以從上也.

「상」에서 말했다. '집에 머무르며 정도를 지켜야 길하다'라는 것은, 순종으로써 위를 따름이다.

✎ 육오는 강력한 리더십 발휘가 어렵다. 그렇다고, 자신을 도와줄 신하로 강건한 자도 없다. 육사, 육이 등과 호응하지 못한다는 뜻이다. 비록, 중도는 얻었으나 군주의 자리를 조용히 지키고 있을 따름이다. 그래서 백성을 양생·양육시켜야 하는 현실적 상황에서 상구의 도움이 절대적으로 필요하다. 그런 처지에서 상구의 도움을 받으려니 그에게 순종하는 수밖에 없고, 그의 의견대로 다를 수밖에 없는 처지이다.

上九, 由頤 ; 厲吉, 利涉大川.

상구, 말미암은 턱이다. 위태로워도 길하고, 큰 강을 건넘이 이롭다.

✎ '말미암은 턱(由頤)'이란 양육의 근원이라는 뜻이다. 다시 말해, 상구로 말미암아서 모든 양육이 가능하다는 뜻이다. 그런데 왜, 위태로울까? 많은 일을 함이 곧 위태로움을 내장하는 것이고, 실권을 쥔 군주 대신해서 양생·양육을 주도적으로 도모한다는 것 자체가 자칫 질타의 대상이 되기 쉽고, 오히려 미운털이 박히기 쉽기 때문일 것이다.

《象》曰 : 由頤厲吉, 大有慶也.

「상」에서 말했다. '말미암은 턱이 위태로워도 길하다' 함은, 큰 경사가 있음이다.

✎ 큰 경사가 구체적으로 무엇인지는 알 수 없으나, 백성을 양육시켜야 하는 시대적 당위 앞에서 윗사람으로서 조심스럽게 임무를 완수했다면, 그 뒷일이야

뻔하지 않겠는가. 게다가, 큰 강을 안전하게 건넜으니 말해 무엇하랴.

*　　*

산속에서 천둥 번개가 치며 산에서 살아가는 뭇 생명을 놀라게 하여 일깨우는 것처럼, 인간 세상에서는 군주가 백성의 무지를 일깨워서 養生·養育에 힘써야 한다. 산에서는 천둥 번개가 뿌리는 빗물로써 먹여 살리나 인간 세상에서는 입 안으로 넣어 먹을 수 있는 음식물을 제공해 주면서 '턱'에 해당하는 양생·양육기관을 통해서 먹여 살려야 한다.

그런데 그 '턱'이 여러모로 다르다. 朶頤·顚頤·拂頤·拂經·丘頤·由頤 등이 있다. 턱 하나를 놓고 보면, 아래턱과 위턱이 상호 작용하여 음식물을 씹음으로써 살아가는데 필요한 영양분을 공급해 준다. 육효가 다 '턱'으로서 자타를 양생·양육해야 하는 주체이다. 그러나 그 주체로서 일하는 자세나 태도가 모두 다르다. 처한 여건이 다르기 때문이다.

육효 가운데 陽인 초구와 상구의 활동이 중요한데 초구는 늘어뜨린 턱으로 아주 나태한 양육기관처럼 제 역할을 다하지 않는다. 지위가 천하기 때문이고, 그래서 흉하다. 그리고 상구는 모든 양생·양육의 근원이 된다. 상구의 활동으로 인해서 모든 양생·양육이 이루어진다. 역시 윗사람의 역할과 책임이 크다. 양육에 관한 한.

그리고 중도를 얻은 육이는 가까이 있는 초구에 의지하여 양육해야 하는데 멀리 있는 상구에게 의지한다. 바람직하지 않다. 그래서 전도된 턱이다. 잘못된 양육기관이라는 뜻이다. 그리고 육오는 剛中을 얻어야 하는데 柔中을 얻어서 양생·양육의 소임을 다하지 못한다. 그래서 이치에 어긋나고, 그래서 집에 머무르며 정도를 지켜야 한다. 큰일을 도모할 수 없다는 뜻이다.

그리고 육삼은 어긋난 턱으로 제구실을 할 수 없다. 그래서 '拂頤'이고 悖倫을 저지른 자가 된다. 육사는 호응하는 짝인 초구에게 의지하여야 하는데 상구에게 의지하는 잘못, 곧 전도된 턱인 '顚頤'이나 상구의 베풂이 크기에 무구하다.

이런 육효사를 전제하고서 頤卦를 내려다보면, 이렇게 정리할 수 있을 것 같다.

첫째, '頤'를 놓고 '口'를 떠올리면서 '養'으로 해석하면, 육효가 養의 주체와 객체로 갈라진다. 초구와 상구는 양효로서 분명하게 타자를 양육시키는 주체이다. 그리고 나머지 육이, 육삼, 육사, 육오는 음효로서 신분이나 지위에 따라서 자신이나 타인을 양육시켜야 하는 주체가 된다. 그러니까, 두 양효는 양육의 주체로서 施惠者이고, 네 음효 가운데 육이 육삼 육사는 자신의 양육을 기대하는 수혜자로서 양육 대상인 객체가 되고, 육오는 백성을 양육시켜야 하는 책무를 갖는 施惠者인데 상구의 도움을 받기에 간접 受惠者가 된다. 그래서 頤卦에서는, 中道도 중요하지 않고, 신분도 중요하지 않다. 여기에서는 음양의 성품이 더 근원적으로 중요하다. 곧, 陽은 實하고 剛하며 主라면, 陰은 虛하고 柔하고 客이 된다는 근원적 성품과 능력이 우선시되었다는 뜻이다.

둘째, '養'을 '養生' 혹은 '養育'으로 풀이하며 六爻辭를 읽었으나 彖辭에서 언급된 것처럼 신체적 정신적 양면의 양육이라기보다는 오로지 입으로써 음식을 먹여서 길러내는 의미의 '養生'에 더 가깝다는 생각이 든다.

셋째, '拂經', '拂頤'라는 용어에서 확인할 수 있듯이, 陽이 陰을 양육시키고, 上이 下를 양육시키며, 바르게 하는 것(純正以養)이 바로 양육의 3대 기본 원리라는 사실이 전제되었다. 불가피하게, 下가 上을 도울 수 있는데, 이는 理致나 事理, 常道에 맞지 않는, 껄끄러운 관계로 인식한다.

넷째, 양육의 대상을 자신으로 국한하느냐, 아니면 타자로 확대하느냐에 따라서 그 의미나 가치가 달라진다고 보는 통념적인 가치관이 반영되었다. 자리가 낮을수록 일신상의 양육을 생각하나 지위가 높고 공명심과 이타심이 있으면 타인을 양육해야 한다는 사회적 책임감 내지는 연대감이 적용됨을 확인할 수 있다. 周易에서 지위는 곧 능력이며, 신분의 귀천을 의미하는 옛사람의 고정관념을 확인할 수도 있다.

다섯째, 양육의 주체나 객체는 마음 자세와 태도가 대단히 중요하다. 여기에서도 자신을 낮추고 상대방을 높이는 겸손한 자세가 요구되며, 또한, 적극성을 띠어야 한다는 점이다. 의욕이 있어야 좋은 결과가 뒤따른다는 뜻이다.

여섯째, 양육시키는 주체는 능력과 자리가 중요하다. 능력은 있으나 자리가 적절하지 않거나, 자리는 좋은데 능력이 없으면 양육시키는 자나 받는 자가 불편해지며, 의욕이 상쇄된다.

28. 澤風大過卦

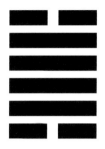 주역 스물여덟 번째 괘로 택풍대과괘(澤風大過卦)가 있다. 연못 澤 兌가 上卦이고, 바람 風 巽이 下卦라는 뜻이다. 그 모양으로 보면, 연못 아래에서 바람이 부는 모습이고, 卦德으로 보면, '巽而說'이다. 곧, 공손하고, 기쁘다. 육효 배열로 보면, '음, 양, 양, 양, 양, 음'으로 음이 둘이요, 양이 넷이다. 그런데 初爻와 上爻가 음이고, 그 가운데 양 넷이 갇혀 있다.

이런 '澤風'을 '大過'로 받았는데 '大過'란 어떤 의미로 쓰였을까? '大'는 클 '대' 또는 '태'로 읽히며, '크다, 심하다, 높다, 존귀하다, 훌륭하다, 뛰어나다, 많다, 자랑하다, 낮다, 늙다, 대강, 대략, 크게' 등 여러 의미로 쓰인다. '過'는 지날 '과'로 읽히며, '지나다, (지나는 길에) 들르다, 경과하다, 왕래하다, 초과하다, 지나치다, (분수에) 넘치다, 넘다, 나무라다, 옮기다, 허물, 잘못' 등의 뜻으로 쓰인다. 따라서 '大過'란 '크게 지나치다' 혹은 '큰 것이 많다' 등의 뜻으로 쓰였을 가능성이 크다. 물론, 자세한 것은 六爻辭까지 두루 다 읽어야 알 수 있으리라 본다.

「序卦傳」에 의하면 "不養則不可動, 故受之以大過"라 했고, 「雜卦傳」에 의하면 "大過顚也"라 했다. 곧, 養生하지 않으면 곧 움직일 수 없으므로 양생하는 頤卦 다음을 크게 지나치는 大過卦가 이어받았으며, 대과는 전도됨이라 했다. 곧, '大過=顚'이라는 뜻이다. 그렇다면, 大過는 '움직임'과 관련이 있다는 정도는 유추할 수 있다.

모든 생명체는 음식물을 턱 곧 입으로써 먹어 섭취함으로써 성장하며 살아갈 수 있다. 그렇게 영양분을 섭취함으로써 성장하여 움직일 수 있기에 大過卦가 頤卦 뒤를 이었다는 뜻이다. 그리고 頤卦는 양이 둘이고 음이 넷인데, 大過卦는 반대로 음이 둘이고 양이 넷이다. 그리고 頤卦는 두 陽 속으로 네 陰이 갇혀 있다 면 大過卦는 가운데 네 陽이 두 陰 속으로 갇혀 있다. 음과 양의 수 곧 그 세력과 그 위상이 뒤바뀐, 「雜卦傳」에서 말한 것처럼, 전도된 모습이다. 그리고 頤卦의 卦象을 턱 '頤'로 보았는데, 大過卦는 용마루 '棟'으로 보았다는 점이 다르다. 여 기까지 생각해보면, '大過'의 의미는 양이 음보다 지나치게 많다는 점을 확인할 수 있다.

연못 아래에서, 다시 말해, 연못 속에서 바람이 불면 연못 안의 물이 흔들리 고, 심하면 요동치면서 엎지르질 가능성이 있다. 만약, 연못 안의 물이 엎질러진 다면 이는 잘못된 일이다. 그렇지 않고, 연못 위에서 바람이 불면 크고 작은 파 문이 일면서 연못 안에 사는 생명도 기분이 좋아질 것이다. 그렇듯, 바람이 연못 아래에서 불면 澤風大過卦가 되지만, 연못 위에서 불면 風澤中孚卦가 된다. 바람 이 연못 아래에서 불면 무언가 크게 지나침이 있으나 연못 위에서 불면 믿음이 충만해진다. 이런 바람과 연못의 관계를 염두에 두면서 역문을 읽어보자.

*   *

大過：棟橈；利有攸往, 亨.
택풍대과괘는 용마루가 휨이니, 나아가면 이롭고, 형통하다.

✎ 용마루가 휜다는 것은, 지붕의 무게를 감당하지 못하고 무거운 쪽이 내려 앉음을 말한다. 大過卦 육효 배열로 보면, 양 끝은 음이고 가운데는 양으로 넷이 나 된다. 이런 모습을 하나의 용마루로 본다면, 양 끝은 약한데 그 가운데가 너 무 무거워 내려앉을 듯이 휘었다는 뜻이다. 그래서 大過를 용마루가 휨으로 보

는 것은 이해된다. 물론, 이것은 연못 속의 바람이라는 자연의 형세를 '휘어진 용마루'라는 사물로 빗대어 놓은 것이다. 용마루가 휘는 상황에서 사람은 나아 가는 게 이롭고, 형통하다고 했는데, 사람이 나아간다는 것은, 지붕이 무너짐을 피하고, 휘어진 용마루를 바로잡는 노력을 한다는 뜻으로 읽힌다. 그리고 형통 하다는 것은, 상황에 맞도록 처신하는 것이 옳고 바르다는 뜻이다. 이를 상·하괘 의 德性으로 풀면, 공손함이 아래로 들어가니 기쁘다. 그러니까, 공손하고 기쁘 게 행하니 형통하다는 뜻이다. 그리고 연못은 소녀요, 바람은 장녀이다. 장녀가 아래로 내려가 위에 있는 소녀를 받드는 모습이다. 이것은 강자가 약자를 받드 는 일로 형통하다고 할 수 있다. 겸손을 앞세우는 주역의 시각에서 보아도 공손 하고 기뻐함은 형통하다. 그러나 아래 大象辭에서처럼, 물속에 잠겨있는 나무를 생각하면, 그 연못과 나무 사이의 기운이 형통할 리 없다.

아무튼, '亨'이란 주역에서 두 가지 의미로 쓰인다. 하나는 '형통하다'라는 의 미이고, 그 다른 하나는 '제사를 올리다'라는 의미이다. 전자는 주로 卦辭에서 쓰 이고, 후자는 드물게 爻辭에서 쓰인다. 그런데 괘사에 사용된 '亨'이란 글자를 우 리는 그냥 '형통하다'로 풀이한다. 이때 '형통하다'라는 것은, '일이 뜻대로 잘 풀 리어 가다'라는 의미가 있고, '잘 소통되어 서로 통함에 장애가 없다'라는 의미 도 있다. 그리고 또 하나의 의미가 있는데, 그것은 '지식이나 숙련으로 필요한 일을 익히어 잘 알고 있기에 막힘이 없다'라는 의미이다. 대개는 첫째 의미로 쓰 이지만, 卦辭를 분석해 보면, '①亨 ②元亨 ③光亨 ④小亨 ⑤亨小' 등으로 쓰였다. 형통함의 크기와 질적 차이를 분별하고 있다는 뜻이다. 이 문제는 별도의 글이 필요하다.

《彖》曰：大過, 大者過也. 棟橈, 本末弱也. 剛過而中, 巽而說行, 利有攸往, 乃亨. 大過之時大矣哉.

「단」에서 말했다. 대과는 큰 것이 지나침이다. 용마루가 휜다는 것은, 본말이 약함이다.

강이 지나치고 가운데에 있다. 공손하고 기쁨으로 움직이니, 갈 바가 있으면 이롭고, 이내 형통해짐이다. 큰 것이 지나치는 대과 때의 의미가 크구나!

📝 '大過'의 의미를 큰 것이 지나침으로 설명했다. 큰 것이란 陽爻를 말함이고, 지나침이란 많다는 뜻이다. 그리고 '本末'이란, 일반적으로 사물의 중요한 부분과 그렇지 않은 지엽적인 부분을 함께 일컫는데, 여기서는 '시작과 끝'이라는 의미로 쓰였다. 육효로 말하자면, 초효와 상효를 말한다. 초효가 本이고, 상효가 末이다. 그리고 강이 지나치고 가운데 있다 함은, 초효와 상효가 음인데 그 안에 든, 그 중간에 든 양효는 넷으로 지나치게 많다는 뜻이다. 그리고 공손하고 기쁨으로 움직인다는 것은, 상·하괘의 덕성을 이어서 말한 것이다. 이 덕성 때문에 나아가면 이롭고 형통하게 된다는 뜻이다.

《象》曰 : 澤滅木, 大過 ; 君子以獨立不懼, 遯世无悶.
「상」에서 말했다. 연못에 나무가 잠김이 대과이니, 군자는 이를 보고 깨달아, 홀로 있어도 두려워하지 말고, 세상을 등져도 고민하지 말라.

📝 연못 아래에 있는 바람을 연못 속에 잠겨있는 나무로 보았다. 바람 風 巽을 상징하는 대표적 사물이 '나무'이기 때문이다. 「說卦傳」 제11장에 의하면 "巽爲木, 爲風"이라 했다. 다시 말하면, 연못 속에 잠긴 나무를 '大過'로 받았다는 뜻이다. 그러니까, 물속에 잠긴 나무를 보고서 군자는 혼자 서있어도 두렵지 않고, 세상을 피해 물러나 있어도 번민하지 말라는 것이다.

'遯世[dùn shì]'는, 인간 세상을 떠나 홀로 은거(隱居)함을 말한다. 연못에 잠기어 있는 나무를 은거하는 군자와 연계시켜 놓았다는 뜻이다.

初六, 藉用白茅, 无咎.

초육, 흰 띠를 써서 자리를 깔이니, 무구하다.

✐ 초육은 양의 자리에 음으로 와서 그 자리가 바르지 못하고, 짝인 구사와 호응하며, 위에 있는 이웃 구이와 가깝게 지낼 수 있다. 그러나 초육은 물에 잠긴 나무의 가장 아랫부분으로서 그 뿌리에 해당하고, 약하며, 유순하다. 크게 지나치는 상황에서 초육은 흰 띠를 이용해서 자리를 깔이니 무구할 수밖에 없다. 쉽게 말해서, 초육의 그런 행동이 구이나 구사에게서 환심을 살 수 있고, 환영받는다는 뜻이다.

《象》曰 : 藉用白茅, 柔在下也.

「상」에서 말했다. '흰 띠를 써서 자리를 깔'이란, 유가 아래에 있음이다.

✐ 사실, 초효 자리는 가장 아래에 있는 陽 자리인데 陰으로 왔다. 이 음은 비록, 柔弱하나 양 자리의 잠재된 적극성을 발휘하여 자리를 정성스럽게 펴서 이웃과 짝의 환심을 사고 있다.

九二, 枯楊生稊, 老夫得其女妻, 无不利.

구이, 시든 버드나무에서 새싹이 남이니, 늙은 사내가 여자를 아내로 삼으니, 불리함이 없다.

✐ 구이는 음의 자리에 양으로 와서 그 자리가 바르지 못하고, 짝인 구오와 호응하지 못하며, 아래 이웃 초육과 가깝게 지낼 수 있으며, 剛中을 얻었다. 시든 버드나무는 늙은 남자이고, 시든 버드나무의 새싹은 새로 얻은 여자 아내이다. 구이의 처지를 자연의 사물로 먼저 빗대었고, 그것을 다시 인간사로 바꾸어서

표현했다.

구이는 음의 자릿값보다 의욕적이다. 게다가, 剛中을 얻었기에 비록, 몸은 늙었으나 젊은 여인을 아내로 맞이하는 능력이 있다. 그 능력이 시든 버드나무에서 나오는 새싹이 상징한다. 이때 아내는, 爻로 말하면 흰 띠로써 자리를 펴는 초육이다.

《象》曰 : 老夫女妻, 過以相與也.

「상」에서 말했다. '늙은 사내가 여자를 아내로 삼는다' 함은, 서로 함께함으로써 지나침이다.

✎ 지나치다는 것은, 구이의 욕구를 두고 말함이다. 쉽게 말하면, 늙은 남자가 지나치게 욕심을 내어서 젊은 여자를 아내로 취했으니 그의 욕심과 욕구가 지나쳤다는 뜻이다. 그리고 서로 함께한다는 것은 부부가 되었다는 뜻이다.

九三, 棟橈, 凶.

구삼, 용마루가 휨이니, 흉하다.

✎ 구삼은 양의 자리에 양으로 와서 그 자리가 바르고, 짝인 상육과 호응하며, 가깝게 지낼 이웃은 없다. 그리고 중도를 지나쳐 있다. 구삼은 공손함이 다하고, 나무로 치자면 나무 꼭대기에 해당하는데 연못 속의 물에 잠기어 있으니 흉하다. 그 흉함을 빗대어서 휘어가는 용마루로 바꾸어 표현했다.

《象》曰 : 棟橈之凶, 不可以有輔也.

「상」에서 말했다. '용마루 휨의 흉함'이란, 도움이 불가하기 때문이다.

✐ 용마루가 휘어서 꺾이기 직전이라 도와줄 방도가 없다는 뜻이다. 그만큼 위험하다는 뜻이다.

九四, 棟隆, 吉 ; 有它, 吝.
구사, 용마루가 높이 솟아있으니, 길하다. 다른 일이 있으니, 인색하다.

✐ 구사는 음의 자리에 양으로 와서 그 자리가 바르지 못하고, 짝인 초육과 호응하며, 가깝게 지낼 이웃은 없다. 구사의 '棟隆'은 구삼의 '棟撓'와 정반대이다. 용마루가 휘어서 구부러지는 것은 지붕의 무게를 감당하지 못해서 내려앉을 가능성이 있어서 흉하고, 용마루가 높이 솟아있다는 것은, 집을 높고 튼튼하게 지었다는 뜻이므로 좋다.

그런데 용마루가 높아서 길한 사물의 형세를 인간사로 바꾸어 표현한 말인 '有它, 吝'을 어떻게 해석하느냐가 문제인데 의견이 다양하다. 심의용은 '다른 마음을 가지면 부끄럽다'라고 해석했고, 신원봉은 '의외의 곤란함이 있다'라고 해석했다.

구사의 용마루가 높다는 것은 구사의 신분이 높다는 뜻이다. 그 신분 때문에 짝인 초육을 두고도 신경 쓰지 못한다. 그래서 구사의 마음이나 태도는 초육에게 인색하다. 마음이나 태도가 인색하다는 것은, 짝인 초육에게 정성을 다하지 못한다는 뜻이다. 그렇다면, 어디로 마음을 빼앗기는가? 당연히 군주인 구오에게 빼앗긴다. 군주를 가까이에서 모시는 大臣으로서 말이다. 사적인 일보다는 공적인 일에 매인다는 뜻이다.

《象》曰 : 棟隆之吉, 不橈乎下也.
「상」에서 말했다. '용마루가 높음의 길함'이란, 아래로 휘어지지 않음이다.

✎ 아래로 휘어지지 않음이란, 구사의 마음이나 정성이 짝인 초육에게로 내려가지 않는다는 뜻이다.

九五, 枯楊生華, 老婦得其士夫, 无咎无譽.

구오, 시든 버드나무에 꽃이 핌이니, 늙은 부인이 젊은 사내를 얻음이고, 무구하나 명예롭지는 않다.

✎ 구오는 양의 자리에 양으로 와서 그 자리가 바르고, 짝인 구이와 호응하지 못하며, 위에 있는 이웃인 상육과 가깝게 지낼 수 있다. 그리고 剛中을 얻었다. '枯楊'이라는 말은 구이 효사에서도 사용되었다. 그런데 구이는 枯楊의 '새싹'이 돋으나 구오는 枯楊의 '꽃'이 피었다. 구이는 늙은 사내가 젊은 여자를 얻지만, 구오는 반대로 늙은 여자가 젊은 사내를 얻어서 함께 산다. 이러한 일은 예삿일을 벗어난 매우 특수한 경우이다. 당사자 처지에서 보면, 그만큼 능력이 있고, 그만큼 의욕을 내었다는 뜻이다. 이것이 크게 지나침이다.

그리고 늙은 남자가 젊은 여자를 얻어 사는 일은 불리할 것이 없다(无不利)고 했는데 비해, 늙은 여자가 젊은 사내를 얻어 사는 일은 무구하고 명예스럽지 못한 일(无咎无譽)로 평가하였다. 爻辭를 집필한 자의 시선에 약간의 차이가 있다. 같은 행위를 놓고도 남자와 여자의 차이인지, 아니면 신분의 높낮이 차이인지 정확히 말할 수 없으나 신분이 높은 구오에게는 명예가 되지 않는다는 말이 덧붙여졌다. 효사 집필자의, 아니, 당대의 習俗이나 사회적 통념을 짐작할 수 있다.

여기서 '老婦'를 두고, 중국인들이나 한국 사람들은 모두 약속이나 한 듯이 上六이라 하고, '士夫'를 九五라고 말한다. 그것은 구오가 陽으로서 남자이고, 상육이 陰으로서 여자라고 보기 때문이다. 만약, 이 같은 원칙이 지켜져야 한다면 이 爻辭는 잘못 붙여졌다. 爻辭는 해당 효가 주체가 되어 그 주체에 관한 내용만을 기술한 것이지 연관된 효의 이야기가 직접 끼어들지 않기 때문이다.

필자의 판단으로는, 시든 버드나무(枯楊)로 빗대어진 爻는 구이 구오 곧 中道를 얻은 두 爻뿐이다. 둘 다 꼭 陽爻라서가 아니라 부드러운 물을 좋아하는 버드나무로 빗대어져 '남자'라는 사실을 확인할 수 있다. 그런데 싱싱하고 젊은 버드나무가 아니라 둘 다 마르고 시든 버드나무이다. 왜 그럴까? 그것은 慾求든 能力이든 過誤든 무엇인가가 지나쳐서 생기는 '大過'를 설명하려니 늙은 사람, 시든 버드나무를 끌어들였다는 사실이다.

그런데 음의 자리인데 양으로 온 구이를 老夫로 받았고, 양의 자리에 양으로 온 구오를 '老婦'로 받았다. 사실, 똑같이 '老夫'로 받았어야 했는데 앞에서 老夫를 써먹었으니 뒤에서는 老婦가 자연스럽게 오지 않았나 싶다. 그래서 老夫나 老婦가 다 욕심이 지나친 사람들을 상징하는 의미로 단순하게 차용되었다고 본다. 따라서 필자는 구오가 남자이지만, 여성인 老婦로 빗대어졌을 뿐이고, 그가 취했다는 젊은 사내를 굳이 爻로 드러내 말한다면 九二가 아닐까 싶다.

《象》曰：枯楊生華, 何可久也? 老婦士夫, 亦可醜也.

「상」에서 말했다. '시든 버드나무에 꽃이 핀다' 함은, 어찌 오래가겠는가? '늙은 여인이 젊은 사내를 얻음'은, 역시 추함이다.

✎ 늙은 여자가 젊은 사내를 얻어 사는 일은 오래가지 않을 뿐만 아니라 역시 추하다고 보았다. 그렇다면, 늙은 남자가 젊은 여자를 취하여 사는 일은 어떤가? 실은, 마찬가지이다. 그런데 구이 小象辭에서는 '지나친 욕심으로 함께 한다'라고 다소 유연하게 얼버무리고 말았다. 같은 행위를 놓고도 남녀 차별이 있어 보인다. 가부장적 사회가 지배하던 시대라 그런지 다분히 남성 중심적인 사고가 반영된 것으로 보인다.

上六, 過涉滅頂, 凶, 无咎.

상육, 과도하게 강을 건너다가 머리까지 잠기었으니, 흉하나, 탓할 곳이 없다.

✍ 상육은 음의 자리에 음으로 와서 그 자리가 바르고, 짝인 구삼과 호응하며, 아래 이웃인 구오와 가깝게 지낼 수 있다. 그리고 중도를 지나쳐 있다. 그러나 상육은 근원적으로 柔弱하다. 그런데 짝인 구삼에게 가려고 강을 건너는 무리수를 두다가 그 머리까지 물에 잠기고 마는 흉한 꼴을 당한다. 그러함으로 상육은 탓할 곳이 없다. 깨끗하게 자신의 목숨을 버렸다는 뜻이다. 이것이 욕심이 극에 달한, 다시 말해, 과도함이 극에 달한 모습이요, 그 결과이다.

《象》曰 : 過涉之凶, 不可咎也.

「상」에서 말했다. '과도한 건넘의 흉'은 탓할 수가 없다.

✍ 지나친 욕심이나 지나친 행동이 극에 달하면 자멸하는 결과를 낳기 때문에 그 무엇을, 그 누구를 탓할 수가 없다는 뜻이다. 오직, 본인에게 그 이유와 책임이 있다는 뜻이다.

* *

大過[dàguò]를 직역하면 '크게 지나침'이거나 '큰 것이 지나침'이다. '크게 지나침'은 지나침이 크고 많다는 뜻이고, '큰 것이 지나침'이란 큰 것이 지나치게 크거나 많다는 뜻이다. 그리고 '지나침'이란 양적 질적으로 크고 넘친다는 뜻이다. 양적으로는 지나치게 많다는 뜻이고, 질적으로는 좋은 쪽이든 나쁜 쪽이든 그 정도(程度)가 심하게 기울었다는 뜻이다. 그래서 卦象으로는 음효보다 양효가 지나치게 많음을 말했고, 이것을 인간사로 바꾸어서 말하면, 개인의 욕구나 능력이나 일 등이 지나치게 크고 많음을 일컬으며, 그 결과는 무구하고, 무불리하며, 길할 수도 있으나 중도를 지나치면 반드시 흉하다. 이 점은 육효사가 말해주었다.

그리고 그 지나침의 위험성을 강조하기 위해서 '용마루가 휘고 꺾인다'라는 표현을 썼고(구삼), 그 지나침의 예를 든 것이 있다면 늙은이가 젊은이를 취하여 같이 사는, 자연스럽지 못한 일(구이, 구오)이고, 과도한 의욕만으로 강물을 건너다가 익사하는 일(상육) 등을 들 수 있다.

이런 大過卦를 통해서 배울 점이 있다면, 그것은, 무언가 하고자 하는 욕구가 있고, 그것이 크다는 것은, 많은 일과 중요한 일을 하게 하는 원동력이 되지만(초육, 구이), 대개는 근심하게 하고(구삼), 불명예스럽게 하며(구오), 위험스러운 일까지 감당하게 한다는(상육) 사실이다. 문제는 과욕에도 중도가 필요하다는 점이다. 중도가 필요하다는 것은 곧 절제가 필요하다는 뜻이며, 좋은 지나침도 적당해야 좋다는 뜻이다.

29. 重水坎卦

주역 스물아홉 번째 괘로 중수감괘(重水坎卦)가 있다. 물 水 坎이 上·下卦라는 뜻이다. 따라서 그 모양새로 보면, 물 위에 물이 있는 모습이고, 卦德으로 보면, '險而險'이다. 곧, 험하고, 험하다. 육효 배열로 보면, '음, 양, 음, 음, 양, 음'으로 음이 넷이고, 양이 둘이다. 그런데 그 두 양은 중도를 얻었으나 위아래 음에 갇혀 있다. 그리고 下卦 세 효는 자리가 바르지 못하나 上卦 세 효는 자리가 바르다는 특징이 있다.

八卦 가운데에서 물과 관련된 卦로, 坎卦·兌卦·巽卦·震卦 등 네 괘를 들 수 있다. 坎卦의 물은 비(雨)로 내려서 흐르는 물이다. '流水'라는 뜻이다. 그래서 험하게 일하는 괘라고 하여 '勞卦'라 부르기도 한다. 그리고 兌卦의 물은 고여있는 물이다. '止水'라는 뜻이다. 필요시에 만물에 물을 공급해 줄 수 있기에 생명에 기쁨을 안기는 물이다. 그리고 巽卦의 물은 離合集散하며 하늘에서 지상으로 내릴 수 있는 구름으로서 존재하는 물이다. 그리고 震卦의 물은 巽卦의 물이 천둥번개를 치면서 내리는 雷雨이다.

그러나 중수감의 물은 비로 내려서 흘러가는 물이다. 유수는 유수인데 위아래 겹쳐 흐르는 '洪水'이다. 흘러가는 물이기에 만물에 도움을 주기도 하나, 그 지나친 量으로 만물에 水難과 水災를 일으키는 물이다. 그래서 중수감괘는 어려움과 험난함이 크다.

물 위로 물이 흐르는, '重水'를 '坎'으로 받았는데 이 '坎'은 어떤 의미로 쓰였을까? '坎'은 '구덩이, 치는 소리, 험하다, 고생하다, 험난하다, 괴로워하다, 애태우다, 묻다, 숨기다' 등 다양한 뜻으로 쓰이나 여기서는 '구덩이'와 '험난하다'라는 의미로 쓰였다고 판단되는데, 정확한 것은 육효사까지 두루 다 읽어야 알 수 있으리라 본다.

「序卦傳」에 의하면, "物不可以終過, 故受之以坎"이라 했고, 「雜卦傳」에 의하면 "坎下也"라 했다. 곧, 만물은 끝까지 지나칠 수 없으므로 크게 지나친 大過卦 뒤를 험난한 坎卦가 이어받았고, 坎은 아래로 내려감이라고 했다.

쉽게 이해되지 않는 말이다. 만물이 끝까지 지나칠 수 없다는 것은, 만물이 끝없이 성장·발전할 수 없고, 만물이 끝까지 위축·퇴보할 수도 없다는 뜻이다. 그래서 발전이든 퇴보든 과도함이 있는 大過卦를 이어서 험난함이 수반되는 坎卦가 왔다는 뜻으로 이해된다. 그리고 아래로 내려간다는 것은, 물이 구덩이가 있더라도 아래로 계속해서 흘러간다는 뜻이다. 이렇게 보면, '坎'이란 구덩이를 무릅쓰고 흐르는 물의 험난함이라는 의미로 쓰였다고 잠정적으로 말할 수 있다.

*   *

習坎 : 有孚, 維心亨, 行有尙.
중수감괘는 거듭되는 구덩이로, 믿음이 있고, 오직 마음이 형통하며, (그) 행함에 숭상함이 있다.

✎ '重水=習坎'이라는 의미로, 그러니까, '重=習'이고, '水=坎'이라는 뜻으로 사용되었다. '重'에는 '거듭하다, 겹치다'라는 뜻이 있고, '習'에도 '겹치다'의 뜻이 있다. 그리고 水 坎에는 險이라는 덕성이 있다. 이러함으로, 水가 겹친 重水坎을 '習坎'으로 표현한 것이다.

믿음이 있다는 것은, 물이 위에서 아래로 흐른다는 자연의 순리를 말함이고,

오직 마음이 형통하다는 것은, 흐르는 물은 구덩이가 겹쳐 있어도 그 구덩이를 다 채운 다음 넘쳐 흐르는, 다시 말해, 그 길은 험난하나 반드시 흐른다는 사실을 말함이다. 그러니까, 흘러넘치는 물의 기운을 말한다고 볼 수 있다. 그리고 행함에 숭상함이 있다는 것은, 아래로 흐르는 물의 공로가 있다는 뜻이다. '功勞'가 '崇尙'으로 이어진다는 뜻이다. 이러한 '흐르는 물'을 인간사로 바꾸어서 말하면, 험난한 가운데에서도 사람이 순리에 따라 꾸준하게 행함으로써 그 결실로써 존경받는다는 뜻이다.

《象》曰 : 習坎, 重險也. 水流而不盈, 行險而不失其信, 維心亨, 乃以剛中也. 行有尙, 往有功也. 天險不可升也, 地險山川丘陵也, 王公設險以守其國. 險之時用大矣哉.

「단」에서 말했다. 겹쳐 있는 구덩이는, 거듭되는 험난함이다. 물이 흘러서 차지 않음이니, 가는 길이 험하고 그 믿음을 잃지 않으며, 오직 마음이 형통하고, 이내 강으로서 가운데 있음이다. 행하면 숭상함이 있고, 나아가면 공로가 있다. 하늘의 험난함은 위로 오름이 불가함이고, 땅의 험난함은 산천 구릉에 있다. 왕이 험난함을 설치하여 나라를 지킨다. 험난함의 때를 활용하는 (그 의미가) 크구나!

🖉 겹쳐 있는 구덩이가 거듭되는 험난함이라는 것은, 구덩이가 곧 험난함이라는 뜻이고, 구덩이가 험난하다는 것은, 흐르는 물 입장에서 물길을 방해하여 힘들게 나아감이다. 다시 말해, 흐르는 물을 주체로 보면, 구덩이는 그 흐름의 장애 요인이라는 뜻이다. 그리고 물이 흘러서 차지 않는다는 것은, 흐르는 물이라 머무르지 않고, 고여있지 않으며, 아래로 흘러가야 하는, 운명적인 존재성을 뜻한다. 따라서 구덩이가 겹쳐 있는데도 불구하고 흘러 흘러서 가야 하는 물 입장에서는 그 흐름을, 그 운명을 당연한 것으로 받아들인다는 뜻이다.

그리고 마음이 형통하다는 것은, 의당, 흘러가야 한다는 믿음의 힘으로 쉬지 않고 흘러가는 것을 말한다. 그리고 剛으로서 가운데 있다 함은, 위·아래 陰에 간힌 구이·구오 두 陽을 두고 말함이다. 그러니까, 구이·구오가 양강한 힘으로써 흘러가니 그 마음, 그 의지가 형통하다는 뜻이다. 그런 구이와 구오가 움직이어 무언가를 행하면 존경받고, 앞으로 나아가듯 일을 하면 공로가 있다는 뜻이다.

그리고 하늘의 험난함은 위로 오름이 불가함이라는 것은, 하늘은 위에 있기에 위로 올라가지 못함이 곧 하늘의 험난함이라는 뜻이다. 간단히 말해, 땅에 사는 사람으로서 하늘로 올라갈 수 없다는 뜻이다. 땅의 험난함이 산천 구릉에 있다는 것은, 말 그대로 땅의 험난함이 산과 들 언덕과 비탈진 곳에 있다는 뜻이다. 그리고 왕이 설치하는 험난함으로써 나라를 지킨다는 것은, 백성의 생명과 재산을 지켜야 하는 군주로서 분명한 목적의식을 갖고 의도하여, 또는 기획하여 설치하는 험난함을 통해서 나라의 안위를 지킨다는 뜻이다. 가까운 예로, 군사력을 증강하기 위한 제반 정책적인 일들을 두루 포함한다.

이 이야기는 결국, 통치자의 관점에서 하늘이 내리는 험난함과 땅이 주는 험난함이 있음을 알고, 그것들을 극복해야 하듯이, 국가를 통치함에 인위적인, 계획적인 험난함이나 어려움을 만들어서 백성의 위기 극복 능력을 배양하고, 또한 그것으로써 국가의 안위를 지켜내야 한다는 기본적인 인식이 깔려있다고 볼 수 있다.

《象》曰 : 水洊至, 習坎 ; 君子以常德行, 習敎事.

「상」에서 말했다. 물이 재차 다다름이, 거듭되는 험난함이다. 군자는 이로써 보고 깨달아, 항시 덕을 행하고, 가르치는 일을 거듭하라.

✎ 거듭된 구덩이로 물이 흘러드는 것은, 흘러가야 하는 물로서는 험난함 그 자체이다. 바꿔 말해, 계속되는 험난에도 불구하고 흘러가는 물은 자연의 모습인데, 그런 자연의 모습을 보고서 군자라면 힘들더라도 꾸준히 덕행을 쌓고, 가

르치는 일을 게을리하지 말라는 뜻이다. 그러니까, 계속 흐르는 물의 모습을 보고서 사람은 꾸준히 덕을 행하고, 험난함을 극복하는 방법과 기술을 가르치는 일을 계속하라는 주문이다.

初六, 習坎, 入于坎窞, 凶.
초육, 거듭되는 구덩이라, 구덩이 속의 구덩이로 들어감이니, 흉하다.

✎ 초육은 양의 자리에 음으로 와서 그 자리가 바르지 않고, 짝인 육사와도 호응하지 못하며, 위에 있는 이웃 구이와 가깝게 지낼 수 있다. 초육은 구덩이 가운데에서도 아래에 있는 구덩이이며, 그곳을 지나가야 하는 처지이다. 다시 말해, 가장 깊은 구덩이로 흘러 들어가는 물이다. 그래서 험한 꼴을 당하게 되므로 흉하다.

《象》曰 : 習坎入坎, 失道凶也.
「상」에서 말했다. '구덩이 속의 구덩이로 들어감'이란, 도를 잃은 흉함이다.

✎ 여기서 '道'란 자리가 바르지 못하고, 짝과도 호응하지 못하며(협력하지 못하며), 중도를 얻지 못한 미비한, 현실적 조건이지만 인간사로 바꾸어서 말하면 '洪水'라고 하는 '자연재해 대처법'이라고 말할 수 있다. 따라서 초육은 홍수 대처법을 몰라서 흉한 꼴을 당한다.

九二, 坎有險, 求小得.
구이, 험난이 있는 구덩이라, 구하여 작은 것을 얻는다.

✎ 구이는 음의 자리에 양으로 와서 그 자리가 바르지 못하고, 짝인 구오와 호

응하지 못하며, 위아래 이웃들과 가깝게 지낼 수 있다. 그리고 **剛中**을 얻었다. 구이는 **柔順**과 **剛健**의 양면성을 발휘할 수 있으나 자리가 바르지 못한 데에서 오는 험난함이 있다. 게다가, 위아래 음을 끌고 함께 노력하여 나아가야 하는 만큼 더 힘들다. 이런 상황을 인간사로 바꾸어서 말하자면, 험난함이 있으나 이웃들과 함께 열심히 노력해서 안전을 추구하니 작은 결실밖에 기대할 수 없다는 뜻이다. 험난함이 있는 상황에서 구이는 그래도 중도를 얻고, 위아래 이웃들과 협력하여 대처할 수 있기에 작은 것이라도 얻는다.

《象》曰 : 求小得, 未出中也.

「상」에서 말했다. '구하여 작은 것을 얻는다' 함은, (그) 위험한 구덩이 안에서 아직 나오지 못했음이다.

🖉 '초육·구이·육삼'이라는 세 爻는 **重水 坎**의 下卦로서 모두 자리가 바르지 못하다. 그리고 그 자체가 하나의 구덩이라고 할 수 있는데, 구이는 구덩이의 속, 그 중간이라고 본 것이다. 육효 배열로 보아도 구이는 초육 육삼이라는 두 음과 친비 관계에 있어 엮이어 있다. 함께 협력하여 나아가야 하는 운명공동체이다. 그런데 구이가 작은 것밖에 얻을 수 없는 이유를 이 **小象辭**에서는 그 구덩이 속에서 빠져나오지 못했기 때문으로 보았다. 이것은 구이가 속한 하괘의 일원으로 묶이어 있음을 의식한 말이다.

六三, 來之坎坎, 險且枕, 入于坎窞, 勿用.

육삼, 구덩이와 구덩이로 오고 감이니, 험난하고 또 드러눕는다. 구덩이 속의 구덩이로 들어감이니, 쓰지 말라.

🖉 육삼은 양의 자리에 음으로 와서 그 자리가 바르지 못하고, 짝인 상육과 호

응하지도 못하며, 아래 이웃인 구이와 가깝게 지낼 수는 있다. 그리고 중도를 지나쳐 있다. 구덩이에서 구덩이로 왔다 갔다 한다는 말은, 위 上도 구덩이고, 아래 下도 구덩이라는 뜻이다. 그 두 구덩이 속을 왔다 갔다 한다는 뜻이다. 그래서 육삼은 험난한 처지에 놓였으면서도 적극적으로 대처하지 않고, 한가하게 드러눕는다. 이런 부류의 인간도 적지 않다.

그리고 구덩이 속의 구덩이로 들어간다는 점은, 초육과 다르지 않다. 이때 구덩이 속의 구덩이로 들어간다는 것은, 구덩이의 가장 깊은 곳으로 먼저 들어가는 처지를 말한다. 아주 험난한 길을 간다는 뜻이다. 그만큼 더 험난하다. 이런 처지에 놓인 육삼을 인간사로 바꾸어서 말하자면, 현재의 험난이 가시기도 전에 또 험난이 닥친 상황이라 二重苦를 겪는다. 한마디로 말해, 雪上加霜으로 험난이 겹쳐서 너무나 어려운 처지에 몰렸다. 그래서 그런 상황에 놓인 사람이 당면문제를 해결하려 하지 않고, 오히려 드러눕는 자포자기 상태로 있다. 그래서 그런 사람을 쓰지 말라는 말이 붙었다.

여기서 문제는, '險且枕'이란 문구인데, '枕'에 관하여, 김재홍은 '베개를 베고 자다'로 해석하고, 신원봉은 '기울다'로 해석했으며, 심의용은 '의지하여 기대다'로 해석했다. 주희(朱熹)는 '倚著未安之意'로, 곧 '편치 않은 마음으로 기대어 있다'로 해석하였다.

《象》曰 : 來之坎坎 終无功也.

「상」에서 말했다. '구덩이와 구덩이 속에서 오고 감'이란, 끝까지 공로가 없음이다.

✎ 끝까지 공로가 없다는 것은, 험난함 속에 있어도 그 험난을 극복하려 노력하지 않기에 공로가 없다는 뜻이다.

문제의 '功'에 대해서는, 별도의 연구가 필요하다. 주역을 經學으로 보는 김재홍은, 이 '功'에 대하여 한사코 '聖人·君子의 도를 실천함'이라고 강조하나 이것은 경직된 태도라고 판단된다. 사실, '功'이라는 것은 '功勞'이고, '功勞'라는 것은 어떤 목적을 달성하기 위해서 들인 노력이나 수고에 따른 그 결과를 말함이다.

六四, 樽酒, 簋貳, 用缶, 納約自牖, 終无咎.
육사, 술과 안주 둘을 질그릇에 담아, 들창으로 약소하게 들여 받으니, 끝내 무구하다.

📖 육사는 자리가 바르고, 짝인 초육과 호응하지 못하며, 위에 있는 이웃 구오와 가깝게 지낼 수 있다. 태평성대라면 큰 집에서 여유롭게 진수성찬을 차려놓고 손님을 접대하며 술을 마시겠으나 자연재해가 닥친 험난한 시기인지라 육사는 강건한 구오를 불러서 대책을 마련코자 하는데 얼마나 급하면 들창으로 간단히 술과 안주를 들여서 마시겠는가! 현실적 상황에 맞게 최선을 다해서 처신하는지라 육사는 그 끝이 무구하다.

대개는, 글자 그대로, 樽酒를 '한 통의 술'이라고 하고, 簋貳를 '두 제기 그릇의 반찬(안주)'이라 하고, 用缶를 '질그릇을 써서'라고 해석한다. 문제가 되지는 않는다.

《象》曰：樽酒簋貳, 剛柔際也.
「상」에서 말했다. '술과 안주 둘'이란 강과 유의 교제이다.

📖 剛이란 剛中을 얻은 양 구오이고, 柔란 음 육사를 말한다. 그리고 '際'는 '만나다', '사귀다'의 뜻이다. 그래서 어떤 일을 달성하기 위해서 수단으로 남과 가까이 사귀는 '交際'로 해석하였다.

九五, 坎不盈, 祇旣平, 无咎.

구오, 구덩이가 메워지지 않았으니, 원래대로 평탄해지기를 기원하고, 무구하다.

✎ 구오는 양의 자리에 양으로 와서 그 자리가 바르고, 짝인 구이와 호응하지 못하며, 위아래 이웃들과 가깝게 지낼 수 있다. 그리고 剛中을 얻었다. 구오는 강건한 믿음과 양명한 지혜를 가지고 있어서 험난함을 극복할 수 있는 의지와 능력이 있다.

아직 구덩이가 평탄해지지 않아 험난함과 위험이 도사리고 있지만, 원래대로 평탄해지도록 기원하면서 노력하면 재해가 없다는 뜻이다.

필자는 이 '祇(지)'에 대하여 많은 생각을 해보았으나 정이천의 견해를 받아들이기에는 무언가 억지스러웠다. 그래서 문제의 祇(지)가 '祈(기)'의 오자가 아닌가 싶은 생각이 들었고, 그래서 '기원하다'로 해석하였다. 물론, 혹자는 이 祇(지)를 '適(적)'으로 해석하여 전혀 다르게 이 爻辭를 해석하기도 한다.

《象》曰 : 坎不盈, 中未大也.

「상」에서 말했다. '구덩이가 메워지지 않았다'라는 것은, 속이 크지 않다는 뜻이다.

✎ 속이 크지 않다는 것은, 구덩이가 크고 깊지 않다는 뜻이다. 구오의 구덩이는 위에 있는 구덩이이고, 그 구덩이는 구오의 양강한 지혜와 능력에 비하면 작다는 뜻이다.

上六, 係用徽纆, 置于叢棘, 三歲不得, 凶.

상육, 포승줄로 묶어, 가시나무 숲에 버려두니, 오랫동안 벗어나지 못하고, 흉하다.

✎ 상육은 자리가 바르고, 짝인 육삼과 호응하지 못하며, 아래 이웃인 구오와

가깝게 지낼 수 있다. 그리고 중도를 지나쳤으며, 험난함이 극에 달해서 끝나는 자리이다. 험난함이 계속되는 어려운 시기에는, 다시 말해, 재난재해가 닥치는 상황에서는 무엇보다도 적극적으로 대처해서 극복하고자 하는 굳센 의지, 실질적인 능력 등이 요구된다. 그런데 상육은 가장 높은 자리에 있으면서 유약하여 전혀 도움이 되지 않으니 흉한 꼴을 당한다.

우리나라 주역에서는 '系' 대신에 '繫' 또는 '係'가 쓰였고, '置' 대신에 '寘(치)'가 쓰였는데 그 의미는 같다. '徽纆[huī mò]'은 고대에 죄인을 묶는데 쓰던, 두 가닥 또는 세 가닥으로 꼰 노끈으로 오늘날의 포승줄이다. 그리고 '叢棘[cóng jí]'은 고대에 범죄인을 가두는, 오늘날의 감옥 같은 곳이다(孔穎達).

《象》曰：上六失道, 凶三歲也.
「상」에서 말했다. 상육이 도를 잃었기에, 흉함이 오래간다.

✎ '道를 잃었다(失道)'라는 이유로 흉한 爻는 初爻와 上爻이다. 똑같이 위험한 재난 시기에 도를 잃었는데 초효는 흉하나 상효는 아주 오랫동안 흉하다. 초효보다 상효가 더 흉하다는 뜻이다. 이때 道란 이미 언급했지만, '洪水'라고 하는 자연재해를 극복하고자 하는 마음·자세·의지가 약하고, 실제로 자연재해 시에 대처하는 방법이라고 말할 수 있다. 따라서 도를 잃었다는 것은 대처법에 대한 無知와 傍觀이라고 말할 수 있다.

*　　　*

구덩이가 거듭된다는 것은 험난함이 거듭된다는 뜻이고, 험난함이 거듭된다는 것은 그 험난이 크고 오래간다는 뜻이다. 험난이 큰 것으로, 자연적인 현상에서 찾는다면 暴雨로 인한 '洪水'를 들 수 있는데 이 重水坎이 바로 '洪水'라고 하는 자연재해를 당해서 대처하는 사람들의 양태를 말한 것이다.

이런 자연재해가 닥쳤을 때 가장 중요한 것은, 역시 자리가 바르고 바르지 않고, 높고 낮음 등은 문제가 되지 않는다. 오직, 험난을 무릅쓰고서 극복하려는 의지와 실질적인 대처 능력이다. 이런 의지와 능력은 柔順한 陰에게 있는 게 아니라 陽剛한 陽에게 있으며, 양을 위아래에서 압박하는 음이 그 장애물이라고 보면 틀리지 않는다. 특히, 양을 올라탄 위에 있는 陰이 더 큰 장애물이다. 그래서 구이를 올라탄 육삼과 구오를 올라탄 상육이 다 흉하다. 그리고 밑에 있는 초육이나 육사보다 같은 음이지만 더 흉하다. 그리고 음이라고 하더라도 양효와 협력하는 爻는 끝내 무구하다. 육사가 그 증거이다.

30. 重火離卦

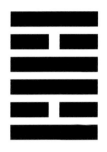

주역 서른 번째 괘로 중화리괘(重火离卦)가 있다. 불 火 離가 上·下卦라는 뜻이다. 결과적으로, 불이 위아래로 중첩된, 거친 불이다. 그 모양으로 보면, 불 위로 불이 있는 모습이고, 卦德으로 보면 '明而明'이다. 곧, 밝고, 밝다. 육효 배열로 보면, '양, 음, 양, 양, 음, 양'으로 음이 둘이고, 양에 넷이다. 陰과 陽의 數로 보아 양이 둘이고 음이 넷인 중수감괘와 반대이다. 그리고 하괘 세 효의 자리가 바르고, 상괘 세 효의 자리가 바르지 못하다. 이점도 하괘 세 효의 자리가 바르지 못하고, 상괘 세 효의 자리가 바른 중수감괘와 반대이다. 그리고 육이 육오가 모두 음으로서 柔中을 얻었고 호응하지 못하는데 구이 구오가 강중을 얻어 호응하지 못하는 중수감괘와 반대이다. 重水는 많은 물이고 重火는 거친 불이라는 점에서 대비된다.

불 위에 불이 있는 모습을 '離'로 받았는데, 그렇다면, '離'는 어떤 의미로 쓰였을까? '離'는 통상 ①떠나다, 떼어놓다, 떨어지다 ②갈라지다, 흩어지다, 분산하다, 가르다, 분할하다 ③늘어놓다 등 다양한 의미로 쓰인다. 그런데 「說卦傳」에 의하면, 離는 불(火)이고, 해(日)이며, 번개(電)이다. 그리고 離卦는 ①태양으로서 빛나고(日以烜之), 밝으며(明也), ②만물이 다 서로 보이게 하고, 남쪽 괘이다(離也者, 明也. 萬物皆相見, 南方之卦也). ③성인은 남쪽에서 천하의 소리를 들으며, 밝음을 지향하여 다스리고, 다 취합한다(聖人南面而聽天下, 向明而治, 盖取諸此也). ④불을 쬐지 않는 것이 없고, 만물을 기쁘게 하는 것이다(莫熯乎火, 說萬物

者). 그리고 ⑤ 하늘에 붙어있다(離, 麗也). 이러한 離卦를 상징하는 사물들로는, 태양, 불, 전기, 갑옷과 투구, 병기 등이며, 人體로는 눈(目)과 대복(大腹)이며, 中女로 빗대어진다.

그리고 「序卦傳」에 의하면, "陷必有所麗, 故受之以離. 離者, 麗也"라 했고, 「雜卦傳」에 의하면, "離上而坎下也"이라 했다. 곧, 함정에 빠지면 반드시 붙잡는 것이 있기에 구덩이가 겹쳐 있는 중수감괘 다음을 태양이 하늘에 걸리어 있는 중화리괘가 이었고, '離'는 걸리어 있는 것이며, 위로 올라가고, 坎은 아래로 내려간다고 했다. 이를 종합하면, 離는 日이고, 明이며, 麗이며, 上行이다.

*　　*

離 : 利貞, 亨 ; 畜牝牛, 吉.
중화리괘는 정도를 지켜야 이롭고, 형통하다. 암소를 기름이 길하다.

✎ 위에도 불이고 아래도 불인 모습이 離卦인데, 위아래가 불이라는 것은 그만큼 밝다는 뜻이다. 속도 밝고 겉도 밝으니 형통한 것인데 이는 자연의 기운을 말함이다. 이것을 인간사로 바꾸어서 말하면, 밝아서 형통한 자연의 기운이 작용할 때 인간은 암소를 기르는 일이 좋다는 뜻이다. 결과적으로, 해가 뜨고 짐으로써 낮과 밤이 순환하는 질서가 있는 한 그 태양을 믿고 그에 맞추어서 생산적인 활동을 하라는 뜻이기도 하다.

그리고 '利貞'에 대하여, 우리는 통상 '바르게 임해야 이롭다', '正道를 지켜야 이롭다' 등으로 해석한다. 인간사에 초점을 맞추면 그렇게 해석된다. 이럴 때 貞은 '~하면'이라는 조건에 해당하고, 利는 그 조건 충족에 수반되는 결과이다. 그러나 자연현상을 말한 것으로 생각하면, '이롭고, 바르다'가 된다.

여하튼, '利貞'이라는 단어는 64개 괘의 卦辭에서 많이 사용되었는데, 그 예를 들자면, 蒙卦, 无妄卦, 大畜卦, 離卦, 咸卦, 恒卦, 大壯卦, 革卦, 漸卦, 兌卦, 渙卦, 中孚卦, 小過卦, 旣濟卦 등 열네 개 괘이고, 어떤 조건이 붙어있는 '利貞'으로는 遯卦(小利貞), 明夷卦(利艱貞), 家人卦(利女貞), 萃卦(亨利貞), 困卦(貞大人吉) 등 다섯 개 괘가 있다. 이뿐만 아니라, 독립적으로 '利'와 '貞'이 함께 쓰인 예도 있다. 예컨대, 乾卦, 坤卦, 隨卦, 臨卦 등이다. 사실, '利貞'은 자연 기운의 작용을 말한 것인데 많은 卦·爻辭가 '자연 기운의 작용+인간사'로 반반씩 나뉘어 쓰였기에 헷갈리는 것인데 엄밀하게는 이를 구분, 해석해야 함이 옳다.

그리고 '형통하다' 함은, 밝음이 위아래로 이어져 있으니 그 밝은 기운이 만물에 도움을 많이 준다는 의미이다. 밝음이 위아래로 이어져 있다는 것은, 낮에는 태양이, 밤에는 달이 비추어 밝음이 계속되니 사람이 활동하기에 좋고, 그 결과 또한 잘 풀릴 수 있다는 의미이기도 하다. 물론, 다른 각도에서 해석해 볼 수도 있다. 곧, 오늘 해가 떠서 그 빛을 받고, 내일 다시 또 해가 떠서 계승되니 사람을 비롯한 만물이 생로병사(生老病死) 과정을 거치며 살아갈 수 있기에 근원적으로 불은 태양으로서 형통한 인자(因子)라는 뜻이다. 쉽게 말해, 태양의 빛과 열에너지를 받아서 만물이 살아간다고 생각하면, 주야가 끊기지 않고 계속되는 '重火'의 세계는 말 그대로 형통하다고 말하는 게 당연하다는 뜻이다.

그리고 '암소를 기르는 것이 길하다'라고 했는데 왜, 하필, 암소인가? 암소는 재산을 증식시키는데 가장 상징적인 동물이다. 태양이 떠오르고 지는 과정을 통해서 낮과 밤이 계속 순환하는데 자연의 그 태양을 믿고 인간은 암소를 기르듯 생산적인 활동을 하라는 의미로 쓰이다 보니 자연스럽게 암소가 등장한 것이다. 물론, 64괘 괘사에서는 重地坤에서 '牝馬'도 나오는데 이때 쓰인 '牝'은 암컷을 의미하는데 암컷 말이나 소는 생산성과 順從이 전제되었고, 인간에게 이로움을 크게 준다는 의미가 내재해 있다.

《彖》曰：离, 麗也；日月麗乎天, 百穀草木麗乎土, 重明以麗乎正, 乃化成天下. 柔麗乎中正, 故亨, 是以畜牝牛吉也.

「단」에서 말했다. '이'는 '빛남'이다. 일월이 하늘에서 빛나고, 백곡 초목이 땅에서 빛나며, 해와 달이 바르게 빛나니, 마침내 변화하여 천하가 완성된다. 유가 중도의 바름에 빛나므로 형통하고, 이로써 암소를 치는 것이 길하다.

✎ '離=麗'라는 것은, '태양이 빛난다'라는 뜻이다. 해와 달이 하늘에서 빛나는 것은, 관찰로 드러난 자연적 사실을 말함이며, 백곡 초목이 땅에서 빛난다는 것은, 땅에서 자라는 온갖 초목이 하늘의 해와 달의 빛을 받아 생장하고 결실한다는 뜻으로, 하늘에는 日月星辰이 있고, 땅에는 오곡백과가 있어서 각기 자기 자리를 지키며 빛난다는 뜻이다. 重明이 바르게 빛난다는 것은, 하늘의 해와 땅의 백곡 초목의 관계를 말함이며, 마침내 변화하여 천하를 이룬다는 것은, 해와 달이 빛남으로써 땅이 응하여 만물을 생장하게 하는 상호관계를 말한다. 다시 말해, 하늘은 하늘의 역할을 하고, 땅은 땅의 구실을 한다는 뜻이다.

그리고 柔가 中正에 빛나 형통하다는 것은, 두 陰인 육이 육오를 두고 말함인데, 각각 중도를 얻고, 위아래에 있으면서, 上下 두 陽에 붙어 도움을 받으니 형통하다. 다시 말해, 음은 위아래에 있는 양에 의해서 길러지는 처지이기에 일이 잘 풀린다는 뜻이다. 그리고 암소를 침이 길하다는 것은, 위아래 두 陽 사이에 있어 도움을 받는 陰의 입장을 말한 것으로, 이를 인간사로 바꾸어서 말하자면 양이 음을 기르듯이 사람은 유순한 암소를 기르는 것이 좋다는 뜻이다.

육효 배열 상태를 보면, 重火離卦는 '양, 음, 양'으로 된, 팔괘 가운데 離가 중첩된 것이므로 '양, 음, 양, 양, 음, 양'이다. 이를 자세히 보면, 이효와 오효가 陰으로 위아래 두 陽 사이에 걸치어 있다. 이 걸치어 있는 모습을 '붙어있다'라고 해석한다. 결국, '附着'으로 본다는 뜻이다. 그러니까, 음이 두 양에 기대어 도움을 받으며 살아간다는 뜻이다. 그래서 이 彖辭의 '麗'를 '빛나다'가 아니라 '붙어

있다'로 해석하기도 한다.

그리고 柔가 中正에 붙어있다는 것은, 육이 육오가 각각 두 陽爻 가운데 자리를 잡고서 정도(正道)에 의지하고 있다는 뜻이다. 물론, 육오는 양의 자리에 음으로 왔기에 가운데 자리를 차지했으나 정위(正位)는 분명, 아니다. 그러나 上·下卦를 떼어놓고 보면, 각각 중의 자리에 바르게 있다고 말할 수 있다.

대개, 우리나라 사람들은 '麗'에 대하여 '걸려 있다(고은주/김재홍)'가 아니면 '붙어있다(심의용)'로 해석한다. 물론, 이런 해석에는 중국의 朱子와 程伊川의 해석을 받아들이고 있기 때문이다. 특히, 朱子는 "离, 麗也. 陰麗于陽, 其象爲火, 体陰而用陽也"라고 했다. 곧, '이'는 '걸려 있음'이다. 음이 양에 걸려 있고, 그 모양새가 불이며, 근본이 음이고 양을 쓴다는 뜻이다. 팔괘 중 離의 세 효 배열을 보고 말했다. 오늘날 중국 주역 전문사이트들에서도 이 '麗'를 '附麗', '俱離', '猶著', '附着' 등으로 해석한다.

《象》曰 : 明兩作, 離 ; 大人以繼明照于四方.
「상」에서 말했다. 밝음이 짝으로 이루어진 것이 이괘이니, 대인은 이로써 보고 깨달아, 밝음을 계승하여 사방을 비추어라.

✎ 밝음이 짝으로 이루어졌다는 것은, 하늘에서는 해와 달이, 땅에서는 백곡과 초목이 쌍으로 빛난다는 것이다. 그리고 큰 틀에서 보면, 하늘과 땅이 한 쌍이 되듯이, 하늘에서는 해와 달이, 땅에서는 백곡과 초목이 각자의 자리에서 빛난다는 뜻이다.

하늘과 땅이 한 짝으로서 빛나듯이, 대인은 밝음을 계승하여 사방을 비추라는 뜻인데, 밝음을 계승한다는 것은, 왕권을 이어받는다는 뜻이고, 사방을 비춘다는 것은, 나라에 선정을 베풀라는 뜻이다. 결과적으로, 밝음은 태양이고, 태양은 왕이라는 비유법이 전제되었다.

初九, 履錯然, 敬之, 无咎.

초구, 발걸음이 혼란스러우니, 공경하듯 조심하니, 무구하다.

✎ 초구는 자리가 바르고, 짝인 구사와 호응하지 못하며, 위에 있는 이웃 육
이와 가깝게 지낼 수 있다. 초구는 양의 자리에 양으로 와서 의욕적이고, 조급하
며, 미숙하기에 발걸음이 혼란스럽다. 이 혼란스러움이란 것은, 초구가 불길의
가장 안쪽에 있는 처지라서, 다시 말하면, 태양이 솟기 전 상황이라는 뜻이다.
그래서 초구는 의욕을 앞세워 육이를 향해 올라가는데, 다시 말해, 中天을 향해
올라가는데 공경하듯 조심스럽게 간다면 무구하다는 뜻이다. 그러니까, 하괘의
초효, 이효, 삼효를 해가 뜨기 전 상태와 해가 중천에 걸린 상태, 그리고 해가 기
울어가는 상황으로 보았다는 뜻이다.

《象》曰 : 履錯之敬, 以辟咎也.

「상」에서 말했다. '발걸음이 혼란스러워 공경하듯 조심한다'라는 것은, 이로써 허물을 피
함이다.

✎ 떠오르기 위해서 막 움직이기 시작하는 태양으로, 사람으로 치자면 세상
밖으로 나가는 초기의 걸음걸이다. 따라서 조심할수록 좋다. 그런 태도가 허물
을 피하는 노력이자 조치이다. 그런데 초구는 양의 자리에 양으로 왔다는 점과
불길로서 시작이라는 점과 오직 육이를 향한 전진밖에 다른 길이 없다는 점 등
은 초구의 의욕과 그것의 강함을 말해준다. 따라서 초구의 발걸음은 혼란스러울
수밖에 없기에, 조심하고 신중하게 나아갈 필요가 있는 상황이다. 그래야 만이
무구하다. '辟'은 '避'의 뜻이다.

六二, 黃離, 元吉.

육이, 가운데에서 빛남이니, 크게 길하다.

✎ 육이는 자리가 바르고, 짝인 육오와 호응하지 못하며, 위아래 이웃들과 가깝게 지낼 수 있다. 그리고 中正을 얻었다. 정이천과 주자는 육이가 중의 자리에서 정도를 얻었다는 사실을 강조하며, '黃'을 '中色'이라고 해석한다. 그런가 하면, 현재 중국 주역 전문사이트 가운데에는 "黃色網獵取禽獸, 開始即吉"이라고 해석한 곳도 있다. 곧, 황색 그물로 사냥하여 금수를 잡는데, 시작한즉 길하다는 것이다. 그런가 하면, 우리나라 신원봉은 "꾀꼬리처럼 노래하니 크게 길하다"라고 번역했다.

분명한 사실은, 육이가 가운데 곧 중앙에 자리를 잡은, 좋은 조건을 갖고 있다는 점이다. 여기서 중앙이란 하늘의 중앙이다. 그러니까, 육이는 중천에 떠 있는 태양이다. 육이가 중천에 떠 있다는 것은, 비추지 아니한 곳 없이 두루 천하를 비춘다는 뜻이며, 그것은 그만큼 만물에 이로움을 크게 준다는 뜻이다. 물론, 육효 배열로 보면, 초구와 구삼이라는 두 양 사이에 끼어 붙어있는 모습을 말한다. 이 육이가 두 양 사이에 붙어있다는 것은, 두 양에 기대서 도움을 받고 있으며, 그 자리에서 중도로써 치우침 없이 균형을 유지하며 살아감으로써 크게 길할 수밖에 없다는 의미로 이해된다. 여기서 '붙어있다'라는 것은, 살아가는 방법으로써 이웃과의 관계이고, 어디에 붙어있느냐는 삶의 조건이 된다고 본다.

《象》曰 : 黃離元吉, 得中道也.

「상」에서 말했다. '가운데에서 빛남이 크게 길하다' 함은, 중도를 얻음이다.

✎ 상사 집필자도 주자나 정이천의 견해와 같음을 확인할 수 있다. 물론, 상사가 먼저 쓰였으니 상사 내용이 주자와 정이천의 해석에 영향을 미쳤을 것으로

판단된다.

九三, 日昃之離, 不鼓缶而歌, 則大耋之嗟, 凶.
구삼, 해가 기울어져 가는 비춤이니, 질그릇을 두드리며 노래 부르지 않는즉 늙은이의 탄식이니, 흉하다.

✎ 구삼은 자리가 바르고, 짝인 상구와 호응하지 못하며, 아래 이웃인 육이와 가깝게 지낼 수 있다. 그리고 중도를 지나쳐 있다. 구삼은 중천에 떠 있던 해가 저물어가는 형세이니, 인간사로 바꾸어 말해 개인으로 치면 이미 늙은이가 되었다는 뜻이고, 국가로 치면 한 정권이 막을 내리는 끝자락 형국이라는 뜻이다. 전성기가 지나가고 이제 막을 내려야 하는 상황이 구삼의 처지라면 그는 장단에 맞추어 노래 불러야 한다는 뜻이다. 만약, 그렇지 않다면 늙음을 탄식하는, 다시 말해, 끝이 가까워졌다는 사실을 탄식하는 늙은이(낡은 정권)의 흉한 모습이라는 뜻이다. 바로 여기에서는 老死 혹은 興亡盛衰 문제를 어떻게 받아들이고 있는지 알 수 있다. 시작이 있으면 반드시 끝이 있듯이, 생명이 있으면 반드시 죽음도 있게 마련이니, 자탄하지 말고 노래하며, 웃으며 받아들이라는, 일종의 덕담처럼 들린다.

《象》曰 : 日昃之離, 何可久也!
「상」에서 말했다. '해가 기울어져 가는 빛남'이 어떻게 오래가겠는가.

✎ 오래 갈 수 없다는 뜻이다. 그러니 현실을 받아들이고, 장단에 맞추어 노래 부르며 살라는 뜻이다. 결과적으로, 추하게 늙지 말라는 조언으로 들리기도 한다.

九四, 突如其來如, 焚如, 死如, 弃如.

구사, 갑작스럽게 와서, 불태우고, 죽이고, 버림을 당한다.

✎ 구사는 자리가 바르지 못하고, 짝인 초구와 호응하지 못하며, 위에 있는 이웃인 육오와 가깝게 지낼 수 있다. 구사는, 前日의 해가 지고 다시 떠오르기 시작하는, 다음 날 아침의 태양이다. 구사는 초구와는 달리 음의 자리에 양으로 와서 유순한 듯하나 강하고 위를 향해 올라가며, 위에 있는 육오 군주를 순종으로써 받들지 못하고 오히려 업신여기는 주체이다. 그래서 구사는 갑작스럽게 와서 불태우고 죽이는 하극상을 벌이나 끝내는 육오로부터 용서받지 못하고 버림받는 신세가 된다.

초구와 육사는 똑같이 해가 지상으로 떠오르기 위해 나아가는 발걸음이다. 그래서 조심스럽게 세상 밖으로 나가 밝게 비추어야 하는 존재이다. 그런데 구사는 자신의 언행을 조심하지 못하고, 자신의 욕구를 억제하지 못해서 갑작스럽게 저돌적으로 와서 불태우고 죽이고 버리는 행위를 감행하는 주체이다. 확대해석하면, 육오 군주의 자리를 차지하려고 하극상(下剋上)을 시도한 것이나 다름없다.

《象》曰：突如其來如, 无所容也.

「상」에서 말했다. '갑작스럽게 와서 불태우고, 죽이고, 버린다' 함은, 용납되는 바가 없음이다.

✎ 구사의 행위가 용납될 수 없는 일이라는 뜻이다. 무엇이 그에 해당할까? 하극상이 아니면 다른 게 없을 것 같다. 왕과 신하 사이에서 불복종이거나 하극상이 아니면 무엇이 있겠는가.

六五, 出涕沱若, 戚嗟若, 吉.

육오, 눈물 콧물이 흐르고, 슬퍼하고 탄식함이니, 길하다.

✏️ 육오는 자리가 바르지 못하고, 짝인 육이와 호응하지 못하며, 위아래 이웃인 상구 구사와 가깝게 지낼 수 있다. 그리고 중도를 얻었다. 위아래 두 陽 사이에 끼여 도움을 받아야 하는데 자리가 바르지 못한 두 陽剛한 양 사이에서 고난을 받는다. 육이는 자리가 바른 두 陽剛한 초구 구삼의 도움을 받기에 크게 길한데, 육오는 자신도 자리가 바르지 못하지만, 위아래에 있는 구사 상구 등도 자리가 바르지 못하다. 그래서 육오는 육이처럼 중도를 얻었지만, 고초를 겪으며 고심해야 한다. 또 그래야 만이 길하다. 이것이 말이 되는가? 길할 것까지야 없을 것 같은데 그런 고초를 겪는 게 길하다고 했다. 아래 상사 내용을 보면 결국, '자릿값'이라는 뜻이나 다르지 않다. 다시 말해, 왕의 자리이니 눈물 콧물 흘리는 고난은 길함을 가져온다는 뜻으로밖에 해석되지 않는다.

《象》曰 : 六五之吉, 离王公也.

「상」에서 말했다. '육오의 길함'은 왕으로서의 빛남이다.

✏️ 사실, 육오는 양의 자리이기에 양이 와야 하는데, 그래야 왕으로서 임무 수행이 원활한데 그렇지 못한 상황이다. 게다가, 위아래 양강(陽剛)한 두 신하로 인한 과격함을 물리쳐야 하고, 중도로써 처신해야 한다. 그래서 속으로 눈물 콧물 흘리는 고난을 감수해야 함이 결과적으로 길하다는 뜻으로 이해된다. 자기 자리에 합당한 자기 몫을 해내기 위해서는 눈물 콧물 흘리며 두려워하는 것쯤은 당연하다는 뜻이다.

上九, 王用出征, 有嘉折首, 獲匪其醜, 无咎.

상구, 왕이 출정하면 적장의 머리를 베는 아름다움이 있고, 그 획득하는 바가 하찮은 무리가 아니어야 무구하다.

✎ 상구는 자리가 바르지 못하고, 짝인 구사와 호응하지 못하며, 아래 이웃인 육오와 가깝게 지낼 수 있다. 상구는 강력한 기세로 불타오르는 불길의 끝, 말 그대로 '불꽃'으로, 사람으로 치자면 그 기세가 극에 달한 형세이다. 그래서 그는 국가를 위해서 전쟁을 수행하는 장수가 된다. 전쟁에 임해서는 적장의 머리를 베어 살생의 피해를 최소한으로 줄여야 하고, 하찮은 무리를 취하지 말아야 아름답다는, 고대인의 전쟁에 관한 인식이 고스란히 투사되었다. 현재 중국 주역 전문사이트에서는 '醜' 대신에 '丑'를 쓰며, 丑를 小丑(하찮은 무리)로 해석한다.

《象》曰 : 王用出征, 以正邦也.

「상」에서 말했다. '왕이 출정하면 적장의 머리를 베는 아름다움이 있고, 그 획득하는 바가 하찮은 무리가 아니면 무구하다' 함은, 이로써 나라를 바르게 함이다.

✎ 고대인의 '戰爭'에 관한 인식과 방법, 목적 등을 엿보게 하는 문장이다. 전쟁을 직간접으로 많이 치러온 현대인은 그 피해와 참상(慘狀)을 너무 잘 알기에 무조건 반대하는 경우가 지배적이지만 전쟁이 빈번했던 과거에는 이렇게라도 그 의미를 부여해서 최소화하려고 했던 것 같다. 곧, 나라를 바로잡겠다는 목적의식이 분명해야 하고, 적장의 목을 베어서 전쟁을 조기에 종식함으로써 그 피해를 최소화하고, 인명과 재산상의 손실을 줄이고자 나름대로 노력했다. 오늘날도 크게 다르지 않지만, 전쟁에는 명분과 목적이 분명해야 하고, 그 절차나 과정이 비인간적이어서는 안 된다고 생각하지만, 이것은 어디까지나 이상적인 발언이다.

　일방적으로 주어진 爻辭의 불완전한 문장의 당위를 음과 양의 관계로써 생각하는 것이 주역의 본질 곧 몸통인데 그것이 쉽지 않다.

　이 重火離卦 역문을 위에서 내려다보면, 下卦에서는 해가 점진적으로 떠올라 중천에 떠 있다가 지는, 해의 운명적 궤적이 인간사로 빗대어지면서 그려지고 있고, 上卦에서는 하극상(下剋上), 군주로서의 고초(苦楚)와 고난(苦難), 그리고 정벌(征伐)까지 나오는데 이것은 분명 어려운 국사(國事)이다. 上卦와 下卦를 단순 비교하면, 그 내용이 완전히 달라져 버림을 알 수 있다. 그렇다고, 전혀 근거가 없거나 당위성이 없는 것도 아니다. 불, 태양, 전기, 병기, 갑옷과 투구 등이 離卦를 상징하듯이, 이괘는 위로 향하고 강성을 띠기 때문에 부딪힘과 장애가 있을 수 있고, 파괴 및 손상도 있을 수 있다. 따라서 순종을 중요하게 생각하며, 햇빛을 쐬지 않는 생물이 거의 없듯이 꼭 필요한 존재이긴 하나 과도하면 마르게 하고 시들게 해서 죽게도 한다. 이런 자연 이치 속에는 하극상이나 전쟁과 같은 인간사도 얼마든지 빗대어질 수 있기 때문이다.

　육효 관계를 자세히 들여다보면, 자리가 바른 下卦의 세 효에서는 陽剛한 두 양 사이에 걸치어 있는 육이가 크게 길하고, 초구는 무구한데 구삼은 흉하다. 초구는 떠오르는 해이고, 육이는 중천에 떠 있는 해이며, 구삼은 서산에 지는 해이기 때문이다. 그리고 자리가 바르지 못한 上卦 세 효에서는 두 양강한 양효 사이에 걸치어 있는 육오는 길하나, 구사는 아주 흉하고, 상구는 무구하다. 구사는 세습되어 다시 떠오르는 태양이지만 過慾이고, 육오는 유약한 군주로서 위아래 신하들의 양강한 태도에 대처해야 하며, 상구는 출정하여 소임을 무사히 마쳐야 하기 때문이다.

31. 澤山咸卦

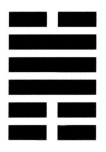

주역 서른한 번째 괘로 택산함괘(澤山咸卦)가 있다. 연 못 澤, 兌가 上卦이고, 山, 艮이 下卦라는 뜻이다. 그 모 양으로 보면, 연못이 산 위에 있는, '산정호수'를 떠올 릴 수 있다. 卦德으로 보면, '止而說'이다. 곧, 멈추고, 기뻐함이다. 육효 배열로 보면, '음, 음, 양, 양, 양, 음' 으로, 양이 셋이요, 음이 셋으로 균형 잡혀있다. 그리고 세 짝이 모두 호응하는 관계이고, 초육과 구사만 자리 가 바르지 못하고, 나머지는 모두 자리가 바르다.

이런 '澤山'을 '咸'으로 받았는데 이 '咸'은 어떤 의미로 쓰였을까? '咸'은 다 '함', 짤 '함', 덜 '감' 등으로 읽히는데 '다, 모두, 소금기, 짜다, 두루 미치다, 널 리 미치다, 덜다, 줄이다' 등의 의미로 쓰인다. 여기서는 '모두, 다, 두루 미치다' 등으로 쓰인 것 같은데 정확한 의미는 六爻辭까지 두루 다 읽어야 알 수 있으리 라 본다.

「序卦傳」에 의하면, "有天地, 然後有萬物 ; 有萬物, 然後有男女 ; 有男女, 然後有 夫婦 ; 有夫婦, 然後有父子 ; 有父子, 然後有君臣 ; 有君臣, 然後有上下 ; 有上下, 然 後禮儀有所錯. 夫婦之道, 不可以不久也, 故受之以恒"이라고 했다. 곧, 천지가 있 고, 그런 연후에 만물이 있다. 만물이 있고, 그런 연후에 남녀가 있다. 남녀가 있 고, 그런 연후에 부부가 있다. 부부가 있고, 그런 연후에 부자가 있다. 부자가 있 고, 그런 연후에 군신이 있다. 군신이 있고, 그런 연후에 상하가 있다. 상하가 있 고, 그런 연후에 섞이는 바가 있어 예의가 있다고 했다. 부부의 도란 오래 갈 수 없으므로 부부의 도를 말하는 咸卦 다음을 오래가는 恒卦가 이었다는 것이다. 또한, 「雜卦傳」에 의하면, "咸速也"라 했다. 곧, '咸=速'이라는 뜻이다. 그렇다면, '速'은 무슨 의미인가? '速'은 빠를 '속'으로 읽히며, '빠르다, 빨리하다, 이루다, 되다, 도래하다, 부르다, 삼가다, 에워싸다, 빨리, 자주' 등의 의미로 쓰인다.

그렇다면, '速'은 어떤 의미로 쓰였을까? 선뜻, 이해되지 않는다. 혹시, '빠르다'가 아니라 '이루다(成)'가 아니면 '부르다(召)'라는, 전혀 다른 의미로 쓰인 것은 아닐까? 물론, 六爻辭까지 다 읽고 나면, 느끼어 교감하는 일(咸)이 빠르게 진행되는 면도 없지 않다고 생각되나, 느끼어 교감하는 일은 반드시 어떤 결과를 낳는데, 인간사로 치자면, 남녀가 부부의 연을 맺고, 가정을 이루어 아이를 낳고 기르는 생산적인 일을 들 수 있다. 따라서 '成'이 아니면 '召'의 의미로 쓰였을 수도 있겠다는 생각도 드는 게 사실이다. 그러나 이에 관한 판단은 유보해 두자.

산 위에 있는 연못, '澤山'은, 위에 있는 연못의 물이 아래에 있는 산에 두루 미치기에 '咸'이 되었다고 볼 수 있다. 그렇다면, 산 아래에 있는 연못인 '山澤'은, 산 아래에 있는 연못의 물이 아래로 흐르기 때문에 위에 있는 산 입장에서는 물을 빼앗기는 손해를 본다. 그래서 '損'이 되었다고도 볼 수 있다. 이런 맥락에서 본다면, '澤山'은 가만히 있는 산에 연못의 물이 흘러 들어가 교감하고, '山澤'은 연못의 물이 아래로 흘러가 빼앗기는 손해를 본다.

「說卦傳」에 의하면, 兌는 小女이고, 艮은 小男인데, 소남인 陽이 소녀인 陰 밑으로 자신을 낮추어 내려옴으로써 호응하는 관계이다. 이 호응 관계를 조금 더 설명하면, 산은 아래에서 가만히 머물며 물을 기다리고, 연못은 위에서 아래 산으로 향하기에 서로를 향해 마주 보는 관계라고 볼 수 있다. 마치, 위에 있는 하늘이 땅 아래로 내려와서 하늘과 땅이 호응하는 地天泰卦처럼 음과 양이 호응하는, 조화로운 관계라는 뜻이다. 따라서 소녀와 소남이, 다시 말해, 연못과 산이 호응·소통하는, 좋은 관계이다. 연못이 산 위에 있으니 산에 있는 생명은 연못의 물을 공급받아 기뻐함으로 멈추어 있는 것은 당연하다. 그래서 '山澤通氣(說卦傳

제3장)'라 했던가.

* *

咸 : 亨, 利貞 ; 取女吉.
택산함괘는 형통하고, 정도를 지켜야 이롭다. 여자를 취함이 길하다.

✎ 함괘가 형통하다는 것은, 두 가지로 설명할 수 있을 것 같다. 하나는, 陰과 陽이 모두 짝을 이루어서 호응하는 관계라는 점이고, 다른 하나는, 남성적인 산의 기운이 여성적인 연못을 받들 듯하여 서로 함께한다는 데에 있다. 함께 한다는 것은, 연못과 산의 기운이 잘 소통된다는 뜻이다.

정도를 지켜야 이롭다는 것은, 음과 양이 만나서 느끼고 교감하여 호응하기 때문에 처음부터 끝까지 정도를 지켜야 이롭게 된다는 뜻이다. 正道란 자연의 이치 곧, 연못의 물은 아래 산으로 흘러들어 필요를 충족시켜 주는 이치를 말함이다. 이를 인간사로 바꾸어서 말하면, 남녀 간의 좋은 관계를 유지하려면 예절을 지키고 상호존중해야 한다는 뜻이다. 그렇게 하면, 그 결과로 이로움이 생긴다.

그리고 여자를 취함이 길하다는 것은, 남녀 화합의 기운이 잘 소통되는 상황에 즈음하여 그때를 놓치지 않고 서로 느끼고, 교감하여, 결혼하라는 뜻이다. 왜, 돌연, '取'를 '結婚'으로 받아야 하는가? 남자가 여자를 취하는 행위에는 많은 조건과 방법이 있는데 가장 진실하고 서로를 위한 행위로는 결혼하여 가정을 꾸리고 자식을 낳는 과정보다 바람직한 것이 없기 때문이다. 인간의 그것이 자연의 순리에 부합하는 행위이다. 그리고 현재 중국 주역 전문사이트에서도 문제의 '取'를 '娶(취)'의 音借라고 풀이하기도 한다. '娶'는 '장가들다, 아내를 맞다' 등의 뜻이 있다.

《象》曰：咸，感也. 柔上而剛下, 二氣感應以相與. 止而說, 男下女, 是以亨利貞, 取女吉也. 天地感而萬物化生, 聖人感人心而天下和平. 觀其所感, 而天地萬物之情可見矣.

「단」에서 말했다. '함'은 '감'이다. 유가 위로 올라가고, 강이 아래로 내려와 두 기운이 서로 느끼고 호응함으로써 함께한다. 멈추고 기뻐하며, 남자가 여자에게 낮추어 이로써 형통하고 정도를 지켜야 이로우며, 여자를 취함이 길하다. 하늘과 땅이 느끼어 통하니 만물이 변화하여 생기고, 성인과 사람의 마음이 느끼어 통하니 천하가 화평해진다. 그 느끼어 통함을 관찰하여 천지 만물의 뜻을 깨달을 수 있다.

✎ '咸'을 '感'이라고 풀이했다. '咸=感'이라는 뜻이다. 그렇다면, 처음부터 '感卦'라고 卦名을 짓지 않고 '咸卦'라고 지었을까? '모두, 두루, 다'의 뜻을 뺄 수 없었기 때문일 것이다. '모두, 다'에서 우리는 '皆'를 떠올릴 수 있고, '두루 미치다'에서 '廣'이나 '大'를 떠올릴 수 있다. 그러니까, 이 咸卦에서 咸이 어떤 의미로 쓰이든지 간에 '皆, 廣, 大'를 염두에 두어야 한다.

그런데 '咸이 感이라' 했으니, 感은 또 무엇인가? '感'은 '咸+心'이다. 마음으로써 모든 것을 느끼는 것이 感이라는 뜻이다. '마음으로 모든 것을 느낀다'라는 것은, 생물학적으로는 감각기관과 뇌에서 이루어지는 유기적 통합적 인지작용이지만 어떤 대상에 대하여 느끼고 반응하는 感應이며, 交感이다. 이를 역학적으로 말하면, 양의 기운이 음 아래로 내려와 음을 자극하고, 이에 음이 양에게 느끼어 반응하는 관계를 말한다.

그리고 '유가 위로 올라가고 강이 아래로 내려와 두 기운이 서로 느끼고 호응함으로써 함께한다'에서 柔는 上卦인 兌를 말하고, 剛은 下卦인 艮을 말한다. 더 근원적으로 말하면, 음효 셋으로 구성된 坤에서 음효 하나가 양효 셋인 乾으로 올라가서 兌가 되었다는 뜻이고, 반대로 양효 셋인 乾에서 양효 하나가 음효 셋인 坤으로 내려가서 艮卦가 되었다는 뜻이다. 이런 의미에서 본다면, 위로 올라간 음은 상육을 말함이고, 아래로 내려간 양은 구삼을 말한다. 이 상육과 구삼이 짝으로서 서로 호응한다는 것을 두고 '함께한다'라고 풀이할 수 있다는 뜻이다.

그리고 멈추고 기뻐한다는 것은, 上·下卦의 덕성을 이어서 말한 것뿐이고, 남자가 여자에게 낮춤으로써 형통하다는 것은, 하늘이 겸손한 마음으로 땅 밑으로 내려오면 땅이 하늘을 받아들이고 하늘에 순종하며 따르는 것처럼, 그래서 만물을 기르는 것처럼, 남자가 겸손으로써 자신을 낮추고 여자 밑으로 내려오면 여자는 남자의 뜻을 믿고 순종하며 따르는 이치이기 때문에 음과 양의 기운이 잘 소통되며, 그 결과도 좋다는 뜻이다.

그리고 정도를 지켜야 이롭다는 것은, 음과 양의 관계에서, 바꿔 말해, 여자와 남자 사이의 관계에서 호응하는 일인데, 호응하는 절차나 방법이 순리에 따라 상호존중하고 예절을 지키는 것으로써 서로에게 이롭게 된다는 뜻이다. 이롭게 된다는 것은, 그 결과가 좋다는 뜻으로, 둘 사이의 관계가 지속하고, 소기의 성과 곧 결실이 있다는 뜻이다. 결실이라는 것은, 원만히 가정을 꾸리고 자식을 낳고 기르는 일련의 변화로서 보편적인 인간사이다.

그리고 '①하늘과 땅이 느끼어 통하니 만물이 변화하여 생기고, ②성인과 사람의 마음이 느끼어 통하니 ③천하가 화합하고 평등해진다. ④그 느끼어 통함을 관찰하여 천지 만물의 뜻을 깨달을 수 있다'라는 언급에서는 象辭 집필자의 세계관을 엿볼 수 있다. 곧, 하늘과 땅이 만물을 변화시키고 낳는데, 그 기제(機制)가 바로 하늘과 땅이 느끼고 호응하는 관계에서 나온다고 본 점이다. 이런 시각이 전제되어서 인간 세상을 바라보기 때문에 성인과 사람이 교감 호응하여 세상이 和平해진다고 했다. 여기서 성인은 하늘의 뜻을 읽는 존재이고, 그 읽은 내용을 사람들에게 가르쳐 줌으로써 비로소 인간 세상이 화목하고 평안해진다는 뜻인데, '서로 느끼고 호응하는 교감'이 만물을 낳고 세상을 화목하게 하는 핵심 인자(因子)라고 본 사실이 중요하다. 결과적으로, 하늘과 땅이, 성인과 사람이, 양과 음이, 剛과 柔가 서로 느끼고 호응하는 교감을 통해서 만물을 낳고, 기르며,

화목하게 살아간다는 인식이 곧 단사 집필자의 눈이요, 세계관임을 알 수 있다.

《象》曰：山上有澤, 咸；君子以虛受人.
「상」에서 말했다. 산 위로 연못이 있음이 함괘이니, 군자는 이로써 보고 깨달아, 빈 곳으로 사람을 받아들이라.

   ✎ 높은 산이 연못을 받들 듯 품는 모습을 보고서, 군자는 자신의 빈 곳, 자신의 부족한 빈자리로 사람을 받아들이라는 뜻이다. '사람을 받아들인다'라는 것은, 함께 살 짝을 구하여 받아들이는 일이다.

   여기서 '虛'를 대개, '겸허(謙虛)'로 풀이하나 필자는 '비어있는 곳, 부족한 부분'으로 해석하였다. 바로 이 '虛'를 어떤 의미로 해석하느냐에 따라서 '受人'의 의미는 물론이고 그 범위도 달라지겠지만, 이 '受人'을 '取女'와 관련해 보면 겸허라는 말이 어색해진다. 물론, 주역 내에서는, '첩(妾)'이나 '종(從僕, 從婢)'이나 나이 차이가 많은 남녀를 두는 것까지는 중국 고대인의 風俗을 반영한 듯 爻辭에 직접 나타나 있다.

   初六, 咸其拇.
초육, 엄지발가락에서 느끼어 교감한다.

   ✎ 초육은 양의 자리에 음으로 와서 그 자리가 바르지 못하고, 짝인 구사와 호응하며, 가깝게 지낼 이웃은 없다. 초육은 오로지 짝인 구사와 소통·교감하는데 서로 미치어 느끼고 교감하는 시작 단계이다. 그래서 자기 자리에 머물러있으면서 기다리며 준비해야 한다. 머물러있으면서 기다려야 한다는 것은, 下卦 艮이 止이고, 초육은 그 일원이기 때문이다. 그런데 밖으로 나가려고 발가락을 움직이는 중이다.

《象》曰 : 咸其拇, 志在外也.
「상」에서 말했다. '엄지발가락에서 느끼어 교감한다' 함은, 뜻이 밖에 있음이다.

✐ 뜻이 밖에 있다는 것은, 바깥에 있는 구사에게 이끌려 움직인다는 의미이
다. 구사는 外卦의 몸체에 소속된 일원으로 '밖'이다.

六二, 咸其腓, 凶 ; 居吉.
육이, 장딴지에서 느끼어 교감하니, 흉하다. (자신의 자리에) 머물면 길하다.

✐ 육이는 음의 자리에 음으로 와서 그 자리가 바르고, 짝인 구오와 호응하며,
위에 있는 이웃인 구삼과도 가깝게 지낼 수 있다. 그리고 中道를 얻었다. 육이는
짝인 구오와 소통·교감해야 하는데 가까운 이웃 구삼과 가깝게 지내고 있다. 짝
구오가 아닌 이웃 구삼과의 관계를 장딴지에서 느끼어 교감한다고 빗대었다. 짝
이 아니니 흉하다. 따라서 육이는 구오의 뜻에 따라서 자기 자리로 돌아가 집에
머물러야 좋다는 뜻이다. 느끼어 교감하는 일은, 쌍방 간에, 그것도 제짝과 이루
어져야 하고, 동시에 下卦 세 爻는 자기 자리에 머물러있어야 上卦 세 爻가 느끼
어 호응하며 내려오는 것이다. 이것이 上下, 兌와 艮의 關係로서 正道이다.

《象》曰 : 雖凶居吉, 順不害也.
「상」에서 말했다. '비록 흉하나 (자신의 자리에) 머물면 길하다' 함은, 순종하여 해롭지
않음이다.

✐ 순종하여 해롭지 않다는 것은, 陽인 下卦 艮이 아래 머물러있어야 陰인 上
卦 兌가 호응함으로, 육이가 자기 자리에 머물러있으면 짝인 구오가 호응한다는
뜻이다. 이 말을 바꾸어 말하면, 구오의 뜻에 따라서 육이가 제자리에 머무르는

것이 순종이고, 그 순종함으로 인해서 해롭지 않게 된다는 뜻이다.

九三, 咸其股, 執其隨, 往吝.
구삼, 넓적다리에서 느끼어 교감하고, 따름에 집착하나, 나아가면 인색해진다.

✍ 구삼은 양의 자리에 양으로 와서 그 자리가 바르고, 짝인 상육과 호응하며, 아래 이웃인 육이와 가깝게 지낼 수 있다. 다만, 중도를 지나쳐 있다. 구삼은, 비록, 넓적다리까지는 올라왔으나 짝인 상육과 소통·교감하기를 기다려야 하는데 그렇지를 못하고 아래 이웃인 육이에 집착한다. 그런 상태로 육이에게 내려가면 그 마음이 인색해진다는 뜻이다. 구삼도 초육과 육이처럼 자기 자리에 머물러있어야 하는데 움직이면 좋지 못하다는 뜻이다.

《象》曰：咸其股, 亦不處也；志在隨人, 所執下也.
「상」에서 말했다. '넓적다리가 느끼어 교감한다' 함은, 역시 머물러있지 않음이다. '뜻이 사람을 따름에 있다' 함은, 집착하는 바가 아래에 있다는 뜻이다.

✍ '處'를 육이 상사 '居'와 같은 의미라고 판단했다. 발가락, 장딴지, 넓적다리까지는 말 그대로 인체의 아랫부분으로서 느끼어 교감하기에는 부족하거나 적절하지 않은 부위이다. 그래서 山의 止처럼 머물러있어야 한다. 그런데 구삼은 짝인 상육도 아닌, 아래에 있는 육이에 집착하고 있다. 더더욱 正道가 아니다.

九四, 貞吉, 悔亡；憧憧往來, 朋從爾思.
구사, 정도를 지켜야 길하고, 뉘우침이 사라진다. 그리워하고 그리워하며 오고 가면 벗이 너의 생각을 따른다.

✒️ 구사는 자리가 바르지 못하고, 짝인 초구와 호응하며, 가깝게 지낼 이웃은 없다. 구사는 느끼어 교감하는 부위가 언급되지 않았다. 언급했다면 어디일까? 아마도, 가슴(胸)이 아닐까 싶다. 느끼어 교감하는 자리 치고는 가장 적절한 부위이고, 심장이 있는 가슴에서 움직이어야 진실하다고 볼 수 있다. 구사는 초육과 짝으로서 교감하나 가슴으로 한다. 매우 정상적이다. 굳이, 신분으로 얘기하자면, 윗사람이 아랫사람을 그리워하며 교감하는 상황이다. 당연히 正道로써 임해야 하고, 그렇게 하면 여러 가지 고민이 극복될 것이다. 양자의 진실이 전제되니 말이다. 그래서 서로가 그립고 그리워서 왔다 갔다 하다 보면 벗이 따르게 됨은 자연스러운 일이다.

《象》曰：貞吉悔亡, 未感害也；憧憧往来, 未光大也.
「상」에서 말했다. '바르고 길하여, 뉘우침이 사라진다' 함은, 해를 느끼지 않음이다. '그리워하고 그리워하며 오고 간다' 함은, 대의(大義)가 빛나지 않음이다.

✒️ 해로움을 느끼지 않는다는 것은, 구사와 초구가 진실로써 바르게 교감하니 서로에게 해가 되지 않음을 알게 된다는 뜻이다. 그리고 대의가 빛나지 않는다는 것은, 구사와 초육과의 관계가 大衆과는 무관하다는 뜻이다. 둘 사이의 관계가 개인적인 일로써 사회적으로는 영향력을 미치지는 못한다는 뜻으로 이해된다. '光'을 '廣'의 音借로 풀이하는 이(王肅:195~256)도 있다.

九五, 咸其脢, 无悔.
구오, 등살에서 느끼어 교감하니, 후회함이 없다.

✒️ 구오는 자리가 바르고, 짝인 육이와 호응하며, 위에 있는 이웃 상육과도 가깝게 지낼 수 있다. 그리고 剛中을 얻었다. 비교적 좋은 조건이다. 그런데 등살에

서 느끼어 교감한다고 했다. 가슴과 반대되는 자리이다. 구오는 신분상으로 지체가 높은 군주로서 느낌이 있고 교감이 이루어지긴 하는데 등살에서이다. 한마디로 말해, 느끼어 교감 됨은 있으나 스스로 거리를 둔다는 뜻이다. 느끼어 교감하는 일에 거리를 둔 나머지 조금은 초연(超然)해 보이기까지 한다. 그래서 집착이 없으므로 후회할 일 또한 없다.

《象》曰 : 咸其脢, 志末也.

「상」에서 말했다. '등살에서 느끼어 교감한다' 함은, 의욕이 박함이다.

✎ '志'는 단순히 '뜻'이나 '意味'가 아니고, 마음에서 일어나는 '意欲'이자 '意志'이다. 그 의욕, 그 의지가 '末하다'라는 것은, 박약(薄弱)하다는 뜻이다. 양의 자리에 양으로 와서 剛中까지 얻었고, 짝인 육이의 柔中과도 잘 어울릴 법한데 왜, 그의 의지는 박약할까? 이런 의문은 충분히 제기될 만하다. 단언할 수는 없으나 서로 느끼어 교감하는 일이라 '나이(歲)'라는 요인도 있을 수 있고, 구오의 개인적인 여건 내지는 성향(性向)일 수도 있겠다는 생각이 든다. 곧, 군주로서 백성과 두루 교감해야 하기에 개인적인 짝과는 크게 소통·교감하지 못한다는 뜻으로 이해된다.

上六, 咸其輔, 頰, 舌.

상육, 광대뼈와 뺨과 혀에서 느끼어 교감한다.

✎ 상육은 자리가 바르고, 짝인 구삼과 호응하며, 아래 이웃인 구오와 가깝게 지낼 수 있다. 그리고 중도를 지나쳐 있고, 咸卦의 끝자리이기도 하다. 그런데 그는 혀를 포함한 얼굴로써 교감하는 처지이다. 얼굴로써 교감한다는 것은, 표정이나 말로써 교감을 드러낸다는 뜻인데 여기에는 실속 없는 과장(誇張)이나 위

선적인 꾸밈이 개입될 수 있다.

《象》曰：咸其輔, 頰, 舌, 滕口說也.
「상」에서 말했다. '광대뼈와 뺨과 혀에서 느끼어 교감한다' 함은, '등구설'이다.

✑ '등구설(滕口說)'에 대해서는, 이미, 「'등구설(滕口說)'이란 말의 의미를 새기며」라는 글을 쓴 적이 있다(2021. 05. 28.). 그 내용을 참고하면 도움이 되리라 본다. 여기서 간단히 말하자면, 물이 솟듯 입으로 변명이나 늘어놓는, 그러니까, 그저 입으로만 장황하게 말하는 것을 '등구설'이라고 하는데, 필요하지도 않은 말을 번잡스럽게 늘어놓는 장광설(長廣舌)도, 쓸데없는 수다를 늘어놓는 요설(饒舌)도 다 이 등구설에 포함된다. 익살스럽게 말하자면, 양기(陽氣)가 입으로 오른 사람이라는 뜻이다.

* *

두루 미치는 것이 '咸'이고, 느끼어 교감하는 것이 '感'이다. 咸을 感이라고 먼저 彖辭에서 풀었으니, 爻辭에서 咸을 '느끼어 교감하다'로 해석하였다.

그런데 咸卦 전체적인 모양새를 마치 人體로 여기기라도 한 듯이, 그 교감하는 신체 부위를 初爻로부터 上爻까지 ①拇 ②腓 ③股 ④胸 ⑤脢 ⑥輔·頰·舌 등의 순으로 구분하여 말했다. 그러니까, 초효는 엄지발가락[拇], 이효는 장딴지[腓], 삼효는 넓적다리[股], 사효는 생략되었으나 가슴[胸], 오효는 등[脢], 상효는 얼굴{광대뼈[輔]·뺨[頰]·혀[舌]} 등에서 느끼어 교감한다고 했다. 그러면서도, 초효와 상효는 말할 필요가 없었는지 길흉을 언급하지 않았고, 이효는 凶하지만 조건부로 길할 수 있고, 삼효는 '往吝'이라 했으며, 사효는 '悔亡'이라 했고, 오효는 '无悔'라 했다. 悔亡은 있는 후회함이 사라져 없어지는 것이라면, 无悔란 후회함이 아예 없다는 차이가 있다.

이렇게 놓고 보면, 음과 양이 서로 움직이어 느끼고 교감하는, 좋은 일인데도, 그것도 彖辭에서 말한 것처럼, 천하의 만물을 낳고, 인간 세상을 和平하게 하는 요체인데, 이것이 사람 사이의 현실적인 상황으로 바뀌면서 근심 걱정과 후회와 인색함 등이 수반되는 일이 되어버린다. 게다가, 正道로 임하지 않고, 상효처럼 말만 앞세우거나 초효·이효·삼효처럼 기다리지 못하고 일방적이라면 흉하기까지 하다. 남녀가 서로 느끼어 교감하고 화합하는 일이 그만큼 현실에서는 어렵다는 뜻인가? 그 이유인즉 ①자리 ②관계 ③성품 등 세 가지 요소가 작용하기 때문이다. 자리는 능력과 상관성이 있고, 관계는 정당한 짝과 이웃으로 결정되며, 성품은 음과 양이라는 타고난 면도 있지만, 팔괘 중 어느 괘의 일원이냐에 의해서 결정된다.

생각건대, 사람이 느끼어 교감하려면 상대가 있어야 하는데, 느낌을 주는 주체가 있어야 하고, 그 느낌을 받아 반응하는 객체가 있어야 한다. 그리하여 주체가 객체가 되고, 객체가 주체가 되는 관계가 '交感'이다. 자연에서는 陽과 陰이란 氣運이 그 대상이 되지만, 사람에게서는 남자와 여자가 그 대상이 된다. 한마디로 말해서, 剛과 柔가 서로 짝이 되어서, 剛이 자신을 낮추어서 아래로 내려가 柔를 받드니, 柔와 剛이 서로 느끼고 교감하여 기쁨으로 머물러있는 상태가 되는 것이다. 이것이 함괘의 本意이다.

하지만, 이 음과 양의 호응 관계가 육효 속에서는, 바꿔 말해, 육효 안에 갇혀 인간사로 해석되면서는 능력·관계·성품 등 삼 요소에 의해서 吉凶과 利害가 뒤섞이듯 나타난다. 그래서 상·하괘의 작용을 중심으로 설명하는 彖辭를 읽을 때와 육효의 상호작용을 중심으로 설명하는 爻辭를 읽을 때는 다른 이야기를 하는 것처럼 느껴지면서 혼란스러움이 더해지는 게 사실이다.

음과 양이 느끼어 교감하는 '咸卦'라지만, 구사처럼 가슴으로 느끼어 교감하면 그나마 있던 뉘우침이 사라지고, 신체의 특정 部分에서만 이루어지는 교감은 온전하지 못할 뿐 아니라 대체로 흉하기까지 하다. 두루 미치는 교감을 충족하려면 신체의 특정 부위로서 部分이 아니라 全體이어야 하고, 또한, 신체만이 아니라 마음[心=精神]의 영역까지도 함께 움직이어야 가능하다는 믿음이 전제되어 있다고 본다. 그리고 일대일의 개인 간 교감이 아닌, 모든 대상을 상대로 하는 교감도 있을 수 있는데 이는 군주가 백성을 상대로 하는 교감을 들 수 있다. 전자로는 구사를 들 수 있고, 후자로는 구오를 들 수 있는데 효사로 내려오면 말 그대로 세속적인 욕구와 욕망이 질척거리는 듯하다.

32. 雷風恒卦

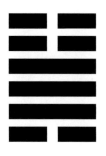

주역 서른두 번째 괘로 뇌풍항괘(雷風恒卦)가 있다. 우레 雷 震이 上卦이고, 바람 風 巽이 下卦라는 뜻이다. 그 모양으로 보면, 바람 위에서 우레가 움직이는 모습이고, 卦德으로 보면, '巽而動'이다. 곧, 공손하고, 움직인다. 육효 배열로 보면, '음, 양, 양, 양, 음, 음'으로, 양이 셋이요, 음이 셋으로 균형 잡혀있다. 이 점은 咸卦와 같으나 陽爻의 위치가 한 칸씩 내려가 있는 모습이다. 그러니까, 咸卦 육효를 위에서 아래로 도전(倒顚)시키면 恒卦가 된다는 뜻이다. 그리고 세 짝은 咸卦처럼 모두 호응하고, 구삼과 상육만 자리가 바르고, 나머지는 바르지 못하다.

이런 '雷風'을 '恒'으로 받았는데 이 '恒'은 어떤 의미로 쓰였을까? '恒'에는 '항상, 변하지 않고 늘 그렇게 하다, 항구히, 반달, 두루 미치다, 뻗치다, 걸치다' 등의 뜻으로 쓰이나 여기서는 '항상', '변하지 않고 늘 그렇게 하다'로 쓰인 것 같은데 좀 더 따져보아야 한다. 「序卦傳」에 의하면, "恒者, 久也"라 했고, 「雜卦傳」에 의하면 "恒久也"라 했다. 곧, '항'이라는 것은 오래가는 것이라 했다. 결과적으로, '恒=久'라는 뜻이다.

그렇다면, '久'라는 것은 어떤 의미인가? 일반적으로 '오래다, 길다, 오래 기다리다, 오래 머무르다, 가리다, 막다, 변하지 아니하다, 오랫동안, 오래된, 시간, 기간' 등의 뜻으로 쓰이나 여기서는 '恒'과 같은 의미로 쓰여야 하기에 '변하지 않고 오래간다'라는 의미로 쓰였다고 보인다. 그래서일까? 많은 사람은 '恒道'라는 말을 만들어 쓰기도 한다.

'恒道'란, 영구히 변하지 않는, 바른 도리를 뜻하는데 곧잘 '常道'라는 말과 같이 쓰기도 한다. '常道'란 영구히 변하지 않는, 떳떳한 도리이긴 하나 일상에서 언제나 지켜져야 하는 도리라는 의미로 제한하여 쓰이기도 한다. 공통점이 있다면, 변하지 않는다는 점과 바르고 떳떳하다는 점이다. 이런 자연의 道로서 晝夜 四時 變化의 恒續性과 規則性을 들 수 있고, 이런 인간의 道로서는 夫婦의 道, 君臣의 道 등을 들 수 있다.

여하튼, '오래간다'라는 것과 '영원하다'라는 것은, 분명 다르지만, 인간사회에서 오래간다는 것은 누구나가 좋아한다. 물론, 오래가서 싫은 것도 없지는 않으나 좋은 것들은 대개 오래가기를 원한다. 예컨대, 유한한 생명을 가진 사람으로서 오래 살기라든가, 권력자로서 권력을 오래 갖기라든가, 富者로서 오래가기, 사랑하는 사람과 오래가기 등등 오래오래 갔으면 하는 것들이 참 많다. 다 욕심이지만 말이다.

그런데 한 가지 의심이 남아있다. 그것은 바람 위에 우레인 '雷風'은 '恒'인데, 바람 아래 우레는 '風雷'는 '益'으로 받았다는 사실이다. 바람에 우레가 실리면 멀리 오래가고, 우레에 바람이 실리면 우레가 더 요란해져서 힘이 세진다. 결과적으로 득이 된다는 뜻이다. 궁색하지만 이렇게 생각해 볼 수 있다. 그러나 육효 배열을 비교해 보면 이렇다. 곧, '恒'은 양 셋이 가운데로 몰려있고, '益'은 양 셋이 위아래로 나뉘어 있다. 그리고 '恒'은 자리가 바른 효(구삼, 상육)가 둘이지만 '益'은 자리가 바르지 못한 효(육삼, 상구)가 둘이다. 다 上·下卦 끝 효이다. 그리고 恒卦의 음이 양으로 변하고, 양이 음으로 변하면 益卦가 된다. 서로 錯卦 관계라는 뜻이다. 그리고 오효와 이효의 호응이, '恒'에서는 '柔:剛'이고, '益'에서는 '剛:柔'이다. 따라서 '柔:剛'은 남녀 호응 관계상 男이 겸손하게 아래로 내려와 女를 받드니 女가 믿고 느끼어 받아들이고 순종하는 '咸'이 되지만, '剛:柔'는 지위가 높은 剛이 자신의 것을 덜어서 지위가 낮은 柔에게 보태어 주는 '益'이 된다.

*　　*

恒 : 亨, 无咎, 利貞, 利有攸往.
뇌풍항괘는 형통하고, 무구하며, 정도를 지켜야 이롭고, 갈 바가 있어야 이롭다.

🖎 형통하다는 것은, 기운이 잘 소통하여 원하는 일이 잘 풀린다는 뜻이다. 변하지 않고 한결같다면 어떤 일이든 형통할 것이다. 자연에서는 주야 사시가 한결같으니 만물이 그에 적응하여 형통해지고, 인간사에서는 부부의 도가 한결같으니 그 관계가 오래가고 형통한 것이다. 상·하괘로 보아도, 恒이 형통하다는 것은, ①변하지 않고 오래가고, ②공손하게 움직이며, ③상·하괘의 음과 양이 짝을 이루어서 호응한다는 점 등 세 가지 이유가 있어 형통하다.

그리고 무구하다는 것은, 작게는 허물이나 잘못이, 크게는 災禍가 없다는 뜻이다. '恒'이 무구한 것은, 바람에 우레가 실리니 멀리 오래가기에 두 기운이 형통하고 무구한 것이다.

그리고 항괘가 정도를 지켜야 이로운 것은, 정도를 지켜야 만이 변하지 않고 한결같은 관계를 유지할 수 있기 때문이다. 마치, 지구와 태양이 정해진 길을 가지 않으면 주야와 사시가 일정한 주기로 나타나겠으며, 부부가 마땅히 가야 할 길을 가지 않는다면 그 관계가 오래 유지되겠는가. 그렇지 못함으로 정해진 길을 가야 이롭다.

그리고 갈 바가 있어야 이롭다는 것은, 마땅히 할 일이 있어야 이롭다는 뜻이다. 정도를 지키어 관계가 유지되면 해야 할 일이 생기는 법이고, 그 일을 순리에 따라 함이 이롭게 된다는 뜻이다. 주야 사시가 펼쳐지니 만물이 생장하고, 부부의 도가 바르게 진행되니 가정이라는 울타리 안에서 자식을 낳아 기르고, 다양한 삶의 의미를 구가하게 된다는 뜻이다.

《彖》曰：恒，久也. 剛上而柔下，雷風相與，巽而動，剛柔皆應，恒. 恒亨无咎利貞，久于其道也. 天地之道，恒久而不已也. 利有攸往，終則有始也. 日月得天，而能久照. 四時變化，而能久成. 聖人久于其道，而天下化成. 觀其所恒，而天地万物之情可見矣.

「단」에서 말했다. 항괘의 항은, 오래감이다. 강이 위로 올라가고 유가 아래로 내려와 우레와 바람이 서로 함께하고, 공손하고 움직이어 강유가 다 호응하니 항괘이다. '항괘는 형통하고 무구하며 정도를 지켜 이롭다' 함은, 그 도가 오래감이다. 천지의 도가 오래가고 그치지 아니함이다. '갈 바가 있어 이롭다' 함은, 끝나는 즉 시작이 있음이다. 하늘에 해와 달이 있어서 오래도록 비출 수 있고, 사시 변화가 있어서 오래도록 이룰 수 있다. 성인이 그 도에 오래 머물러 천하를 변화시켜 완성한다. 그 항상 있는 바를 관찰하여 천지 만물의 뜻을 깨달을 수 있다.

✎ 剛이 위로 올라가고, 柔가 아래로 내려왔다는 것은, 長男으로 빗대어지는 우레 震이 위로 올라가서 恒의 上卦가 되고, 長女로 빗대어지는 바람 巽이 아래로 내려와서 恒의 下卦가 되었다는 뜻이다. 물론, 이를 전혀 다른 시각에서 이해하기도 하는데 그것을 설명하면 이러하다. 곧, 우레 雷 震은 땅 地 坤이 변하여 생긴 것이고, 바람 風 巽은 하늘 天 乾이 변하여 생긴 것이다. 다시 말해, 양효 셋 음효 셋으로 이루어진 地天泰卦 下卦인 乾卦 밑에서 양효 하나가 올라와 坤卦가 震卦가 되고, 지천태괘 上卦인 坤卦 밑에서 음효 하나가 내려와 乾卦가 巽卦가 되었다는 뜻이다. 그러므로 바람은 하늘이 부리는 것이고, 우레는 땅이 부리는 것이라 이해한다.

그리고 공손하고 움직인다는 것은, 상·하괘의 덕성을 이어서 말한 것뿐이고, 剛柔가 다 호응한다는 것은, 恒의 육효가 짝으로서 다 호응한다는 사실이다. 곧, 초육과 구사가, 구이와 육오가, 구삼과 상육이 각각 짝으로서 음과 양으로 만났다는 점이다.

그리고 恒卦가 형통하고, 무구하며, 정도를 지켜야 이롭다는 이유를 恒의 道가 오래가기 때문이라고 했는데, 그것은 하늘에서 해와 달이 오래 비추는 것과 주야 사시가 어김없이 계속하여 나타나는 것으로 동일시했다는 점을 유념할 필요가 있다. 태양계 안에서 지구의 기울어진 축을 기준으로 自轉하고 公轉함으로써 생기는 낮과 밤, 그리고 사계절을 '恒道'의 상징적인 현상으로 말했고, 그것은, 이들 천체의 움직임을 본받아서 인간의 도리 역시 그처럼 변함없이 오래가는 것이어야 하고, 그것이 서로에게 도움이 되어야 한다는 주장이나 다르지 않다.

《象》曰：雷風, 恒；君子以立不易方.

「상」에서 말했다. 뇌풍이 항괘이니, 군자는 이로써 보고 깨달아, 세웠으면 그 방향을 바꾸지 말라.

✎ 우레 雷 장남이 위로 가고, 바람 風 장녀가 아래로 가서 남자와 여자가 남편과 아내라는 夫婦가 되었으면 그 위상 곧 그 자리를 바꾸지 말라는 뜻이다. 사람이 결혼하고자 할 때는 의당 남자가 여자 아래로 내려가듯 자신을 낮추고 청할 때 여자가 응하여 허락하는 것이 도리이고, 결혼해서 부부가 되었으면 남자가 위로 올라가고, 여자가 아래로 내려와 새로운, 가부장적 위계질서가 성립하는데 이것을 함부로 바꾸지 말라는 뜻이다. 효사와 상사를 붙인 이들의 도덕적 관념으로는 그렇다는 뜻이다. 물론, 여기에서는 부부관계가 그렇듯, 한 나라의 통치자로서 君臣 관계를 맺었으면, 그 관계를 쉬이 바꾸지 말라는 뜻이기도 하다. 그렇듯, 군주가 어떤 일을 추진함에 계획을 세우고, 세운 계획대로 추진한다면 그 계획이나 방법을 변경하지 말라는 뜻이다.

初六, 浚恒, 貞凶, 无攸利.

초육, 후벼 파는 항도(부부의 도)이니, 바르더라도 흉하고, 이로울 바 없다.

✎ 초육은 양의 자리에 음으로 와서 그 자리가 바르지 못하고, 짝인 구사와 호응하며, 위에 있는 구이 이웃과 가깝게 지낼 수 있다. 초육은 구사와 부부가 되어서 마땅히 지켜야 하는 도리를 저버리고 아내로서 후벼 파내는 사람이다. 후벼 파낸다는 것은, 도리에 흠집을 내는 일로써 지나치게 따지고, 비교하고, 요구하는 태도를 보인다는 뜻으로 이해된다. 한마디로 말해, 남편에게 너무 잔소리가 많고, 요구하는 것이 많다는 뜻이다. 여자가 이렇게 철이 없다면, 부부 사이는 불편해지고, 끝내 흉해지는 것이다. 현재 중국 주역 전문사이트에서는 '浚(준)'을 '挖(알)'로 풀이한다. '挖'은 '후벼내다, 긁다, 할퀴다,' 등의 뜻이다.

《象》曰 : 浚恒之凶, 始求深也.
「상」에서 말했다. '후벼 파는 부부의 도가 흉함'이란, 시작부터 지나치게 요구함이다.

✎ 초육은 음이기 때문에 여자인데, 다시 말해, 남편의 아내인데 시작부터 부부의 도를 파헤치듯 하니 흉한 것이고, 그것을 시작부터 지나치게 요구함으로 풀이했다. 부부의 연을 맺고 초기부터 많은 것을 요구한다는 뜻인데 부인이 남편에게 무엇을 요구한다는 것일까? 이에 대한 설명은 없으나 뻔하지 않겠는가. 초육은 육이와도 가깝게 지낼 수 있기에 자연히 비교하게 되고, 심하게 요구하게 되는데, 물질적인 것도 있을 수 있고, 남편의 언행에 관한 시비를 가리려는 태도도 있을 수 있다. 이 두 가지를 합치면, 결국 여자의 잔소리가 많아짐이다.

九二, 悔亡.
구이, 뉘우침이 사라진다.

✎ 구이는 음의 자리에 양으로 와서 그 자리가 바르지 못하고, 짝인 육오와 호응하며, 아래 이웃인 초육과 가깝게 지낼 수 있다. 그리고 剛中을 얻었다. 그런

데 구이에게 후회가 있는데 그럴 만한 일이란 과연 무엇일까? 구이는 육오의 남편으로 콤플렉스가 있다. 그것은 고귀한 품성에 사회적인 지위가 높은 부인을 상대하기에 불편했을 것이다. 구이는 음의 자리에 양으로 왔기에 강경한 태도를 쉽게 보이지 않았나 싶고, 그래서 걸핏하면 언성을 높이는데 그나마 중도를 얻었기에 自制하는 능력이 있다. 바로 이 자제 능력 때문에 후회할 일이 사라지는 것이다. 구이의 후회란 상대적인 열등의식과 조급성에서 나온 강경한 언행이 아닐까 싶다.

《象》曰 : 九二悔亡, 能久中也.
「상」에서 말했다. '뉘우침이 사라진다' 함은, 중도로써 능히 오래 갈 수 있음이다.

✐ 구이는 중도를 얻었기에 불편한 부부관계이지만 참고 견디어내 오래 갈 수 있고, 그래서 후회할 만한 일이 사라지는 것이다. 구이에게는 조급함과 열등의식이 있으나 인내·자제가 있기에 부부의 도를 오래 지켜나갈 수 있다는 뜻이다.

九三, 不恒其德, 或承之羞, 貞吝.
구삼, 덕이 오래가지 않고, 또한 수치로 이어짐이니, 바르지만 인색하다.

✐ 구삼은 양의 자리에 양으로 와서 그 자리가 바르고, 짝인 상육과 호응하며, 가깝게 지낼 이웃은 없다. 그리고 중도를 지나쳐 있다. 구삼은 양의 자리에 양으로 왔고(過剛), 중도를 지나쳐 있다(過中). 이 過中·過剛으로 인하여 지나치게 강경한 태도를 보이고, 그 강경한 태도는 지나칠 정도의 권위적인 언행으로 나타난다. 바로 이런 점을 두고 그 덕이 오래가지 않는다고 했다. 이런 꼬장꼬장한 남자는 수치스러움으로 이어질 가능성이 크다. 수치스러움이란 것은, 부부의 도가 오래가지 못하고 깨어져서 사회적으로 지탄받거나 창피하게 되는 일이다. 파

혼한다는 뜻이다. 이쯤 되면 정도를 지키거나 지켰어도 그 마음은 인색한 것이다. 마음이 인색하다는 것은, 융통성이나 너그러움이 없이 각박하게 군다는 뜻이다. 정이천은 '或'을 '或是'로, '承'을 '至'로 풀이하였다. 주자는 이 '或'을 '或者'로, '承'을 '奉'으로 풀이하였다.

《象》曰 : 不恒其德, 无所容也.
「상」에서 말했다. '그 덕이 오래가지 못한다' 함은, 용납되는 바 없음이다.

✏️ 용납되는 바 없다는 것은, 용납되지 않는다는 뜻이다. 구삼의 잘못이 무엇인지 구체적으로는 알 수 없으나 여건상으로는 過中·過剛 때문이다. 더더군다나 부인인 상육은 연상의 여자이다. 이런 객관적인 여건으로 보아서 부부의 도를 깨뜨리는 행위를 하지 않았을까 싶다. 여기에는 부인에 대한 무시·외면·지나친 권위·강경한 태도 등이 작용했으리라 추측된다.

九四, 田无禽.
구사, 사냥하는데 날짐승이 없음이다.

✏️ 구사는 음의 자리에 양으로 와서 그 자리가 바르지 못하고, 짝인 초육과 호응하며, 위에 있는 이웃인 육오와 가깝게 지낼 수 있다. 구사는 사냥하러 나갔는데 정작 사냥감이 없는 상황이다. 왜, 그럴까? 아래 상사에서는 사냥할 자리가 아니기 때문이라고 말한다. 육사는 남자로서 위에 있는 여왕을 모시는 처지이고, 자신의 짝인 초육 아내와 부부의 도리를 다해야 하는데 그렇지 못하다는 뜻이다. 게다가, 초육에게 가려면 구삼 구이라고 하는 장애물까지 있다. 구사의 자리가 부부의 도를 다하기에는 어려움이 많은 자리임에는 틀림이 없다.

《象》曰：久非其位, 安得禽也?

「상」에서 말했다. 자리가 아닌데 오래 지킴이니 어찌 사냥감을 얻겠는가?

✎ 사냥감이 없는 자리에서 사냥하겠다고 자리를 지키고 기다린들 들짐승을 포획할 수는 없을 것이다. 중요한 것은 '구사가 왜 그런 자리에 있는가?'이다. 음의 자리에 양으로 왔고, 짝인 초육과 모셔야 할 육오 사이에 끼어 있는 데다가 장애물까지 있는 형국이다.

六五, 恒其德, 貞 ; 婦人吉, 夫子凶.

육오, 덕이 오래감이니, 바르다. 부인은 길하고, 남편은 흉하다.

✎ 육오는 양의 자리에 음으로 와서 그 자리가 바르지 못하고, 짝인 구이와 호응하며, 아래 이웃인 구사와 가깝게 지낼 수 있다. 그리고 중도를 얻었다. 육오는 부인으로서 부부의 도를 끝까지 지킬 수 있다. 그래서 길한데 남편은 흉하다고 했는데 그 이유는 무엇일까? 부인이 너무 반듯하고 원칙을 고수하기에? 부인이 능력이 있고 모든 면에서 앞서가기 때문에? 여건상으로는 부인이 높은 자리에 있고, 중도를 얻어서 바르며, 오래 갈 수는 있다. 그런 여자와 부부가 된 남자는 흉하다? 그렇다면, 왜일까? 남자 구실을 제대로 하지 못하기 때문일 것이다. 남자의 구실이란 항시 매사를 처리함에 주동적이어야 하는데 여건과 능력상 그렇지 못하다는 뜻으로 이해된다.

《象》曰：婦人貞吉, 從一而終也 ; 夫子制義, 從婦凶也.

「상」에서 말했다. '부인이 정도를 지켜야 길하다' 함은, 한 사람을 좇아 끝냄이다. 남편이 의를 바로잡아서 끌고 가야 하는데 부인을 따름이니 흉하다.

✐ ‘한 사람을 좇아 끝낸다’ 함은, 일부종사(一夫從事)이고, ‘의를 바로잡아서 끌고 간다’ 함은, 모든 가정사의 법도를 주도하여 만들고, 결정하고, 진행함을 말한다. 그러니까, 육오의 남편은 그 주도권을 부인에게 빼앗겼다는 뜻이다. 그래서 부인이 하자고 하는 대로 따라하는 격이다.

上六, 振恒, 凶.
상육, 빠르게 움직이어 변하는 부부의 도이니, 흉하다.

✐ 상육은 음의 자리에 음으로 와서 그 자리가 바르고, 짝인 구삼과 호응하며, 가깝게 지낼 이웃은 없다. 상육은 恒의 끝자리이면서 동시에 움직임이 극에 달한 상황으로 처해 있다. 상육은 아내로서 부부의 도가 너무 빠르게 움직인다는 것이다. 여기서 빠르게 움직인다는 것은, 이랬다저랬다 하는 모양새라는 뜻이다. 한마디로 말해서, 일관성이 없어서 쉽게 변한다는 뜻이다.
현재 중국 주역 전문사이트에서는 ‘振’을 ‘振動’으로 풀이하면서, 통치자의 자주 바뀌는 정령(政令)으로 설명하기도 하나(統治者朝令夕改, 政令无常, 其結果必所向无功.) 부부의 도로서 바꾸어 말하면 ‘변덕스럽다’라는 뜻이다.

《象》曰 : 振恒在上, 大无功也.
「상」에서 말했다. 윗자리에 있으면서 빠르게 움직이어 변하는 부부의 도이니, 크게 공로가 없음이다.

✐ 크게 공로가 없다는 것은, 공로가 ‘아주, 전혀’ 없다는 뜻이다. 상육은, 조급하게 동요하고, 자주 변하는 바람에 부부관계에 도움이 되지 않는다는 뜻이다. 부부의 도리란 일정한 원칙이나 일관성이 있어서 한결같아야 오래 가는데, 그 반대이니 기여(寄與)되는 바 있을 리 없다.

　　　　　　*　　　*

　오래도록 지속하는 恒道로서 彖辭에서는 주야·사시 변화를 이야기했고, 해와 달의 비춤을 말했는데 이것이 六爻辭에 내려와서는 인간 道理로서 변하지 않고 오래가야 하는 항도를 설명하려니, 주로 夫婦의 道를 중심으로 얘기하였다. 인간 사에서 변하지 않고 지켜져야 할 항도로는 당연히 부부의 도가 그 첫째요, 上下의 도가 그 둘째라면 둘째일 것이다. 따라서 육효사에서 '恒'을 夫婦의 도, 아니면 君臣의 도로 이해하고 해석하면 무리가 되지 않는다.

　恒卦 육효사를 전체적으로 살펴보면, 초육은 貞凶이고, 구이는 悔亡이며, 구삼은 貞吝이고, 구사는 无禽이며, 육오는 婦人 吉, 夫子 凶이다. 그리고 상육 역시 凶이다. 그나마 나은 효가 있다면, 中道를 얻은 구이와 육오이다. 자리가 바르지 못한 효는 말할 것 없지만 바른 효인 구삼과 상육까지도 흉한 것은 마찬가지이다. 음과 양이 짝을 이루어 호응함에도 대체로 흉하다. 이것은 왜이며, 무엇을 의미하는가?

　그것은 변하지 않는 부부의 도리를 지키기가 쉽지 않다는 뜻일 것이며, 여기에는 음과 양의 위치, 성품, 상호관계 등에 의해서 영향받아 결정되는데, 이를 인간사로 바꾸어 말하자면, 부부인 두 사람의 타고난 성품, 길러진 德과 능력, 직위 직책상의 자리, 대인관계 상의 환경적 여건, 그리고 가치관 등 여러 요인에 의하여 결정되기 때문이다. 그나마 중도를 얻은 효가 나은데 이는 부부의 도에서 忍耐와 抑制 능력이 발휘되기 때문이다.

　이 恒卦에서는, 초육의 '浚恒', 상육의 '振恒', 그리고 육오 상사에서 나오는 '制義'라는 생소한 용어를 이해해야 하는 어려움이 있고, 구사에서 '田无禽'이라는 말이 나오는데, 地水師卦 육오 爻辭에서 '田有禽'이라는 말이 나온다. 참고하기 바란다.

33. 天山遯卦

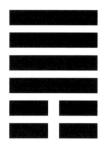

주역 서른세 번째 괘로 천산둔괘(天山遯卦)가 있다. 하늘 天 乾이 上卦이고, 山 艮이 下卦라는 뜻이다. 그 모양으로 보면, 산 위로 하늘이 내려와 있는 모습이다. 산은 높지만(高), 하늘은 넓고(廣) 크다(大). 산은 그 자리에 멈추어 있으나(止), 하늘은 강건(剛健)하다. 그런 하늘이 산을 위에서 덮고 있는 모습이다. 산의 처지에서 말하면, 산이 하늘 밑으로 숨은 모양새이다. 그러니까, 小男이 아버지 그늘 밑으로 숨어있는 모습이다.

卦德으로 보면, '止而健'이다. 곧, 멈추어 있고 튼튼하다. 육효 배열로 보면, '음, 음, 양, 양, 양, 양'으로, 음이 둘이고, 양이 넷인데, 문제는 節氣 '大暑'가 있는 음력 6월 괘로, 否·觀·剝卦를 거쳐서 陰爻로만 가득 찬 음력 10월 괘인 重地坤으로 가는 길목이라는 점이다. 이는 양으로만 가득 찬 重天乾卦에서 姤卦를 지나온 괘라는 뜻이다. 이런 '12辟卦說'에 근거하여 볼 때, 밑에서부터 자라나는 음의 세력을 염두에 두고, 양의 세력이 물러나야 하는 때라는 뜻이다.

이런 '天山'을 '遯'으로 받았는데 이 '遯'은 어떤 의미로 쓰였을까? '遯'은 '달아나다, 숨다, 피하다, 도망치다, 회피하다' 등의 뜻이 있어서 '隱遯·隱遁'이라는 단어로 쓰인다. 「序卦傳」에 의하면, "物不可以久居其所, 故受之以遯"이라 했고, 「雜卦傳」에서는 "遯則退也"라 했다. 곧, 만물은 그 머무는 바를 오래할 수 없으므로 遯卦가 恒卦 뒤를 이어받았고, '遁=遯'이라고 하는 것은 물러남이라 했다. 그러니까, '遯=退'라는 뜻이다.

그렇다면, '退'는 또, 어떤 의미일까? '退'는 '물러나다, 물리치다, 바래다, 변하다' 등의 뜻이 있다. 결과적으로 '遯'은 '물러나다, 숨다'라는 의미로 사용되었다고 잠정적이지만 판단할 수 있다.

물러난다, 숨는다는 것은, 현재 있는 자리에서 물러나 그만둠이고(停止), 머물던 곳에서 물러나 숨는다는 것은 멀리 달아나 자취를 감추는 일이다. 소위, '은둔(隱遁)' 내지는 '도피(逃避)'를 말한다. 遯卦는 그 은둔의 이치를 밝힌 내용이 아닐까 생각하면서 차근차근 역문을 읽어보자.

*   *

遯 : 亨, 小利貞.
천산둔괘는 형통하고, 작은 일도 정도를 지켜야 이롭다.

✎ '遯'이 형통하다는 것은, 은둔(隱遯)이나 도피(逃避)가 형통하다는 뜻으로, 소인의 세력이 점차 증대되는 상황에서 대인이 물러나는 것은 그 피해를 최소화하는 일이 되므로 형통하다고 말할 수 있다. 그리고 작은 일도 정도를 지켜야 이롭다는 것은, 은둔 도피하는 상황에서 대인이 일한다고 해도 그 상황에 맞게 정도를 지켜도 작은 일이나 이롭게 풀린다는 뜻이다. 결과적으로, 小事나 가능하고, 大事는 불가하다는 뜻이기도 하다.

《彖》曰 : 遯亨, 遯而亨也. 剛當位而應, 與時行也. 小利貞, 浸而長也. 遯之時義大矣哉.
「단」에서 말했다. 둔이 '형통하다' 함은, 물러나서 형통함이다. 강의 자리가 합당하고, 호응하니, 때와 더불어 행함이다. '작은 일도 정도를 지켜야 이롭다' 함은, (음이) 침투하여 자라남이다. (양이) 물러나는 때의 의미가 크구나!

✍ 물러나서 형통하다는 것은, 물러나기 때문에 화를 면할 수 있다는 뜻이다. 다시 말하면, 때 맞추어 물러나지 않는다면 고초를 겪는다는 뜻이다. 그리고 剛의 자리가 합당하다는 것은, 九五를 두고 말함이며, 그 구오가 응한다는 것은, 은둔하고자 하는 상황에 맞추어서 도피한다는 뜻이다. 그리고 때와 더불어 행한다는 것은, 은둔해야 하는 시기와 상황에 맞추어 은둔하는 지혜를 발휘함이다. 침투하여 자라난다는 것은, 陽으로만 가득했던 중천건괘에서 점진적으로 음이 몰래 스며들어서 그 수가, 그 세력이 점차 증대되어 간다는 뜻이다. 그리고 물러나는 때의 의미가 크다는 것은, 음의 세력이 점차 증대되는 상황에서는 양이 알아서 물러나 주는 이치가 중요하다는 뜻이다. 이를 인간사로 바꾸어서 말하면, 하늘과 땅의 움직임으로 나타나는 '節氣'에 맞추어서 살아가라는 뜻이 내포되어 있다.

《象》曰：天下有山, 遯 ; 君子以遠小人, 不惡而嚴.
「상」에서 말했다. 하늘 아래 산이 있음이 둔괘이니, 군자는 이로써 보고 깨달아, 소인을 멀리하되, 증오하지 말고 엄격히 대하라.

✍ 강건한 하늘 밑으로 숨어든 산, 곧 아버지 그늘 밑으로 숨어든 少男을 보고, 군자는 소인과 거리를 두되, 증오하지 말고, 엄격하게 대하라는 뜻이다.

初六, 遯尾 ; 厲. 勿用有攸往.
초육, 물러나되 (그) 꼬리이다. 위태로우니 나아감을 쓰지 말라.

✍ 초육은 양의 자리에 음으로 와서 그 자리가 바르지 못하고, 짝인 구사와 호응하며, 가깝게 지낼 이웃은 없다. 멈추어 있는 下卦 艮의 제일 아랫자리로서 물러나야 하는 상황에서 가장 안쪽에 머물러있는 상황이다. 그래서 물러나도 제일

나중에 물러나는 것이 된다. 여기서 '물러남의 꼬리'라는 것은, 물러나긴 나는데 제일 뒤, '나중'이라는 뜻이다. 물러나야 하는데 제때 물러나지 못하고, 뒤늦게 물러나니 위태롭다는 것이고, 그런 처지에서는 나아갈 바를 두면 안 된다는 뜻이다. 나아가지 말라는 뜻이다. 결국, 인간사로 바꾸어 말하자면, 일하지 말라는 뜻이다.

《象》曰 : 遯尾之厲, 不往何災也?
「상」에서 말했다. '물러나되 그 꼬리가 위험하다' 함은, 나아가지 않으니 어떤 재난이 있겠는가.

✎ '어떤 재난이 있겠는가?'라는 말은, 어떤 재난도 없다는 뜻이다. 나아가지 않는다면 강제로 쫓겨나거나 모욕이나 죽임을 당하는 재난을 피한다는 뜻이다.

六二, 執之用黃牛之革, 莫之勝說.
육이, 붙잡기를 황소 가죽을 씀이니, 능히 벗겨낼 수 없다.

✎ 육이는 음의 자리에 음으로 와서 그 자리가 바르고, 짝인 구오와 호응하며, 위에 있는 구삼과 가깝게 지낼 수 있다. 그리고 중도를 얻었다. 육이는 물러나야 하는 상황에서 그 집착함이 황소 가죽을 쓰는 것과 같다. 그러니까, 육이의 마음 자세가 아주 견고하다는 뜻이다. 그래서 그 누구도 그 가죽끈을 벗겨낼 수 없다.

그렇다면, 육이는 짝인 구오를 떠나지 못하게 붙잡는다는 뜻인가? 아니면, 함께 떠난다는 뜻인가? 아니면, 홀로, 현실에 집착하여 물러나지 못한다는 뜻인가? 물러나야 하는 상황에서 물러나지 못하면 재난이 있는 것은 두말할 필요가 없는데 아무런 판단됨이 없다. 비록, 중도를 얻었다고는 하나 소인은 소인이지 않은가? (勝=能, 可能. 說=脫)

《象》曰：執用黃牛, 固志也.
「상」에서 말했다. 황소 가죽을 써서 붙잡는 것은 의지가 견고함이다.

✎ 육이의 견고한 의지가 어떤 내용인지 알 수 없다. 짝인 구오의 떠남을 가지 못하게 붙잡는 것인지, 아니면, 구오의 뜻에 순종하면서 함께 떠나는 마음인지 판단하기가 쉽지 않다는 뜻이다. 그러나 黃牛가 중도와 순종을 의미한다는 점을 전제하면 구오와 호응하여 함께 떠나지 않을까 싶기도 하다.

九三, 係遯, 有疾厲, 畜臣妾, 吉.
구삼, 얽이어 있음에서 물러남이니, 병이 있고 위험하다. 신하와 첩을 거느리는 데에는 길하다.

✎ 구삼은 양의 자리에 양으로 와서 그 자리가 바르고, 짝인 상구와 호응하지 못하며, 아래에 있는 육이와 가깝게 지낼 수 있다. 구삼은 육이에 매이어 있기에 쉽게 떠나지 못하는 상황이다. 그러니까, 육이가 첩이라면 첩이고, 초육이 신하라면 신하인 셈이다. 그래서 구삼은 두 陰에 매여 있는 형국으로 떠나야 하는 상황에서 떠나지 못하니, 병이 생기고 위태로우며, 신하와 첩을 거느리는 데에는 길하다는 뜻이다. 실제로, 구삼은 下卦인 艮의 일원으로 가장 윗자리에 있다.

《象》曰：係遯之厲, 有疾憊也. 畜臣妾吉, 不可大事也.
「상」에서 말했다. '얽이어 있음에서 물러남이니 병이 생기고 위험하다' 함은, 병이 있어 고달픔이다. '신하와 첩을 거느림에 길하다' 함은, 큰일이 불가함이다.

✎ 여기서 病(=疾)이란 미련 없이 떠나야 하는 상황에서 첩에 해당하는 육이와 결별하지 못함이고, 신하 격인 초육을 버리지 못함이다. 결국, 큰일을 하려면 이

런 소소한 관계를 끊어버릴 때 단호하게 끊어야 한다는 암시가 깔려있다. 그러나 그렇지 못하기에 陽이지만 큰일이 불가하다고 했다.

九四, 好遯, 君子吉, 小人否.
구사, 좋아함에서 물러남이니, 군자는 길하고, 소인은 아니다.

✎ 구사는 음의 자리에 양으로 와서 그 자리가 바르지 못하고, 짝인 초육과 호응하며, 가깝게 지낼 이웃은 없다. 구사는 짝인 초육을 좋아하지만, 물러날 때 물러나니, 군자로서 길하고, 소인이라면 그렇지 않다는 뜻이다. 그러니까, 구사의 자리는 물러나는데 매여 있기는 하나, 그것을 뿌리치고 떠날 수 있는 자리라는 뜻이다. 왜, 그럴까? 구사는 하괘인 艮의 일원이 아니고, 상괘인 乾의 일원이기 때문이다. 구삼도 구사처럼 지혜로운 양이기는 하나 그렇게 처신하지 못함은 그가 艮卦의 일원이기 때문에 그 타고난 속성, 곧 멈춤으로 인해서 물러나지 못한다. 그런데 구사는 짝인 초육을 좋아하나 은둔하기 위해 떠나나 구사의 짝인 초육 소인은 떠나지 못한다는 뜻이다.

《象》曰 : 君子好遯, 小人否也.
「상」에서 말했다. 군자는 좋아함에서 물러나지만, 소인은 그렇지 못하다.

✎ 군자와 소인의 차이를 물러나야 할 때 물러날 줄 아는 '판단'과 '결기'의 有無로써 말했다. 여기서 '판단'이란, 큰 것과 작은 것을 분별하고, 선과 악을 분별하는 등 상황을 직시하는 일종의 지혜이며, '결기'란, 상황 판단에 따라서 사사로운 인연과 얽매임을 단호하게 끊어버리고 大勢에 대처하는 과단성을 의미한다.

九五, 嘉遯, 貞吉.

구오, 아름다움에서 물러남이니, 정도를 지켜야 길하다.

✎ 구오는 양의 자리에 양으로 와서 그 자리가 바르고, 짝인 육이와 호응하며, 가깝게 지낼 이웃은 없다. 그리고 강중을 얻었다. 구오와 육이의 관계는 剛中과 柔中의 관계인데, 다 같이 자리에서 물러나고 거처에서 떠나야 하는 상황인데 구오만 왜, 아름다움에서 물러남일까? 소인의 세력이 점점 증대되는 상황을 판단하고 깨끗하게 물러난다는 뜻인가? 한마디로 말해서, 물러나야 할 때를 놓치지 않고, 황소 가죽처럼 질긴 마음으로 짝이 붙잡는데도 강중의 판단과 결기로써 홀로 감행함일까? 아니면, 중정으로 호응하는 육이와 함께 떠남일까? 아름다울 '嘉'를 쓴 것을 보면, 아름다운 짝을 두고 은둔을 결행함이 아닐까 싶기도 하다.

《象》曰：嘉遯, 貞吉, 以正志也.

「상」에서 말했다. '아름다움에서 물러남이 정도를 지켜야 길하다' 함은, 바른 뜻으로써이다.

✎ 바른 뜻으로써 물러난다는 것은, 中正의 호응을 의미한다. 결과적으로, 물러나야 하는 때임을 알고, 모든 직위 직책상 관계에서 미련 없이 물러남을 바른 판단, 바른 의지라고 보았다.

上九, 肥遯, 无不利.

상구, 높이 날아감에서 물러남이니, 불리할 게 없다.

✎ 상구는 음의 자리에 양으로 와서 그 자리가 바르지 못하고, 짝인 구사와 호응하지 못하며, 가깝게 지낼 이웃도 없다. 그야말로, 미련 없이 떠나는 데에는

거추장스러운 관계가 전혀 없는 혈혈단신이다. 그러하니 제일 먼저 홀가분하게 떠날 수 있는 여건이다. 육효로 보아도, 초육이 '꼬리'라면, 상구는 '머리'에 해당한다. 그러하니, 홀가분하게 떠날 수가 있다. 멀리 떠나 은둔해야 한다는 불가피한 상황 속에서 이 상효는 비교적 유리한 국면을 맞는다는, 의외의 사실을 유념해 둘 필요가 있다. 상구는 너무 높이 올라와 있지만, 그 높은 자리에서 물러남이니, 다시 말해 스스로 낮추어 내려감이니 유리한 것이다.

중국의 沙少海(1907~1996)는, '肥'를 '飛'의 音借라고 풀이했고, 그래서 '높이 날아올라 멀리 산 숲속으로 숨는다(遠走高飛, 退隱山林)'라고 풀이했다. 일리가 있다. 상구는 중천건괘에서 '亢龍'이지 않은가. 현재 우리나라에서는 대개 정이천의 견해(肥者, 充大寬裕之意)를 따라서 이 '肥'를 '여유로운(심의용)' 혹은 '편안히(신원봉)' 등으로 해석한다.

《象》曰 : 肥遯, 无不利, 无所疑也.

「상」에서 말했다. '높이 날아가는 물러남이 불리할 게 없다' 함은, 의심할 바 없음이다.

✎ '의심할 바가 없다'라는 것은, 머뭇거리거나 주저할 이유가 없다는 뜻이다. '疑'가 '의심하다'가 아니라 '머뭇거리다', '주저하다'의 뜻으로 쓰였다는 뜻이다.

*   *

陰의 세력이 확장 일로에 있는 상황에서 陽은 때를 놓치지 않고 물러나 은둔해야 한다. 다시 말해, 소인이 판치는 세상에서 군자가 화를 당하기 전에 물러나 조용히 은둔생활을 한다. 이런 상황하에서 그때를 놓치거나 머뭇거리면 당연히 화가 따른다. 遯의 下卦인 艮 일원은 떠나지 못하거나 머뭇거리기에 위험하고, 병이 생기며, 고작해야 小事나 가능하다. 그러나 上卦인 乾의 일원은 때를 맞추어서 떠나기에 이롭고 길하다. 전체적으로 보면, 양효가 결단력이 있고, 은둔하기 위해 자리에서 과감하게 떠나기에 길하고 이롭다. 이 이야기는 결국, 내 의지에 상관없이 주어지는 상황에 맞게 대처하고 대응해야 하는 지혜와 결단력을 발휘하는 것이 옳다는 뜻이다.

초육의 '遯尾', 육이의 '執之用黃牛之革', 구삼의 '係遯', 구사의 '好遯', 구오의 '嘉遯', 상구의 '肥遯'이라는, 일련의 용어 의미를 정확히 이해하는 일이 중요하다. 단순히 글자 하나하나의 의미가 아니라 상·하괘와 육효 간의 음양 관계 속에서 생성되는 의미를 이해해야 하고, 그 가운데에서 이들 글자가 어떤 의미로 쓰였는지를 판단하는 일이다. 이것이 비단 이 괘뿐만이 아니라 모든 괘에서 爻辭를 읽는 핵심이다.

34. 雷天大壯卦

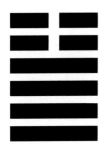

주역 서른네 번째 괘로 뇌천대장괘(雷天大壯卦)가 있다. 우레 雷 震이 上卦이고, 하늘 天 乾이 下卦라는 뜻이다. 그 모양으로 보면, 하늘 위에서 천둥 번개가 치는 모습이고, 卦德으로 보면, '剛而動'이다. 곧, 튼튼하고, 움직인다. 육효 배열로 보면, '양, 양, 양, 양, 음, 음'으로, 밑에서부터 양이 넷이고, 음이 둘인 괘로, 양이 음보다 두 배나 많다. 다시 말해, 양의 기운이 음의 기운보다 세다는 뜻이다.

이런 '雷天'을 '大壯'으로 받았는데 '大壯'이란 어떤 의미로 쓰였을까? '大'는 큰 것이고, 밝은 것이며, 따뜻한 陽이다. 그래서 군자로 비유된다. '壯'은 '씩씩하다, 크다, 盛하다' 등의 뜻을 갖는 글자이다. 이 둘을 합치면, '양이 씩씩하다'라는 뜻이 된다. 양의 기운이 점점 씩씩하게 커간다는 뜻인데 이것은, 군자의 세력이 점점 커간다는 의미이고, 군자의 세력이 점점 커간다는 것은, 양의 세력이 점점 증대된다는 뜻이다.

이를 뒷받침해 주는 것이 '12피괘설'이다. 곧, 大壯卦는 음력 2월 괘로, 절기 春分이 있는 동쪽 괘이다. 이와 반대가 되면, 음이 넷이고 양이 둘인 觀卦가 되는데 이 觀는 절기 秋分이 있는 8월 괘로 서쪽 괘이다. 이 이야기는, 大壯卦에서 陽이 더 자라면 夬卦를 지나서 양으로만 가득한 重天乾卦가 되고, 觀卦에서 陰이 더 자라게 되면 剝卦를 거쳐서 음으로만 가득 찬 重地坤卦가 된다는 뜻이다. 이처럼 대장괘는 양이 강세를 띠며 점점 자라나는 형국이다.

그런데 「序卦傳」에 의하면, "物不可以終遯, 故受之以大壯"이라 했고, 「雜卦傳」에 의하면, "大壯則止"라 했다. 곧, 만물은 끝까지 물러날 수 없기에 물러나는 遯卦 다음을 크게 씩씩한 大壯卦가 이었고, 대장괘는 곧 멈춤이라 했다. 「序卦傳」의 내용은 이해하겠는데 「雜卦傳」의 내용은 선뜻 이해되지 않는다. 大壯卦는 무엇을 멈춘다는 뜻일까? 자리에서 물러나 은둔하는 일을 멈춘다는 뜻일까? 아니면, 陽이 씩씩하여 앞으로 나아가는 일을 멈추어야 한다는 뜻일까? 현재로서는 알 수 없다.

*　　*

大壯 : 利貞.
뇌천대장괘는 정도를 지켜야 이롭다.

✒️ 하늘 위에서 천둥 번개가 친다는 것은, 집안의 어른인 아버지를 믿고 밖에서 장남이 움직이는 것이다. 따라서 하늘이 바르듯이 아버지가 정도를 지켜야 하고, 그런 가운데 장남이 밖에서 움직이어 활동한다 해도 그 정도를 지켜야 한다. 그래야 만이 이롭다는 뜻이다.

이를 다른 각도에서 해석하면, 하늘 위에서 우레가 치듯이, 양이 양을 믿고 그 세력을 점점 키워가는 데에도 正道가 있다는 뜻이고, 그 正道를 지켜야 이롭다는 뜻이다. 이 말은, 정도를 지키지 않으면 해로울 수도 있다는 뜻이다. 그렇다면, 양의 세력을 키워가는 데에 그 正道란 무엇인가? 아직은 알 수 없다. 육효사를 다 읽으면 짐작할 수 있으리라 본다. 다만, 「雜卦傳」에서 '大壯=止'로 이해했듯이, '양의 세력이 씩씩하게 자라나는 상황에서 멈춤, 그침이 있어야 하는가?' 라고 생각해 볼 수는 있다.

그리고 '利貞'을 '이롭고 바르다'라고 해석할 수 있는데, 이롭다는 것은 양 곧 군자의 세력이 점점 증대되는 상황이 인간을 포함한 만물에 이롭다는 것이고, 바르다는 것은 증대되는 陽의 君子之道가 大勢 됨이 바르다는 뜻이다. 바르긴 바른데 고집스럽게 나아간다는 면이 있기에 '正'을 쓰지 않고 '貞'을 사용한 것으로 보인다. 그런데 정이천이 먼저 '利貞'을 '바르게 해야, 바르게 처신해야, 정도를 지켜야 이롭다'라고 조건부로 해석했기에 거의 모든 사람이 이를 따른다.

《彖》曰 : 大壯, 大者壯也. 剛以動, 故壯. 大壯利貞, 大者正也. 正大, 而天地之情可見矣.

「단」에서 말했다. '대장'이란 대가 씩씩함이다. 강이 움직이는 고로 씩씩함이다. '큰 것의 씩씩함이 정도를 지켜야 이롭다' 함은, 큰 것이 바르다는 뜻이다. 큰 것이 바름이니 천지의 뜻을 가히 깨달을 수 있다.

✏ '大'는 큰 것이고, 큰 것은 '陽'이며, 陽은 '剛'이다. 그리고 씩씩하다는 것은 剛이 움직이는 것이다. 剛이 움직인다는 것은, 陽이 움직이는 것이고, 큰 것이 움직이는 것이다. 따라서 '大=陽=剛=壯'이라는 등식이 성립한다.

그런데 大가 正이라고 했다. 곧, '大=正'이므로 '大=陽=剛=壯=正'이 성립한다. 그래서 바른 양의 움직임을 통해서 천지의 뜻 곧 그 진실을 볼 수 있고, 깨달을 수 있다고 했다.

《象》曰 : 雷在天上, 大壯 ; 君子以非禮弗履.

「상」에서 말했다. 하늘 위로 우레가 있음이 대장괘이니, 군자는 이로써 보고 깨달아, 예가 아니면 행하지 말라.

✏ 하늘 위에서 우레가 친다는 것은, 하늘의 강건함으로 우레가 움직인다는 뜻이므로, 우레는 天道를 근원으로 움직이어 만물을 깨우는 역할을 한다. 바로

그런 모습, 그런 관계를 보아서 알았다면 군자는 禮가 아니면 행하지 말라는 주문이다. 그렇다면, 여기서 禮가 무엇인가를 따져보고 정의해 놓아야 하는데 그렇지는 않다.

그저 상식적인 수준에서 그 의미를 정리하자면, 이러하다. '禮'는 「禮記·曲禮上」에서 "무릇, 예라는 것은 가깝고 멂을 정하고, 혐의를 결정하며, 같고 다른 점을 분별하고, 옳고 그름을 밝히는 것이라고(夫禮者, 所以定親疏, 決嫌疑, 別同異, 明是非也)" 했다. 그래서 '인간 행위의 규범'이라는 뜻으로 통용된다. 여기서 더 나아가, 공경하고 존경하는 태도·행위·贈品(禮物) 등을 포함하며, 각종 儀式과 祭禮까지도 포함된다.

初九, 壯于趾, 征凶 ; 有孚.
초구, 발에 있는 씩씩함이니 나아가면 흉하다. 믿음이 있어야 한다.

✎ 초구는 자리가 바르고, 짝인 구사와 호응하지 못하며, 가깝게 지낼 이웃도 없다. 초구는 양의 자리에 양으로 와서 의욕은 앞서나 시작하는 단계이므로 준비와 능력이 부족하다. 중천건괘의 '潛龍'에 해당한다. 그래서 씩씩하게 자라남이 발에 머물러있다. 그러니 의욕만 앞세워 나아간다면 흉한 꼴을 당하게 된다. 따라서 그에게는 믿음이 있어야 한다. 무엇에 대한 믿음일까? 자신의 의욕을 억제하고, 때를 기다리면 좋은 결과가 있을 것이라는 자연의 이치 곧 天道에 대한 믿음이다.

《象》曰 : 壯于趾 其孚窮也.
「상」에서 말했다. '발에 있는 씩씩함이라' 함은, 그 믿음이 궁색해짐이다.

✎ 믿음이 궁색해졌다는 것은, 믿음을 잃었다는 뜻이다. 믿음을 잃었다는 것

은, 나아가야 할지 머무르며 신중하게 생각해야 할지를 분별하지 못하는 무지(無知)이며, 분위기에 편승하여 쉬이 동요(動搖)됨이다. 이러한 행동 경향은 자신이 처한 상황을 사려 깊게 생각하지 못함이고, 자신의 욕구를 통제하지 못함이다.

九二, 貞吉.

구이, 정도를 지켜야 길하다.

✎ 구이는 자리가 바르지 못하고, 짝인 육오와 호응하며, 가깝게 지낼 이웃은 없다. 그리고 중도를 얻었다. 구이가 정도를 지켜야 하는 것은, 음의 자리에 양으로 왔기 때문이다. 따라서 짝인 육오의 영향을 받아서 자신의 욕구를 조절하고, 중도의 신중함으로 생각하며 움직일 필요가 있다.

《象》曰 : 九二貞吉, 以中也.

「상」에서 말했다. '정도를 지켜야 길하다' 함은, 중도로써이다.

✎ 구이는 음의 자리에 양으로 와서 剛柔 양면성이 있으나 육오의 柔中과 호응함으로써 자신을 돌아볼 수 있고, 强盛한 의욕을 통제할 수 있다. 剛中과 柔中의 호응으로 정도를 지킬 수 있다는 뜻이다.

九三, 小人用壯, 君子用罔 ; 貞厲, 羝羊觸藩, 羸其角.

구삼, 소인은 씩씩함을 쓰지만, 군자는 없음을 쓴다. 고집부리면 위태로우니, 숫양이 울타리를 들이받아 그 뿔이 고달프다.

✎ 구삼은 양의 자리에 양으로 와서 그 자리가 바르고, 짝인 상육과 호응하며,

가깝게 지낼 이웃은 없다. 그리고 중도를 지나쳐 있다. 그래서 양강함을 지나 교만하기까지 하다. 여기서 '用壯'이란 자신의 씩씩함을 앞세워서 부린다는 뜻이고, '用罔'이란 없음을 쓴다는 뜻인데, 이는 없다고 여기고 행한다는 뜻이다. 있지만 없다고 여긴다는 것은, 상대방을 아예 무시한다는 뜻이다. 이 모호한 단어 '罔' 때문에 해석하는 데에 어려움이 있었으나 이제는 해소되었다.

구삼의 성품과 기질을 드러낸 이 효사의 修辭는 놀라우리만큼 뛰어나다. 구삼은 짝인 상육에게 가려고 하는데, 바로 위에서 가로막고 있는 구사가 장애물처럼 버티고 있다. 이런 상황에서 구삼이, 소인이라면 자신의 강성한 혈기만을 믿고 무턱대고 앞장서겠지만, 군자라면 버티고 있는 구사의 존재를 없는 양 무시해버리고 돌진한다는 뜻이다. 그래서 구삼은 소인이 됐건 군자가 됐건 간에 고집부리면(貞) 위태롭다(厲)는 것이다.

그 위태로움이란 것이 마치, 숫양이 울타리를 들이받아서 그 뿔이 고달픈 것과 같다는 뜻이다. '숫양'이라고 하는 동물은 자신의 기운으로써 무리의 우두머리가 되려는 본능을 가지며, 또한, 우두머리가 되어서는 무리를 안전하게 이끌고 다녀야 하는 책임이 있기에 저돌적인 면이 있다. 바로 그런 숫양에 빗대어서 구삼의 무모함을 말한 것이다.

《象》曰：小人用壯, 君子罔也.
「상」에서 말했다. 소인은 자신의 씩씩함을 앞세우지만, 군자는 없다고 무시한다.

✎ 小象辭는 해당 爻辭의 판단 근거를 아주 간단하게 설명하는 문장인데, 여기서는 효사의 내용 일부가 그대로 반복되었다. 아마도, 소상사 집필자가 마땅한 말이 생각나지 않아서 그냥 지나쳤으리라 판단된다. 만약에 다시 돌아와 붙였다면, "九三用壯用罔, 以過中也"가 되지 않았을까 싶다.

九四, 貞吉, 悔亡 ; 藩決不羸, 壯于大輿之輹.

구사, 정도를 지켜야 길하고, 뉘우침이 사라진다. 울타리가 터져 있어 고달프지 않으니, 큰 수레의 바퀴가 씩씩하다.

✎ 구사는 음의 자리에 양으로 와서 그 자리가 바르지 못하고, 짝인 초구와 호응하지 못하며, 위에 있는 육오와 가깝게 지낼 수 있다. 구사는 육오에게 가는데 거리도 가깝고, 앞길이 열려 있어서 힘들지 않고 나아갈 수 있다. 그런 구사도 陽剛한 기운이 뻗치는 상황에서 正道로써 임해야 하고, 그렇게 했을 때 후회함이 사라진다. 이런 구사의 입장을 빗대어 말한 것이 바로 울타리가 터져 있기에 그 뿔을 쓰지 않아서 고달프지 않고, 큰 수레의 바퀴가 씩씩하게 보일 정도로 내달릴 수 있다는 말이다.

《象》曰 : 藩決不羸, 尙往也.

「상」에서 말했다. '울타리가 터져 있어 고달프지 않다' 함은, 더욱 (빠르게) 나아감이다.

✎ 더욱 나아간다 함은, 더욱 빠르게 달린다는 뜻이다. 울타리가 터져 있으니 고생하지 않고 내달릴 수 있다는 말이다. (藩=藩籬, 篱笆. 決=裂開, 決口. 大輿之輹=大車的車軸.)

六五, 喪羊于易, 无悔.

육오, 쉽게 양을 잃으나 후회함이 없다.

✎ 육오는 양의 자리에 음으로 와서 그 자리가 바르지 못하고, 짝인 구이와 호응하며, 아래 이웃인 구사와 가깝게 지낼 수 있다. 그리고 중도를 얻었다. 강성한 양의 기운이 뻗치는 상황에서 양의 자리인데 음으로 왔기에 신중하여 자기

제어 기능이 있다. 따라서 여기서 '양(羊)을 잃었다'라는 것은, 양의 저돌적인 기질을 잃었다는 것이기에 좋은 의미이고, 그래서 육오의 무모함이 사라져 후회할 일도 없는 것이다.

이 효사의 '于易'에 대해서는 실로 많은 견해가 있다. 물론, 중국인들의 견해이다. 우리는 솔직히 말해, 그들의 견해를 참고하고 판단하여 취사선택하는 경향이 없지 않지만, 중국인의 판단이 반드시 옳은 것도 아니다. 필자도 중국인들의 서로 다른 견해를 비교하면서 이리저리 해석해 보기도 했으나 현재는 아무도 주장하지 않은, 주관적인 판단을 내리게 된 것이다. 현재 중국 주역 전문사이트에서도 최종적으로 '易'을 '場'으로 풀이한다. 이 場도 변경지역(邊界)이며, 古代 '有易'이라는 지방을 말하기도 한다.

《象》曰 : 喪羊于易, 位不當也.
「상」에서 말했다. '쉽게 양을 잃으나 후회함이 없다' 함은, 자리가 부당함이다.

✎ 육오는 양의 자리인데 음으로 왔기에 자리가 부당함이고, 바로, 그 점 때문에 양강한 기운이 뻗치는 상황에서 덜 뻗친다는 것이고, 바로 그 점을 두고서 羊의 저돌적인 기질을 잃었다고 말한 것이다. 그래서 '于易'을 '쉽게'로 번역했다.

上六, 羝羊觸藩, 不能退, 不能遂, 无攸利 ; 艱則吉.
상육, 숫양이 울타리를 들이받아서, 물러설 수도 나아갈 수도 없으니, 이로울 바 없다. 괴로운즉 길하다

✎ 상육은 음의 자리에 음으로 와서 그 자리가 바르고, 짝인 구사와 호응하며, 가깝게 지낼 이웃은 없다. 움직이는 震의 끝자리이고, 동시에 양강한 기운이 뻗치는 大壯卦의 끝자리이다. 그래서 상육은 극에 달해서 가장 저돌적인 기질을 갖

고서 억제하지 못하는 국면으로 치닫는다. 그런 상육이 처한 모습을 빗대어서 '숫양'으로 말했고, 그것도 뿔로써 울타리를 들이받으나 뚫고 앞으로 나아갈 수도 없고 뒤로 물러날 수도 없는, 進退兩難의 곤궁한 상황으로 빗댄 것이다. 그러나 그런 상황은 오래가지 않고 풀린다는 뜻이다. 왜냐하면, 모든 상황이 끝나는 자리이기 때문이다.

《象》曰 : 不能退, 不能遂, 不詳也 ; 艱則吉 咎不長也.
「상」에서 말했다. '물러설 수도 없고, 나아갈 수도 없다' 함은, 날아오르지 못함이다. '괴로운즉 길하다' 함은, 허물이 오래가지 않음이다.

🖉 '不詳'에 관해 우리는 대체로 정이천의 해석(不詳慎也)을 받아들여 '신중하지 못하다'로 해석하는 경향이 있다. 그러나 신원봉은 '상세히 살피지 못하다'로 해석하였다. 하지만 필자는 '詳=飛上'으로 해석하였다.

그리고 허물이 오래가지 않는다 함은, 상육이 처한 진퇴양난의 어려움이 오래가지 않고 끝난다는 뜻으로, 움직이는 震의 끝이자 大壯의 끝자리이기 때문이다. 그래서 상육의 고난이 오래가지 않고 끝나기에 길하다는 뜻이다.

　　　　　　　*　　　　*

陽이 씩씩하게 자라는 것이, 다시 말해, 陽이 씩씩하게 나아가는 것이 '大壯'인데 육효사를 보니, 그 나아가고자 하는 욕구를 正道에 근거하여 제지하고 억제하면 길하고, 그렇지 못하면 흉하다는 사실을 알 수 있다. 따라서 「雜卦傳」의 "大壯則止"라는 말도 이해되는데, 멈추고 그쳐야 하는 것은 다름 아닌 '무모한 나아감'이다. 正道에 준거(準據)하지 않은 나아감, 내달림, 성장 등은 모두 무모한 나아감이다.

그렇다면, '正道란 무엇인가?'라는 질문이 성립되는데, 이에 대한 답은 따로 정리되어 있지는 않으나 六爻辭 내용을 근거로 유추하자면, ①때를 기다릴 줄 아는 지혜, ②하늘의 바름에 대한 믿음, ③강성한 욕구 억제와 신중한 태도, ④자신의 자리와 능력 자각 등이라고 말할 수 있다.

그러므로 강성한 기운이 뻗칠 때 그 기운을 잘 다스려 써야 한다는 보편적 진리를 떠올리지 않을 수 없다. 일상 속의 언어로 바꾸어 말하자면, 건강할 때 건강을 잘 지키고, 세력이 번창 일로에 있을 때 자만하지 말고 신중하게 생각하며, 짜임새 있게 관리 제어·통제해야 한다는 것이다. 한마디로 말해서, 잘 나갈 때 자신을 잘 다스려야 한다는 뜻이다.

육효의 길흉을 따져보아도, 의욕만을 앞세워서 준비도 지혜도 확신도 없는 상태에서 나아가면 초구처럼 흉하게 되고, 극단을 피하고 조심성 있게 말하고 행동하는 중도를 얻었다고 해도 바르게 자신을 제어해야 구이와 육오처럼 길하고 후회함이 없으며, 자신의 능력 곧 강성한 기운을 믿고 돌진한다면 저돌적으로 변하거나 상대방을 무시하게 되는 구삼과 상육처럼 괴로움과 불리한 꼴을 당하게 되며, 상황 판단을 잘하여 신중하면 구사처럼 길해질 수 있다. 문제는 강성한 기운의 제어(制御)요, 활용(活用)이라고 말할 수 있다.

35. 火地晉卦

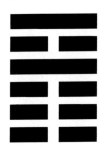

주역 서른다섯 번째 괘로 화지진괘(火地晉卦)가 있다. 불 火 離가 上卦이고, 땅 地 坤이 下卦라는 뜻이다. 그 모양으로 보면, 땅 위에 불이 번지는 모습이다. 卦德으로 보면, '順而明'이다. 곧, 유순하고, 밝다. 육효 배열로 보면, '음, 음, 음, 양, 음, 양'으로 양이 둘이고, 음이 넷이다. 육이만 자리가 바르고, 나머지는 모두 자리가 바르지 못하다. 그런가 하면, 육이만 짝과 호응하지 못하고, 나머지 두 짝은 호응한다. 그리고 구사와 육오는 위아래 이웃과 가깝게 지낼 수 있는 관계이다.

이런 '火地'를 '晉'으로 받았다. 그렇다면, '晉'은 어떤 의미로 쓰였을까? '晉'은 '나아가다, 꽂다, 삼가다, 억누르다, 억제하다, 물의 이름, 진나라' 등의 뜻이 있으나 여기서는 '나아가다'로 쓰였을 것으로 판단된다. 왜냐하면, 땅 위에 있는 불이란 점진적으로 번져나가는 것이 일반적이기 때문이다.

「序卦傳」에 의하면, "物不可以終壯, 故受之以晉. 晉者, 進也"라 했고, 「雜卦傳」에 의하면 "晉晝也"라 했다. 곧, 만물은 끝까지 씩씩할 수 없으므로 크게 씩씩한 大壯卦 다음을 나아가는 晉卦가 이었고, 晉이라고 하는 것은 '나아감'이라 했으며, 晉은 '낮'이라 했다.

그렇다면, 晉을 왜, 밤이 아닌 '낮'이라고 했을까? 불 火 離의 대표적 상징물이 곧 해(日)이기도 하지만 땅 위에서 번져나가는 불은 밝기 때문이다. 따라서 '火地'를 땅 위로 비추는 태양으로도 볼 수 있다. 그러니까, 아침에 떠오르는 태양이 점점 중천에 올랐다가 오후에는 다시 기울기 시작하여 결국엔 서산에 지는데 晋의 태양은 중천에 떠서 지상을 두루 내리비추는 상황으로 보인다. 이때 지상의 만물은 태양의 빛과 열에너지를 받아서 성장·발육하는 것이다.

다시 그렇다면, 불 혹은 태양이 땅속으로 들어간 '地火'는 어떤 의미를 부여받을까? 그것은 '明夷'이다. 곧, 밝음이 죽어 없어진 것이다. 바꿔 말해, 밝음이 땅속으로 숨어 자취를 감춘 것이다. 이런 '火地'와 '地火'를 비교해 보면, 이렇게 말할 수 있을 것 같다. 곧, 火地는 땅 위로 번지는 불이니, 그 불은 번져나가기 마련이므로 晋卦이고, '晋'은 '進'이다. 火地는 땅 위로 떠 있는 태양이요, 그 태양은 땅 위를 두루 비추기 마련이므로 晋卦이고, '晋'은 '晝'이다. 그렇듯, 地火는 땅속의 불이니, 그 불은 갇혀 있기 마련이므로 明夷卦이고, 明夷는 어둠이다. 다시 말해, 地火는 땅속의 태양이니, 그 태양이 숨어있는 꼴이므로 비출 수 없으니 밤이다. 따라서 火地가 낮이라면 地火는 밤이요, 火地가 밝다면 地火는 어둡다. 낮은 만물이 활동하며 생장하지만, 밤은 만물이 휴식하며 멈추어 있다고 말할 수 있다.

이런 점을 염두에 두고, 땅 地 坤은 만물을 끌어안고(藏), 하늘의 뜻에 순종하며, 만물을 養生시키는 일을 하는 주체로서 흔히 어머니(母)와 소(牛) 등으로 빗대어진다. 이런 坤의 생산성을 重地坤卦에서는 '牝馬(암말)'로 빗대기도 하지만 하늘이 부리는 태양이 중천에 떠서 대지를 비출 때, 음과 양 사이에서는, 바꿔 말해, 인간 세상에서는 어떤 일들이 벌어지는지 해당 역문을 차근차근 읽어보자.

* *

晋：康侯用錫馬蕃庶, 晝日三接.
화지진괘는, 강녕한 제후는 말을 번성시키도록 하사하고, (말을 하사받은 이는) 하루에 세 번 교접시킨다.

✏️ 태양이 중천에 떠서 대지를 밝게 내리비출 때가 곧 강녕한 시기라는 뜻이고, 그때 군주는 백성 곧 사육사에게 말을 하사하여 번성시키도록 한다는 뜻이다. 그리고 말을 하사받은 사람은 하루에 세 차례 정도 교접시켜, 다시 말하면, 최대한 열심히 일함으로써 말을 번성시킨다는 뜻이다.

이 卦辭는 해석상의 많은 논란이 있다. 중국 공영달(孔穎達:574~648)의 해석을 따르는 이들은, '나라를 편안하게 한 제후에게 많은, 좋은 말을 하사하고, 하루에 세 번 그 제후를 접견한다'라고 번역한다. 물론, 여기서 '세 번'이라는 횟수는 꼭 '세 번'이 아니고 '여러 번' 혹은 '자주' 접견한다는 뜻이다. 한마디로 말해, 군주가 강후를 최고로 예우한다는 뜻이다. 우리나라에서 주역을 공부한 대다수사람들은 이에 동의하고 있다.

그리고 '康侯'에 대해서도, 현 중국에서조차 두 가지로 해석한다. 하나는 '나라를 안정시킨 제후'라고 해석하는 것이고, 다른 하나는 '주(周)나라 무왕(武王)의 동생 강숙(康叔)'으로 해석하는 것이다.

'강후(康侯)'를 고유명사로 해석하든 일반명사로 해석하든, 주(周)나라의 역사를 상세하게 알지 못하는 사람으로서는 글자 그대로 '나라를 편안하게 한 제후' 혹은 '강녕한 시기의 제후'로 해석할 수밖에 없다. 특히, 화지진괘의 전체적인 卦象을 염두에 둔다면, 다시 말해, 태양이 대지 위로 비추고, 만물이 그 햇살을 받아서 빠르게 성장하는 상황을 감안(勘案)한다면 필자와 같은 해석을 함이 옳다고 본다. 이때 康은 安이고, 蕃은 盛이며, 庶는 衆이다. 그리고 接에는 '흘레하다, 교미하다'의 뜻도 있고, '대접하다, 대우하다'라는 뜻도 있다. 그래서 '세 번 접견하다'와 '세 번 교미시키다'로 해석하는데 강후가 말을 증식시킨다는 점에서는 '교미시키다'가 맞고, 군주가 강후를 존중하고 예우한다는 의미에서 보면 '접견한다'가 맞을 것이다. 판단은 독자의 몫이다.

그러나 문장을 자세히 보면, 말을 하사하여 번성시키는 일을 활용하는 주체가 바로 강후임을 알아야 한다. 더 정확히 말하면, 강녕한 시기의 제후라는 뜻이다. 이 제후가 곧 군주이다. 다만, 말을 하사받는 주체가 생략되어 있을 뿐이다.

《彖》曰 : 晋, 進也, 明出地上, 順而麗乎大明, 柔進而上行, 是以康侯用錫馬蕃庶, 晝日三接也.

「단」에서 말했다. 화지진괘의 '진'은 나아감이고, 밝음이 땅 위로 나오고, 순종하며 큰 밝음에 걸리어 있으니, 유가 전진하여 위로 간다. 이로써 강녕한 시기의 제후는 말을 하사하여 번성시키도록 하고, (말을 하사받은 이는) 하루에 세 번 교접시킨다.

✎ '晉=進'으로 해석하였다. 그리고 '進'을 밝음이 땅 위로 나옴이라고 풀었다. 다시 말해, 해가 떠올랐다는 뜻이다. 순종한다는 것은 땅 地 坤의 덕성이고, 큰 밝음에 걸리어 있다는 것은, 불 火 離의 덕성을 풀어서 말한 것이다. 柔가 전진하여 위로 나아간다는 것은, 下卦인 땅 地 坤의 움직임을 말한 것이다. 더 구체적으로 말하면, 上卦인 離의 二爻를 두고 말함인데, 晉의 六五를 두고, 坤에서 陰이 올라가 離가 되었다고 본 것이다. 그러니까, 乾과 坤이 상호 작용하여 八卦가 형성되는 이치에 의거 설명한 것이다.

결과적으로, 밝은 태양이 대지 위로 솟아올라 비추는, 군주의 선정이 만방에 미치는 강녕한, 좋은 시기에는 제후 곧, 군주가 말을 풀어서 하루에 세 번 교접시키도록 함으로써 말을 번성시켜야 한다는 것이다. 결국, 밝은 낮에 열심히 일한다는 뜻이고, 그 일 가운데 농사짓는 것도 있지만 여기서는 말(馬) 번식 사육을 말한 것뿐이다. 일에도 다 때가 있다는 뜻이다.

《象》曰 : 明出地上, 晋 ; 君子以自昭明德.

「상」에서 말했다. 밝음이 땅 위로 나옴이 진이니, 군자는 이로써 보고 깨달아, 스스로 밝은 덕을 비추어라.

✎ 밝음이 땅 위로 나왔다는 것은, 태양이 대지 위로 솟아올라 밝게 비춘다는 뜻이다. 그리하여 만물이 생장하듯이, 군자는 그 태양처럼 자신의 밝은 덕을 스스로 비추어서 백성을 이롭게 양육하라는 뜻이다. 그러니까, 자신의 큰 덕으로써 백성을 두루 비추라는 뜻이다. 德으로써 백성을 비춘다는 것은, 덕을 베풀어서 백성을 다스린다는 뜻이다. 한마디로 말해, 태양을 군주로 빗대었고, 태양이 대지를 비추어 만물 양육시킴을 군주가 자신의 밝은, 혹은 큰 덕으로써 통치함으로 빗대었다. 여기서 '昭'는 '照'이고, '明'은 '日'이다.

初六, 晋如摧如, 貞吉 ; 罔孚, 裕无咎.

초육, 나아가려다 말고 물러남이니, 정도를 지켜야 길하다. 신임받지 못하나 느긋하게 (기다리면) 무구하다.

✎ 초육은 자리가 바르지 못하고, 짝인 구사와 호응하나, 가깝게 지낼 이웃이 없다. 양의 자리에 음으로 와서 그 성품이 柔弱하다. 그래서 초육은 위로 올라가려다가 말고 그만 물러난다. 그런 초육은 자리가 바르지 못하니 더욱 바르게 처신해야 할 것이다. 그런 자신에 대하여 짝인 구사가 신임하지 않더라도 느긋하게 기다리면 무구하다는 뜻으로 읽힌다.

그런데 『인문으로 읽는 주역』을 펴낸 신원봉은, 많이 다르게 해석한다. 이 爻辭에 관해, "나아가 회유하면서 저항세력을 없애니, 곧으면 길하다. 법망을 신뢰해 풍요롭게 되니, 허물이 없다"라고 번역했다. 물론, "初六 : 晋如, 摧如, 貞吉. 罔孚裕, 无咎"로 표기하여 띄어쓰기도 다르게 했다. 이렇게 번역하는 데에는, 이 火地晋卦 상황을 주나라 건국 초기 상황으로 믿고 집착한 데에 따른 것으로 보인다.

그런데 아래 象辭에서 보면, '裕'를 '孚'에 붙이지 않고 '无咎'에 붙여 썼다. 상사 집필자는 신원봉과 다르게 해석했다는 뜻이다. 참고로, 현재 중국에서는 '摧'를 摧折로, '罔'을 无로, '孚'를 誠信으로, '裕'를 寬容으로 각각 해석한다. 물론, 중국 사람들끼리도 같은 문장, 같은 문구를 놓고도 전혀 다르게 해석하는 예는 적지 않다. 그러나 필자는 '裕'를 '느긋하게 기다리다'로 해석하였다.

《象》曰：晋如摧如, 獨行正也；裕无咎, 未受命.
「상」에서 말했다. '나아가려다 말고 물러남'이란, 홀로 바르게 처신함이다. '느긋하게 기다리면 무구하다' 함은, 아직 명령을 받지 않음이다.

✍ 홀로 바르게 처신한다는 것은, 下卦인 坤卦 세 효가 모두 陰으로서 위로 올라가려는 성향을 띠는데, 초육만은 위로 올라감을 포기하고 물러선다는 뜻이고, 그것이 곧 正道라는 뜻이다. 그리고 아직 명을 받지 않았다는 것은, 위로 올라갈 때가 아니라는 뜻이다. 그래서 느긋하게 기다리면 무구하다고 했다.

六二, 晋如愁如, 貞吉；受玆介福, 于其王母.
육이, 나아가려다 걱정됨이니, 정도를 지켜야 길하다. 왕모에게서 큰 복을 받는다.

✍ 육이는 자리가 바르고, 짝인 육오와 호응하지 못하며, 가깝게 지낼 이웃도 없다. 다만, 中正을 얻었다. 그러니 중도를 바르게 지키는 것만이 그의 유일한 길이다. 그렇다면, 육이는 무슨 수심이 있을까? 위로 나아가야 하는 상황에서 짝과 호응하지 못하고, 가깝게 지낼 이웃도 없으니 근심 걱정이 되는 것은 당연하다. 그런데 중도를 얻어서 정도를 지키니 길하게 된다. 이런 육이의 처지를 인간사로 바꾸어 말하면, 바르게 처신하기에 왕의 어머니로부터 큰 복을 받는다는 것이다.

여기서 '茲'는 '此' 또는 '茂盛'이고, '介'는 '大'이다. 그리고 '王母'에 관해서는 육오라고들 말한다. 陰爻 넷 가운데 가장 높은 자리를 차지했음일까? 그런데 왜, 육이에게만 복을 줄까? 同類로서 같이 중도를 지키기 때문일까? 그렇다. 다른 이유는 없어 보인다.

《象》曰 : 受玆介福, 以中正也.
「상」에서 말했다. '큰 복을 받는다'라고 함은, 중도의 바름이다.

✎ 중도의 바름이라는 것은, 하괘의 가운데 자리를 차지했다는 점과 그 자리가 바르다는 점 두 가지를 두고 말함이다. 이것을 인간사로 바꾸어서 말하자면, 치우침이 없고, 균형 잡힌 생각을 하며, 행실이 또한 바르다는 뜻이다. 그래서 육이와 같은 사람은 표창을 받는다는 뜻이나 다르지 않다.

六三, 衆允, 悔亡.
육삼, 민중(백성)의 믿음이니, 근심이 사라진다.

✎ 육삼은 자리가 바르지 못하고, 짝인 상구와 호응하며, 위에 있는 이웃인 구사와 가깝게 지낼 수 있다. 여기서 '민중의 믿음(衆允)'이란 백성이 품은 진실이고, 백성이 그 진실을 믿는다는 뜻이다. 아래 상사에서 설명하듯이, 민중이란 위로 올라가고자 하는, 같은 뜻을 품은 同類로 음효 셋을 말한다. 아래 坤의 음효 셋이 곧 민중, 백성이라는 뜻이다. 이들이 一心同體로서 합심하면 나아감의 근심이 사라진다는 의미로 받아들여진다.

《象》曰 : 衆允之志, 上行也.
「상」에서 말했다. '민중의 믿음'이라는 뜻은, 위로 올라감이다.

✍ 위로 올라간다는 것은, 下卦 세 효가 짝을 찾아 上卦 세 효가 있는 위로 올라간다는 뜻이고, 짝을 찾아 올라간다는 것은, 하늘의 태양과 호응하여 스스로 성장함을 말한다. 이것을 인간사로 바꾸어서 말하자면, 백성이 군주의 은혜를 입을 수 있도록 군주와 코드를 맞추고 협력한다는 뜻이다.

九四, 晋如鼫鼠, 貞厲.
구사, 나아감이 생쥐 같음이니, 바르더라도 위태롭다.

✍ 구사는 자리가 바르지 못하고, 짝인 초육과 호응하며, 위아래 이웃들과도 가깝게 지낼 수 있다. 그런데 그의 나아감이 왜 '생쥐' 같다고 했을까? 육삼, 육오 두 음효 사이에 끼어서 거칠게(양효이기 때문에), 혹은 간사하게(양다리를 걸치기 때문에) 행동하는 무례함 때문일까? 현재의 필자로서는 이렇게밖에 생각할 수 없다.

'鼫鼠(석서)'를 우리나라에서는 '쥐새끼(심의용)'라거나 '다람쥐(고은주, 김재홍)'라거나 '큰 쥐(신원봉)' 등으로 해석한다. 그러나 필자는 교활한 생쥐이거나 두더지 같다고 판단한다. 사람에게 가까운 것은 생쥐이고, 농작물에 피해를 주는 것은 두더지이다. 한자로 생쥐는 '鼷(혜)'이고, 두더지는 '鼴(언)'이다.

현재 중국 주역 전문사이트에서는, 天螻, 螻蟈, 螻蛄, 仙姑, 石鼠, 土狗 등의 별칭을 갖는 '梧鼠'로 표기해 놓고 막연히 '鼠'라고 해석한다. 그러면서 한결같이 '梧鼠之技' 故事를 인용하면서 탐(貪)이 있으나 이루는 것이 없는 무능력과 성품을 갖는 존재로 묘사한다. 그러나 이것은 아닌 것 같고, 분명한 사실은 鼫鼠[shí shǔ]가 농작물에 해를 끼치는 쥐의 일종으로, 교활하고 나쁜 사람을 빗대어 사용되는 말이라는 점이다.

사실, '석서'를 무엇으로 해석하느냐보다는 왜, 구사를 두고 이런 비유가 성립하느냐이다. 전자는 표피적인 문제이지만 후자는 易의 본질적인 문제이기 때문이다. 쉽게 말해, 어떤 이유로 이런 爻辭가 붙여졌는가를 고민해야 한다고 생각한다.

《象》曰：鼫鼠貞厲, 位不當也.
「상」에서 말했다. '생쥐가 바르더라도 위태롭다' 함은, 자리가 부당함이다.

✎ 자리가 바르지 못한 효가 이 구사 뿐은 아니다. 초육, 육삼, 육오, 상구 등도 다 자리가 부당하다. 그렇다고, 다 위태롭다고 말하지는 않는다. 상사 집필자도 주어진 효사를 나름대로 해석하려고 애를 많이 썼는데 궁색한 면이 없지 않다.

六五, 悔亡, 失得勿恤 ; 往吉, 无不利.
육오, 후회가 사라지고, 잃고 얻음에 걱정하지 말라. 가면 길하고 불리할 게 없다.

✎ 육오는 자리가 바르지 못하고, 짝인 육이와 호응하지 못하나, 위아래 이웃과 가깝게 지낼 수 있다. 그리고 柔中을 얻었다. 그런데 왜, 이 같은 효사가 붙었을까? 그는 왜 좋은 일이 생기기 전에는 근심 걱정하는가? 자리가 바르지 못하고 짝인 육이와 호응하지 못함일까? 필자는 그렇다고 생각한다. 그리고 왜, 육오는 득실을 따지지 말고 나아가면 길해지고 유리해지는가? 柔中으로써 위아래 이웃들로부터 지지 성원을 받기 때문이다. 결과적으로, 음효 넷의 수장으로서 함께 순종하는 同志를 얻기 때문이다.
효사를 읽을 때 '왜?' 하고, 묻곤 하지만 알 길이 없는 게 많다. 이를 설명해 주는 小象辭로는 한계가 있다. 혹, 爻辭를 붙였다고 하는 주 문왕의 아들만이 알고 있는, 王家의 역사적 사실을 반영했기 때문일까? 현재의 나로서는 알 수 없다.

《象》曰：失得勿恤, 往有慶也.
「상」에서 말했다. '잃고 얻음에 근심하지 말라' 함은, 가면 경사가 있기 때문이다.

✎ 나아가면 경사가 있다는 것은, 강력한 리더십을 발휘하기는 어려우나 부드러운 중도를 얻은 육오가 陽剛한 구사와 상구의 도움을 받으니, 다시 말해, 태양으로서 빛을 비추니 그 결과로써 좋은 일이 있다는 뜻이다.

上九, 晋其角, 維用伐邑, 厲吉, 无咎 ; 貞吝.
상구, 그 뿔로써 나아감으로, 오직 속국(屬國)을 정벌하는 데 활용함이니, 위태로우나 길하고, 무구하다. 정도를 지킴에 인색하다.
상구 : 뿔로써 밀어 읍을 정벌해 들어가니, 위험해도 길하며 허물이 없다. 곧음을 견지하여 곤경에 대비해야 한다(신원봉).

상구효, 그 뿔에까지 나아가니 오직 자기 자신을 강하게 단속하는 데에 사용하면 엄격하더라도 길하고 허물이 없다. 하지만 올바름의 측면에서 부끄러움이 있다(고은주).

상구효는 나아감이 뿔과 같으니, 오직 고을을 정벌하는 데에 사용하면 엄격하더라도 길하여 허물이 없지만 올바름에는 인색함이 있다(심의용).

✎ 이 爻辭는 우리말 번역에 상당한 차이가 있어서 세 분의 것을 소개하였다. 현재 중국에서는 維를 語氣詞로, 邑을 屬邑, 附屬小國로 해석한다. 필자는 '維'를 '唯'로 해석하였다.
상구는 자리가 바르지 못하고, 짝인 육삼과 호응하며, 아래 이웃인 육오와 가깝게 지낼 수 있다. 육오에게 국정을 자문해 줄 수는 가장 높은 자리에 있으나 더 나아갈 곳도 없고, 그 교만함을 드러낼 수도 있다. 이런 그의 능력과 성품을 짐승의 '뿔'로써 빗대었다. 따라서 正道를 지켜 임무를 완수하기가 쉽지 않기에 작은 속국이나 정벌하여 공을 세움이 적당하다는 뜻으로 읽힌다. 게다가, 위태로움이 있는데 그것은 중도를 지나쳐 있는 데다가 음의 자리에 양으로 와서 과격함을 보이기 때문이다. 그래서 상구는 정도를 지키는 것보다 '뿔'이라고 하는 수단을 쓰게 된다.

《象》曰：維用伐邑, 道未光也.

「상」에서 말했다. '오직 속국을 정벌하는 데에 활용함'이란, 도가 빛나지 않음이다.

✎ 道가 빛나지 않는다는 것은, 상구의 행실이나 상구가 걸어가는 길이 빛나지 않는다는 뜻이고, 빛나지 않는다는 것은, 널리 모범이 되지 못한다는 뜻이다. 결과적으로, 그 도가 바르지 않다는 뜻이다. 그래서 道란, 사람이 걸어가는 길이요, 사람이 살아가는 정신적 가치 판단의 기준이라 할 수 있다.

실제로, 小象辭를 분석해 보면, ①道를 잃었다(坎卦, 睽卦, 漸卦 등) ②道를 잃지 않았다는 말이 많이 쓰였고(觀卦) ③도가 빛나지 않는다(晉卦) ④도가 궁하다(節卦) 등의 말도 쓰였으며 ⑤도가 크게 행해지다(大畜卦) ⑥도가 큰 패륜이다(頤卦) ⑦도를 이끈다(姤卦) 등 다양하게 쓰인 것으로 보면, '道'는 사람이 걸어가는 길이자 사람의 행실을 결정짓는 가치 판단의 기준으로서 드러나는, 살아가는 길로서 방법이다. 그리고 地道·柔道·中道 등의 용어도 적잖이 쓰였고, 빛나지 않는다는 '未光也(噬嗑卦, 震卦, 兌卦)', '未失也(家人卦)' 등도 쓰였다. 따라서 小象辭에서 말하는 '道'의 개념에 관해서도 별도 연구가 필요하다.

*   *

태양이 중천에 떠서 지상의 만물에 두루 비출 때, 다시 말하면, 군주의 밝은 智

慧와 德이 백성에게 두루 미치는 강녕한 시기에, 백성은 어떤 움직임을 보일까? 六爻辭가 그 답인데, 이를 살펴보면, 下卦의 세 효는 대체로 좋다. 그러나 上卦의 세 효는 중도를 얻은 육오를 제외하고는 위태로움이 있다. 소극적인 음효는 대체로 좋으나 적극적인 양효는 위험하다. 역시 앞으로 나아가는 데에도 '돌진(突進)'보다는 신중한 자세로 조심스럽게 나아감이 요구된다는 뜻일까? 그렇다.

나아가려다 말고 물러나며(초육), 왕모(王母)가 주는 복(賞)을 받으며(육이), 만백성의 신뢰를 등에 업고 나아가며(육삼), 양다리를 걸치고 생쥐처럼 처세하며(구사), 부드러운 중도로써 이웃들의 신임을 받아 유리해지고(육오), 과격함으로 속국을 정벌하는 일들이 전개된다.

36. 地火明夷卦

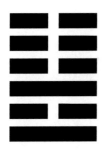

주역 서른여섯 번째 괘인, 火地晉卦의 위아래가 바뀐 지화명이괘(地火明夷卦)가 있다. 그러니까, 땅 地 坤이 上卦이고, 불 火 離가 下卦라는 뜻이다. 그 모양으로 보면, 땅속으로 불이 들어간, 다시 말해, 땅속으로 태양이 숨은 모습이고, 卦德으로 보면, '明而順'이다. 곧, 밝고, 순종함이다. 그러니까, 밝음이 순종한다는 뜻이다. 밝음이 순종한다는 것은 지혜와 능력이 있는 자가 그것을 감추고서 없는 듯이 순종한다는 뜻이다. 그리고 육효 배열로 보면, '양, 음, 양, 음, 음, 음'으로 양 둘에 음이 넷으로, 육오만 자리가 바르지 않고, 나머지는 모두 자리가 바르다. 그런가 하면, 육오만 짝과 호응하지 못하고, 나머지는 모두 호응한다. 그리고 육이와 구삼은 위아래 이웃과 가깝게 지낼 수 있는 관계가 있다.

이런 '地火'를 '明夷'로 받았는데 '明夷'란 어떤 의미로 쓰였을까? '明'은 자연에서는 '밝음'이고, 태양이 그것을 상징하나 인간사로는 '지혜'이며, 군자가 그것을 상징한다. 그리고 '夷'란 '오랑캐, 동방의 종족, 잘못, 무리, 상하다, 다치다, 멸하다, 죽이다, 평평하다, 평탄하다, 깎다, 풀을 베다, 온화하다, 오만하다, 기뻐하다, 크다, 걸터앉다, 떳떳하다, 얕잡아 보다' 등 다양한 의미로 쓰이나 여기서는 '멸하다', '죽이다'로 쓰였다. 따라서 '明夷'란 '밝음이 사라짐'이다. 다시 말해, '지혜를 멸하여 숨김'이다. 밝음이 상했다는 것은 밝음이 제 기능을 발휘하지 못한다는 뜻이고, 그것은 어둡다는 뜻이다. 어둡다는 것은 인륜의 正道가 지배하는 사회가 아니라는 뜻이다. 그래서 '明夷'를 ①지혜·능력·정체성 등을 숨기다, ②어둠이 지배하는, 인륜의 정도가 땅에 떨어진 무질서한 시기, 상황이라고 보면 틀리지 않는다.

「序卦傳」에 의하면, "晉必有所傷, 故受之以明夷. 夷者, 傷也"라 했고, 「雜卦傳」에 의하면, "明夷誅也"라 했다. 곧, 나아가면 반드시 다치는 바가 있기에 나아가는 晉卦 다음을 상하는 明夷卦가 이어받았고, '夷'라는 것은 상함이라 했으며, 明夷는 誅(주)라고 했다. '誅'는 '치다, 베다, 責하다, 족살(族殺)하다, 꾸짖다, 덜다' 등의 의미로 쓰이는데 여기서는 '처벌(處罰)받다'라는 뜻으로 쓰인 것으로 추정된다. 그러나 정확한 의미는 육효사까지 다 읽어보아야 알 수 있을 것이다.

그리고 離卦를 상징하는 대표적인 사물이 태양인데, 그 태양이 땅속으로 내려가 빛을 발하지 못하는 상황인 日沒 후 밤의 어둠이 곧 明夷라는 점을 떠올리면 될 것 같다. 이것을 인간사로 바꾸어서 말하자면, 밝음에 해당하는 지혜나 능력을 숨기고 무지나 무능력으로 대응하는, 대응할 수밖에 없는, 아주 곤란한 상황으로 판단되는데 여하튼, 해당 역문을 차근차근 읽어보면서 판단해 보자.

*　　　*

明夷：利艱貞.
지화명이괘는 이롭고, 고난이 따르며, 곧아야 한다.

✎ '明夷'는 밝음이 손상당하는 어둡고 무질서한 세상이므로 사람은 처벌받으며, 처벌받는 자는 자신의 지혜와 능력과 정체성을 숨기는 상황이다. 이러한 현실이 이롭다는 것은, 궁극적으로 잘 극복했을 때 그 결과가 좋다는 뜻이다. 그리고 고난이 따른다는 것은, 옳고 그름이 명백하지 않은 채 처벌을 받게 되므로 그로 인한 고통과 어려움이 수반된다는 뜻이다. 그리고 곧아야 한다는 것은, 벌을 받는 사람 입장(立場)에서 심지가 곧아야 하고 그 마음 씀이 한결같아야 한다

는 뜻이다. 여기서 '明'의 반대말은 아래 彖辭에 나오는 '晦'이고, '艱'은 '苦'이자 '難'으로 해석하였다.

《彖》曰 : 明入地中, 明夷. 內文明而外柔順, 以蒙大難, 文王以之. 利艱貞, 晦 其明也. 內難而能正其志, 箕子以之.

「단」에서 말했다. 밝음이 땅속으로 들어감이 '명이'다. 속으로는 무늬가 밝게 드러나고, 겉으로는 유순하니, 이로써 큰 어려움을 입으니, '문왕'이 그랬다. '이롭고, 고난이 따르며, 곧아야 한다'는 것은, 지혜를 숨김이다. 속으로는 어려우나 능히 그 뜻을 바르게 함이니, '기자'가 그랬다.

✎ 속으로 무늬가 밝게 드러난다는 것은, 안으로 숨긴 지혜가 많다는 뜻이고, 밖으로 유순하다는 것은, 겉으로 순종한다는 뜻이다. 이로써 큰 어려움을 입었다는 것은, 지혜와 능력이 있는 사람이 고난을 받게 되어 유순하게 순종한다는 뜻이다. 그리고 지혜를 숨긴다는 것은, 자신의 능력을 숨긴 채 겉으로는 무능력한 것처럼 보이며, 맹종한다는 뜻이다. 그리고 속으로 어려우나 뜻을 바르게 한다는 것은, 바른 뜻을 품고 잃지 않기에 속마음이 힘들다는 뜻이다.

이 彖辭에서는 '문왕(文王:기원전 1152 ~ 기원전 1056)'과 '기자(箕子:? ~ 기원전 1082)'라고 하는 두 사람이 거명되었다. 거명된 이유는, 속으로는 총명하고 지혜로우나, 겉으로는 유순하게 순종하듯 처신함으로써 큰 어려움을 극복했다는 점 하나와 괴로운 속내를 숨기고서 正道 회복을 기대하며, 정도에 대한 믿음으로써 어려운 국면을 타개했다는 점 때문이다. 앞의 경우가 문왕에 해당하고, 뒤의 경우가 기자에 해당한다.

문왕은 그 이름이 姬昌으로, 현재 중국의 陝西省 岐山縣 사람이며, 周 나라의 기초를 닦은 太王으로 불린다. 周 武王의 아버지이며, 갑골문을 만들었고, 주역의 卦辭를 붙인 사람이다. 周侯·西伯·姬伯 등으로도 불린다.

姬昌은, 은(殷)나라 주왕(紂王)으로부터 삼공(三公)의 작위를 받고, 옹주성(雍州城)의 城主가 되었는데 善政을 베풀어 그 세력이 날로 확장되었고, 여섯 州의 백성이 귀속되었다. 그의 세력은 점점 증강되었고, 상대적으로 상(商)나라 왕조는 暴政으로 불안해져 갔다. 이때 숭후호(崇侯虎)라는 奸臣이 주왕에게 진언하기를 "희창이 선정을 베풀어 곳곳에서 자기 위신을 세우고, 많은 제후가 그를 따르고 있다."라고 했다. 이에 깜짝 놀란 주왕이 희창을 유리(羑里:옛 지명. 지금의 河南省 安陽市 湯陰縣에서 북쪽으로 4.5킬로미터 떨어진 곳에 羑里城 遺址가 있음)에 있는 감옥에 가두어 버렸다. 그러자 희창의 대신(大臣) 산의생(散宜生)이 많은 값비싼 보물과 말과 함께 신씨(莘氏) 미녀를 주왕에게 바치었다. 그러자 주왕은 크게 기뻐하며 감옥에 있던 희창을 사면해 주었다. 그리고 그에게 활과 도끼 등 무기를 주면서 정벌의 대권(大權)을 주었다고 한다.

기자(箕子)는, 본명이 '자서여(子胥余)'이고, 상(商)나라 문정(文丁)의 아들이며, 상(商)나라 왕 제을(帝乙)의 동생이며, 상나라 왕 제신(帝辛:紂王)의 숙부(叔父)로 은(殷)나라 지금의 하남성(河南城) 안양(安陽) 출신이다. 그는 상(商)의 주왕(紂王)을 보좌했으며, 역사적 대격변기였던 상(商)나라와 주(周)나라 간의 정권 교체기에 '기(箕)'의 태사(太師)로 봉해졌다. 그는 사치와 향락과 폭정으로 도를 지나친 주왕(紂王)에게 몇 차례 간언(諫言)하지만 받아들여지지 않았다. 심지어 '떠나라'라는 말까지 들으나 기자는 거부하고, 600년 사직이 주왕에 의해서 끊어질 것을 생각하면서 비탄에 잠기었다. 급기야 미친 척하며, 머리를 풀어헤치고, 노래를 부르며, 울분을 스스로 삭이었다. 이를 본 주왕(紂王)은 그가 정말 미쳤다고 판단하여 구금(拘禁)하고, 노예로 전락시켰다.

기원전 1124년, 주(周) 나라 무왕(武王)이 병사를 일으켜 '목야(牧野:河南省 新乡市 北部)'에서 상나라 주왕(紂王)과 결전을 벌였고, 패한 주왕은 스스로 목숨을 끊었으며, 이때 기자는 난을 피해 기자산(箕子山:지금의 山西省 東南部 晋城市 陵川縣)으로 도피하여 잠시 은거 생활을 하였다. 이때 기자는 흑백의 돌을 이용하여 점을 쳐서 하늘의 상을 관찰하고, 천지의 사계절과 음양오행과 만물의 변화 순환 이치를 깨달았는데, 상나라를 완전히 정복하고 주(周) 제국을 세운 무왕이 그를 찾아와 천명(天命)에 순응하는 나라 다스리는 법을 간곡하게 가르쳐 달라고 청했다. 이때 하우(夏禹:중국 上古시대 夏朝 개국 군주) 때부터 전해 내려오는 '홍범구주(洪範九疇)'를 기자가 무왕에게 전했다고 한다. 이에 무왕은 크게 기뻐하면서 돌아갔고, 그 뒤로 기자는 무왕의 신하가 될 수 없다며 무리를 이끌고 동쪽으로 건너와 기자(箕子) 조선(朝鮮)을 건립했다고 전해진다. 이런 기자는 '미자(微子:商나라 紂王 帝辛의 長兄)', '비간(比干:商 文丁의 아들:기원전 1092 ~ 기원전 1029)' 등과 함께 은말삼인(殷末三仁) 또는 삼현(三賢)이라고 불린다.

《象》曰：明入地中, 明夷；君子以莅衆, 用晦而明.

「상」에서 말했다. 밝음이 땅속으로 들어감이 '명이'라. 군자는 이를 보고 깨달아, 군중에게 이르러서는 어둠을 이용하여 밝음을 드러내라.

🖋 '어둠을 이용하여 밝음을 드러내라'라는 말은, 비유적 표현으로 실은 밝지만 어두운 척하라는 뜻이다. '明'이 밝음, 총명, 질서, 드러냄이라면 '晦'는 어둠, 무지, 혼돈, 숨김이다. 그래서 우리말 번역을 할 때도 짝을 맞추어야 옳다고 본다. 따라서 '어둠을 써서 밝음을 드러내라(用晦而明)'라는 것은, 어두운 척하지만 밝음을 유지하라는 뜻이고, 무지한 척하나 총명을 유지하라는 뜻이다. 그러니까, 자신을 어둡고, 어리석게 보이면서도 자신의 밝음과 총기를 잃어서는 안 된다는 뜻이다. 한마디로 말해서, 상대방 수준이나 상황에 맞추어서 말하고 행동하되 자신의 본바탕은 변하지 않아야 한다는 속뜻이 있다. 이것은 어디까지나 상대방의 마음을 사고, 파국(破局)을 면하기 위해서 방편으로써 자신의 진짜 속과 다른 모습을 보이라는 뜻이다. 특히, 밝음이 손상당하거나 멸하여 밝음으로써 제구실을 하지 못 할 때는, 다시 말해, 옳고 그름이 분별 되지 않고, 무질서한

혼돈 상황에서는 자신의 총기(聰氣)를 스스로 감추어서 무지함을 드러내야 문왕(文王)과 기자(箕子)처럼 위기를 면할 수 있고, 살아남아서 다음 일을 도모할 수 있다는 숨은 뜻이 들어있다. 이를 좋게 말하면 '기지(機智)' 혹은 '계략(計略)'이라고 할 수 있으나, 나쁘게 말하면 '비겁(卑怯)한 술수(術數)'라고도 말할 수 있다.

初九, 明夷于飛, 垂其翼 ; 君子于行, 三日不食. 有攸往, 主人有言.
초구, 어두워지면 나는 (새가) 그 날개를 드리운다. 군자가 나아감에 삼 일을 먹지 않는다. 나아가면 주인의 말이 있다.

✎ 초구는 자리가 바르고, 짝인 육사과 호응하며, 위에 있는 이웃 육이와도 가깝게 지낼 수 있다. 초효로서 비교적 좋은 조건에 놓여있다. 이 좋은 조건이 밝음이 손상되는, 어둡고 무질서한 세상에서는 오히려 나쁜 상황으로 바뀐다. 그 나쁜 상황을 두 가지로 표현했는데, 하나는 자연현상으로써이고, 다른 하나는 인간사로써이다. 곧, 어두워지면, 나는 새들도 그 날개를 드리운다는 것은 自然事이고, 어두워졌는데도 군자가 나아감에 삼 일을 먹지 못하는 상황은 人間事이다.

새가 날개를 드리운다는 것은, 어두워져서 새가 날기를 포기하고 둥지로 들어가 쉰다는 뜻이고, 어둠 속에서도 군자가 나아간다는 것은 무질서한 세상에서 그 무질서를 무릅쓰고 일한다는 뜻이며, 삼 일 먹지 못한다는 것은 그 일로 직위 직책을 반납했거나 빼앗겼다는 뜻이다.

그러함에도 불구하고, 나아가면, 주인의 말이 있다. 이때 주인의 말이 있다는 것은, 주군의 명령이 있다는 뜻이고, 그 명령의 핵심은 구체적으로 알 길이 없으나 둘 가운데 하나일 것이다. 곧, 재앙을 내리거나 기쁜 복직(復職)이 아닐까 싶다. 하지만, 중국 주역 전문사이트에서는 이 '有言'에 대하여, '責怪之言'이라고 풀이한다. 곧, '책망하는 말'이라고 해석했으며, 대다수사람은 이를 따른다. 그러면서 그들은 이 초효를 두고 '伯夷·叔齊'를 떠올리기도 한다.

초구는 양의 자리에 양으로 와서 그 자리가 바르며, 陽剛한 지혜와 의욕을 가진 자이다. 그래서 어두운 상황에서도 나아갔고, 그 때문에 직위를 스스로 포기하거나 박탈당하는 상황을 맞이했다. 그리고 문장상에 '새(鳥)'라는 주어는 생략되어서 없으나 있는 것처럼 넣어 해석했다.

《象》曰 : 君子于行, 義不食也.

「상」에서 말했다. '군자가 나아감에 삼 일을 먹지 않는다' 함은, 의리상 먹지 않음이다.

✎ 의리상 먹지 않는다는 것은, 밝게 비출 수 없는 어두운 상황에서 군자가 나아갔기 때문에 어두운 세상의 밥을 거부함이다. 어두운 세상이 싫다고 반기를 들었기 때문에 먹지 않는 것은 당연하다. 그리고 먹지 않는다는 것은, 자리에서 쫓겨나 봉록을 받지 못함이다.

六二, 明夷, 夷于左股, 用拯馬壯, 吉.

어두워져서, 왼쪽 대퇴부(大腿部)를 다치니, 튼튼한 말의 도움을 받아, 길하다.

✎ 육이는 자리가 바르고, 짝인 육오와는 호응하지 못하나, 위아래에 있는 이웃들과 가깝게 지낼 수가 있다. 게다가, 中正을 얻었다. 따라서 육이는 어두운 세상에서도 협력자가 많으며, 신중하게 처신하는 지혜까지 겸비하고 있다. 이런 육이를 두고 주(周) 문왕(文王)으로 여겨서 해석하기도 한다. 곧, 밝음이 상하여 없어지는 어두워짐을 상(商) 주왕(紂王)의 폭정 시기로, 왼쪽 대퇴부 다침을 문왕이 유리 감옥에 갇힘으로, 튼튼한 말의 도움을 문왕 신하의 구원 로비활동으로, 길함을 사면(赦免)·출옥(出獄)으로 각각 빗대어 말한다. 실로, 그럴듯하다.

분명한 사실은, 육이가 음의 자리에 음으로 와서 그 자리가 바르고, 위아래 이웃들과도 협력할 수 있으며, 부드러운 중도까지 얻어서 인기가 좋다는 점이다.

육이는 어둡고 무질서한 세상에서 왼쪽 다리를 다치나 튼튼한 말의 도움을 받아서 그 어려운 상황을 극복한다.

《象》曰：六二之吉, 順而則也.

「상」에서 말했다. '육이의 길함'이란, 순종하고 법도를 지킴이다.

✎ 순종하고 법도를 지킨다는 것은, 육이가 음의 자리에 음으로 왔다는 점과 중도를 얻었다는 점의 다른 표현이다. 그리고 육이가 문왕이라면, 오로지 살아남기 위해서 자신의 능력과 지혜를 숨기고, 맹종함으로써 주왕의 명령을 따름이다.

九三, 明夷于南狩, 得其大首 ; 不可疾, 貞.

구삼, 어두운데 남쪽에서 사냥하여, 그 우두머리를 잡는다. 신속하게 처리할 수 없으니, 정도를 지켜야 한다.

✎ 구삼은 자리가 바르고, 짝인 상육과 호응하며, 위아래 이웃인 육이, 육사와 가깝게 지낼 수 있다. 비록, 중도를 지나쳤지만 아주 좋은 조건이다. 구삼은 陽剛한 성품과 의욕을 앞세워 어둡고 무질서한 상황에서 일을 감행한다. 그 일이란 남쪽에서 사냥하여 그 우두머리를 포획함이다. 물론, 이 말은 비유적 표현이다. 남쪽이라는 것은 離卦를 말함이고, 바꿔 말하면, 구삼이 離卦의 일원이라는 뜻이다. 그리고 그 우두머리를 포획한다는 것은, 어둡고 무질서한 상황을 만드는 주체를 잡는다는 뜻이다. 爻로써 말하자면, 상육을 뜻한다. 그리고 신속하게 처리할 수 없다는 것은, 대의명분(大義名分)에 따라서 절차를 밟아 처리하라는 의미로 받아들여진다.

'疾'을 대개 '急'이나 '速'으로 해석한다. 중국 주역 전문사이트에서는 역사적 사실과 결부시키면서, 이 구삼을 牧野 決戰에서 商의 주왕(紂王)을 죽인 周 무왕

(武王)이라고 말하면서, '不可疾'이란 말에 대하여, 전투에서 주왕을 죽여 승리했으나 商 나라를 완전히 장악하기에는 시간과 노력이 더 걸린다는 뜻으로 이해하여, 상나라를 완전히 주나라로 복속(服屬)시키는데 차근차근 느리지만, 끝까지 正道로써 임해야 한다고 주장한다.

《象》曰 : 南狩之志, 乃大得也.
「상」에서 말했다. '남쪽에서 한 사냥의 뜻'이란, 마침내 대의(大義)를 얻음이다.

✎ '大首'에서 '大義'로 발전했으나, 대의를 얻었다는 것은, 큰 뜻, 큰 포부, 큰 명분을 얻었다는 뜻이다. 그러니까, 사냥 나가서 우두머리를 포획했다는 것은 비유어이고, 이것이 지시하는 인간사로는 큰 뜻을 감행할 수 있는 명분을 얻었다는 뜻이다. 물론, 구삼을 周 武王으로 보는 이들은 당연히 '大義'를 商의 紂王을 치라는 民心에서 찾고, 商 나라를 周 나라로 복속시키는 일이라고 해석하기도 한다.

六四, 入于左腹, 獲明夷之心, 于出門庭.
육사, 왼쪽 배로 들어가서, 지혜를 숨긴 자의 마음을 얻으니, 문밖을 나서다.

✎ 육사는 자리가 바르고, 짝인 초구와 호응하며, 아래 이웃인 구삼과 가깝게 지낼 수 있다. 왼쪽 배로 들어갔다는 것은, 심복(心腹)이 되었다는 뜻이고, 지혜를 숨긴 자의 마음을 얻었다는 것은, 어둡고 무질서한 상황에서 지혜를 숨긴 자의 마음을 이해하고, 협력하는 동지가 되었다는 뜻이다. 그리고 문밖을 나선다는 것은, 대외적으로 알리고 함께한다는 뜻이다.
혹자는 이 사효가 미자(微子:商 나라 王 帝乙의 長子, 宋 나라 開國 군주, 宋氏 始祖)에 해당한다고 주장하기도 한다. 만약, 미자의 개인사로 대입시켜서 해석하자면, 미자는 주왕(紂王)으로부터 제후국의 하나인 미국(微國)의 자작(子爵)으로 봉해졌으나 주왕의 폭정과 향락으로 국가의 안위가 위태롭다는 간언을 여러 차례 하려고 했으나 거부당하자 기자(箕子)·비간(比干) 등과 함께 사태를 논의하였다고 전해진다. 결국, 주나라 무왕에게 상나라 주왕(紂王)이 패하자 미자는 제기(祭器)를 들고 무왕의 군문(軍門)을 방문하여 주왕과의 관계를 설명함으로써 옛 직위를 복권하였고, 이내 卿士 작위를 받았다는 사실과 관련이 있다고 보는 것이다.

《象》曰 : 入于左腹, 獲心意也.
「상」에서 말했다. '왼쪽 배로 들어간다' 함은, 마음의 진실을 파악함이다.

✎ 마음의 진실을 파악한다는 것은, 밝음을 숨기는, 다시 말해, 능력과 지혜를 숨기는 자의 마음을 이해하고 확인했다는 뜻이다.

六五, 箕子之明夷, 利貞.
육오, 기자가 지혜를 숨기니, 이롭고 바르다.

✎ 육오는 자리가 바르지 못하고, 짝인 육이와 호응하지 못하며, 가깝게 지낼 이웃도 없다. 다만, 中道를 얻었을 뿐이다. 그런데 이 육오가 밝음이 손상되어 제대로 빛낼 수 없는, 바꿔 말해, 어둡고 무질서한 시기에 살아남기 위해서 자신의 지혜를 숨겨야 하는 상황이다. 그래서 기자(箕子)가 그랬던 것처럼 정도를 외면할 수 없기에 스스로 무지한 것처럼 말하고 행동하여서 화를 면하게 되고, 그것이 결국, 이롭게 되고, 끝까지 정도를 지켜야 한다는 뜻이다.

《象》曰 : 箕子之貞, 明不可息也.
「상」에서 말했다. '기자의 정도'란 밝음이 그치지 않음에 있다.

✎ 밝음이 그치지 않는다는 것은, 지혜가 그치지 않는다는 뜻이고, 지혜가 그치지 않는다는 것은, 무엇이 옳고, 무엇이 그른지 분명하게 알고, 그 옳음 곧 정도를 향해 끝까지 가는 것을 말한다.

上六, 不明晦 ; 初登于天, 后入于地.

상육, 밝지도 어둡지도 않다. 처음에는 하늘로 오르고, 나중에는 땅속으로 들어간다.

✎ 상육은 자리가 바르고, 짝인 구사와 호응하며, 가깝게 지낼 이웃은 없다. 그리고 밝음이 상하는 끝자리이다. 처음에는 하늘로 올라가고, 나중에는 땅속으로 들어간다는 것은, 극과 극을 달리는 처지라는 뜻이다. 한때는 밝음을 향해서 위로 올라갔다가 한때는 어두운 아래로 내려가 들어가는, 양극단을 경험하는 자이다. 그래서 흔히, 상(商)나라 주왕(紂王)이라고 말한다.

《象》曰 : 初登于天, 照四國也 ; 后入于地 失則也.

「상」에서 말했다. '처음에는 하늘로 오른다' 함은, 온 나라를 비춤이고, '후에 땅속으로 들어감'이란 법도를 잃음이다.

✎ 온 나라를 비춘다는 것은, 밝은 정도로써 통치한다는 뜻이고, 법도를 잃었다는 것은 그 정도를 잃음이다.

*　　*

밝음을 드러낼 수 없는, 어두운 시기에는 어려움이 수반되기 마련이다. 그래서 卦辭에서도 길흉을 판단하지 않고, '利, 艱, 貞'이라고 간단히 말했다. 게다가, 六爻辭에서도 중도를 얻은 육이에 吉, 육오에 利라고 했을 뿐 나머지 초구, 구삼,

육사, 상육 등에 대해서는 利, 害와 吉, 凶을 판단하지 않았다. 이해 길흉 판단이 생략되었으나 엄연히 존재한다. 곧, 초구와 상육은 厲, 凶하고, 육사는 无咎, 利하다. 그리고 구삼은 厲, 无咎하다. 여기서 한 가지 주목해야 할 점이 있다면, 양효인 초구와 구삼의 성정과 행동이 과격하다는 사실이다. 초구는 어두운 세상이 싫다고 스스로 협력하지 않는, 극단적인 행동으로 나오고, 구삼은 세상을 어둡고 무질서하게 만든 장본인을 공격하여 잡아들이는 극단적인 행동을 취한다. 역시 陽은 적극적이며, 많은 일을 하는 주체가 됨을 시사해 준다. 이들과 상대적인 음효는 신중하게 처신한다.

그리고 초구가 백이(伯夷)·숙제(叔齊)를, 육이가 주(周) 문왕(文王)을, 구삼이 주(周) 무왕(武王)을, 육사가 미자(微子)를, 육오가 기자(箕子)를, 상육이 상(商) 주왕(紂王)을 각각 빗대어 기술했고, 이들의 역사적 사실을 暗示하거나 喚起하거나 縮約했다고 한다면, 우리는 周易의 六爻라는 것을 어떻게 받아들여야 할까?

만약, 64괘 모든 육효사가 이 地火明夷卦처럼 역사적 사실을 비유적으로 축약 기술했다면 우리는 주역을 어떻게 받아들여야 할까? 역사적 사실을 직간접으로 기술하고 있는 역사책? 아니면, 음과 양의 상호관계를 설명하는데 괘효사를 붙인 사람들의 직간접의 경험적 사실까지 끌어들여 썼을 뿐인가? 그 본질적 의미를 다시 생각게 함에는 틀림이 없다. 이 문제는 전체를 꿰뚫고 난 뒤에 다시 논해 볼 필요가 있다고 생각한다.

'明夷'를 밝음이 사라진 시기, 곧, 어둠이 지배하는 무질서한 혼돈의 상황에서는 지혜 곧 文을 드러낼 수 없고, 法道가 지켜지지 않아 正道를 지키려는 신하들이 제구실을 다 하지 못한다. 용기를 내어 간언(諫言)이라도 하게 되면, 오히려 미움을 사고, 수난을 겪으며, 감옥에 갇히는 형벌까지 받게 된다. 바로 이런 암울한 정치적 상황을 말해주는, 상징적인 단어가 '明夷'이다.

37. 風火家人卦

주역 서른일곱 번째 괘로 풍화가인괘(風火家人卦)가 있다. 바람 風 巽이 上卦이고, 불 火 離가 下卦라는 뜻이다. 그 모양으로 보면, 불 위에서 바람이 부는 모습이고, 卦德으로 보면, '明而巽'이다. 곧, 밝고, 공손하다. 육효 배열로 보면, '양, 음, 양, 음, 양, 양'으로, 양이 넷이고, 음이 둘이다. 여기서 한 가지 특징이 있다면, 상구만 자리가 바르지 못하고, 나머지 모두 자리가 바르다. 자리가 바르다는 것은, 처신이 바르다는 뜻이다.

이런 '風火'를 '家人'으로 받았는데 '家人'이란 어떤 의미로 쓰였을까? 글자 그대로 해석하자면, '집안사람'이다. 곧, '한 지붕 밑에 같이 사는 사람'이라는 뜻이고, '한솥밥을 먹고 사는 食口'라는 뜻이다. 그러나 그 정확한 의미는 六爻辭까지 두루 읽어보아야 알 수 있을 것이다.

「序卦傳」에 의하면, "傷于外者必反其家, 故受之以家"라고 했고, 「雜卦傳」에 의하면, "家人內也"라고 했다. 곧, 밖에서 상한 자는 반드시 그 집으로 되돌아오기에 밝음이 상한 明夷卦 다음을 家人卦가 이어받았고, 家人은 '안'이라고 했다.

안에 있는 사람은, 결국, '집사람'이라는 뜻인데, '집사람'이라 하면, '바깥양반'의 반대말로, 우리는 통상 아내(妻)를 떠올린다. 곧 집에 주로 머물며 집안일을 도맡아 하는 사람으로, 소위 '안주인'이라고도 부른다.

그러나 집안일을 책임지는 사람은 또 있다. 밖에서 주로 활동하며 가정경제와 대외적인 일을 책임지는 家長으로서 남편이다. 그래서 '바깥주인' 또는 '바깥양반'이라고 부르기도 한다. 이처럼, 아내는 안주인으로서 집안에서 살림살이와 자식 훈육을 도맡고, 남편은 바깥주인으로서 경제와 대외적인 활동을 도맡아 한다. 이런 측면에서 보면, 父와 母가 '家人'이라는 뜻이다.

집 안과 밖을 上·下卦로 보아, 家人卦의 內卦인 離의 세 효를 여자로 보고, 外卦인 巽의 세 효를 남자로 볼 수 있을 것도 같은데 이 점은 육효사를 읽으면서 확인해 볼 필요가 있다. 그리고 주역의 전제된 음양의 원칙에 따라, 양효는 남자이고, 음효는 여자라는 점을 고려하면, 남자는 넷이고, 여자는 둘이 되어서 네 명은 父이고, 두 명은 母라고 판단해 볼 수도 있다. 이 점도 육효사를 읽으면서 확인해야 하고, 그럼으로써 家人의 정확한 개념과 그 주체를 확인할 수 있으리라 본다.

그러나 '明而巽'이라는 卦德으로 家人을 해석해 보자면, 바람은 하늘의 섭리로 공손하고, 불은 밝으며 지혜이므로 안에서 불을 밝히어 밖으로 하늘의 섭리가 작용하도록 하는, 집안의 주체가 家人이라고 생각해 볼 수도 있다. 그렇다면, '父母'가 '家人'이라는 뜻이 된다. 이런 맥락에서 보면, '家人卦'라는 것은, 家人의 도리 곧 부모의 도리인 '家道' 혹은, '家節'을 밝힌 괘라고 말할 수 있다.

*　　　*

家人 : 利女貞.

풍화가인괘는 여자가 정도를 지켜야 이롭다.

✍ '風火'는 안으로 밝은 지혜가 있고, 밖으로 공손하게 처신하기에 自他에게 모두 이롭다. 특히, 여자가 正道를 지켜야 한다. 그렇다면, 여자의 정도란 무엇인가? 주역에서는 이를 설명하고 있지 않지만 전제되어 있다. 그것은 사회적 통념으로서 ①貞操 ②자식 낳고 기르기 ③가정경제 운영상의 절약과 증식 ④남편에

대한 순종 등을 말할 수 있다. 물론, 오늘날은 이것이 부정될 수는 있다.

그러함에도 불구하고, 여자가 정도를 지켜야 한다고 강조한 것은, 남자의 바름이 필요 없거나 중요하지 않다는 뜻이 아니라 가정에서의 살림과 자식 훈육에는 남자보다는 여자가 더 중요하다는 사실 때문으로 보인다. 혹자는 이 괘사의 '女'를 六二를 지칭한다고 말하는데 육이만이 아니라 육사까지 포함한다고 판단된다. 이런 괘사 내용을 전제하면, '家人'이란 집에 머물며 집안일을 도맡아 하는 여자인 '母'를 뜻한다고 좁혀 말할 수 있다.

《彖》曰 : 家人, 女正位乎內, 男正位乎外. 男女正, 天地之大義也. 家人有嚴君焉, 父母之謂也. 父父, 子子, 兄兄, 弟弟, 夫夫, 婦婦, 而家道正. 正家, 而天下定矣.

「단」에서 말했다. 가인괘는, 안에서는 여자가 자리를 바르게 하고, 밖에서는 남자가 자리를 바르게 한다. 남자와 여자의 바름이 천지의 큰 뜻이다. 가족 중에는 엄격한 군자가 있는데 부모를 두고 말함이다. 아버지가 아버지답고, 자식이 자식답고, 형이 형답고, 동생이 동생답고, 지아비가 지아비답고, 부인이 부인다워야 가정의 도가 바르게 된다. 바른 가정이 천하를 안정시킨다.

✎ 자리를 바르게 한다는 것은, 처신을 바르게 한다는 뜻이다. 곧, 말과 행동을 바르게 함이다. 여자는 안에서, 남자는 밖에서 바르게 처신함이 곧 위에 있는 하늘과 아래에 있는 땅이 각기 정해진 자리에서 바르게 움직이는 것과 같다는 시각이다. 하늘과 땅이 조화를 이루듯, 남과 여가 조화를 이루며, 나라에 군주가 있듯이, 가정에는 부모가 있어서 각기 맡은 역할을 다하는 것이 천하를 안정시킨다는 주장이다. 이 彖辭 집필자는 '修身齊家治國平天下'라는 말을 떠올린 것 같다.

그리고 '家道' 곧, 집안에서 마땅히 행하고 지켜야 할 도리를 설명했는데 '~ 다움'으로써 했고, 家道가 서야 천하가 안정된다고 했다. 곧, 아버지가 아버지답고, 자식이 자식답고, 형이 형답고, 동생이 동생답고, 지아비가 지아비답고, 부인이 부인다워야 한다는데, 무엇이 아버지를 아버지답게 하는가에 대해서는 언급되지 않았다. 이 역시 '사회적 통념'으로 전제되었다고 봄이 옳다. 그 '~다움'을 어떻게 설정하느냐에 따라서 실천하고 갖추어야 할 항목들이 달라지겠지만 최소한의 그것이 무너지면 人倫과 인간 關係가 깨어지게 된다는 점만은 분명하다.

《象》曰 : 風自火出, 家人 ; 君子以言有物而行有恒.
「상」에서 말했다. 바람이 불로부터 나오는 것이 가인괘이니, 군자는 이로써 보고 깨달아, 말함에는 실체가 있어야 하고, 행함에는 항상 됨이 있어야 한다.

✎ 바람이 불에서 나온다는 것은, 뜨거운 열기가 있어야 그 흐름이 생긴다는 뜻으로, 태양으로부터 대기의 흐름이 생긴다는 뜻과 같다. 이는 家人卦 상·하괘 모습을 말한 것으로, 밝은 지혜에서 공손함이 나온다는 뜻이기도 하다. 따라서 밝은 지혜는 공손의 원천이고, 공손은 밝은 지혜에 근거를 둔 예절이라는 뜻이다. 그러니까, 불에서 바람이 나오는 자연현상의 이치를 깨닫고서, 밝은 지혜에서 공손함이 나온다는 사실을 알고, 한 나라를 통치하는 군자라면 마땅히 스스로 하는 말에도 실체가 있어야 하고, 행동함에는 항상 됨이 있어야 한다는 것이다. 말에 실체가 있어야 한다는 것은, 인과 관계가 분명하여 거짓 없이 진실해야 한다는 뜻이고, 행함에 항상 됨이 있어야 한다는 것은, 일관된 원칙이나 기준이 있어서 변함없는 믿음이 수반되어야 한다는 뜻이다.

初九, 閑有家, 悔亡.
초구, 가정이 있어서 (비행이나 탈선을) 막아주니, 후회가 사라진다.

✎ 초구는 양의 자리에 양으로 와서 그 자리가 바르고, 짝인 육사와 호응하며, 위에 있는 이웃인 육이와 가깝게 지낼 수 있다. 초구는 강한 의욕을 갖고서 가정을 이끌어가는 주체로서 父이다. 그런데 초구는 짝인 육사가 있는데도 불구하고 육이와 가깝게 지낼 수 있다. 하지만 초구에게는 '家庭'이라는 것이 있어서, 나아가, 가정의 도리라는 것이 있어서 자신의 非行이나 脫線을 막아준다. 그래서 후회함이 사라진다. 家道를 지켜서 뉘우칠 일이 없어진다는 뜻이다.

혹자는 초구를 결혼하지 않은 여자로 보기도 하고, 가정을 이룬 초기의 가장이라고 보기도 하는데, 전자는 틀렸고, 후자는 맞다. 육효를 변화 과정으로 볼 수도 있기 때문이다.

《象》曰 : 閑有家, 志未變也.
「상」에서 말했다. '가정이 있어 (탈선을) 가로막는다' 함은, 뜻이 변하지 않음이다.

✎ 뜻이 변하지 않았다는 것은, 의지가 변하지 않았다는 것이고, 그 의지는 가정의 도리를 지키겠다는 마음으로 家道에 대한 믿음이다.

六二, 无攸遂, 在中饋, 貞吉.
육이, 제멋대로 하지 않고, 안에서 요리하니, 바르고 길하다.

✎ 육이는 음의 자리에 음으로 와서 그 자리가 바르고, 짝인 구오와 中正으로써 호응하며, 위아래 이웃과 가깝게 지낼 수 있다. 육이는 內卦인 離의 中爻로 더 없이 유순한 성품과 밝은 지혜를 지녔고, 가까운 이웃들에게로 나아가지 않고, 집 안에 머물며, 음식을 만든다. 象辭에서 언급된 것처럼, 여자로서 안에서 머물며, 家事에 충실한 사람이다. 그래서 바르고 길하다고 했다. 따라서 육이는 가정 살림을 하며, 남편을 돕는 婦人으로서 母이다.

'遂(수)'에 대해서는, 해석이 분분하다. 혹자는 '전횡하다, 마음대로 하다'로 해석하기도 하고, '이루다, 성취하다'로 해석하기도 한다. 또한, '잃다, 손상시키다'로 해석하기도 하고, 그야말로 제각각이다. 현재 중국 주역 전문사이트에서는 '遂[suì]'를 '墜[zhuì]'의 음차로 풀이하기도 하는데 틀렸다고 본다.

《象》曰 : 六二之吉, 順以巽也.
「상」에서 말했다. 육이의 길함은 공손함으로써 순종함이다.

✎ 육이가 공손하고 순종한다는 것은, 음의 자리에 음으로 와서 더욱 柔順한데 中正까지 얻은 성품을 두고 말함이다. 육이는 짝인 구오에게 순종하며, 이웃사람들에게도 공손한 태도로 거리를 두며, 집안에서 머물며, 음식 만드는 일을 포함한 家事에 충실하다. 이런 주장과 이런 삶의 양식이 현대인에게는 다소 불편하게 들리겠지만, 고대인에게는 결혼한 여자의 도리에 매우 합당하다고 여겼기에 이런 爻辭에 小象辭가 붙었다고 본다.

九三, 家人嗃嗃, 悔厲, 吉 ; 婦子嘻嘻, 終吝.
구삼, 부모가 엄하고 냉정하니, 후회하고 위태로우나 길하다. 며느리와 자식이 희희낙락하니, 끝이 부끄럽다.

✎ 구삼은 양의 자리에 양으로 와서 그 자리가 바르고, 짝인 상구와 호응하지 못하며, 위아래 이웃들과 가깝게 지낼 수 있다. 그리고 중도를 지나쳐 있다. 그래서 구삼은 의욕이 넘치고, 언행이 과격하다. 짝과 호응하지 못하는 점으로 미루어보면, 부부관계도 냉랭하다. 구삼은 너무 엄격하고 냉정하게 식구들을 대함으로써 후회할 일이 생기고, 위태롭기까지 하지만 그래도 길하다고 했다. 물론, 길할 때는 다 이유가 있겠지만 가정을 다스리는 일로 보아서는 그 냉정함과 그

엄격함이 부작용이 있기는 하나 그래도 가정을 지켜주는 면에서는 좋다고 본 것이 아닐까 싶다.

그리고 며느리와 자식이 희희낙락한다는 것은 가정의 도리가 무너져 이웃들과 가깝게 지내며, 탈선한다는 뜻이다. 그 결과, 끝이 부끄럽게 된다는 것이고, 그것은 망신살이 뻗친다는 뜻이다.

《象》曰：家人嗃嗃, 未失也 ; 婦子嘻嘻, 失家節也.

「상」에서 말했다. '부모가 엄하고 냉정하다' 함은, (집안의 예법을) 잃지 않음이고, '며느리와 자식이 희희낙락한다' 함은, 집안의 예법을 잃음이다.

✒ '家人'이란 가정을 이끌어가는 군자로서 父와 母이다. 나라에는 군자가 있듯이, 가정에는 부모가 있다. 그래서 象辭에서 '君子=父母'라고 해석했고, 여기서는 家人과 婦子를 따로 구분하여 사용했다. 곧, 家人 곧 부모가 엄격하고 냉정한 것을 두고는 가정의 예법을 잃지 않은 것으로 여겼고, 며느리와 자식이 희희낙락하는 것을 두고는 가정의 예법을 잃은 것으로 판단했다. 그러니까, 가정의 예법으로 엄격함과 냉정함을 근본으로 삼았다는 뜻이다.

이 小象辭에서는 '家節'이라는 말이 쓰였지만, 이미 象辭에서는 '家道'라는 말을 썼다. '家道=家節'이라는 뜻인데, 이에 대하여 상세한 설명은 없으나 ①엄격함 ②~다움 등으로써 말한 정도에서 그치고 있다.

六四, 富家, 大吉.

육사, 집안을 부유하게 하니, 크게 길하다.

✒ 육사는 음의 자리에 음으로 와서 그 자리가 바르고, 짝인 초구와 호응하며, 위아래 이웃들과도 가깝게 지낼 수 있다. 비록, 중도는 얻지 못했으나 비교적 좋

은 여건에 놓였다. 육사는 外卦인 巽의 일원으로서 밖에서 활동하는 부인이라고 볼 수 있다. 그런데 주변의 인맥을 통한 활동 범위가 넓다. 다시 말해, 그녀의 발이 넓다. 위아래 이웃인 구오 구삼과의 교류가 있고, 특히, 지체 높은 구오를 가까이에서 모시기 때문이다. 게다가, 신분인 높은 육사가 신분이 낮은 초구에게 순종하는 미덕을 가졌다. 이런 연유로 집안의 살림을 불릴 수 있다고 판단된다.

그렇다면, 육이도 짝인 구오와 호응하고, 위아래 이웃들과 가깝게 지낼 수 있는 관계인데 왜, 육이에게는 가정 살림을 부유하게 한다는 말이 붙지 않았을까? 그것은 육이가 內卦인 離의 일원이기에 안에 머물러서 활동하는 주체이기 때문이다.

《象》曰：富家大吉, 順在位也.
「상」에서 말했다. '집안을 부유하게 하니, 크게 길하다' 함은, 순종하는 자리에 있음이다.

✎ 육사는 음의 자리에 음으로 와서 더욱 유순하다. 짝인 어린 초구에게 순종함으로써 믿고 따르기에 집안의 부흥을 가져온다고 볼 수 있다. 그렇다면, 집안의 부흥이란 것은, 일차적으로야 물질적인 재물이겠지만 이차적으로는 자식을 많이 낳아 기르는 것도 포함되리라는 생각도 든다.

九五, 王假有家, 勿恤, 吉.
구오, 집안에 왕이 이르러 있음이니 근심하지 말고, 길하다.

✎ 구오는 양의 자리에 양으로 와서 그 자리가 바르고, 짝인 육이와 호응하며, 아래 이웃인 육사와 가깝게 지낼 수 있다. 그리고 剛中을 얻었다. 혹자는 '假'를 '至'로, 혹은 '到'로 해석하기도 한다. 구오는 가장이면서 군주이다. 구오는 剛中을 얻었고, 짝인 육이는 柔中을 얻어서 서로 호응하니 말 그대로 찰떡궁합이다.

쉽게 말하면, 부부가 안팎으로 중도를 지켜서 가정이나 나라 살림이나 할 것 없이 나무랄 데가 없다. 그러하니, 걱정할 일도 없고, 길한 것은 당연한 이치이다.

《象》曰 : 王假有家, 交相愛也.
「상」에서 말했다. '집안에 왕이 이르러 있다' 함이란, 교류하며 서로 사랑함이다.

✎ 교류하며 서로 사랑한다는 것은, 왕이자 가장인 구오가 부인이 머무는 처소에 왔다 갔다 하며 사랑한다는 뜻이다. 그러니까, 왕이 국사를 진중(鎭重)하게 수행하듯이 가장으로서 집안의 부인과 진실하게 대화하며 사랑한다는 뜻이다. 금슬(琴瑟)의 부부관계라는 뜻이다.

'王假有家'라는 말과 같은 구조의 '王假有廟'라는 말이 萃卦 卦辭에서 나온다. 이때 '假'는 '격'으로 읽으며, '~에 이르다'라는 뜻으로 '至' 또는 '到'라고 풀이한다. 그런데 至로 여기며 '지극하다'로 풀이하기도 한다. 현재 중국 주역 전문사이트에서도 '到'라고 풀이하는 경우가 많다.

上九, 有孚, 威如, 終吉.
상구, 믿음이 있고, 위엄이 있으면, 끝내 길하다.

✎ 상구는 음의 자리에 양으로 와서 그 자리가 바르지 못하고, 짝인 구삼과 호응하지 못하며, 가깝게 지낼 이웃도 없다. 그리고 중도를 지나쳐 있고, 가인괘의 끝자리이자 동시에 공손한 巽의 끝자리이다. 결혼하여 자식을 둔 가장으로서 그 끝에 있다.

상구는 매우 좋지 못한 조건에 놓였다. 그래서 상구에게는 이런 불리한 조건을 타개하라는 의미에서 도움말을 준 것 같다. 그것의 핵심이 바로 가정의 부인과 家道에 대한 믿음이 그 첫째이고, 가장으로서 위엄(威嚴)을 유지하는 것이 그 둘째이다. 그렇게 노력해야 끝에 가서 길하다고 했다. 그러니까, 상구는 현재 길하지 못한 상태에 놓여있다는 뜻이다. 믿음도 없고 위엄도 없어서 그것의 회복이 급선무라는 뜻이다.

현재 중국 주역 전문사이트에서는 '孚'를 '罰'로 풀이하기도 하고, '誠信'으로 풀이하기도 한다. 이 얘기는, 좋게 말하면, 효사 해석이 다양하게 이루어지고 있다는 뜻이고, 나쁘게 말하면 제각각이라는 뜻이다.

《象》曰：威如之吉, 反身之謂也.
「상」에서 말했다. 위엄의 길함은 몸을 돌이킴을 일컫는다.

✎ '몸을 돌이킨다'라는 것은, 자신의 言行을 돌이켜보아 스스로 반성한다는 뜻이다. 결과적으로 修身한다는 의미이다. 스스로 바르지 못하면 상대방에게, 아니, 그 누구에게도 큰소리칠 수 없고, 바름을 요구할 수 없는데 가정을 바르게 이끌기 위해서는 먼저 자신부터 수신해야 한다는 깊은 의미가 들어있다. 수신과 가정의 예법과의 관계에 대해서는 상론(詳論)이 필요하다.

＊　　　＊

'家人'은 집안의 君子인 父와 母를 말한다. 부모는 가정의 법도를 세우고, 가정의 예절을 지키기 위해서 노력하는 주체라는 뜻이다. 父와 母 중에서도 집 안의 道(도리), 節(예절)이기 때문에 '父'보다는 '母'의 역할 비중이 크다. 이 家人卦에서는 陰이 둘이고, 陽이 넷이므로, 母가 둘이고 父가 넷이다.

彖辭에서 언급한 '안의 여자, 바깥의 남자'라는 말 때문에 內卦 세 효를 여자로 여기고, 外卦 세 효를 남자로 여기기도 하는데 六爻辭는 이 판단이 틀렸음을 알려준다. 六爻는 음이든 양이든 모두 家人이다. 양은 父이고, 음은 母라는 뜻이다.

이렇게 전제해야 육효사가 제대로 해석된다.

六爻 가운데 음은 육이와 육사이다. 육이는 貞吉이고, 육사는 大吉이다. 이들은 母로서 家道를 지키기 때문이다. 육이는 內卦 일원으로서 밖으로 나가지 않고, 집안에서 음식을 만들며, 육사는 外卦 일원으로서 신분이 낮은 남편에게 순종하고, 열심히 활동하여 집안의 재산을 불리는 일을 한다. 반면, 양효인 초구, 구삼, 구오, 상구 등은 父로서 家道를 지키면 吉하고, 지키지 못하면 후회하고(悔) 부끄러워진다(吝). 家道를 지키고 지키지 못하는 것은, 타고난 성품과 그 자리와 여건 등에 달려 있다.

家道, 家節의 내용에 대해서는, 극히 제한적인 언급이 있을 뿐 상세한 설명은 없다. 그러나 육효사를 통해서 유추해내자면, 몇 가지는 말할 수 있을 것 같다.

첫째, 家道에서 엄정함이 대단히 중요하다. 家道를 세웠으면 엄격하게 지켜야 한다는 뜻이다. 물론, 지나치게 엄격하여 부작용이 따를 수는 있어도 그 끝이 좋다고 보는 시각이 전제되었다.

둘째, 여자는 주로 집안에서 활동하고, 남자는 집 밖에서 활동하는데, 여자는 무엇보다 '貞淑'해야 하고, 남자는 보편적인 '위엄'이 있어야 한다.

셋째, 부인은 남편을 믿고 순종하며, 남편은 부인과 친근하게 교제하되 사랑함이 있어야 한다.

넷째, 자기 자신의 언행을 들여다보며, 잘못했다면 반성하고, 돌이키어 바로잡는 노력이 필요하다.

다섯째, 아버지가 아버지답고, 어머니가 어머니다운 '~다움'의 본질은, ①상대방을 이해하고 믿으려는 자세와 노력 ②상대방이 원하는 것을 충족시켜 줄 수 있는 능력 ③상대방의 잘못을 너그럽게 용서하는 인자함 ④필요에 의한 자기啓發 능력 등이다.

이런 家道의 근본은, 하늘과 땅의 조화로움처럼 夫婦 간의 조화가 중요하다. 이 조화로움 속에는 서로에 대한 믿음이 전제되고, 각자의 역할에 충실해야 한다. 가장이 나아갈 방향을 설정하고, 그에 다른 행동지침을 만들어주면, 아내는 그에 따라서 순종하며, 집안 살림을 잘 가꾸어가는 것이 곧 가정을 화목하게 하고 윤택하게 하는 일이다.

그리고 가정에서는 남자보다는 여자의 역할이 크고 중요하다는 인식이 반영되었는데, 그 역할은 자리를 바르게 하고, 정숙(貞淑)해야 하며, 순종함으로써이다. 한 가지를 더 든다면, 가정을 부유하게 하는, 자식을 많이 낳고, 알뜰살뜰 사는 지혜 곧 머리 씀이 있어야 한다는 것이다. 이것이 필자가 家人卦 육효사를 읽고 정리할 수 있는 家道의 내용인데, 물론, 현대인 시각에서 보면, 웃기는 얘기라며 失笑하겠지만 古代人의 시각이 그렇다는 것이다.

38. 火澤睽卦

주역 서른여덟 번째 괘로 화택규괘(火澤睽卦)가 있다. 불 火 離가 上卦이고, 연못 澤 兌가 下卦라는 뜻이다. 그 모양으로 보면, 연못 위에서 불이 피어오르는 모습이다. 卦德으로 보면, '說而麗'이다. 곧, 기쁘고, 빛난다. 육효 배열로 보면, '양, 양, 음, 양, 음, 양'으로 이루어져, 양이 넷이고, 음이 둘이다. 초효만 자리가 바르고, 나머지 효들은 모두 자리가 바르지 못하다. 그리고 초효 짝만 호응하지 못하고, 나머지는 호응한다. 삼효, 사효, 오효는 각각 이웃들과 가깝게 지낼 수 있는 親比 관계가 있다. 물론, 구이는 剛中을, 육오는 柔中을 얻었다. 대체로, 자리가 바르지 못하다는 점과 호응과 親比 관계로 엮이어 있다는 점이 특징이라면 특징이다.

이런 '火澤'을 '睽'로 받았다. '睽'는 어떤 의미로 쓰였을까? '睽'는 '사팔눈, 사시, 눈자위가 움푹 들어간 모양, 눈을 부릅뜨다, 노려보다, 등지다, 반목하다, 어그러지다, 눈을 부릅뜬 모양' 등의 뜻이 있으나 여기서는 '등지다, 어그러지다'로 쓰인 것 같다는 판단이 든다. 그러나 정확한 의미는 육효사까지 두루 읽어야 알 수 있을 것이다.

「序卦傳」에 의하면, "家道窮必乖 故受之以睽. 睽者 乖也"라 했고, 「雜卦傳」에 의하면 "睽外也"라 했다. 곧, 가정의 도리가 다하게 되면 반드시 어긋나게 되므로 가도가 있는 家人卦 다음을 어그러지는 睽卦가 이어받았고, '睽'라고 하는 것은 '乖(괴)'라고 했다. '睽=乖'라는 뜻이다. 그렇다면, '乖'는 어떤 의미일까? '乖'

는 '어그러지다, 거스르다, 끊어지다, 단절되다, 다르다, 비뚤어지다, 떠나다, 이별하다, 얌전하다, 영리하다, 기민하다' 등의 뜻으로 쓰인다. 물론, 여기서는 '睽'와 같은 의미로 사용되었기에 '어그러지다'의 뜻이다. 그리고 '睽=外'라고도 했는데 이것은 또 무슨 무슨 의미인가? '外'에는 '빗나가다, 벗어나다, 떠나다'의 뜻이 있다. 따라서 '어그러짐은 빗나감이라'는 뜻이다.

　그렇다면, '火澤'을 왜, 자꾸 어그러졌다고 보는가? 불 아래로 고인 물이 놓이면 그 불은 아래에 있는 물을 끓일 수 없다. 불은 위로 움직이고, 연못의 물은 아래로 움직이기 때문이다. 서로 반대 방향으로 작용한다는 뜻이다. 그래서 서로 결별하듯 등지고, 어긋나는 것이다. 그래서 '睽'로 받았고, '睽'가 곧 '乖'요, '外'라고 말하는 것이다. 물론, 이런 상황과 반대도 있음을 기억해야 한다. '澤火'가 그것이다. 불 위로 고인 물이 놓이면 물을 펄펄 끓일 수 있다. 물은 아래로, 불은 위로 향하기에 가능한 것이다. 그래서 물의 형질을 완전히 바꿀 수 있기에 '改革'의 뜻이 있는 '革'으로 받은 것이다.

＊　　　＊

睽 ; 小事吉.
화택규괘는, 작은 일에 길하다.

　🖉 화택규괘는 위에 있는 불이 위로 움직이고, 아래에 있는 연못의 물이 아래로 움직이니 서로 어긋나 화합·상생할 수 없는 관계이다. 서로 등지고 반대 방향으로 움직이는 반목 관계이므로 협력이 이루어질 수 없다. 그래서 큰일을 하기가 어렵고, 작은 일이나 가능하다는 뜻이다.

《彖》曰：睽, 火動而上, 澤動而下. 二女同居, 其志不同行. 說而麗乎明, 柔進而上行, 得中而應乎剛, 是以小事吉. 天地睽而其事同也, 男女睽而其志通也, 萬物睽而其事類也. 睽之時用大矣哉.

「단」에서 말했다. 화택규괘는, 불이 움직이어 위로 올라가고, 연못이 움직이어 아래로 내려간다. 두 여자가 동거하는데 그 뜻이 다르게 행해진다. 기쁘며 밝게 걸려 있고, 유가 나아가 위로 가서, 중도를 얻고 강에 응하니, 이로써 작은 일이 길하다. 천지가 어긋나있으나 그 일이 같고, 남녀가 어긋나있으나 그 뜻이 통하며, 만물이 어긋나있으나 그 일이 유사하다. 어긋나는 때의 활용이 위대하구나!

✎ 불이 움직이어 위로 올라간다는 것은, 불의 생리를 말한 것으로 불이 위로 향한다는 뜻이다. 그리고 연못이 움직이어 아래로 내려간다는 것은, 물이 아래로 흘러간다는 생리를 말한 것이다. 卦象으로 보아도, 離가 위로 올라가서 睽의 上卦가 되었고, 兌가 아래로 내려가서 睽의 下卦가 되었다는 뜻이기도 하다.

그리고 두 여자가 동거한다는 것은, 상괘인 離의 中女와 하괘인 兌의 小女가 결합하여 睽를 이루었다는 뜻이다. 그리고 그 뜻이 서로 다르게 행해진다는 것은, 離卦의 불이 위로 향하고, 兌卦의 물이 아래로 향한다는 뜻이다. 그리고 기쁘며 밝게 걸려 있다는 것은, 睽 상·하괘 덕성을 이어서 말한 것이고, 유가 나아가 위로 가서 중도를 얻었다는 것은 육오를 말함이고, 이 육오가 강에 호응한다는 것은, 이 육오와 구이의 호응 관계를 두고 말함이다.

그리고 작은 일이 길하다는 것은, 유중을 얻은 육오와 강중을 얻은 구이의 호응 관계를 말함이다. 다시 말해, 군주인 오효가 강하고, 그 짝인 이효가 柔해야 하는데 그 음과 양의 자리가 바뀌었기에 군주로서 강력한 리더십 발휘가 어렵다는 뜻이다.

하늘과 땅이 어긋나있다는 것은, 그 자리가 바르지 않다는 뜻이고, 하늘과 땅의 자리가 바르지 않다는 것은, 하늘이 위에서 위로 향하고, 땅이 아래에서 아래로 향하는 관계를 말한다. 地天泰가 되지 못하고 天地否가 되었다는 뜻이기도 하다. 그리고 남녀가 어긋나있다는 것은, 서로 和合·相生·協力하지 못하고 排斥·相推·相戰하는 관계라는 뜻이다.

그리고 하늘과 땅이 하는 일이 같다는 것은, 하늘과 땅이 자리가 다르지만, 역할을 분담하여 소통하고, 조화를 이루어 만물을 낳고 기른다는 목적이 같다는 뜻이다. 그리고 남녀의 뜻이 통한다는 것은, 근원적으로 서로를 필요로 하며, 소통·교제·화합·상생이라는 방식으로써 존재하는 삶의 방식과 목적이 같다는 뜻이다. 그리고 만물이 하는 일이 같다는 것은, 만물이 지향하는 바가 생명으로서 같은 길을 간다는 뜻이다.

《象》曰：上火下澤, 睽；君子以同而異.

「상」에서 말했다. 위로 올라간 불과 아래로 내려간 연못이 어긋남이니, 군자는 이로써 보고 깨달아, 함께하되 달라야 한다.

✎ 함께한다는 것은, 군자나 백성이나 사람으로서 그 본질이 다르지 않기에 공동선을 위해서 하나가 되어서 같이 움직인다는 뜻이다. 여기서 하나가 된다는 것은, 군주와 백성이 화합·상생한다는 뜻이다. 그리고 달라야 한다는 것은, 그 공동선을 추구하는 일을 하는데 그 역할이 분담되어서 그 방법이나 내용이 다를 수밖에 없다는 뜻이다. 더 포괄적으로 해석하자면, 군자와 백성이 사람으로서 삶의 근원적인 의미나 목적은 같으나 그것을 추구하는 방식이나 절차 등은 달라야 한다는 뜻이다. 하늘이 군자라면 땅은 백성이라는 이분법적인 시각이 반영된 결과이다. 하늘과 땅이 다른 방식으로 같은 목적을 달성하기 위해서 조화롭게 협력하듯이 군자와 백성이 같지만 다르게 협력해야 한다는 뜻이다. 하늘이 뜻을 내면 땅이 그 뜻을 받아서 실천하듯이, 군자가 목표와 그 길을 제시하면 백성이 그에 따라 실천적인 노력을 기울인다는 뜻이기도 하다.

初九, 悔亡 ; 喪馬, 勿逐自復 ; 見惡人, 无咎.

초구, 근심 걱정이 사라진다. 말을 잃으나 스스로 돌아오기에 쫓지 말라. (그렇듯) 악인을 만나도 화가 없다.

    ✎ 초구는 양의 자리에 양으로 와서 그 자리가 바르나 짝과 호응하지 못하고, 이웃과도 가깝게 지낼 수 없다. 그런데 자리가 바르다는 이유 하나가 대단히 중요한 모양이다. 실제로 유일하게 초구만 자리가 바르다. 그래서일까? 근심 걱정이 사라진다. 말을 잃어도 그 잃은 말이 다시 돌아온다. 그처럼, 악인을 만나도 화(禍)를 입지 않는다. 그렇다면, 왜, 어긋나는 상황에서 초구는 무구한 것일까? 보다시피, 자리가 바르고, 陽剛한 의욕이 있으며, 어긋남의 시작 단계라는 점뿐이다. '陽剛'에서 '陽'은 밝음이요, 지혜이고, '剛'은 강한 의욕이다. 어긋남의 시작 단계라는 것은, 어긋남이 미미한 상황이라는 뜻이다. 초구가 처한 상황을 인간사로 바꾸어 말한 것이 '塞翁之馬'이고, 악인을 만나도 해를 입지 않는다는 말이다.

    혹자는, 말(馬)은 건(乾)이기 때문에 양효(陽爻)를 말함이고, 그 양효는 잃어버렸어도 지뢰복괘(地雷復卦)에서처럼 다시 돌아온다고 주장하면서 초구를 돌아온 爻로 판단한다. 그러나 이것은 견강부회(牽强附會)이다. 兌는 坤의 陰 하나가 乾으로 올라와서 된 것이고, 陽 곧 말을 잃으면 '음, 양, 음'이 되어 坎이 되기에 상관없는 말이기 때문이다.

《象》曰 : 見惡人, 以辟咎也.

「상」에서 말했다. 악인을 만나나 무구한 것은, 허물을 피함으로써이다.

    ✎ 허물을 피한다는 것은, 잘못을 저지르지 않는다는 뜻이고, 잘못을 저지르지 않을 수 있는 것은, 지혜와 바른길을 가겠다고 하는 의지 때문이다. 그래서

초구는 악인을 만난다고 해도 그로 인해서 생기는 화를 면할 수 있다. 초구의 陽剛한 성품에 있다.

그리고 '辟'은 임금 '벽'으로 읽히나 주역에서는 피할 '避(피)'로 쓰인다. '12辟卦說'에서도 마찬가지이다. 우리는 '벽괘'라고 읽지만, 중국인은 [pì guà]라고 읽는다.

九二, 遇主于巷, 无咎.
구이, 거리에서 주군을 만나나, 무구하다.

✍ 구이는 음의 자리에 양으로 와서 그 자리가 바르지 못하고, 짝인 육오와 호응하며, 육삼과 가깝게 지낼 수 있다. 그리고 구이는 剛中을 얻었다. 위아래가, 더 구체적으로 말한다면, 구이와 육오가 어긋나있는 상황에서, 그것도 거리에서 만나나 무구하다는데 왜 그러할까? 상하 관계에서 어긋나 있다는 것은, 서로 반목하고 대립하는 관계라는 뜻인데, 그런 관계의 두 사람이 거리에서 우연히 만났으나 화를 면한다는 뜻이다. 다시 말해, 유중을 얻은 육오와 강중을 얻은 구이가 궁궐이 아닌 거리에서 맞닥뜨렸으나 서로의 감정과 행동을 자제했다는 뜻일 것이다. 이것이 中道의 힘이다. 그러나 이효가 유중을 얻고, 오효가 강중을 얻었다면 좋은 관계가 형성되어 큰일을 도모할 수도 있겠으나 그렇지 못하기에 小事밖에 할 수 없다.

《象》曰 : 遇主于巷, 未失道也.
「상」에서 말했다. '거리에서 주군을 만나나 무구하다'라는 것은, 아직 도를 잃지 않음이다.

✍ 아직 도를 잃지 않았다는 것은, 비록, 서로의 자리가 바르지 못하나 얻은

중도를 포기하거나 외면하지 않았다는 뜻이다. 결국, 중도가 작용하여 인내심을 발휘하였기에 파국을 면했다는 뜻이다.

六三, 見輿曳, 其牛掣 ; 其人天且劓. 无初有終.

육삼, 뒤로 끌리는 수레를 보니, 소가 힘들게 끌어당기고 있다. 그 사람은 머리가 깎이고 코가 베이니, 시작은 없으나 끝이 있다.

    ✒ 육삼은 양의 자리에 음으로 와서 그 자리가 바르지 못하고, 짝과 호응하며, 위아래 이웃과 가깝게 지낼 수 있다. 그리고 유순하지만 강한 면이 잠재되어 있다. 육삼은 兌의 上爻로서 짝인 상구에게 가려고 하는데 아래에 있는 구이와 초구가 강하게 붙잡는다. 兌의 일원으로서 아래로 내려가야 하기 때문이다. 게다가, 위에 있는 이웃 구사의 간섭을 받는다.

    육삼이 처한, 그런 상황을 소가 힘들게 수레를 끌고 있으나 뒤로 밀리는 것으로 빗대어 말했다. 이런 자연적 현상을 인간사로 바꾸어서 말하자면, 머리가 깎이고 코가 베이는 형벌 곧 '雪上加霜'의 고난을 받는 처지로 빗댄 것이다. 결과적으로, 위아래가 어긋나 있는 상황에서 그 갈등이 가장 심하게 드러났다고 볼 수 있다.

    육삼이 상구에게 가려는데 앞의 장애물로 작용하는 구사가 가로막고, 아래 이웃 구이와 초구가 兌의 일원으로 발목을 붙잡고 있는 형국이므로 그 출발이 더디고 힘들다. 그래서 처음이 없다고 말하지만, 끝은 있다. 끝이 있다는 것은, 결국 짝인 상구에게 올라가서 만난다는 뜻이다. 육삼과 상구는 호응하는 관계이므로.

《象》曰 : 見輿曳, 位不當也 ; 无初有終, 遇剛也.

「상」에서 말했다. 뒤로 끌리는 수레를 본다는 것은, 자리가 부당함이며, 시작은 없으나 끝이 있다는 것은, 강을 만남이다.

✎ 강을 만난다는 것은, 육삼이 위로 올라가 짝인 상구를 만난다는 뜻이다.

九四, 睽孤 ; 遇元夫, 交孚, 厲无咎.
구사, 어긋나 있어 외롭다. 대장부를 만나서, 믿음으로 사귀니, 위태롭지만 무구하다.

✎ 구사는 음의 자리에 양으로 와서 그 자리가 바르지 못하고, 짝과도 호응하지 못하며, 위아래 이웃인 육삼, 육오와 가깝게 지낼 수 있다. 그리고 위로 올라가야 하는 離의 일원으로 가장 아래에 있다. 구사는 위로 올라가야 하는데 위아래가 어긋나 있는 상황인지라 짝인 초구도, 아래 이웃인 육삼도 아래로 내려가기에 가깝게 지낼 사람이 없다. 있다면 모시고 있는 이웃 육오 군주이다. 이는 군주와 신하라는 공적 관계이다. 그래서 그는 외롭다.

그런데 원부(元夫:대장부)를 믿음으로 만나 사귄다고 했는데 그 원부는 누구인가? 보좌해야 할 육오는 나약한 군주로서 여자이다. 그렇다면, 호응하지 못하는 짝인 초구일까? 가깝게 지낼 수 있는 아래 이웃 육삼일까? 초구는 구사와 짝인데 같은 陽이기 때문에 호응하지 못한다. 그런데 사내는 사내인데 '元(원)'이라고 했다. 이 '元'이 의미하는 바는 무엇일까? '으뜸'이라면 구이일 확률이 높고, '원래'라면 초구일 확률이 높다. 그런데 위태롭다 했으니, 구사가 구이를 만나면 위태로울 이유가 없다. 그러나 초구를 만나면 구이로 인한 어려움과 위태로움이 있을 수 있다. 이런 맥락에서 본다면 元夫 곧 대장부는 짝인 초구라고 판단된다.

《象》曰 : 交孚无咎, 志行也.
「상」에서 말했다. '믿음으로 사귀니, 위태롭지만 무구하다는 것은, 뜻을 행함이다.

✐ 뜻을 행한다는 것은, 의중을 실천함이다. 구사의 의중이란 비록, 위아래가 어긋나 있는 상황이지만 짝인 초구를 만나는 일이다. 그렇다면, 구사가 짝이지만 호응하지 못하는 초구를 만난다는 뜻인데 同性끼리의 만남이 아닌가? 그렇다! 동성 간의 짝이다.

六五, 悔亡 ; 厥宗噬膚, 往何咎?
육오, 근심 걱정이 사라진다. 그 종친이 고기를 먹고, 나아가니 무슨 허물이 있겠는가?

✐ 육오는 양의 자리에 음으로 와서 그 자리가 바르지 못하고, 짝과 호응하며, 위아래 이웃인 상구 구사와 가깝게 지낼 수 있다. 그리고 柔中을 얻었다. 비록, 육오는 유순하나 강한 면이 잠재되어 있고, 강중을 얻은 구이와 양강한 구사, 상구 등과 가깝게 지낼 수 있다. 위아래가 어긋나 있는 상황에서 육오는 근심 걱정이 사라진다. 양강한 구사, 상구의 도움을 받고, 강중을 얻은 구이와 호응하기 때문이다. 이런 육오가 처한 상황을 인간사로 바꾸어서 말하자면, 같은 종족이 모여 고기를 먹고 함께 나아가는 상황이라는 것이다. 여기서 같은 종족이라는 것은, 爻로는 구사, 상구, 구이 등을 말하나, 이들은 육오의 협력자들이다. 그리고 고기를 먹는다는 것은, 일종의 종친회나 단합대회를 개최했다는 뜻이다. '宗'을 '同黨'으로 해석하면 당원 간 단합대회가 되고, '宗親'으로 해석하면 종친회가 될 것이다.

'厥宗噬膚'에 대하여 고은주는 "그 뜻을 같이하는 사람들이 살을 깊이 깨물 듯이 완전히 믿고 따라주면"이라고 번역했고, 신원봉은 "같은 종족과 부드러운 고기를 씹듯 하니"라고 번역했다. 그런가 하면, 심의용은 "같은 당파의 동지가 살을 깊이 깨물 듯이 하면"이라고 번역했고, 김재홍은 "그 종족이 살을 씹으며"라고 번역했다. '宗'과 '膚'에 대한 해석 차이인데 모두가 잘못되었다고 판단된다. 현재 중국에서는 '厥 = 其, 宗 = 宗族·同黨, 噬膚 = 吃肉'으로 해석하고 있다. 중국인의 해석이 무조건 옳은 것은 아니지만 여기서는 씹을 '噬'이나 '씹어 먹다'로 해석함이 옳다. 비록, 먹는 대상이 모호한 '膚'이지만 '膚'에도 '저민 고기', '돼지고기' 등의 뜻이 있다.

《象》曰：厥宗噬膚, 往有慶也.
「상」에서 말했다. '그 종친이 고기를 먹는다' 함은, 나아가 경사가 있음이다.

✎ '慶(경)'에 대해서 혹자는 한사코 '성인지도(聖人之道)에 대한 自覺'이라고 주장하는데 너무 경직된 시각이다. 주역은 利害打算에 매우 밝고, 吉凶禍福을 미리 점치고 계산하며 실리를 추구하는 매우 현실적인, 고대 중국인의 처세술에 지나지 않는다. 다만, 天地 調和에 대한 관찰과 탐구를 통해서 仁義禮智와 信德을 연계시켜 강조한다는 점에서 나쁠 것이 없다는 점이다. 그리고 태극, 음양, 사상, 팔괘 등과 관련하여 많은 철학적 함의를 내포하고 있다는 점에서 공부해 볼 만한 대상이라는 점이다. 따라서 '慶'이란 말 그대로 좋은 일, 잔치, 경축할 만한 일을 의미한다.

上九, 睽孤, 見豕負塗, 載鬼一車, 先張之弧, 后說之弧. 匪寇, 婚媾, 往遇雨則吉.
상구, 어긋나있어 외롭고, 진흙을 뒤집어쓴 돼지를 만나니, 수레에 귀신이 실려있어, 처음에는 활을 당기나, 나중엔 활을 내려놓는다. 도적이 아니고 혼인을 구함이니, 가서 비를 만나는 즉 길하다.

✎ 상구는 음의 자리에 양으로 와서 그 자리가 바르지 못하고, 짝인 육삼과 호응하며, 아래 이웃 육오와 가깝게 지낼 수 있다. 위아래가 어긋나 있는 상황에서 상구는 짝인 육삼과 멀리 떨어져 있어 외롭다. 그런 상구는 진흙을 뒤집어쓴 돼

지를 보는데 영락없는 귀신처럼 보인다는 뜻이다. 진흙을 뒤집어쓴 돼지는 그야말로 흉측하고, 귀신으로 보이기에 두려워 화살을 당기나 결국 내려놓는다. 자세히 보니, 귀신이 아니고 진흙을 뒤집어쓴 돼지였기 때문이다. 이런 상구가 처한 상황을 인간사로 바꾸어서 말하면, 혼인을 구하러 왔음에도 불구하고 그 형색이 도적처럼 보인다는 뜻이다. 따라서 진흙을 뒤집어쓴 돼지는 비를 맞으면 깨끗해지듯이, 비록, 도적 같은 형색으로 왔으나 도적이 아니고 혼인을 청하러 왔다는 사실이 드러나면 길하게 된다는 뜻이다. 여기서 '說'은 '挩(탈)'과 '脫(탈)'의 뜻으로 사용되었다.

《象》曰 : 遇雨之吉, 群疑亡也.
「상」에서 말했다. '비를 만나는 길함'이란, 의심 덩어리가 사라짐이다.

🖉 비를 만나는 길함이란 비를 맞아서 뒤집어쓴 진흙이 다 씻겨 나가 깨끗해졌다는 뜻이고, 깨끗해졌다는 것은 귀신처럼 보이던 돼지가 비로소 돼지임이 드러났다는 뜻이다. 마찬가지로, 도적처럼 나타났으나 알고 보니 혼인을 청하러 왔음에 의심이 풀렸다는 뜻이다.

*　　　*

'睽'가 여러 가지 의미로 쓰인다는 사실을 확인할 수 있다. 곧, 첫째, '어그러지다, 등지다'의 의미로 쓰이기도 하고, 둘째, '반목하다, 사이가 좋지 않다'의 의미로 쓰이기도 한다. 셋째, '떨어져 있다'의 뜻으로도 쓰인다. 위아래가 서로 등지고 있고, 반목하고 있으며, 멀리 떨어져 있기에 처음에는 육효가 다 문제를 안고 있다. 여기서 문제란, 근심 걱정이 있고, 두려움이 있으며, 후회와 의심이 있다는 사실이다. 그러나 이런 문제들이 끝에 가서는 해소된다. 그래서 육효가 대체로 무구하다.

서로 등지고 어그러지는 것은 대개 자리가 바르지 못함에서 기인하며, 위아래의 기운이 반대 방향으로 움직이기 때문이다. 그러함에도 불구하고, 중도를 지키고, 협력하며, 오해를 풀면 근심 걱정이 사라지고, 뉘우침과 의심도 사라지며, 무탈하게 된다. 어긋나 있는 상황에서도 화를 입지 않고, 무구하다는 점이 놀랍다.

초구는 악인을 만나도 화를 입지 않는데 자리가 바르기 때문이고, 구이는 중도를 지키기에 등을 돌려 반목하는 군주를 거리에서 만나도 무탈하다. 육삼은 중도를 지나쳐 있고, 반목의 중심에 있어서 설상가상으로 험난이 있으나 끝이 있고, 구사는 위태로우나 무구하며, 육오는 협력하여 후회가 없고 무구하며, 상구는 오해와 의심이 있으나 결국에는 다 해소되어 길하다. 처음과 끝인 초구와 상구는 길하고, 중도를 지키는 효는 무구하며, 어긋남이 가장 심한 中爻인 삼, 사효는 험난이 있으나 그 끝이 무구하다.

39. 水山蹇卦

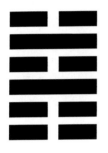

주역 서른아홉 번째 괘로 수산건괘(水山蹇卦)가 있다. 물 水 坎이 上卦이고, 山 艮이 下卦라는 뜻이다. 그 모양으로 보면, 산 위에서 물이 흘러내리거나 물속에 잠긴 산이다. 卦德으로 보면, '止而險'이다. 곧, 멈추어 있고, 험하다. 육효 배열로 보면, '음, 음, 양, 음, 양, 음'으로, 양이 둘이고 음이 넷으로, 음이 양보다 두 배나 많다. 초효만 자리가 바르지 못하고, 나머지 모두는 자리가 바르다. 그리고 오효가 剛中을 얻고, 이효가 柔中을 얻어서 호응하는 관계이다.

이런 '水山'을 '蹇'으로 받았다. '蹇'이란 어떤 의미로 쓰였을까? '蹇'은 '절뚝발이, 다리를 저는 당나귀, 노둔한 말, 굼뜨다, 걷다, 머무르다, 고생하다, 교만하다, 뽑다' 등의 뜻이 있으나 여기서는 어려움, 고난, 역경, 시련 등의 의미를 내포하는 '절뚝발이의 어려움'이라는 뜻으로 쓰인 것 같다.

「序卦傳」에 의하면, "乖必有難, 故受之以蹇. 蹇者, 難也"라 했고, 「雜卦傳」에 의하면, "蹇難也"라 했다. 곧, 어긋남에는 반드시 어려움이 있기에 어긋나는 睽卦 다음을 어려운 蹇卦가 이어받았고, '蹇'이라는 것은 '難'이라고 했다. '蹇=難'이라는 뜻이다. '難'은 '어렵다, 꺼리다, 싫어하다, 괴롭히다, 물리치다, 막다, 힐난하다, 나무라다, 삼가다, 공경하다, 근심, 재앙, 난리, 병란' 등 다양한 의미로 사용되나 여기서는 '어렵다'라는 의미로 쓰였다.

사실, 蹇卦를 산 위에서 물이 흘러내리는 모습으로 보아도, 물속에 잠긴 산으로 보아도 험난하기는 마찬가지이다. 산길을 걷는 이라거나 산에 사는 생명은 모두가 힘들 것이다. 꼭 절뚝발이가 아니더라도 어렵고 험난하다. 그리고 괘덕으로 보아도, 험난함이 위에 있으니(坎卦) 아래에서 멈추어 있을 수밖에 없다(艮卦). 이런 어려움, 험난함으로 치면, 64괘 가운데에는 ①준괘(屯卦) ②건괘(蹇卦) ③곤괘(困卦) ④감괘(坎卦) 등이 있는데, 이를 흔히, '4대 難卦'라고 부른다.

여하튼, '水山'이 있으면 '山水'도 있음을 유념해야 한다. 위아래가 바뀐 모습으로, 산 아래에서 물이 흘러가는 모습인 蒙卦이다. 굳이, 이를 환기함은 64괘가 상·하괘에 의해서 괘의 이름이 붙여지고, 괘의 이름은 괘의 의미를 결정짓는다는 사실을 말하기 위해서이다.

*　　*

蹇 : 利西南, 不利東北 ; 利見大人, 貞吉.

수산건괘는 서남이 이롭고, 동북이 불리하다. 대인을 만나는 것이 이로우며, 정도를 지켜야 길하다.

✎ 水山蹇卦는, 안으로는 산으로 가로막혀 멈추어 있고, 밖으로는 물이 흘러 험난함이 놓여있다. 그래서 水 坎의 자리인 正北이나 山 艮의 자리인 東北은 피하는 것이 좋다. 바로 이런 의미에서 東北은 불리하다고 했다. 험난하여 멈추어 있는 자리이기 때문이다. 따라서 그 반대 방향으로 가야 한다. 그 반대 방향이 西南이다. 正北의 반대인 正西는 연못 澤 兌의 자리이고, 東北의 반대인 西南은 땅 地 坤의 자리이다.

그렇다면, 왜, 坤의 자리로 가야 이로운가? 일단은, 험난한, 현재의 자리에서 반대 방향으로 나아가는 것은 본능적인 움직임이라는 점이 하나 있고, 坎은 少陰에서 나왔고, 艮은 太陰에서 나와 둘 다 '陰'에서 나왔으므로, 고향 같은, 어머니 품 같은 坤이 있는 곳으로 가면 더 편안하고 더 안전하겠다는 점이 있다.

이러한 坎과 艮의 기운이 만나 작용하는 자연적인 상황을 인간사로 바꾸어서 말하자면, 앞에 힘난이 있어서 멈추어야 할 때 大人을 만나 도움을 받고, 정도를 지키어야 좋다는 뜻이다. 대인을 만난다는 것은 두 가지 의미가 있다고 본다. 하나는 대인을 만나서 도움을 받는다는 것이고, 다른 하나는 대인으로부터 임무 곧 명을 받아서 일할 기회를 얻는다는 점이다.

그렇다면, '大人'이란 누구를 말하는가? 大人은 주역의 卦·爻辭에서만 열여덟 번이나 사용되었는데 그 개념을 먼저 정리하고서 쓰는 게 아니기에 문맥을 통해서 유추해내야 한다. 분명한 사실은, '小人'의 상대적 개념이고(天地否卦), 君子·先王·后·上 등과도 구분되는 사람이다(大象辭). 그리고 大人이라고 해서 내게 반드시 이로운 것만도 아니다(天地否卦). 그리고 개혁의 주체로 언급되기도 하고(澤火革卦), 내가 곤란한 상황에 있을 때, 혹은 승진하고자 할 때도 대인을 만나는 일이 필요하고 이롭다고 한다(澤水困卦, 地風升卦). 爻로 따지자면 대체로 중도를 얻은 이효와 오효가 많고, 柔보다는 剛한 陽爻가 많다. 그래서 聖人이나 君子라고 말해지기도 하고, 貴하고 높은(高) 자리에 있는 사람임에는 틀림이 없다. 참고로, '利見大人'이란 말은, 卦·爻辭에서만 모두 다섯 개의 괘에서 여덟 번 사용되었다. ① 重天乾卦 九二, 九五 爻辭 ②天水訟卦 卦辭 ③水山蹇卦 卦辭, 上六爻辭, 上六象辭 ④澤地萃卦 卦辭 ⑤重風巽卦 卦辭 등이 그것이다.

《彖》曰：蹇, 難也, 險在前也. 見險而能止, 知矣哉. 蹇利西南, 往得中也. 不利東北, 其道窮也. 利見大人, 往有功也. 當位貞吉, 以正邦也. 蹇之時用大矣哉.

「단」에서 말했다. 수산건괘는 어려움이고, 험난함이 앞에 있다. 험난함을 당해 멈출 수 있으니 지혜롭구나! 서남쪽은 이롭고, 가서 중도를 얻는다. 동북쪽은 불리한데 그 도가 궁해지기 때문이다. 대인을 만남이 이롭고, 나아가면 공로가 있다. 자리에 맞게 정도를 지킴이 길하며, 이로써 나라를 바르게 한다. 고난의 때를 활용함이 위대하구나!

✏️ 수산건괘가 어려움이라는 것은, '蹇=難'이라는 뜻이고, 험난함이 앞에 있다는 것은 上卦인 坎의 덕성(險)을 말함이고, 험난함을 당해 멈출 수 있다는 것은 下卦인 艮의 덕성(止)을 말한 것이다. 가서 중도를 얻는다는 것은, 양효 하나가 올라가서 구오가 됨으로써 강중을 얻는다는 뜻이다. 이 말인즉 원래는 음 셋으로 된 坤이었는데 乾에서 陽이 하나가 坤으로 옮겨와 坎이 되었다는 뜻으로 乾坤이 변하여 나머지 여섯 괘가 성립되는 이치를 전제로 한 말이다. 道가 궁해진다는 것은, 가는 길이 험해진다는 뜻이다. 그리고 공로가 있다는 것은, 공을 세우는 기회를 대인으로부터 받았다는 뜻이고, 자리에 맞게 정도를 지킨다는 것은, 자리에 합당한, 자리가 요구하는 능력을 갖추고, 그 능력을 적법하게 발휘함을 말한다. 한마디로 말해, 군주는 군주답게, 신하는 신하답게, 백성을 백성답게, 군림하고 처신하라는 뜻이다.

《象》曰：山上有水, 蹇 ; 君子以反身修德.

「상」에서 말했다. 산 위에 물이 있는 것이 건괘이다. 군자는 이로써 보고 깨달아 몸을 돌이키어 덕을 닦아야 한다.

✏️ 산 위에 물이 있다는 것은 산이 물속에 잠겨있다는 뜻이고, 산이 물속에 잠겨있다는 것은 험난함 속에서 절정의 위기를 맞이했다는 뜻이다. 자연의 산이 위기를 맞았듯이, 군주가 그런 위기를 맞이했다면 몸을 돌이켜 보고, 덕을 닦아야 하는 것은 당연지사!

몸을 돌이켜 본다는 것은, 꼭 몸이라기보다는 자기 자신이 처한 현재 상황과 이 현재 상황을 불러온 과거지사를 통시적으로 돌아보며 반성한다는 뜻이다. 그리고 덕을 닦는다는 것은, 한 인간으로서 삶의 의미와 본질을 이해하고, 군주로서 마땅히 해야 할 일을 하기 위해서 능력을 배양하는 일이다. 다시 말해, 정신적으로는 자애롭고 인자하며, 물질적으로는 재물을 널리 베풀고, 험난함에 직면했을 때는 그로부터 안전을 지켜주는, 물심양면의 은총을 베푸는 일이다.

初六, 往蹇, 來譽.
초육, 나아가면 어려워지고, 돌아오면 영예롭다.

✎ 초육은 양의 자리에 음으로 와서 그 자리가 바르지 못하고, 짝인 육사와 호응하지 못하며, 가깝게 지낼 이웃도 없다. 그리고 멈추어 있어야 하는 艮卦의 제일 아래에 있다. 그래서 초육은 나아가고자 하는 의욕이 약하고, 약한 만큼 안전하다. 그러나 험난함이 앞에 있는 현실을 무시하고 앞으로 나아간다면 어려움에 직면할 것이고, 돌아오면 영예롭다는데, 왜, 영예롭기까지 하는지는 알 수 없다. 좀 더 생각해보아야 할 것 같다. 그저 艮의 일원인 동지들로부터 환영받을 수는 있겠다는 생각이 든다.

주역 강의자 김재홍은 '來'를 '오다'가 아니라 '머물면'으로 해석하는데 그 이유인즉 下卦인 艮의 덕성이 '止'이므로 앞에 험난함이 있으면 머무는 것이 지혜라며, 來를 '머물면'으로 해석한다. 그러나 현재 중국 주역 전문사이트에서는 이 '來'를 물러날 '退'로 해석한다. '來=退'라는 뜻이다. 곧, 앞으로 나아가다 보니 험난함이 있어서 전략상 한 걸음 뒤로 물러선다는 뜻으로 이해했다. 필자도 이에 동의한다. 앞에 험난함이 있으면 일단 멈추고 극복할 수 있는지 그 여부를 판단한 다음, 어렵다면 물러서서 멈추어야 하는 것은 당연한 이치이다.

육효 관계로 보아도, 초육은 강성이 잠재되어 있긴 하나 유순한 성품이고, 짝인 육사와도 호응하지 못하며, 이웃인 육이와도 가깝게 지내며 협력할 수 없는 처지이다. 그러니 앞으로 나아가는 것은 원천적으로 불가하다. 물러서서 때를 기다리는 게 옳다고 본다.

《象》曰 : 往蹇來譽, 宜待也.
「상」에서 말했다. '나아가면 어려워지고, 돌아오면 영예롭다' 함은, 기다려 마땅함이다.

✍ 기다림이 마땅하다는 것은, 아직 나설 때가 아니라는 뜻이다. 초육 앞에는 坎의 험난함이 놓여있기에 그 험난이 해소될 때까지 기다리는 것이 옳다.

六二, 王臣蹇蹇, 匪躬之故.
육이, 왕의 신하로서 어렵고 어려우나, 자신의 연고가 아니다.

✍ 육이는 음의 자리에 음으로 와서 그 자리가 바르고, 짝인 구오와 호응하며, 위에 있는 이웃 구삼과 가깝게 지낼 수 있다. 그리고 中正까지 얻었다. 아주 좋은 조건을 두루 갖추었다. 그런데 왕의 신하로서 어려움이 겹쳐 있다. 그만큼 어려움이 많다는 뜻이다. 그것도 자신 때문이 아니다. 그렇다면, 무엇 때문일까? 육효 관계로 보면, 구삼과 육사 때문이다. 구삼과 가깝게 지낼 수 있다는 것 자체가 육이가 구오에게 올라 가야 함에 방해가 될 수 있고, 육사 역시 방해꾼이 될 수 있다. 육사의 방해는 시기·질투·모함·비방 등으로 나타날 수 있다.

《象》曰 : 王臣蹇蹇, 終无尤也.
「상」에서 말했다. '왕의 신하로서 어렵고 어렵다' 함은, 끝내 허물이 없어짐이다.

✍ 끝내 허물이 없어진다는 것은, 처음에는 어려움이 겹치어 나타나 힘드나 그 끝은 그 어려움이 사라져 근심 걱정이 없어진다는 뜻이다. 왕의 신하로서 어려움이 겹쳤는데 어찌하여 그 끝이 좋을까? 그것은 중도로써 바르게 처신함으로써 믿음을 회복했기 때문으로 보인다.

九三, 往蹇, 來反.

구삼, 나아가면 어려워지고, 돌아오면 반성한다.

✎ 구삼은 양의 자리에 양으로 와서 그 자리가 바르고, 짝인 상육과 호응하며, 위아래 이웃들과 가깝게 지낼 수 있다. 그리고 중도를 지나쳐 있다. 구삼은 양강한 성품을 지녔고, 협력자들의 성원에 힘입어 적극적으로 나아간다. 하지만 바로 앞에 놓인 험난함에 직면하게 된다. 그래서 나아가면 어려움이 있고, 되돌아오면 뒤돌아보며 반성한다. 구삼이 반성하는 이유는 양강한 성품이기 때문이다. 다시 말해, 강한 의욕과 밝은 지혜가 있기 때문이다. 험난함이 앞에 있는 상황에서 앞으로 나아가지 말고 머물러있어야 하는데, 나아가면 어려워지고, 되돌아오면 반성하는 것이다.

《象》曰 : 往蹇來反, 內喜之也.

「상」에서 말했다. '나아가면 어려워지고 돌아오면 반성한다' 함은, 집안의 기쁨이다.

✎ 집안의 기쁨이란 앞으로 나아갔다가 험난함에 직면하여, 되돌아오는 구삼을 맞이하는 초육과 육이의 기쁨이다. 艮卦 일원으로서의 기쁨이다. 쉽게 말해서, 초육, 육이, 구삼 등을 운명공동체인 식구로 보았고, 艮을 집안으로 본 것이다.

여기서 '內'라는 것은, 內卦인 艮을 말하며, 이를 인간사로 바꾸어 말하면, 위험 앞에서 모든 동작을 멈추고 나아갔더라도 물러서야 하는 상황에서 이를 실행에 옮긴 구삼을 식구들이 기쁘게 맞이함이다.

六四, 往蹇, 來連.

육사, 나아가면 어려워지고, 돌아오면 연대한다.

✎ 육사는 자리가 바르고, 짝과 호응하지 못하며, 위아래 이웃들과 가깝게 지낼 수 있다. 음의 자리에 음으로 와서 더욱 유순한 육사가 험난을 무릅쓰고 나아간다면 어려워지는 것은 당연하다. 그러나 돌아오면 艮의 식구처럼 연대하여 무구할 것이다. 성원해 주는 협력자들이 있기 때문이다.

《象》曰：往蹇來連 位當實也.

「상」에서 말했다. '나아가면 어려워지고, 돌아오면 연대한다' 함은, 자리에 걸맞게 충실함이다.

　　✎ 자리에 걸맞게 충실하다는 것은, 군주를 모시는 대신으로서 돌아와 후원하는 협력자들과 연대하여 어려움을 타개해 나가는 일에 합당하다는 뜻이다.

九五, 大蹇, 朋來.

구오, 매우 어려우니, 벗들이 온다.

　　✎ 구오는 자리가 바르고, 짝과 호응하며, 위아래 이웃들과 가깝게 지낼 수 있다. 그리고 中正을 얻었다. 어려움에 봉착한 군주로서 중도로써 바르게 처신하고, 陽剛한 리더십으로 대처하니 협력자들이 찾아온다. 가까운 이웃으로 상육, 육사도 있고, 중정으로 호응하는 육이도 있다.

《象》曰：大蹇朋來 以中節也.

「상」에서 말했다. '매우 어려우니 벗들이 온다' 함은, 중정으로써 절제함이다.

　　✎ 中正으로서 절제한다는 것은, 모자라지도 않고 넘치지도 않게 험난함을 조절하고, 바르게 통제함이다.

上六, 往蹇, 來碩 ; 吉 ; 利見大人.

상육, 나아가면 어려워지고, 돌아오면 크게 된다. 길하다. 대인을 만남이 이롭다.

✎ 상육은 자리가 바르고, 짝과 호응하지 못하며, 아래 이웃인 구오와 가깝게 지낼 수 있다. 음의 자리에 음으로 와서 더욱 유순한데 험난함에 봉착하여 앞으로 나아가면 어려워지고, 되돌아오면 크게 된다. 크게 된다는 것은, 단단해지고 강해진다는 뜻이다. 이런 상육이 처한 상황을 인간사로 바꾸어서 말하면, 길하고, 대인을 만남이 이롭다는 것이다. 상육에게 대인이란 구오를 말하지만, 구오를 만나면 임무를 부여받거나 도움을 받을 수 있기에 이로운 것이다. 그래서 상육은 더욱 실해져서, 더욱 강해지고 단단해져서, 더욱 막강한 힘과 임무가 부여되어서 이롭다는 뜻이다.

《象》曰 : 往蹇來碩, 志在內也 ; 利見大人, 以從貴也.

「상」에서 말했다. '나아가면 어려워지고, 돌아오면 크게 된다' 함은, 뜻이 안에 있음이고, '대인을 만남이 이롭다' 함은, 귀인을 추종함으로써이다.

✎ 뜻이 안에 있다는 것은 上卦의 중심 구오를 말하고, 귀인을 추종한다는 것은 귀인인 구오의 뜻을 믿고 따른다는 뜻이다. 다시 말해, 구오의 명령에 순종한다는 뜻이다.

*   *

험난함이 앞에 놓인, 위험한 상황이라면 하던 일을 멈추어야 한다. 그리고 그 상황에서 벗어나야 한다. 그러함에도 불구하고, 앞으로 계속 나아간다면 반드시 어려움에 직면하게 될 것이다(초육, 구삼, 육사, 상육). 어려움에 봉착했다면 재빨리 돌아서야 한다(초육, 구삼, 육사, 상육). 일단, 피해야 하기 때문이다.

그런 다음, 때를 기다리며, 어려움을 타개할 방도를 생각해야 한다. 그런데 돌아서서 물러난 것만으로, 누구는 영예롭게 되고(초육), 누구는 반성하기도 하며(구삼), 누구는 협력자들과 연대하기도 한다(육사). 이뿐만 아니라 누구는 대인의 도움을 받아 더욱 강해지기도 한다(상육). 中正을 얻은 육이와 구오는 큰 어려움에 직면하나 그 中正의 덕으로 끝내 근심 걱정이나 허물이 사라지고(육이), 지원군인 벗들이 찾아온다(구오).

험난함이 앞에 놓인, 위험한 상황에서는 무엇보다 協力이 중요하다. 위아래 이웃들과 가깝게 지낼 수 있는 친비 관계가 있는 구삼, 육사, 구오가 말해준다. 그리고 자리에 맞는, 합당한 능력이 있어야 한다. 그리고 어려움을 타개할 지혜와 그 지혜를 실행해 옮길 수 있는 강한 의욕이 또한 중요하다. 이것이 水山蹇卦의 가르침이다.

40. 雷水解卦

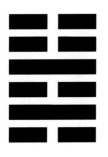

주역 마흔 번째 괘로 뇌수해괘(雷水解卦)가 있다. 우레 雷 震이 上卦이고, 물 水 坎이 下卦라는 뜻이다. 그 모양으로 보면, 천둥 번개와 비가 함께 내리는, 말 그대로 '雷雨'가 내리는 모습이다. 卦德으로 보면, '險而動'이다. 곧, 험하고, 움직인다. 육효 배열로 보면, '음, 양, 음, 양, 음, 음'으로 음이 넷이고, 양이 둘이다. 그리고 상육만 자리가 바르고, 나머지 모두는 자리가 바르지

못하다. 구이, 육삼, 구사는 위아래 이웃들과 가깝게 지낼 수 있는 親比 관계에 있다. 이런 解卦를 위아래로 도전시키면 水山蹇卦가 된다.

이런 '雷水'를 '解'로 받았다. '解'란 어떤 의미로 쓰였을까? '解'는 '풀다, 벗다, 깨닫다, 설명하다, 통달하다, 가르다, 분할하다, 느슨해지다, 떨어지다, 벗기다, 흩어지다, 화해하다' 등 다양한 의미로 쓰이는데 '풀다, 풀리다'의 뜻으로 쓰인 것 같다. 自然事로는 '解凍(해동)·解渴(해갈)'이란 단어가 가깝고, 人間事로는 解決(해결)·解放(해방)'이라는 단어가 가까울 듯하다. 그러나 자세한 것은 六爻辭까지 두루 다 읽어야 알 수 있을 것이다.

「序卦傳」에 의하면, "物不可以終難, 故受之以解"라고 했고, 「雜卦傳」에 의하면, "解緩也"라고 했다. 곧, 만물은 끝까지 어려울 수 없기에 어려운 蹇卦 다음을 해소되는 解卦가 이어받았고, '解=緩'이라고 했다. 그렇다면 '緩'이란 어떤 의미일까? '緩'은 '느리다, 느슨하다, 늦추다, 부드럽다, 너그럽다' 등의 뜻이 있다. 따라서 解는 '느슨하게 풀어짐'이라고 풀이할 수 있다.

위험한 상황에 직면하여 더는 나아가지 못하고 멈추어 있는 蹇卦 상황이 풀리어, 다시 움직이기 시작하는, 조심스러운 때가 바로 解卦 상황임을 유추할 수 있다. 그래서 중국인들은 예로부터 "嚴冬天地閉塞, 靜極而動. 萬象更新, 冬去春來, 一切消除, 是爲解"라 했다. 곧, 천지가 닫히어 막히어 있는 엄동의 적막이 다하여 움직인다. 만물이 다시 깨어나고, 겨울이 가고 봄이 오니 일체의 막힘이 소멸하니 풀림이 된다고 했다. '해동(解冬)'의 의미로 본 것이다.

＊　　　＊

解：利西南 ; 无所往, 其來復吉 ; 有攸往, 夙吉.
뇌수해괘는 서남쪽이 이롭다. 갈 바가 없고, 그 돌아옴이 길하다. 갈 바가 있으면 빨리 갔다 옴이 길하다.

✑ 서남쪽이 이롭다는 것은, 어려운 상황에서 벗어나려면 서남쪽이 이롭다는 뜻인데 왜, 그러할까? 八卦에 부여한 方位로 보면, 우레 雷 震卦는 동쪽이고, 물 水 坎卦는 북쪽이다. 어려운 상황에서 벗어나려고 하거나 막 벗어나서 움직이는 때이므로, 이들과 반대 방향으로 가야 옳다. 그러니까, 東에 있는 震은 兌가 있는 西로 가야 하고, 北에 있는 坎은 불이 있는 南으로 가야 한다. 그 西와 南의 중간이 西南인데 그곳에 땅 地 坤卦가 있다. 땅이라 하면, 평평하고, 음효 셋으로 도식되어 劃數로는 여섯으로 가장 많은 무리를 거느리고 있다. 따라서 가기 쉽고, 同類가 많은 곳으로 가면 어려움을 쉽게 해소할 수 있기 때문으로 보인다.

그리고 어려움에서 벗어나려고 하거나 막 벗어난 상황이라면 크게 움직이는 것은 좋지 않다. 아직은 조심해야 하는 상황이기 때문이다. 그래서 갈 바가 없으면, 다시 말해, 할 일이 없으면 그 어려움에서 벗어나 돌아옴이 길한 것이고, 만약, 할 일이 남아있다면 빨리 해결하고 돌아옴이 길하다는 뜻이다.

《彖》曰：解, 險以動, 動而免乎險, 解. 解利西南, 往得衆也. 无所往, 其來復吉, 乃得中也. 有攸往夙吉, 往有功也. 天地解而雷雨作, 雷雨作而百果草木皆甲坼. 解之時大矣哉.

「단」에서 말했다. 해괘는 움직임으로써 험난하고, 움직이어서 (그) 험난함에서 벗어나는 것이다. 해괘가 '서남 방향이 이롭다.' 함은, 가서 무리를 얻기 때문이다. '갈 바가 없고, 돌아옴이 길하다' 함은, 이내 중도를 얻음이다. '갈 바가 있으면 빨리 갔다 오는 게 길하다' 함은, 가서 공로가 있음이다. 천지가 풀리어서 뇌우를 일으키고, 뇌우가 내리니 백과 초목의 껍질이 터진다. 풀림의 때가 위대하구나!

✎ 움직임으로써 험난하다는 것은, 움직이기에 험난해진다는 뜻이고, 움직이어서 험난함에서 벗어난다는 것은, 험난하기에 움직임으로써 위험을 피한다는 뜻이다. 가서 무리를 얻는다는 것은, 위험을 같이 해결할 同類·同志를 얻는다는 것이고, 그것이 서남쪽에 있는 坤이라는 뜻이다. 이내 중도를 얻는다는 것은, 구이와 육오를 두고 말함이고, 갈 바가 있으면 빨리 갔다 오는 게 길하다는 것은, 할 일이 있으면 빨리 끝내는 것이 좋다는 뜻이다. 뇌우가 내리는 상황에서, 다시 말하면, 위험이 남아있거나 해소되는 상황에서 꼭 해야 할 일이 있다면 서두르는 것이 좋다는 뜻이다. 上卦인 震도, 下卦인 坎도 모두 아래로 움직이기 때문에 위로 가서 할 일이 있다면 빨리 끝내는 것이 자연의 이치에 부합하기 때문이다. 공로가 있다는 것은, 위험이 해소되고, 문제가 풀리는 때에 맞게 일한 결과가 좋다는 뜻이다.

'천지가 풀리어서 뇌우를 일으키고, 뇌우가 내리니 백과 초목의 껍질이 터진다. 풀림의 때가 위대하구나!'라는 말은, 雷水 곧 震坎을 '雷雨'로 받았고, 그 뇌우의 발생 이유와 그 결과를 설명한 것이다. 곧, 얼어붙었던 겨울 대지가 따뜻한 햇볕을 받아 풀리면서(解凍) 구름이 생성되고, 생성된 구름이 천둥 번개를 치면서 다시 비로 내려오니(雷雨), 땅속에 있던 갖가지 종자들의 껍질이 터지면서 새움이 돋아난다고 본 것이다. 彖辭 집필자는 겨울에서 봄이 오는 상황인 解冬을 '解'로 본 것이다.

《象》曰：雷雨作, 解；君子以赦過宥罪.

「상」에서 말했다. 뇌우가 일어남이 해괘이니, 군자는 이로써 보고 깨달아, 과실을 사면하고, 죄를 용서하라.

✎ 하늘에서 땅에 뇌우를 내려주어 發芽를 통한 만물을 소생하게 하듯이, 군자는 하늘이 恩澤을 내리는 것을 보고 배워서 백성들의 과실과 죄를 사면해 주고 용서해 주라는 뜻이다. 하늘과 땅의 관계에서 하늘이 군자라면 땅에서 사는 만물은 백성이 되는 셈이다. 모든 大象辭가 이런 획일적인 비유로 이루어졌는데 여기서도 마찬가지이나.

혹자는 '過'와 '罪'를 구분하고, '赦'와 '宥'를 구분하여 자세한 설명을 하기도 하는데 그럴 필요까지 있겠나 싶다. 고의성이 없는 과실은 사면해 주고, 고의성이 있는 죄는 減免해 주어야 한다는 식이다. 그러나 부처의 시각처럼 하늘에서 내리는 햇빛이나 비가 만물을 차별하지 않고 베풀 듯이, 군자도 은총을 베풀려면 차별을 두지 않는 것이 이상적이라고 생각하지만, 인간사회 안에서의 일이야 어떻게 그와 같을 수만 있겠는가. 중국인들의 주역 해석이 얼마나 첨예(尖銳)한지 알 수 있는 대목이고, 이것은 그만큼 그들이 현실적인 사유를 하고 있다는 증거이기도 하다.

初六, 无咎.

초육, 허물이 없다.

✎ 초육은 자리가 바르지 못하고, 짝인 구사와 호응하며, 위에 있는 구이와 가

깝게 지낼 수 있다. 위험에서 막 벗어나려는 초기 단계이고, 가장 미천한 자리에 머물며, 양의 자리에 음으로 와서 의욕이나 능력도 부족하다. 그러나 陽剛한, 구사의 도움을 받을 수 있고, 구이의 영향을 받는다. 그래서 초육은 크게 움직이지 않고, 조용히 머물러있는 것으로써 무탈하다.

《象》曰 : 剛柔之際, 義无咎也.

「상」에서 말했다. 강과 유의 사귐이라, (그) 의리가 무구하다.

✎ 의리가 무구하다는 것은, 인간 도리상 잘못이 없다는 뜻이다. 여기서 剛으로는 짝인 구사와 이웃인 구이, 둘이 있는데 의리상 잘못이 없다는 것은 둘 가운데 짝을 선택했다는 뜻이기도 하고, 음과 양의 조화로운 관계라는 뜻이다. 음양의 조화로운 관계라고 하는 것은, 음과 양이 상부상조하는 친밀한 관계라는 뜻이다.

九二, 田獲三狐, 得黃矢 ; 貞吉.

구이, 사냥하여 세 마리 여우를 잡고, 황금 화살을 얻는다. 정도를 지켜야 길하다.

✎ 구이는 자리가 바르지 못하고, 짝인 육오와 호응하며, 위아래 이웃들과 가깝게 지낼 수 있다. 그리고 剛中을 얻었다. 여기서 세 마리 여우(三狐)와 황금 화살(黃矢)이라는 비유어(譬喩語)가 각각 무엇을 의미하는지가 제일 중요하다.

程伊川은 세 마리 여우를 두고 세 陰爻라고 했다. 이 解卦에서 음효는 넷인데 곧, 군주인 육오를 빼고, 초육, 육삼, 상육을 가리킨다고 했다. 그리고 음효는 小人이라고도 했다. 이것을 받아들이면, 어려움에서 벗어나기 위해서 유약한 군주인 육오로부터 등용된 양강한 구이가 사회를 어지럽게 하는 소인들을 퇴출했다는 의미로 해석된다. 그리고 늘 그랬듯이, 황색은 중앙 색이고, 화살은 곧은 것이라고 해서 '直'으로 풀었다. 그리하여 '黃矢'를 '中直'으로 풀었다는 뜻이다. 물론, 여기에는 구이가 자리가 바르지 못하기에 '正'이라는 말을 쓸 수도 없었을 것이다. 그래서 '中正' 대신에 '中直'이라 했다.

그리고 여우는 일반적으로 약삭빠르고 교활한 동물로 인식되었다. 그래서 여우는 자연스럽게 '奸臣'이나 '小人'으로 빗대어질 수 있다. 어려움에서 벗어나려면 구이가 그런 여우를 포획함으로써 공을 세우고, 군주에게서 황금으로 장식된 활과 화살을 받았다고 볼 수 있다. 한마디로 말해, '등용(登用)되었다'는 뜻이다. 그래서 구이는 그것을 바르게 써야 길하다는 뜻이다. 구이의 자리가 바르지 못하기에 정도를 지켜야 길하다는, '貞吉'이라는 조건이 붙었다.

《象》曰 : 九二貞吉, 得中道也.
「상」에서 말했다. '구이가 정도를 지켜야 길하다' 함은, 중도를 얻음이다.

🖋 구이는 음의 자리에 양으로 와서 그 자리는 바르지 못하지만, 그래서 中正이 될 수 없지만, 剛中을 얻어서 유약한 육오 군주에게 호응하니 서로에게 꼭 필요한 존재가 된다. 게다가, 위아래 이웃들과 가깝게 지내며, 그들 사이에서 인기가 있다. 인기가 있다는 것은 지지를 받는다는 뜻이다. 강중을 얻어서 리더십을 발휘하되 지나치지 않는 신중함을 말한 것이다.

六三, 負且乘, 致寇至 ; 貞吝.
육삼, 짐을 짊어진 채 (수레에) 오르니, 도적을 불러들인다. 바름이 인색하다.

🖋 육삼은 자리가 바르지 못하고, 짝인 상육과 호응하지도 못하나, 위아래 이웃들과는 가깝게 지낼 수 있다. 그리고 중도를 지나쳐 있다. 양의 자리에 음으로 와서 강한 듯하나 유순하다. 그런데 위아래 이웃들과 어울리면서도 교만하고 솔직하지 못하다. 허풍과 위선이 있다는 뜻이다. 육삼은 자리 곧 신분에 어울리지

않는 행동으로써 禍를 자초한다. 人間事로 바꾸어 말하자면, 자기 능력 밖의 자리에 앉아서 자신의 무지를 드러내고 있는 꼴이다.

《象》曰 : 負且乘, 亦可丑也 ; 自我致戎, 又誰咎也 ?
「상」에서 말했다. '짐을 짊어진 채 수레에 오른다' 함은, 역시 추함이다. 자기로부터 도적을 부름이니, 또 누구를 탓하겠는가?

✎ 짐보따리를 짊어진 채 수레를 올라탔다는 것은 무언가 불안한 모습이고, 어울리지 않는 모습이다. 그러하니, 추하다고 할 수밖에 없다. 그런 모습이 도적을 부르는 일이나 다름없고, 도적이 와서 그 짐보따리를 빼앗아간다고 해도 누구를 탓할 수 없다는 뜻이다. 한마디로 말해서, 어울리지 않는 행동과 어리석음으로 화를 자초했다는 뜻이다.

九四, 解而拇, 朋至斯孚.
구사, 엄지발가락을 해체하니, 벗이 와서 모두 믿는다.

✎ 구사는 자리가 바르지 못하고, 짝인 초육과 호응하며, 위아래 이웃들과 가깝게 지낼 수 있다. 구사는 음의 자리에 양으로 와서 의욕을 낼 수 있고, 자기의 엄지발가락을 해체해 버리니 벗이 와서 모두를 믿는다니 이것이 도대체 무슨 말인가? '엄지발가락(拇)'을 해체한다는 것은 엄지발가락을 잘라낸다는 뜻인데, 여기서 엄지발가락은 가장 아래에 있는 짝, 초육을 말한다. 구사가 자신의 짝인 초육을 떼어내 버리니 벗이 와서 모두 믿어주었다는 뜻이다. 여기서 벗이란, 同類인 구이이다. 구이가 모두를 믿어주었다는 것은 구사의 언행 일체인 구사의 전모(全貌)를 믿어주었다는 뜻이다. 위험에서 벗어나려면 운명적인 짝조차 버려야 한다는 비장(悲壯)한 마음 자세가 드러나 있다.

《象》曰：解而拇, 未當位也.

「상」에서 말했다. '엄지발가락을 해체한다' 함은, 자리가 마땅치 않음이다.

✎ 이미 서두에서 언급했다시피, 解卦 육효는 상육만 자리가 바르고 나머지 효는 모두 바르지 못하다. 구사 자신도 자리가 바르지 못하고, 주변 爻들도 자리가 바르지 못하다. 그 가운데에서도 구사에게 영향을 미치는 육삼도 자리가 바르지 못하고 짝인 초육조차 자리가 바르지 못하다. 그래서 위험에서 벗어나려고 짝과의 관계조차도 단절(斷切)·단교(斷交)했다는 뜻이다.

六五, 君子維有解, 吉, 有孚于小人.

육오, 군자만이 어려움을 해소할 능력이 있으니, 길하며, 소인에 관한 믿음이 있다.

✎ 육오는 자리가 바르지 못하고, 짝인 구이와 호응하며, 아래 이웃 구사와 가깝게 지낼 수 있다. 그리고 柔中을 얻었다. 육오는 양의 자리에 음으로 와서 강한 듯하나 유순하다.

육오는 험난함을 해소하기 위해서 짝인 구이와 아래 이웃인 구사의 양강한 도움을 받는다. 그래서 陰이지만 길하다. 그리고 소인에 관한 믿음이 있다는 것은, 소인의 성품과 능력을 잘 알고 있다는 뜻이다.

《象》曰：君子有解, 小人退也.

「상」에서 말했다. 군자만이 어려움을 해소할 능력이 있다는 것은, 소인을 물러나게 함이다.

✎ 육오는 군주로서 위험요소를 해체하여 백성이 두루 편안하게 살 수 있도록 해야 한다. 그 위험요소는 여러 가지가 있을 수 있겠으나 여기서는 소인에게

초점이 맞추어져 있다. 이리저리 얽혀 있는 소인들을 찾아내 과감하게 물러나게 해야 한다. 육오가 양강한 구사와 구이의 도움을 받는 것도, 구사가 자기의 짝과 결별함도 '소인 퇴출'을 의미한다.

上六, 公用射隼于高墉之上, 獲之, 无不利.
상육, 공이 높은 담장 위에 있는 매를 쏘아, 잡으니, 불리할 게 없다.

   🖊 상육은 자리가 바르고, 짝인 육삼과 호응하지 못하며, 가깝게 지낼 이웃도 없다. 상육은 위험한 상황을 해소하는데 걸리적거리는 것이 없다. 짝도 없고 이웃도 없다. 게다가, 자리가 바르다. 자리가 바르다는 것은 처신이 올바르다는 뜻이다. 양강한 지혜와 능력은 없으나 자신의 자리에 걸맞게 노력한다. 곧, 높은 담장 위에 있는 매를 활로 쏘아 잡는다. 여기서 '매'는 비유어이다. 맹금류인 매는 성질이 사나우며, 성안을 노려보는 '外勢'이다.

《象》曰 : 公用射隼, 以解悖也.
「상」에서 말했다. '공이 높은 담장 위에 있는 매를 쏘아 잡았다' 함은, 패악한 소인을 떼어내 버림으로써이다.

   🖊 '隼'과 '悖'를 연계시켰다는 것은, 매가 소인은 소인이되 도리에 크게 어긋난 소인이라는 뜻이다. 동시에 포악하다는 뜻이다. 그런 매를 잡았다는 것은 크게 어긋나 패륜을 저지르는 소인을 퇴출했다는 뜻이다.

*　　　*

六爻辭에서 '解'는 어려움에서 벗어나는 것이다. '解消', '解放'에 가깝다. 곧,

초육은 지혜와 능력이 있는 양효와 교류·교제함으로써 어려움을 극복하여 벗어나고, 구이는 剛中을 얻어서 군주로부터 등용되어 소인을 물리침으로써 어려움에서 벗어난다. 그런가 하면, 육삼은 자기 자리에 어울리지 않게 능력이 없고 품위를 지키지 못해서 화를 자초한다. 구사는 대의를 위하여 자신의 짝을 버림으로써 어려움을 타개하고, 육오는 양강한 양효들의 도움을 받아서 어려움을 해소한다. 그리고 상육은 패륜적인 외세를 물리쳐 어려움을 제거한다. 따라서 육효사에서 '解'라는 것은, 각자의 자리에서 어려움에서 벗어나기 위하여 어떻게 처신하는지를 보여주고 있다 해도 틀리지 않는다.

그러니까, 자연에서는 解凍되고 雷雨가 내려서 겨울잠을 자던 만물을 깨우고 다시금 활동하게 하는 봄기운 같은 게 '解'이지만, 인간사회에서는 당면한 어려움을 해소하기 위해서 움직이는 것이 '解'이다. 그래서 누구는 무구하고, 누구는 추하며, 누구는 길하고, 크게 후회한다. 또, 누구는 이롭기도 하다.

그런데 위험이나 어려운 상황을 해결하기 위해서 적극적으로 노력하는 주체는 下卦 세 爻보다는 上卦 세 爻이고, 오효 군주를 중심으로 협력 지원하는 자들이라는 사실이다. 그리고 인간사회에서는 어려움과 문제를 유발하는 주체가 다름 아닌 小人이라는 사실이다. 소인은 군자의 상대적인 개념이긴 하지만 주역에서 말하는 小人의 개념은 어떠한 형태로든 정리될 필요가 있다고 본다. 일반적으로, 君子는 仁·義·禮·智·信·德을 앞세우나 소인은 그렇지 못하다는 원론적인 말로써 여기서는 그치겠다.

41. 山澤損卦

주역 마흔한 번째 괘로 '산택손괘(山澤損卦)'가 있다. 山艮이 上卦이고, 연못 澤 兌가 下卦라는 뜻이다. 그 모양으로 보면, 산 아래에 연못이 있는 모습이고, 그 卦德으로 보면, '說而止'이다. 기쁘고, 멈추어 있다. 기쁨이 지나치지 않도록 멈추어 있다는 뜻이다. 멈추어 있다는 것은, 自制 또는 抑制되어 있다는 뜻이다. 육효 배열로 보면, '양, 양, 음, 음, 음, 양'으로 양이 셋이고, 음이 셋으로 균형이 잡혀있다. 초구와 육사만 자리가 바르고, 나머지는 모두 자리가 바르지 못하다. 중도를 얻은 육오와 구이를 비롯하여 나머지 두 짝 모두가 호응하는데 剛柔로써 호응하는 짝은 상구와 육삼뿐이다.

이런 '山澤'을 '損'으로 받았는데, '損'이란 어떤 의미일까? '損'은 '덜다, 줄이다, 줄다, 감소하다, 잃다, 손해를 보다, 해치다, 상하게 하다, 헐뜯다, 비난하다, 낮추다, 겸손하다' 등 다양한 뜻이 있으나 여기서는 '덜다'라는 의미로 쓰인 것 같다. 자세한 것은 육효사까지 두루 읽어야 알 수 있을 것이다.

「序卦傳」에 의하면, "緩必有所失, 故受之以損"이라 했고, 「雜卦傳」에 의하면, "損益盛衰之始也"라 했다. 곧, 느슨해지면 반드시 잃는 바가 있어서 해소되는 解卦 다음을 덜어내는 損卦가 이어받았다는 것이고, 손실과 이익은 성쇠의 시작이라는 뜻이다. 그러니까, 손실은 쇠함의 시작이고, 이익은 성함의 시작이라는 뜻으로, 매우 상식적이다.

그리고 「說卦傳」에 의하면, "山澤通氣"라 했는데, 이는 산과 연못이, 다시 말해, 艮과 兌 두 氣運이 서로 잘 통한다는 뜻이다. 그 기운이 잘 통한다는 것은, 산과 연못이 작용하여 서로에게 크게 도움이 된다는 뜻이다. 부연하자면, 산에 내리는 물이 연못으로 들어가서 연못이 풍성해지고, 연못의 물이 산에 공급되어서 산에서 살아가는 생명에게 도움을 준다는 뜻이다. 이처럼 한쪽이 덜어내면 다른 한쪽에 보태어져 이로워지는 관계이다.

이런 산과 연못의 관계는 '山澤'과 '澤山'이 있는데, 산의 물이 연못 안으로 들어가는 것은 산 입장에서 損卦가 되고, 연못의 물이 산에 공급되는 것은 산 입장에서 益卦가 아니라 咸卦가 된다. 그런데 재미있는 사실은, '양, 양, 음, 음, 음, 양'으로 된 山澤損卦의 육효에서 음을 양으로, 양을 음으로 바꾸어 놓으면 '음, 음, 양, 양, 양, 음'이 되어서 澤山咸卦가 된다는 점이다.

*   *

損 : 有孚, 元吉, 无咎, 可貞, 利有攸往. 曷之用? 二簋可用享.

산택손괘는 믿음이 있고, 크게 길하며, 무구하고, 정도를 지킬 수 있어서 갈 바가 있으니 이롭다. 어찌 쓰지 않겠는가? 두 제기라도 제사에 쓸 수 있다.

✎ 「雜卦傳」에서 말하기를, 손실은 쇠함의 시작이라 했는데, 이 卦辭에서 믿음이 있다니, 무엇에 대한 누구의 믿음이며, 왜, 크게 길한가? 시작부터 말문이 막힌다. 문제의 괘사를 이해하려면, 損卦 육효 관계와 卦德을 먼저 살펴야 한다. 곧, ①초구:육사, ②구이:육오, ③육삼:상구 등 세 짝이 모두 호응한다는 사실을 전제하고, 짝 사이에서 어느 한쪽이 자기의 것을 덜어내어 상대방에게 보태주어야 서로가 무구하게 된다는 점을 전제해야 한다. 더 크게는, 군주에게 백성이 자신의 재물을 덜어서 바치는, 다시 말해, 육오를 위해서 나머지 효들이 개인의 소유물이나 개인이 처한 상황에서 지나침 곧, 여유, 능력, 문제 등을 덜어내어 바

치는 관계라는 점을 전제해야 한다.

따라서 '믿음이 있다'라는 것은, 군주에 대해 갖는 백성의 신뢰이자 개개인이 갖는 상대방에 대한 믿음을 의미한다. 군주에 대한 신뢰는 육오의 善政을 믿고 백성인 나머지 효들이 자신의 것을 덜어내어 바침으로써 손해를 기꺼이 보는 것이다. 그리고 '크게 길하다'라는 것은, 백성의 신뢰를 받으며, 재물을 받아 국고(國庫)가 풍요해지는 육오의 입장을 두고 말함이다. 그리고 '무구하다' 함은, 이런 관계 속에서 군주가 선정을 베풀고 백성의 생명과 재산을 지키어 주기에 안전이 담보된다는 뜻이다. 그리고 '나아갈 바가 있으니 이롭다'라는 것은, 군주와 백성의 그런 관계 속에서 할 일을 해도 해야 이롭다는 뜻이다. 그리고 '어찌 쓰지 않겠는가? 두 제기라도 제사에 쓸 수 있다'라는 것은, 비유적 표현으로, 두 개의 제기(祭器)만 있으면 짝을 맞추어서 제사를 지낼 수 있듯이, 군주와 백성이, 남편과 아내가, 남자와 여자가 존재하기에 한쪽이 손해를 보면 다른 한쪽이 이익을 보게 되는 이치에 의해서 損益이 발생하지만 큰 틀에서 보면 서로에게 이롭다는 뜻이다.

《彖》曰 : 損, 損下益上, 其道上行. 損而有孚, 元吉, 无咎, 可貞, 利有攸往.'曷之用? 二簋, 可用享.' 二簋應有時, 損剛益柔有時. 損益盈虛, 與時偕行.

단에서 말했다. 산택손괘는, 아래에 있는 것을 덜어서 위로 보태어줌이니 그 도가 위로 행함이다. '손괘는 믿음이 있고, 크게 길하고, 무구하며, 정도를 지킬 수 있어서, 갈 바가 있으니 이롭다' 함과 '제사에 사용 가능한 제기 둘을 어찌 사용하지 않겠는가?'란 두 제기가 마땅히 사용되는 때가 있듯이, 강을 덜어서 유에 보태어주는 때가 있다. 덜어내고 보태어주고 차고 빔이 때와 더불어서 함께 행한다.

🖊 아래에 있는 것을 덜어서 위로 보태어준다는 것은, 아래가 손해를 보고, 위가 이득을 본다는 뜻으로, 아랫사람이 윗사람에게 손해를 보고 보태어준다는 뜻

이다. 이때 보태어준다는 것은, 자발적인 헌납에 가깝다. 이를 괘로써 바꾸어 말하면, 下卦인 兌 연못이 上卦인 艮 山에게 물을 공급해 준다는 뜻이다. 그리고 그 도가 위로 행한다는 것은, 兌의 물이 아래로 흐르는 것인데 그렇지 않고 위로 올라간다는 뜻이다. 그리고 두 제기가 서로 응하여 쓰인다는 것은, 위와 아래가, 음과 양이 서로 호응하여 움직임을 말한다. 여기서 위란 군주이고, 아래란 백성이며, 동시에 남자와 여자의 관계라고도 말할 수 있다. 음과 양도 마찬가지이다. 그리고 덜어내고 보태어주고, 차고 빔이 때와 더불어서 함께 행한다는 것은, 손해를 보고 이득을 보는 것이 꽉 차면 비우게 되는 천지자연의 이치와 부합되는 것으로 다 때가 있다는 뜻이다. 결과적으로, 한쪽이 손해를 보면 다른 한쪽이 이득을 본다는 이치를 천지자연의 이치와 결부시켜서 해석했다는 뜻이다.

《象》曰：山下有澤, 損 ; 君子以懲忿窒欲.

상에서 말했다. 산 아래에 연못이 있음이 손이니 군자 이로써 보고 깨달아, 분노를 그치고, 욕망을 멈추어야 한다.

✎ 산 아래에 연못이 있다는 것은, 산이 연못을 누르고 있다는 뜻이고, 기쁨이 지나치지 못하도록 멈추어 있는 산이 위에서 눌러 막고 있는 형국이다. 이런 자연의 모습을 보고서 군자라면 마땅히 분노나 원망을 멈추고, 하고자 하는 일도 억제하여 그쳐야 한다는 뜻이다.

初九, 已事遄往, 无咎 ; 酌損之.

초구, 일을 끝냈으면 빨리 가야 무구하다. 잘 헤아려서 덜어내야 한다.

✎ 초구는 자리가 바르고, 짝인 육사와 호응하며, 가깝게 지낼 이웃은 없다. 일을 끝냈다는 것은, 초구의 능력이나 재물을 덜어내어서 짝인 육사에게 보태어

주는 일이다. 그런 소임을 다했다면 조건 없이 돌아서야 무구하다는 뜻이다. 그러니까, 물심양면으로 도와주었다고 해서 무엇을 기대하거나 바라서는 안 된다는 뜻이다. 그리고 헤아려서 덜어내야 한다는 것은, 자신과 육사의 관계를 참작하여 신중하게 덜어내야 한다는 것이고, 덜어낸다는 것은 자신의 재물이니 능력을 기여(寄與)·기부(寄附)한다는 뜻이다.

《象》曰 : 已事遄往, 尙合志也.

상에서 말했다. '일을 끝냈으면 빨리 가야 무구하다' 함은, 뜻을 받들어 합하는 것이다.

✍ 뜻을 받들어 합한다는 것은, '意氣投合'한다는 뜻이다. 초구와 육사와의 관계로서, 신분이 낮으나 초구의 陽剛한 지혜와 능력을 육사에게 적극적으로 제공하고, 육사는 흔쾌히 받아들인다는 뜻이다.

九二, 利貞, 征凶 ; 弗損益之.

구이, 정도를 지켜야 이롭고, 나아가면 흉하다. 덜지 않으니 이익된다.

✍ 구이는 자리가 바르지 못하고, 짝인 육오와 호응하며, 위에 있는 육삼 이웃과 가깝게 지낼 수 있다. 그리고 剛中을 얻었다. 정도를 지켜야 이롭다는 것은, 구이가 음의 자리에 양으로 와서 유순한 듯하나 강하고, 柔中을 얻은 짝 육오와 이웃 육삼 둘을 상대하기 때문에 정도를 지켜야 이롭다. 그리고 나아가면 흉하다는 것은, 자신의 양강한 기운만 믿고 자신의 것을 상대방에게 덜어주려고 무모하게 나아가면 오히려 흉하게 된다는 뜻이다. 흉하게 된다는 것은, 위에 있는 이웃 육삼의 시샘이나 질투, 육사의 모함이 있을 수 있다는 뜻이다

그리고 덜지 않으나 이익된다는 것은, 구이는 자신의 것을 덜어내어 상대방에게 주지 않고, 오직 중도로써 처신, 교류함으로 얻는 바가 있다는 뜻이다. 강중

을 얻은 구이는 유중을 얻은 육오와 호응함으로써 도움을 주고받는다는 뜻으로 이해된다.

《象》曰 : 九二利貞, 中以爲志也.

상에서 말했다. '구이가 정도를 지켜야 이롭다' 함은, 중도로써 뜻이 됨이다.

✎ 中道로써 뜻이 된다는 것은, 구이가 중도로써 처신하고 행동한다는 뜻이다.

六三, 三人行, 則損一人 ; 一人行, 則得其友.

육삼, 세 사람이 가면 한 사람을 잃는 법이다. 한 사람이 가면 그 벗을 얻는 법이다.

✎ 육삼은 자리가 바르지 못하고, 짝인 상구와 호응하며, 아래 이웃 구이와 가깝게 지낼 수 있다. 그리고 중도를 지나쳐 있다. 세 사람이 가면 한 사람을 잃게 되고, 한 사람이 가면 그 벗을 얻는다는 것은, 언제나 둘이 간다는 뜻이다. 둘이 간다는 것은, 음과 양의 조화를 이루어서 움직인다는 뜻이다. 음과 양이 조화를 이루어서 간다는 것은, 서로 신뢰하며 상호 보완적인 관계에서 동행한다는 뜻이다. 동행한다는 것은, 서로를 필요로 한다는 뜻이다. 이를 효로써 설명하면, 육삼이 상구와 구이와 함께 간다면 둘 가운데 하나를 잃게 되는 것이고, 육삼이 홀로 간다면 상구와 구이 가운데 하나가 육삼과 동행한다는 뜻이다.

이런 관계를 損益 관점에서 보면, 損과 益은, 큰 틀에서 보면 언제나 균형을 지향한다는 것이고, 그래서 넘치면 덜어내야 하고, 부족하면 채워야 하는 것이 자연의 이치라고 인식한다.

《象》曰：一人行, 三則疑也.

상에서 말했다. '세 사람이 가면 곧 한 사람을 잃고, 한 사람이 가면 곧 그 벗을 얻는다' 함은, 세 사람이 가면 곧 의심하기 때문이다.

✒ 자기의 것을 덜어내어 누구에게 준다는 것은, 민감한 문제로 특별한 관계를 의미한다. 준다는 것은, 손해를 보면서 상대방을 이롭게 하는 행위이기 때문이다. 그래서 특별한 관계가 아니면 損益을 감수하지 않는다. 바로 그렇기에 육삼이 짝인 상구와 가까운 이웃 구이와 동행한다면 상구와 구이는 서로를 의심하게 될 것이고, 잃고 얻는 문제가 생기는 것이다.

六四, 損其疾, 使遄有喜. 无咎.

육사, 괴로움을 덜어내는데 신속하게 한다면 기쁘고, 무구하다.

✒ 육사는 자리가 바르고, 짝인 초구와 호응하며, 가깝게 지낼 이웃이 없다. 육사의 괴로움이란 무엇일까? 괴로움이나 질병을 하루빨리 덜어내는 일은 기쁜 일이고, 무구한 일이 되지만 육사의 괴로움이란 과연, 무엇인가? 이것이 문제이다. 육오 군주를 모시는 대신으로서 나약함인가? 아니면, 짝인 초구의 도움을 받는 어색함이거나 부자연스러움인가? 둘 가운데 하나를 선택해야 하는 정신적인 부담인가? '无咎'라는 말이 주는 무게를 생각하면 짝인 초구를 버리고 육오를 선택함이 아닐까 싶다.

《象》曰：損其疾, 亦可喜也.

상에서 말했다. '괴로움을 덜어낸다' 함은, 역시 기쁜 일이다.

✒ 기쁜 일이란 사적 관계를 버리고 공적 관계에 충실함일 것이다. 따라서 괴

로움을 덜어낸다는 것은, 초구 짝을 버리는 일일 것이다. 그 과정에서의 번민이 육사의 괴로움이라 판단된다. 따라서 '喜'는 '慶'에 가깝다고 판단된다.

六五, 或益之十朋之龜, 弗克違, 元吉.

육오, 혹, 십 붕 짜리 거북을 보태어주더라도, 거절하지 않으면, 크게 길하다.

✐ 육오는 자리가 바르지 못하고, 짝인 구이와 호응하며, 위에 있는 이웃 상구와 가깝게 지낼 수 있다. 그리고 柔中을 얻었다. 육오는 양의 자리에 음으로 와서 강한 듯하나 유순하다. 육오는 십 붕 짜리 거북 곧 아주 큰 재물을 얻는다. 누가 주는 것일까? 짝인 구이 아니면 이웃 상구일 것이다. 생각건대, 구이는 신분이 낮아서 크고 귀한 재물을 헌납할 능력이 있지 않다고 보면 상구일 가능성이 더 크다.

그리고 값비싼 거북이라는 것은, 거북이 신령스러운 靈物이기 때문에 올바른 판단력과 예지(叡智)를 가진 존재라는 점을 빗댄 譬喩語이다. 그러니까, 육오 군주가 거북을 받는다는 것은 뛰어난 諮問을 받는다는 뜻이다. 그리고 주는 거북을 거절하지 않는다는 것은, 자문에 응한다는 뜻이다.

참고로, 현재 우리나라 주역에서는 이 효사를 "六五, 或益之, 十朋之. 龜弗克違, 元吉"로 표기하고, 정이천의 역전을 완역한 심의용은, "육오효는 혹 증진시킬 일이 있으면, 열 명의 벗이 도와준다. 거북일지라도 이를 어길 수 없으니 크게 길하다"라고 번역했다.

《象》曰：六五元吉, 自上佑也.

상에서 말했다. '육오가 크게 길하다' 함은, 위로부터 돕기 때문이다.

✐ 위로부터 돕는다는 것은, 상구가 도와준다는 뜻이다. 그러니까, 상구의 陽

明한 능력과 예지를 '십 붕 짜리 거북'이라는 말로 빗댄 것으로 판단한다.

上九, 弗損益之 ; 无咎, 貞吉, 利有攸往, 得臣无家.
상구, 덜지 않으나 이익된다. 무구하고, 정도를 지킴이 길하며, 갈 바가 있어 이롭다. 신하를 얻어 가정을 잊는다.

✎ 상구는 자리가 바르지 못하고, 짝인 육삼과 호응하며, 아래 이웃 육오와 가깝게 지낼 수 있다. 상구가 신하를 얻는다는 것은, 육오 군주를 자문해주며 실질적 권한을 행사한다는 뜻이다. 그리고 가정을 잊는다는 것은, 가정사를 도외시하고 버린다는 뜻으로 그만큼 분주하게 산다는 뜻이기도 하다. 따라서 육삼과의 관계를 무시하고 잊고 산다는 뜻이다. 현재 중국 주역 전문사이트에서는 '得臣无家'를 '得天下而忘小家'로 거창하게 해석한다. 상구는 유약한 육오 군주의 신임을 얻고, 실권을 행사한다는 의미로 해석된다.

《象》曰 : 弗損益之, 大得志也.
상에서 말했다. '덜지 않고 보태어준다' 함은, 뜻을 크게 얻음이다.

✎ 상구는 물질적으로 군주에게 헌납하지 않으나, 크게 이익된다는 뜻이다. 상구 자신의 웅지(雄志)를 육오 군주를 통해서 펴기 때문이다.

* *

육효사에서 '損'이란 자기의 것을 덜어내거나 덜어내어 윗사람에게 주는 일이다. 그래서 '損'의 반대말은 '益'이다. 대개는, 아랫사람이 윗사람에게 물질(物質)이나 재능(才能)을 헌납하듯 기부하는 것이며, 자신의 고민이나 질병 등을 덜어내는 일까지를 포함한다. 그리고 사적 관계보다는 공적 관계를 우선시한다. 초구는 짝에게 주지만 윗사람이며, 신속성과 대가 없는 헌납이 요구된다. 육삼은 주기도 하고 받기도 한다. 상황에 따라서 얻기도 하고 잃기도 한다는 뜻이다. 육사는 개인적인 짝보다는 윗사람에게 준다. 私보다는 公을 우선시함이다. 상구는 주지 않고 이득이 된다. 그 대신 자신의 재능을 기부한다. 중도를 얻은 구이와 육오는 주지 않고 받는 주체가 된다. 구이는 주는 것도 없지만 오직 중도로 처신하여 득이 된다. 육오는 아주 귀한, 신령스러운 거북을 받는다. 그래서 크게 길하다.

'損益'이라 하면, 통상 '손해와 이익'이라고 풀이하는데, 주역에서는 損과 益의 상호작용에 초점을 맞추고 있다. 한쪽이 손해를 보면 다른 한쪽이 이익을 보게 되고, 한쪽이 이익을 보게 되면 다른 한쪽이 손해를 보게 되는 이치를 陰과 陽의 이치로 보았고, 天地의 작용으로 보았다는 사실이다. 그래서 損은 益을 위해서 존재하며, 益은 損을 위해서 존재한다. 마치, 중생이 부처에게 먹을 것과 입을 것과 잠자리와 약품 등을 베풀었을 때 부처는 중생을 위하여 법(진리, 가르침 등)을 알아듣기 쉽게 설명하여 베풀었다. 소위, 법 보시를 한 것이다. 그렇듯, 백성이 군주에게 신뢰와 재물을 바칠 때 군주는 자기 재물이 아니라 백성이 재물을 얻는 방법이나 기술이나 그런 활동을 보장하는 제도적 장치를 모색하여 베푸는 것이다. 분명, 중생이나 백성은 손해를 보지만 손해가 아니며, 부처나 군주는 얻어서 (得) 이익이 되지만 그것은 損한 백성이나 중생을 위하여 자신의 능력이나 사랑을 다른 방식 다른 양태로 베푸는 것이다. 이런 시각에서 '損'을 이해하기 때문에 육효가 다 无咎하다. 災難이 없어 흉하거나 인색하거나 후회함이 없다.

42. 風雷益卦

주역 마흔두 번째 괘로 '풍뢰익괘(風雷益卦)'가 있다. 바람 風 巽이 上卦이고, 우레 雷 震이 下卦라는 뜻이다. 그 모양으로 보면, 우레 위에서 바람이 부는 모습이고, 卦德으로 보면, '動而巽'이다. 움직이고, 공손하다. 육효 배열로 보면, '양, 음, 음, 음, 양, 양'으로 양이 셋이고, 음이 셋으로 균형이 잡혀있다. 육삼과 상구만 자리가 바르지 못하고, 나머지는 모두 자리가 바르다. 그리고 세 짝 모두 호응하며, 육이 구오가 中正으로써 바르게 호응한다.

이런 '風雷'을 '益'으로 받았는데, '益'은 어떤 의미로 쓰였을까? '益'은 '더하다, 이롭다, 돕다, 많다, 넉넉해지다, 진보하다, (상으로) 주다, 가로막다, 이익' 등의 뜻이 있으나 여기서는 '損'의 반대말로 '더하다'로 쓰인 것 같다. 그러나 자세한 것은 六爻辭까지 두루 읽어야 알 수 있을 것이다.

「序卦傳」에 의하면, "損而不已必益 故受之以益"이라 했고, 「雜卦傳」에 의하면, "損, 益盛衰之始也"라 했다. 곧, 덜어내고 멈추지 아니하면 반드시 더해지므로 덜어내는 損卦 다음을 보태어지는 益卦가 이어받았고, 손실과 이익은 성쇠의 시작이라는 뜻이다. 그러니까, 손실은 쇠함의 시작이고, 이익은 성함의 시작이라는 뜻으로, 매우 상식적이다.

그런데 '風雷'는 '益'이 되고, '雷風'은 '恒'이 되는 점을 생각해 볼 필요가 있다. 곧, 우레가 치는데 그 위에서 바람이 불면, 보태어지는 '益'으로 받았고, 바람이 부는데 그 위에서 우레가 치면, 항상 있는 '恒'으로 받았다. 이것은 무엇을 의미하는가? 바람이 불면 변함없이 우레가 친다는 뜻이고, 우레가 치는데 바람이 불면 그 우레가 더욱 성해진다는 뜻인가? 이 질문은 상·하괘가 무엇이냐에 따라서 卦名이 결정되었는데 그 근거 내지는 이유를 묻는 것이다.

육효 배열로 보면, '益'과 '恒'은 세 짝이 다 같이 호응하는데 다른 점이 있다면, 자리가 바른 짝으로서 호응하는 효가 다르다는 사실이다. 곧, '益'에서는 초구와 육사, 육이와 구오 두 짝이 자리가 바른 상태에서 호응하고, '恒'에서는 구삼과 상육 한 짝이 바른 자리에서 호응한다. 그리고 '益'에서는 음효 셋이 가운데로 모여 있고, '恒'에서는 양효 셋이 가운데로 모여 있다.

*   *

益 ; 利有攸往, 利涉大川.
풍뢰익괘는 갈 바가 있어서 이롭고, 큰 강을 건넘이 이롭다.

✎ '益'이란 더해주고 보태어주기에 양적으로는 넉넉해지고, 질적으로는 진화·발전하는 것이기에 어떤 일을 하는 데에 있어 기본적인 조건이 갖추어지는 것이다. 그래서 「雜卦傳」에서 益은 盛함의 시작이라 했다. 따라서 갈 바가 있어서 이롭다는 것은, 할 일이 있어서 이롭게 된다는 뜻이다. 그리고 큰 강을 건넘이 이롭다는 것은, 모험과 위험이 수반되는 큰일을, 다시 말해, 국가적 大事를 도모하기에 좋고, 나아가 이롭다는 뜻이다. 그러니까, 우레가 치는데 위에서 바람이 보태어주니 우레가 더욱 요란해지는 자연현상이니 이것을 인간사로 바꾸어서 말하자면, 더욱 열심히, 적극적으로 일할 수 있다는 뜻이다.

《彖》曰 : 益, 損上益下, 民說无疆. 自上下下, 其道大光. 利有攸往, 中正有慶. 利涉大川, 木道乃行. 益動而巽, 日進无疆. 天施地生, 其益无方. 凡益之道, 與時

偕行.

　　풍뢰익괘는, 위의 것을 덜어서 아래로 보태어주므로 백성이 한없이 기쁘다. 위로부터 아래로 내려가니, 그 도가 크게 빛난다. '갈 바가 있어 이롭다' 함은, 중도의 바름으로써 경사가 있음이다. '큰 강을 건넘이 이롭다' 함은, 목도가 이내 행해짐이다. 유익하게 움직이고 겸손하니 해가 끝없이 비춤과 (같다). 하늘이 베풀어 땅이 생동하게 하고, 그 이익됨이 끝이 없다. 무릇, 보태어줌의 도란 때와 더불어서 함께 행한다.

　　✐ 위의 것을 덜어서 아래로 보태어준다는 것은, 윗사람이 자신의 것을 덜어내어 아랫사람에게 보태어줌으로써 도움이 되게 한다는 뜻이다. 여기서 윗사람이란 꼭 나아가 많은 사람만을 지칭한 것이 아니라 나이는 물론이고 지위나 재력이나 할 것 없이 여건이 좋은 쪽을 말한다. 그리고 위로부터 아래로 내려간다는 것은, 직위 직책상 그 서열이 높은 사람으로부터 자기 것을 덜어서 아래로 내려보낸다는 뜻이고, 아래로 내려보낸다는 것은, 없거나 부족한 사람들을 위해서 보태어준다는 뜻이자 겸손하게 처신한다는 뜻이다. 한마디로 말해, 있는 자가 없는 자에게, 높은 자가 낮은 자에게, 귀한 자가 천한 자에게, 강한 자가 약한 자에게 도와주며, 겸손하게 대한다는 뜻이다.

　　그리고 중도의 바름으로써 경사가 있다는 것은, 육이와 구오 관계를 말함인데, 육이는 음의 자리에 음으로 와서 그 처신이 바르고, 유순한 중도를 얻어서 순종한다면, 구오는 양의 자리에 양으로 와서 양강한 중도를 얻어서 육이와 호응하며, 올바른 리더십을 발휘하기에 국가적 대사를 원활하게 처리함으로써 좋은 결과가 있다는 뜻이다.

　　그리고 木道가 이내 행해진다는 것은, 큰 강을 건너는 데에 나무로 만든 배를 타고 감으로써 그 험난함을 피하거나 극복한다는 뜻이다. 益卦의 上卦인 巽卦는, 「說卦傳」제11장에 의하면, "巽爲木"이라고 했듯이, 바람 불고 우레가 치는 상황에서 나무로 만든 배를 타고 큰 강을 건넌다는 뜻이다. 혹자는 '木道=天道'라고 일방적으로 주장하기도 하나 너무나 피상적인, 아니, 일방적인 말에 지나지 않는다.

　그리고 유익하게 움직이고 겸손하다는 것은, 益卦의 상·하괘 덕성을 이어서 말한 것뿐이며, 이것을 비유적으로 표현하여, 해가 끝없이 비춤과 같다고 본 것이다. 하늘이 베풀어 땅이 생동하게 한다는 것은, 하늘의 태양이 날마다 떠올라 대지를 비춤으로써 만물이 그에 맞추어 생육·번성한다는 뜻이다. 무릇, 보태어줌의 도가 때와 더불어서 함께 행한다는 것은, 하늘과 땅 사이에서 하늘의 태양이 끝없이 빛과 열에너지를 베풀어주기에 땅의 만물이 번성하듯이, 군주가 백성을 위한 도와줌이 그 자연의 이치와 부합된다는 뜻이다.

《象》曰 : 風雷, 益 ; 君子以見善則遷, 有過則改.

　상에서 말했다. 바람과 우레가 함께 함이 더해줌이니, 군자는 이로써 보고 깨달아, 착함을 보는 즉 따르고, 잘못이 있는 즉 고쳐라.

　✎ 바람과 우레가 함께한다는 것은, 바람이 구름을 움직이어 천둥 번개가 치는데 이 과정에서 바람은 우레를 발생시키는 근원적인 힘이다. 우레는 만물을 깨우는 새로운 기운이기도 하고, 만물에 직접적인 상해를 끼치는 징벌의 의미도 갖는다.

　「說卦傳」 제11장에 의하면, 巽이 장녀이고, 震이 장남이라 했듯이, 장녀와 장남이 함께 한다는 뜻으로, 장녀가 공손하게 장남을 거들고, 활동적인 장남이 겸손으로 장녀를 받드는, 좋은 음양 관계이다. 이런 두 측면에서 風雷를 보고서 군자는 선을 보고는 본받아 따르고, 잘못이나 과실이 있다면 즉시 고치라는 의미를 유추해낸 것 같다.

初九, 利用爲大作, 元吉, 无咎.

초구, 이롭게 씀이 크게 짓는 것이고, 크게 길하며, 무구하다.

🖉 초구는 자리가 바르고, 짝인 육사와 호응하며, 위에 있는 이웃 육이와 가깝게 지낼 수 있다. 초구는 양강하나 가장 낮은 신분이고, 양의 자리에 양으로 와서 그 처신이 바르고, 양강한 지혜와 의욕을 갖는다. 따라서 호응하는 육사와 가까이 있는 육이에게 도움을 줄 수 있고, 그들로부터 도움을 받을 수도 있다. 그래서 초구는 자신의 주는 능력이나 받는 도움을 이롭게 써야 크게 지어서 '大作'을 이룰 수 있다. '大作'이란, 크게 지은 결과물이지만 卦로 치면, 천둥 번개를 크게 치는 일이다. 결과적으로, 큰일을 할 수 있는, 人材라는 뜻이다. 다시 말해, 자신의 능력과 타자의 도움을 이롭게 써야 큰일을 할 수 있고, 큰 공을 이룰 수 있다는 뜻이다. 그랬을 때 초구는 크게 길한 것이다. 그런데 돌연 无咎하다고 했다. 무구하다 함은, 근심 걱정이 없고, 화를 면한다는 뜻인데 이는 신분이 낮기에 공을 세웠어도 그에 맞는 대접을 받지 못한다는 뜻이 전제되어 있다. 그 이유인즉 신분이 미천하기 때문이다.

《象》曰 : 元吉 无咎, 下不厚事也.

상에서 말했다. 크게 길하고, 무구하다 함은, 아래라 섬김이 두텁지 않음이다.

🖉 아래라 섬김이 두텁지 않다는 것은, 초구의 신분이 미천하기에 큰 공을 세웠음에도 불구하고, 그를 섬기지 않기 때문이다. 그래서 크게 대접받지 못하고, 화를 면하는 정도로 그치고 만다는 뜻이다. 그러나 많은 사람은 정이천의 견해를 받아들여 '厚事'를 하나의 명사로 받아들여, '重大之事'로 풀이한다.

六二, 或益之十朋之龜, 弗克違, 永貞吉 ; 王用享于帝, 吉.

육이, 혹, 십 붕 짜리 거북을 보태어주더라도, 거절하지 않고, 오래도록 정도를 지켜야 길하다. 왕이 천제께 제사를 지냄이 길하다.

   🖋 육이는 자리가 바르고, 짝인 구오와 호응하며, 아래 이웃 초구와 가깝게 지낼 수 있다. 그리고 中正을 얻었다. 육이는 아랫사람으로서 윗사람으로부터 십붕 짜리 거북 곧 아주 귀한 재물을 받는다. 짝인 구오가 주는 것이다. 여기서 '거북'이라는 것은, 신령스러운 靈物이기 때문에, 올바른 판단력과 예지(叡智)를 가진 존재라는 점을 상징하는 譬喩語이다. 그러니까, 육이가 구오가 주는 거북을 받는다는 것은, 강중을 얻은 구오 군주의 가르침을 받는다는 뜻으로, 육이는 그 가르침으로써 오래도록 정도를 지켜야 길하다는 뜻이다.

   사실, '或益之十朋之龜, 弗克違'라는 말은, 山澤損卦 六五 爻辭에서도 나온다. 損卦에서는 上九가 주는 거북을 육오 군주가 받지만, 이 益卦에서는 九五 군주가 주는 거북을 六二 짝이 받는다. 이 차이에 대해서는 비교 검토해 볼 필요가 있으나 여기서는 생략하겠다.

   그리고 왕이 천제께 제사를 지냄이 길하다는 것은, 하늘의 도움이 있다는 뜻이다. 하늘의 도움이 다름 아닌 '거북'이라는 것으로 빗대어졌다고 본다.

《象》曰 : 或益之 自外來也.
상에서 말했다. 혹, 십 붕 짜리 거북을 보태어주는 것은, 밖에서 옴이다.

   🖋 밖에서 온다는 것은, 外卦에 속한 九五로부터 온다는 뜻이다. 구오가 보내준다는 뜻이다.

六三, 益之用凶事, 无咎 ; 有孚中行, 告公用圭.
육삼, 보태어주는 일을 흉사에 쓰니, 무구하다. 믿음으로 중앙으로 나아가니, 옥규(玉圭)

를 써서 널리 알린다.

✎ 육삼은 자리가 바르지 못하고, 짝인 상구와 호응하며, 가깝게 지낼 이웃이 없다. 그리고 중도를 지나쳐 있다. 그런 육삼은 양의 자리에 음으로 와서 유순한 듯하나 강한 성품이며, 흉사가 발생했을 때 보태어줌으로써 이익되게 하는 일을 감행하여 그 결과, 무구하다는 뜻이다. 그러니까, 어려움을 당해서 도와주는, 구제하는 일을 도맡아 했다는 뜻이다.

이런 훌륭한 일의 감행이 곧 믿음을 가지고 중앙으로 나아가는 일이라는 뜻이다. 중앙으로 나아간다는 것은, 중심으로 나아간다는 것이며, 중심으로 나아간다는 것은, 최고 권력자 가까이 간다는 뜻이다. 그것은 곧 정치무대에서 그 중심으로 이동함을 말하며, 군주의 등용을 받는다는 뜻이다.

육효 관계로 보면, 九五와 上九를 묶어 上爻라 하고, 初九와 六二를 묶어 下爻라 한다면 육삼과 육사는 中爻라 할 수 있는데, 중효는 자신의 것을 타자에게 보태어줌으로써, 다시 말하면, 자신의 능력을 발휘하여 다중을 두루 이롭게 함으로써 정치무대의 중심으로 나아간다. 이것이 바로 '中行'이다.

그러므로 육삼은 육사와 마찬가지로 자신들의 행동을 널리 알려야 하는 하는데 육삼은 玉圭를 써서 알리고, 육사는 나라를 옮기는 大事를 추진한다.

육삼의 '옥규'라는 것은, 중국어로 [yù guī]라 하는데, 고대 중국에서 특히, 周나라에서 사용했던, 일종의 옥패(玉佩)이다. 주로, 제왕이나 제후가 초대하는 자리(제사, 장례, 기타 의례 등)에서 신하들이 패용(佩用)했던, 玉으로 만든 의전패(儀典佩)이다. 품계(品階)와 작위(爵位), 그리고 용도에 따라서 그 크기가 다르다고 하며, 대체로 세로가 가로보다 길고, 그 상단은 뾰족하나 밑은 둥글게 다듬어져 있다. 주로, 주나라 무덤에서 발견된다고 한다.

《象》曰 : 益用凶事, 固有之也.

상에서 말했다. 보태어주는 일을 흉사에 쓴다는 것은, 굳어있는 일이다.

✎ 굳어있는 일이라는 것은, 오래된 관행(慣行)이라는 뜻이다.

六四, 中行告公從, 利用爲依遷國.
육사, 가운데로 나아감을 군주에게 아뢰고, (백성이) 따르게 하니, 이롭게 씀이 나라를 옮기는 일에 의지함이다.

✎ 육사는 자리가 바르고, 짝인 초구와 호응하며, 위에 있는 이웃 구오와 가깝게 지낼 수 있다. 육사는 육삼과 함께 中爻로서 정치 권력의 중심으로 나아가니, 이를 널리 알리고, 백성이 따를 수 있도록 한다는 뜻이다. 이롭게 씀이 나라를 옮기는 일에 의지함이라는 것은, 육사가 자신의 능력을 나라를 옮기는 일에 쓴다는 뜻이다. '告公'이라는 단어도 육삼과 육사 효사에 같이 쓰였는데 모두가 '公에게 告하다'로 해석한다. 그러니까, 公 곧 '임금에게 아뢰다'라고 풀이한다는 뜻이다. 그러나 필자는 '널리 알리다'라고 풀이했다.

《象》曰 : 告公從, 以益志也.
상에서 말했다. 널리 알리어 (백성이) 따르게 한다는 것은, 뜻을 보탬으로써이다.

✎ 뜻을 보탠다는 것은, 나라를 옮기는 일을 동의, 지지한다는 뜻이다.

九五, 有孚惠心, 勿問元吉 : 有孚惠我德.
육오, 믿음으로 자애로운 마음을 내니, 알리지 않아도 크게 길하다. 믿음이 나의 덕을 아름답게 한다.

✍ 구오는 자리가 바르고, 짝인 육이와 中正으로써 호응하며, 아래 이웃인 육사와 가깝게 지낼 수 있다. 그리고 剛中을 얻었다. 구오는 양의 자리에 양으로 와서 더욱 깊은 지혜와 강한 의욕이 있으며, 柔中을 얻은 육이와 바르게 호응함으로써 널리 이롭게 하는 일을 수행하는 데에는 더할 나위 없이 좋은 조건이다. 구오의 믿음이란 것은, 작게는 짝과 이웃에 대한 믿음이며, 나아가 백성에 대한 믿음이겠으나, 크게는 다 비우면 다시 차오르게 되고, 다 차면 다시 비우게 된다는 음과 양의 道 곧 陰陽之道인 天地之道에 대한 믿음이다. 간단히 말해, 자연의 이치를 믿고 자애로운 마음을 내니 굳이 알리지 않아도 크게 길하게 된다는 뜻이다. 天地之道에 대한 믿음이 군주의 덕을 아름답게 한다는 것은, 자연의 이치를 믿기 때문에 자신의 덕이 더욱 깊어지고 고상해진다는 뜻이다. '問'을 '告'의 의미로 풀이했고, '惠'도 慈愛, 美로 다르게 풀이했다.

《象》曰 : 有孚惠心, 勿問之矣 ; 惠我德, 大得志也.

상에서 말했다. 믿음으로 자애로운 마음을 낸다는 것은, 알리지 않음이다. 내 덕을 아름답게 한다는 것은, 뜻을 크게 얻음이다.

✍ 뜻을 크게 얻는다는 것은, 큰 뜻을 얻는다는 의미이며, 큰 뜻이라는 것은, 天地之道의 깊은 의미이다.

上九, 莫益之, 或擊之 ; 立心勿恒, 凶.

상구, 보태어줌이 없고, 어떤 사람은 공격한다. 마음 씀이 한결같지 않아, 흉하다.

✍ 상구는 자리가 바르지 못하고, 짝인 육삼과 호응하며, 가깝게 지낼 이웃이 없다. 그리고 중도를 지나쳐 있으며, 보태어줌으로써 널리 이롭게 함이 다한 끝자리이다. 보태어줌이 없다는 것은, 그 益道가 다했다는 뜻이다. 혹자가 공격한

다는 것은, 상구가 공격을 받는다는 뜻이고, 그것은 곧 변할 수밖에 없다는 뜻이다. 그리고 마음 씀이 한결같지 않다는 것은, 마음이 쉽게 변한다는 뜻이고, 마음이 변한다는 것은, 위에서 아래로 보태어줘야 하는 상황에서도 이로움을 베풀지 않는다는 뜻이다.

《象》曰 : 莫益之, 偏辭也 ; 或擊之, 自外來也.

상에서 말했다. 보태어줌이 없다는 것은, 말씀이 편향되었음이다. 혹자가 공격한다 함은, 밖으로부터 옴이다.

✎ 말씀이 편향되었다는 것은, 한쪽으로 치우친 말을 한다는 뜻으로, 益이 있으면 損이 있고, 損이 있으면 益이 있는 법인데, 상구는 개인의 益만을 추구한다는 뜻이다. 그리고 밖으로부터 온다는 것은, 상구를 공격하는 이가 밖에서 온다는 것이고, 밖이라는 것은 좁게는 상구가 아닌 他者라는 뜻이고, 크게는 卦를 변하게 하는 天地 自然이라는 뜻이다.

*   *

무엇인가를 보태어주어서 상대방을 이롭게 한다는 것은 선한 일이다. 특히, 다중을 위하여 물질적인 재물이나 정신적인 자애를 베푼다는 것은 선함을 넘어서서 위대한 일이다. 그러함에도 불구하고, 개인적인 잇속만 앞세운다면 천지조화로 나타나는 '損益·盈虛'라는 자연 이치에 어긋난다. 하늘의 태양이 지상의 만물을 비추어서 두루 이롭게 하듯이 위대한 군주나 성인은 물심양면으로 베풀어서 만인을 이롭게 해야 한다는 것이 주역의 기본적인 시각이다.

六爻辭에서 '益'은 단순히 '더하다(加), 이롭다(利), 얻다(得)'가 아니라 자신의 것을 상대방에게 혹은 다중에게 베풀어서 널리 이롭게 함이다. 베푸는 것도 물질만이 아니라 정신적인 사랑까지도 포함된다. 결과적으로, 자신을 희생하여 두루 이롭게 함이 '益'인 것이다. 그러나 육효는 각기 처한 상황이나 여건이 다르기에 베풂(施)에 가까운 益의 양태가 다르게 나타난다. 損卦와 마찬가지로, 대체로 无咎하나 상구만 흉하다. 중도를 얻은 육이 구오는 아주 길하다. 그리고 한 가지 유념해야 할 것이 있다면, 그것은 육삼, 육사에서만 '中行'이라는 낯선 말이 쓰였는데 이 말의 眞意이다. 모두가 한결같이 '중도를 행함'으로 해석하는데 -물론, 여기에는 정이천을 비롯한 중국 사람들의 견해를 따르기에 나타난 현상이지만- 필자는 中道와 무관하다고 판단한다.

三, 四爻는 六爻 重卦에서 중간에 있는 中爻로서 上·下爻와 다른 움직임을 보이는 몸체 일부로 보기 때문이다. 인간사회로 치자면, 고위층과 하위층 사이에 있는 중간층에 속한 무리로 독자적인 목소리를 내는 집단이다. 그래서 자기 것을 베풀어서 널리 이롭게 하는 시대적 상황에서 삼, 사효는 크게 공을 세우는 이들이다. 그래서 정치무대의 중심으로, 다시 말하면, 정치 권력의 최고의 자리인 군주 가까이 다가가는 것이다. 이것이 바로 '中行'이다.

43. 澤天夬卦

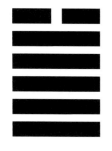

주역 마흔세 번째 괘로 택천쾌괘(澤天夬卦)가 있다. 연못 澤 兌가 上卦이고, 하늘 天 乾이 下卦라는 뜻이다. 그 모양으로 보면, 하늘 위에 연못이 있는, 바꿔 말하면, 연못 속으로 하늘이 들어가 있는 모습이다. 卦德으로 말하면, '健而說'이다. 튼튼하고, 기쁘다. 육효 배열로 보면, '양, 양, 양, 양, 양, 음'으로 양이 다섯이요, 음이 하나뿐이다. 그런데 음이 제일 윗자리에 있다. 구이와 구사만 자리가 바르지 못하고, 나머지는 모두 자리가 바르다. 그리고 구삼과 상육만 짝으로서 호응하고, 나머지는 호응하지 못한다. 구오와 상육만 親比 관계가 있고, 나머지는 모두 親比 관계가 없다.

이런 '澤天'을 '夬'로 받았다. '夬'는 무슨 의미로 쓰였을까? '夬'는 '터놓다, 정하다, 결정하다, 나누다, 가르다, 깍지' 등의 뜻이 있으나 여기서는 '결정하다'라는 의미로 쓰인 것 같다. 정확한 것은 육효사까지 두루 다 읽어보아야 알 수 있을 것이다.

「序卦傳」에 의하면, "益而不已必決, 故受之以夬"라 했고, 「雜卦傳」에 의하면, "夬決也, 剛決柔也, 君子道長, 小人道憂也"라 했다. 곧, 더해지고 멈추지 않으면 반드시 터지기에 더해지는 益卦 다음으로 터지는 夬卦가 이어받았다고 한다. 그리고 쾌는 결단함인데, 강이 유를 결단한다. 君子道는 자라나고, 소인의 도는 괴로워한다고 했다.

군자도는 자라나는데 小人道는 괴로워한다는 것은, 陽이 다섯이고 陰이 하나뿐이라는 관계에서 양과 음이 相推·相薄한다는 것을 말한 것인데, '12피괘설'로 설명이 가능하다. 곧, 夬卦는 穀雨 節氣가 있는 음력 3월 괘로 小滿 절기가 있는 음력 4월이 되면 夬卦 上六의 陰爻가 陽爻로 바뀌어 모두가 陽爻인 重天乾卦가 된다. 이를 전제로 陽인 君子道가 자라나고, 陰인 小人道는 밀려나기에 괴로워한다고 본 것이다.

이런 시각에서 陰陽을 보기 때문에 周易에서는, '陽=君子, 陰=小人'이라는 등식이 성립하고, 君子에게는 君子道가 있고, 小人에게는 小人道가 있다고 전제하는 것이다. 그렇다고, 君子道와 小人道에 대하여 그 개념을 정리해 놓고 쓰는 것은 아니다. 따라서 64개 괘에 딸린 384개 爻辭를 다 읽고, 분석해야 이해할 수 있으리라 본다.

그러나 지금 당장 중요한 사실은, 이 夬卦에서 하나뿐인 陰爻가 제일 윗자리에 있고, 그 밑으로 있는 다섯이나 되는 陽爻와의 관계를 이해하는 일이다. 이점을 염두에 두고 육효사를 읽어야 한다.

*   *

夬 : 揚于王庭, 孚號有厲 ; 告自邑, 不利即戎 ; 利有攸往.

택천쾌괘는 왕정에서 드날리고, 위험이 있어 믿음으로써 호소한다. 성안부터 알리고, 불리한즉 군사를 쓴다. 갈 바 있어서 이롭다.

🖊 왕정에서 드날린다는 것은, 朝廷에서 드날린다는 것이고, 조정에서 드날린다는 것은, 하나뿐인 소인이 왕 위에서 군림한다는 뜻이다. 육효로 보면, 上六을 두고 말함이다. 그리고 위험이 있다는 것은, 곧 윗자리에 있는 소인 한 사람의 군림이 횡포하다는 뜻이자 동시에 군자들에 의해서 소인이 쫓겨난다는 뜻이다. 그리고 믿음으로 호소한다는 것은, 군자도에 대한 소신으로 알린다는 뜻이자 비

록, 쫓겨나지만 다시 만나게 된다는 陰으로서의 운명적인 사실을 말함이다. 그러니까, 하나 남은 소인이 물러나게 되면 군자로만 가득한 小滿 절기가 있는 重天乾卦가 되었다가 夏至 절기가 있는 天風姤卦가 되면서 소인이 제일 아래로 돌아와 다시 만나게 된다는 뜻이다.

그리고 성안으로부터 알리고, 불리한즉 군사를 쓴다는 것은, 쫓아내려는 자와 쫓겨나지 않으려는 자 사이에서, 다시 말하면, 攻者와 防者 사이에서 무력충돌이 벌어진다는 뜻이다. 부연하자면, 왕 위에서 군림하는 소인과 왕 사이에서 소인을 퇴출하거나 축출하는 과정에서 필요하면 군사를 동원한다는 뜻이다. 그리고 갈 바가 있어서 이롭다는 것은, 해야 할 일을 함으로써 이롭게 된다는 뜻이다.

여기서 '王庭'으로 표기되었으나 '王廷'의 의미로 읽었고, '王廷'을 '朝廷'으로 바꾸어 읽었을 뿐이다. 조정에서 드날린다는 것은, 소인이 왕위에 군림하려 든다는 뜻이자 왕이 소인을 결단하는 절차상의 장소를 의미한다.

《象》曰 : 夬, 決也, 剛決柔也. 健而說, 決而和. 揚于王庭, 柔乘五剛也. 孚號有厲, 其危乃光也. 告自邑不利即戎, 所尙乃窮也. 利有攸往, 剛長乃終也.

「단」에서 말했다. 쾌괘는 결단함인데 강이 유를 결단한다. 튼튼하고 기쁘고, 결단하고 화합한다. '왕정에서 드날린다' 함은, 유가 다섯 강을 올라탐이다. '위험이 있으니 믿음으로 호소한다' 함은, 그 위험이 이내 커짐이다. '성안으로부터 알리고, 불리하면 군사를 쓴다' 함은, 숭상하는 바가 이내 궁색해짐이다. '갈 바가 있어 이롭다' 함은, 강은 자라나 (유는) 이내 마침이다.

✎ 결단(決斷)한다는 것은, 문제 사안에 대하여 의사 진행 과정을 거쳐서 최종적으로 판단하여 결정지음을 말한다. 그러니까, 재판과정을 거쳐서 단죄한다는 뜻이나 다름없다. 요즈음 말로 치면, '탄핵(彈劾)'에 가깝다. 그리고 강이 유를 결단한다는 것은, 다섯 陽이 하나 陰을 상대로 결단한다는 뜻으로, 군자들이 소인

을 결단함이다. 그리고 튼튼하고 기쁘다는 것은, 下·上卦의 **德性**을 이어서 말한 것뿐이며, 결단하고 화합한다는 것은, 결단을 내린 뒤에 내부적으로 단합한다는 뜻이다.

그리고 유가 다섯 강을 올라탔다는 것은, 陰爻인 上六이 다섯인 陽爻 위로 올라가 있다는 뜻이다. 그리고 위험이 이내 커진다는 것은, 조정에서 좌지우지하는 실세 상육의 횡포(橫暴)가 심해진다는 뜻이다. 그리고 숭상하는 바가 이내 궁색해진다는 것은, 실세 상육에 대한 기대나 희망이 사라졌다는 뜻이자 군자가 견지해온 이념이나 통치방법을 더는 쓸 수 없게 되었다는 뜻이다. 그리고 강이 자라난다는 것은, 군자의 세력이 점차 증대된다는 뜻이고, 유가 마친다는 것은, 하나 남았던 陰 곧 소인이 축출된다는 뜻이다.

《象》曰 : 澤上于天, 夬 ; 君子以施祿及下, 居德則忌.
「상」에서 말했다. 하늘 위로 연못이 올라감이 쾌괘이니, 군자는 이로써 보고 깨달아, 녹봉을 베풀어 아래에 미치도록 하고, 경계해야 할 것을 본보기로 삼아서 덕을 실천하라.

✎ 연못이란 땅 위에 있는 게 마땅하나 하늘 위로 올라갔으니 그 연못 안의 물은 반드시 다시 비가 되어 땅 위로 내려올 것이다. 그런 비는 만물을 성장시키는 데에 꼭 필요한 생명수가 되듯이 이러한 모습을 보고서 한 나라를 통치하는 군주라면 하늘이 비를 베풀 듯이 녹봉을 베풀어서 아래에까지 미치도록 해야 한다는 뜻이다.

그리고 꺼리고 경계해야 할 일을 본보기로 삼아서 덕을 베풀라는 말은, 澤天 곧 아버지 머리꼭지에 앉은 소녀를 떠올리면 이해가 되리라 본다. 곧, 아버지 머리꼭지에 앉은, 영악한 소녀를 다스리려면 예의와 인간 도리를 벗어나지 않도록 경계해야 하되, 덕으로써 다스려야 한다는 뜻이다. 군자와 백성 사이도 마찬가지이다. 녹봉을 베풀어 아래에까지 미치도록 하라는 것은 하늘 위로 올라간 연못인 '澤天'의 卦象을 보고 말했고, 경계할 것을 본보기로 삼아서 덕을 베풀라는 것은 아버지 머리꼭지에 앉은 소녀를 다스리는 방법을 말한 것이다. 바꿔 말해, 군자의 머리꼭지에 앉아서 영향력을 행사하는 이에 대해 다스리는 법을 말했다고 판단된다.

初九, 壯于前趾, 往不勝爲咎.
초구, 앞으로 나가는 발이 씩씩하니, 가서 승리하지 못하면 허물이 된다.

🖋 초구는 양의 자리에 양으로 와서 그 자리가 바르고, 짝인 구사와 호응하지 못하며, 가깝게 지낼 이웃이 없다. 重天乾卦 '潛龍'에 해당하는 초구가 앞발이 씩씩하다는 것은, 준비 없이 의욕만 앞세워서 결단하려 든다는 뜻이다. 그 의욕은 좋으나 나아가서 승리하지 못한다면 허물이 된다. 허물이 된다는 것은 그 대가를 치르게 되는 화를 당하게 된다는 뜻이다.

《象》曰 : 不勝而往, 咎也.
「상」에서 말했다. 승리하지 못하고 나간다는 것은 허물이다.

🖋 결단하는 일에는, 반드시 결단하려는 자와 결단 받는 자가 있어서 서로 대립하게 마련인데 만약, 결단이 성공하지 못한다면 의당 상대방의 반격을 받게 될 것이다. 그러함으로 결단하려다가 이기지 못한다면 어찌 禍가 되지 않겠는가. 화가 됨이 '咎'이다.

九二, 惕號, 莫夜有戎, 勿恤.
구이, 두려운 마음으로 호소하고, 어두운 밤에 군사가 있으니, 걱정하지 말라.

✍ 구이는 음의 자리에 양으로 와서 그 자리가 바르지 못하고, 짝인 구오와 호응하지 못하며, 가깝게 지낼 이웃도 없다. 비록, 剛中을 얻었으나 불리한 조건이다. 신분상으로야 군주를 멀리서 보좌하는 신하로서 剛性이 서로 부딪힐 우려가 없지 않다. 다행히, 중도를 얻었기에 신중함이 있고, 그렇기에 더욱 두려운 마음으로 호소하여 결단하려 하고, 늦은 밤에는 군사까지 준비되어 있다. 군사가 준비되어 있다는 것은, 그만큼 위험에 대비하고 있다는 뜻이다. 그래서 걱정하지 말라고 했다. 따라서 구이는 결단하는 일에 매우 신중히 임하는 자이다.

《象》曰 : 有戎勿恤, 得中道也.
「상」에서 말했다. '군사가 있으니 걱정하지 말라' 함은, 중도를 얻음이다.

✍ 중도를 지킴이 구이의 신변상 안전을 보장해 준다는 뜻이다. 그만큼 결단하는 일에 조심스럽고 신중히 임함을 의미한다.

九三, 壯于頄, 有凶 ; 君子夬夬獨行, 遇雨若濡, 有慍, 无咎.
구삼, 얼굴이 씩씩하니, 흉이 있다. 군자가 찢어져(나뉘어) 결단하러 홀로 가니, 비를 만나 젖음과 같고, 노여움이 있으나, 무구하다.

✍ 구삼은 양의 자리에 양으로 와서 그 자리가 바르고, 짝인 상육과 호응하며, 가깝게 지낼 이웃은 없다. 그리고 중도를 지나쳐 있다. 구삼은 下卦 上爻로서 결단에 관한 한 제일 강한 의욕을 가지며, 자신감이 넘치는 자이다. 게다가, 짝인 상육을 직접 결단해야 하는 처지이다. 직접 결단한다는 것은, 결단하는 일에 앞장서서 주도적인 역할을 한다는 뜻이다. 그런데 군자끼리 단합하지 못하고 찢어져서 홀로 가서 결단하느라 첨예한 언쟁으로 苦戰을 피하지 못할 것이다. 그 과정에서 상육의 반격을 피할 수 없을 것이고, 그 반격이 바로 험난한 비(雨)이며,

그 비에 젖으니 화가 날 수밖에 없을 것이다. 그러나 무구하다. 무구하다는 것은 화를 면했다는 뜻이다.

《象》曰：君子夬夬, 終无咎也.

「상」에서 말했다. '군자가 찢어져 결단한다' 함은, (그) 끝이 무구함이다.

✎ 끝이 무구하다는 것은, 끝내 결단됨이다. 상육이 끝내 결단되기에 치열하게 언쟁을 통해서 싸웠던 구삼이 무구한 것이다.

九四, 臀无膚, 其行次且 ; 牽羊悔亡, 聞言不信.

구사, 궁둥이에 살이 없으니, 그 거동이 멈칫멈칫 불안하다. 양을 이끌어 걱정이 사라지니, 말을 들어도 불신한다.

✎ 구사는 음의 자리에 양으로 와서 그 자리가 바르지 못하고, 짝인 초구와 호응하지 못하며, 가깝게 지낼 이웃도 없다. 그는 하체가 부실하여 앞으로 나아가는 일이 부자연스럽고 멈칫멈칫 불안해 보이는데, 이는 초구와 호응하지 못하기 때문이다. 호응하지 못한다는 것은 협력이 이루어지지 않는다는 뜻이다.

그리고 羊을 이끈다는 것은, 「說卦傳」 제11장에 의하면, '兌=羊'이므로 上卦인 兌, 그러니까, 구사가 구오 상육 등을 이끌고 한마음 한뜻이 된다는 뜻이다. 그리고 말을 들어도 불신한다는 것은, 결단하는 일과 관련하여 조언을 들어도 의심하며 받아들이지 않는다는 뜻이다. 그만큼 어리석다는 의미이기도 하다. 여기서 '次且 [cì qiě]'는 걱정스러워 앞으로 나아가지 못하는 모습이다.

《象》曰：其行次且, 位不當也 ; 聞言不信, 聰不明也.

「상」에서 말했다. '그 거동이 멈칫멈칫 불안하다.' 함은, 자리가 부당함이다. '말을 들어도 불신한다' 함은, 귀가 밝지 못함이다.

✍ 자리가 부당하다는 것은, 음의 자리인데 양으로 왔고, 상육을 결단한다는 일에 의지가 약하고 능력이 부족하다는 뜻이다. 그리고 귀가 밝지 못하다는 것은 소리를 귀로 들어도 제대로 들리지 않는다는 뜻으로, 결국, 문제의 본질을 이해하는데 총명하지 못하다는 의미이다.

九五, 莧陸夬夬, 中行无咎.
구오, 자리공이 찢어져 결단하니, 중심으로 나아감이 무구하다.

✍ 구오는 양의 자리에 양으로 와서 그 자리가 바르고, 짝인 구이와 호응하지 못하며, 위에 있는 이웃 상육과 가깝게 지낼 수 있다. 그리고 中正을 얻었다. 현육 곧 자리공이 찢어져 결단한다는 것은, 구사와 구오가 한마음 한뜻이 되지 못하고 결렬되어, 상육을 결단하는 일의 중심으로 나아가니 무구하다는 뜻이다.
그런데 왜, 구사 구오를 두고 '莧陸'이라는 생경한 단어로써 빗대었을까? 중국어 사전에서는, 莧陆[xiàn lù]을 '상육(商陆)'이라고도 하며, 다년생 초본식물로 이른 봄에 싹이 나고, 잎은 계란형으로 크며, 여름철에 홍자색 또는 백색의 작은 꽃이 피고, 가을에 열매를 맺으며, 그 열매는 육질이 많고, 적흑색이다. 그 뿌리에는 독성이 있으나 어린잎은 먹을 수 있고, 약재로도 쓰인다(即商陸. 多年生草本, 春初發苗, 叶卵形而大. 夏季開紅紫或白色小花. 入秋結實, 實多肉, 赤黑色. 嫩叶可食, 其根有毒, 可供葯用)고 설명한다. 왕필(王弼:226~249)은 부드럽고 연한 초본식물(莧陆, 草之柔脆者也)로 설명했고, 程伊川은 '馬齒莧(마치현)'으로 설명했다. 주자는 '莧(현)'과 '陸(육)' 두 가지로 나누어 풀이했다. 중요한 것은, 이 현육과 구사 구오 두 陽爻 사이에 어떤 상관성이 있는가이다. 그런데 대개는, 음기가 많은 식물이라는 이유와 그 뿌리가 넝쿨처럼 뻗는 두 가지 이유를 내세워 유일한 음효인 상육과 연관시키는 경향이 있다. 그러니까, 莧陸이 상육을 빗댄 것으로 이해하는 것이다. 이 말인즉 莧陸을 夬夬의 주체가 아니라 대상으로 본다는 뜻이다. 그러나 필자는 주체로 보았는데 그 이유인즉 九三 爻辭·象辭와 같은 맥락에서 해석했기 때문이다. 쉽게 말해, 구삼을 중심으로 구이 초구 등은 '君子'로 보았고, 이 구사를 중심으로 구오 상육을 '莧陸'으로 보았다는 뜻이다.

《象》曰：中行无咎, 中未光也.

「상」에서 말했다. '중심으로 나아감이 무구하다' 함은, 중도가 빛나지 않음이다.

✑ 구오는 결단하는 일의 중심으로 나아가는데, 바꿔 말해, 결단하는 일의 중심에 서서 일하나 영광스럽지 못하고 무구하다. 무구하다는 것은 禍나 잘못이나 근심 걱정이 없다는 뜻이다. 그 중심이, 그 일의 본질이 빛나지 않기 때문이다. 누군가를 결단한다는 것은 결코 빛나는, 영광스러운, 좋은 일이 아니라는 뜻이기도 하지만 구오와 상육과의 관계를 생각하면 더욱 그러할 것이다. 구오가 임금이라면 상육은 임금의 어머니가 되기 때문이다.

上六, 无號, 終有凶.

상육, 호소함이 없으니, 끝이 흉하다.

✑ 상육은 자리가 바르고, 짝인 구삼과 호응하며, 아래 이웃인 구오와 가깝게 지낼 수 있다. 이런 좋은 조건임에도 불구하고, 그동안 군자들을 올라타고서 군림하듯 했고, 그 끝에 결단 받는, 탄핵대상이 되어버렸다. 그러니 상육은 하소연할 데가 없고, 그 끝은 흉할 수밖에 없다.

《象》曰：无號之凶, 終不可長也.
「상」에서 말했다. '호소하지 못하는 흉'이란 끝내 자라나지 못함이다.

✎ 자신을 지지해 줄 사람이 없으니 종국에는 탄핵 되어서 임무 수행이 정지된다. 결국, 군자들이 소인을 쫓아내고, 그 자리에 새로운 군자가 들어와, 다시 말해, 군자들끼리 모여서 重天乾卦를 이룬다는 뜻이다.

*　　*

결단하는 일에 씩씩하게 나아가는 爻에는 '壯'이라는 글자가 쓰였는데, 六爻 가운데 初九와 九三이 해당한다. 그런데 초구는 발(趾)이 씩씩하고, 구삼은 얼굴(頄)이 씩씩하다. 구삼은 흉하지만 둘 다 잘해야 无咎하다. 그만큼 위험한 일이라는 뜻이다.

결단하는 일과 관련하여, '호령하다, 부르짖다' 등 두 가지 의미로 해석하는 '號'가 쓰였는데, 六爻 가운데 九二와 上六이 해당한다. 어느 쪽으로 해석하든 '號'가 있는 경우와 없는 경우가 있는데, 구이는 號가 있고, 상육은 號가 없다. 그 號가 있으면 무구하나 없으면 凶하다. 號가 단순히 '명령하다, 부르짖다'라기보다는 '告하다, 호소하다'로 쓰였다는 증거이기도 하다.

결단하는 일과 관련하여, '夬夬'가 쓰였는데, 九三과 九五가 해당한다. 그런데 대개는 '과감하게 결단하다'로 해석하는데, 필자는 이를 따르지 않고, '찢어져 결단하다'로 해석하였다. 앞의 夬는 決裂로, 뒤의 夬는 決斷으로 해석했다. 九三의 夬夬는 '獨行'으로 이루어지고, 九五의 夬夬는 '中行'으로 이루어진다. 그 결과, 九三은 凶하고 无咎하나 九五는 无咎하다.

결단하는 일과 관련하여, 초구와 구삼은 씩씩하고 의욕이 앞서며, 구이는 신중하고, 구사는 어리석고, 구오는 그 일의 중심에 있으며, 상육은 결단의 대상이다. 결단한다는 것은 잘잘못을 가리는 과정을 거쳐서 최종적으로 판단하여 단죄함이다.

44. 天風姤卦

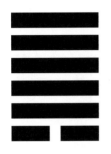

주역 마흔네 번째 괘로 천풍구괘(天風姤卦)가 있다. 하늘 天 乾이 上卦이고, 바람 風 巽이 下卦라는 뜻이다. 그 모양으로 보면, 하늘 아래에서 바람이 부는 모습이다. 이를 바꿔 말하자면, 장녀가 아버지를 받드는 모습이다. 卦德으로 보면, '巽而健'이다. 곧, 공손하고, 튼튼하다. 육효 배열로 보면, '음, 양, 양, 양, 양, 양'으로, 陽이 다섯이요, 陰이 하나이다. 初爻만 陰이고, 나머지는 모두 陽이다. 돌아온 陰 하나가 제일 아래에서 시선을 끈다.

이런 '天風'을 '姤'로 받았다. '姤'란 어떤 의미로 쓰였을까? '姤'는, '만나다, 우아하다, 아름답다, 예쁘다, 추하다, 보기 흉하다' 등의 뜻으로 쓰이나 여기서는 '만나다'로 쓰인 것 같다. 그러나 정확한 것은 六爻辭까지 두루 다 읽어보아야 알 수 있을 것이다.

「序卦傳」에 의하면, "決必有所遇, 故受之以姤. 姤者, 遇也"라 했고, 「雜卦傳」에 의하면, "姤遇也, 柔遇剛也"라 했다. 곧, 결렬되면 반드시 만나는 바가 있으니 결렬되는 夬卦 다음을 만나는 姤卦가 이어받았고, '姤'라는 것은 만남이다. '姤=遇'인데, 柔가 剛을 만남이라는 것이다. 유가 강을 만난다는 것은, 陰이 陽을 만난다는 뜻이며, 小人이 君子를 만난다는 뜻이다.

姤卦 六爻 자리를 그대로 놓아두고서 그 陰陽만을 바꾸어 놓으면, 그래서 初爻만 양효가 되고 나머지 효들이 모두 음효가 되면 地雷復卦가 된다. 그리고 姤卦 육효 음양을 그대로 놓아두고서 그 자리만 바꾸어 놓으면, 그래서 上爻만 음효

가 되고 나머지 효들이 모두 양효가 되면 澤天夬卦가 된다. 이른바, 姤卦의 錯卦가 지뢰복괘이고, 姤卦의 綜卦가 택천쾌괘가 된다는 뜻이다. 그런데 지뢰복괘는 다 음효뿐인 중지곤괘로 양효 하나가 돌아왔다는 사실에 초점을 맞추어서 그 이름이 붙여졌고, 택천쾌괘는 하나 남은 음효를 결단해서 쫓아내야 한다는 사실에 초점을 맞추어서 그 이름이 붙여졌다. 姤卦는 육효가 다 양효인 중천건괘로 음효 하나가 돌아와 양효를 다시 만나게 됐다는 의미에서 그 이름이 붙어졌다.

* *

姤 : 女壯, 勿用取女.
천풍구괘는 여자가 씩씩하니, 여자를 취하여 쓰지 말라.

✎ 여자가 씩씩하다는 것은, 남자에게서 쫓겨난 여자가 다시 돌아왔다는 사실과 여자는 그 세력을 점차 증대시켜서 남자를 밀어낸다는 사실을 염두에 두고 말한 것이다. 夬卦의 유일한 陰爻인 上六이 小人으로 빗대어져서 陽爻인 君子에 의해서 결단되어 쫓겨났는데 그 소인인 여자가 다시 돌아와 남자들을 만난다는 점에서 姤卦가 되었고, 그 姤卦의 유일한 陰爻인 初六이 씩씩한 여자로 빗대어진 것이다. 이것을 卦로써 설명하자면, 육효가 모두 陽으로 된 중천건괘 초구를 陰이 와서 물리치고, 그 자리를 차지함으로써 天風姤卦가 되었는데, 문제는 여기서 그치지 아니하고 앞으로도 계속해서 陰, 小人인 女子가 침투하여 나머지 陽을 차례차례 밀어낸다는 사실을 염두에 두고서 제일 먼저 돌아온 陰인 姤卦 初六을 두고 씩씩하다고 말했다는 뜻이다.

그리고 여자를 취하여 쓰지 말라는 것은, 소인을 쓰지 말라는 뜻이고, 소인을 쓰지 말라는 것은, 군자와 대척 관계에 있어 정의롭지 못한 사인(邪人)을 쓰지 말라는 뜻이다.

《彖》曰：姤, 遇也, 柔遇剛也. 勿用取女, 不可與長也. 天地相遇, 品物咸章也. 剛遇中正, 天下大行也. 姤之時義大矣哉.

「단」에서 말했다. 천풍구괘의 '姤'는 만남이니, 유가 강을 만남이다. '여자를 취하여 쓰지 말라' 함은, 더불어 오래가지 못하기 때문이다. 하늘과 땅이 서로 만나매, 만물이 뜻을 머금고 빛난다. 강이 중도의 바름을 만나니, 천하가 크게 행한다. 만나는 때의 의미가 크구나!

🖊 '姤=遇'라는 사실이 전제되었고, 유가 강을 만난다는 것은, 음이 양을 만나고, 소인이 군자를 만난다는 뜻이다. 姤卦 六爻로써 말하자면, 초육이 이웃인 구이를 만나고, 짝인 구사를 만난다는 뜻이다. 그리고 더불어 오래가지 못한다는 것은, 군자와 소인의 만남이, 양과 음의 만남이 오래가지 못한다는 뜻이다. 물론, 易에서는 陰과 陽 사이에 서로 밀어내는 相推와 서로 싫어하는 相薄의 움직임이 있고, 또한, 親密·和合·調和·均衡의 움직임도 있다. 상황의 때에 따라서 작용한다. 상황은 괘의 의미가 결정하고, 괘의 의미는 팔괘의 조합이 결정한다.

그리고 하늘과 땅이 서로 만난다는 것은, 陽과 陰의 만남이며, 그것은 곧 剛柔·男女·大小·夫婦 등의 만남을 의미한다. 그리고 만물이 두루 뜻을 머금고 빛난다는 것은, 천지의 만남으로 이루어진 만물이 저마다 뜻을 품고 존재한다는 뜻이다. 그리고 강이 중도의 바름을 만난다는 것은 구오를 두고 말함이며, 구오 군주가 중도의 바름으로써 통치하여 천하 만민을 위해 통치한다는 뜻이다. 그리고 만나는 때의 의미가 크다는 것은, 하늘과 땅이 만나서 만물을 낳고, 군주와 백성이 만나서 중도의 바름으로써 통치하듯이, 서로 만난다는 것은 그 의미가 깊고 크다는 뜻이다.

이런 彖辭 내용을 이해하면, 앞의 卦辭 내용과는 상당한 거리감이 있음을 지각할 수 있다. 앞서 지적한 음과 양의 관계에서 相推·相薄 관계를 말하지 않고, 親密·和合·調和·均衡의 관계를 말했기 때문이다. 괘사에서는 음양의 相推·相薄 관계를 전제했는데 彖辭는 음양의 親密·和合·調和·均衡의 관계를 말했다는 뜻이다.

《象》曰：天下有風, 姤 ; 后以施命誥四方.
상에서 말했다. 하늘 아래 바람 있음이 만남이라. 군왕은 이로써 보고 깨달아, 명을 펴서 사방에 알려라.

✎ 하늘 아래 바람이 있다는 것은, 아래에 있는 바람이 위에 있는 하늘을 받든 다는 뜻이다. 하늘은 강건한, 父요, 男이요, 君이라면 바람은 공손한, 長女요, 小 人이요, 百姓이다. 백성이 군주를 받들어 모시는 관계이므로, 군주는 명령을 내 려서 천하 사방에 알리라는 뜻이다.

初六, 繫于金柅, 貞吉 ; 有攸往, 見凶, 羸豕孚蹢躅.
초육, 쇠말뚝에 매어두고, 정도를 지키면 길하다. 나아가면 흉한 꼴을 보게 되니, 암돼지 를 접붙이려는데 나아가지 못하고 머뭇거린다.

✎ 초육은 양의 자리에 음으로 와서 그 자리가 바르지 못하고, 짝인 구사와 호 응하며, 위에 있는 이웃 구이와 가깝게 지낼 수 있다. 그러나 초육은 유순한 듯 하나 강성이 잠복해 있다. 그래서 점차 그 강성이 겉으로 드러날 것이다. 그런 초육을 단단한 쇠말뚝에 매어두고 정도를 지키면 길하다고 했다. 그러나 그렇지 않고 나아가면 흉한 꼴을 보게 되는데, 그 흉한 꼴이 곧 암돼지를 접붙이려는데 나아가지 못하고 머뭇거리는 모습을 보인다는 뜻이다. 아직은 초육을 접붙일 때 가 아니라는 뜻이다. 결과적으로 암돼지가 미숙하다는 뜻이다.

여기서 '羸豕[léi shǐ]'에 대하여 중국의 王弼과 孔穎達은 '牝豕(암돼지)'로 해 석했다. 우리는 대개 '여윈, 나약한 돼지'로 해석하는 경향이 있다. 하지만 이 는 잘못된 판단이다. '여자가 씩씩하다'라는 卦辭와도 상치(相馳)되기 때문이

다. 우리 주역에서는 '羸(이)'로 표기했고, '여윈 돼지'로 해석하는데 중문판에서
는 보다시피 羸(영) 또는 羸(이)로 표기하고 [léi shi]로 발음한다. 그리고 蹢躅
[zhízhú]에 대해서도 '徘徊不進貌'로 해석한다. 그런데 우리는 반대로 '날뛰는
모습'으로 풀이한다.

《象》曰 : 繫于金柅, 柔道牽也.
상에서 말했다. 쇠말뚝에 매어둔다는 것은, 부드러운 도를 끌어냄이다.

✒ 부드러운 도 곧 '柔道'라는 것은, 陰의 속성으로서 유순하게 순종하는 성질
이다. 그 부드러운 도를 끌어낸다는 것은, 점점 거칠어지는 돼지의 성질을 억제
하고 죽이어서 유순하게 길들인다는 뜻이다.

九二, 包有魚, 无咎 ; 不利賓.
구이, 자루에 물고기가 있고, 무구하다. (그러나) 손님에게는 불리하다.

✒ 구이는 음의 자리에 양으로 와서 그 자리가 바르지 못하고, 짝인 구오와 호
응하지 못하며, 아래 이웃인 초육과 가깝게 지낼 수 있다. 그리고 剛中을 얻었다.
구이는 강중을 얻었기에 자루에 물고기가 있다. 이 물고기는 구이가 처신하는
데에 도움을 주는 도구이고 수단이다. 바로 그것을 소유하고 있기에 무구하다.
그런데 손님에게는 불리하다고 했다. 구이가 소유한 물고기를 손님에게 베풀지
않기 때문이다. 여기서 손님은 돌아온, 어린 초육이다.
그리고 물고기는 '中道'를 암유(暗喩)하고 있는 비유어이다. 구이는 중도를 얻
은 효기이기에 '包有魚'라는 문구가 붙었지만, 九三, 九四, 上九 등은 같은 陽爻이
지만 중도를 얻지 못한 채 그 중도와 멀어진 상태에 있기에 좋지 못한 상황으로
내몰려 있다. 곧, 三爻는 궁둥이에 살이 없고, 四爻는 자루에 물고기가 없으며,

上爻는 뿔로써 만난다. 二爻와 같이 中道를 얻은 五爻는 자루에 물고기가 있는 것을 넘어서서 갯버들로써 참외를 감싸 참외가 마르지 않고 돋보이도록 함으로써 중도의 품위와 멋을 실생활 속에서 한껏 부린다. 한마디로 말해서, 소소한 일에도 지극정성을 다하니 유일하게 하늘이 주는 복을 받는 주인공이 되었다. 결국, 중도를 얻어 갖는 것이 중요한 게 아니라 중도를 얻었다면 의당 그 중도로써 소인을 교화하고, 없는 자에게 베풀어야 한다는 속뜻이 숨어있다고 하겠다.

《象》曰 : 包有魚, 義不及賓也.

상에서 말했다. 자루에 물고기가 있다는 것은, 의리가 손님에게 미치지 못함이다.

✎ 손님에게 의리가 미치지 못한다는 것은, 자루 속에 든 물고기를 손님에게 주지 않는다는 뜻이다. 구이가 손님에게 물고기를 주지 않는다는 것은, 구이가 백성에게 덕을 베풀지 못한다는 뜻이다.

九三, 臀无膚, 其行次且 ; 厲, 无大咎.

구삼, 궁둥이에 살이 없으니, 그 거동이 멈칫멈칫 불안하다. 위태로우나 큰 허물은 없다.

✎ 구삼은 양의 자리에 양으로 와서 그 자리가 바르고, 짝인 상구와 호응하지 못하며, 가깝게 지낼 이웃도 없다. 그리고 중도를 지나쳐 있다. 이런 구삼은 만날 상대가 없는 처지이다. 그러나 양강한 의욕은 있다. 하지만 그의 궁둥이에는 살이 없어서 앞으로 나아가기에 힘이 들고 머뭇거린다. 짝인 상구에게 가자니 구사, 구오에게 가로막혀 있고, 새 손님인 초육에게 가자니 구이에게 가로막혀 있다. 이런 상황을 궁둥이에 살이 없는 것으로 빗대어 말했다고 본다. 사실, '臀无膚, 其行次且'라는 말은, 澤天夬卦 九四 爻辭에서도 나온다. 좋지 못한 결과를 초래하는 것은 같다.

《象》曰 : 其行次且, 行未牽也.

상에서 말했다. 그 거동이 멈칫멈칫 불안하다는 것은, 이끌지 못하는 행동이다.

🖎 이끌지 못하는 행동이라는 것은, 앞장서서 이끌어 가지 못한다는 뜻이다.

九四, 包无魚, 起凶.

구사, 자루에 물고기가 없으니, 흉이 생긴다.

🖎 구사는 음의 자리에 양으로 와서 그 자리가 바르지 못하고, 짝인 초육과 호응하며, 가깝게 지낼 이웃은 없다. 구사는 오직 초육을 만나려는데 구삼, 구이에 가로막혀 있다. 게다가, 중도를 얻지 못하여 초육에게 베풀 물고기조차 없다. 상당히 불리하다. 그래서 흉이 생긴다고 했다.

《象》曰 : 无魚之凶, 遠民也.

상에서 말했다. 물고기가 없는 흉이란, 백성과 멀어 떨어져 있음이다.

🖎 여기서 백성이란 초육을 말한다. 백성과 멀리 떨어져 있다는 것은, 백성에게 베풀 수 있는 조건이 아니라는 뜻이다.

九五, 以杞包瓜, 含章, 有隕自天.

구오, 냇버들로써 참외를 감싸, 그 뜻을 품으니, 하늘로부터 떨어짐이 있다.

🖎 구오는 양의 자리에 양으로 와서 그 자리가 바르고, 짝인 구이와 호응하지 못하며, 가깝게 지낼 이웃도 없다. 그리고 中正을 얻었다. 냇버들로써 참외를 감싸 그 뜻을 품는다는 것은, 일종의 비유적인 표현으로, 군주가 백성의 마음을 헤

아리고 포용한다는 뜻이다. 여기에는 헤아림과 정성과 관용이 전제된다. 그리고 하늘로부터 떨어짐이 있다는 것은, 하늘의 은택이나 은총 곧 도움이 있다는 뜻이다. 우리는 대개 '杞(기)'를 '구기자'나 '소태나무' 등으로 번역하는데 중국에서는 '杞柳(기류)'로 번역한다. 굳이, 우리말로 바꾼다면 갯버들, 냇버들이 된다. 일상과 가까운 단어가 쓰였을 확률이 높다는 이유에서 필자는 이를 따랐다. 주역에서 쓰인 단어는 일상생활과 관련된 단어가 주류를 이루고 있기 때문이다.

《象》曰 : 九五含章, 中正也 ; 有隕自天, 志不舍命也.

상에서 말했다. 구오가 뜻을 품었다는 것은, 중도의 바름이다. 하늘로부터 떨어짐이 있다는 것은, 하늘의 명을 버리지 않은 의지이다.

✍ 중도의 바름이라는 것은, 중도를 바르게 행사한다는 뜻이다. 중도를 바르게 행사할 수 있는 능력은 그 자리의 당위성에 나온다. 구오는 양의 자리에 양으로 왔기에 중도를 행사하는 데에 바르게 할 수 있다고 본 것이다. 이를 두고 '中正'이라고 한다. 그리고 하늘의 명을 버리지 않은 의지라는 것은, 구오가 하늘의 명령을, 다시 말해, 하늘의 뜻을 저버리지 않겠다는 마음속 뜻을 가졌다는 의미이다. 문제는, 그 하늘의 뜻이자 명이 무엇인가이겠지만 말이다.

上九, 姤其角 ; 吝, 无咎.

상구, 그 뿔에서 만난다. 인색하나, 무구하다.

✍ 상구는 음의 자리에 양으로 와서 그 자리가 바르지 못하고, 짝인 구삼과 호응하지 못하며, 가깝게 지낼 이웃도 없다. 만남의 때가 다한 姤卦의 끝자리이기도 하다. 뿔에서 만난다는 것은, 가장 궁색한 상황에서 만난다는 뜻이다. 궁색한 상황이라는 것은, 만나는 때와 장소, 그리고 관계일 것이다. 상구는 손님인 초육

을 만나는데 다 끝나가는 상황에서 만나게 됨으로써 성의와 의욕이 약할 수밖에 없다. 그래서 마음 씀이 인색하다.

'無垢'를 두고, 우리는 대개 그냥 '무구하다', '허물없다' 등으로 가볍게 번역하는데 여기서만큼은 '탓할 곳이 없다'로 번역한다. 효사의 의미를 꿰어맞추려고 하다 보니 억지 번역이 생기는 것이다. 그런데 중국인들은 대개 '无咎'를 '災禍가 없다'로 해석한다. 우리는 '咎'를 허물, 가벼운 잘못 정도로 받아들이지만, 중국인은 災殃의 의미로 심각하게 읽는다는 뜻이다.

《象》曰 : 姤其角, 上窮吝也
상에서 말했다. 그 뿔에서 만난다는 것은, 위가 다하여 인색해진다는 뜻이다.

✎ '위'라는 것은, 上九를 말함이며, 위가 다했다는 것은, 더는 올라갈 곳이 없다는 뜻이다. 그리고 인색해진다는 것은, 만나고자 하는 의욕이나 마음이, 바꿔말하면 그 명분이나 목적의식 등이 약해진다는 뜻이다. 그래서 둘의 만남이 '吝'한 것이다. 吝하다는 것은, 말 그대로 인색해짐이다. 별다른 의욕 없이 그저 만나나 본다는 식의 성의 없는 태도를 말한다.

*　　　*

彖辭에서는 柔가 剛을 만나다고 했는데, 六爻辭에서 보니, ①초육과 구이 ②초육과 구삼 ③초육과 구사 ④초육과 구오 ⑤초육과 상구 등의 만남임을 확인할 수 있다. 그러니까, 彖辭의 말처럼 陰이 陽을 만난다고 할 수 있다. 그런데 문제는, 초육을 '손님'으로 빗대면서 '個人'으로 말하기도 하지만 '백성'이라는 의미로 확대하여 말하기도 한다는 점이다. 구이, 구삼에게는 초육이 개인적인 관계에서 손님이 되는데, 구사, 구오, 상구 등에게는 초육이 개인이 아니라 백성이 된다는 점이다.

　그리고 육효사의 문장을 자세히 들여다보면, 구이, 구삼, 구사, 구오, 상구 등 陽들이 제각각 陰인 초육을 만나는 관계에서 언급되고 있다는 점이다. 다시 말해, 陽들이 陰을 만난다고 말할 수 있다는 점이다.

　陰이 陽을 만나는데, 혹은, 陽이 陰을 만나는데, 陰이 점차 성장하여 小人 근성을 드러내기 전에 쇠말뚝에 묶어 길러서 순종하는 덕성을 길러야 하고(初六), 양이 음을 만나는 일은 대체로 无咎하지만(九二, 上九), 위험이 따르기도 한다(九三). 그런가 하면, 陰을 백성으로 여겨 정성과 관용으로 포용하는 군주로서의 덕성을 기르면 하늘이 돕기도 한다(九五). 음과 양의 만남에는 각자의 자리와 현실적인 여건에 따라서 만남의 양태가 다르게 전개되면서 길흉도 달라진다. 자리는 곧 개인의 능력이고, 여건은 음과의 거리, 경쟁자 유무 등 여러 가지가 있을 수 있다.

45. 澤地萃卦

주역 마흔다섯 번째 괘로 택지췌괘(澤地萃卦)가 있다. 연못 澤 兌가 上卦이고, 땅 地 坤이 下卦라는 뜻이다. 그 모양으로 보면, 연못 속으로 땅이 들어가 있는 모습이다. 卦德으로 보면, '順而說'이다. 곧, 순종하고, 기쁘다. 육효 배열로 보면, '음, 음, 음, 양, 양, 음'으로 되어 양이 둘이고, 음이 넷이다. 그리고 육이, 구오, 상육 등은 자리가 바르지만, 나머지는 바르지 못하다. 초육과 구사, 육이와 구오가 각각 짝으로서 호응하고, 육삼과 상육은 호응하지 못한다. 육삼과 구사, 구오와 상육은 서로 가깝게 지낼 수 있으나 나머지는 그렇지 못하다.

이런 '澤地'를 '萃'로 받았다. '萃'는 어떤 의미로 쓰였을까? '萃'는, '모이다, 모으다, 이르다, 도달하다, 기다리다, 야위다, 초췌해지다, 그치다, 머물다, 모임, 무리, 머위, 버금, 옷이 스치는 소리, 옷이 스치다' 등 다양한 의미로 쓰이나 여기서는 '모이다' 혹은 '모으다', '모임' 등의 의미로 쓰인 것 같다. 그러나 자세한 것은 六爻辭까지 다 읽어보아야 알 수 있을 것이다.

「序卦傳」에 의하면, "物相遇而后聚, 故受之以萃"라고 했고, 「雜卦傳」에 의하면, "萃聚也"라 했다. 곧, 사물이 서로 만나고 후에 모이게 되므로 모이는 萃卦가 만나는 姤卦 뒤를 이었다고 했으며, '萃=聚'라고 했다. 그렇다면 '聚'는 어떤 의미인가? '聚'는 '모이다, 함께하다, 무리를 이루다' 등의 뜻이 있다. 그렇다면, '萃'나 '聚'가 '모이다'로 쓰였을 가능성이 크다.

물론, 모이는 것은 '萃'이고, 흩어지는 것은 '渙'이다. 그래서 '萃'를 '聚'로 받았고, '渙'은 '散'으로 받는다. 실제로, 64괘 가운데 쉰아홉 번째 괘로 渙卦가 있다. 모이는 것은 땅 위 연못 속으로 물이 모이지만, 흩어지는 것은 바람에 구름이 흩어진다. 그래서 風水渙卦이다. 땅 위 연못 속으로 물이 많이 모이면 그만큼 위험해진다. 그렇듯, 바람으로 구름이 흩어지면 비가 내리지 못한다. 그래서 萃卦나 渙卦는, 위험 내지는 고난(가뭄)에서 벗어나야 하는 당면문제가 있다. 이런 이유로 둘 다 제사가 강조되고 잘해야 무구하다는 공통점이 있다.

그러나 육효사로 들어가면, 姤卦에서는 陰과 陽 곧 여자와 남자가 만나고, 萃卦에서도 사람과 사람이 모인다. 그렇듯, 渙卦에서 흩어지는 것 역시 사람이고 사람의 마음이다. 주역은 거대한 비유체계이고, 그 원관념은 사람이다. 周易이 어렵게 느껴지는 이유이기도 하다.

*   *

萃：亨 ; 王假有廟, 利見大人, 亨利貞, 用大牲吉, 利有攸往.

택지췌괘는 형통하다. 왕이 이르는 종묘가 있으며, 대인을 만남이 이롭고, 제사를 지내고, 정도를 지켜야 이롭다. 큰 제물을 씀이 길하고, 갈 바가 있어 이롭다.

✎ 택지췌괘가 형통하다는 것은, 땅 위의 연못이 유용하고, 어머니가 소녀를 받들 듯이 양육하기 때문이다. 육효 관계로 보면, 구오 육이가 中正으로써 호응하기 때문이다.

왕이 이르는 종묘가 있다는 것은, 왕이 직접 제사를 주관한다는 뜻이다. 대인을 만남이 이롭다는 것은, 도움을 받을 수 있고, 命을 받을 수 있기 때문이다. 命이란 요즈음 말로 하면 '일자리'이다.

그리고 제사를 지낸다고 하는 것은, 당면문제 상황을 해소하는 데에 하늘의 도움을 받기 위한 의식을 치름이다. 그리고 제사는 사람을 모이게 하는 아주 효과적인 수단이다. 특히, 왕이 직접 주관하는 제사는 사람들이 많이 모일 수 있다. 그런 장소에 나아가 대인을 만난다는 것은, 이로운 일이다. 대인을 만남으로써 신임을 얻고, 조언을 들으며, 임무도 부여받을 수 있기에 이롭다는 뜻이다. 이러한 모임은 만사를 형통하게 하고, 이롭게 하며, 또한 正道를 지켜야 한다. 그리고 큰 제물을 씀이 길하다는 것은, 사람이 모이는 자리이고, 천제나 조상에게 제사를 올리는 자리이기에, 그것도 왕이 입회하기에 정성도 정성이지만 물질적 풍요가 중요하다는 뜻이다. 왕의 체면이나 권위도 생각해야 하기 때문이다. 그리고 갈 바가 있어 이롭다는 것은, 할 일이 생기고, 그 일로 이롭게 된다는 뜻이다.

주역을 공부한 거의 모든 사람이 앞의 '亨'을 연문(衍文:잘못 들어간 글귀나 글자)이라고 말한다. 정이천의 견해를 받아들이기 때문이다. 그러나 필자는 이에 동의하지 않는다. 앞의 '亨'은 '형통하다'라는 의미로 澤과 地의 관계를 말했고, 뒤의 '亨'은 '제사 지내다'라는 의미로 쓰였다고 판단하기 때문이다.

《彖》曰 : 萃, 聚也. 順以說, 剛中而應, 故聚也. 王假有廟, 致孝享也. 利見大人亨, 聚以正也. 用大牲吉, 利有攸往, 順天命也. 觀其所聚, 而天地万物之情可見矣.

「단」에서 말했다. 택지췌괘의 '萃'는 모이는 '聚'이다. 순종으로써 기뻐하니, 강중이 호응함으로써 모인다. '왕이 종묘에 이름'은 제사로써 효도함이다. '대인을 만남이 이롭고 형통하다' 함은, 바르게 모이기 때문이다. '큰 제물을 바침이 이롭고 갈 바가 있음이 이롭다' 함은, 하늘의 뜻에 순종함이다. 그 모이는 바를 관찰하여 천지 만물의 뜻을 깨달을 수 있다.

✎ '萃=聚'라는 판단이 전제되었다. 순종으로써 기뻐한다는 것은, 下·上卦의 덕성을 이어서 말한 것이며, 剛中이 호응함으로써 모인다는 것은, 작게는, 剛中을 얻은 구오가 柔中을 얻은 육이와 짝으로서 호응함을 말하고, 크게는, 위아래

陰으로 둘러싸인 陽이 陰에게 호응하여 모두가 함께한다는 뜻이기도 하다. 그리고 제사로써 효도한다는 것은, 돌아가신 조상에게 제사를 올리는 것이 곧 효도를 실천하는 근본이라고 여긴 고대인의 意識이 반영된 말이다. 그리고 바르게 모인다는 것은, 조상의 덕을 기리고, 감사하는 마음을 내어, 제사를 올리는, 한 가지 마음으로 참여한다는 뜻이다. 이 외에 어떻게 하는 것이 제사 모임의 正道 인지 밝히지 않고 있기에 구체적으로는 알 수 없으나 일반적으로 보아, 제사에 임하는 마음가짐, 태도, 복장, 기타 참가자 간의 대인관계상의 예절, 그리고 제사 지내는 절차 등이 포함되지 않을까 싶다.

그리고 天命에 순종한다는 것은, 하늘의 뜻, 하늘의 명령을 따른다는 뜻이다. 하지만, 그 천명이 무엇이고, 그 진실이 무엇인지는 너무나 모호하다. 설명이 전혀 없기 때문이다. 게다가, '모이는 그 이치를 잘 관찰하면 천지 만물의 뜻을 깨달을 수 있다'라고도 했는데, 이 말 또한 곰곰이 생각해 볼 필요가 있다. 결국, 제사 지내기 위해서 모이는 사람들 간의 관계나 양태를 잘 살펴보면 만물의 뜻 그 이치를 깨달을 수 있다는 말인데 깊이 생각해야 한다.

《象》曰 : 澤上于地, 萃 ; 君子以除戎器, 戒不虞.

「상」에서 말했다. 땅 위로 연못이 올라가 있음이 췌괘이니, 군자는 이로써 보고 깨달아, 병기를 손질하고, 편안함을 경계하라.

✎ 연못이라는 것은 물이 모여드는 곳이다. 아주 작은 못에서부터 바다에 이르기까지 물이 모여드는 곳이라면 모두가 연못 澤이다. 그리고 땅에는 만물이 뿌리를 내리고 살아가는 곳이다. 그런 땅 위로 고인 물이 있으니 늘 불안하다. 연못 안에서 물이 넘치지 아니하고, 연못의 둑이 무너지지 않는 한 안전하고 살아가는 데에 크게 도움이 되지만 만에 하나 연못의 물이 넘친다거나 그 둑이 무너져 내린다면 땅에 사는 것들은 순식간에 水難을 겪을 것이다. 어쩌면, 이런 생

각을 했기에 나라를 통치하는 군주로서는 아무 일이 없을 때, 다시 말하면, 연못의 물이 넘치지 않고 평화로울 때 군 장비를 손질하고, 걱정 없이 살아갈 때 수난이 도래할 수 있음을 경계해야 한다고 주문한 것 같다. 이런 大象辭를 염두에 둔다면 모인다는 것은 연못의 물이고, 위험이라는 생각도 든다.

初六, 有孚不終, 乃亂乃萃 ; 若號, 一握爲笑 ; 勿恤, 往无咎.
초육, 믿음이 있으나 끝나지 않으니, 이내 혼란스럽고 이내 모인다. 만약, 큰소리로 외치면 한 줌의 웃음거리가 된다. 걱정하지 말고, 나아가야 무구하다.

✎ 초육은 양의 자리에 음으로 와서 그 자리가 바르지 못하고, 짝인 구사와 호응하며, 가깝게 지낼 이웃이 없다. 그래서 초육이 가고자 하는 곳은 오직 구사이다. 그러나 정작 가야 할 곳은, 모두가 모이는, 모두에게 剛中으로 응하는 구오이다.

믿음이 있다는 것은, 짝인 구사에 대한 믿음이다. 그리고 끝나지 않는다는 것은, 짝인 구사와의 관계를 끝내고 구오에게 가야 하는데 그러지 못한다는 뜻이다. 그래서 초육은 혼란스럽다. 양강한 태도가 요구되는데 유순한 음이기 때문이다. 그러나 결국, 짝을 버리고 구오에게 간다면 무구하다.

큰소리로 외친다는 것은, 짝인 구사와 결별하고 왔다는 사실을 외친다는 뜻이다. 그리고 한 줌의 웃음거리가 된다는 것은, 모인 사람들에게서 비웃음을 산다는 뜻이다. 그러나 걱정하지 말고 나아가야 무구하다는 조언을 듣는다. 결국, 구오에게 가야 한다는 뜻이다.

《象》曰 : 乃亂乃萃, 其志亂也.
「상」에서 말했다. 이내 혼란스럽고 이내 모인다는 것은, 그 뜻(마음)이 어지러움이다.

✎ 뜻이 어지럽다는 것은, 짝인 구사를 버리고 구오에게 가야 하는지, 아니면 구사와의 관계를 지속해야 하는지를 놓고 자신의 마음이 확실하게 결정되지 않았다는 뜻이다.

六二, 引吉, 无咎 ; 孚乃利用禴.
육이, 인도하면 길하고, 무구하다. 믿음으로 약제를 지냄이 이롭다.

✎ 육이는 자리가 바르고, 짝인 구오와 中正으로 호응하며, 가깝게 지낼 이웃은 없다. 육이는 구오와 中正으로써 호응하기 위하여 위아래 同類를 이끌어 인도하면 길하고, 그러기 위해서 약제 곧 간단한 제사라도 지냄이 이롭다는 뜻이다. 구오가 군주로서 큰 제물을 써서 성대하게 제사를 지낼 때 육이는 약제를 지냄으로써 동류인 초육과 육삼을 모이게 하는 역할을 자임하는 게 옳다는 뜻이다.

육이는 짝인 구오에 대한 믿음을 갖고서 간소한 제사라도 정성스럽게 지냄이 이롭다고 했다. 卦辭에서는 '用大牲'해야 길하다고 했는데 실제로 爻辭에 내려오니 '禴祭'를 지내도 이롭다고 했다. 얼핏 보면, 모순인 것 같으나 꼭 그렇지는 않다. 육이는 하급관리로서 낮은 신분이고, 구오 군주를 모시는 사람이므로 자신의 위상과 형편에 맞게 간소한 제사를 지내야 이로운 것이다. 결과적으로, 육이는 아주 작은 모임의 구심점이라는 뜻이다.

《象》曰 : 引吉无咎 中未變也.
「상」에서 말했다. '인도하면 길하고 무구하다' 함은, 중도가 변하지 않음이다.

✎ 중도가 변하지 않았다는 것은, 육이가 변하지 않았다는 뜻이고, 동시에 짝인 구오에 대한 믿음이 변하지 않았다는 뜻이다.

六三, 萃如嗟如, 无攸利 ; 往无咎, 小吝.

육삼, 모여서 탄식하니, 이로울 리 없다. 나아가면 무구하나, 소인으로서 인색하다.

✎ 육삼은 양의 자리에 음으로 와서 그 자리가 바르지 못하고, 짝인 상육과 호응하지 못하며, 위에 있는 구사와 가깝게 지낼 수 있다. 그리고 중도를 지나쳐 있다. 육삼은 구사와 가깝게 지내며 탄식하니 이로울 리 없다. 육삼이 응하지 않는 짝인 상육에게로 가면 무구하기는 하나, 소인이라서 인색하다. 소인이라서 인색하다는 것은, 육삼이나 상육이 음이라서, 음끼리 만남이라서 적극적이지 않다는 뜻이다.

《象》曰 : 往无咎, 上巽也.

「상」에서 말했다. 가면 무구하다는 것은, 위가 공손하기 때문이다.

✎ 위가 공손하다는 것은, 상육이 음의 자리에 음으로 와서 더없이 유순하다는 뜻이다. 유순하다는 것은 결국, 실권이 없다는 뜻이기도 하다.

九四, 大吉, 无咎.

구사, 크게 길하나, 무구하다.

✎ 구사는 음의 자리에 양으로 와서 그 자리가 바르지 못하고, 짝인 초육과 호응하며, 아래 이웃인 육삼과 가깝게 지낼 수 있다. 그런 양강한 구사에게는 짝으로서 초육과 이웃으로서 육삼이 호응하는 관계로 두 陰이 지지하고 후원한다. 그래서 모임의 구심점으로서 크게 길하지만 크게 이롭지 못하고 무구할 뿐이다. 왜, 그럴까? 구사는 강한 의욕을 내어서 사람을 모을 수 있어서 크게 좋지만, 구오 군주를 모시는 대신으로서 조심해야 하고, 그 자리가 바르지 못하기에 각별

하게 처신을 스스로 경계해야 하기 때문이다.

《象》曰：大吉无咎, 位不當也.
「상」에서 말했다. 크게 길하나 무구하다는 것은, 자리가 부당함이다.

✎ 자리가 부당하다는 것은, 음의 자리에 양으로 와서 그 자리가 바르지 못하다는 뜻이다. 다시 말해, 유순해야 하나 강성이 있기에 자칫 잘못 처신할 수 있다는 뜻이다.

九五, 萃有位无咎. 匪孚元永貞悔亡.
구오, 모이는데 자리가 있으니 무구하다. 믿음이 아니면 처음부터 끝까지 정도를 지켜야 후회함이 사라진다.

✎ 구오는 자리가 바르고, 짝인 육이와 호응하며, 위에 있는 이웃인 상육과 가깝게 지낼 수 있다. 그리고 彖辭에서도 언급한 '中正'을 얻었다. 비교적 좋은 조건이다.

사람이 모이는데 자리가 있다는 것은, 그 자리가 높다는 뜻이고, 동시에 사람을 모이게 하는 일에 그 높은 지위를 이용한다는 뜻이다. 구오는 군주로서 높은 자리를 이용하여 사람을 모이게 하는데 고작 무구하다. 그것도 중정으로써 호응함에도 말이다. 그런데 중도를 얻지 못하고, 자리까지도 바르지 못한 구사는 大吉이다. 똑같은 陽인데, 왜, 구사는 大吉이고, 구오는 그저 无咎한가? 그 이유가 궁금하다.

그리고 믿음이 아니라는 말은, 때가 되면 마땅히 그렇게 되는, 변함없어 의심의 여지가 없는 천지의 자연현상과 같은 믿음이 없다는 뜻이다. 간단히 말해, 사람들이 믿지 않는다는 뜻이다. 六爻의 관계로 보아도, 구오는 짝인 육이와 이웃인 상육의 지지와 성원을 받지만, 군주로서 백성의 전폭적인 지지와 성원을 받지 못한다. 그래서 불안 요인이 있다. 따라서 구오는 처음부터 끝까지 바르게 正道로써 백성을 통솔해야 근심이 사라진다고 했다. 모여든 백성을 상대로 통치하는 군주로서의 어려움을 말한 것이고, 그 어려움을 극복할 수 있는 대안이 바로 '元永貞'이란 말로 제시되었다.

이 '元永貞'에 대해서, 많은 사람은 程伊川의 견해를 받아들여서 ①元(으뜸) ②永(영속성) ③貞(옳고 바름) 등 세 가지를 군주가 갖추어야 할 德으로 이해하여, 이를 각각 ①성숙한 지도력 ②지속적인 일관성 ③도덕적 확고함이라고 설명한다. 그런데 필자는 '元永'을 '本末', '終始'로 해석하였다.

《象》曰 : 萃有位, 志未光也.
「상」에서 말했다. 모이는데 자리가 있다는 것은, 그 뜻이 빛나지 않음이다.

✑ 뜻이 빛나지 않는다는 것은, 사람을 모으는 구오의 명분이나 목적이나 방법에서 공감되지 않는다는 뜻이다. 구오는 존귀한 자리를 차지한 군주이기에 그 군주를 중심으로 사람들이 자발적으로 모여들어야 하는데 그렇지 못하다는 뜻이다. 그 이유인즉, 군주의 뜻이, 군주의 비전이 공감되지 않기 때문이다. 쉽게 말하면, 군주로서 부족한 점이 있기에 백성의 전폭적인 지지 성원을 받지 못했다는 뜻이다. 彖辭에서는 중정으로 호응하기 때문에 사람이 모인다고 긍정적으로 보았는데 爻辭에서는 다소 부정적인 모습으로 비친다.

上六, 齎咨涕洟, 无咎.
상육, 눈물 콧물 흘리며 탄식하니, 무구하다.

✑ 상육은 자리가 바르고, 짝인 육삼과 호응하지 못하며, 아래 이웃인 구오와

가깝게 지낼 수는 있다. 상육은 사람을 모아야 하는 상황에서 자신을 믿고 따르는 사람이 없기에, 다시 말해, 자신을 중심으로 모이는 사람이 없기에 껍데기뿐인 자기 실상을 확인하게 되어서 눈물 콧물 흘리며 自嘆한다. 나이만 먹었지 외톨이 신세나 다름없기 때문이다. 그나마, 다행인 것은 구오를 중심으로 모이는 후원자로서 무구하다는 사실이다. 많은 사람은 탄식하는데 무구하다는 말의 모순성 때문에 '无咎'를 '무구하다'가 아니라 '탓할 곳이 없다'로 해석한다.

《象》曰：齎咨涕洟, 未安上也.

「상」에서 말했다. 눈물 콧물 흘리며 탄식한다는 것은, 위로서 편안하지 않기 때문이다.

✎ '위'란 상육 자신이다. 자신이 편안하지 않다는 것은, 사람을 모으고, 모이게 해야 하는 상황에서 그런 능력이 없으니 불편할 수밖에 없다. 누군가를 중심으로 모여야 하는 처지라면, 세속적으로 말해서, 누군가에게 줄을 서야 사는 처지라면, 누구나 實利와 名分이 있어야 할 텐데 상육은, 윗사람으로서 아랫사람에게 다가가 줄을 선다는 것 자체도 심히 부담스럽고 그 마음이 편치 않다. 그렇다고, 자신의 자리가 실권이 있는 것도 아니며, 이미 늙어서 물러난 퇴역자나 다름없으니 자탄할 수밖에 없다.

* *

사람이 모인다는 것은, 그 이유와 목적이 있게 마련이다. 모이게 되는 이유는 모임의 명분이 되고, 모이는 목적은 그 의미가 된다. 그리고 모이게 되는 명분은 가까이 있어 친밀한 이웃이라든가, 호응하는 짝이라도 있어야 한다. 그리고 모이는 의미는 조상의 덕을 기리고 복을 축원하기 위해서 하늘의 천제나 조상님께 제사를 올린다거나 당면한 위험요소를 해소하기 위해서라거나 어떤 목적 추구를 위한 단체를 결성하기 위해서일 것이다.

이런저런 만남의 명분과 의미를 부여하는 사람이 곧 모임의 구심점이 되는데 그 구심점 역할을 하는 사람은 그럴 만한 자격과 능력이 있어야 한다. 인적 물적 자원을 동원할 수 있는 지위가 높은 사람이거나 모이는 사람들과 친화하고 중도를 지켜 응대할 수 있는 기본적인 인품과 덕성이 갖추어져야 한다. 그랬을 때 모임이 이루어지고, 그 모임이 잘 운영되는 것이다.

모임의 운영은 참가자 모두에게 이득이 되어야 하는데, 그것이 쉽지가 않다. 잘 해야 无咎하고, 吝하다. 특히, 당면한 위험을 해소하기 위해서 모인 사람들의 경우는 더욱 그러하다. 이 萃卦 육효를 살피면, 중도를 지나친 육삼과 상육은 인색하고, 눈물 콧물 흘린다. 지위가 높은 구오도 중정으로 호응해도 겨우 무구하고 후회함이 사라진다. 양강한 지혜와 의욕을 갖고 임하는 구사는 大吉이나 正道를 지켜야 무구하다. 그만큼 모임을 결성하거나 운영하기가 어렵다는 뜻이다.

어떠한 상황에서든, 인간에겐 正道가 요구되는데 그 正道가 구체적으로 무엇인지 주역에서는 직설적으로 설명하지 않는다. 사람이 자발적으로 모이고, 모이게 하는 이 萃卦에서도 正道를 강조하지만, 이 정도가 '이것이다'라고 딱 부러지게 말하고 있지는 않다. 다만, 육효사를 통해서 스스로 유추해 낼 수밖에 없다. 곧, 자신의 자리부터 바라야 한다는 점과 호응하며 친밀하게 지내는 상대가 있어야 한다는 점이다. 자신의 자리가 바르다는 것은, 타고난 성품과 평소 언행이 바르다는 뜻이다. 그리고 호응하며 친밀하게 지낼 수 있는 상대가 있어야 한다는 것은, 대인관계가 바라야 한다는 뜻이다. 대인관계가 바르다는 것은, 최소한 양자의 판단 기준에 의거 대립, 충돌하지 않는 가치체계의 공유를 지향함이며, 동시에 사회적 통념에서 벗어나지 않음이다.

46. 地風升卦

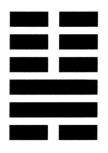

주역 마흔여섯 번째 괘로 지풍승괘(地風升卦)가 있다. 땅 地 坤이 上卦이고, 바람 風 巽이 下卦라는 뜻이다. 그 모양으로 보면, 땅속으로 바람이, 혹은 나무가 들어가 있는 모습이다. 卦德으로 보면, '巽而順'이다. 곧, 공손하고, 순종한다. 육효 배열로 보면, '음, 양, 양, 음, 음, 음'으로, 음이 넷이고, 양이 둘이다. 초육, 구이, 육오 등은 자리가 바르지 못하고, 구삼, 육사, 상육 등은 자리가 바르다. 구이와 육오가, 구삼과 상육이 각각 짝으로서 호응하고, 초육과 육사는 호응하지 못한다.

이런 '地風'을 '升'으로 받았다. '升'이란 어떤 의미로 쓰였을까? '升'은, '되, 새, 오르다, 떠오르다, 벼슬을 올리다, 나아가다, 천거하다, 태평하다, 융성하다, 이루다, 곡식이 익다, 바치다, 헌납하다' 등의 다양한 뜻으로 쓰이나 여기서는 '오르다'의 의미로 쓰인 것 같다. 그 정확한 의미는 육효사까지 두루 다 읽어야 알 수 있을 것이다.

'오른다'라는 것은, 아래에서 위로 올라감이다. '아래에서 위로 올라간다' 함은, 여러 가지 의미로 해석될 수도 있다. 곧, 땅속으로 들어가 있는 바람이, 다시 말해, 그 공기가 틈을 타고서 위로 올라가는 것처럼, 땅속에서 싹이 돋아서 점점 자라나 땅 위로 올라오는 나무처럼, 직위 직책상 사람이 승진(昇進)하는 것도, 개개인의 어떤 기능이나 능력이 향상되는 것도, 재산이 늘어나는 것도, 더 건강해지는 것도, 더 의욕을 내어 노력하는 것도 다 오르는 일이다. 개개인뿐만 아니라 국가도 마찬가지이다. 이렇게 보면, '升'에는 '발전(發展)·승진(昇進)'이라는 개념을 포함하고 있어 양적 팽창과 질적 향상을 의미한다.

「序卦傳」에 의하면, "聚而上者謂之升, 故受之以升"이라 했고, 「雜卦傳」에 의하면, "升不來也"라 했다. 곧, 모여서 위로 오르는 것을 일컬어 '승'이라 하므로, 모이는 萃卦 다음을 오르는 升卦가 이어받았고, 올라감은 돌아오지 않음이라 했다. 돌아오지 않는다는 것은, 점점 성장 발전하여 커지는 것이지 퇴보하여 작아지지 않는다는 뜻이다.

*   *

升 : 元亨. 用見大人, 勿恤, 南征吉.

지풍승괘는 근원적으로 형통하다. 대인을 만나보아야 하되, 걱정하지 말고, 남쪽으로 나아가면 길하다.

🖎 지풍승괘의 위로 올라감이 근원적으로 형통하다는 것은, 땅속의 공기가 가벼워서 틈만 있으면 위로 올라가는 것은 자연스러운 현상이다. 그렇듯, 땅속에 있는 종자가 발아하여 땅 위로 점점 자라나는 것 역시 자연스러운 현상이다. 이리 보나 저리 보나 자연현상은, 마땅히 그럴 수밖에 없는 사실로서 거역할 수 없다. 그래서 근원이, 그 바탕이 형통한 것이다. 게다가, 천지자연의 순리에 공손하게 따르니 두 기운이 잘 소통하여 화합됨이니 그 바탕이 형통한 것이다. 長女가 어머니를 받들다가 스스로 어머니가 됨이니, 이 또한 자연스러운 현상으로 형통함이다.

그런데 이 '元亨'에 대하여, 중국인이나 한국인이나 할 것 없이 이구동성으로 '크게 형통하다'로 해석한다. '元'을 '大'로 풀이하는데 彖辭의 영향 탓이긴 하지만, 필자는 '근원적으로'라고 해석하였다. 왜냐하면, 地가 順이고, 風이 巽이기 때문에 이 둘이 위아래에서 협력한다는 것이, 다시 말해, 서로 작용한다는 것이, 하늘의 섭리에 순종하며 공손하게 따르기 때문이다. 이런 地와 風의 관계, 順과 巽의 관계를 근원적으로 화합하는 기운으로 인지했기 때문이다.

그리고 대인을 만나보아야 한다는 것은, 대인을 만나 뵙는 일을 이용하라는 뜻이다. 위로 올라가려면, 위에서 끌어주고 도와주는 대인이 있어야 한다는 뜻이다. 그리고 걱정하지 말라는 것은, 걱정한다고 되는 일이 아닐 뿐만 아니라 걱정하지 않아도 되는 일이라는 뜻이다. 그것은 곧, 천지가 하는 일이라는 뜻이다. 그리고 남쪽으로 나아감이 길하다는 것은, 땅 위로 자라나는 나무가 계속 성장하려면 햇빛을 많이 받아야 하기 때문이다. 태양이 있는 離卦가 남쪽이라는 뜻이다. 바람 風 巽이 있는 곳이 東南이고, 땅 地 坤이 있는 곳이 西南인데 그 중간이 바로 南인 離卦가 있는 곳이다. 혹자는, '用見大人'에서 '用'을 '利見大人'의 '利'의 誤記로 보는 이도 있다. 그러나 이것은 그렇게 중요하지가 않다. 거의 같은 의미이기 때문이다. 다만, 차이가 있다면, '用'을 쓴 것은 대인을 만나는 일이 꼭 필요하다는 의미를 강조한 것이고, '利'를 쓴 것은 그 결과가 '이롭다'라는 사실을 강조한 것이기 때문이다.

《象》曰：柔以時升, 巽而順, 剛中而應, 是以大亨. 用見大人勿恤, 有慶也. 南征吉, 志行也.

「단」에서 말했다. 유가 때맞추어 오름이니 공손하고 순종하며, 강중이 호응하고, 이로써 크게 형통하다. '대인을 만나 뵙되 근심하지 말라' 함은, 경사가 있음이라. '남쪽을 나아가면 길하다' 함은, 뜻을 행함이다.

✎ '때를 맞추어 오르는 柔'라는 것은, 爻로 보면 초육을 말함이고, 卦로 보면 長女로 빗대어지는 巽卦인 下卦를 말함이다. '공손하고 순종한다' 함은, 下·上卦의 덕성을 이어서 말함이고, '강중이 호응한다' 함은, 작게 보면 구이가 육오에

호응함이고, 크게 보면 두 陽爻인 구이 구삼이 짝인 두 음효 육오 상육에게 각각 호응함이다. 이 彖辭에서는, 卦辭의 '元亨'을 '大亨'으로 받았고, 그 대형의 이유를 세 가지로 설명했다고 볼 수 있다. 곧, ①時升, ②巽順, ③剛中 등이 그것이다. 그리고 '경사'라 함은, '昇進' 또는 '發展'이라는 결과를 두고 말함이다.

《象》曰 : 地中生木, 升 ; 君子以順德, 積小以高大.
「상」에서 말했다. 땅속에 나무가 자람이 승괘이니, 군자는 이로써 보고 깨달아, 덕을 좇되 작은 것을 쌓음으로써 높고 크게 하라.

✎ 땅속에 있는 종자가 發芽하여 싹이 나고, 그것이 지면을 뚫고 나와서 점점 위로 크고 높게 자라나는 초목처럼, 군자는 작은 德을 쌓아서 점점 높고 크게 하라는 뜻이다. 그렇다면, '덕이 무엇인가?'라는 질문이 있을 법한데 주역 본문 그 어디에서도 덕의 본질을 설명하지는 않는다. 그러나 德이 무엇인지를 알려면 '德'이란 글자가 쓰인 문장을 모두 가려내고 분석하여서 그 의미를 추론해야만 한다. 이에 대해서는, 2021년 5월에 집필한 「德이란 무엇일까?」라는 필자의 글을 참고하기 바란다. 다만, 여기서 말해둘 수 있는 것은, 德이 상당히 포괄적인 개념으로 쓰인다는 점이다. 곧, 인품, 지식, 기술, 능력, 자비, 베풂 등을 두루 포함하는데, 이를 줄여서 말한다면, ①다듬어진 성품(어짊, 관용, 자비) ②일 처리 능력, ③나눔(베풂) 등 세 가지로 압축할 수 있다는 사실이다.

初六, 允升, 大吉.
초육, 믿음으로써 오름이니, 크게 길하다.

✎ 초육은 陽의 자리에 陰으로 와서 그 자리가 바르지 못하고, 짝인 육사와 호응하지도 못하며, 위에 있는 구이와 가깝게 지낼 수 있다. 위로 올라가야 하는

상황에서 초육은 가장 밑에 있으며 유순하기까지 하다. 그래서 초육은 가까이 있는 구이의 도움을 받을 수밖에 없다. 따라서 초육은 구이에 대한 신뢰를 바탕으로 조심스럽게 올라갈 수 있으니 크게 길하다. 최소한, 올라가야 하는 이는 순종해야 하고, 올라가려는 이를 이끌어주는 이와 뜻이 맞아야 승진, 발전할 수 있는 현실을 암시하고 있다. 이것은 혼자만의 힘으로 되지 않는다는 뜻이기도 하다. 승진도 발전도 인간관계(人間關係) 속에서 이루어짐을 유념해 둘 필요가 있다.

《象》曰 : 允升大吉 上合志也.

「상」에서 말했다. 믿음으로써 오름이 크게 길하다는 것은, 위와 뜻을 합함이다.

✍ 여기서 '위'란 九二를 말한다. 그리고 뜻을 합한다는 것은, 오르려는 자와 이끌어주는 자의 마음이 통하고, 힘을 합쳐 협력한다는 뜻이다.

九二, 孚乃利用禴, 无咎.

구이, 믿음으로써 봄 제사를 이용함이니, 무구하다.

✍ 구이는 陰의 자리에 陽으로 와서 그 자리가 바르지 못하고, 짝인 육오와 호응하며, 아래에 있는 초육과 가깝게 지낼 수 있다. 그리고 剛中을 얻었다. 구이는 믿음으로써 봄 제사를 이용하는데, 이는 봄이 되면 의당, 만물이 소생하고, 싹이 돋아서 잘 자랄 수 있도록 천제께 감사와 축원의 의미를 담아서 제사를 지낸다는 뜻이다. 그렇게 하면, 소기의 원하는 바를 이루게 해준다는 천지자연의 이치에 대한 믿음이 전제되기 때문이다. 이런 자연현상에 대한 믿음을 인간사로 바꾸어서 말하자면, 사람이 발전하고 昇進하기 위해서는 윗사람에게 잘 보이려고 최선의 노력을 다한다는 뜻이다. 구이는 육오 군주의 말단 신하로서 자신의 양

강한 성품으로 보필하는 처지이다. 그러므로 군주에 대한 믿음을 갖고 지극정성과 열정으로 임하는 것이다. 이런 인간의 태도에 대한 비유적이고 상징적 표현이 바로 '祭祀'이다.

《象》曰 : 九二之孚, 有喜也.
「상」에서 말했다. 구이의 믿음에는 기쁨이 있다.

✎ 기쁨이 있다는 것은, 좋은 일이 있다는 뜻이고, 小象辭에서 자주 쓰이는 '有慶'이라는 말과 같은 의미를 지닌다. 구이가 육오 군주에 대한 믿음으로써 보필하면 승진할 기회가 주어진다는 의미이기도 하다. 특히, 육오는 군주 신분이나 양의 자리에 음으로 와서 유약하다. 그래서 양강한 구이 신하의 도움이 필요하다. 이런 상호 보완적 관계가 있기에 기쁨이 수반될 수밖에 없다. 서로의 필요조건을 충족시켜 준다는 근원적인 이유가 있음이고, 또한, 상부상조함에 그 결과로써 임무 수행이 원활하고 좋은 결과에 따른 승진이 있다는 뜻이다. 이것이 곧 九二에게는 발전이고 승진이며, 六五에게는 국가 발전이다.

九三, 升虛邑.
구삼, 빈 도성으로 올라감이다.

✎ 구삼은 자리가 바르고, 짝인 상육과 호응하며, 위에 있는 이웃 육사와도 가깝게 지낼 수 있다. 중도를 지나치기는 했으나 위로 올라가는데 아주 좋은 조건이다. 곧, 양의 자리에 양으로 와서 발전 승진하고자 하는 의욕이 강하고, 위에 있는 이웃 사나 짝인 상육이 이끌어주는 도움이 있을 뿐 장애물이 없다. 구삼의 이런 양호한 조건을 비유적으로 '빈 도성을 올라감'이라고 표현한 것이다.

《象》曰 : 升虛邑, 无所疑也.

「상」에서 말했다. 빈 도성으로 올라간다는 것은, 의심할 바가 없음이다.

✎ 의심할 바가 없다는 것은, 올라가는 자가 의심받지 않는다는 뜻이자 동시에 의심의 여지가 없는, 텅 빈 도성이 확실하다는 뜻이다. 결과적으로, 지키지 않는 도성이기에 올라가는 사람을 검문(檢問)하거나 제지(制止)하는 사람이 없기에 그만큼 쉽고, 순탄하게 올라간다는 뜻이다.

六四, 王用亨于岐山, 吉, 无咎.

육사, 왕이 기산에서 제사를 지냄이니, 길하고, 무구하다.

✎ 육사는 자리가 바르고, 짝인 초육과 호응하며, 아래 이웃 구삼과 가깝게 지낼 수 있다. 구이도 제사를 지냈는데 육사도 제사를 활용한다.

'기산'은 地名으로 오늘날 중국 陝西省 寶鷄市 동북부에 있으며, 중화민족의 발생지 가운데 한 곳으로 염제(炎帝)가 살았던 곳이고, 周 나라 문화의 발상지로 알려져 있다. 그 역사가 유구하여 청동기, 갑골문자의 본향이며, 주역의 탄생지로서 중국 천년 고현(古縣)으로 말해진다. 그리고 이 기산에서 제사를 지낸 왕이 누구인가에 대해서는 설이 분분한데, 주 문왕으로 보기도 하고, 주나라의 어떤 왕으로 보기도 하며, 상나라의 왕으로 보기도 한다. 사실, 이 문제는 그다지 중요하지 않다. 역사적 사실 기술로서의 주역이 아니라 음양 관계로 나타나는 제 현상의 당위를 어떻게 설명하고 이해하는가가 주역의 핵심이기 때문이다. 그리고 '亨'에 대해서도 '①제사지내다, ②형통하다' 등 두 가지 의미로 해석한다. 이 점 또한 우리나 중국이나 같다. (用亨=擧行祭祀之禮. 岐山=周 部落 發源地.)

《象》曰：王用亨于岐山, 順事也.
「상」에서 말했다. 왕이 기산에서 제사를 지낸다는 것은, 순종하며 섬김이다.

✎ 기산에서 왕이 제사를 친히 지낸다는 것은, 천제와 조상 신에 대한 신뢰를 전제로, 감사하며, 도움을 청하는 일종의 儀式이므로 하늘의 순리에 순종하고, 천제와 조상신을 섬기는 일이 되지만, 동시에 백성의 생명과 재산을 보호해야 하는 군주로서 백성의 뜻을 따르고, 백성을 섬기는 일이라고도 볼 수 있다.

六五, 貞吉, 升階.
육오, 정도를 지켜야 길하고, 계단을 오른다.

✎ 육오는 陽의 자리에 陰으로 와서 그 자리가 바르지 못하고, 짝인 구이와 호응하며, 가깝게 지낼 이웃이 없다. 그리고 中道를 얻었다. 육오는 자리가 바르지 못하기에 바르게 처신해야, 다시 말해, 正道를 지켜야 길하고, 짝인 양강한 구이의 도움으로 조심조심 계단을 오른다. '계단을 오른다' 함은, 왕위에 오른다는 말이기도 하고, 또한, 왕으로서 처리해야 할 일을 차근차근 순서에 맞게 해나간다는 뜻이자 작은 德을 쌓아서 크고 높게 하라고 했듯이, 덕을 쌓아감으로써 신뢰를 높여간다는 뜻이기도 하다.

《象》曰：貞吉升階, 大得志也.
「상」에서 말했다. 정도를 지켜야 길하고, 계단을 오른다는 것은, 크게 뜻을 얻음이다.

✎ 크게 뜻을 얻었다는 것은, 군주가 되려는 웅지(雄志)이면서 동시에 군주로서 백성을 위해서 善政을 베풀어야 한다는 意志이다.

上六, 冥升, 利于不息之貞.

상육, 어둠 속에서 오름이니, 쉬지 않는 정도가 이롭다.

✎ 상육은 자리가 바르고, 짝인 구삼과 호응하며, 가깝게 지낼 이웃은 없다. 그리고 중도를 지나쳐 있고, 이 괘의 끝자리이기도 한데 이는 더는 오를 수 없다는 뜻이다. '어둠 속에서 오른다는 것은, 불안하고, 불확실하며, 오르는 과정이 결코, 쉽지 않다는 뜻이다. 그래서 그 결과도 예측하기 어렵다. 이런 상황에서는 간단(間斷)없는, 쉼 없는 正道가 이롭다는 것이다. 바꿔 말해, 시종일관 正道로써 임해야 한다는 뜻이다.

《象》曰 : 冥升在上, 消不富也.

「상」에서 말했다. 어둠 속의 오름이 위에 있다는 것은, 소진하여 부유하지 않음이다.

✎ 소진하여 부유하지 않다는 것은, 물질적인 재산이나 정신적인 덕이나 할 것 없이 승진 발전하는 일에 도움이 될 만한 것이 없다는 뜻이다. 한마디로 말해, 의욕도, 목표도, 능력도 없다는 뜻이다. 희망이 없는 것처럼 절망적인 것은 없다.

*   *

육효의 길흉관계를 살펴보면, 초육이 大吉이고, 구이는 祭祀를 이용하여 无咎하며, 구삼은 빈 도성을 오르는 일과 같이 거저먹는다. 그리고 육사는 제사를 활용하여 无咎하고, 육오는 계단을 오르며 貞吉하다. 하지만 상육은 의욕과 재력과 능력이 없다. 한마디로 말해서, 희망이 없다. 이러한 六爻辭를 내려다보면, 몇 가지 의미를 유추해 낼 수 있다. 사람이 승진 발전하고자 한다면, 의욕이 있어야 하고, 이끌어주는 사람이 있어야 한다. 구삼이 그 적절한 예이다. 그런가 하면, 이끌어주려는 사람과 뜻을 합치고 적극적으로 협력해야 하며, 순종하는 태도로 조심스럽게 임해야 한다. 초육이 그 적절한 예이다. 그런가 하면, 이끌어주는 사람이 아니라 밀어주는 사람이 있어야 한다. 밀어준다는 것은, 믿고 따르는 사람을 말함이다. 중도를 얻은 구이와 육오가 그 예이다. 믿고 따라줌을 받으려면, 다시 말해, 신임을 얻으려면 자신부터 바르게 처신해야 하고, 중도의 리더십을 갖추고서, 진실과 정성이 투자되어야만 한다.

도움을 주는 사람이나 받는 사람이나 할 것 없이 발전 승진하는 일은, 대인관계에서 비롯되는데, 도움을 받는 사람은 무엇보다 순종·의욕 등이, 도움을 주는 사람은 무엇보다 능력·지위 등이 중요하다. 그리고 사람과 사람 사이 관계는, 서로 '연(緣)'이 닿아야 이루어진다. 이 '緣'이란 것은, 내 힘, 내 의지만으로 되는 영역이 아니다. 그야말로, 천지의 작용이기에 운명적으로 주어진다고 말할 수 있다. 이것이 주역의 관점이다. 다만, 분명한 사실은, ①타고난 성품, ②후천적인 노력으로 갈고닦은 현재의 인품, ③평소의 대인관계에 대한 의미 인식과 노력 정도, 그리고 ④활동영역, ⑤그 안에서의 능력 발휘 정도(程度) 등이 그 연을 불러들인다는 점이다.

47. 澤水困卦

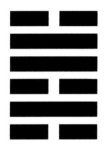

주역 마흔일곱 번째 괘로 택수곤괘(澤水困卦)가 있다. 연못 澤 兌가 上卦이고, 물 水 坎이 下卦라는 뜻이다. 그 모양새로 보면, 연못 아래로 물이 다 빠져나간 모습이다. 물이 없는 연못이라는 뜻이다. 卦德으로 보면, '險而說'이다. 곧, 험하고, 기쁘다. 육효 배열로 보면, '음, 양, 음, 양, 양, 음'으로 음이 셋이고, 양이 셋이다. 오효와 상효만 자리가 바르고, 나머지는 모두 자리가 바르지 못하다. 구이, 구오가 강중을 얻었으나 陰이 올라타고 있다. 그러니까, 上六이 구오를 올라타고 있고, 육삼이 구이를 올라타고 있다는 뜻이다. 그뿐만 아니라, 양효인 구이는 위아래 음으로 갇혀 있고, 구사 구오 역시 위아래 음으로 갇혀 있다. 갇혀 있다는 것은 움직이기 어렵다는 뜻이다

이런 '澤水'를 '困'으로 받았다. '困'은 어떤 의미로 쓰였을까? '困'은 '곤하다, 졸리다, 지치다, 괴로움을 겪다, 위태롭다, 위험하다, 막다르다, 괴롭다, 통하지 아니하다, 가난하다, 부족하다, 모자라다, 흐트러지다, 겪기 어려운 일, 난처한 일' 등 다양한 의미로 쓰이나 여기서는 '곤하다' 혹은 '괴로움을 겪다'로 쓰인 것 같다. 물론, 자세한 것은 육효사까지 두루 다 읽어야 알 수 있을 것이다.

「序卦傳」에 의하면, "升而不已必困, 故受之以困"이라 했고, 「雜卦傳」에 의하면 "困相遇也"라 했다. 곧, 오르고 멈추지 아니하면 반드시 곤하게 되므로 오르는 升卦 다음을 곤한 困卦가 이어받았으며, '困'은 서로 저지(沮止)하는 것이라 했다. 서로 沮止한다는 것은, 음과 양이 서로의 움직임을 막아 못하게 한다는 뜻이

다. 따라서 이 困卦에서는 짝의 호응, 이웃과의 친비 관계가 정반대로 작용하는 것이다.

* *

困 : 亨 ; 貞, 大人吉, 无咎 ; 有言不信.

택수곤괘는 제사 지내야 한다. 정도를 지켜야 하고, 대인이 길하며, 무구하다. 말해도 믿지 않는다.

✎ 제사를 지내야 한다는 것은, 가뭄이 들어서 연못에 물이 없으니 기우제라도 지내야 한다는 뜻이다. 정도를 지켜야 한다는 것은, 곤궁한 상황에서는 모두가 정도를 지켜야 옳다는 뜻이다. 곧, '나'보다 '우리'를 먼저 생각하고, 부족한 물자를 아껴 쓰며, 나눠 써야 한다. 대인이 길하고 무구하다는 것은, 대인이 나서서 물 부족 사태를 해결하기 위해서 기우제를 지내는 등 앞장서서 노력하기 때문이다. 그리고 말을 해도 믿지 않는다는 것은, 가뭄이 들어 곤궁한 상황인지라 인심이 흉흉하여 말들이 무성하나 대인은 가려듣는다는 뜻이다.

《彖》曰 : 困, 剛揜也. 險以說, 困而不失其所亨, 其唯君子乎. 貞大人吉, 以剛中也. 有言不信, 尙口乃窮也.

「단」에서 말했다. 택수곤괘는 강이 가려짐이다. 기쁨으로써 험난함을 헤쳐나가고, 곤궁하나 그 제사 지내는 일을 놓치지 않으니, 오직 군자일 따름이다. 정도를 지키는 대인이 길한 것은 강력한 중도로써이다. 말을 해도 믿지 않는다는 것은, 입을 숭상함이 곧 궁색해짐이다.

✎ 剛이 가려졌다는 것은, 六爻에서 陽爻가 陰에 가로막혀 있어서 그 활동에

제한을 받는다는 뜻이다. 구이가 초육과 육삼에 가려져 있고, 구사와 구오가 육삼과 상육에 가려져 있다. 기쁨으로써 험난함을 헤쳐나간다는 것은 상·하괘의 덕성을 이어서 말한 것이다. 그리고 곤궁하나 제사 지내는 일을 놓치지 않으니 오직 군자일 따름이라는 것은, 곤궁한 가운데에서도 제사를 지내는 일을 놓치지 않고 지냄으로써 어려운 상황을 극복하려고 노력하는 이는 오직 군자의 몫이라는 뜻이다. 그리고 강력한 중도로써 대인이 길하다는 것은, 구이와 구오를 말함인데 이 둘은 가뭄 해소를 위해서 제사를 지내는 주체이고, 어려움 속에서도 제사를 감행할 수 있는 것은 강한 의욕과 밝은 지혜를 갖추었기 때문이라는 뜻이다. 그리고 입을 숭상함이 궁색해졌다는 것은, 말로는 더는 통하지 않는다는 뜻이다.

《象》曰：澤无水，困；君子以致命遂志.

「상」에서 말했다. 연못에 물이 없음이 곤괘이니, 군자 이로써 보고 깨달아 천명을 받들어 뜻을 완수하라.

✍ 연못에 물이 없다는 것은, 있어야 할 물이 다 고갈되었다는 뜻이고, 그만큼 가뭄이 들었다는 의미이다. 이런 자연현상을 보고, 직면해 있다면, 군자로서 하늘의 뜻을 받들어, 하늘의 뜻을 헤아리어 기우제를 지냄으로써 자기의 뜻, 자기의 의중을 관철하여 비를 내리게 해야 한다는 뜻이다. 오늘날 같으면, 가뭄이라는 자연현상을 관찰하고, 그 가뭄이 나타난 이유와 해결책을 모색·궁구하는 노력을 기울여 그 피해를 줄여나갈 것이다.

初六，臀困于株木. 入于幽谷，三歲不覿.

초육, 그루터기 나무에 (걸터앉은) 궁둥이의 곤궁함이다. 깊은 계곡으로 들어가니, 삼 년 동안 볼 수 없다.

✏️ 초육은 자리가 바르지 못하고, 짝인 구사와 호응하며, 위에 있는 구이와 가깝게 지낼 수 있다. 따라서 초육은 위에 있는 이웃 구이와 짝인 구사가 가로막고 있다. 그래서 주저앉았는데 나무의 그루터기에 앉아있으니 그 궁둥이가 고달프다. 이런 궁둥이의 처지를 인간사로 다르게 표현하자면, 깊은 계곡으로 들어가 오랫동안 볼 수 없는 사람과 같다는 뜻이다.

혹자는 '株木'을 '刑杖(→棍杖)'으로 해석하기도 한다. 그리고 삼 년은 일반적으로 '오랫동안'의 의미로 해석하는데, 볼 수 없는 대상을 이 初六이 아니라 성인지도를 추구하는 군자로 해석하는 이도 있다. 그저, 참고사항으로 여기는 게 좋다고 본다. 각 爻辭는 해당 爻의 입장(立場)과 처지(處地)를 말한 것이고, 그에 대한 길흉(吉凶)을 비유적으로 표현한 말들이 대부분임을 유념해 둘 필요가 있다.

《象》曰 : 入于幽谷, 幽不明也.
「상」에서 말했다. 깊은 계곡으로 들어간다는 것은, 밝지 않은 어둠이다.

✏️ '깊은 계곡'이라는 말이 곧 '어둠'이라는 뜻이다. 어둠으로 들어간다는 것은, 어려움·괴로움·위험 등이 있다는 뜻이다. 실제로, 초육은 연못에서 가장 멀리, 가장 깊숙이 달아난 물이다.

九二, 困于酒食, 朱紱方來, 利用享祀 ; 征凶, 无咎.
구이, 술과 밥이 곤궁하고, 고관대작이 바야흐로 오시니, 제사를 활용함이 이롭다. 나아가면 흉하나, (자리를 지키면) 무구하다.

✏️ 구이는 자리가 바르지 못하고, 짝인 구오와 호응하지 못하며, 위아래 이웃들과 가깝게 지낼 수 있다. 그리고 剛中을 얻었다. 따라서 강한 의욕과 밝은 지혜를 가진 구이는, 초육과 육삼이 저지하는 가운데 구오 군주와 구사 대신의 방문

을 받는다. 陰들이 위아래에서 저지하는 상황인데 동류인 구사와 구오의 방문을 받는다는 뜻이다. 그래서 특정인을 지칭하지 않고 '朱紱'이라는 비유어가 쓰였다. 이 '朱紱'을 고관대작(高官大爵)으로 해석한 것은 '朱紱[zhū fú]'이 古代에 무릎까지 덮는 붉은 색 예복의 일종이나 옥이나 인장으로 장식된 官服을 의미하기 때문이다.

구이는 곤궁한 시기에 신분이 낮은 관계로 먹고 마시는 酒食까지 궁색하나, 강한 의욕과 총명한 지혜로 군주 일행의 고관대작을 맞이한다. 그래서 제사를 씀이, 활용함이 이롭다고 했다. 그러나 나아가면 흉하다. 위아래 음에 갇혀 있기 때문이다. 제사를 지내며, 자기 자리를 지켜야 무구하다는 뜻이다. 화를 입지 않는다는 뜻이다.

《象》曰 : 困于酒食, 中有慶也.

「상」에서 말했다. 술과 밥이 곤궁하다는 것은, 중도를 얻어 경사가 있음이라.

✎ 술과 밥이 곤궁하다는 것은, 그만큼 평소에 검박한 생활을 했다는 뜻이다. 그리고 중도를 얻어서 경사가 있다는 것은, 신임을 얻고 부름을 받는다는 뜻이다.

六三, 困于石, 据于蒺藜 ; 入于其宮, 不見其妻, 凶.

육삼, 돌로 인한 곤궁함으로, 가시덤불 속에 살고 있다. 그 집에 들어가도, 처를 볼 수 없으니, 흉하다.

✎ 육삼은 양의 자리에 음으로 와서 그 자리가 바르지 못하고, 짝인 상육과 호응하지 못하며, 위아래 이웃들과 가깝게 지낼 수 있다. 그리고 중도를 지나쳐 있다. 따라서 육삼은 구이 구사 구오의 저지를 받는다. 그래서 가장 어려운 상황에 놓인다. 돌에 앉은 곤궁함이 있는데 설상가상으로 가시덤불 속에서 살아가는 처

지이다. 여기서 돌로 인한 곤궁함이란 것은, 중도를 얻은 아래 이웃 구이와 위에 이웃 구사의 저지가 있다는 의미이고, 가시덤불에 의지한다는 것은, 구오의 저지가 있다는 뜻이다. 이런 곤궁함의 처지를 인간사로 바꾸어서 말하자면, 집안에 들어가도 아내가 없는, 쉽게 말해서, 아내가 이미 달아난 꼴이라는 뜻이다. 얼마나 궁색하면 아내조차 같이 살지 못하고 달아났겠는가. 요즘 말로 바꾸면, 남편이 사업하다가 실패하여 부도를 맞고 하루아침에 빚쟁이로 전락하면 아내가 달아나거나 이혼하자는 것이나 다르지 않다.

《象》曰：据于蒺藜, 乘剛也 ; 入于其宮, 不見其妻, 不祥也.

「상」에서 말했다. 가시덤불 속에서 살아간다는 것은, 강을 올라탐이다. 집에 들어가도 처를 볼 수 없다는 것은, 상서롭지 못함이다.

✎ 강을 올라탔다는 것은, 육삼이 중도를 얻은 구이를 업신여긴다는 뜻이고, 상서롭지 못하다는 것은, 위에 있는 구사 구오에 의해서 이중으로 가로막혀 있다는 뜻이다.

九四, 來徐徐, 困于金車, 吝, 有終.

구사, 쇠수레로 인한 곤궁함이니, 아주 천천히 온다. 인색하나 끝이 있다.

✎ 구사는 음의 자리에 양으로 와서 그 자리가 바르지 못하고, 짝인 초육과 호응하며, 아래 이웃 육삼과 가깝게 지낼 수 있다. 따라서 구사는 아래 이웃 육삼과 짝인 초육의 저지를 받는다. 그러나 동류인 구오와 구이의 도움이 있다. 쇠수레로 인한 곤궁함이란 것은, 아래 이웃인 육삼의 저지를 말함이고, 천천히 온다는 것은, 짝인 초육이 환영하는 게 아니라 거부하기 때문이다. 그리고 인색하다는 것은, 구사의 마음 자세와 태도를 말함인데 음인 육삼이 저지하고, 초육이 환

영하지 않기에 구사의 마음이 따뜻하고 너그러울 수가 없다는 뜻이다. 그리고 끝이 있다는 것은, 유종의 미를 거둔다는 뜻으로 좋다는 의미이다.

《象》曰：來徐徐, 志在下也；雖不當位, 有與也.

「상」에서 말했다. 아주 천천히 온다는 것은, 뜻이 아래에 있음이다. 비록, 자리가 부당하나 함께 하는 이가 있다.

✎ 뜻이 아래에 있다는 것은, 짝인 초육에게 있다는 뜻이다. 그러나 곤궁한 상황에서 서로 저지하기에, 바꿔 말해, 음과 양이 저지하기에 어려운 길을 간다는 뜻이다. 그리고 함께 하는 이가 있다는 것은, 동류인 구오의 지원이나 도움이 있다는 뜻이다.

九五, 劓刖, 困于赤紱；乃徐有說, 利用祭祀.

구오, 신하들로 인한 곤궁함으로, 발꿈치를 베임이다. 마침내 더디게 기쁨이 있으리니, 제사를 지냄이 이롭다.

✎ 구오는 양의 자리에 양으로 와서 그 자리가 바르고, 짝인 구이와 호응하지 못하며, 위에 있는 이웃 상육과 가깝게 지낼 수 있다. 그리고 剛中을 얻었다. 구오는 강한 의욕과 밝은 지혜를 갖추고 있는 군주로서 신하들로부터 어려움을 겪는다. 믿는 도끼에 발등 찍힌다는 뜻이다. 여기서 신하들이란 상육과 육삼이다. 음과 양이 서로 저지하는 상황이기 때문이다. 따라서 구오는 제사를 이용하여 동류인 구사와 구이의 지원군을 맞이해야 한다. 그래야 더디지만 기쁨이 있을 것이다.

혹자는, '朱紱'과 '赤紱'을 구분하면서 朱紱은 임금의 옷(구오)이고, 赤紱은 관료의 옷(구이)이라고 강조하는데 필자는 의미 없다고 판단한다. 六爻를 신분상으로 구분하기 때문으로 보인다. 육효를 같은 한 사람으로 본다거나 아니면 같은 한 임금으로 보면, 육효는 시간의 흐름에 따른 상황 변화가 되기 때문이다. 중요한 것은, 곤궁한 시기에 剛中을 얻은 구이 구오가 문제 해결 방법으로 '祭祀'라는 것을 활용한다는 점이다. 제사라는 것은, 직접적인 문제 해결 방법은 아니나 사람으로서 별도리가 없을 때 조상이나 하늘에 기대어 문제가 해결되기를 축원하는 간접적인 방법이다. 주역 64괘에서 제사가 어떻게 활용되었는지는 필자의 다른 글 「주역과 제사」를 참고하기 바란다.

《象》曰：劓刖, 志未得也；乃徐有說, 以中直也；利用祭祀, 受福也.

「상」에서 말했다. 발꿈치를 베인다는 것은, 뜻을 얻지 못함이다. 마침내 더디게 기쁨이 있다는 것은, 중도의 곧음이다. 제사를 지냄이 이롭다는 것은, 복을 받음이다.

✎ 뜻을 얻지 못했다는 것은, 가뭄이라고 하는 문제 해결의 열쇠를 찾지 못했다는 뜻이고, 중도의 곧음이라는 것은, 衆志를 모으려는 일관된 의지를 말함이다. 그리고 복을 받는다는 것은, 解法을 찾음이다.

上六, 困于葛藟, 于臲卼；曰動悔有悔, 征吉.

상육, 칡덩굴에 의한 곤궁함이니, 위태롭고 불안하다. 이른바 움직이면 걱정하고 뉘우침이 있다. (그러나) 나아가야 길하다.

✎ 상육은 음의 자리에 음이 와서 그 자리가 바르고, 짝인 육삼과 호응하지 못하며, 아래 이웃 구오와 가깝게 지낼 수 있다. 그리고 困卦의 끝자리이다. 상육은 칡넝쿨로 인한 어려움을 겪는 상황이다. 상육은 짝인 육삼에게 내려가야 하는데 구오 구사의 저지가 있다. 그것을 바로 칡넝쿨로 빗댄 것이다. 그래서 위태롭고 불안하다. 그야말로, 움직이면 힘들고 위태롭다. 그러나 치고 나아가야 길해진

다. 힘들고, 위태롭고, 불안해도 앞으로 헤쳐나가야 하는 처지가 바로 上六이다. 한마디로 말해서, 당장, 고난이 있더라도 어려움과 험난함을 감수하고서 앞으로 나아가야만 되는 처지이다. 사람이 살다 보면 이런 경우는 적지 않다.

《象》曰 : 困于葛藟, 未當也 ; 動悔有悔, 吉行也.

「상」에서 말했다. 칡덩굴에 의한 곤궁함이란 것은, 이르지 못함이다. 움직이면 걱정하고 뉘우침이 있다는 것은, 좋은 행동이다.

✎ 이르지 못했다는 것은, 가고자 하는 곳에 당도하지 못했다는 뜻이고, 짝인 육삼을 만나지 못했다는 의미이다. 그리고 '吉行'이라는 것은, 결과적으로 좋은 행동이라는 뜻이다. 움직이면 걱정하고 뉘우침이 있으나 결과적으로 좋다는 것이고, 좋다는 것은 이롭고, 복되다는 뜻이다. 그러나 대개는 '未當也'를 처신이 합당하지 못함으로 해석한다. 주역에서는 자리[位] 관련 當·偏를 따지고, 그 당위가 곧 개인의 처신으로 연결되기 때문이다.

*   *

연못에 있어야 할 물이 없으니 모두가 곤궁한 상황에 놓여있다. 그래서 육효는 凶이 많고, 고난이 따른다. 초육과 육삼이 흉하고, 육사와 상육은 고난이 따른다. 다 陰爻이다. 강중을 얻은 구이와 구오는 제사를 이용하여 곤궁함을 타개하려 한다. 다소 어려움이 있으나 끝이 좋은 구사, 고난과 근심 걱정 두려움이 있으나 과감하게 헤쳐나가야 하는 상육도 있다.

육효가 처한 어려움을 드러낸 용어들을 初六부터 말하면, ①株木(나무 잘린 그루터기) ②酒食(술과 밥) ③石(돌)·蒺藜(가시덩굴) ④金車(쇠수레) ⑤赤紱(신하·관복) ⑥葛藟(칡넝쿨) 등이다. 육효가 처한 상황이 어떤 상황인가를 짐작할 수 있으리라 본다.

그렇다면, 우리는 두 가지 사실을 확인할 수 있다. 하나는, 困卦의 六爻는 모두가 한결같이 곤궁한 상황에 내몰려 있다는 점이고, 그 곤궁함의 정도와 이유가 조금씩 다를 뿐이라는 점이다. 그리고 그 둘은, 「雜卦傳」에서 말한, '困'은 서로 저지한다(困相遇也)는 사실을 확인할 수 있다는 점이다.

48. 水風井卦

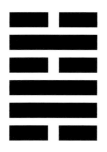

주역 마흔여덟 번째 괘로 수풍정괘(水風井卦)가 있다. 물 水 坎이 上卦이고, 바람 風 巽이 下卦라는 뜻이다. 그 모양새로 보면, 물속에 바람이 들어가 있는, 바꿔 말해, 물속으로 나무가 잠긴 상태이거나 나무가 물을 이고 있는 상태라고 말할 수 있다. 卦德으로 보면, '巽而險'이다. 곧, 공손하고, 험하다. 육효 배열로 보면, '음, 양, 양, 음, 양, 음'으로 음이 셋이고, 양이 셋이다. 초육과 구이만 자리가 바르지 못하고, 나머지는 모두 자리가 바르다. 구삼과 상육만 짝으로서 호응하고, 나머지 두 짝은 호응하지 못한다. 구이 구오는 剛中을 얻었다. 그리고 육효 모두 하나 이상의 이웃하는 爻와 가깝게 지낼 수 있다.

이런 '水風'을 '井'으로 받았다. '井'이란 어떤 의미로 쓰였을까? '井'은 '우물, 우물 난간, 저자, 마을, 井田, 조리, 법도, 반듯하다' 등의 의미로 쓰이나 여기서는 '우물'로 쓰인 것 같다. 물론, 자세한 것은 六爻辭까지 두루 다 읽어야 알 수 있을 것이다.

「序卦傳」에 의하면, "困乎上者必反下, 故受之以井"이라 했고, 「雜卦傳」에 의하면, "井通"이라 했다. 곧, 곤궁하여 위로 올라간 자는 반드시 아래로 돌아오기에 곤궁한 困卦 다음을 위로 올라가는 井卦가 이어받았고, 우물은 통함 곧 내왕(來往)함이라 했다. 쉽게 이해되지 않는 말이다.

연못에 있던 물이 다 증발하여 위로 날아가 버려 곤궁해진 것이 困卦이고, 위로 날아가 버린 물이 구름이 되었다가 다시 비가 되어 아래로 내려온 것이 우물이고 井卦라는 인식이 「序卦傳」에서 반영되었다. 그렇지 않고서야 어떻게 이런 말이 가능하겠는가. 그리고 우물은 來往함이라는데 이 또한 물이 위로 갔다가 아래로 내려온다는 점에서 '通'이라 했다.

그런데 많은 사람은 '水風'이라는 모습을 해석하면서, ①나무가 물속으로 들어가 있다거나 ②나무가 그 뿌리로써 물을 빨아올려서 그 위까지 물을 머금고 있다고 말들을 한다. 물론, 「說卦傳」제7장에서 "巽, 入也"라 했고, 제11장에서는 "巽爲木"이라 했으며, 아래 彖辭와 大象辭 영향을 받았기 때문으로 보인다.

*　　*

井：改邑不改井, 无喪无得, 往來井井. 汔至亦未繘井, 羸其甁, 凶.

수풍정괘는 마을은 고쳐도 우물은 고치지 않고, 잃는 것도 없고 얻는 것도 없으며, 우물에서 우물로 가고 온다. 우물에 거의 이르렀으나 역시 두레박 줄이 닿지 않고, 그 두레박이 파손되니, 흉하다.

✎ 쉽게 이해되지 않는 卦辭이다. 가능한 범위 내에서 차근차근 설명해 보겠다.

①'改邑不改井'을 직역하면 '마을은 고치나 우물은 고치지 않는다'가 된다. 마을을 고친다는 것은, 마을의 가옥이나 도로나 수로 등을 보수한다는 뜻이고, 우물을 고치지 않는다는 것은, 우물을 보수·수리하지 않은 채 사용한다는 뜻이다. 그만큼 고치기도 어렵지만 오래간다는 뜻일까?

②'无喪无得'을 직역하면 '잃는 것도 없고 얻는 것도 없다'가 된다. 한마디로 말해, 得失이 없다는 뜻이다. 우물은 가만히 놓아두어도, 물을 쓰면 쓰는 만큼 나오니 損失이 없고, 물을 아낌없이 주어도 아무런 이득도 없다는 뜻이다. 우물 입장에서 말이다.

③'往來井井'을 직역하면 '우물에서 우물로 오고 간다'가 된다. 결국, 우물과 우물로 오고 간다는 뜻이다. 무엇이 오고 간다는 것일까? 첫째는, 물이다. 둘째는 사람이다. 물이 오고 간다는 것은, 물이 위로 갔다가 아래로 내려오고, 내려온 물은 다시 위로 올라갔다가 내려온다는 뜻이고, 사람이 오고 간다는 것은, 우물을 긷기 위하여 우물로 오고 간다는 뜻이다.

④'汔至亦未繘井'을 직역하면 '(두레박이) 우물에 거의 이르렀는데 역시 두레박줄이 아니다'가 된다. '두레박줄이 아니다'라는 것은, 두레박줄이 짧아서 물에 닿지 않는다는 뜻이다. 그래서 안타깝게도 물을 긷지 못한다는 뜻이다.

⑤'羸其瓶'을 직역하면 '그 두레박이 고달프다'가 된다. '두레박이 고달프다'라는 것은, 두레박이 파손(破損)되었다는 뜻이다. 현재 중국 주역 전문사이트에서도 汔을 几乎, 將近으로, 繘을 井轆轤上的繩子로, 羸를 碰撞, 這里指撞破, 毁坏으로, 瓶을 瓶瓮, 古代盛水用的陶制容器로 각각 풀이하고 있다.

그런데 왜, 우물이 흉하다고 할까? 물을 긷기 위해서 두레박을 내렸으나 줄이 닿지 않거나 그것이 파손되면(깨어지면) 흉한 일임엔 틀림없다. 하지만, 현실에서 우물이란 이런 좋지 못한 일보다 좋은 일이 더 많지 않은가. 얼마나 많은 사람이 우물을 길어서 마시고 빨래하며 요긴하게 썼던가? 그러함에도 불구하고, 흉하다고 했다. 우물이 무조건 흉한 것이 아니라 흉할 수도 있다는 뜻으로 받아들이는 것이 좋을 듯싶다. 굳이, 하나 더 이유를 댄다면, 자기 살 집을 고쳐도 공동우물은 잘 고치지 않는 이기적인 태도 때문이 아닌가 싶기도 하다.

《象》曰：巽乎水而上水, 井. 井, 養而不窮也. 改邑不改井, 乃以剛中也. 汔至亦未繘井, 未有功也. 羸其瓶, 是以凶也.

「단」에서 말했다. 나무가 물을 축이고 물을 위로 올리는 것이 우물이다. 우물은 (생명을) 기르고 궁색해지지 않는다. '마을은 고쳐도 우물은 고치지 않는다' 함은, 곧, 강중(剛中) 때문이다. '거의 이르렀는데 역시 두레박줄이 우물에 미치지 못한다' 함은, 공로가 없음이다.

그 두레박이 파손되어 이로써 흉함이다.

✎ 나무가 물을 축인다는 것은, 나무가 물을 뿌리로써 빨아올린다는 뜻인데, 이는 '水風' 곧, '나무 위에 물'이라는 卦의 모양을 염두에 두고 말한 것이다. 그리고 물을 위로 올린다는 것은, 나무가 물을 빨아올리는 것이면서 동시에 생략된 주어인 사람이 물을 길어 올린다는 뜻이기도 하다. 여기서 '巽'은 '木'이고, 앞의 '水'는 동사로 '축이다, 적시다' 뜻이고, 뒤의 '水'는 명사로 '물'이다.

그리고 우물은 생명을 기르고, 궁색해지지 않는다는 것은, 우물의 물이 나무나 사람이나 할 것 없이 모든 생명을 기르지만, 그 물은 쉬이 고갈되지 않는다는 뜻이다. 실재하는 자연에서는 꼭 그렇지도 않지만 말이다. 그리고 剛中 때문이라는 것은, 양의 자리에 양으로 와서 正道를 얻고 中道를 얻은 九五를 두고 말함이다. 그리고 공로가 없다는 것은, 우물을 길어서 마실 수 있는, 그런 노력, 그런 실적에 해당하는 공로가 없다는 뜻이다. 초육, 구이, 구삼, 육사 등이 해당한다. 하괘 세 효가 그 중심에 있는데, 물속에 잠긴 나무가, 일하면 얼마나 하겠으며, 설령, 한다고 해도 어떤 일이 가능하겠는가? 위험이 당면해 있는 상황에서. 그리고 흉하다는 것은, 우물을 길어 마시려는데 결정적으로 두레박에 해당하는 질그릇 동이가 깨어지는 바람에 마실 수 없음을 뜻한다. 만인에게 물을 공급해 주는 우물도 상황에 따라서는 흉한 꼴을 보인다는 뜻으로 이해된다. 여기서 상황이라는 것은, 우물의 자리와 끊임없는 보수와 정비 등이 결정하리라 본다.

《象》曰：木上有水, 井；君子以勞民勸相.

「상」에서 말했다. 나무 위로 물이 있음이 우물이니, 군자는 이로써 보고 깨달아, 백성에게 일하도록 서로에게 권면하라.

✎ 나무 위로 물이 있다는 것은, '水風'이라는 卦의 모양새를 염두에 두고서 한

말인데, 이것을 '물속으로 잠긴 나무'라고 한다면 위험을 머리에 이고 있는 상황이 되어버린다. 그렇다면, 위험을 무릅쓰고 있는 나무를 보고서 군자는 통치자로서 백성이 그 위험에 대비하여 열심히 일하도록 하고, 서로가 권면하도록 하라는 뜻으로 이해된다. 그렇지 않고, 彖辭에서 언급한 것처럼, 물이 나무 위로 올라가 있다는 것을, 나무가 그 뿌리로써 물을 빨아올려 나무 위까지 물을 머금었다는 뜻으로 해석하여, 나무가 열심히 일하여 윤택하게 잘 살아가고 있다고 여기는 것이다. 그래서 그런 나무의 노력과 모습을 떠올리며, 군자도 그 나무처럼 백성이 열심히 일하도록 하고, 서로서로 권장·권면하여 상부상조하라는 뜻으로 해석하는 것이다. 사실, 이것은 궁여지책으로 하는, 억지 해석에 가깝다고 판단된다. 여기에는 '水風'을 '井'으로 받아놓고, 그 '井'의 의미를 살리려니 이런 해석이 나오는 것이 아닌가 싶다.

初六, 井泥不食, 舊井无禽.
초육, 진흙이 (드러난) 우물이라 마실 수 없고, 새조차 없는, 오래된 우물이다.

✎ 초육은, 양의 자리에 음으로 와서 그 자리가 바르지 못하고, 짝인 육사와 호응하지 못하며, 위에 있는 구이 이웃과 가깝게 지낼 수 있다. 육효 전체를 하나의 우물로 간주하면, 초육은 우물 안 가장 밑바닥 부분에 해당한다. 그런데 그 밑바닥이 진흙이라면 어떻겠는가? 그 우물은 물이 고여있지 않고, 밑바닥 진흙만 남아있어 마실 수도 없으며, 이미 우물로서 그 기능을 상실하여 버려진 우물일 것이다. 그래서 '不食'이니 '无禽'이니 하는 말이 붙었다.

《象》曰 : 井泥不食, 下也 ; 舊井无禽, 時舍也.
「상」에서 말했다. 진흙이 드러난 우물이라 마실 수 없다는 것은, 밑바닥이기 때문이다. 새조차 없는, 오래된 우물이라는 것은, 때가 버림이다.

✐ '下'를 '밑바닥'이라고 해석했는데, '밑바닥'이란 것은, 우물의 밑바닥과 사람의 밑바닥 두 가지를 동시에 떠올려야 한다. 우물의 밑바닥이란 것은, 우물의 물이 고갈되어 드러난 그 밑바닥이란 뜻으로, 진흙만 남아있는 상태를 말하고, 사람의 밑바닥이란 것은, 신분상으로 지위가 낮고, 인품이나 능력에서도 미천하여, 말 그대로 최하층민을 말한다. 초육을 그렇게 보았다는 뜻이다. 그리고 때가 버렸다는 것은, 때가 우물을 버렸다는 것이고, 이는 우물의 수명이 다했다는 뜻이다.

사실, '때(時)'라는 말은, 주역에서 대단히 중요한 키워드 가운데 하나이다. 그래서 주역에서는 ①時中(屯卦) ②時乘(乾卦) ③時升(升卦) ④時行(大有卦, 遯卦, 損卦, 益卦, 艮卦) ⑤四時變化(恒卦) ⑥四時不忒(豫卦, 觀卦) ⑦時變(賁卦) 등 '時'와 관련된 용어가 彖辭에서 주로 많이 쓰였고, 주역의 본질을 이해하려면 이 '時'의 개념을 정리, 이해해야만 한다. 따라서 이 문제는 별도로 다루어야 한다.

九二, 井谷射鮒, 瓮敝漏.
구이, 골짜기 우물의 두꺼비를 활로 쏘아 잡으니, 항아리가 깨어져 샌다.

✐ 구이는 음의 자리에 양으로 와서 그 자리가 바르지 못하고, 짝인 구오와 호응하지 못하며, 아래 이웃인 초육과 가깝게 지낼 수 있다. 그리고 剛中을 얻었다. 구이의 우물은 '井谷'이다. 골짜기 같은 우물이 아니라 골짜기에 있는 우물이다. 아주 낙후된 시골의 우물이라는 뜻이다. 그래서 그 우물 안에는 '鮒(부)'가 있다. '鮒'는 일반적으로 '붕어'를 의미하는데 '두꺼비'로도 쓰이기에 '두꺼비'로 해석하였다. 골짜기에 있는 우물에는 붕어보다 두꺼비나 개구리가 들어가 있을 확률이 높기 때문이다. 물론, 두꺼비에 해당하는 漢字는 따로 있다. '蟾(섬)'과 '蜍(서)'가 그것이다.

井谷 안에 들어가 있는 두꺼비를 잡겠다고 화살을 쏘았으나 우물 구실을 하는

항아리가 깨어져 버렸다는 뜻이다. 항아리가 오래되었다는 뜻이다. 그래서 정곡의 물은 위로 길어 올려지지 않고 아래로 흐르는 물이 되었다. 우물로서 제구실하지 못한다는 뜻이다. 그러므로 흉하다는 말은 없지만 흉한 것이다. 주역을 공부하는 많은 사람은, 정이천의 견해를 받아들여 '射'를 '注'로 해석하여 '(물이) 흐른다', '(물을) 대다'로 해석하기도 한다.

《象》曰：井谷射鮒, 无與也.

「상」에서 말했다. 골짜기 우물의 두꺼비를 활로 쏘아 잡는다는 것은, 함께 할 수 없기 때문이다.

✎ 함께 할 수 없다는 것은, 우물에 있는 두꺼비를 살게 놓아둘 수 없다는 뜻이다. 물을 마실 수 없기 때문이다. 한마디로 말해, 두꺼비와 우물물을 공유할 수 없다는 뜻이다.

九三, 井渫不食, 爲我心惻 ; 可用汲, 王明並受其福.

구삼, 속을 파낸 우물이나 마시지 않으니, 내 마음이 슬퍼진다. 물을 길어서 사용할 수 있는데, 왕이 총명하다면 그 복을 아울러 받으리라.

✎ 구삼은 양의 자리에 양으로 와서 그 자리가 바르고, 짝인 상육과 호응하며, 위에 있는 육사와 가깝게 지낼 수 있다. 그리고 中道를 지나쳐 있고, 下卦인 巽의 끝자리이다. 구삼은 강한 의욕과 밝은 지혜로써 우물 속을 파내어 깨끗하게 정비하고 청소하였다. 그러함에도 불구하고, 그의 우물을 마시지 않으니 스스로 슬퍼한다. 그렇다면, 왜 그럴까? 그 답이 바로 뒤에 나온다. 곧, '王明並受其福'하기 때문이다. 곧, 왕이 총명하다면 그 복을 함께 받을 수 있는데 그렇지 못하다는 것이다. 음용(飮用) 가능한 물을 준비해 놓았는데 왕이 명석하지 못해서 그 물

을 쓰지 않는다는 뜻이다. 그러니까, 구삼은 자신의 우물을 잘 정비해 놓고 맑은 물을 백성이 퍼마시기를 기다리는 상황인데 구오 군주와 호응하지 못하는 관계로 뜻을 이루지 못하는 안타까운 처지이다. 양강한 성품이 서로 충돌하기 때문일까?

《象》曰 : 井渫不食, 行惻也 ; 求王明, 受福也.
「상」에서 말했다. 속을 깨끗이 청소한 우물이나 마시지 않는다는 것은, 행위를 슬퍼함이다. 왕의 명석을 구한다는 것은, 복 받기 위함이다.

✐ 행위를 슬퍼한다는 것은, 정비되어 깨끗한 우물을 불신하며 마시지 않는 군주를 비롯한 백성의 행위를 말하며, 동시에 마시지도 않는 우물을 공들여 정비한 자신의 헛수고이다. 그리고 福을 받기 위한다는 것은, 정비된 우물에서 나오는 깨끗한 물을 함께 마시는 共有를 통한 施惠이자 동시에 자신의 노력과 능력에 대한 군주로부터 받는 신임이다.

六四, 井甃, 无咎.
육사, 벽돌로 단장한 우물이니, 무구하다.

✐ 육사는 음의 자리에 음으로 와서 그 자리가 바르고, 짝인 초육과 호응하지 못하며, 위아래 이웃과 가깝게 지낼 수 있다. 육사의 우물은 벽돌로써 단장한 우물이다. 위아래 이웃들과 함께 마실 수 있는 우물이다. 그렇기에 禍가 없다.

《象》曰 : 井甃无咎, 修井也.
「상」에서 말했다. 벽돌로 단장한 우물이 무구하다는 것은, 우물을 손질함이다.

✎ 우물을 손질했다는 것은, 우물을 수리(修理)·보수(補修)하여 손을 보았다는 뜻이다.

九五, 井洌, 寒泉食.
구오, 맑고 시원한 물이 나오는 우물이니, 냉수를 마신다.

✎ 구오는 양의 자리에 양으로 와서 그 자리가 바르고, 짝인 구이와 호응하지 못하며, 위아래 이웃과 가깝게 지낼 수 있다. 그리고 剛中을 얻었다. 구오의 우물은 맑고 시원한 물을 마실 수 있으니, 아주 이롭고 길하다. 물론, 이 말이 다 생략되었지만.

《象》曰 : 寒泉之食, 中正也.
「상」에서 말했다. 냉수를 마신다는 것은, 중도의 바름이다.

✎ 중도의 바름이란 것은 中道를 얻고, 그 자리까지 바르다는 뜻이다.

上六, 井收, 勿幕 ; 有孚, 元吉.
상육, 우물을 다 긷고, 덮어씌우지 말라. 믿음이 있으니, 크게 길하다.

✎ 상육은 음의 자리에 음으로 와서 그 자리가 바르고, 짝인 구삼과 호응하며, 아래 이웃인 구오와 가깝게 지낼 수 있다. 상육은 중도를 지나쳐 있고, 上卦인 坎의 끝자리이자 동시에 井卦의 끝자리이다. 상육의 우물은 물을 다 긷고 나서도 그 뚜껑을 덮어두지 않는다. 그 이유인즉, 언제든 물이 다시 나온다는 믿음이 있기 때문이고, 또한, 그 누구든 물을 길어 마실 수 있게 배려했기 때문이다. 우물로서 제 기능이 살아 있고, 우물 주인의 마음 자세도 이타적이어서 크게 길한 것

이다.

《象》曰 : 元吉在上, 大成也.

「상」에서 말했다. 크게 길함이 위에 있다는 것은, 크게 성취함이다.

✏️ 크게 성취했다는 것은, 크게 성공했다는 뜻이고, 크게 성공한 자만이 누릴 수 있는 '우물 개방'을 통해서 만인에게 자신의 성공과 성취를 함께 나누는 베풂과 기부(寄附)를 실천한다는 뜻이다.

*　　*

초육의 우물은 진흙 바닥을 드러내서 그 물을 마실 수 없다. 구이의 우물은 골짜기에 있는 우물이라서 두꺼비가 살고, 그 두꺼비를 잡으려다가 항아리가 깨어져 새는 우물이다. 구삼의 우물은 우물 속을 정비했는데도 사람들이 마시지 않는다. 육사의 우물은 벽돌로 단장한 우물이라서 무구하다. 구오의 우물은 깨끗하고 시원한 물을 마실 수 있다. 상육의 우물은 다 긷고도 다시 나오기에 그 뚜껑을 덮어두지 않는, 개방된 우물이라서 크게 길하다.

上卦에 해당하는 육사, 구오, 상육 등의 우물은 음용 가능한 좋은 물이다. 공통점이 있다면 그 자리가 바르고, 이웃과 공유할 수 있는 우물이라는 점이다. 그리고 下卦에 속한 초육, 구이, 구삼 등의 우물은 음용 불가능한 우물이 많다. 마실 수 있도록 정비되었어도 마시지 않는다. 그 이유인즉 우물이 너무 오래되었거나 버려진 우물이거나 그 자리가 바르지 않기 때문이다.

결과적으로, 초육, 구이, 구삼의 우물은 그 이유가 다르지만 흉함에서 벗어나지 못한다. 반면, 육사, 구오, 상육의 우물은 무구하고 이롭고, 크게 길하다. 井卦의 上·下가 완전히 구분되듯 길흉이 다름을 알 수 있다. 卦辭와 爻辭에서는, 흉하다고 했고, 그 흉한 이유가 바로 두레박이 파손되었기 때문이라고 했는데, 육효사와는 엇박자를 낸다고 볼 수 있다.

그러나 '두레박'의 의미를 깊이 상고하면 전혀 다른 해석이 가능해질지도 모르겠다. '두레박'이란 깊은 우물의 물을 길어 올리는 도구이다. 그 도구를 인간사회로 환치해서 의미를 부여하자면, 이러하다. 곧, 우물이 하늘과 땅이 베푸는 은총이라면, 두레박은 군주가 베푸는 德을 백성에게 나누어주는 수단이자 방식이 될 것이다. 그런데 그것이 파손되었다는 것은 군주의 은총이, 다시 말해, 군주가 베푸는 德과 福이 백성에게까지 전달되지 않는다는 뜻이다. 육효 가운데에서는 九三의 우물이 해당한다.

여하튼, 앞서 괘사에서 살펴본 바와 같이, 우물 자체는 만물을 길러주는 생명수나 다름없고, 우물은 조건 없이 그 물을 나누어 주어도 얻는 것도 잃는 것도 없는 고마운 존재인데, 그것을 사용하는 인간사회 안에서는 그야말로 우물이 여러 양태로 존재한다. 곧, 버려진 우물도 있고, 보수되는 우물도 있으며, 당장 음용(飮用) 가능하지만 기피당하는 우물도 있고, 오며 가며 사람들이 마실 수 있도록 완전히 개방된 우물도 있다. 하지만, 우리가 눈여겨볼 것이 있다면, 그것은 우물이, 그냥 우물이 아니라는 사실이다. 사람 개개인이 평생을 살면서 조성한 우물이며, 그 우물은 동시대를 살아가는 이웃 사람들에게 어떤 용도로 사용되었으며, 어떤 가치와 의미가 있는지가 중요하다는 사실이다. 따라서 우물을 빗대어서 말했을 뿐 사람의 존재 의미를 생각게 한다는 점에서 굉장히 깊은 의미를 내포하고 있다 하겠다.

49. 澤火革卦

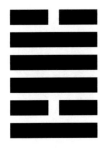

주역 마흔아홉 번째 괘로 택화혁괘(澤火革卦)가 있다. 연못 澤 兌가 上卦이고, 불 火 離가 下卦라는 뜻이다. 그 모양새로 보면, 연못 아래에 불이 놓여있는 모습이다. 卦德으로 보면, '明而說'이다. 곧, 밝고, 기쁘다. 육효 배열로 보면, '양, 음, 양, 양, 양, 음'으로, 구사만 자리가 바르지 못하고, 나머지는 모두 자리가 바르다. 초구와 구사만 호응하지 못하고, 나머지 짝은 호응한다. 특히, 육이는 柔中을 얻고, 구오는 剛中을 얻어서 호응하는, 비교적 좋은 조건이라고 말할 수 있다.

이런 '澤火'를 '革'으로 받았다. '革'은 어떤 의미로 쓰였을까? '革'은, '가죽, 가죽의 총칭, 가죽 장식, 갑옷, 투구, 피부, 북, 날개, 늙다, 날개를 펴다, 털을 갈다, 고치다, 중해지다, 위독해지다, 엄하다, 지독하다, 빠르다' 등의 다양한 의미로 쓰이나 여기서는 '고치다'로 쓰인 것 같다. 고친다는 의미의 '革'으로는 革命·改革·革新·改變·改造 등의 단어가 쉽게 떠오른다.

「序卦傳」에 의하면, "井道不可不革, 故受之以革"이라 했고, 「雜卦傳」에 의하면, "革去故也"라 했다. 곧, 우물은 고칠 수밖에 없으며, 고친다는 것은 옛것을 내쫓음(버림)이라는 것이다. 우물이라고 하는 것은, 오래되면 낡게 되어 고칠 수밖에 없는 것이 자연의 이치라는 뜻이고, 고친다는 것은, 곧, 낡음을 보수하고 수리하여 새롭게 하는 일이다.

그리고 연못 아래로 불이 놓인 '澤火'의 모양새와 그 작용을 좀 더 살피면, '革'

의 의미가 더욱 빠르게 다가온다. 곧, 연못을 하나의 '그릇'이라고 여기고, 연못 안의 물을 그릇 속에 담긴 물이라 여기면 된다. 불은 위로 작용하고, 물은 아래로 움직이기 때문에 서로 가까이하여 싫어하지 않는, 좋은 관계 곧, 협력이 가능해진다. 간단히 말해서, 물과 불의 협력으로 그릇 속의 물을 끓여서 유용한 음식을 만드는 데는 양자가 좋은 위치요, 좋은 관계라고 할 수 있다. 바꿔 말해, 불이 물의 형질을 바꾸어 놓아 물은 改變된다. 그 改變이 곧 改革이고, 革命이요, 革新이다. 만약에, 연못 위로 불이 올라가 있다면 서로 어긋나기 때문에 불이 물을 온전히 끓일 수 없으므로 '火澤' '睽'가 되는 것이다. 이처럼, 큰 틀에서 물과 불의 관계를 살필 필요가 있다. '水火' '旣濟'와 '火水' '未濟'도 같은 원리가 적용된다.

*　　　*

革 : 巳日乃孚, 元亨, 利貞, 悔亡.

택화혁괘는 결정된 날에야 마침내 믿게 되고, 크게 형통하며, 정도를 지켜야 이롭고, 후회함이 사라진다.

✎ 결정된 날이란 것은, 개혁을 단행하는 날이라는 뜻이고, 마침내 믿게 된다는 것은, 개혁을 단행하는 날이 되어서야 비로소 알고 믿게 된다는 뜻이다. 그리고 크게 형통하다는 것은, 오래되어 낡은 것을 뜯어고치는 일이니 매사를 잘 풀리게 할 수 있다는 뜻이다. 그리고 정도를 지켜야 이롭다는 것은, 아무리 좋고 필요한 일이라 하더라도 그 일을 추진함에는 正道에 의지해야 바르게 되고, 또, 그 결과가 이롭게 된다는 뜻이다. 그리고 후회함이 사라진다는 것은, 잘못이나 과실이 극복되어 근심 걱정이 사라진다는 뜻이다.

현재 중국에서 활용되고 있는 易文에서는 '巳日(사일)'의 '巳'가 '己(기)'로 표기되기도 한다. 우리나라 주역에서는 '己(기)' 또는 '巳(이)'로 표기된 것을 확인할 수 있는데 결과적으로 글자가 비슷하다 보니, 己(기), 巳(이), 巳(사) 등 세 글자가 두루 다 쓰인 셈이다. 원래는 이 세 글자 가운데 하나일 터인데 셋이 다 쓰였다. 나머지 둘은 誤記일 것이다. 중국에서는 '己(기)'로 표기한 곳에서는 천간(天干:甲, 乙, 丙, 丁, 戊, 己, 庚, 辛, 壬, 癸)의 여섯 번째 간(干)이라 했고, '巳(사)'로 표기한 곳에서는 십이지지(地支:子, 丑, 寅, 卯, 辰, 巳, 午, 未, 申, 酉, 戌, 亥)에서 여섯 번째 지(支)라고 했다. 그러면서 하루해가 정오를 지나 서쪽으로 기울어지는 상황과 같다고 해석했다. 필자는 억지 꿰어맞춤이라고 생각하지만, 우리나라에서 易書를 번역했거나 펴낸 사람은 '기일(己日)'로 표기하고, 그냥 기일(己日:기울어지는 때)로 번역한 이도 있고(신원봉), '하루가 지나야'로 번역한 이들도 있다(심의용 외). 그런가 하면, 이일(巳日)로 표기하고 '날이 지나야'로 번역한 이(고은주)도 있고, '작정한 그 날'이라고 번역하는 이(김재홍)도 있다. 현재, 중국에서는, 이 '己日(기일)' 또는 '巳日(사일)'에 관하여, 극도로 발전한 시기를 지나서 쇠퇴기로 전환됨에 따라 안배된, 계획된, 그러니까, 개혁을 단행하겠다고 모의, 결정한 날로 인식한다. 중요한 것은, '巳日'을 왜, '결정된 날'이라 해석하는 지이다. '巳日'이란 十干 十二地支를 매 날에 배정하여 조합된 '日辰'으로, 己巳·辛巳·癸巳·乙巳·丁巳 다섯 날이 있다. 그래서 이 문장을 붙인 사람은 '巳日'이 어느 해 어느 달 어느 날인지를 알고 있었겠지만, 필자는 특정할 수 없기에 '결정된 날'이라고 해석하였다. 그리고 '巳'는 十二地支 가운데 여섯 번째 地支이고, 陰支이며, 시간으로는 오전 09시에서 오전 11까지를 가리킨다. 그리고 節氣 小滿이 있는 음력 4월 괘인 重天乾卦를 의미한다. 이는 어디까지나 참고사항일 뿐이다.

《象》曰 : 革, 水火相息, 二女同居, 其志不相得, 曰革. 巳日乃孚, 革而信之. 文明以說, 大亨以正. 革而當, 其悔乃亡. 天地革, 而四時成. 湯武革命, 順乎天而應乎人. 革之時大矣哉.

「단」에서 말했다. 택화혁괘는 물과 불이 서로 호흡하듯 함께 하고, 두 여자가 동거하나, 그 뜻을 서로 얻지 못하니, 이른바 혁신이라. '결정된 날에야 마침내 믿게 된다' 함은, 혁신하고서야 믿게 됨이다. 기쁨으로써 이치를 밝히고, 바름으로써 크게 형통하다. 개혁이 마땅하면, 그 근심이 이내 사라진다. 천지가 혁신하니, 사시가 이루어진다. (소위) 탕무혁명(도) 하늘에 순종함이며, 사람이 호응함이다. 개혁의 때가 위대하구나!

✎ 물과 불이 서로 호흡하듯 함께한다는 것은, '澤火'라고 하는 上·下卦의 조합으로 革卦가 이루어졌음을 말한 것이자 물과 불이 함께 숨 쉰다는 뜻이다. 함께 숨 쉰다는 것은 함께 살아간다는 뜻이다. 澤 연못은 물이고, 火 불은 불인데 이 둘이 합쳐져서 革卦가 되었다는 뜻이다. 그리고 두 여자가 동거한다는 것은, 「說卦傳」 제11장에 따라서 澤이 少女요, 火가 中女이므로, 이 두 여자가 위아래에서 합쳐 革卦가 되었음을 말한다. 그리고 그 뜻을 서로 얻지 못한다는 것은, 뜻이 서로 맞지 않는다는 뜻이다. 그리고 혁신하고서야 믿게 된다는 것은, 혁신 곧 개혁을 단행하고서야 비로소 알고 믿게 된다는 뜻이다.

기쁨으로써 이치를 밝힌다는 것은, '澤, 火'라는 上·下卦의 덕성을 이어서 말한 것이다. '澤'이 '說'이고, '火'가 '明'인데 이 '明'을 '文明'으로 바꾸어 말했을 따름이다. 바름으로써 크게 형통하다는 것은, 개혁의 마땅함과 그 결과를 말한 것이다. 다시 말해, 바름은 개혁의 당위성이고, 형통함은 개혁의 결과를 말함이다. 개혁이 마땅하면 근심이 이내 사라진다는 것은, 개혁의 마땅함과 그 결과를 다시 설명한 것이다.

천지가 혁신한다는 것은, 하늘과 땅이 서로 부단히 움직이어 변한다는 뜻이다. 이런 천지의 움직임과 그 변화로 사계절이 생긴다는 뜻으로 개혁·혁신을 확대해석했음을 확인할 수 있다.

그리고 湯武革命이 하늘에 순종함이고, 사람이 호응함이라는 것은, 탕무혁명도 천지의 혁신 변화와 같은 인간사회의 개혁이라는 점을 말한 것이다. 중국인이 말하는 '탕무혁명'이란 것은, 商 나라의 탕왕(湯王)이 하(夏) 왕조의 고립과 융(娀)의 배반을 이용하여 夏의 걸왕(桀王)을 鳴條[míng tiáo: 지금의 山西省 安邑縣 鳴條圖] 지역에서 멸망시켰고, 周 나라의 무왕(武王)이 商 나라의 주왕(紂王)을 목야지전(牧野之戰: 지금의 淇縣南, 衛河以北, 新鄕市 附近)에서 토벌하였는데, 국정 운영의 부패와 폭군으로서 악명을 떨쳤던, 夏의 마지막 걸왕(桀王)을 商의 탕왕(湯王)이 치고, 商의 마지막 왕인 주왕(紂王)을 周의 무왕(武王)이 쳐서 승리한 역사적 사실을 말한다. 이들 두 왕조 토벌의 정당성을 부여하는 의미에서 후대인들은 '탕무혁명'이라고 부른다.

《象》曰 : 澤中有火, 革 ; 君子以治歷明時.

「상」에서 말했다. 연못 속에 불이 있음이 개혁이니, 군자는 이로써 보고 깨달아, 역사를 배워 때를 밝혀야 한다.

✎ 연못 속에 불이 있다는 것은, 그 움직임의 방향과 성질이 다른 물과 불이 동거한다는 뜻이고, 위에 있는 물은 아래로 흐르고, 아래에 있는 불은 위로 향하기 때문에 서로 부딪혀서 변화를 꾀할 수밖에 없는 상황이다. 그 변화가 곧 혁신이고 개혁인데 천지자연의 이런 모습을 보았다면 군자는 지나온 길을 더듬어 살펴보아서 현재를 밝혀야 한다는 뜻이다. 쉽게 말해서, 과거를 통해서 현재를 밝고, 합리적으로 통치하라는 주문이다.

여기서 '歷史'라는 것은, 지나오며 겪은 일을 기록한 문서를 말한다. 이 문서를 보면 그때그때의 중요한 일들이 기록되어 있어 지나온 길, 곧 과거를 알 수 있다. 때를 밝힌다는 것은, 그 과거를 앎으로써 현재의 실상을 바로 알게 해주고, 문제가 있다면 그 해결방안을 찾을 수 있다는 뜻이다. 따라서 과거의 일들을 기록한 역사를 익히고 배워서 현재를 바로 안다는 뜻으로 '治歷明時'라는 말이 쓰인 것으로 판단된다. 그런데 정이천은 '歷'을 '曆'으로 해석하여 오늘날 많은 사람이 '冊曆을 만들어 때를 밝히다'라고 해석을 한다. 이런 판단에도 근거가 없는 것은 아니다. 때 곧 시절을 밝히어서, 다시 말하면, 때 곧 節氣를 밝히는 책력을 만들어서 그에 맞추어 통치하라는 뜻으로도 읽히기 때문이다.

初九, 鞏用黃牛之革.

초구, 황소 가죽을 써서 묶는다.

✎ 초구는 양의 자리에 양으로 와서 그 자리가 바르고, 짝인 구사와 호응하지 못하며, 위에 있는 이웃 육이와 가깝게 지낼 수 있다. 초구는 개혁을 단행해야 하는 시점에서 왜, 무엇을 황소 가죽으로 묶는다는 것일까? 초구는 강한 의욕과 밝은 지혜를 가졌고, 中正을 얻은 육이와 협력할 수 있다. 그러나 짝인 구사와 호응하지 못하고, 아직 준비되지 않은 개혁의 초기 단계이다. 그래서 신중한 자세를 견지해야 한다. 따라서 초구는, 개혁하고자 하는 자신의 욕구나 열망을 질긴 황소 가죽으로 묶어두는 것이다.

《象》曰 : 鞏用黃牛, 不可以有爲也.

「상」에서 말했다. 황소 가죽으로 묶는다는 것은, 개혁을 단행할 수 없음이다.

✎ 행위가 불가하다는 것은, 초구가 처한 여건상 개혁이 어렵다는 뜻이다.

六二, 巳日乃革之, 征吉, 无咎.

육이, 결정된 날에 마침내 개혁되니, 나아가면 길하고, 무구하다.

✎ 육이는 음의 자리에 음으로 와서 그 자리가 바르고, 짝인 구오와 호응하며, 위아래 이웃들과 가깝게 지낼 수 있다. 그리고 중정을 얻었다. 아주 좋은 여건이

다. 특히, 짝인 구오 군주에게 中正으로 호응하므로 실질적으로 개혁을 단행하는 행동대(行動隊)의 수장이라고 말할 수 있다. 사실상, 이 괘의 주인공인 셈이다.

《象》曰 : 巳日革之, 行有佳也.

「상」에서 말했다. 결정된 날에 개혁된다는 것은, 훌륭한 실행이다.

✎ 아름다움, 훌륭함이 있는 행동이라는 것은, 말 그대로 훌륭한, 뛰어난 행동, 행위라는 뜻이다. 행위이란 개혁을 단행하는 일체의 움직임이다. 중문판은 '佳'로 표기되었는데 우리나라 주역에서는 '嘉'로 표기되었으나 그 뜻은 다르지 않다.

九三, 征凶, 貞厲 ; 革言三就, 有孚.

구삼, 나아가면 흉하니, 정도를 지켜도 위태롭다. 개혁을 세 차례 알리고 나아가면, 믿음이 생긴다.

✎ 구삼은 양의 자리에 양으로 와서 그 자리가 바르고, 짝인 상육과 호응하며, 아래 이웃 육이와 가깝게 지낼 수 있다. 그리고 中道를 지나쳐 있다. 그래서 구삼은 의욕이 지나칠 정도로 강하다. 그렇다고, 함부로 나아가면 흉하다. 정도를 지켜도 위태롭다. 왜, 그럴까? 위로 구사 구오가 가로막고 있기 때문이다. 따라서 구삼은 혁신이 필요하다고 그 당위성을 세 번 알리고(言), 나아가면(就), 자연스럽게 믿음이 생긴다. 세 번 알린다는 것은 충분히, 그리고 분명하게 알린다는 뜻이다.

《象》曰：革言三就, 又何之矣！

「상」에서 말했다. 개혁을 세 차례 알린다는 것은, 역시 어찌하겠는가!

✎ '어찌하겠는가!'라는 말은, 달리 방법이 없고, 그렇게 할 수밖에 없다는 뜻이다.

九四, 悔亡, 有孚改命, 吉.

구사, 근심이 사라지고, 믿음으로써 명령을 바꾸니, 길하다.

✎ 구사는 음의 자리에 양으로 와서 그 자리가 바르지 못하고, 짝인 초구와 호응하지 못하며, 가깝게 지낼 이웃도 없다. 따라서 구사는 개혁하고자 하는데 협력자가 없고 사사로운 걸림이나 장애물 또한 없다. 陽順한 성품으로 개혁에 대한 의욕과 조심성을 동시에 갖추고 있기에 명령까지 바꾸어서 개혁을 단행하니 길하다.

《象》曰：改命之吉, 信志也.

「상」에서 말했다. 개혁 명령의 변경이 길하다는 것은, 뜻에 대한 신뢰이다.

✎ 뜻에 대한 신뢰라는 것은, 개혁하고자 하는 의지와 개혁 내용에 대한 확신이다.

九五, 大人虎變, 未占有孚.

구오, 대인은 호랑이 털갈이이니, 점이 아니어도 믿음이 간다.

✎ 구오는 양의 자리에 양으로 와서 그 자리가 바르고, 짝인 육이와 호응하며,

위에 있는 이웃 상육과 가깝게 지낼 수 있다. 그리고 中正을 얻었다. 특히, 柔中을 얻은 육이와 긴밀한 협력으로 개혁 임무 수행이 원활하다.

구오의 개혁 의지와 내용이 분명하고 참신함을 호랑이 털갈이로 빗대었다. 剛中을 얻은 구오는 상육의 조언을 받고, 짝인 육이의 도움을 받아서 오래되어서 낡은 것들을 새롭고 시대에 맞게 바꾸는 개혁을 단행한다. 점을 치지 않아도 믿음이 간다는 뜻이다.

《象》曰：大人虎變, 其文炳也.

「상」에서 말했다. 대인의 호랑이 털갈이는 그 문채(文彩)가 빛남이다.

✐ 문채가 빛난다는 것은, 호랑이가 묵은 털을 버리고 새털로 갈아입으면 그 무늬가 더욱 선명하고 빛깔이 곱듯이, 그래서 젊어 보이고 윤기가 나듯이, 구오의 개혁 단행이 시의적절하고, 그 결과도 좋다는 뜻이다.

上六, 君子豹變, 小人革面；征凶, 居貞吉.

상육, 군자는 표범 털갈이이고, 소인은 얼굴색을 바꿈이다. 나아가면 흉하고, 머물되 정도를 지켜야 길하다.

✐ 상육은 자리가 바르고, 짝인 구삼과 호응하며, 아래 이웃 구오와 가깝게 지낼 수 있다. 그리고 革卦의 끝자리이다. 개혁의 의지가 궁색해진 자리이기 때문에 적당히 개혁하는 시늉만 한다. 그래서 호랑이 털갈이가 되지 못하고 표범의 털갈이로 빗대어졌다. 그래서 군자는 표범처럼 시늉만 내고, 소인은 얼굴색만 바꾼다. 그러하니, 개혁한답시고 앞으로 나아간다면 흉하다. 그냥 제 자리에 머물러있되 正道를 지켜야 길하다.

《象》曰：君子豹變, 其文蔚也 ; 小人革面, 順以從君也.
「상」에서 말했다. 군자의 표범 털갈이니, 그 무늬가 병들어있고, 소인의 얼굴색 바꾸기는 순종으로써 군자를 따름이다.

✏️ 무늬가 병들어있다는 것은, 표범의 원래 색처럼 짙지 않고, 성기지 않다는 뜻이다. 바꿔 말해, 개혁 의지가 약하다는 뜻이다. 순종으로써 군자를 따른다는 것은, 자기 의지가 없고 그저 군자가 지시한 대로 따르는 시늉만 할 뿐이라는 뜻이다. 호랑이 털갈이는 '文柄'이고, 표범 털갈이는 '文蔚'이다. 대개, '蔚'를 '아름답다, 화려하다'로 해석한다. 필자는 그 반대의미인 '병 들다'로 해석했다.

                        *   *

'革'이 六爻辭에서는 주로 '改革·改變'으로 쓰였으나 전체적인 내용을 아우르면 '革命'에 가깝다. 요즈음 말로 하면, 정권 교체를 하여 새로운 정권이 수립되는 일과 같다. 개혁이든 혁명이든 大事를 도모하려면 그 시작은 신중해야 한다. 사전 준비가 충분히 이루어지고 당일이 되면 일사불란하게 진행되어야 한다. 그래서 준비가 되어있지 않으면 자신의 의중을 질긴 황소 가죽으로 단단히 묶어 두고(初九), 강력한 추진력과 이를 순종으로써 따르는, 중도를 확립한 자들이(九五·六二) 협력해야 한다. 의욕만을 앞세워 나서는 것은 위험하고 흉하다(九三). 개혁의 당위를 충분히 설명하고, 홍보하여서 만인이 따를 수 있을 때 실행에 옮기는 것이 바람직하다(九三). 상황에 따라서는 개혁의 대상이 바뀔 수도 있고, 그것이 천명에 부합된다면 믿음을 갖고 실행해야 한다(九四). 그리고 개혁을 단행하려면 호랑이 털갈이하듯이, 그 색깔과 무늬가 선명하게 해야 한다(九五). 그러나 마지못해서 따르는 자들도 있음(上六)을 염두에 둘 필요가 있다.
大人의 '虎變(호변)', 君子의 '豹變(표변)', 小人의 '革面(혁면)' 등 일련의 비유어

들이 갖는 의미에 대해서 잘 따져볼 필요가 있다. 그리고 누구는 '征吉'이고, 누구는 '征凶'인가를 또한, 잘 살펴야 한다. 결국, 개혁이란, 오래되어 낡아서 현실에 부합하지 못하는 것들을 과감하게 청산하고, 그것이 가져다주는 결과에 대한 확신이 섰을 때 감행하는 것임을 알아야 한다. 그렇듯, 나부터 호랑이 털갈이하듯이 선명하고, 아름답게 빛나도록 변해야 사회의 개혁이 이루어짐도 알아야 한다. 특히, 나이 먹은 사람일수록 더욱 그러하다.

50. 火風鼎卦

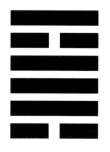

주역 쉰 번째 괘로 화풍정괘(火風鼎卦)가 있다. 불 火 離 가 上卦이고, 바람 風 巽이 下卦라는 뜻이다. 그 모양으로 보면, 불 아래에서 바람이 부는 모습이다. 또는, 불 속으로 나무를 넣어 태우는 모습이기도 하다. 혹자는, 나무 위로 불이 있는 모습으로 보고 나무에 꽃과 열매가 맺혔다는 뜻으로 유추·해석하기도 한다. 이것은 지나친 飛躍이라고 생각된다. 그리고 卦德으로 보면, '巽而明'이다. 곧, 공손하고, 밝다. 육효 배열로는 보면, '음, 양, 양, 양, 음, 양'으로 음이 둘이고, 양이 넷이다. 구삼만 자리가 바르고, 나머지는 모두 자리가 바르지 못하다. 그리고 구삼과 상구는 호응하지 못하는데, 나머지 두 짝은 호응하고, 육오와 구이 관계는 육오가 유중을 얻고 구이가 강중을 얻어서 호응한다.

이런 '火風'을 '鼎'으로 받았다. '鼎'이란 어떤 의미로 쓰였을까? '鼎'은, '솥, 점괘, 삼공의 자리, 말뚝, 의자' 등의 뜻이 있으나 여기서는 '솥'으로 쓰였다. '솥'이라 함은, 일반적으로 음식 재료를 넣고 삶아서 음식을 만드는 일종의 취사도구의 하나로서 날 것을 익혀서 쌀이 밥이 되게 하고, 물이 국이 되게 하는, 바꿔 말해, 모든 것을 변화시켜 새롭게 하여 먹을 수 있도록 하는, 중요한 생활 취사도구 가운데 하나이다. 그래서 '鼎'을 '革'과 '新'으로 연관시키는 경향이 있다.

「序卦傳」에 의하면, "革物者莫若鼎, 故受之以鼎"이라고 했고, 「雜卦傳」에 의하면 "鼎取新也"라 했다. 곧, 혁신된 물건으로 솥과 같은 게 없고, '솥'이라는 것은 새로운 것을 취함이라고 했다. 그래서 '革故鼎新'이라는 말이 생겼듯이, 옛것은 개혁의 대상이 되고, 그 개혁의 결과로서 새로움을 담아내는 것이 솥이라는 상징적 비유가 성립된다. 그래서 솥을 두고 고대 중국에서는 왕조가 바뀔 때마다 새로운 통치이념과 그 의미를 담아서 기념물처럼 만들었다고 한다. 그래서 솥은 중요하고 국가의 보물 같은 큰 그릇이면서 세 개의 다리가 달려서 안정감과 중량감을 주는 모습(鼎爲重寶大器, 三足穩重之象)이라고 그 의미를 애써 부여한다.

* *

鼎 : 元吉, 亨.
화풍정괘는 크게 길하고, 형통하다.

  🖋 솥에 무언가 재료를 넣어 삶아서 음식을 만들어 제사도 지내고, 많은 사람이 먹을 수 있게 함은, 좋은 일로서 사람에게 아주 이로운 일이다. 그래서 크게 길한 것이다. 그리고 불 밑에서 바람이 불면 불은 더욱 잘 타오를 수밖에 없고, 두 기운이 서로 화합 협력하여 같은 목적을 달성하기 위해서 함께 노력하기에 서로 잘 통한다고 볼 수 있다. 그래서 형통하다고 말하는 것이다. 정이천을 비롯하여 많은 사람이 이 괘사에 쓰인 '吉'이 불필요한 말이라고 하는데 꼭 그렇지는 않다고 생각된다. 64괘 卦辭에서 '吉'이 사용된 예문을 분석해 보면, 모두 스물 두 번이나 사용되었는데, ①'조건부 吉'을 쓴 것이 열일곱 번으로 가장 많고, ② 그냥 길함을 밝히는 '吉'이 세 번(比, 泰, 離), ③'元吉'이 두 번(損, 鼎), ④'大吉'이 한 번(小過) 각각 사용되었다. 그리고 조건부 吉을 나열해 보자면, 安貞吉(坤), 丈人吉(師), 不可食吉(大畜), 取女吉(咸), 貞吉(需, 頤, 蹇), 小事吉(睽), 夙吉(解), 容貸牲吉(萃), 南征吉(困), 女歸吉(漸), 女貞吉(旅), 豚魚吉(中孚), 中吉(訟) 등이다. 보다시피, 길함에 붙는 조건이란 그 대상(對象)을 제한함이고, 행위의 양태(樣態)를 제한함이다. 현재 중국 주역 전문사이트에서는 이 鼎卦의 '元吉'을 '大吉大利'로

풀이한다.

《象》曰 : 鼎, 象也. 以木巽火, 亨飪也. 聖人亨以享上帝, 而大亨以養聖賢. 巽
而耳目聰明, 柔進而上行, 得中而應乎剛, 是以元亨.

「단」에서 말했다. (화풍정괘의) 솥은 모양이다. 나무를 들인 불로써 삶아 익힘이다. 성인
이 삶아서 상제께 제사 지내고, 많이 삶아서 성현을 공양한다. 겸손하고 이목이 총명하여,
유가 나아가되 위에서 행하며, 중도를 얻어 강이 호응하니 이로써 크게 형통하다.

✎ 솥이 모양이라는 것은, 두 가지 의미가 있다. 하나는, 말 그대로 형태를 갖
춘 취사도구라는 뜻이다. 다시 말해, '鼎'을 단순히 솥의 의미로 썼다는 뜻이다.
그리고 그 다른 하나는, 솥이 상징물이라는 의미이다. 곧, 솥은 군주의 새로운
통치이념과 정치 철학이 담긴, 과거와는 다른 새로움을 드러내는 상징물이다.
그리고 나무를 들인(巽=入) 불로써 삶아 익힌다는 것은, 나무를 땔감으로 불을
지펴 솥에 음식을 삶는다는 뜻이다. 성인이 삶아서 상제께 제사 지낸다는 것은,
제사권을 가진 군주가 상제께 삶은 음식으로써 제사를 올린다는 뜻이고, 많이
삶아서 성현을 공양한다는 것은, 군주가 삶은 음식으로 성인군자들에게 베푼다
는 뜻이다. 바꿔 말하면, 잔치를 베푼다는 뜻도 있지만, 신하와 백성을 먹여 살
린다는 뜻이기도 하다. 그리고 겸손하고 이목이 총명하다는 것은, '火風'이라는
上·下卦의 덕성을 이어서 말한 것으로, 離의 덕성 '明'을 '聰明'으로 받았고, 巽의
덕성 '巽'을 '謙遜'으로 받았다는 뜻이다. 그리고 柔가 나아가되 위에서 행한다는
것은, 육오를 두고 말함이다. 이를 구체적으로 말하면, '양, 음, 양'으로 도식되
는 離의 가운데 음효가 重地坤의 陰이 와서 되었다는 뜻이다. 그리고 중도를 얻
어 강이 호응한다는 것은, 구이를 두고 말함이다. 결과적으로, 柔中을 얻은 육오
와 剛中을 얻은 구이가 호응한다는 뜻이고, 이 둘의 협력 관계 때문에 형통하다
는 것이다.

여기서 '亨'을 '삶다'라는 의미의 '烹(팽)'으로, '享'은 '제사 지내다'로 각각 풀이하였다. 그리고 솥에 재료를 넣고 삶아 음식을 만드는 일을 '삶다'의 '亨'과 '익히다'의 '飪(임)'으로 표현했는데 그 목적 두 가지가 언급되었다. 하나는 상제께 올리는 제사용 음식을 만듦이고, 그 다른 하나는 성현에게 공양할 음식을 만듦이다. 전자는 그냥 '亨'인데 후자는 '大亨'이다. '大'는 '많이' 삶는다는 뜻이다. 천제께 올리는 제사보다도 많은 사람이 먹어야 하기 때문일 것으로 보인다. 그리고 '耳'는 '坎'을 상징하고, '目'은 '離'를 상징하는 신체 부위인데 이 둘을 묶어 '耳目'을 '聰明'으로 받았다.

그리고 鼎卦가 크게 형통한 이유를 육오와 구이의 호응 관계로 앞서 설명했는데 그렇다고 64개 괘 모두에서 이 鼎卦처럼 육오와 구이의 호응 관계가 있다면 같은 논리로 '元亨'을 말할까? 확인해 보면 그러함을 알 수 있다. 卦辭에서 '元亨'이라는 단어가 쓰인 괘로는 다섯 개 괘가 있다. 无妄·蠱·大有·升·革 등이다. 이들 가운데에는 육오와 구이의 호응이 있는 것이 '蠱·大有·升'이라면, 구오와 육이의 호응이 있는 괘는 '无妄·革'이다. 그런데 '蠱·大有·升' 등 세 개의 괘사에는 '元亨'이 들어가 있기 때문이다. 이 彖辭에 나오는 '元亨'이라는 말 때문에 "元吉, 亨"이라는 괘사에서 '吉'이 없어도 되는 말이라고 정이천을 비롯하여 많은 사람이 주장한다. 쉽게 말해, 단사 집필자가 먼저 '吉'에 대해서는 말하지도 않고, '元亨'을 언급함으로써 吉이 필요 없는 말로 인지된 것 같다. 그러나 육효사 내용을 살피면 그렇지 않다. 흉한 四爻를 제외하면 모두가 길하기 때문이다.

《象》曰：木上有火, 鼎, 君子以正位凝命.

「상」에서 말했다. 나무 위에 불이 있음이 정괘이니, 군자는 이로써 보고 깨달아, 자리를 바르게 하고, 명령이 이루어지게 하라.

✎ 나무 위에 불이 있다는 것은, '火風' 곧 上·下卦의 모양새를 보고 말했다. 나

무를 상징하는 巽 위로 불을 상징하는 離가 붙었다는 뜻이다. 그 의미를 새기면, 나무에서 불이 피어오르고 있다는 뜻이고, 그것은 나무가 불탄다는 뜻이다. 나무가 불탄다는 것은, 나무로 불을 지피어서 솥에 든 음식 재료를 삶고 있다는 뜻이다. 그 불길로써 만들어진 음식은 반드시 사람을 먹여 살릴 것이다. 이런 현상과 이치를 보고서 군주라면 마땅히 자신의 자리부터 바르게 하고서, 자신의 명령이 실현되도록 해서 결실을 거두어야 한다는 주문이다.

혹자는, '命'을 '天命'이라고 말하기도 하는데 여기서 命은 군주가 내리는 통치명령이다. 그 명령을 바로 서게 하고, 현실사회에서 실현되게 하려면 그 명령을 내리는 자가 바른 자리에서 바른 명령을 내려야 함은 지극히 당연한 일이다. 그런데 공교롭게도, 이 鼎卦 육효는 구삼을 제외한 다섯 효 모두가 자리가 바르지 못하다. 그렇다고, 이들이 다 흉한 것도 아니지만 말이다.

어쨌든, 군주의 자리도 바라야 하고, 백성들의 자리도 바르게 해야 명이 바로서고, 그 명대로 생활 속에서 실현될 것이다. 이런 의미에서 '正位'가 강조되었다고 본다. 그리고 '凝命'이라는 생소한 단어가 쓰였는데 엉길 '凝'에는 '이루어지다'라는 뜻이 있다.

初六, 鼎顚趾, 利出否 ; 得妾以其子无咎.
초육, 솥의 발이 전도되어 (솥 안의) 오물이 쏟아짐이니 이롭다. 첩을 얻어 그 자식을 봄이니 무구하다.

✎ 초육은 자리가 바르지 못하고, 짝인 구사와 호응하며, 위에 있는 구이 이웃과 가깝게 지낼 수 있다. 초육은 음식 재료를 넣고 삶을 준비를 하는 단계에서 솥을 꺼내는 상황이다. 그런데 그 과정에서 솥이 엎어졌다. 그래서 솥 안에 든 비루한 것들이 쏟아져 나왔다. 그러잖아도 다 들어내고 깨끗하게 씻어야 하는 판인데 의도하지 않게 저절로 된 것이다. 그래서, 이로운 것이다. 그 이로움을

빗대어서 첩을 얻어 자식이 생겼다는 말로 표현했다.

　여기서 솥의 발이 전도되었다는 것은, 솥이 뒤엎어져서 솥의 발이 위로 향했다는 뜻이다. 그 결과, 솥 안의 오물 곧 비루한 것들이 쏟아져 나왔기에 결과적으로 이롭게 되었다는 의미로 '利出否'라는 생소한 말이 쓰였다. 그런데 그 이로움을 빗댄, 또 다른 표현인 '첩을 얻어 그 자식을 봄이니 무구하다'라는 말이 그것인데 퍽 재미있다. ①의도하지 않았으나 솥이 엎어지는 일을 두고 첩을 얻은 일로 연관시키고, ②솥 안의 오물이 쏟아지는 뜻밖의 이로움을 두고 첩의 자식이 생기는 일로써 연관시켰는데 이 두 표현의 상관성이 시사하는 바에서 고대 중국인의 풍속과 그 속에 깃든 내면의식을 엿볼 수 있다. (顚=顚覆, 傾倒. 否=痞, 不好、丑惡的劣質的東西. 出否=吐故納新.)

　《象》曰 : 鼎顚趾, 未悖也 ; 利出否, 以從貴也.
　「상」에서 말했다. 솥의 발이 전도되었다는 것은, 어그러진 일이 아니다. 오물이 쏟아져서 이롭다는 것은, 귀한 자를 따름이다.

　✎ 어그러진 일이 아니라는 것은, 초육이 위에 있는 이웃인 구이를 상대하다가 마음을 바꾸어서 높은 자리에 있는, 다시 말해, 귀한 구사에게로 가는 일을 두고 말함이다. 솥의 발이 전도되었다는 말은, 우리말로 바꾸면 '고무신을 거꾸로 신었다'라는 말과 유사하다고 본다. 그리고 귀함을 따른다는 것은, 초육이 구이를 따르지 않고, 높은 자리에 있는 구사를 따른다는 뜻이다.

　九二, 鼎有實 ; 我仇有疾, 不我能即, 吉.
　구이, 음식 재료가 가득 차 있는 솥이다. 내 짝이 시기하니, 내가 나아가지 않아야 길하다.

✒ 구이는 음의 자리에 양으로 와서 그 자리가 바르지 못하고, 짝인 육오와 호응하며, 아래 이웃인 초육과 가깝게 지낼 수 있다. 그리고 剛中을 얻었다. 솥 안에 음식 재료를 실하게 넣고 삶는 상황이다. 이 實은 陽에서 왔다. 그런데 가깝게 지내는 아래 이웃 초육이 몹시 신경 쓰인다. 초육에게는 시기하는 질투(疾)가 있기 때문이다. 그러나 그 초육에게 구이가 가지 않으니 길하다는 것이다.

《象》曰 : 鼎有實, 愼所之也 ; 我仇有疾, 終无尤也.
「상」에서 말했다. 음식 재료가 가득 차 있는 솥이라는 것은, 나아가는 바를 조심함이다. 내 짝이 시기한다는 것은, 마침내 근심이 없어짐이다.

✒ 나아가는 바를 조심한다는 것은, 솥 안에 든 음식 재료를 삶아서 얻는 음식을 초육과 함께할 것인가, 아니면 육오와 함께할 것인가를 놓고 심사숙고했다는 뜻이다. 그리고 마침내 근심이 없어진다는 것은, 판단을 바르게 하여 육오에게 감으로써 자신의 갈등을 스스로 없앴다는 뜻이다.

九三, 鼎耳革, 其行塞, 雉膏不食 ; 方雨虧悔, 終吉.
구삼, 솥의 귀를 혁신하고, 그 나아감이 막히어서, 기름진 꿩고기를 먹지 못한다. 바야흐로 비가 내리니 후회가 줄어들고, 끝내 길하다.

✒ 구삼은 자리가 바르고, 짝인 상구와 호응하지 못하며, 가깝게 지낼 이웃도 없다. 그리고 巽의 끝자리이고, 중도를 지나쳐 있다. 구삼은 양의 자리에 양으로 온 데다가 중도를 지나쳐 의욕이 앞선다. 그는 陽剛한 힘으로 솥의 귀를 고쳐 혁신하고, 다 삶아진 음식물이 가득 든 솥을 옮기려고 하는데 막혀서 옮기지 못한다. 물론, 솥 안에 든 음식은 기름진 꿩고기이고, 솥을 옮기려는데 방해하듯 가로막는 것은 바로 위에 있는 구사이다.

그리고 바야흐로 비가 내린다는 것은, 하늘의 은총이, 다시 말해, 군주의 총애가 내린다는 뜻이다. 그리고 뉘우침을 뜻하는 '悔' 앞에는 '无·亡·虧' 등의 글자가 붙는데 물론, 그 의미가 다르다. '뉘우침이 없다(无悔), 뉘우침이 사라진다(亡悔), 뉘우침이 줄어든다(虧悔)' 등으로 해석함이 옳다고 본다.

결과적으로, 구삼은 꿩고기를 삶아서 육오 군주와 함께하려고 했으나 구사의 방해로 실행에 옮기지 못하고 만다. 그러나 종국에는 군주가 그의 진실과 능력을 알아차림인지 총애하니, 다시 말해, 받아들이니(등용하니) 그 후회스러움이 줄어드는 상황을 맞는다는 뜻이다.

《象》曰：鼎耳革, 失其義也.
「상」에서 말했다. 솥의 귀를 혁신한다는 것은, 그 의리를 잃음이다.

🖉 솥의 귀를 혁신한다는 것은, 솥의 귀를 고쳐서 새롭게 한다는 뜻이다. 솥귀는 임금을 상징하는 부위이기에 섬기는 임금을 바꾼다는 뜻이다. 그래서 그 의리를 잃었다고 말한다.

구삼은 짝인 상구와 호응하지 못하고, 가깝게 지낼 이웃도 없다. 그래서 육오와 함께하고자 한다. 그렇지만, 육오와의 관계가 호응하는 자리도 아니고, 가까이 있는 이웃도 아니다. 그러니 육오가 육삼을 쉽게 받아줄 리 없다. 구삼과 육오의 이런 원천적인 불편한, 어색한 관계를 두고 꿩고기를 먹지 못한다고 했다.

九四, 鼎折足, 覆公餗, 其形渥, 凶.
구사, 솥의 다리가 부러져, 공의 죽을 엎질렀으니, 그 쩔쩔매는 모습이 흉하다.

🖉 구사는 음의 자리에 양으로 와서 그 자리가 바르지 못하고, 짝인 초육과 호응하며, 위에 있는 육오와 가깝게 지낼 수 있다. 그리고 육오 군주를 가까이에서

보좌하는 大臣의 신분이다. 구사는 陽順하여 그 행동이 강직하면서도 부드럽고, 군주도 생각해야지만 짝인 초육의 눈치도 보아야 한다. 그래서일까? 그가 끓이는 죽이 든 솥의 다리가 부러져 죽이 쏟아져 버렸다. 그래서 쩔쩔매는, 흉한 모습이다. (公=位高權重的王公大臣. 餗=一種用碎米與竹芛做成的菜粥. 渥=汗流滿面, 沾濡之貌, 这里指尷尬的样子.)

《象》曰：覆公餗, 信如何也！

「상」에서 말했다. 공의 죽을 엎질렀는데, (서로에 대한) 믿음이 어찌 되겠는가!

✍ 구사와 육오 간의 상호 신뢰가 있었을진대 다 끓인 죽을 엎질렀으니 이런 실수가 신뢰에 크게 손상을 준다는 뜻이다. 그리하여 믿음이 깨어진다는 뜻이다.

六五, 鼎黃耳金鉉, 利貞.

육오, 솥의 황금 귀와 쇠고리이니, 정도를 지켜야 이롭다.

✍ 육오는 양의 자리에 음으로 와서 그 자리가 바르지 못하고, 짝인 구이와 호응하며, 위아래 이웃들과 가깝게 지낼 수 있다. 그리고 柔中을 얻었고, 군주의 자리이다. 육오의 솥은 왕의 솥이다. 솥귀가 황금으로 장식되었고, 동시에 쇠고리가 끼어있다. 육오는 그런 솥에서도 바로 '귀'에 해당한다. 반듯하고, 크고, 위엄 있어 보이는 왕의 솥이자 권력의 정통성을 상징하는 나라의 솥이다. 그야말로, 군주의 자리와 권위를 뜻하면서 통치이념을 상징하는 중요한 도구임을 말해준다.

《象》曰：鼎黃耳 中以爲實也.

「상」에서 말했다. 솥의 황금 귀는 중도로써 (그 속이) 충실함이다.

✎ 중도로써 그 속이 충실하다는 것은, 존귀한 군주 신분으로 柔中을 얻었는데, 구이를 비롯하여 구사 상구 등이 강한 의욕과 밝은 지혜로 도와주니, 그의 솥에는 그들을 먹여 살리는 재료들로 가득 차 있다는 뜻이다.

上九, 鼎玉鉉, 大吉, 无不利.
상구, 솥의 옥고리이니, 크게 길하고, 불리할 게 없다.

✎ 상구는 음의 자리에 양으로 와서 그 자리가 바르지 못하고, 짝인 구삼과 호응하지 못하며, 아래 이웃 육오와 가깝게 지낼 수 있다. 상구는 솥의 가장 윗부분에서 솥의 품격을 높여주는 장식품으로 옥으로 만든 고리이다.

《象》曰 : 玉鉉在上, 剛柔節也.
「상」에서 말했다. 옥 고리가 위에 있음이니, 강유가 조절됨이다.

✎ 상구는 음의 자리에 양으로 와서 陽順한 성품이다. 陽의 剛性과 陰의 柔順을 다 가졌다는 뜻이다. 그래서 강과 유가 조절될 수 있다. 그렇기에 군주인 육오를 보좌하여 빛내주는 자이다. 바로 그런 자리와 성품을 옥 고리로써 표현했고, 솥과 옥 고리의 관계가 곧 육오와 상구의 관계인 것이다.

*   *

육효 가운데 유일하게 자리가 바른 구삼은, 꿩고기를 먹지 못하나 끝내 근심이 줄어들고 길하게 된다. 꿩고기를 먹지 못한다는 것은, 군주의 총애를 받지 못한다는 뜻이다. 그리고 자리가 바르지 못한 나머지 효들은 无咎(초육), 吉(구이), 利貞(육오), 大吉(상구)인데 구사만 흉하다. 육오와 초육 사이에서 갈등하기 때문에 솥의 다리가 꺾여 버려 끓이던 죽이 쏟아지기 때문이다. 큰 틀에서 보면, 구사를 제외한 나머지 爻들이 모두 길한 것으로 보면 卦辭인 '元吉, 亨'에 부합한다고 말할 수 있다.

구사는 육오 군주와의 관계와 짝인 초육과의 관계에서, 그리고 그 자리로부터 나오는 마음가짐과 태도가 결부되어서 길흉이 결정되었다. 그리고 구삼과 구사는 鼎卦의 中爻로서 솥에 삶는 음식의 종류가 기술되었는데, 구삼은 꿩고기를 삶고, 구사는 죽을 끓인다. 그리고 육오와 상구는 鼎卦 上爻로서 솥의 부위로써 그 위상이 설명되었다. 곧, 육오는 솥의 귀인데 그것이 황금으로 장식되었고, 쇠 고리가 달린 부위인데, 상구는 옥 고리가 달린 부위이다. 둘 다 솥의 상층부로써 높은 신분을 의미한다. 그리고 초육과 구이는 鼎卦 下爻로서 爻 간 관계에 초점이 맞추어져 있다. 곧, 초효는 짝인 구사와 이웃인 구이 사이에서 갈등이 있고, 구이는 짝인 육오와 이웃인 초육 사이에서 갈등이 있다. 그런데 초육의 갈등은 짝을 선택함으로써 해소되었고, 구이는 짝을 선택한다는 점을 암시하고 있다. 그래서 둘 다 무구하고 길하다.

井卦의 우물에서 물을 길어 올려서 사람들에게 마시게 하는 일도 일종의 베풂 곧 普施이고 施惠인데, 鼎卦의 솥으로써 재료를 삶아 음식을 만들고 그것을 사람들에게 먹게 하는 일 또한 일종의 보시이고 시혜로서 베풂이다. 이런 일은 자리가 높고, 능력 있는 사람에게 잘 어울리는 일이다. 그래서 오효와 육효가 다 좋은데 특히, 상육에게 더 좋다. 그래서 상육은 大吉이다.

51. 重雷震卦

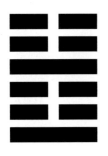

주역 쉰한 번째 괘로 중뢰진괘(重雷震卦)가 있다. 우레 雷 震이 위아래로 겹쳐 있다는 뜻이다. 그 모양으로 보면, 위아래에서 연이어 천둥 번개가 치는 모습이다. 卦德으로 보면, '動而動'이다. 곧, 움직이고, 또 움직인다. 육효 배열로 보면, '양, 음, 음, 양, 음, 음'으로 양이 둘이고, 음이 넷이다. 상·하괘 밑에 있는 陽이 이어서 위로 올라가는 형국이니 요란스럽고 크게 흔들리어 세상 사람들이 깜짝 놀라는 상황이라고 말할 수 있다.

이런 '重雷'를 '震'으로 받았다. '震'은 어떤 의미로 쓰였을까? '震'은 '우레, 천둥, 벼락, 지진, 위엄, 위세, 동쪽, 벼락이 치다, 두려워 떨다, 흔들리다, 놀라다, 위세를 떨치다, 성내다, 마음이 움직이다, 격동하다, 공감하다, 임신하다, 회임하다' 등의 다양한 의미로 쓰이나 여기서는 '천둥 번개', '벼락', '진동하다' 등으로 쓰인 것 같다. 물론, 자세한 것은 육효사까지 두루 다 읽어야 알 수 있으리라 본다.

「序卦傳」에 의하면, "主器者莫若長子, 故受之以震"이라 했고, 「雜卦傳」에 의하면 "震, 起也"라 했다. 또한, 「說卦傳」에 의하면 "震者, 動也"라 했다. 곧, 기물(器物)을 주관하는 자로서 長子만 한 게 없기에 鼎卦 뒤를 震卦이었고, '震'이라고 하는 것은, 일어남이고, 움직이는 것이라 했다. 기물을 주관한다는 것은, 기물의 주인으로서 기물을 다룬다는 뜻이다. 그런데 왜, 장남인가? 그것은 「說卦傳」 제10장, 제11장에서 震을 長男이라 했기에 그렇다.

八卦 가운데 하나인 震의 卦象을 보면, '양, 음, 음'으로, 음효 셋으로 된 땅 地坤卦에서 제일 아래 효 陰이 陽으로 바뀐 것이다. 그래서 새롭게 생긴 양효 하나가 두 음을 뚫고 위로 올라가는 형국이다. 그래서 요란스럽고, 크게 흔들리는 것이다. 이런 맥락으로 이해하면, 이 '震'이 왜, '起'와 '動'인지를 알 수 있다. 그리고 '陽'이란 것은, 雷聲霹靂의 실질적인 주체로서 두려움을 불러일으키는 존재로 씨앗에서 껍질을 뚫고 나오는, 바꿔 말하면, 땅 위로 돋아나는 새움이라고도 볼 수 있다.

「說卦傳」에 의하면, 震은, ①雷風相薄이라 했고(제3장), ②雷以動之라 했으며(제4장), ③萬物出乎震, 震, 東方也라 했다(제5장). 그리고 ④龍(제8장), ⑤長男(제10장), ⑥足(제9장) 등으로 빗대어진다고도 했다. 그러니까, 우레와 바람은 서로 치고받는, 싫어하는 관계이고, 움직이어 나아가는 것이며, 천둥 번개로 인해서 만물이 나가게 되고(出≠生), 동쪽 괘라는 뜻이다. 그리고 장남과 용과 발 등으로 빗대어진다는 뜻이다. 이러한 震이 위아래로 결합한 괘가 바로 '重雷震卦'이다.

이 64괘 가운데 하나인 重雷震卦는, 천둥(雷)·번개(電)·낙뢰(落雷)라고 하는 자연현상과 관련되어 있다. 漢字로는 우레, 천둥을 뜻하는 '雷(뇌)'와 벼락을 뜻하는 '震(진)' 등 두 글자가 사용되었는데 해당 역문을 읽으면, 옛사람들이 이 천둥 번개와 벼락에 대하여 어떤 생각을 했는지 알 수 있으리라 본다.

* *

震：亨. 震來虩虩, 笑言啞啞 ; 震驚百里, 不喪匕鬯.
중뢰진괘는 형통하다. 천둥 번개가 치니 두려워하고, 해해거리듯 웃으면서 말한다. 천둥 번개가 백 리를 놀라게 하고, 수저와 제주(祭酒)를 잃지 않는다.

✏ 중뢰진괘가 형통하다는 것은, 解卦에서 이미 말한 것처럼, 천둥 번개가 침

으로써 만물이 놀라고, 겨울잠을 자는 동물이 깨어나며, 비가 내려 땅속의 씨앗들이 터져 새움이 돋아나는 봄기운의 약동 때문이다. 六爻로 보면, 양효 하나가 밑으로 내려와 있고, 두 음이 그 하나의 양을 올라탄 모습인데, 양이 두 음을 밀쳐내면서 빠져나오려니 큰 소리가 나오고, 그 기운을 최대한으로 발휘하니 요란스럽지 않을 수 없다. 이때 양의 기운이 바로 위로 솟구치는 형통함이다. 그것은 새로운 싹, 새 생명의 기운이기 때문이다.

그리고 천둥 번개가 치니 두려워 떨기도 하고, 해해거리듯 웃으며 말한다는 것은, 우렁찬 천둥소리와 번쩍이는 번개가 사람들을 놀라게 하고, 두려움에 떨게 하며, 다른 한편으로는 아랑곳하지 않고 웃으면서 말하게도 한다는 뜻이다. 그러니까, 누구는 두려워 떨기도 하고, 누구는 해해거리듯 웃으면서 말하기도 한다는 뜻이다. 천둥 번개라는, 같은 대상을 놓고 상반된 반응을 보인다. 어쩌면, 이는 동시에 일어나는 현상이라기보다는 천둥 번개가 칠 때는 두려운 마음으로 조심하다가 다 끝이 나면 그 결과로서 안도(安堵)하며, 웃으며 말할 수 있게 된다는 뜻이 아닐까 싶기도 하다. 곧, 천둥 번개가 요란스럽게 칠 때는 두렵고, 여러 가지 생각을 하며, 자기반성이 이루어지지만 그치고 나면 언제 그랬냐는 듯 다시 평온과 평정을 되찾기 때문에 웃으며 말할 수 있다.

이것을 다시 빗대어서 말한 것이, '震驚百里, 不喪匕鬯'이라는 말이다. 곧, 백 리 안에 있는 만물이 놀라고, 제주(祭主)는 수저와 제주(祭酒)를 잃지 않는다는 뜻이다. 그러니까, '震來虩虩'과 '震驚百里'를, '笑言啞啞'과 '不喪匕鬯'를 각각 연계하여 해석할 필요가 있고, 사실상 같은 의미의 말이 두 번씩 반복되었음을 알 수 있다. 곧, 천둥과 번개가 치니 그 소리와 그 번쩍임에 백 리 안의 사람들이 놀라고 두려워한다는 것이고, 이는 하늘의 뜻, 하늘의 의중을 생각하며, 자기반성을 한다는 의미이기도 하다. 그리고 해해거리듯 웃으며 말할 수 있는 것은, 천둥 번개도 때가 되면 그친다는 뜻이고, 천둥 번개가 치는, 두려운 상황에서도 숟가락과 제주를 잃지 않는다는 것은, 상제와 조상님께 제사를 올릴 수 있는 제사권을 갖는다는 뜻이다.

《彖》曰：震亨, 震來虩虩, 恐致福也. 笑言啞啞, 后有則也. 震驚百里, 驚遠而懼邇也. [不喪匕鬯], 出可以守宗廟社稷, 以爲祭主也.

「단」에서 말했다. 진괘가 형통하고, 천둥 번개가 치니 두려워한다는 것은, 두려워함이 복을 부름이다. 해해거리듯 웃으며 말한다는 것은, 후에 법도가 있음이다. 천둥 번개가 백 리 안의 만물을 두렵게 한다는 것은, 멀리 있는 것들을 놀라게 하고, 가까이 있는 것들을 두려워 떨게 함이다. 수저와 제주를 잃지 않는다는 것은, 나아감으로써 종묘사직을 지키고, 이로써 제사를 지내는 주인이 된다.

✑ 두려움이 복을 부른다는 것은, 두려워하는 만큼 언행을 조신한다는 뜻이고, 조심하기 때문에 실수나 화를 면할 수 있다는 뜻이다. 그리고 후에 법도가 있다는 것은, 천둥 번개가 그치고 나면, 그러니까, 조심해서 화를 피하고 나면 평상시와 같이 평정심으로 돌아온다는 뜻이다. 그리고 종묘사직을 지킨다는 것은, 왕이 된다는 뜻이고, 제사를 지내는 제주가 된다는 것은 장자가 된다는 뜻이다.

《象》曰：洊雷, 震 ; 君子以恐懼修省.

「상」에서 말했다. 연이은 천둥 번개가 진이니 군자는 이로써 보고 깨달아 두려운 마음으로 자신을 반성하며 닦아라.

✑ '恐懼修省'은 '恐懼 + 修身 + 省察'로, 두려운 마음으로 조심스럽게, 몸을 닦고, 자신의 마음 씀씀이와 언행 일체를 들여다보라는, 다시 말해, 몸과 마음을 살펴보며 반성하라는 뜻이다. 물론, 수신과 성찰의 대상은 자기 자신의 언행이요, 그것을 겉으로 나오게 하는 마음이요, 욕구이다. 그러니까, 하늘이 천둥 번개를 쳐서 땅에 비를 내리니 땅속의 만물이 깜짝 놀라 잠에서 깨어나고, 씨앗의

껍질이 터지면서 조심스럽게 새 생명을 내어놓듯이, 군자는 두려운 마음으로 반성하며 수신(修身)함으로써 거듭나라는 뜻이다.

初九, 震來虩虩, 后笑言啞啞 ; 吉.
초구, 천둥 번개가 치니 두려워하다가, 후에는 해해거리듯 웃으면서 말함이니, 길하다.

✎ 초구는 양의 자리에 양으로 와서 그 자리가 바르고, 짝인 구사와 호응하지 못하며, 위에 있는 육이와 가깝게 지낼 수 있다. 초구는 제일 먼저 두 陰 곧 땅을 뚫고 올라오는 震動의 주체이다. 강한 의욕과 밝은 지혜가 힘이 되고 능력이 되어서 길하다. 그래서 초구는 천둥 번개가 칠 때 두려워하며, 조심하고, 그것이 끝나는 때가 오기를 기다린다. 천둥 번개가 그치니 평상시처럼 웃으며 말하는 자이다. 괘사에 부합하는 主爻임을 말해준다. 여기서 虩虩[xì xì]는 두려워하는 모양을 나타내는 의태어(擬態語)로, 啞啞[yā yā]는 새의 지저귐이나 어린아이가 옹알대는 소리를 뜻하나 여기서는 해해거리는 의성어(擬聲語)로 각각 해석하였다.

《象》曰 : 震來虩虩, 恐致福也 ; 笑言啞啞, 后有則也.
「상」에서 말했다. 천둥 번개가 치니 두려워한다는 것은, 두려움이 복을 부름이다. 해해거리듯 웃으면서 말한다는 것은, 후에 법도가 있음이라.

✎ 두려움이 복을 부른다는 것은, 두렵기에 조심하고 반성하며 화를 면한다는 뜻이다. 해해거리듯 웃으며 말한다는 것은, 그 조심함과 반성함이 있고 난 후에 화를 면했다는 뜻이자 동시에 천둥 번개가 그쳤다는 뜻이다. 그리고 후에 법도가 있다는 것은, 일차적으로 천둥 번개가 그쳐 평상시로 다시 돌아왔다는 뜻이고, 이차적으로는 하늘과 조상에게 제사를 지내는 예(禮)가 있다는 뜻이다.

六二, 震來, 厲 ; 億喪貝, 躋于九陵. 勿逐, 七日得.

육이, 천둥 번개가 치니, 위태롭다. 재물 잃을까 생각하여, 높고 깊은 산에 오른다. 쫓지 말라. 7일 만에 손에 넣기 때문이다.

✎ 육이는 자리가 바르고, 짝인 육오와 호응하지 못하며, 아래 이웃인 초구와 가깝게 지낼 수 있다. 그리고 中正을 얻었다. 육이는 초구가 밀어내며 제일 먼저 맞닥뜨리는 자이기에 가장 큰 충격을 받는다. 그래서 크게 진동하기에 두려움도 크고, 위험하다. 이런 육이가 처한 위험성을 사람의 일로써 빗대어 말한 것이 바로 아래 문장이다. 곧, '億喪貝, 躋于九陵, 勿逐, 七日得'이다. 곧, 재물을 잃을까 생각하여, 높고 깊은 험한 산을 오르는 것이다. 이른바, 재물을 들고 피신하는 것이다. 그런데 그런 그에게 조언이 붙었다. 쫓지 말라는 것이다. 다시 말해, 재물을 추구하지 말라는 뜻이다. 왜냐하면, 7일이 지나면 저절로 얻어지기 때문이다. 7일이 지나면 저절로 얻어진다는 것은, 천둥 번개 치는 상황이 끝나 재물이 그대로 남아있다는 뜻이다.

그렇다면, 이 7일은 어디에서 왔을까? 무엇에 근거를 두고 7일이 지나면 손에 넣게 된다고 말했을까? 이에 대하여 정이천(程伊川)은, 모든 괘의 효가 여섯 개이므로 그 과정을 다 거치면 저절로 괘의 상황이 끝나게 되고, 동시에 새로운 괘의 상황이 시작된다고 보았다. 한마디로 말해서, 7일은 상황 종료 후에 이어지는 새로운 시작이라는 의미를 지닌다. 地雷復卦의 卦辭 가운데 '反復其道 , 七日來復'이라는 원리와도 무관해 보이지 않는다. 卦의 상황이란 것은, 시작되었으면 반드시 여섯 단계라고 하는 과정을 거쳐서 끝이 남을 전제한다면 이해되리라 본다. 자, 이렇게 놓고 보면, 위험한 상황에서는 움직이는 것을 자제하고, 그 위험한 상황이 저절로 종료되기를 기다리는 것도 위험 상황 극복의 한 방편으로 보인다. '일단, 소나기는 피하고 보자'라는 우리 속언이 떠오른다.

《象》曰 : 震來厲, 乘剛也.

「상」에서 말했다. 천둥 번개가 치니 위태롭다는 것은, 강을 올라탔음이다.

✎ 剛을 올라탔다는 것은, 위로 솟아오르려는 陽 초구를 陰인 육이가 올라타고서 제지하는 처지이기에 그만큼 넘어지거나 다칠 가능성이 크다는 뜻이다.

六三, 震蘇蘇, 震行无眚.

육삼, 뇌성벽력에 벌벌 떠니, 크게 진동하나 재앙이 없다.

✎ 육삼은 자리가 바르지 못하고, 짝인 상육과 호응하지 못하며, 위에 있는 구사와 가깝게 지낼 수 있다. 육삼은 양의 자리에 음으로 와서 강한 듯하나 유순하다. 그래서 그는 천둥 번개에 벌벌 떨며 두려워한다. 두려워하기 때문에 움직이지 못하니 스스로 잘못하여 생기는 人災가 없다.

《象》曰 : 震蘇蘇, 位不當也.

「상」에서 말했다. 뇌성벽력으로 벌벌 떤다는 것은, 자리가 부당함이다.

✎ 육삼은 양의 자리인데 음으로 와서 그 자리가 바르지 못하다. 강한 듯하나 유순하여 더욱 두려움에 떨고 있다. 더욱이, 양이 밑에서도 치고 올라오지만, 바로 위에서도 천둥 번개를 친다. 이런 그의 위치 곧 자리 때문에 두려움이 더욱 큰 것이고, 자리가 좋지 못한 것이다. 그래서 두려움을 넘어서서 벌벌 떠는 것이다. 벌벌 떤다는 것은, 오도 가도 못한 채 꼼짝달싹하지 못한다는 뜻이다. 여기서 蘇蘇[sūsū]는, 벌벌 떠는 모양을 나타내는 擬態語로 해석했다.

九四, 震遂泥.

구사, 벼락이 진흙밭에 떨어진다.

✒ 구사는 자리가 바르지 못하고, 짝인 초구와 호응하지 못하며, 위아래 이웃들과 가깝게 지낼 수 있다. 구사는, 위에 있는 두 陰에 눌려 있고, 아래에 있는 두음 위로 있다. 결과적으로, 위아래 음에 갇혀 있다는 뜻이다. 구사는 陽으로 벼락을 쳐서 흔드는 주체 가운데 하나인데 그 위세가 말이 아니고, 그 꼴 또한 우습게 되어버렸다. 이를 점잖게 바꾸어 말하면, 구사는 초구와 마찬가지로 두꺼운 땅을 뚫고 올라가야 하는 새싹이기에 힘이 든다. 크게 요동치듯 천둥 번개를 쳐보지만, 결국엔 진흙밭으로 떨어지고 말았다. 구사의 위상을 빗대어 말한 것이다. 주자(朱子)는 '泥'를 '溺'으로 풀이했다. 遂는 墜이다.

《象》曰 : 震遂泥, 未光也.

「상」에서 말했다. 벼락이 진흙밭에 떨어진다는 것은, 빛나지 못함이다.

✒ 빛나지 못한다는 것은, 새움이 힘들게 돋았으나 좋지 않은 곳으로 돋았다는 뜻이기도 하고, 벼락으로써 나름, 힘차게 요동쳤으나 결국에는 진흙밭에 떨어져 그 위세, 그 위력을 크게 떨치지 못했다는 뜻이다. 한마디로 말해, 능력 발휘가 제대로 되지 않았다는 뜻이다.

六五, 震往來, 厲 ; 億无喪, 有事.

육오, 천둥 번개가 오고 가니, 위태롭다. 잃을 것이 없음을 생각하여, 일한다.

✒ 육오는 양의 자리에 음으로 와서 그 자리가 바르지 못하고, 짝인 육이와 호응하지 못하며, 아래 구사와 가깝게 지낼 수 있다. 그리고 柔中을 얻었다. 육오는

육이와 마찬가지로 양을 올라타고 있기에 위험하다. 그만큼 크게 흔들리고 요동 친다는 뜻이다. 그리고 두 양 위로 있기에 '往來'라는 말이 쓰였다. 쉽게 말하자 면, 천둥 번개가 밑에서 오고 가듯 친다는 뜻이다. 초구와 구사가 교차로 친다는 뜻이다. 그래서 위험하긴 한데 육이와는 달리 '億无喪'이다. 잃을 게 없다고 생각 한다. 육이는 재물 잃을 것을 걱정했는데 육오는 그 반대이다. 왜, 이런 차이가 생겼을까?

육이는 중도를 얻고 자리까지 바른데 바른 생각을 하지 못했다. 그런데 육오 는 중도를 얻고, 자리가 바르지 못한데도 바른 판단을 내렸다. 차이가 있다면 육 오는 신분이 높고 육이는 낮다. 육이는 너무 다급하여 혼비백산(魂飛魄散) 피신 하는 데에 급급했다면 육오는 위험하나 잃지 않는다는 생각을 하고 오히려, 일 한다. 여기서 일한다는 것은, 평정심을 유지하고 제사를 지낸다는 뜻이다. 양의 자리에 음으로 왔으나 중도를 얻은 군주로서 천둥 번개를 치는 하늘의 뜻을 헤 아리고, 조심하며, 신중했다는 뜻이다.

정이천은 '億'을 '度'으로 풀이했고, 불필요한 말이라 하여 해석하지 않은 이도 있다. 하지만, 실수로 들어간 말이라 하기엔 무리가 있다, 왜냐하면, 같은 말이 육이에도 들어가 있기 때문이다. 엄밀하게 말하면, '億'은 '憶'의 誤記라고 생각 한다. 바꿔말하면, 音借인 셈이다. 발음이 [yì]로 같기 때문이다.

《象》曰：震往來厲, 危行也 ; 其事在中, 大无喪也.

「상」에서 말했다. 천둥 번개가 오고 가는 위태로움이란 것은, 위험한 행위라는 뜻이다. 그 일이 가운데 있다는 것은, 크게 잃지 않음이다.

✎ 위험한 행위라는 것은, 벼락을 맞을 가능성이 있다는 뜻이고, 크게 잃지 않 았다는 것은, 중도를 얻어 처신을 잘했다는 뜻이다.

上六, 震索索, 視矍矍, 征凶 ; 震不于其躬, 于其鄰, 无咎 ; 婚媾有言.

상육, 천둥 번개가 치니 안색이 창백해지고, 눈이 휘둥그레짐이니, 나아가면 흉하다. 벼락이 그 몸이 아닌, 그 인접한 곳으로 떨어지니, 무구하다. 혼사 (관련) 말이 있다.

✎ 상육은 자리가 바르고, 짝인 육삼과 호응하지 못하며, 가깝게 지낼 이웃이 없다. 상육은 震卦의 끝자리로서 중도를 지나쳐 있고, 그 위험한 상황이 극에 달해 머지않아서 모든 상황이 종료된다. 사실상, 더는 나아갈 곳이 없다. 결과적으로, 정신을 잃고 멍하니 머물러있다는 뜻이다. 여기서 안색이 창백해지고 눈동자가 휘둥그레졌다는 것은, 정신이 나갔다는 뜻이다. 한마디로 말해, 졸도하다시피 됐다는 뜻이다. 그리고 뒤따라온 문장인 '震不于其躬, 于其鄰'은 인간사로 빗대어서 다시 말한 것이다. 이를 직역하면, '벼락이 그 몸에서가 아니고, 그 근처에서 떨어지니'가 된다. 뒤에 있어야 하는 '震'이 생략되었다. 일종의 동어 반복을 피한 것이다. 어쨌든, 상육은 벼락이 근처에 떨어져 정신을 잃었으나 화를 면한 것은 분명하고, 그래서 '无咎'가 되지만 혼사 관련 말이 있다는 것이다.

그렇다면, 천둥 번개 치는 일과 혼사는 어떤 상관성이 있기에 돌연, '혼사 관련 말이 있다'라고, 뜬금없는 말을 했을까? 극도의 위험을 감수한 사람에게 혼사 관련 말이 있다는 것은 좋은 일일까? 나쁜 일일까? 좋은 일일 것이다. 죽을 뻔한 위기를 모면한 사람의 행운이 혼담(婚談)이라는 말로 다가온다. 여기서 索索[suǒ suǒ]는 안색이 창백해진 모양으로, 矍矍[jué jué]는 사람이 놀라서 눈이 휘둥그레진 모양으로 각각 해석하였다.

《象》曰 : 震索索, 中未得也 ; 雖凶无咎, 畏鄰戒也.

「상」에서 말했다. 천둥 번개에 안색이 창백해진다는 것은, 중도를 얻지 못함이다, 비록, 흉하지만 무구하다는 것은, 이웃을 두려워하고 경계함이다.

✎ 중도를 얻지 못했다는 것은, 중도에서 벗어나 있다는 뜻이고, 이웃을 두려워하고 경계한다는 것은, 상대방의 진심을 확인하려고 의심하고 이리저리 깊이 헤아려 생각한다는 뜻이다.

*　　*

천둥 번개는 자연현상으로서 생명에게 좋고 나쁜 일을 안겨준다. 천둥 번개는 雷雨를 내려서 만물을 일깨우며 적시고, 새움이 돋게 하여 자라게도 하지만, 더러는 토양을 유실시키며, 생명을 위태롭게 하기도 하고, 죽게도 한다. 그렇듯, 사람에게도 마찬가지이다. 놀라게 하고, 더러는 벼락 맞아 죽게도 하며, 불태우기도 한다. 반면, 자신을 돌아보며 반성하는 기회를 주고, 말과 행동을 조심하게도 한다. 이런 자연현상 앞에서 사람이 어떤 상태에서 어떻게 행동하며 처신하는지를 밝히고 있는 것이 바로 이 중뢰진괘의 육효사이다.

六爻는, 다 같이 천둥 번개가 칠 때, 바꿔 말해, 震動할 때 각자의 위치에서 어떤 행동을 보이는지, 그리고 그 결과에 따른 길흉의 정도를 분별해 주고 있다. 이를 한 걸음 물러서서 정리해 보면, 이러하다. 곧, 초구는 천둥 번개가 치니 두려워하면서 그만큼 조심한다. 그래서 그 위기를 넘기고서는 해해거리듯 웃으며 말한다. 시작이 있으면 그 끝이 있음을 알고 있다는 뜻이다. 육이는 위험을 심히 느껴 허둥대며 재물을 잃을까 걱정하며 높고 깊은 산으로 避身한다. 육삼은 벌벌 떨며, 심히 두려워하고 조심한다. 그리고 구사는 천둥 번개를 치는 주체로서 벼락을 내렸으나 진흙밭에 떨어져 그 위세가 빛나지 못한다. 육오는 천둥 번개가 교차로 치는 위험한 상황인데도 평정심을 유지한 채 일을 한다. 상육은 자신과 가까운 곳에 벼락이 떨어져 정신이 나가 졸도하다시피 하지만 무사하고, 돌연 혼사 관련 말이 있다.

대개는, 중뢰진괘의 두 陽爻인 초구와 구사가 천둥 번개를 내리는, 진동의 주체라고 여기고, 나머지 네 음효는 그것을 받는 처지라고 말하지만, 초구는 양면성을 지닌다. 전체적으로 보면, 중도를 얻은 육이와 육오는 위험을 느끼고, 위로 올라갈수록 천둥 번개에 대한 두려움이 커진다. 그러나 모두 그 끝은 무구하고, 초구는 길하기까지 하다. 두려워하며 조심하고 경계하기 때문이다.

천둥 번개는 옛사람이나 지금 사람이나 할 것 없이 두려움의 대상으로서 자연현상이고, 그 두려움이 엄습할 때면 정신을 잃지 말고, 조심하고, 경계해야 하되, 자신의 삶을 반성하듯 되돌아보아야 한다. 그리고 위험이 따르는 상황에서는 행동을 자제하고, 위험 상황이 종료되는 때를 기다려야 한다. 그러면, 끝내 웃으면서 말할 수 있는 상황으로 바뀐다. 이런 하늘의 뜻을 알고, 하늘의 의중을 이해한 사람은, 천둥 번개가 치는 상황에서도 묵묵히 자기 할 일을 한다. 일 가운데에서도 하늘의 뜻을 헤아리고, 조상께 감사를 표하는 제사를 지낸다.

52. 重山艮卦

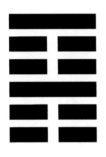

주역 쉰두 번째 괘로 중산간괘(重山艮卦)가 있다. 山 艮이 위아래로 겹쳐 있다는 뜻이다. 卦德으로 보면, '止而止'이다. 멈추고, 또 멈춤이다. 육효 배열로 보면, '음, 음, 양, 음, 음, 양'으로 양이 둘이고, 음이 넷으로, 세 짝이 모두 호응하지 못한다는 큰 특징이 있다. 그리고 초육, 육오, 상구 등은 자리가 바르지 못하고, 육이, 구삼, 육사 등은 자리가 바르다.

이런 '重山'을 '艮'으로 받았다. '艮'은 어떤 의미로 쓰였을까? '艮'은 '한계, 그치다, 멈추다, 한정하다, 어렵다, 가난하다, 머무르다, 어긋나다, 거스르다, 견고하다, 은(銀)' 등의 다양한 뜻으로 쓰나 여기서는 '어긋나다, 거스르다'의 의미가 전제되어 '그치다, 멈추다, 머무르다' 등의 뜻으로 쓰였다고 보인다. '艮=止'라는 뜻이다.

「序卦傳」에 의하면, "物不可以終動, 止之, 故受之以艮"이라 했고, 「雜卦傳」에 의하면 "艮, 止也"라 했다. 곧, 만물은 끝까지 움직이는 것이 불가하여 멈추기 때문에 움직이는 震卦 다음을 멈추는 艮卦가 이어받았고, '어긋남'이란 것은 '멈춤'이라 했다. 어긋남이 멈춤의 원인이라는 뜻이다.

八卦 가운데 하나인 艮은 '음, 음, 양'으로, 음 셋으로 된 땅 地 坤의 가장 위에 있는 陰이 陽으로 바뀌어서 생긴 陽卦이다. 평평한 땅 위로 높이 솟아 있는 모습이 山이라는 뜻이기도 하다.

「說卦傳」에 의하면, 山은 小男(제10장), 手(제9장), 狗(제8장) 등으로 빗대어지는데,

그 性品으로는 '止(제4장, 제7장)'라고 했다. 그런가 하면, '山澤通氣(제3장)'라 했고, '成言乎艮(제5장)'이라 했다. 곧, 산과 연못은 그 기운이 서로 잘 통하고, 산에서 이루어진다고도 했다. 이뿐만 아니라, "始萬物者, 莫盛乎艮(제6장)"이라 했다. 곧, 만물이 시작되는 것으로는 산보다 왕성한 곳이 없다고도 했다.

이런 산 하나가 앞에 가로막고 있으면 우리는 가던 걸음을 멈추고 생각해야 한다. 그런데 산 하나가 더 가로막고 있다면 어떻게 될까? 가던 걸음을 멈추고 생각을 해도 더해야 할 것이다. 이런 '멈춤(止)'이란 과연 어떤 의미일까? 산의 멈춤, 그리고 나의 멈춤, 이 두 가지를 생각해보아야 한다. 산이 멈추어 있어서, 산이 그 자리에 머무르고 있어서, 그곳으로 만물이 몰려와 자랄 수 있고, 번성할 수 있다. 이때 산의 멈춤, 머무름은 만물을 번성시키는 이유가 된다. 그런데 사람이 멈추는 것은 두 가지 이유가 있다. 곧, 멈출 수밖에 없는 상황에 직면했거나 아니면, 스스로 멈추어 서서 앞으로 더 나아가기 위한 숨 고르기를 하기 위해서이다.

그러나 '멈춘다'라는 것은, 일반적으로, 진행 중인 어떤 동작이나 행위나 상호 관계나 작용이 멈추어 서는 것을 말한다. 그러니까, '중지(中止)', '중단(中斷)'의 의미가 크다. 물론, 이 '중지(中止)', '중단(中斷)'도 저절로 될 때가 있고, 의도해서 될 때가 있다. '종지(終止)' 또는 '사지(死止)'가 전자에 해당한다면, '한지(限止)' 또는 '극지(極止)'는 후자에 해당한다고 볼 수 있다. 특히, 후자는 한계 또는 극한에 멈추어 서는 것이기에 많은 생각이 요구된다. 생각이 요구된다는 것은, 멈추어 서는 이유와 목적을 분명히 하고, 그에 따른 후속적인 행동을 수반한다는 뜻이다.

*   *

艮 : 艮其背, 不獲其身 ; 行其庭, 不見其人, 无咎.

중산간괘는 그 등에서 멈추고, 그 몸을 얻지 않는다. 그 뜰을 걷는데, 그 사람을 보지 않으니, 무구하다.

✏️ 등에서 멈춘다는 것은, 서로 등을 지고 반목한다는 뜻이고, 그 몸을 얻지 않는다는 것은, 상대방과 함께하지 않는다는 뜻이다. 상대방과 함께하지 않는다는 것은, 동침하지 않는다는 뜻이다. 한마디로 말해, 짝인 부부가 한 지붕 밑에서 살지만 서로 원수처럼 등을 지고 산다는 뜻이다. 그리고 그 뜰을 걷는데 그 사람을 보지 않는다는 것은, 부부가 함께 사는 집의 뜰을 걸으면서도 상대방을 보지 않는다는 뜻이다. 그러니까, 완전히 남남처럼 살아간다는 뜻이다. 그리고 무구하다는 것은, 모든 관계, 그 관계로 인해서 진행 중인 행위나 동작 등을 멈추어야 하는 상황인지라 그 멈춤이 화를 불러들이지 않는다는 뜻이다.

그런데 모든 사람이 이 괘사를 읽으면서 無欲·無心·無我의 상태로 머문다고 해석한다. 웬, 無欲·無心·無我? 등에서 멈추고 그 몸을 얻지 않는다는 것을, 소리 없이, 보이지 않게, 온전히 멈추고, 몸이 하는 일을 추구하지 않는다는 뜻으로 해석하기 때문이다. 말이 되지 않는다. 왜냐하면, 주역은 근본적으로 이해타산과 길흉을 따지는 목적을 가진 현실적인 처세법인데 불교의 無欲·無心·無我는 그와 정 반대 방향을 지향하기 때문이다. 그 유명한 중국의 정이천이나 주자의 해석이라고 해서 모두가 옳은 것은 아니다.

《象》曰：艮, 止也. 時止則止, 時行則行, 動靜不失其時, 其道光明. 艮其止, 止其所也. 上下敵應, 不相與也. 是以不獲其身, 行其庭不見其人, 无咎也.

「단」에서 말했다. 간괘의 '간'은 '멈춤'이다. 멈춰야 할 때 멈추고, 행해야 할 때 행하여, 움직이고 멈춤이 그때를 잃지 않으니, 그 도가 밝게 빛난다. '멈춰야 할 때 멈춘다' 함은, 멈춰야 할 곳에서 멈춤이다. 위아래가 맞서 응하니, 서로 함께하지 않는다. 이러함으로 그 몸을 얻지 않고, 그 뜰을 거닐어도 그 사람을 보지 않으니, 무구하다.

✎ 멈추어야 할 때 멈추고, 행해야 할 때 행하는 것은, 일종의 삶의 지혜로서 방편이기도 하다. 이 지혜를 잘 부림이 곧 삶의 바른 道이다. 그리고 위아래가 맞서 응한다는 것은, 위아래가 호응하지 못한다는 뜻이고, 여기서 위아래란 上卦와 下卦를 말함이다. 더 구체적으로 말하면, 짝인, 초효와 사효, 이효와 오효, 삼효와 상효 등 세 짝이 음과 양으로 호응하지 못하고, 음과 음, 양과 양으로 만나 서로를 밀어내는 相推·相薄의 관계이기 때문에 서로가 적대시하듯 응한다는 의미에서 '敵應'이라는 말을 썼다.

그리고 이러함으로 그 몸을 얻지 않고, 그 뜰을 거닐어도 그 사람을 보지 않는다는 것은, 짝으로서 함께 살아도 상대방과 동침하지 않고, 상대방 얼굴을 보지 않는다는 뜻이다. 부부가 서로 원수처럼 적대시하며, 정상적인 부부관계가 중지된 상태라는 뜻이다. 인간사가 그렇듯, 살다 보면 이런 상황을 맞이할 수도 있는데 이때는 서로 거리를 두고 아무런 관계가 없는 것처럼 살아야 더 큰 파국, 파혼을 막을 수 있다. 이런 의미에서 서로 적대시하며 살아가지만 무구한 것이다.

《象》曰：兼山, 艮 ; 君子以思不出其位.

「상」에서 말했다. 산이 겹쳐 있음이 간괘이니, 군자는 이로써 보고 깨달아 그 자리에서 벗어나지 않음을 생각하라.

✎ 그 자리에서 벗어나지 않음을 생각하라는 것은, 그 자리를 지킨다는 뜻이다. 자리를 지킨다는 것은, 산이 머물러있음으로써 만물이 몰려와 성장할 수 있듯이, 군주로서 왕이 그 자리를 지키고 있음으로써 백성이 살아갈 수 있음을 생각하라는 뜻이다. 결과적으로, 자기 본분을 다하라는 뜻이다.

初六, 艮其趾, 无咎, 利永貞.

초육, 그 발에서 멈춤이니, 무구하고, 끝까지 정도를 지켜야 이롭다.

✏ 초육은 자리가 바르지 못하고, 짝인 육사와 호응하지 못하며, 가깝게 지낼 이웃도 없다. 아주 불리한 조건이다. 발에서 멈추었다는 것은, 멈추어야 할 때임을 알고서 오고 가는 往來부터 끊었다는 뜻이다. 관계를 끊는 초기 단계로 초육은 무구하다. 다만, 양의 자리에 음으로 와서 강한 듯하나 유순하여 의지가 약한 면이 있기에 끝까지 바르게 처신해야 이롭다고 강조한 것이다. 이는 끝까지 멈추어야 하는데 그 성품으로 미루어보아 그렇지 않을 가능성이 있다는 사실을 전제한 말이다. 다시 말해, 초육은 우유부단하기에 끝까지 왕래를 끊을지가 의심된다는 뜻이다. 그래서 '永'이라는 조건이 붙었다.

《象》曰 : 艮其趾 未失正也.
「상」에서 말했다. 발에서 멈추었다는 것은, 정도를 잃지 않음이다.

✏ 정도를 잃지 않았다는 것은, 멈추어야 하는 때임을 자각하고, 그때를 놓치지 않고, 왕래부터 끊음으로써 잘 대처했다는 뜻이다.

六二, 艮其腓, 不拯其隨, 其心不快.
육이, 종아리에서 멈춤이니, 그 추종자를 받아들이지 않으니, 그 마음이 불쾌하다.

✏ 육이는 음의 자리에 음으로 와서 그 자리가 바르고, 짝인 육오와 호응하지 못하며, 위에 있는 구삼과 가깝게 지낼 수 있다. 그리고 柔中을 얻었다. 종아리에서 멈추었다는 것은, 왕래를 끊고 나아가 짝인 육오와의 관계를 조금 더 나아가 단절했다는 뜻이다. 그리고 그 추종자를 받아들이지 않는다는 것은, 위에 있는 이웃 구삼이 육이를 추종하나 육이는 구삼을 받아들이지 않는다는 뜻이다. 그 이유인즉 육이의 안목으로 보아서 구삼이 성에 차지 않기 때문이고, 성이 차지 않는 이유는 중도를 지나쳐 있고, 양의 자리에 양으로 와서 지나친 의욕과 지

702

혜가 교만으로 비치기 때문이다. 결과적으로, 육이는 구오를 완전히 버리지 못하는 상황이다.

《象》曰 : 不拯其隨, 未退聽也.
「상」에서 말했다. 그 추종자를 받아들이지 않는다는 것은, 물러나 듣지 않음이다.

✎ 물러나 듣지 않는다는 것은, 구삼이 육이의 말을 듣지 않는다는 뜻이다. 구삼의 陽剛한 태도가 교만에 이르러 유중을 얻은 육이의 말을 들어주지 않기에 육이는 그 추종자를 받아들이지 않는다는 뜻이다.

九三, 艮其限, 列其夤, 厲薰心.
구삼, 그 끝에서 멈춤이니, 그 등뼈를 분리해놓고, 타들어 가는 마음으로 위태롭다.

✎ 구삼은 자리가 바르고, 짝인 상구와 호응하지 못하며, 위아래 이웃과 가깝게 지낼 수 있다. 그리고 중도를 지나쳐 있고, 陽剛한 성품으로 下卦의 끝자리이다. 구삼이 그 끝에서 멈추었다는 것은, 下卦인 艮卦의 끝자리라는 뜻이면서 동시에 끝까지 간 한계상황에서 멈추어 섰다는 뜻이다. 갈 데까지 가보고서 한계에 다다르자 그때야 멈추었다는 뜻이다. 그러니까, 구삼은 멈추어야 하는 상황인데도 불구하고 멈추지 않고 끝까지 갔다는 뜻이다. 그래, 더 이상 갈 수 없게되자 멈춘, 과격한 성품이다.

그리고 그 등뼈를 분리해놓았다는 것은, 아래로 초육과 육이를 배열하고, 위로 육사와 육오를 배열해 놓았다는 뜻이다. 이 네 음효를 등뼈로 빗대어 표현했는데, 사실, 이 등뼈는 구삼이 가깝게 지낼 수 있는 무리이다. 구삼은 상구와의 관계를 멈추어야 하는 상황에서 너무나 복에 겨운, 좋은 조건을 갖추었다. 구삼은 위아래에서 친밀 관계를 유지할 상대를 선택할 수 있기 때문이다.

그러함에도 불구하고, 구삼은 타들어 가는 마음으로 위태롭다. 그 이유인즉, 짝인 상구와 관계를 끊고, 가깝게 지낼 수 있는 이들을 위아래로 분류하여 줄을 세워놓았으니 관리하기는 쉬울지 몰라도 이들 간의 시기·질투·경쟁 등으로 바람 잘 날이 없기 때문이다.

《象》曰 : 艮其限, 危薰心也.
「상」에서 말했다. '끝에서 멈추었다' 함은, 위험으로 타들어 가는 마음이다.

✍ 위험으로 타들어 가는 마음이라는 것은, 구삼이 위에 있는 두 음과 아래에 있는 두 음을 가까이할 수 있는 데에 따른 부작용으로 네 음 간 시기·질투·경쟁 암투가 벌어지는 상황의 반영이다.

六四, 艮其身, 无咎.
육사, 그 몸에서 멈춤이니, 무구하다.

✍ 육사는 자리가 바르고, 짝인 초육과 호응하지 못하며, 아래 이웃 구삼과 가깝게 지낼 수 있다. 몸을 멈추었다는 것은, 신체적 접촉이 아예 없다는 뜻이다. 짝인 초육과의 관계를 멈추어야 하는 상황에서 육사는 신체적인 접촉을 하지 않으니, 다시 말해, 만남 자체가 없으니 무구하다.

《象》曰 : 艮其身, 止諸躬也.
「상」에서 말했다. '그 몸에서 멈춘다' 함은, 모든 몸을 멈춤이다.

✍ 모든 몸이란 하반신과 상반신을 두루 포함한다는 뜻이다. 몸 전체에서 멈추었다는 것은, 신체적인 접촉 자체가 없다는 뜻이다.

六五, 艮其輔, 言有序, 悔亡.

육오, 그 광대뼈에서 멈춤이니, 말함에 차례가 있고, 뉘우침이 사라진다.

✒ 육오는 자리가 바르지 못하고, 짝인 육이와 호응하지 못하며, 위에 있는 상구와 가깝게 지낼 수 있다. 그리고 柔中을 얻었다. 양의 자리에 음으로 와서 소심하고 의지가 약할 수 있으나 멈추어야 하는 상황인데 얼굴에서 멈추었다. 얼굴에서 멈추었다는 것은, 짝인 육이와 서로 얼굴을 보지 않는다는 뜻이면서도 표정 관리를 잘한다는 뜻이다.

그리고 말함에 차례가 있다는 것은, 말을 조리 있게 잘한다는 뜻이다. 말로는 당할 사람이 없을 정도로 논리에 밝다는 뜻이다. 그리고 후회가 사라진다는 것은, 멈추어야 할 때를 스스로 잘 알고 있고, 서로 얼굴을 보지 않고, 변론도 잘 하니, 근심할 일이 사라진다.

《象》曰 : 艮其輔, 以中正也.

「상」에서 말했다. '그 광대뼈에서 멈춘다' 함은, 중도의 바름으로써이다.

✒ '중도의 바름'이라는 것은, 中道를 얻고, 자리까지 바를 때 '中正'이라는 말을 쓰면서 중도를 바르게 행사한다고 말한다. 그런데, 육오는 중도는 얻었으나 자리가 바르지 못하기에 '中正'이라는 말을 쓸 수는 없다. 그런데 중정이란 말을 썼다.

육오는 군주의 신분으로, 주로 말로써 일하기에 입과 관련된 광대뼈에서 멈추었다고 한 것이며, 이는 표정 관리를 잘한다는 뜻이다. 그리고 말을 절제하며 조리 있게 잘한다는 것도 중도를 바르게 행사하기에 가능한 일로 보았다.

上九, 敦艮, 吉.

상구, 도탑게 멈춤이니, 길하다.

✎ 상구는 자리가 바르지 못하고, 짝인 구삼과 호응하지 못하며, 아래 이웃인 육오와 가깝게 지낼 수 있다. 그리고 중도를 지나쳐 있고, 艮卦의 끝자리에 있어서 더 나아갈 수도 없다. 따라서 가만히 있어도 멈추게 되어있다. 그러니까, 저절로 멈출 수밖에 없는 '한지(限止)' 또는 '극지(極止)'라 할 수 있다. 이러한 조건에서 상구는 크게 걱정할 일이 없다.

그래서일까? 도탑게 멈춘다. 도탑게 멈춘다는 것은, 서로의 관계에 사랑이나 인정이 많은 상태에서 감정이 상하지 않게 멈춘다는 뜻이다. 그러니까, 상구는 짝인 구삼과의 관계를 도탑게 단절하고 아래 이웃 육오와 가깝게 지낸다는 뜻이다.

《象》曰 : 敦艮之吉, 以厚終也.

「상」에서 말했다. '도탑게 멈춤이 길하다' 함은, 친절하고 정중하게 끝냄으로써이다.

✎ 친절하고 정중하게 끝냈다는 것은, 멈추어야 하는 상황에서 관계 단절을 하되 상대방이 마음 상하지 않도록 주의 깊게 했다는 뜻이다. 그만큼 상구의 마음이 너그럽고 세심하며, 따뜻하다는 뜻이고, 사람을 대하는 능력이 뛰어나다는 뜻이다.

*   *

'艮'은, '어긋나다, 거스르다'의 뜻이 전제되어 '그치다, 멈추다'의 의미로 사용되었다. 육효의 세 짝이 모두 서로 어긋나고, 서로 거스르기 때문에 짝으로서의 관계를 멈추고 그치는 것이다. 왜, 그러한가? 사태를, 바꿔 말해, 불편한 관계를 더 악화시켜 파국을 면하기 위해서이다. 따라서 멈추어야 한다고 판단했으면 제때 제자리에서 멈추어야 한다. 그런데 육효는 모두가 멈추기는 하는데 멈추는 곳이 다르다. 멈추는 때가 다르다는 뜻이다. 곧, 초육은 발(趾)에서 멈추고, 육이는 종아리(腓)에서 멈추고, 구삼은 끝(限)까지 가서 멈춘다. 그리고 육사는 몸(身)에서 멈추고, 육오는 광대뼈(輔)에서 멈추고, 상구는 도탑게(敦) 멈춘다. 왜, 이런 차이가 날까? 그것은 ①타고난 성품과 ②현재의 자리와 ③짝을 비롯한 이웃과의 관계 등 영향을 미치는 여러 조건이 다르기 때문이다.

여기서 눈여겨볼 사항이 있다. 곧, 초육은 멈추어야 할 때 멈추었기 때문에 无咎하고, 상구는 능숙하게 상대의 마음을 배려하여 서로 마음 상하지 않게 멈추었기 때문에 吉하다. 그리고 中道를 얻은 육이는 짝과의 관계를 멈추고서도 위에 있는 이웃을 받아들일 수 없어 불쾌하고, 육오는 말을 조리 있게 잘해서 멈추었기에 걱정이 사라진다. 그리고 下卦 끝자리인 구삼은 갈 데까지 가서 멈추어 타들어 가는 마음으로 위태롭고, 上卦 끝자리인 상구는 친절하고 정중하게 멈추어서 길하다. 그리고 육사는 신체적인 접촉 자체를 끊어서 무구하다.

이런 점으로 미루어보면, 멈춘다는 것은 일종의 '관계 斷折'이다. 절교(絶交)인 셈이다. 물론, 이를 확대해석할 수도 있다. 곧, 어떤 일을 하는 데 있어서 감당할 능력이나 자신이 없어서 스스로 물러나는 것도 멈춤이고, 그 일과의 관계 단절이다. 단절은 제때 제대로 이루어져야 한다.

53. 風山漸卦

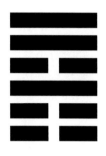

주역 쉰세 번째 괘로 풍산점괘(風山漸卦)가 있다. 바람 風 巽이 上卦이고, 山 艮이 下卦라는 뜻이다. 그 모양으로 보면, 산 위에서 바람이 부는 모습이다. 卦德으로 보면, '止而巽'이다. 곧, 멈추고, 공손하다. 육효 배열로 보면, '음, 음, 양, 음, 양, 양'으로 초육과 상구만 자리가 바르지 못하고, 나머지 효들은 모두 자리가 바르다. 그리고 육이와 구오만 짝으로서 호응하고, 나머지 두 짝은 호응하지 못한다. 그리고 육사는 위아래 양효인 구오, 구사와 가깝게 지낼 수 있고, 구사는 위아래 음효인 육이, 육사와 가깝게 지낼 수 있다.

이런 '風山'을 두고 '漸'으로 받았다. '漸'은 어떤 의미로 쓰였을까? '漸'은 '점점, 차츰, 번지다, 천천히 나아가다, 스미다, 흐르다, 자라다, 적시다, 젖다, 험하다, 차례' 등의 뜻으로 쓰이나 여기서는 '천천히 나아가다'로 쓰인 것 같다. 자세한 것은 六爻辭까지 다 읽어보아야 알 수 있을 것이다.

「序卦傳」에 의하면, "物不可以終止, 故受之以漸. 漸者, 進也"라 했고, 「雜卦傳」에 의하면, "漸女歸待男行也"라 했다. 곧, 만물은 끝까지 멈출 수 없기에 멈추는 艮卦 다음을 서서히 나아가는 漸卦가 이었으며, '漸'이라는 것은 나아감이라 했다. '漸=進'이라는 뜻이다. 그리고 '漸'이라는 것은, 여자가 시집가기 위해서 남자를 기다리는 행동이라는 뜻이다.

그렇다면, 어떻게 산 위에서 부는 바람이 여자가 시집가기 위해서 남자를 기다리는 행동으로 유추되었을까? 한참을 생각해보아야 할 것 같다.

산 아래에서 부는 바람은 막히어 전진하는 데에 어려움이 따르지만, 그래서 山風蠱卦가 되지만, 산 위에서 부는 바람은 막힘없이 점진적으로 멀리까지 나아갈 수 있다. 그래서 風山漸卦가 된다. 이처럼, 산과 바람이 만나는 데에도 그 위치에 따라서 서로의 관계가 달라지고, 그 달라진 관계로 인해서 그 의미가 또한 완전히 달라져 버린다.

산 위에서 부는 바람이 점점 멀리 나아가듯이, 어린 여자가 성장하여 시집가서 새 가정을 꾸리게 되는 것도 점점 멀리 나아가는 과정이요 절차적 질서라는 점에서 일맥상통하다. 특히, '여자가 시집가기 위해서는 일정한 절차를 밟아야 결혼이 성사된다. 곧, 시집갈 나이가 되면 맞선을 보고, 서로 사귀는 시간을 갖고, 양가의 부모에게 아뢰어 상견례를 치르고, 결혼식 날과 장소를 정하고, 예물을 교환하며, 결혼식을 올리고, 마침내 새 가정을 꾸린다. 이런 절차가 곧 바람이 산 위에서 점진적으로 나아가는 일과 다르지 않다고 볼 수 있다.

*　　*

漸 : 女歸吉, 利貞.
풍산점괘는 여자가 시집감이니 길하고, 정도를 지켜야 이롭다.

✎ 여자가 때맞추어 시집간다는 것은 좋은 일이다. 음양의 이치로 보아도 부합되는 일이기 때문이다. 그리고 정도를 지켜야 이롭다는 것은, 두 가지 의미가 있다. 하나는, 여자가 시집가는 일은 단계적으로 천천히 나아가는 일이므로 그 절차에 따라서 진행되어야 함을 말한다. 그리고 그 다른 하나는, 현실적인 여건에 맞추어서 가능한 범위 내에서 서로가 예절을 존중하며 진행되어야 함을 말한다. 절차적인 질서를 지킴과 상호 간 예절을 존중함이 혼사 관련 正道라는 뜻이다.

《彖》曰 : 漸, 之進也. 女歸吉也, 進得位, 往有功也. 進以正, 可以正邦也. 其位, 剛得中也. 止而巽, 動不窮也.

「단」에서 말했다. 풍산점괘의 '점'은 앞으로 나아감이다. 여자가 시집감이니 길하다는 것은, 나아가 자리를 얻고, 나아가 공로가 있음이다. 바르게 나아가니, 나라를 바르게 할 수 있다. 그 자리에서 강이 중도를 얻는다. 멈추고 겸손하여, 움직임에 궁색하지 않다.

✎ 漸이 進이라는 말은, 이미 「序卦傳」에서 말한 바 있고, 나아가 자리를 얻고, 나아가 공로가 있다는 것은, 여자가 시집가서 한 남자의 부인이 되고, 그 부인의 역할을 다하는 공로가 있다는 뜻이다. 부인의 역할이란 보편적으로 자식을 낳고, 집안 살림을 하고, 가정을 화목하게 이끌어 가는 일을 말한다. 바르게 나아가니, 나라를 바르게 할 수 있다는 것은, 여자가 시집가서 제 역할을 다함으로써 나라까지도 바르게 한다는 뜻이다. 그 자리에서 강이 중도를 얻는다는 것은, 군주인 구오를 두고 말함이며, 멈추고 공손하다는 것은, 下·上卦의 덕성을 이어서 말함이다. 그리고 움직임에 궁색하지 않다는 것은, 산 위에서 바람이 부는데 장애가 없어 원활하다는 뜻이자 동시에 여자가 시집가는 길이 막히지 않고, 순조롭게 진행됨을 말한다.

《象》曰 : 山上有木, 漸 ; 君子以居賢德善俗.

「상」에서 말했다. 산 위에 나무가 있음이 점이니, 군자는 이로써 보고 깨달아, 현덕에 머물러 풍속을 다스리라.

✎ 높이 솟아 멈추어 있는 산 위로 나무가 공손하게 자라고 있는 모습을 떠올리면 이해가 쉽다. 산이 쌓아 올린 德이라 한다면 그 위에서 자라는 나무는 군자로 여길 수 있기 때문이다. 따라서 산 위에서 내려다보는 군자는 산속의 백성이 살아가는 풍속을 다스려야 한다. 이런 비유적 상관성이 있기에 가능한 말이라고

생각한다.

산 위에서 부는 '바람' 대신에 대상사 집필자는 산 위에 있는 '나무'라는 용어를 썼다. 「說卦傳」에 의하면, 나무는 巽卦를 상징하는 대표적인 사물이기 때문이다. 그리고 착할 '善'은 '다스리다', '닦다'의 뜻으로도 쓰이기에 '다스리다'로 해석하였다.

初六, 鴻漸于干 ; 小子厲, 有言, 无咎.

초육, 기러기가 하안(河岸:강기슭, 물가)으로 나아간다. 어린아이가 위태로우나, 말이 있으니, 무구하다.

✎ 초육은 양의 자리에 음으로 와서 그 자리가 바르지 못하고, 짝인 육사와 호응하지 못하며, 가깝게 지낼 이웃도 없다. 아주 불리한 조건이다. 초육이 처한 상황을 기러기가 강기슭으로 천천히 나아가는 모습으로 빗대었다. 이것을 인간사로 바꾸어 말하면, 어린아이가 위험해지는데 경고나 도움의 말이 있다면 화를 면하게 된다는 뜻이다.

중국에서는 '干'을 '岸'으로, 이 '岸'이 '河岸'으로 연계되어 결국, '물가' 또는 '강기슭'이 되었다. 그리고, '有言'에 대해서도 '聖人之道'라거니 여러 말들을 하는데 여기서는 그저 위험에 빠질 수 있는 어린아이에게 주는 조언이라고 보면 틀리지 않는다.

《象》曰 : 小子之厲, 義无咎也.

「상」에서 말했다. 어린아이의 위태로움이란 의리상 허물이 없음이다.

✎ 의리상 허물이 없다는 것은, 새끼 기러기가 어미의 도움을 받듯이, 어린아이도 부모의 도움을 받는 것이 당연하다는 뜻이다. 특히, 어린 소녀가 시집을 가

려면 윗사람들의 도움이 절실하고, 가르침이 있어야 한다. 이는 인간사에서 당연한 의리, 곧 도의(道義)라 할 수 있다. 이런 의리, 도의 때문에 무구하다는 뜻이다.

六二, 鴻漸于磐, 飮食衎衎, 吉.
육이, 기러기가 널따란 돌로 나아감이니, 먹이를 즐기고, 길하다.

✎ 육이는 음의 자리에 음으로 와서 그 자리가 바르고, 짝인 구오와 호응하며, 이웃인 구삼과 가깝게 지낼 수 있다. 그리고 中正을 얻었다. 육이는 어린아이 티를 벗어나 시집갈 배우자를 물색할 때가 되었다. 짝이 될 사람도 있고, 가깝게 지낼 사람도 있다. 그래서 마음의 여유를 갖고서 교제를 시도할 수 있다. 이런 육이의 처지를 반석(盤石)으로 나아가는 모습으로 빗대었고, 그런 육이의 기러기를 인간사로 바꾸어 말하자면, 음식을 즐기며 좋아하는 모습으로 말했다.

여기서 '衎'은 '즐기다', '기뻐하다'의 뜻이다. 우리가 현재 쓰는 말 가운데 '음식의 간을 보다'라거나 음식 간을 보고서 '간간하다'라고 말할 때 '간'이 바로 '衎'인 듯싶다. 어쨌든, 여기서 '衎衎'은 기분 좋게 먹는 모습을 말하는 의태어로 쓰였다고 판단했다.

《象》曰 : 飮食衎衎, 不素飽也.
「상」에서 말했다. 먹이를 즐긴다는 것은, 모이주머니에 꽉 차지 않음이다.

✎ 모이주머니에 꽉 차지 않았다는 것은, 아직 배가 부르지 않다는 뜻이다. 이 것을 시집갈 여인에게 적용하면, 아직 마음에 드는 상대를 찾지 못했다는 뜻이다. 남편감을 결정하지 못했다는 뜻이다. 그러니까, 반석 위로 가서 이런저런 모이를 즐기는 기러기를 시집갈 여자로 말하자면, 배우자가 될 최종 상대방을 찾

기 위하여 이런저런 사람을 만나고 다니는 상황이라고 할 수 있다. 여기서 힐 '素'는 조류의 모이주머니이고, '飽(포)'는 '꽉 차다'의 뜻으로 해석했다.

九三, 鴻漸于陸. 夫征不復, 歸孕不育, 凶 ; 利御寇.

구삼, 기러기가 육지로 나아감이다. 지아비가 정벌에 나아가 돌아오지 않고, 부인이 임신하였으나 아이를 키울 수 없으니, 흉하다. 도적을 막음이 이롭다.

✍ 구삼은 양의 자리에 양으로 와서 그 자리가 바르고, 짝인 상구와 호응하지 못하며, 위아래 이웃과는 친하게 지낼 수 있다. 그리고 중도를 지나쳐 있다. 따라서 지나친 의욕을 갖는 구삼은 과감하게 낯선 뭍으로 나아간다. 먹이와 배우자를 찾아서 과감하게 행동하는 것이다. 이런 기러기의 입장과 처지를 인간사로 빗대어 놓은 말이 '夫征不復, 歸孕不育, 凶 ; 利御寇'이다. 사내가 정벌에 나섰으나 돌아오지 않는 것이고, 부인이 아이를 잉태하고도 낳아 기르지 못하는 처지라는 것이다. 왜, 그럴까? 구삼은 배우자가 될 짝과 호응하지 못하는데, 위아래 이웃들과는 가깝게 지낼 수 있다. 자칫, 正道를 벗어날 수 있는 조건이다. 한마디로 말해, 결혼할 상대가 없는 구삼은 가까이 있는 육사, 육이를 상대로 외도를 감행할 수 있는 여건이라는 뜻이다.

그리고 지아비가 원정에 나섰다는 것은 기러기가 멀리 나아갔다는 뜻으로 해석된다. 멀리 나아갔다는 것은 바르지 못함이며, 그 대가로 부인이 임신하고도 아이를 낳아 기를 수 없는 불행이 닥치는 것이다. 기러기가 새끼를 부화시키기까지는 알을 품어야 하고, 침략자로부터 그 알을 지켜내야 하고, 부화가 되었으면 부모가 되는 어미 기러기들이 서로 협력하여 안전하게 길러야 하는데 그럴 수 없는 상황이 되어버린 것이다. 그래서 도적 곧 침략자를 막아내는 것이 이롭다고 말한 것이다.

《象》曰：夫征不復, 离群丑也 ; 歸孕不育, 失其道也 ; 利用御, 順相保也.

「상」에서 말했다. 지아비가 정벌에 나서 돌아오지 못한다는 것은, 무리에서 이탈하여 추함이고, 부인이 새끼를 배었으나 기르지 못한다는 것은, 그 도를 잃음이다. 도적을 막음이 이롭다는 것은, 순종하여 서로 보호함이다.

✎ 무리에서 이탈한 것을 두고 추함으로 받았는데 썩 자연스럽지는 못하다. 추한 게 아니라 의리를 배반한 것이다. 우리 역문에서는 '醜'로 표기되었지만, 중국에서는 '丑'으로 표기되었다. 그 의미는 '추하다'로 같다. 그리고 도를 잃었다는 것은, 부인이 외도하여 남편의 아이가 아닌 다른 아이를 가졌다는 뜻이다. 순종하여 서로 보호한다는 것은, 서로가 보호해주는 것이 더 급한 일이고, 더 중요하다는 뜻이다.

六四, 鴻漸于木, 或得其桷, 无咎.

육사, 기러기가 나무로 나아감이니, 혹, 그 가지를 얻으면, 무구하다.

✎ 육사는 음의 자리에 음으로 와서 그 자리가 바르고, 짝인 초육과는 호응하지 못하지만, 위아래 이웃 구오와 구삼과 가깝게 지낼 수 있다. 나뭇가지를 얻는다는 것은, 나뭇가지 위로 날아가 앉는다는 뜻이다. 그러니까, 기러기가 나무로 날아갔는데 그 나무의 가지 위로 앉으면 허물이 없다는 뜻이다. 기러기가 점점 성장함에 따라 ①물가 ②반석 ③육지 ④나무 등으로 나아가는데, '나무'라는 것은, 내려앉기에 가장 위험한 곳이다. 이것이 다 비유법인데 육사는 짝 대신에 이웃과 교제하는데 나무 가운데에서도 가지에 앉아야 재난이 없다고 했는데, 이 나뭇가지에 해당하는 효는 구오를 두고 말함이다. 여기서 서까래 '桷'은 서까래 '椽'과 같은 의미의 글자로, 횡으로 가로누운 나뭇가지를 의미한다.

《象》曰：或得其桷, 順以巽也.

「상」에서 말했다. '혹, 나뭇가지를 얻는다는 것은, 공손하게 순리를 따름이다.

✏ 공손하게 순리를 따른다는 것은, 육사가 순종하면서 구오를 따른다는 뜻이다.

九五, 鴻漸于陵, 歸三歲不孕 ; 終莫之勝, 吉.

구오, 기러기가 구릉(언덕)으로 나아감이니, 부인이 삼 년 동안 임신하지 못한다. 끝내는 도모하여 승리하니, 길하다.

✏ 구오는 양의 자리에 양으로 와서 그 자리가 바르고, 짝인 육이와 호응하며, 아래 이웃인 육사와도 친하게 지낼 수 있다. 그리고 中正을 얻었다. 剛中을 얻은 구오는 柔中을 얻은 육이와 호응하는데도 불구하고, 부인이 삼 년 동안 임신하지 못한다. 왜, 그럴까? 그것은, 구오와 짝인 육이의 주변 환경 때문이다. 곧, 구오는 아래 이웃 육사와 친밀한 관계이고, 육이는 위에 이웃 구삼과 친밀한 관계이다. 그리고 육이가 짝인 구오에게 올라오려면 구삼과 육사의 시샘이나 방해 공작이 있기 때문이다.

그러함에도 불구하고, 구오의 기러기는 알을 낳기 위해서 구릉으로 날아갔다. 하지만 어려운 환경에 놓여있기에 알을 낳지 못한다. 이를 인간사로 바꾸어 표현한 것이 부인이 삼 년 동안 임신하지 못한다는 말이다. 그러나 끝내는 도모하여 승리한다. 승리한다는 것은 뜻을 이룬다는 뜻이다. 그래서 종국에는 길하다. 끝내, 正道가 邪道를 이겼다는 뜻이다. 여기서 없을 '莫'을 '꾀하다', '도모하다'의 '謨'로 해석하였다.

《象》曰 : 終莫之勝, 得所願也.
「상」에서 말했다. 끝내 도모하여 이긴다는 것은, 원하는 바를 얻음이다.

✐ 원하는 바를 얻었다는 것은, 끝까지 노력하여 목표를 달성했다는 뜻이다.

上九, 鴻漸于陸, 其羽可用爲儀, 吉.
상구, 기러기가 육지로 나아감이니, 그 날갯짓이 본보기가 되어 쓸만하니, 길하다.

✐ 상구는 음의 자리에 양으로 와서 그 자리가 바르지 못하고, 짝인 구삼과 호응하지 못하며, 가깝게 지낼 이웃도 없다. 상구의 기러기는 육지로 날아간다. 그 날갯짓이 본보기가 되어 쓸만하다는 것은, 기러기 무리 가운데 우두머리라는 뜻이다. 다시 말해, 무리가 날아가는 데 앞장서서 길 안내를 하는 대장 기러기라는 뜻이다.

이 상구의 기러기를 인간으로 바꾸어 말하자면, 가장 높은 자리를 차지하고, 경험 많은 원숙한 자이기에 먹고살기 좋은 곳으로 백성을 인도하는 지도자로서 능력을 갖춘 자라는 뜻이다.

그런데 중국의 호안정(胡安定:胡瑗:993~1059년)은 '陸'을 '逵(규)'로 해석했다. '逵'는 길거리, 사통팔달의 넓고 큰길 등을 뜻한다. 여기서 더 나아가 '하늘길'로까지 비약하는 사람도 있다. 한국 사람들도 이를 받아들여 답습하는데 옳지 않다고 생각한다. 그러나 이 '陸'이 誤記가 아니다.

《象》曰 : 其羽可用爲儀, 吉, 不可亂也.
「상」에서 말했다. 그 날갯짓이 본보기가 되어 쓸만하니, 길하다는 것은, 혼란스럽지 않음이다.

716

✎ 혼란스럽지 않다는 것은, 기러기의 비행, 곧 雁行이 질서정연하다는 뜻이다. 물론, 그것은 상구가 우두머리로서 무리를 잘 이끌어 날아간다는 뜻이다. 이 질서정연한 기러기의 비행을 인간사로 바꾸어 말하자면, 각종 '의식(儀式)'이라 할 수 있다.

*　　*

서서히 나아가는 길을 밝힌 것이 이 漸卦이다. 서서히 나아간다는 것은, 어떤 절차나 차례를 밟아 목표를 성취해 감이다. 기러기가 ①물가 ②반석 ③뭍 ④나무 ⑤무리 지어 대 이동하는 과정을 거치면서 성장하며 살아가듯이, 여자가 여러 단계를 밟아 시집가서 아이 낳고 키우며 살아가는 일 등이 이에 해당한다. 이처럼 서서히 나아간다는 것은, 成長·發展이라는 긍정적인 측면에서의 변화를 말한다. 그렇다고, 그 과정에서 부정적인 측면에서의 변화나 일탈(逸脫)이 없는 것은 아니다.

육효 가운데 凶(구삼)보다 吉이 많은 것도 이를 반영함이다(육이, 구오, 상구 등). 따라서 이런 변화는 마땅히 '邪道'가 아닌 '正道'가 이끌어간다. 그러나 그것은 언제나 내 마음처럼 되는 것이 아니다. 타고난 성품, 양육된 능력, 현재의 지위, 이웃들과의 관계 등 여러 요인에 의하여 나의 처신이 달라지기 때문이다. 특히, 짝과 호응하지 못하는 처지에서 위아래 이웃들과 가깝게 지낼 수 있는 여건에 놓인 구삼과 육사가 흉하고 불리하다는 사실이 말해준다. 서서히 正道로서 나아가야 하는 상황에서 邪道가 끼어들기 때문이다. 육효 가운데 가장 흉한 구삼과 '가지를 얻으면'이라는 조건부로 무구한 육사가 이를 말해준다.

그리고 이 漸卦 육효를 하나의 기러기 무리가 대열을 지어서 날아가는 모습으로 보면 이해가 쉬워진다. 상구를 제일 앞장서는 우두머리로 여기고, 中爻인 구삼은 그 대열에서 이탈하는 기러기이며, 나머지는 대열을 지키며 멀리 날아가는 모습이라고 보면 된다. '기러기(鴻, 雁)'라는 조류의 生態를 빗대어 서서히 성장·발전하는 나아감의 양태를 표현한 것이다. 따라서 기러기 생태를 아는 것은 육효사를 이해하는 데에 도움이 된다.

54. 雷澤歸妹卦

주역 쉰네 번째 괘로 뇌택귀매괘(雷澤歸妹卦)가 있다.
우레 雷 震이 上卦이고, 연못 澤 兌가 下卦라는 뜻이다.
그 모양으로 보면, 연못 위에서 천둥 번개가 치는 모습
이다. 卦德으로 보면, '說而動'이다. 곧, 기쁘고, 움직인
다. 육효 배열로 보면, '양, 양, 음, 양, 음, 음'으로 양이
셋이고 음 셋으로 균형을 이루고 있으며, 초효와 상효
만 자리가 바르고, 나머지는 모두 자리가 바르지 못하
다. 中爻인 육삼과 구사는 위아래 이웃들과 가깝게 지낼 수 있는 여건이다.

이런 '雷澤'을 '歸妹'로 받았다. '歸妹'는 어떤 의미로 쓰였을까? '歸'는 '돌아
갈' '귀' 자인데 '시집가다'라는 뜻으로 사용되었다. 따라서 '시집가는 누이동생'
이거나 '누이동생을 시집보내다'라는 뜻이다. 이 歸가 '시집가다'라는 뜻으로 쓰
인 漸卦 卦辭에서는 '女歸'라고 표현했다. 그러니까, '여자가 시집간다'라는 뜻이
다. '여자가 시집간다'라는 말과 '시집가는 누이동생'과는 엄연한 차이가 있다.
'여자가 시집간다'라는 것은, 일반적인 사실, 곧 시집간다는 보편적 현상에 초
점을 맞추어서 말한 것이고, '시집가는 누이동생'이나 '누이동생을 시집보내다'
는 '시집간다'보다는 '누이동생'에게 초점을 맞추어서 말한 것이다. 그래서 시집
가는 절차나 그 결과가 일반적으로 여자가 시집가는 일과는 차이가 있으리라 본
다. 시집가는 주체가 여자 가운데에서도 누이동생이라고 제한되어 있기 때문이
다.

「序卦傳」에 의하면, "進必有所歸, 故受之以歸妹"라 했고, 「雜卦傳」에 의하면,

"歸妹女之終也"라 했다. 곧, 나아가면 반드시 시집가는 바가 있어서 점진적으로 나아가는 漸卦 다음을 시집가는 歸妹卦가 이어받았고, 귀매괘는 여자의 끝이라는 것이다. 여자의 끝이란, 시집가기 전 여자로서 삶이 끝이 나고 시집감으로써 새로운 삶이 시작된다는 뜻이지 않을까 싶다. 물론, '進必有所歸'를 성장·발전하면 다시 말해, '성숙하면 반드시 시집간다'라고 풀이할 수도 있다.

*　　*

歸妹：征凶, 无攸利.
귀매괘는 나아가면 흉하고, 이로울 게 없다.

　🖊 누이동생이 시집을 가는데 어찌하여 흉하고, 불리하다고 말하는 것일까? 육효사를 다 읽어보지 아니한 상태에서는 정확히 알 수 없으나 육효의 상호관계와 그 자리의 타당성 등으로 보아서 이렇게 말할 수 있을 것 같다. 곧, 육효를 모두 시집가는 누이동생과 같은 주체로 보면, 초구와 상육을 빼고는 모두 자리가 부당하다. 그리고 구이와 육오만 서로 호응하는 관계이고, 초구와 구사, 육삼과 상육 등은 호응하지 못하는 관계이다. 이런 부당한 자리와 불편한 관계로 시집을 간다면 흉함은 분명하다. 흉한 줄 알면서 시집을 가면 그 결과가 본인에게 이로울 리 없는 것은 당연하다.

　그리고 雷澤, 곧, 연못 위로 천둥 번개가 치는 꼴이니 연못의 물이 함께 흔들리며 움직일 것이다. 연못의 가지런한 상태에서 기뻐하는 모습이 깨어질 것이니 좋을 리 없으리라 본다. 게다가, 震의 기운이 위에서 아래로 향하고, 兌의 기운 역시 아래에서 밑으로 향하니 호응하지 못하고, 일방적으로 내려가는 상이다. 그러하니, 흉할 수밖에 없지 않겠는가.

　그리고 少女가 長男을 받드는 모습이니, 장남이 소녀를 받드는 것보다는 좋지 않다. 객관적으로 드러난 상황으로는 이렇게밖에 말할 수 없다.

《彖》曰：歸妹, 天地之大義也. 天地不交, 而萬物不興. 歸妹, 人之終始也. 說以動, 所歸妹也. 征凶, 位不當也. 无攸利, 柔乘剛也.

「단」에서 말했다. 누이동생이 시집가는 일은 천지의 큰 뜻이다. 천지가 교류하지 않고는, 만물이 흥하지 않는다. 누이동생이 시집가는 일이야말로 인간 도리의 시작과 끝이다. 기쁨으로써 움직이니 누이가 시집가는 바이다. '나아가면 흉하다' 함은, 자리가 부당함이다. '이로울 게 없다' 함은, 유가 강을 올라탐이다.

✎ 천지의 큰 뜻이라는 것은, 누이동생이 시집가는 일 자체가 천지의 법칙에 부합한다는 뜻이다. 천지의 교류 없이는 만물이 흥하지 않는 것처럼, 인간 남녀도 결혼해서 가정을 꾸리고 자식을 낳음으로써 번창한다는 말이나 다름없다.

인간 도리의 시작이자 끝이라는 것은, 누이동생이 시집을 감으로써 소녀로서의 삶은 끝이 나고, 남편의 아내로서 새로운 삶이 시작된다는 말이기도 하고, 또한, 여자라면 때가 되어 시집가는 것이 천지의 법칙이라 했듯이, 지극히 당연한 일로서 여자의 본령(本領) 곧 본질이라는 뜻이기도 하다.

기쁨으로써 움직인다는 것은, 下·上卦의 덕성을 이어서 말함인데 시집가는 일이 기쁘기에 혼인한다는 뜻이다. '누이동생이 시집가는 바이라' 함은, 기쁨으로써 움직이니 시집가는 일이 마땅하다는 뜻이다. 그리고 자리가 합당하지 않다는 것은, 초구와 상육을 제외한 나머지 네 효의 자리가 부당함을 말함이고, 유가 강을 올라탔다는 것은, 육삼이 구이 위에 있고, 육오가 구사 위에 있다는 뜻이다.

이 象辭에서는, 인간의 결혼이란 것이 천지간의 교류와 마찬가지로 흥하기 위한 수단이자 방편으로 기쁜 일이고, 또한, 결혼하는 주체는 자리가 바라야 하고, 여자는 남자를 올라타지 않고, 바꿔 말하면, 업신여기지 않고 존중하며 순종하는 자세를 견지해야 한다는 기본적인 인식을 전제하고 있음을 알 수 있다.

《象》曰：澤上有雷, 歸妹, 君子以永終知敝.

「상」에서 말했다. 연못 위에 우레가 있음이 귀매괘이니, 군자는 이로써 보고 깨달아, 끝까지 영원해야 하는데 깨어짐이 있음을 알라.

✎ 연못 위에서 우레가 치는 일과 '永終知敝'는 어떤 상관성이 있을까? 여기서 '永終'이란, '끝까지 영원하다'라는 뜻이다. 이 말은 '영원해야 한다'는 뜻이다. 영원하다는 것은, 사람의 말이기에 그저 '오래 오래가야 한다'는 뜻으로 보면 틀리지 않는다. 그런데 '知敝'란 말은, 敝하게 됨을 알라는 뜻이다. '敝'란 해지고, 깨어지고, 닳아 없어지고, 버려지는 것이다. 따라서 '永終知敝'란 영원히 가야 하는데 그렇지 못하고 깨어지는 것을 말한다. 그러니까, 사람이 하는 일은 오래오래 가기를 바라는데 그렇지 못한다는 사실을 알아야 한다는 뜻이다.

그렇다면, 연못 위에서 우레가 치는 일과 '永終知敝'는 어떤 연관성이 있을까? 연못 위에서 우레가 치면 당연히 평온한 연못이 그 우레 영향을 받아서 크게 흔들리면서 움직일 것이다. 이런 현상을 인간사로 바꾸어 말하면, '부화뇌동(附和雷同)'이라고 할 수 있다. 이런 모습을 보고서, 군자라면 연못의 평온함이 오래오래 가야 하는데 그러지 못함을 보고서 사람의 일도 역시 그러함을 알고 대처해야 한다는 주문이다.

初九, 歸妹以娣, 跛能履, 征吉.

초구, 누이동생이 잉첩(媵妾)으로 시집감이니, 절름발이로서 걷는 것이나, 나아가면 길하다.

✎ 초구는 자리가 바르고, 짝인 구사와 호응하지 못하며, 가깝게 지낼 이웃도 없다. 또한, 신분이 미천하고, 나이도 어리다. 그런 초구는 짝도 없고, 가깝게 지낼 이웃도 없음으로써 정실(正室)이 아닌 잉첩(媵妾)으로서 시집을 간다. 자리가

바르고, 양강한 의욕과 지혜가 있음에도 불구하고. 귀인(貴人)에게 시집가는 이를 따라서 함께 가는 시종(侍從)으로서 역할을 하며 시집가는 것이다. 그래서 초구는 '절름발이'로 빗대어졌다. 그런데 그렇게라도 시집을 가니 길하다고 했다. 아마도, 신분이나 나이로 보나 정실로서는 시집갈 수 없는 여건에 놓인 것으로 판단한 것 같다. 그러지 않고서야, 어찌, 이런 爻辭가 붙겠는가? 참으로, 딱하고 슬픈 처지이다. 요즈음 시각에서 이를 바라보면, 말도 되지 않는, 있을 수 없는 일이지만 우리나라 朝鮮時代까지만도 이런 풍습이 있었다. 그래서일까? 오늘날 '媵妾'이란 말은 死語에 가까워졌다.

《象》曰：歸妹以娣, 以恒也 ; 跛能履吉, 相承也.

「상」에서 말했다. 누이동생이 잉첩으로서 시집간다는 것은, 항상 있는 도리로써이다. 절름발이로서 이행할 수 있음이 길하다는 것은, 받들어 도움이다.

✎ 항상 있는 도리란 것은, 으레 그렇게 해왔다는 뜻이다. 한마디로 말해, 오래된 풍습이라는 뜻이다. 그리고 받들어 돕는다는 것은, 정실로 시집가는 이를 받들어 돕는다는 뜻이다. 우리 식으로 표현하면, 몸종으로 따라가는 신분으로 시집가는 주인을 위하여 시중을 드는 것이다.

九二, 眇能視, 利幽人之貞.

구이, 애꾸눈으로 보는 것이니, 은둔자의 지조(志操)가 이롭다.

✎ 구이는 음의 자리에 양으로 와서 그 자리가 바르지 못하고, 짝인 육오와 호응하며, 위에 있는 육삼과도 가깝게 지낼 수 있다. 그리고 剛中을 얻었다.

구이는 신분이 높은 육오에게 시집간다. 그리고 위에 있는 이웃 육삼과도 가깝게 지낼 수 있다. 그래서 구이에게는 지조가 요구된다. 하지만 구이는 '幽人'이다. '幽人'이라 함은, 세상과 거리를 두는, 벼슬하지 않거나 못한 자이다. 하지만 구이는 양강한 의욕과 지혜를 갖추었으나 유순한 면이 없지 않다. 따라서 구이가 시집갈 때는 유인으로서 유인답게 지조를 지켜야 이롭다는 뜻이다. 한눈팔지 말고 정도를 지켜야 이롭다는 뜻이다. 역시, 자리가 바르지 못한 관계로 애꾸눈으로 본다는 부정적인 비유어가 붙었다.

《象》曰：利幽人之貞, 未變常也.

「상」에서 말했다. 은둔자로서의 지조가 이롭다는 것은, 상도가 변하지 않음이다.

✎ 상도가 변하지 않았다는 것은, 중도를 얻은 자로서 일관된, 시종여일한 도리를 변치 않고 지킨다는 뜻이다.

六三, 歸妹以须, 反歸以娣,

육삼, 누이동생이 기다렸다가 시집가는데, 도리어 잉첩으로서 간다.

✎ 육삼은 양의 자리에 음으로 와서 그 자리가 바르지 못하고, 짝인 상육과 호응하지 못하며, 위아래 이웃인 구사 구이와 가깝게 지낼 수 있다. 그리고 중도를 지나쳐 있다. 그래서 육삼은, 구이, 구사 사이에서 갈팡질팡하면서도 우유부단하다. 그래서 시집가는 일을 제때 제대로 결정하지 못하고 미적거린 것이다. 그리하여 많이 기다렸다가 어렵게 시집을 가지만 오히려 여건이 나쁜 첩으로서 시집가게 된다. 무엇보다 본인의 의지가 약하여 失機했다는 뜻이다. 과감하게 결단했어야 했는데 유순하여 그리하지 못했다는 뜻이다. 좋은 상대를 선택하려다가 기회를 놓치고 어쩔 수 없이 선택하긴 했는데 오히려 처음 생각했던 상대보다 불리한 상대를 선택한 경우이다.

《象》曰：歸妹以須, 未當也.
「상」에서 말했다. 누이동생이 기다렸다가 시집간다는 것은, 당치 않음이다.

✍ 당치않다는 것은, 자리가 바르지 못하고, 시집갈 때를 놓쳤으며, 제짝이 아닌 사람에게 시집감이다. 결과적으로, 크게 손해를 보는, 불리한 시집이다. 좋은 사람을 기다리다가 놓치고서 뒤늦게 결혼했는데 정실이 아닌 첩으로서 결혼한다는 뜻이다. 물론, 여기에는 구체적인 이유가 있을 것이다. 앞서 세 가지 이유를 들었으나 이것을 한마디로 줄여서 말한다면, 性品이 좋지 않고, 德이 없는 것으로 말할 수 있을 것이다. 성품은 그 자리와 관계있고, 덕은 陰과 관계한다.

九四, 歸妹愆期, 遲歸有時.

구사, 누이동생이 혼기를 어기어 시집가는데, 지연된 시집감에도 때가 있다.

✍ 구사는 자리가 바르지 못하고, 짝인 초구와 호응하지 못하며, 위아래 이웃인 육오와 육삼과 가깝게 지낼 수 있다. 구사 역시 육삼처럼 가까운 이들 사이에서 갈팡질팡하다가 혼인을 약속했으나 그마저 어기었다. 그래서 때를 놓친 것이고, 시집가는 일이 지체되어 버렸다. 구사는 음의 자리에 양으로 와서 의욕을 내어서 이리 재고 저리 재다가 혼인을 약속했으나 그마저 위반하게 되었고, 그래서 지체된, 뒤늦은 시집을 가는 경우이다.

'지연된 시집감에도 때가 있다' 함은, 혼기를 어겨가면서 늦게 가는 시집에도 마땅한 때가 있다는 뜻이다. 이는 자리가 바르지 못하고, 합당한 배필도 없는, 좋지 않은 여건 속에서도 신중하게 생각하여 약혼을 어기고, 뒤늦게 하는 혼인이니 여기에는 마땅함이 있어야 한다는 뜻이다. 음의 자리에 양으로 온 구사의 양강하면서도 신중한 의지(意志) 덕으로 보인다. 그만큼, 지혜가 있었던 모양이다. 육삼과 똑같은 조건이나 육삼은 뒤늦게 시집가면서 첩으로서 가는 불리함이 있고, 구사는 더 늦게 가면서도 그때의 마땅함을 따라서 시집가기에 이로움이 있다.

《象》曰 : 愆期之志, 有待而行也.
「상」에서 말했다. 혼기를 어긴 뜻은 기다렸다가 시집감이다.

🖉 '기다렸다가 시집간다'라는 것은, 마땅한 배필을 찾기 위하여 더 심사숙고하며 더 노력했다는 뜻이다.

六五, 帝乙歸妹, 其君之袂, 不如其娣之袂良 ; 月幾望, 吉.
육오, 제을이 누이동생을 시집보냄이니, 신부의 옷소매가, 그 잉첩의 좋은 옷소매와 같지 않다. 보름달이 되기 전이니, 길하다.

🖉 육오는 자리가 바르지 못하고, 짝인 구이와 호응하며, 아래 이웃 구사와 가깝게 지낼 수 있다. 그리고 중도를 얻었다. 육오는 제을이 누이동생을 시집보내는데 신부의 옷소매가 같이 따라 보내는 잉첩의 옷소매보다 좋지 않은 옷을 입혀서 보냈다는 뜻이다. 그런데 그런 신부의 모습이 보름달이 되기 직전의 상태와 같아 길하다는 것이다. 여기에는 깊은 함의(含意)가 있다. 곧, 시집을 보내는 신부라면 최대한으로 꾸며서 가장 아름답게 보이려고 노력하는 것이 일반적인데, 그것도 왕의 누이동생인데 대동하는 잉첩의 옷보다도 꾸미지 않았다는 것이다. 이 말은, 겉치레하지 않고, 내실(內實)에 충실했다는 뜻이다. 중도라고 하는 지성과 덕을 쌓아왔다는 뜻이다. 한마디로 말해, 현모양처(賢母良妻) 감으로 양육된 신부라는 뜻이다.

그리고 '月幾望'이라는 생소한 단어를 글자 그대로 해석하면, '달이 거의 보름달'이라는 뜻이다. 그러니까, 보름달에 가까이 와 있는 상태라는 뜻이다. 꽃으로

726

빗대어 말하면, 활짝 피어나기 직전 상태이다. 그래서 완벽한 성숙에 가까이 와 있는, 희망적이면서 순수한 상태가 바로 '월기망'이다.

그리고 '帝乙歸妹'라는 어구는 地天泰卦 육오 효사(帝乙歸妹, 以祉, 元吉)에서도 나온다. 여기서 '帝乙(?~기원전 1076)'이란 사람은, 성은 자(子)이고, 이름은 '선(羨)'이요, 商王 文丁의 아들이다. 기원전 1102년에 아버지가 죽자 군주 자리를 계승한 인물이다.

《象》曰：帝乙歸妹, 不如其娣之袂良也 ; 其位在中, 以貴行也.

「상」에서 말했다. 제을이 누이동생을 시집보내는데, 신부의 옷소매가 그 잉첩의 좋은 옷소매와 같지 않다는 것은, 그 자리가 중에 있으니 고귀한 행실이다.

✎ 그 자리가 중에 있다는 것은, 중도를 얻었다는 뜻이고, 고귀한 행실이라는 것은, 겉치레나 물질적 이득을 추구하는 천박한 행위가 아니라 내면의 덕을 추구하여 참다운 삶을 실천한다는 뜻이 함유되어 있다.

上六, 女承筐, 无實, 士刲羊, 无血. 无攸利.

상육, 여자가 광주리를 이어받았는데, 비어있으며, 남자가 양을 잡는데, 피가 나오지 않음이다. 이로울 게 없다.

✎ 상육은 자리가 바르고, 짝인 육삼과 호응하지 못하며, 가깝게 지낼 이웃도 없다. 그리고 중도를 지나쳐 있고, 시집가려는 움직임, 곧 노력이 끝나는 자리이다. 여자가 광주리를 이어받았는데 텅 비어있는 껍데기뿐이고, 남자가 양을 잡았는데 피가 없는, 그래서 제사를 지낼 수 없는 조건이다. 혼인 불가능한 상황이다. 특히, 여자는 가정의 경제권을 쥐고서 집안 살림을 해야 하는데 껍데기뿐이고, 남자는 양을 잡아서 그 피로써 제사를 지내는 권한과 책임을 져야 하는데 그

럴 수 없는 처지이다. 그렇다 보니, 혼인 자체가 불가능한 상황이다.

《象》曰 : 上六无實, 承虛筐也.
「상」에서 말했다. 상육의 실속 없음은, 빈 광주리를 이어받음이다.

✎ '빈 광주리'라는 것은, 먹고 사는 경제적 기반이 없다는 뜻이다. 그래서 시집갈 수 없고, 설령, 시집갔다 하더라도 집안 살림을 꾸려나가기가 어렵다는 뜻이다.

*　　　*

歸妹卦 육효를 시집가는 누이동생이라고 한다면, '양은 남자이고, 음은 여자라'는 易의 기본 질서가 깨어지지만, 여섯 명의 여자가 처한 현실적 시집 조건이 모두 다름을 확인할 수 있고, 그로 인해서 시집가는 양태도 많이 다름을 확인할 수 있다. 그 현실적 조건이란 ①신분의 귀천 ②타고난 성품과 길러진 덕성 ③대인관계라고 하는 환경 ④경제적인 능력 등이 된다.

신분의 귀천은 초구와 상육을 보면 알 수 있다. 이 둘은 자리가 바른데도 불구하고 불리하다. 초구는 신분이 미천하고 나이가 어려서 잉첩(媵妾)으로서 시집갈 수밖에 없으나 그래도 길하다. 그러나 상구는 신분이 높으나 가진 것이 없어서 신붓감으로 인정받지 못하고, 상대방 역시 제사권을 행사하지 못하는 처지로 이로울 게 하나도 없다.

그리고 타고난 성품은 성질의 강유(剛柔)·완급(緩急) 등이 해당하고, 길러진 덕성으로는 중도(中道)의 획득 여부를 말할 수 있다. 중도를 얻은 구이는 무난하나 육오는 길하다. 다 같이 때를 놓치지 않고 결혼하기 때문이다.

그리고 환경적 인자 가운데 하나인 대인관계는, 위아래 이웃들과 가깝게 지낼 수 있는 육삼과 구사를 보면 알 수 있는데, 육삼은 우유부단하여 제때 결정하지 못해서 실기하고 만다. 그래서 도리어 첩으로 시집간다. 크게 손해를 보는 경우이다. 그리고 구사는 혼기를 미루어가면서도 뒤늦은 시집을 간다. 성미가 급하지 않기 때문이다.

일반적으로, 시집가는 여자는, 그 '자리'가 바라야 한다. 자리(位)란 신분·직위·성품·환경 등 여러 요소가 작용하여 결정되는 것이나, 효(爻)로써 말하자면, 양의 자리에 양이 오고, 음의 자리에 음이 오는 것을 자리가 바르다 하여 해당 효가 바르게 처신한다고 보는 것이다. 이 기준으로 말하면, 초구와 상육이 자리가 바르고 나머지는 바르지 못한데 초구는 吝하지만, 상육은 不吝하다. 자리 외에 다른 인자가 작용한다는 뜻이다. 그 다른 인자가 바로 德과 관련 있는 中道이고, 對人關係이며, 타고난 성품 등이다.

중도를 얻은 효로는 구이와 육오가 있는데, 구이는 애꾸눈으로 바라보는 결손이 있고, 육오는 꽉 찬 보름달이 되기 전 희망이자 아름다움으로 겉치레나 물질적 복락을 구하지 않는 현모양처 재원으로서 길함이 있다. 이런 큰 차이는 신분 곧 지위의 높고 낮음에서 기인한다. 그리고 타고난 성품으로는 양강(陽剛)이냐, 유순(柔順)이냐이고, 양면성을 적절히 갖추었느냐? 라는 문제이며, 동시에 성미의 완급(緩急) 문제이다. 특히, 이는 자리와 연계되어 길흉의 직접적인 빌미를 제공한다.

대인관계가 넓은 조건에 해당하는 효로는, 육삼과 구사를 들 수 있는데, 이들은 모두 위아래 이웃과 가깝게 지낼 수 있는 여건을 갖고 있기 때문이다. 많은 사람 속에서 남편감을 고르기가 쉽다고 생각할 수 있으나 오히려 그것이 방해하는 인자가 된다. 그래서 이리 재고 저리 재느라 오히려 혼사가 늦어지는 결과를 자초한다. 육삼은, 기다리고 기다렸다가 시집가는데 결국 자신의 신분이나 주가(株價:가치)를 낮추어서 첩으로서 시집간다. 기다림이 좋지 못한 결과를 낳은 경우이다. 그런데 구사는 혼기를 어기면서까지 뒤늦게 가지만 그 합당한 때를 맞추어서 가기에 손해됨이 없다. 결과적으로 보면, 육삼은 늦었기에 더욱 서둘렀다는 뜻이다. 늦은 마당에 서두른, 성미 급한 사람이라 볼 수 있고, 구사는 늦었어도 서두르지 않고, 합당한 배필을 찾는 의지를 굽히지 않아서 이롭게 되는 사람이라 할 수 있다.

여하튼, 여자가 시집가는 일에 당면해서는 옛사람이나 오늘날 사람이나 다를 것이 하나도 없다. 신분의 귀천, 타고난 성품과 기질, 양육된 덕성과 교양, 경제적인 능력과 가정환경 등 여러 요소를 따지듯이 그 바탕에는 인간으로서의 기본적인 욕구가 같기 때문이다.

55. 雷火豐卦

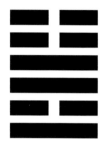

주역 쉰다섯 번째 괘로 뇌화풍괘(雷火豐卦)가 있다. 우레 雷 震이 上卦이고, 불 火 離가 下卦라는 뜻이다. 그 모양으로 보면, 불 위에서 천둥 번개가 쳐서 불과 우레가 함께하는 모습이다. 卦德으로 보면, '明而動'이다. 곧, 밝고, 움직인다. 육효 배열로 보면, '양, 음, 양, 양, 음, 음'으로 양이 셋이고, 음이 셋으로 균형 잡혀있으며, 구사와 육오만 자리가 바르지 못하고, 나머지는 모두 자리가 바르다. 그리고 구삼과 상육만 호응하고, 나머지 두 짝은 호응하지 못한다.

이런 '雷火'를 '豐'으로 받았다. '豐'은 어떤 의미로 쓰였을까? '豐'은 '풍년, 잔대, 부들, 왕골, 풍년이 들다, 우거지다, 무성하다, 성하다, 두텁다, 살지다, 넉넉하다, 풍성하다, 가득하다, 크다' 등 다양한 뜻으로 쓰이나 여기서는 '풍성하다', '크다' 등으로 쓰인 것으로 판단된다. 자세한 것은 六爻辭까지 두루 다 읽어보아야 알 수 있을 것이다.

「序卦傳」에 의하면, "得其所歸者必大, 故受之以豐"이라 했고, "豐者, 大也"라 했으며, 「雜卦傳」에 의하면, "豐多故也"라고도 했다. 곧, 시집가는 바를 얻는 자는 반드시 크기에 시집가는 歸妹卦 다음을 큰 豐卦가 이어받았고, '豐'이라고 하는 것은 크고, 많은 이유라고도 했다. '豐=大, 豐=多, 豐=大=多'라는 뜻이다.

그리고 豐卦 上卦인 震의 덕성은 움직임, 곧 '動'이며, 長子와 다리(足) 등으로 빗대어진다. 그리고 下卦인 離의 덕성은 밝음, 곧 '明'이며, 中女와 해(日)와 電,

인대복(人大腹) 등으로 빗대어진다. 그래서 豐卦는, '明而動'이라는 덕성을 갖는다. 밝게 움직이는 것이다. 밝게 움직인다는 것은, 밝게 통치한다는 뜻이고, 밝다는 것은 명석(明晳)·지혜(智慧)요, 움직인다는 것은 활동(活動)이다. 지혜는 눈과 머리에서 나오고, 활동은 팔다리 몸으로써 한다. 다시 말해, 건강한 몸으로 지혜롭게 활동하며 통치함이 풍요로움을 가져온다는 뜻으로 이해된다.

그리고 위에 있는 震은 아래로 향하고, 아래에 있는 離는 위로 향한다. 그래서 상·하괘의 움직임으로 보아서는 두 기운이 협력하고, 형통하다. 만약에 上·下卦의 위치가 뒤바뀐 火雷噬嗑卦가 되면 어떨까? 上·下卦의 움직임이 서로 반대 방향이 된다. 그러함에도 불구하고, 형통하다고 했다. 卦辭에서 형통하다고 기술된 것은, 기운의 방향이 결정하는 것이 아니라 '噬嗑'이라는 의미가 형통하다는 뜻으로 쓰인 것 같다는 생각이 든다. 그리고 '動而明'이고, '雷電, 合而章'이라 했으며, '明罰勑法'라 했다. 같은 괘가 그 위치를 바꿈으로써 전혀 다른 의미를 부여받는다는 사실을 확인할 수 있다. 이를 정리하자면, '噬嗑과 豐은, 動而明- 明而動, 雷電-電雷, 明罰勑法-折獄致刑'의 차이를 보인다. 한 가지 공통점이 있다면, 그것은 우레와 불이 만나면, 다시 말해서, 천둥 번개와 태양으로 상징되는 불이 만나면, 상하 위치에 상관없이 인간 세상에서는 냉정한 '法'이란 것과 연계되고, 그 법을 제정하고, 그 법을 적극적으로 이용하여서 法治를 실현하는 것으로 彖辭와 大象辭에서는 그 의미를 부여한다는 점이다.

*　　　*

豐 : 亨. 王假之, 勿憂, 宜日中.

뇌화풍괘는 형통하다. 왕이 이르러 (함께) 가니. 걱정하지 말고, 해가 중천에 떠 있는 것과 같다.

✎ 뇌화풍괘가 형통하다는 것은, 상괘인 震이 위에서 아래로 움직이고, 하괘인 離는 아래에서 위로 움직이는 고로 두 기운이 호응하기에 근본적으로 형통하다. 그리고 크고 많은 풍요는 인간사를 형통하게 하고, 근심 걱정을 없애준다. 이런 두 가지 의미에서 풍괘는 형통함에 틀림이 없다.

그리고 왕이 이르러 (함께) 간다는 것은, 왕의 통치가 백성에게 미친다는 뜻이다. 그리고 걱정하지 말라는 것은, 왕의 통치가 백성에게 두루 미치니, 백성이 풍요롭게 되어 걱정할 일이 없다는 뜻이다. 그리고 해가 중천에 떠 있는 것과 같다는 것은, 해가 중천에 떠서 천하를 두루 밝게 비추듯이, 왕이 백성 한가운데에서 함께하니 밝고, 부지런히 통치해서 백성의 삶이 풍요롭게 된다는 뜻이다. '宜'는 '마땅하다, 알맞다'라는 뜻이다.

《象》曰 : 豐, 大也. 明以動, 故豐. 王假之, 尙大也. 勿憂宜日中, 宜照天下也. 日中則昃, 月盈則食, 天地盈虛, 與時消息, 而況于人乎, 況于鬼神乎?

「단」에서 말했다. 풍괘의 '풍'은 '큼'이다. 밝음으로써 움직이는 고로 풍이다. '왕이 이르러 (함께) 간다' 함은, 큰 것을 숭상함이다. '걱정하지 말고, 중천에 떠 있는 해와 같다' 함은, (왕으로서) 천하를 비춤과 같다. 해가 중천에 있는 즉 기울고, 달이 차는 즉 이울듯이, 천지의 차고 빔이 때와 더불어 소멸하고 자라나는 것인데 하물며, 사람에게서이랴. 하물며, 귀신에게서이랴.

✎ 풍이 크다는 것은 '豐=大'라는 뜻이다. 이는 「序卦傳」에서 이미 말한 바 있다. 크다는 것은, 자연에서는 보름달이 크고, 중천에 떠 있는 태양이 크다. 이때, 그 형태가 단순히 크다는 양적인 개념이긴 하나 그 기능이 뛰어나다는 질적인 판단의 의미도 내장되어 있다. 엄밀히 말해, 大나 多는 양적인 판단을 전제로 하는 말이지만 단순히 크기나 數를 의미하는 것이 아니라 그 기능이나 역할이 뛰어남을 말하는 질적인 판단도 내재 되어있다는 뜻이다.

그리고 밝음으로써 움직인다는 것은, 下·上卦의 덕성을 이어서 말한 것이며, 큰 것을 숭상한다는 것은, 왕이 큰 것을 좋아한다는 뜻이고, 이는 크게 미치도록 통치한다는 뜻이며, 동시에 백성의 삶을 두루 넉넉하게 한다는 뜻이다. 걱정하지 말라는 것은, 해가 중천에 떠서 만물을 두루 비추어 줌으로써 만물의 성장을 무성하게 하듯이, 왕이 백성을 위해서 두루 밝게 통치함으로 걱정할 필요가 없다는 뜻이다.

그리고 해가 중천에 있는 즉 기울고, 달이 차는 즉 이울듯이, 천지의 차고 빔이 때와 더불어 소멸하고 자라난다는 것은, 관찰을 통한 자연현상의 이치를 말한 것인데, 彖辭 집필자는 천지 만물이 '영허(盈虛)·소식(消息)'이라는 원리(原理)에 따라 움직인다고 본 것이다. 그러니까, '豐'이라는 것도 '盈'에 해당하므로 소멸 과정을 거쳐서 '虛'로 가고, '虛'로 간 만물도 다시 盈으로 변한다는 믿음에서 현상을 바라보고 있다는 뜻이다.

따라서, 이 彖辭에서는, 두 가지 의미를 말하고 있다고 본다. 하나는, 천둥 번개가 밝은 태양과 함께 길을 밝히는 것처럼 그 움직임이 밝아서 풍요로운 시대를 열라는 뜻이 담겨 있고, 그 다른 하나는 해가 중천에 떠 있다가 기울 듯이, 달이 가득 차 있다가 점점 작아지듯이, 그 풍요가 점점 사라져가 궁핍한 시대로 변할 수 있음을 전제하고서 더욱 노력하라는 뜻이 담겨 있다고 본다. 이렇게 대놓고 직접 말한 것은 아니나 그렇게 확대해석할 수 있다는 뜻이다.

《象》曰 : 雷電皆至, 豐 ; 君子以折獄致刑.

「상」에서 말했다. 천둥 번개가 번쩍이는 불과 함께 다다름이 풍괘이니, 군자는 이로써 보고 깨달아, 옥사를 결단하여 형벌을 집행하라.

✐ 우레(雷)와 불(火)을 우레(雷)와 전기(電)로 받은 이유는, 「說卦傳」 제11장에 '離爲電'이라는 구절에 근거한다. 그리고 '우레와 번쩍이는 불이 함께 다다름이

풍이라' 한 것은, 우레와 번쩍이는 불이라는 두 가지가 동시에 오기 때문에 '많고, 크다'라는 개념으로 이해한 것이다.

그렇다면, 그 우레와 번쩍이는 불이 함께 다다름이 '折獄致刑'과는 어떤 관계가 있다는 말인가? 우레와 번쩍이는 불이 함께 함은 풍요에 해당하고, 우레는 두려움을 자아내는 위엄으로, 번쩍이는 불은 밝음과 신속함으로, 다시 말해, 투명함과 일사불란(一絲不亂)으로 다가온다. 결과적으로, 우레와 번쩍이는 불은 왕의 위엄과 권위를 드러내면서 동시에 그것의 엄정한 집행을 떠올리게 하고, 그 엄정한 집행의 대표적인 일이 형벌을 내리는 일이라는 뜻이다. 그러니까, 雷는 折獄에 해당하고, 電은 致刑에 해당한다고 볼 수 있다.

初九, 遇其配主, 雖旬无咎, 往有尙.
초구, 그 짝의 주인을 만나니, 비록, 대등하나 무구하고, 나아가 숭상됨이 있다.

🖋 초구는 양의 자리에 양으로 와서 그 자리가 바르고, 짝인 구사와 호응하지 못하며, 위에 있는 육이와 가깝게 지낼 수 있다. 초구는 강한 의욕과 밝은 지혜를 가진 자로서 번쩍이는 불의 시작점이다. 그런 초구는 짝인 구사와 동류이기에 음양 관계로는 호응하지 못하나 서로 힘을 합쳐 자신의 기능과 역할을 크게 한다. 바로 이런 의미에서 구사와 합류하여 그 힘을 극대화한다는 뜻이다. 그럼으로서 '豐'을 이룬다. 그리고 豐을 이루기 때문에 나아가 존경받는 것이다.

여기서 짝의 주인을 만난다는 것은, 구사를 만난다는 뜻이고, 비록 대등하다는 것은, 초구와 구사가 균등한 세력의 陽이라는 뜻이다. 그리고 무구하다는 것은, 양과 양의 만남이 원래는 相縛·相推의 관계이지만, 여기서는 서로 협력하여 하나의 목적을 달성하고자 하기 때문이다. 그 하나의 목적이란 것은, 豐을 이루어야 한다는 당위이다. 나아가 숭상됨이 있다는 것은, 풍을 이루어서 존경받는다는 뜻이다.

《象》曰 : 雖旬无咎, 過旬災也.

「상」에서 말했다. 비록, 대등하나 무구하다는 것은, 대등함이 지나치면 재난이라는 뜻이다.

✎ 대등하다는 것은 균일하다는 뜻이고, 균일하다는 것은, 그 역할이나 힘이 같다는 뜻이다. 초구와 구사는 번개와 천둥이라는 기능을 대표하는 자들로서 균등하게 협력하여 천둥 번개를 함께 친다는 뜻이다. 그리고 대등함이 지나치다는 것은, 균등함 그 자체가 크다는 뜻이 아니라 균등함이 깨어져 어느 한쪽이 크고 작다는 뜻이다. 그렇게 되면 균형이 깨어져 싸우게 되고, 그럼으로써 재난을 입게 마련이다.

六二, 豐其蔀, 日中見斗, 往得疑疾 ; 有孚發若, 吉.

육이, 그 덮개가 커서 한낮인데도 북두성이 보이며, 나아가면 의심과 질투를 받는다. 믿음으로 (덮개를) 열면, 길하다.

✎ 육이는 자리가 바르고, 짝인 육오와 호응하지 못하며, 위아래 이웃과 가깝게 지낼 수 있다. 그리고 柔中을 얻었다. 그런데 육이가 처한 상황은, 해가 중천에 떠 있어도 북두성이 보일 정도로 큰 덮개가 씌워져서 어두운 곳에 있다는 점이다. 해가 중천에 떠 있다는 것은, 육이가 離의 중간에 있는 '中爻'라는 사실을 말함이다. 간단히 말해, 중도를 얻었다는 것이다. 그리고 북두성이 보일 정도로 큰 덮개가 씌워져 있다는 것은, 위아래 이웃들과의 친밀 관계를 말한다. 짝과 협력하여 풍을 이루어야 하는 상황에서 이 친밀 관계는 방해하는 인자로 큰 덮개가 되는 것이다.

이런 육이가 짝인 육오를 만나 협력하기 위해서 올라가면 의심과 질투를 받는다는 것은, 위아래 이웃인 초구와 구삼의 의심과 육오를 가까이에서 모시는 구사의 질투를 받는다는 뜻이다. 그러나 육이가 중도에 대한 믿음으로 동류인 육오를 향해서 가기 위하여 방해요소인 큰 덮개를 열어젖히면, 다시 말해 타개하면 길하게 된다는 뜻이다.

《象》曰 : 有孚發若, 信以發志也.
「상」에서 말했다. 믿음으로 열어젖힌다는 것은, 믿음으로써 뜻을 펼침이다.

✎ 믿음으로써 뜻을 펼친다는 것은, 육이가 육오 군주에게 가서 풍을 이루기 위한 자신의 의중을 분명하게 밝혀 펼친다는 뜻이다.

九三, 豐其沛, 日中見沫 ; 折其右肱, 无咎.
구삼, 그 깃발이 커서 한낮인데도 작은 별이 보인다. 우측 팔뚝이 부러져서, 무구하다.

✎ 구삼은 자리가 바르고, 짝인 상육과 호응하며, 아래 이웃 육이와 가깝게 지낼 수 있다. 그리고 중도를 지나쳐 있다. 陽의 자리에 양으로 온 구삼은, 양강한 성품으로 상육에게로 가는데 커다란 깃발로 가려져 있어서 해를 보지 못하고, 너무 어두워 작은 별이 보인다. 구삼은 육이보다 더 크고 어두운 구름 같은 덮개가 씌워져 북두성이 아닌 작은 별이 보일 정도라는 뜻이다. 구삼의 눈을 가리는 깃발은, 아래 이웃 육이, 호응 관계에 있는 짝 상육이다. 그러니까, 동류가 협력하여 풍을 이루어야 하는데 동류가 아닌 관계로서 가까운 이웃이나 호응하는 짝은 그 협력을 방해하는 인자가 된다.

그리고 우측 팔뚝이 부러진다는 것은, 구삼의 짝 상육을 말한다. 구삼과 한마음 한뜻이 되어서 豐을 이루어야 하는데 짝 상육과 음양 관계로 호응하기에 도움이 되지 않는다. 그리고 무구하다는 것은, 호응하는 짝이 풍을 이루는 데에 결정적인 방해를 하나 강한 의욕과 밝은 지혜로 임하는 구삼이 극복해낸다는 뜻이다.

정이천은 '沛(패)'가 古本에서 '旆(패)'로 표기되었다는 점과 王弼이 그 '旆'를 '휘장'으로 풀이했다는 이유에서 '沛'를 '蔀'보다 더 큰 것으로 이해하였다. 그리고 '沬(매)'를 이름 없는 작은 별이라고 풀이했다. 그래서 오늘날 중국 주역 전문 사이트에서도, 우리 한국에서 주역을 공부하는 이들도, 모두 이에 맞추어서 해석한다. (沛=旆=幡幔=窗帘類的物品, 表示遮蔽程度比'蔀'更嚴. 沬=眛=陽光由明變暗, 時隐時現. 右肱=右臂=幫手.)

《象》曰 : 豐其沛, 不可大事也 ; 折其右肱, 終不可用也.

「상」에서 말했다. 그 깃발이 크다는 것은, 큰일이 불가함이다. 우측 팔뚝이 부러진다는 것은, 끝내 사용할 수 없음이다.

✎ 큰일이 불가하다는 것은, 큰 깃발에 눈이 가려져서 판단력 발휘가 어렵다는 뜻이고, 끝내 사용할 수 없다는 것은, 도움이 전혀 되지 않는다는 뜻이다.

九四, 豐其蔀, 日中見斗 ; 遇其夷主, 吉.

구사, 그 덮개가 커서, 한낮인데도 북두성이 보인다. 그 무리의 주인을 만나니, 길하다.

✎ 구사는 자리가 바르지 못하고, 짝인 초구와 호응하지 못하며, 위에 있는 육오와 가깝게 지낼 수 있다. 구사는 우레의 시작점이고 천둥 번개를 함께 쳐야 하는 상황에서 짝인 초구와 협력해야 하는 처지이다. 구사의 덮개는 위에 있는 이웃 육오를 두고 말함이며, 그 덮개가 너무 커서 하늘의 해를 가려서 북두성이 보일 정도이다. 이런 상황에서 구사는 하괘인 離의 무리 주인인 초구를 만난다. 둘이 협력함으로써 豐을 이루어서 어둠을 타개해 가기 때문에 길한 것이다.

'夷主'라는, 낯선 말이 쓰였는데 초구에서 쓰인 '配主'라는 말과 사실상 같은 의미이지만, 그래서 爻辭도 절반이 같지만, 굳이 구분하자면, 구사는 초구의 짝으로서 신분이 높기에 초구 입장에서 '配主'라는 칭호를 썼고, 구사는 양강한 同類로서 괘체(卦體)가 다른 下卦의 주인이 초구라는 점에서 '夷主'라는 칭호를 쓴 것으로 보인다.

《象》曰 : 豐其蔀, 位不當也 ; 日中見斗, 幽不明也 ; 遇其夷主, 吉行也.

「상」에서 말했다. 그 덮개가 크다는 것은, 자리가 부당함이다. 한낮인데도 북두성이 보인다는 것은, 밝지 않아 어둡다는 뜻이다. 그 무리의 주인을 만난다는 것은, 좋은 행위이다.

✎ 자리가 부당하다는 것은, 음의 자리에 양으로 와서 하늘의 태양을 가리는 구름과 같은 구실을 한다는 뜻이다. 한마디로 말해, 바르지 못한 행위를 한다는 뜻이다. 하지만, 자리가 바른 육이, 구삼도 그 덮개나 깃발이 크다는 점을 인지해둘 필요가 있다. 여하튼, 큰 구름으로 하늘의 해를 가리니 어두워져서 하늘의 북두성이 보이는데 이런 상황에서 같은 부류의 주인을 만나러 가는 것은, 어두움을 타개하려는 좋은, 필요한 행동이라는 뜻이다.

六五, 來章, 有慶譽, 吉.

육오, 와서 밝아지니, 경사와 영예가 있으며, 길하다.

✎ 육오는 자리가 바르지 못하고, 짝인 육이와 호응하지 못하며, 아래 이웃 구사와 가깝게 지낼 수 있다. 그리고 柔中을 얻었다. 온다는 것은 같은 柔中을 얻은 짝 육이를 두고 말함이다. 그리고 밝아졌다는 것은, 중도를 얻은 육오와 육이가 협력함으로써 가려진 하늘의 태양이 다시 비추도록 했다는 뜻이다. 이런 회복을 두고 경사와 명예가 있고 길하다고 말한 것이다. '章=明'으로 해석하였다.

《象》曰：六五之吉, 有慶也.
「상」에서 말했다. 육오의 길함이란 경사가 있음이다.

✎ 경사가 있다는 것은, 하늘의 태양을 가려서 천하를 어둡게 하는 蔀(덮개), 沛(깃발, 휘장) 등을 걷어냄으로써 만물이 햇빛을 두루 받을 수 있도록 하는 공로가 있다는 뜻이다. 이를 인간사로 바꾸어 말하면, 군주의 은총이 백성에게 두루 미치어야 하는데 이를 가로막는 어두운 요소들을 청산 제거함으로써 군주의 통치력이 백성에 미치게 했다는 뜻이다.

上六, 豐其屋, 蔀其家, 闚其户, 闃其无人, 三歲不覿, 凶.
상육, 그 집채가 크고, 그 집이 덮이어 있고, 그 방을 훔쳐보니, 사람이 없고 적막한 게 삼 년 동안이나 보이지 않으니, 흉하다.

✎ 상육은 자리가 바르고, 짝인 구삼과 호응하며, 가깝게 지낼 이웃이 없다. 그리고 上卦인 震卦의 끝자리이자 豐卦의 끝자리이다. 상육의 집채는 크고, 집이 가려져 있으며, 그 집을 들여다보면, 사람이 없고 적막하다. 삼 년 동안 보이지 않으니 흉하다. 한마디로 말해, 버려진 집이라는 뜻이다. '폐가(廢家)'라는 뜻이다. 풍요가 극에 달하면 그 끝이 이처럼 된다는 뜻이다. (窺=偸看. 闃=寂靜. 覿=見.)

《象》曰：豐其屋, 天際翔也；闚其户, 闃其无人, 自藏也.
「상」에서 말했다. 그 집채가 크다는 것은, 하늘가까지 날아오름이다. 그 방을 훔쳐보았으나 사람이 없어 적막하다는 것은, 스스로 숨었음이다.

✎ 하늘까지 날아오른다는 것은, 집의 처마가 하늘까지 닿았다는 뜻이고, 그

것은 그만큼 집이 크다는 뜻으로, 풍요로움의 극에 달했다는 뜻이다. 그리고 스스로 숨었다는 것은, 분수에 맞지 않게 큰 집을 지어 살며 감당하지 못해서 오히려 집에 치여 사는 꼴이라는 뜻이다. 이는 풍요로움의 끝을 시사한다.

*　　*

'豐'은 크고, 많다고 했는데 육효사까지 다 읽어보니 너무나 피상적인 말임을 확인할 수 있다. 곧, '우레'와 '불'이라고 하는, 성질이 유사한 두 자연적인 요소가 함께 작용하여 그 기능이 커지는 것을 두고 '豐'이라 했다. 바로 여기에서 나아가, 어떤 일을 하고자 할 때 그 목표를 달성하기 위해서 서로 적대시하며 경쟁하는 同類가 힘을 합쳐서 협력하는 것을 '豐'으로 여겼다. 그래서 짝과 호응, 이웃과 친비 관계는 반대로 작용한다. 간단히 말해, 호응, 친비 등의 관계가 없고, 자리까지 바르지 못한 효가 오히려 길하다(구사, 육오).

실제로, 육효사에서 豐을 이룬 큰 사물로는 ①蔀(육이, 구사, 상육), ②沛(구삼), ③屋(상육) 등 세 가지가 나타나 있고, 힘을 합쳐 협력함으로써 그 기능이나 능력을 극대화해 豐을 이룬 예로는 ①초구와 구사, ②육오와 육이의 협력 관계를 들 수 있다.

그리고 '豐'이라고 해서 반드시 좋은 것이 아니다. 오히려 나쁜 것이 더 많다. 해가 중천에 떠 있는데에도 불구하고, 그 햇빛을 가려서 어둡게 함으로써 밤낮을 구분하지 못하게 하는 蔀·沛 등이 있고, 屋·家 등도 있다. 이들은 하늘의 태양을 가리고, 집주인을 가려서 보이지 않게 한다. 따라서 이를 진정한 '豐'이라 할 수 없다. 오히려, 어둠을 밝히려는, 문제를 해소하려는 노력을 집중하고 서로 힘을 합치는 것이야말로 진정한 '豐'이다. 육효로 말하자면, 동류끼리 협력하는 것이 풍이라는 뜻이다. 그래서 豐卦에서는 짝과의 호응이나 이웃과의 친비 관계가 반대로 작용한다.

태양은 군주이고, 햇빛은 군주의 은택이다. 따라서 햇빛을 가리는 것들은 군주의 선정을 방해하는 요소들이다. 이들을 제거하고 청산하는 일에 협력하는 것이 큰일이고, 그 큰일이 바로 백성의 풍요를 가져오는 진짜 '豐'이라는 생각이 든다.

56. 火山旅卦

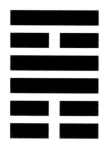

주역 쉰여섯 번째 괘로 화산려괘(火山旅卦)가 있다. 불火 離가 上卦이고, 山 艮이 下卦라는 뜻이다. 그 모양으로 보면, 산 위에서 불타오르는 모습이다. 卦德으로 보면, '止而明'이다. 곧, 멈추어 있고, 밝다. 육효 배열로 보면, '음, 음, 양, 양, 음, 양'으로, 음과 양이 셋씩으로 같다. 육이, 구삼만 자리가 바르고, 나머지는 모두 자리가 바르지 못하다. 초육과 구사만 짝으로서 호응하고, 나머지 짝들은 호응하지 못한다. 그리고 육오는 위아래 이웃과 친하게 지낼 수 있고, 육이는 위에 있는 이웃과 친하게 지낼 수 있으나 나머지는 친한 이웃조차 없다.

이런 '火山'을 '旅'로 받았다. '旅'는 어떤 의미로 쓰였을까? '旅'는' 나그네, 군대, 무리, 군중, 자제, 척추, 등뼈, 길, 도로, 함께, 다 같이, 객지살이하다, 여행하다, 산신에게 제사 지내다, 자생하다, 벌여놓다, 진열하다' 등 다양한 뜻으로 쓰이나 여기서는 '나그네', '여행하다', '객지살이하다' 등으로 쓰였다고 판단된다. 그러나 자세한 사항은 육효사까지 두루 다 읽어야 알 수 있을 것이다.

「序卦傳」에 의하면, "窮大者必失其居, 故受之以旅"라 했고, 「雜卦傳」에 의하면, "親寡旅也"라 했다. 곧, 큰 것이 다하면 반드시 그 거처를 잃기에 크고 많은 豐卦 다음을 객지살이하는 旅卦가 이어받았고, 친밀함이 적은 것이 여행자라 했다. 「序卦傳」의 말을 의식하면, 여행이란 궁핍해져서 어쩔 수 없이 새로운 거처를 찾아 떠도는 유랑(流浪)에 가깝고, 「雜卦傳」의 말을 의식하면, 여행자는 어디를 가

나 낯설고, 아는 사람이 없어서 친숙함이 적다. 따라서 항상 조심하고, 겸손하고, 친화적인 태도를 유지하도록 노력해야 한다는 생각이 든다.

문제는, '火山'을 왜, '旅'로 받았느냐이다. 위아래가 바뀐 '山火'는 '賁'로 받았는데 말이다. 필자는 이 문제에 대해서 이해하기 쉽게, 아니, 거의 무의식적으로 이런 생각을 했었다. 곧, 불이 산 위에서 타오르면 멀리 서서 바라볼 만한 불꽃이 되지만, 불이 산 아래에서 나면 사방으로 번지며 화려하게 타오를 것이다. 산 위의 불꽃은 나그네가 여행하듯이 구경할 만하고, 불꽃 자체도 여행자처럼 옮겨 다닐 것이다. 반면, 산 밑에서 사방으로 번지는 산불은 마치 산을 장식하는 듯한 효과를 낼 것이다. 특히, 밤에 보면 더욱 그러할 것이다. 이래서일까? 산 위의 불을 두고는 여행하듯 떠도는 '旅卦'라고 하고, 산 아래의 불은 겉모습을 아름답게 꾸며 裝飾하는 '賁卦'라 한다. 만약, 불을 '태양(日)'이라고 해도 별반 다르지 않다. 산 위로 태양이 걸리면 여행가서라도 볼 만하고, 산 아래로 태양이 걸리면 그 여명으로 주변이 온통 붉게 물들 것이다.

*　　　*

旅 : 小亨, 旅貞吉.
화산여괘는 작은 것이 형통하고, 여행자는 정도를 지켜야 길하다.

✎ 큰 것이 작아지고, 많은 것이 적어지면 현지를 벗어나 객지살이라도 해야 한다. 물질적으로 궁핍해져서 먹고 살기 위하여 살던 곳을 떠나 어디론가 가서 새로운 시작을 도모해야 하는 것이 旅卦라면, 좋은 일이 생겨도 큰 것이 아니고, 작은 일이나 가능하며, 형통해도 조금일 것이다.

대개, '小亨'을 '형통함이 적다'라고 번역하는데 필자는 '작은 것' 곧 陰爻가 형통하다고 해석했다. 이는 陽爻보다는 음효가 상대적으로 길하고 형통함을 육효사가 입증해 주기 때문이다. 특히, 양강한 구삼과 상구, 그리고 위아래 강한 이웃과 유순하게 가깝게 지낼 수 있는 육오 등이 그 결정적인 증거라고 생각한다.

그리고 여행자는 정도를 지켜야 길하다는 것은, 너무나 상식적인 말로 당연하다. 여행자가 조심하지 않고, 겸손하지 못하다면 여행자로서의 정도가 아니다. 큰소리치고, 부자인 듯 행세하며, 무례하면 현지인들에게 결코 좋은 인상을 주지 못한다. 이뿐만 아니라, 이용당하고, 재물을 빼앗기며, 친절한 도움을 받지 못할 것이다. '여행자의 정도가 구체적으로 무엇이다'라고 말하고 있지는 않으나 상식적 수준에서 판단하면 되리라 본다.

《彖》曰：旅, 小亨, 柔得中乎外, 而順乎剛, 止而麗乎明, 是以小亨旅貞吉也. 旅之時義大矣哉.

「단」에서 말했다. 화산여괘에서 작은 것이 형통하다는 것은, 유가 밖에서 중도를 얻고, 강에게 순종하며, 멈추어 밝게 빛나니, 이로써 작은 것이 형통하고, 여행자는 정도를 지켜야 길하다. 여행하는 때의 의미가 크구나!

✎ 유가 밖에서 중도를 얻었다는 것은, 육오를 두고 말함이며, 강에게 순종한다는 것은, 육오가 위아래 이웃들인 상구와 구사를 유순하게 따른다는 뜻이다. 그리고 멈추어 밝게 빛난다는 것은, 下·上卦의 덕성을 이어서 말한 것이다. 그러니까, 육오가 중도를 얻고, 강에게 순종하며, 멈추어서 밝게 빛나는 세 가지 이유가 있어서 작은 것이 형통하고, 여행자는 정도를 지켜야 길하다는 것이다. 구오 입장에서 설명한 것이다.

《象》曰：山上有火, 旅 ; 君子以明愼用刑, 而不留獄.

「상」에서 말했다. 산 위에 불이 있음이 여괘이니, 군자는 이로써 보고 깨달아, 형벌을 공명정대하고 신중하게 쓰되, 옥사(獄事)를 미루지 말라.

✒ 산 위에 불이 있다는 것은, 산 위에서 태양이 비춘다는 뜻이고, 산 위에서 태양이 비춘다는 것은, 산에 사는 만물을 두루 비춘다는 뜻이다. 만물은 그 햇빛을 받고서 성장·발전하며, 어두운 산속을 밝게 비춤으로써 그 속의 질서를 보여준다. 질서를 보여준다는 것은, 질서를 확립한다는 뜻이다. 산 위의 태양이 그렇듯, 군자는 국가의 형벌을 공명정대하고 신중하게 활용해서 옥사를 미루지 않고 제때 처리하라는 것이다. 한마디로 말해, 산 위의 '태양'이 되라는 뜻이다. 그럼으로써 군주가 나라의 질서를 확립하고 백성이 잘 살 수 있도록 하라는 뜻이다.

初六, 旅瑣瑣, 斯其所取災.

초육, 여행자가 너무 비루하고 미천하니, 이는 재난을 취하는 바이다.

✒ 초육은 양의 자리에 음으로 와서 그 자리가 바르지 못하고, 짝인 구사와 호응하나, 가깝게 지낼 이웃은 없다. 여행의 첫 단계이며, 의욕이 약하고 소심하다고 말할 수 있다. 재난을 취하는 바이라는 것은, 재난을 불러들여 자초한다는 의미이다. 문제는, '瑣瑣[suǒ suǒ](쇄쇄)'를 어떻게 해석하느냐인데, 이에 대한 해석이 극단적이다. 절대다수는 '자질구레하다, 천하다, 쩨쩨하다, 비루하다'라고 해석하는데 전혀 그렇지 않은 해석도 있다. 중국의 정이천과 주자는 '卑賤'으로, 李鏡池(1902~1975)는 '疑慮不定'으로 해석했지만, 중국 '國易堂' 주역 전문사이트에서는 '외출 여행 시에 자신의 재부(財富)를 노출 시키는 것은 재난을 자초하는 것(旅行外出顯露自己的財富, 是自己招致災難)'으로 해석한다. 그러니까, '瑣瑣'를 '옥이 울리는 소리'로 이해했다는 뜻이다. 하지만 이런 판단이 틀렸다는 것은 초육이 陽이 아닌 陰爻이기 때문이다.

《象》曰: 旅瑣瑣, 志窮災也.

「상」에서 말했다. 여행자가 너무 비루하고 미천하다는 것은, 뜻이 궁색해진 데에 따른 재난이다.

🖋 여행자의 형색(形色)이나 인품(人品)이 비루하고 미천하다고 보이는 이유는 여행자의 의식이 분명하지 못하거나 약하고, 그 의지조차 미약한 상태이므로 주변에서도 도와주고 싶은 욕구가 생기지 않아서 스스로 화를 부르고 있는 것이나 다름없다. 그리고 실제로 여행자가 너무 궁색해 보이면 현지인들이 함부로 대하는 경향이 있다는 사실과도 무관하지 않다.

六二, 旅即次, 懷其資, 得童僕貞.

육이, 여행자가 숙소에 이르고, 여행경비가 있어, 바르고 어린 심부름꾼을 얻는다.

🖋 육이는 음의 자리에 음으로 와서 그 자리가 바르고, 짝인 육오와는 호응하지 못하며, 위에 있는 이웃 구삼과 가깝게 지낼 수 있다. 그리고 중도를 얻었다. 비교적 좋은 조건이다. 그 성품으로 보아도, 부드럽고 친화성이 있다는 뜻이다. 여기서 '次(차)'는 거처, 장소, 곳, 여관, 殯所, 廬幕 등의 뜻으로 아주 작고 초라한 客舍를 말한다. 우리로 치자면, '酒幕' 정도가 되지 않을까 싶다. 요즘으로 치자면 여인숙 정도가 될 것이다. 여행자에게 묵을 수 있는 거처와 경비와 어리고 착한 심부름꾼까지 구비되어있다면 여행자로서는 기본적인 조건을 다 갖춘 셈이다.

《象》曰 : 得童僕貞, 終无尤也.

「상」에서 말했다. 바르고 어린 심부름꾼을 얻는다는 것은, 마침내 근심이 없음이다.

🖋 마침내 근심이 없다는 것은, 여행에 필요한 거처·경비·착한 심부름꾼까지 두루 다 갖추었으니 걱정할 일이 없다는 뜻이다.

九三, 旅焚其次, 喪其童僕貞, 厲.

구삼, 여행자가 숙소를 불태우고, 어린 심부름꾼의 정도를 잃으니, 위태롭다.

✎ 구삼은 자리가 바르고, 짝인 상구와 호응하지 못하며, 아래에 있는 이웃 육이와 가깝게 지낼 수 있다. 하지만 중도를 지나쳐 있고, 陽剛한 성품이다. 그래서일까? 구삼은 숙소를 불태우는 화를 입고, 어린 심부름꾼의 정도를 잃는다. 그러니 위태로울 수밖에 없다. 여행자로서 어려운 국면을 맞는다. 심부름꾼의 정도를 잃는다는 것은, 심부름꾼이 정도를 잃는다는 뜻으로, 구삼과의 관계에서, 그 영향으로 어린 심부름꾼이 마음을 바꾸어먹었다는 뜻이다.

《象》曰 : 旅焚其次, 亦以傷矣 ; 以旅與下, 其義喪也.

「상」에서 말했다. 여행자가 숙소를 불태운다는 것은, 역시 상함이다. 여행자가 아래와 함께함으로써 그 도리를 잃음이다.

✎ 역시 상했다는 것은 잃고 다쳤다는 뜻이고, 잃었다는 뜻이다. 그리고 아래와 함께해서 그 도리를 잃었다는 것은, 해서는 안 될 일을 저질렀다는 뜻이다. 예컨대, 어리다고 무시하거나 함부로 대하는 일 등으로 유추해 볼 수 있다.

九四, 旅于處, 得其資斧, 我心不快.

구사, 여행자가 거처에 있으면서, 경비를 얻으나, 내 마음은 불쾌하다.

✎ 구사는 음의 자리에 양으로 와서 그 자리가 바르지 못하고, 짝인 초육과 호응하며, 위에 있는 이웃 육오와 가깝게 지낼 수 있다. 구사가 경비를 얻는다는 것은, 짝과 호응하고 위에 있는 이웃 육오와 가깝게 지낼 수 있다는 점의 반영이다. 그러니까, 구사의 친절한 태도와 사교성이 여행경비를 얻을 수 있게 했다는

뜻이다.

그러나 마음이 불쾌한 것은, 음의 자리에 양으로 온 데 따른 것으로, 유순하고 고분고분해야 하는데 양강한 성품으로 그렇지 못하기 때문이다. 더 구체적으로는, 육오와 초육 사이에서 양다리를 걸치고 있는 불편함 때문이거나 아니면, 여행경비를 빌렸다는 사실에서 자존심이 상했기 때문일 것이다. 그리고 거처가 있다는 것은, 구사의 높은 자리에서 연유된 것으로 판단된다.

여행자가 머무는 거처로, '次(육이, 구삼)'와 '處(구사)', 그리고 '巢(상구)'가 쓰였음을 알 수 있다. 次는 여행하며 잠시, 짧게 머무르는 임시 숙소로서 좁은 공간이라면 處는 좀 더 길게 머물며 생활까지 하는 居處라고 볼 수 있다. 巢는 가족과 더불어 한 철을 난, 오래 머물러 정든 집이라 할 수 있다.

그리고 '資斧'는 重風巽卦 상구 爻辭에서도 나오는데 여기서도 '경비'라는 의미로 쓰였다. 대개, '資斧'를 자금과 도끼라고 나누어서 해석하는데 그 의미가 쉽게 해독되지 않는 문제가 있다. 그래서 필자는 '資'와 '斧'를 묶어서 여행경비, 노잣돈, 여비 등의 뜻으로 해석하였다. '資斧=旅費=盘缠'라는 뜻으로 이해했다는 뜻이다.

《象》曰：旅于處, 未得位也；得其資斧, 心未快也.
「상」에서 말했다. 여행자가 거처에 있다는 것은, 자리를 얻지 못함이며, 여행경비를 얻었다는 것은, 마음이 유쾌하지 않다는 뜻이다.

✍ 자리를 얻지 못했다는 것은, 일할 자리를 얻지 못했다는 뜻이고, 마음이 유쾌하지 못한 것은 불안·불편하다는 뜻이다. 가까이 있는 육오와 멀리 있는 짝 초육 사이에서 마음의 갈등을 느끼기 때문일까? 요즈음 말로 치면, 둘 사이에서 양다리를 걸치고 저울질하기 때문일 수 있고, 여행경비를 얻었다는 것은 빌렸다는 것이기에 마음이 썩 좋지 않다는 뜻이다. 왜, 빌린 것이 되는가? 구사는 비교적

지위가 높아 보이고, 양강한 성품이라서 신뢰를 얻는다. 하지만 구사는 일하지 않고 거처에 머무는데 비교적 좋은 대인관계로 여행경비를 얻었으니 그것이 빌린 것이 아니고 무엇이겠는가?

六五, 射雉, 一矢亡 ; 終以譽命.
육오, 꿩을 쏘아 잡느라고, 화살 하나를 잃었다. 끝내 영예로운 명이 있다.

🖉 육오는 양의 자리에 음으로 와서 그 자리가 바르지 못하고, 짝인 육이와 호응하지 못하며, 위아래에 있는 유력한 이웃들과 가깝게 지낼 수 있다. 게다가, 柔中을 얻었다.

꿩을 쏘아 잡는다는 것은, 上卦인 離卦의 가운데 자리를 차지했다는 뜻이다. 「說卦傳」 제8장에 의하면, 離卦의 상징적인 동물이 바로 꿩이기 때문이다(離爲雉). 하나의 화살을 잃었다는 것은, 자리를 얻기 위해서 노력을 투자했다는 뜻이다. 하나의 화살을 잃어가면서 꿩을 쏘아 잡았다는 것은, 요긴하게 사용해야 할 화살 하나를 써서 離卦의 가운데 자리를 얻었다는 뜻이다. 離卦의 가운데 자리를 얻었다는 것은, 산 위에 떠 있는 태양이 되어서 아래를 비추는, 바꿔 말해, 유랑하는 무리의 왕이 되었다는 뜻이다. 그리고 마침내 영예로운 명이 있다는 것은, 하늘이 인정하고, 백성이 인정하는 영광스러운 왕위에 오른다는 뜻이다.

여기서 '射'는 맞힐 '석'으로 읽었다. 참고로, 이 효사에 관해서 현재 중국의 주역 전문사이트에서는 "야생의 들닭(꿩)을 쏘아, 한 발로 명중시키니, 좋은 시절의 아름다운 이름을 크게 얻는다(射野鷄, 一發命中, 其人因而博得善時的美)"라거나, "꿩을 쏘아 하나의 화살로 명중시키니 최후에는 영예와 벼슬자리 임명을 받는다(射野鷄, 一箭射中, 最終獲得榮譽和爵命)"라고 풀이한다.

《象》曰 : 終以譽命, 上逮也.

「상」에서 말했다. 끝내 영예로운 명이 있다는 것은, 위에서 보냄이다.

✎ 위에서 보낸다는 것은, 하늘이 내린다는 뜻이다. 대개, '上逮'를 '위로까지 미치다'라거나 '위가 아래로 미친다'라고 해석하는데 필자는 '逮'를 '보내다'로 해석하였다.

上九, 鳥焚其巢, 旅人先笑, 後號咷 ; 喪牛于易, 凶.

상구, 새가 둥지를 불태우니, 여행자가 처음엔 웃고, 나중엔 울부짖는다. 역에서 소를 잃어버림이니, 흉하다.

✎ 상구는 자리가 바르지 못하고, 짝인 구삼과 호응하지 못하며, 아래 이웃인 육오와 가깝게 지낼 수 있다. 그리고 旅卦의 끝자리이다.

새가 둥지를 불태웠다는 것은, 객지살이가 끝났다고 여기고 자만한 나머지 그동안 고생하며 살아온 고마운, 정든 숙소를 불태워버렸다는 뜻이다. 물론, 이것은 비유적인 修辭이다. 상구는 여괘의 끝자리이기도 하지만 음의 자리에 양으로 온 탓이 크다. 下卦인 艮卦의 끝자리인 구삼도 자기 처소(次)를 불태웠는데 이 역시 조심조심 부드럽게 처신하며 객지살이를 해야 하는 처지에서 양강한 성품을 자제하지 못한 결과이다. 여기서 양강하다는 것은, 잘난 척하거나 과시하는 태도를 말한다.

그리고 처음엔 웃고, 나중엔 울부짖는다는 것은, 좋았다가 아주 나빠진다는 뜻인데, 이제 객지살이가 끝이 나는가 싶었는데 오히려 돌연 액운이 찾아왔다는 뜻이다. 그 액운이 바로 다음에 나오는 '喪牛于易'이다. '이'에서 소를 잃는다. '이'에서 소를 잃는다는 것은, 일종의 상투적인 표현으로, 당대 사람들에게 널리 알려져 뜻밖의 좋지 않은 일이 발생하여 厄運을 피하지 못함을 두고 쓰는, 유행어 같은 말이라는 뜻이다. 물론, 이렇게 되기까지에는 실재했던 사건이 전제되었다. 이 '喪牛于易'과 유사한 '喪羊于易'이란 말이 雷天大壯卦 육오 효사에서도 쓰였다.

대개, '于易'을 '소홀히 하여' 또는 '쉽게'로 번역하는데(정이천, 주자, 심의용, 고은 주 외 다수), '유이(有易)에서'라고 특정 장소로 번역하는 이도 있다(신원봉). '有易 [yǒu yì]'는 고대 部落의 이름으로 황하강 북쪽 易水 부근이다. 易水는 지금의 河北省 保定市 易縣 定興縣에 있다.

《象》曰：以旅在上，其義焚也；喪牛于易，終莫之聞也.

「상」에서 말했다. 여행자가 위에 있음으로써, 그 도리를 불태웠다. 이에서 소를 잃고 끝내 소식을 듣지 못함이다.

✎ 여행자가 위에 있어서 그 도리를 불태웠다는 것은, 여행자로서 자신을 낮추고 겸손해야 하는데 상구는 그렇지 못했다는 뜻이다. '이'에서 소를 잃고, 끝내 소식을 듣지 못했다는 것은, 아주 크게 잘못되었다는 뜻이다.

『竹書紀年』이란 책 속 기록에 의하면, 帝泄 12년에 왕해(王亥)와 그의 형제 왕항(王恒)이 함께 상구(商丘)를 출발하여 화물을 싣고, 소와 양을 몰고 걸어서 강을 건너 먼 하북성(河北省) 有易氏 部落(씨족사회 씨족부락이라는 뜻임)에 도착했다고 한다. 그런데 이 부락의 수령이 재물에 욕심이 생겨 왕해를 죽이고, 그 수행원들을 몰아냈다. 그리고 소, 양을 비롯하여 재물을 탈취하였고, 죽임을 당한 왕해의 동생인 왕항은 도망쳐 상구로 돌아갔다 한다.

위 내용은 필자가 중국 바이두 백과사전 '왕해(王亥)' 편을 읽고 발췌한 것이지만, 이런 역사적 사실이 회자(膾炙)되어 아주 좋지 못한 일이 발생했을 때 '이에서 소를 잃었다'라는 말을 하게 된다는 뜻이다. 따라서 소식을 듣지 못했다는 것은, '有易'에서 일어난 사건의 顚末을, 특히, 형의 소식을 듣지 못했다는 뜻이다. 소식을 듣지 못했다는 것은, 아주 좋지 않은 일이 발생했다는 뜻이다.

　　　　　　　*　　　*

　　火山旅卦에서의 여행은, 오늘날 우리가 생각하는 '旅行'과는 거리가 있다. 경제적인 살림살이가 어려워져서, 오로지, 먹고 살기 위해서 살던 곳을 떠나 객지살이를 하는 삶이고, 돈을 벌기 위해서 먼 길을 떠나 무역하는 行商까지도 포함되기 때문이다.

　　따라서 여행의 正道를 강조하게 되는데, 그 내용인즉 첫째가 겸손이고, 둘째가 이웃과 친절함이며, 셋째가 재물이나 지식이나 의욕이나 할 것 없이 모든 부분에서 부족하지도 않고 넘치지도 않은 적절함을 유지하는 中道이다. 이를 요즈음 말로 바꾸어 말하면, 여행자로서 柔順하고, 예의 바르며, 만나는 현지인과 친밀감을 드러내는 붙임성이 좋아야 하고, 겸손해야 한다. 이런 점은 옛날이나 지금이나 똑같이 요구되는 여행자가 갖추어야 할 德目이라 할 수 있다. 이와 반대로 우쭐대거나 강직하거나 거만하거나 과시욕 등을 노출하면 도움은커녕 화를 자초하는 빌미가 되는 것도 마찬가지이다.

　　六爻辭를 보아도 그렇다. 여행의 시작과 끝은 좋지 않다. 오히려 흉하다. 그 흉한 이유가 바로 너무 궁색하거나 너무 오만불손하기 때문이다. 능력이 있다고 잘 난 척하거나 과시하는 양효들은, 다시 말해, 중도를 지나친 구삼과 상구는 위태롭고 흉하다. 유순한 중도를 얻은 육이와 육오는 길하고, 아주 길하다. 유순하고 이웃들과 친밀하게 지내는 육오는 大吉이라면, 육오보다 친밀한 관계가 덜한 육이는 그래도 길하다. 구사가 양이지만 위태로움과 흉에서 벗어날 수 있는 것은 그래도 이웃과 친밀한 관계를 유지할 수 있기 때문이다. 육효에서는 중도와 친밀함과 유순함을 가장 중요하게 여기고 있으나 여행의 정도를 지키는 자는 여행 중에 재난을 피하고, 객지살이를 무난하게 할 수 있지만, 정도를 지키지 못하면 위태롭고 재난이 따른다.

57. 重風巽卦

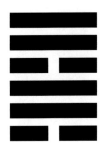

주역 쉰일곱 번째 괘로 중풍손괘(重風巽卦)가 있다. 바람 風 巽이 위아래로 겹쳐 있다는 뜻이다. 그 모양으로 보면, 바람 위에서 또 바람이 부는 모습이다. 卦德으로 보면, '巽而巽'이다. 곧, 유순하고, 공손하다. 육효 배열로 보면, '음, 양, 양, 음, 양, 양'으로, 음이 둘이고, 양이 넷이다. 그런데 상·하괘에 하나씩 있는 음은 위로 두 양에게 자신을 낮추고, 그 밑으로 내려와 엎드려 있는 모습이다. 그리고 육효의 세 짝이 모두 호응하지 못하는 특징이 있다. 짝끼리 호응하지 못한다는 것은 사적 관계가 없다는 뜻이며, 그것은 오로지 군림하는 양에게 음이 순종한다는 관계만이 존재한다는 뜻이다. 더 구체적으로 말하면, 구오 군주와의 관계만이 존재한다는 뜻이다.

이런 '重風'을 '巽'으로 받았다. '巽'이란 어떤 의미로 쓰였을까? '巽'이란 '부드럽다, 유순하다, 공손하다, 사양하다, 동남쪽' 등의 뜻으로 쓰이나 여기서는 '공손하다' 뜻으로 쓰였다고 본다. 물론, 자세한 사항은 六爻辭까지 두루 다 읽어 보아야 알 수 있으리라 본다.

「序卦傳」에 의하면, "旅而无所容, 故受之以巽. 巽者, 入也"라 했다. 곧, 여행하는데 받아줄 곳이 없으니, 유랑하는 旅卦 다음을 자신을 낮추고 엎드려야 하는 巽卦가 이어받았고, 巽이라는 것은 들어감이라 했다. 그리고 「雜卦傳」에 의하면, "巽, 伏也"라 했다. 곧, 손은 엎드림이다. '엎드린다'라는 것은, 자신을 낮추어 스스로 굴복함이다.

그렇다면, '巽'은 단순하게 '공손하다'가 아니라는 뜻이다. '유순하다, 공손하다'를 넘어서서 자기 뜻을 굽히고 남의 뜻에 복종하는, 굴종적인 자세를 드러내 보임이다. 그럼으로써 원하는 곳으로 들어감이다. 바람이 자신을 부드럽게 해서 틈만 있으면 비집고 들어가듯이 '巽'이 그렇다는 뜻이다.

그리고 「說卦傳」에 의하면, "風以散也"라 했고(제4장), "齊乎巽, 巽, 東南也, 齊也者, 言萬物之洁齊也"라 했으며(제5장), "橈萬物者, 莫疾乎風"이라고 했다(제6장). 곧, 바람은 흩어지고, 공손함으로 단정해지며, 손은 동남이고, 단정한 것은 만물의 질서정연함을 말한다. 그리고 만물을 휘게 하는 것은 바람보다 빠른 것이 없다. 그리고 손은 입(入:제7장)이고, 닭(鷄:제8장), 장녀(長女:제10장), 정강이(股:제9장), 나무(木:제11장) 등으로 빗대어진다고도 했다.

*　　　*

巽：小亨, 利有攸往, 利見大人.
중풍손괘는 조금 형통하고, 나아갈 바 있어서 이롭고, 대인을 만나봄이 이롭다.

✎ 巽이 '유순하다, 공손하다'를 넘어서서 자기 뜻을 굽히고 남의 뜻에 복종하는, 굴종적인 자세를 드러내 보인다면 크게 형통할 리 없고, 그렇다고 나쁠 리도 없다. 그래서 조금 형통하다. 조금 형통하다는 것은, 陰이 형통하다는 말과 같다. 그리고 나아갈 바 있어서 이롭다는 것은, 나아갈 곳이 있고, 나아가서 해야 할 일이 있다는 뜻이다. 그리고 대인을 만남이 이롭다는 것 역시 대인을 만나야 할 일이 생기고, 조언도 들을 수 있기에, 다시 말해, 도움을 받을 수 있기에 이로운 것이다.

重風巽卦의 상·하괘가 팔괘 가운데 하나인 巽인데 이 巽의 卦象을 보면, '음, 양, 양'으로 이루어졌다. 柔順한 음 하나가 剛健한 두 양 밑으로 내려와서 엎드려 순종하는 모습이다. 이런 陰의 처지에서 보면, 두 양은 좋을지 몰라도, 음은 인내심이 요구되며, 애를 써야 한다. 사실, 그 자체를 인간사로 바꾸어서 말하자면, 일종의 스트레스이다. 두 양의 비위를 맞추고, 두 양의 일을 돕되, 자신을 낮춤으로써 대립이나 충돌을 피하면서 자기 자리를 지키려고 노력하기 때문이다. 이런 시각으로 보아도, 重風巽卦는 조금 형통할 수밖에 없다.

초육과 육사는 음으로서 위로 올라가서 대인을 만나야 자리를 얻고, 할 일이 생기며, 그로 인해서 이롭게 된다. 물론, '大人'이란 中正을 얻은 구오를 두고 말함이다. 순종해야 하는 陰으로서는 일하는 데에 한계가 있기에 陽에게 협력해야 한다. 이 괘사는 다분히 두 陰에 초점이 맞추어졌다고 보이지만 실제로 큰일은 구오 大人이 한다.

《彖》曰：重巽以申命, 剛巽乎中正而志行. 柔皆順乎剛, 是以小亨, 利有攸往, 利見大人.

「단」에서 말했다. 손이 중첩되어 있음으로써 거듭하여 명령하고, 강이 중도의 바름에 순종하고 뜻을 행한다. 유가 다 강에게 순종하며, 이로써 조금 형통하고, 갈 바가 있어 이로우며, 대인을 만나는 이로움이 있다.

✎ 손이 중첩되어 있다는 것은, 손이 상·하괘로 겹쳐 있다는 뜻이다. 巽이 상하로 겹쳐 있다는 것은, 유순하고 공손하여 그 공손함이 지극하다는 뜻이다. 거듭하여 명령한다는 것은, 陽이 명령을 거듭해서 내린다는 뜻이다. 강이 중도의 바름에 순종하고, 뜻을 행한다는 것은, 구오가 중도를 얻고, 자리까지 바래서 중도를 바르게 행사한다는 뜻이다. 소위, '中正'을 행사한다는 뜻이다. 그리고 유가 다 강에게 순종한다는 것은, 초육과 육사 등 음효가 구오를 따른다는 뜻이다.

그리고 조금 형통하고, 갈 바가 있어 이로우며, 대인을 만나는 이로움이 있다는 것은, 초육과 육사가 구오를 따르며, 순종하는 것이 형통하고, 나아가 대인을 만나야 일이 생기며, 그로 인해서 이로워진다는 뜻이다. 역시, 陰은 순종을 본성으로 하기에 주도적으로 일하는 데에는 한계가 있다는 시각이 반영되었다. 다시 말해, 陰은 陽에게 순종함으로써, 陽에 기대어서 일할 수밖에 없고, 그래서 형통함도 적은 것이다.

《象》曰：隨風, 巽；君子以申命行事.

「상」에서 말했다. 잇따르는 바람이 손괘이니, 군자는 이를 보고서 깨달아, 거듭하여 명령을 내리고 일하라.

🖉 바람이 잇따른다는 것은, 바람이 불고 또 바람이 부는, 다시 말해, 바람이 연속해서 부는 것을 말한다. 그러니까, '重風'을 '隨風'이라고 달리 말했을 뿐이다. 명을 거듭하여 내리고 일하라는 것은, 군자로서 명령을 연속으로 내리면서 일을 많이, 열심히 하라는 뜻이다.

바람이 연속으로 부는 것과 군주가 연속으로 명령을 내려 일하는 것과는 어떤 상관성이 있는 것일까? 「說卦傳」에 근거하여 해석하면, '바람'은, 자신을 낮추는 엎드림이고, 어디론가 들어가는 존재이므로, 엎드리고 또 엎드리며, 들어가고 또 들어가는 존재이다. 그만큼 자신을 많이 낮추는 것이며, 동시에 스며들 듯 어디든 들어가 영향을 미치는 것이다. 따라서 이런 바람의 속성을 인간사로 바꾸어서 말한다면, 의견을 개진할 때는 거듭해서 말함으로써 상대방의 마음속으로 들어가 설득하고 이해시킨다는 의미와 다르지 않다. 그래서 나랏일을 다루는 군주라면 그런 바람을 생각하면서 거듭거듭 명령을 내려서 백성의 뇌리에 박히도록 함으로써 동감(同感)·동의(同意)하도록 한다는 뜻으로 '申命行事'라는 말이 쓰였다고 볼 수 있다. 만물을 휘게 하는 데에 바람보다 빠른 것이 없다고도 했는데 그런 바람처럼 군주가 일하라는 의미로 썼다는 생각이 든다. 결과적으로, 바람이 하는 일과 군주가 하는 일을 동일시함으로써 '바람=군자'로 여겼음을 알 수 있다.

初六, 進退, 利武人之貞.
초육, 나아갔다가 물러나니, 무인의 정도가 이롭다.

✒ 초육은 양의 자리에 음으로 와서 그 자리가 바르지 못하고, 짝인 육사와 호응하지 못하며, 위에 있는 구이와 가깝게 지낼 수 있다. 초육은 구이 陽에게 순종하면서 위로 올라가야 하는데, 다시 말해, 구오에게 올라가야 하는데 나갔다가 물러선다. 자리가 바르지 못하기에 일을 감당하기에 무엇이 부족해도 부족하다는 뜻이다. 양의 자리에 음으로 왔기에 그 의지나 능력이 약하다고밖에 볼 수 없다. 그래서 앞으로 나아갔다가 뒤로 물러난다. 앞으로 나아갔다가 뒤로 물러난다는 것은, 결국, 자신의 판단이나 신념이 확고하지 못하여 오락가락한다는 뜻이고, 성패 여부에 대하여 반신반의한다는 뜻이다. 따라서 초육에게는 武人의 正道 곧 무인의 기질인 확고한 결단력과 추진력이 있어야 이롭다고 했다.

《象》曰 : 進退 志疑也 ; 利武人之貞, 志治也.
「상」에서 말했다. 나아갔다 물러난다는 것은, 의지가 의심됨이다. 무인의 정도가 이롭다는 것은, 의지를 다스림이다.

✒ 의지가 의심된다는 것은 자신의 의중이 확고하지 않다는 뜻이고, 의지를 다스린다는 것은 자신의 마음인 의중을 드러내 확고히 실천함이다.

九二, 巽在牀下, 用史, 巫紛若吉, 无咎.
구이, 공손함이 평상 아래에 있기에, '사'를 쓰고, '무'를 많이 써야 길하고, 무구하다.

✎ 구이는 음의 자리에 양으로 와서 그 자리가 바르지 못하고, 짝인 구오와 호응하지 못하며, 아래 이웃인 초육과 가깝게 지낼 수 있다. 그리고 剛中을 얻었다. 공손함이 평상 아래에 있다는 것은, 구이의 공손함이 평상 아래에 머물러있다는 뜻이다. 공손함이 평상 아래에 머물러있다는 것은, 두 가지 의미가 있다. 곧, 하나는, 양적 개념으로 공손함이 부족하다는 뜻이고, 그 다른 하나는, 공손함이 구오에게 미쳐야 하는데 아래 초육에게 미친다는 뜻이다. 공손함이 부족하다는 것은, 위아래가 공손함으로 가득 차야 하는데 그렇지 못하고 절반 정도에서 그쳤다는 뜻으로 이해된다.

그런데 '史'를 쓰고, '巫'를 많이 쓰면 길하고 무구하다고 했는데, 이것이 도대체 무슨 말인가? 선뜻, 이해되지 않는다. '史'와 '巫'를 많이 혹은 섞어 쓰라는 뜻인데 '史'는 무엇이고, '巫'는 또 무엇인가? 현재 중국 주역 전문사이트에서 史巫를 鬼神과 接續하는 巫堂으로 풀이하고, 이 둘의 구분을, 史는 祝願하는, 다시 말해, 복을 懇求하여 비는 무당이고, 巫는 覡(격:박수무당)이라고 했다. 물론, 이것은 唐代에 공영달(孔穎達)이 펴낸 『五經正義』에서 인용된, 事典의 말이다.

그렇다면, 구이 효사는 왜, 이렇게 붙여졌을까? 구이는 음의 자리에 양으로 와서 그 자리가 부당하고, 陰으로서 공손함이 지극해야 하는데 陽이기에 공손함에 물타기를 하는 것처럼 진정성이 떨어진다. 그런 구이의 태도나 행위가 자칫 거짓 내지는 위선으로 의심받을 수 있다는 뜻이다. 그래서 신에게 빌고 축원하는 무당의 진심과 정성을 보여주어야 한다는 뜻이다. 그것도 많이. '무당을 많이 써야 이롭다'라는 말을 비유적인 표현으로 간주하면, 구이는 무당의 언행처럼 진정성과 공신력을 자주 보여줘야 한다는 뜻일 것이다. 아마도, 中道를 얻은 구이가 구오 군주에게 잘 보이려면 이런 노력이 필요하다는 뜻으로 이해된다. 보통, 이럴 때는 '祭祀'를 이용하는데 이 괘에서는 '무당의 굿'을 이용하라 한 점이 다르다.

《象》曰 : 紛若之吉, 得中也.
「상」에서 말했다. 많음의 길함은 중도를 얻음이다.

✒ 무당을 많이 쓰는 길함이 중도를 얻었기 때문이라는데, 무당을 쓰는 일과 중도와는 어떤 상관성이 있을까? 이 문제는 좀 생각해 볼 필요가 있다. 중도를 얻었으니 주변의 사람들이 꾀는 것은 당연한 현상일 것이다. 그런데 구이는 무당을 많이 써야 길하다고 했다. 쓰지 않으면 길하지 않을 수도 있다는 뜻이다. 그런데 중도를 얻었다는 이유로 얼버무렸다. 필자는 아직 그 상관성을, 다시 말해, 中道와 무당의 관계를 인지하지 못했다. 역시, 구오 군주를 만나고 그에게 인정받으려면 무당이 동원된 공식적인 행사를 통해서 신뢰를 쌓아가야 한다는 뜻으로밖에 이해되지 않는다. 여기서 '紛若'을 '盛多之貌'로 해석하였다.

九三, 頻巽, 吝.
구삼, 얼굴을 찡그리는 공손함이니, 인색하다.

✒ 구삼은 양의 자리에 양으로 와서 그 자리가 바르고, 짝인 상구와 호응하지 못하며, 위에 있는 육사와 가깝게 지낼 수 있다. 그리고 중도를 지나쳐 있다. 이른바, 과중(過中)·양강(陽剛)한, 자리이며, 성품이다. 공손한 태도로 구오에게 가서 협력해야 하는데 천성적으로 과중·양강함으로 유순하게 순종하는 엎드림이 쉽지 않은 처지이다. 게다가, 위에 있는 육사와 가깝게 지낼 수 있는 여건이다. 그래서 자기도 모르게 진정성이 없는, 뻣뻣한 공손함을 마지 못해서 보이는 격이다. 곧, 얼굴을 찌푸리고 공손한 척하기에 진정한 공손함이 부족하고 인색한 것이다. 물론, 정이천을 비롯하여 많은 사람은 '頻'을 '자주, 빈번히'로 풀이한다. (頻=頻繁, 往復, 屢次)

《象》曰 : 頻巽之吝, 志窮也.
「상」에서 말했다. 얼굴 찡그리는 공손함의 인색함이란 뜻이 궁색해짐이다.

✑ 뜻이 궁색해졌다는 것은, 공손함의 진정성과 필요성이 사라져 약해졌다는
뜻이다. 그래서 마지못해서 공손한 척하는 것이다.

六四, 悔亡, 田獲三品.
육사, 후회함이 사라지고, 사냥하여 삼품을 획득한다.

✑ 육사는 음의 자리에 음으로 와서 그 자리가 바르고, 짝인 초육과 호응하지
못하며, 위아래 이웃과 가깝게 지낼 수 있다. 육사는 위에 있는 육오에게 유순한
공손함으로 순종한다. 그래서 있던 근심조차 사라지고, 사냥에서 '三品'을 획득
한다. 삼품을 획득한다는 것은, 유순한 공손함으로 순종한 대가로 보상받았다는
뜻이다.
그리고 '三品'이란 말은, 庾肩吾(487~551) 서예평론가가 『書品』이란 책에서 서
예가들의 작품을 '상·중·하' 세 등급으로 나누어 평가한 데에서 유래하였는데 唐
朝(618~907) 때에는 서화 예술작품을 평가할 때 ①神品 ②妙品 ③能品이라는 말로
세 등급으로 나누어 평가했다고 한다. 그러나 여기서 '三品'이란,「禮記」에 근거
한 것으로, 천자·제후가 일이 없으면 일 년에 세 번 사냥 나가는데, 첫 번째는 제
사에 쓰는 말린 고기를 얻기 위해서이고, 두 번째는 손님을 접대하기 위한 것을
얻기 위함이고, 세 번째는 군주 자신이 먹을 안주용 고기를 얻기 위함이라는 것
이다(天子, 諸候, 无事則歲三田, 一爲乾豆, 二爲賓客, 三爲充君之庖) 따라서 여기
서 삼품이란, 사냥하여 얻은 ①제수용품(祭需用品) ②손님 접대용 ③군주의 안주
용 등을 말한다.

《象》曰 : 田獲三品, 有功也.
「상」에서 말했다. 사냥에서 삼품을 획득했다는 것은, 공로가 있음이다.

   ✎ 공로가 있다는 것은, 육사의 공손한 순종이 인정받아 구오로부터 삼품을 받았다는 뜻이다. 결국, 육사가 공손한 순종으로써 공을 세웠다는 뜻이다. 그러나 그 공이 구체적으로 무엇인지는 알 길이 없다. 말할 수 있는 것이 있다면, 아래 이웃 구삼과 위에 이웃 구오에게 순종하는 자세로 충실했다는 점으로, 위아래 어디에서도 미운털이 박히지 않았다는 뜻이다.

   九五, 貞吉, 悔亡, 无不利 ; 无初有終 ; 先庚三日, 后庚三日, 吉.
구오, 정도를 지켜야 길하고, 후회함이 사라지며, 불리할 게 없다. 처음은 없으나 끝이 있다. 바뀌기 전 3일과 바뀐 후 3일을 신중하게 하면 길하다.

   ✎ 구오는 양의 자리에 양으로 와서 그 자리가 바르고, 짝인 구이와 호응하지 못하며, 아래 이웃인 육사와 가깝게 지낼 수 있다. 그리고 剛中을 얻었다. 구오는 존귀한 자리이며, 中正의 이치에 따라 순응한다. 그래서 길하게 되고, 후회함이 사라지며, 이롭다.

처음은 없고 끝이 있다는 것은, 어떤 의미일까? 구오는 상구의 도움을 받을 수 없다. 그리고 짝인 구이의 도움도 받을 수도 없다. 오로지 육사의 순종이 있을 뿐이다. 그래서 불리한 조건에서 일하게 되므로 시작이 미미하다는 뜻이다. 그러나 모두가 순종해야 하는 상황에서 멀리 있는 초육으로부터 육사에 이르기까지 구오를 만나려고 찾아오는 상황이므로 中正의 바름으로써 처신한다면 그 끝은 성대해질 것이라는 뜻이다. 이런 의미에서 '无始有終'이라는 말이 쓰이지 않았을까 판단한다.

그리고 바뀌기 전 3일과 바뀐 후 3일을 신중하게 하면 길하다는 말은, 무슨 일을 하든 실행에 옮기기 전에 주도면밀한 계획을 세우고, 실행에 옮기고 나서는 그 결과를 살피며 분석하는 신중함으로써 처신한다면 그 과정과 그 결과가 좋다는 뜻이다.

이 구오 爻辭에서는 공손함에 대한 언급이 없다. 언급이 없는 爻로는 陰爻인 초육과 육사도 있다. 초육과 육사는 순종이 전제되었기에 순종의 方法이나 程度를 언급하지 않았고, 그 결과만 언급되었을 뿐이다. 그러나 구오는 군주 신분으로서 백성의 순종을 받으며, 그 백성을 위하여 무엇을 어떻게 할 것인가로 대신하였다.

《象》曰：九五之吉, 位中正也.
「상」에서 말했다. 구오의 길함은 중정의 자리이다.

✎ 자리가 높고, 그 자리가 바르며, 중도를 얻었었다는 이유에서 구오는 이롭고 길하다는 설명이다. 그렇다고, 모든 卦에서 五爻가 중정을 얻었다고 해서 이롭고 길한 것은 아니다. 대체로, 길하고 이롭지만 그렇지 않은 괘도 상당히 있다. 그렇지 않은 괘의 예를 들자면, 屯(大貞凶), 履(貞厲), 兌(有厲), 觀·大過·坎·夬·渙·中孚(无咎), 咸(无悔) 등이다. 군이, 이를 지적하는 것은, 中正의 자리라고 해서 모두가 길한 것이 아니고, 그 괘의 의미에 따라서 달라진다는 사실을 알리기 위함이다.

上九, 巽在牀下, 喪其資斧 ; 貞凶.
상구, 공손함이 평상 아래에 있으니, 그 재산을 잃는다. 정도를 지켜도 흉하다.

✎ 상구는 음의 자리에 양으로 와서 그 자리가 바르지 못하고, 짝인 구삼과 호응하지 못하며, 가깝게 지낼 이웃도 없다. 그리고 중도를 지나쳐 있으며, 공손하

게 엎드려야 하는 상황인, 巽의 끝자리에 있다. 상구는 구삼과 마찬가지로 과중·양강한 성품이기에 자신을 낮추어 공손함을 드러내었는데 역시 진정성이 없고, 부족하다. 높은 자리에 있으면서도 평상 아래에 엎드려 있으니 어울리지 않는다는 뜻이다. 어울리지 않는다는 것은, 윗사람으로서 공손함이 평상 위아래에 두루 있어야 하는데 부족하다는 뜻이다.

공손함이 침상 아래에 있는 爻는 이 上九 말고도 九二에게도 있다. 그런데 구이는 길하고 무구하나 상구는 정도를 지켜도 흉하다는 것이다. 무슨 차이일까? 구이와 상구는 공손하기 어려운 陽爻이다. 타고난 성품에 맞지 않기 때문이다. 그래서 모든 양효는 유순한 공손함으로 엎드리는 일을 좋아하지 않는다. 그래서 군주를 제외한 모든 양효는 이롭지 않고 길하지 않다. 하지만 구이는 무당을 많이 활용하여 예의 절차를 갖추었기에 무구하고 길하게 되지만 상구의 공손함은 침상 위에 있어야 하는데, 그렇지 못하고 아래에 머문다. 결국, 시늉만 한다는 뜻이다. 그래서 흉하다.

《象》曰：巽在床下, 上窮也 ; 喪其資斧, 正乎凶也.

「상」에서 말했다. 공손함이 침상 아래에 있다는 것은 위가 궁색함이다. 그 재산을 잃었다는 것은, 정도가 흉함이다.

✎ 위가 궁색하다는 것은, 상구의 공손함이 아래에만 머물기에 턱없이 부족하고, 그 의미가 퇴색했다는 뜻이다. 정도가 흉하다는 것은, 상구의 공손함이 다하여 정도를 지키지 못함으로써 구제 불능이라는 뜻이다. 그래서 재산을 잃는 화를 피하지 못한 것이다. '正乎凶也'이라는 문구를 '正乎? 凶也.'으로 표기하고서 '바르겠는가? 흉하다'라고 해석할 수도 있다. 진짜, 흉할 수밖에 없다는 뜻이다.

＊　　＊

　重風異卦 육효사에서는 제일 먼저 두 陰爻의 爻辭를 확인하고, 그다음이 중도를 얻은 이효와 오효이다. 그런 다음, 상구와 나머지 陽爻들의 효사를 살피면 된다. 그리고 한 가지 유념해 두어야 할 사항은, 유순하고 공손하며 자신을 엎드려 타자에게 순종하는 일은 '陽'보다 '陰'이 잘한다는 사실이다. 그리고 세 짝이 호응하지 못한다는 사실과 異의 의미를 연계해서 생각해보아야 하고, 자리가 바른 효(구삼, 육사, 구오)와 바르지 못한 효(초육, 구이, 상구)의 효사를 비교해 보는 것도 역의 본질을 이해하는 길 가운데 하나이다. 그리고 음이냐, 양이냐 하는 문제는 타고난 성품을 말하는 것이고, 그 음양의 위치 곧 자리는 길러진 능력을 말한다. 이 성품과 능력은 이웃과 짝 등 관계에서 영향을 받으며, 괘의 의미에 의해 제한된다는 점을 알아야 한다. 이 문제는 비단 重風異卦에서만의 일이 아니라 모든 괘에서 같이 통용된다.

　초육과 육사는 위로 있는 陽爻에게 유순한 공손함으로 순종하는 처지이다. 자리가 바르지 못한 초육은 구이 군자에게서 무인의 결단력을 배우고, 자리가 바른 육사는 구오 군자로부터 三品을 얻는다. 그러하니, 나쁠 게 없다. 그리고 똑같이 강중을 얻은 구이와 구오는, 무구하고 길하며 이롭기까지 하다. 그러나 이들의 길함은 조건이 붙어있다. 구이는 무당을 많이 활용하여야 하고, 구오는 주도면밀한 계획과 사후 결과를 분석·처리하는 신중함이 요구된다. 過中·陽剛한 구삼과 상구는, 유순한 공손함으로 순종하는 일에 어울리지 않는 모습을 보인다. 그래서 구삼은 얼굴을 찌푸리고, 상구는 재산까지 잃는다.

　중풍손괘 세 짝이 호응하지 못하는데 이는 사사로운 관계가 없다는 것이고, 있다면 오직 이웃과의 관계, 특히, 구오 군주와의 관계가 있을 따름이다. 그래서 모두가 구오나 친밀한 이웃에게 순종하는 입장(立場)이라면, 처음부터 순종하기 위해서 밑으로 내려와 엎드린 초육과 육사는 굳이 순종의 程度나 방법을 이야기할 필요가 없어서 순종의 결과를 중심으로 말했고, 구오는 순종을 받으며 일하는 자이므로 역시 순종의 방법과 정도를 언급하지 않았다. 다만, 어떻게 처신해야 하는지를 언급했다. 그리고 나머지 구이, 구삼, 상구 등은 순종하는 방법, 정도, 그리고 그 결과가 언급되었다.

58. 重澤兌卦

주역 쉰여덟 번째 괘로 중택태괘(重澤兌卦)가 있다. 연
못 澤 兌가 위아래로 겹쳐 있다는 뜻이다. 그 모양으로
보면, 연못 위에 또 연못이 있다. 卦德으로 보면, '說而
說'이다. 곧, 기쁘고, 또 기쁘다. 육효 배열로 보면, '양,
양, 음, 양, 양, 음'으로, 양이 넷이고, 음이 둘이다. 둘인
음은 상·하괘에 하나씩으로 上爻에 각각 자리한다. 다
시 말해, 두 양이 음 하나를 받들고 있어서 기뻐하는 모
습이다. 그리고 세 짝이 모두 호응하지 못한다는 사실이다. 호응하지 못한다는
것은, 하늘과 땅이 결정해 준 짝과 기쁨을 누리기가 어렵고, 우선 보기에 좋은
이웃과 친밀 관계를 통해서 기뻐한다는 뜻이다. 초구, 구오, 상육 등은 자리가
바르나 나머지는 바르지 못하다.

이런 '重澤'을 '兌'로 받았다. '兌'는 어떤 의미로 쓰였을까? '兌'는 '바꾸다, 교
환하다, 기쁘다, 기뻐하다, 곧다, 굽지 아니하다, 통하다, 모이다, 서방, 구멍, 날
카롭다, 데치다, 삶다, 기뻐하다, 즐거워하다' 등의 뜻이 있으나 여기서는 '기뻐
하다', '즐거워하다'로 쓰인 것 같다. 물론, 자세한 것은 六爻辭까지 두루 다 읽어
보아야 알 수 있을 것이다.

「序卦傳」에 의하면, "入而後說之, 故受之以兌"라 했고, 「雜卦傳」에 의하면 "兌
見而"라 했다. 곧, 들어가고 난 뒤에 기쁘게 되므로, 들어가는 중풍손괘 다음을
기뻐하는 중택태괘가 이어받았고, 兌는 보일 따름이라고 했다. 여기서 보일 따
름이라는 것은, 보이는 대로라는 뜻이고, 보이는 대로라는 것은, 내면의 진실을

추구하든 외면의 사실을 추구하든 기뻐하는 모습은 그대로 드러나 보인다는 뜻이다. 그리고 들어간다는 것은, 손괘 음효 하나가 두 양효 밑으로 파고 들어간다는 뜻이고, 기쁘다는 것은, 태괘 음효 하나가 두 양효 위로 올라가서 대접을 받는다는 뜻이다. 결국, 중풍손괘와 중택태괘의 차이는, 음이 밑에 있느냐, 위에 있느냐의 차이라는 뜻이다.

八卦 가운데 하나인 兌는, '양, 양, 음'으로 두 陽 위로 陰 하나가 올라와 있다. 「說卦傳」에 의하면, "山澤通氣"라 했고(제3장), "兌以說之"라 했으며(제4장), "說言乎兌"라 했으며(제5장), "兌正西也, 萬物之所說也, 故曰說言乎兌"라 했고(제5장), "說萬物者, 莫說乎澤"이라 했다(제6장). 곧, 산과 연못은 기운이 서로 통하고, 기뻐함으로 열(悅)이고, 기쁨을 일컬어 '兌'라고 한다. 兌는 서쪽이고, 만물이 기뻐하는 바이고, 그래서 기쁘게 말하는 것이 兌이다. 만물이 기뻐하기는 연못보다 더한 것이 없다. 그리고 "兌, 說也"라 했고(제7장), "兌爲羊"이라 했으며(제8장), "兌爲口"라고 했고(제9장), "兌爲少女"라고도 했다(제10장), 그리고 '巫, 口舌'로도 빗대어지기도 한다(제11장).

巽은 '음, 양, 양'으로 음이 밑에 있지만, 兌는 '양, 양, 음'으로 음이 위에 있다. 巽의 음이 두 양을 뚫고 올라가 제일 위로 자리한 것이 兌이므로, 두 양이 음 하나를 받들고 있으니 음으로서는 기쁠 수밖에 없다. 이런 기쁨 위로 기쁨이 이어지는 것이 重澤兌卦이다.

*   *

兌 : 亨, 利貞.
중택태괘는 형통하고, 정도를 지켜야 이롭다.

✎ 연못과 연못이 위아래로 겹쳐 있는 중택태괘가 왜 형통한가? 두 가지 면에

서 형통하다. 하나는, 위아래에 있는 두 연못의 물이 서로 왔다 갔다 하며 소통
교류한다는 의미에서 형통하다. 소녀와 소녀가 사이좋게 지낸다는 뜻이다. 그리
고 그 다른 하나는, 연못 안의 물은 만물에 공급되어 생명의 기운을 불어넣는다.
그로 인하여 만물을 기쁘게 하니 형통하다.

그리고 正道를 지켜야 이로운 것은, 연못도 정도를 지키지 않으면 이롭지 못
하기 때문이다. 그렇다면, 연못의 정도란 무엇일까? 연못 안의 물이 고갈될 때를
대비하여 평소에 아껴 쓰고, 관리를 잘 해야 하는 일이다. 결과적으로, 기뻐함에
도 節制해야 한다는 의미이기도 하다.

《彖》曰 : 兌, 說也. 剛中而柔外, 說以利貞, 是以順乎天, 而應乎人. 說以先民,
民忘其勞. 說以犯難, 民忘其死. 兌之大, 民勸矣哉.

「단」에서 말했다. '태'는 '기쁨'이다. 강이 가운데에 있고, 유가 바깥에 있으며, 기쁨으로
정도를 지켜야 이로우며, 이로써 하늘에 순종하고, 사람에 호응한다. 기쁨으로써 백성을 이
끌면, 백성은 그 수고로움을 잊는다. 기쁨으로써 어려움을 뛰어넘으면, 백성은 그 죽음마저
잊는다. 기쁨이 커지도록 백성에게 권장함이로다.

✎ 兌가 기쁨이라는 말은, '兌=說=悅'이라는 뜻이다. 剛이 가운데 있는 것은,
중도를 얻은 陽인 구이와 구오를 두고 말함이다. 柔가 바깥에 있다는 것은, 陰인
육삼과 상육을 두고 말함이다. 그러니까 가운데라는 것은 상·하괘의 중간 자리
라는 의미이고, 바깥이라는 것은 상·하괘의 三爻 자리를 의미한다. 결과적으로,
강이 가운데 있고 유가 바깥에 있다는 것을 사람의 품성이나 태도로 바꾸어 말
하자면, '外柔內剛'이라는 뜻이다.

그리고 기쁨으로 정도를 지켜야 이로우며, 이로써 하늘에 순종하고, 사람에
호응한다는 것은, 기쁨의 주체인 陰이 陽과의 관계에서 正道를 지켜야 하고, 그
랬을 때 하늘이 호응하고, 사람 사이에서도 호응한다는 뜻이다. 그리고 기쁨으

로써 백성을 이끌고, 기쁨으로써 어려움을 극복하면 백성은 수고로움을 잊고, 죽음마저도 잊는다는 것은, 백성을 기쁘게 함이 최고의 善이며, 백성의 기쁨을 위해서 난관을 헤쳐나가면 백성도 자기 죽음마저 두려워하지 않는다는 뜻이다. 결국, 자신을 얼마든지 희생할 수도 있다는 뜻이다. 그러므로 기쁨이 커지도록 백성에게 일하기를 권장한다는 뜻이다.

《象》曰 : 麗澤, 兌 ; 君子以朋友講習.

상에서 말했다. 연못이 붙어있음이 중택태괘이니, 군자는 이로써 보고 깨달아, 벗들이 (서로) 배우고 익히도록 하라.

✎ 두 연못이 서로 붙어있다는 것은, 두 연못 안의 물이 서로 왔다 갔다 하며 소통·교류·협력한다는 뜻이다. 그래서 기쁠 수밖에 없고, 기뻐하는 연못의 모습을 생각하면서 군자라면 마땅히 벗들이 가깝게 모여 서로 배우고 익히도록 분위기를 조성하고, 관련 시설을 갖추어주며, 권장해야 한다는 뜻이다. 여기서 중요한 것은, 두 연못이 위아래로 연결된 자연의 모습을 보고서 벗들의 강습을 떠올렸다는 사실이다. 두 연못의 소통·교류·협력이 인간사회의 소통·교류·교육으로 연계되었다는 점이다.

初九, 和兌, 吉.

초구, 온화하게 기뻐하니, 길하다.

✎ 초구는 자리가 바르고, 짝인 구사와 호응하지 못하며, 가깝게 지낼 이웃도 없다. 초구는 양의 자리에 양으로 와서 바르게 처신한다. 초구는 호응하지 않으나 짝인 구사와 일정한 거리를 유지한 채 기뻐한다. 위에 있는 구이와도 경쟁하지 않고, 육삼과도 일정한 거리를 유지한다. 초구가 온화한 기쁨을 누린다는 것

은, 감정의 기복이 심하지 않고, 변덕 없이 평온하게 기뻐한다는 뜻이다. 그래서 크게 요동칠 일이 없고, 길하다.

《象》曰 : 和兌之吉, 行未疑也.
상에서 말했다. 온화하게 기뻐함이 길하다는 것은, 의심하지 않는 행동이다.

✎ 의심하지 않는 행동이라는 것은, 초구의 처신이 육사와 가까이 있는 육삼을 의심하지 않는다는 뜻이다.

九二, 孚兌, 吉, 悔亡.
구이, 믿음으로 기뻐함이니, 길하고, 후회함이 사라진다.

✎ 구이는 자리가 바르지 못하고, 짝인 구오와 호응하지 못하며, 위에 있는 육삼과 가깝게 지낼 수 있다. 그리고 剛中을 얻었다. 구이는 위에 있는 육삼과의 관계에서 가깝게 지낼 수는 있으나 호응하지 않으나 짝인 구오와의 관계에서 중도에 대한 믿음을 갖고 대한다는 뜻이다. 비록, 강중과 강중으로 호응하지 못하나 중도에 대한 믿음으로 기뻐하기에 길하다.
그리고 후회함이 사라진다는 것은, 육삼과 가까운 관계를 끊어야 했던 후회이며, 그것이 사라진다는 뜻이다.

《象》曰 : 孚兌之吉, 信志也.
상에서 말했다. 믿음으로 기뻐함이 길하다는 것은, 의지에 대한 믿음이다.

✎ 의지에 대한 믿음이라는 것은, 구이 자신의 양강한 마음이 갖는 중도에 대한 확신이고, 끝내 짝인 구오의 中正을 믿고 기다린다는 뜻이다.

六三, 來兌, 凶.

육삼, 돌아오며 기뻐함이니, 흉하다.

✎ 육삼은 자리가 바르지 못하고, 짝인 상육과 호응하지 못하며, 위아래 이웃들과 가깝게 지낼 수 있다. 육삼은 양의 자리에 음으로 와서 조금 소극적인 면이 있어 결단력이 약하다. 그러나 육삼은 위아래로 양강한 두 양효에 둘러싸여 구이가 올라오기도 하고, 구사가 내려오기도 하는 인기를 누린다. 하지만 육삼은 돌아오며 기뻐한다. 돌아오며 기뻐한다는 것은, 처신이 바른 짝인 상육과 관계를 버리고, 스스로 내려오며 기뻐한다는 뜻이다. 내려오며 기뻐한다는 것은, 가까이 있는 구사를 좋아한다는 뜻이다. 하지만, 구사 역시 자리가 바르지 못하여 처신이 바르지 못하다. 유순해 보이지만 강한 면이 있는 육삼이 상육의 바름을 택한 것이 아니라 겉으로 보기에 강건하나 바르지 못한 구사를 택함으로써 흉하게 되는 것이다.

《象》曰 : 來兌之凶, 位不當也.

상에서 말했다. 돌아오며 기뻐함의 흉함이란 것은, 자리가 부당하기 때문이다.

✎ 자리가 부당하다는 것은, 양의 자리에 음으로 와서 강한 듯 보이나 유순하여 결단력이 요구되는 상황에서 우유부단하게 처신한다는 뜻이다. 그리고 스스로 선택한 구사 역시도 부드러운 듯 보이나 거칠다. 결국, 이 둘의 성품이 잘 맞지 않는다는 뜻이다.

九四, 商兌, 未寧, 介疾有喜.

구사, 저울질하며 기뻐함이니, 평안하지 않고, 질병을 떨치면 즐거움이 있다.

✐ 구사는 음의 자리에 양으로 와서 그 자리가 바르지 못하고, 짝인 초구와 호응하지 못하며, 아래 이웃인 육삼과 가깝게 지낼 수 있다. 저울질하며 기뻐한다는 것은, 생각이 복잡하다는 뜻이며, 양다리를 걸치고 있다는 뜻이기도 하다. 곧, 구사는 가까이에서 모시는 구오 군주를 생각해야 하고, 가까이 아래에 있는 사사로운 육삼과의 관계를 버리지 못하는 상황이다. 그 마음이 갈라져 있으니 속내가 복잡하고, 마음이 편안하지 않다. 이를 두고 '商兌, 未寧'이라고 했고, 이를 종합하여 '疾'로 받은 것이다.

질병을 떨친다는 것은, 질병에서 벗어난다는 뜻이고, 그것은 동시에 질병을 이겨낸다는 뜻이다. 문제의 '介疾[jiè jí]'에 관하여 해석이 분분한데 우리나라에서는 주로 ①군주에 대한 절개를 지키고 병이 되는 자를 미워하면(고은주), ②아첨을 막아버리니(신원봉), ③절도를 지켜서 미워하면(심의용) 등으로 해석한다. 그러나 현재 중국에서는 '介'를 '隔'으로 해석하는 것이 일반적이다.

《象》曰 : 九四之喜, 有慶也.
상에서 말했다. 구사의 즐거움이란 것은, 경사가 있음이다.

✐ 구사의 경사는, 구오 군주를 잘 섬김으로써 국가적 대사가 있고, 구사 자신에게도 군주의 총애가 있음을 의미한다. 결국, 사사롭고 친밀한 이웃 육삼을 버렸다는 뜻이다.

九五, 孚于剝, 有厲.
구오, 벗기는 (자를) 믿으니, 위태로움이 있다.

✐ 구오는 양의 자리에 양으로 와서 그 자리가 바르고, 짝인 육이와 호응하지 못하며, 상육과 가깝게 지낼 수 있다. 그리고 剛中을 얻었다. 구오는 호응하지 않

는 짝인 구이를 멀리하고 바르게 처신하는 상육과 친밀한 관계를 유지한다. 문제는, 상육이 구오를 갉아먹듯 한다는 데에 있다. 갉아먹듯 한다는 것은, 조금씩 조금씩 점진적으로 해를 끼친다는 뜻이다. 그래서 대처하지 않으면 위태로움이 있다고 했다.

《象》曰 : 孚于剝, 位正當也 !
상에서 말했다. 벗기는 자를 믿는다는 것은, 자리의 정당함에 있다.

✎ 자리가 정당하다는 것은, 구오가 양의 자리에 양으로 와서 그 자리가 근원적으로 바르고, 또한 剛中을 얻은 데다가 존귀한 군주의 자리를 차지했다는 뜻이고, 또한, 가까이 지내는 위에 있는 이웃인 상육 역시 그 자리가 바르기에 그의 바른 처신을 추종함이다. 그래서 벗겨 먹는 줄도 모르고 믿는다는 뜻이다. 이것을 사람의 일로 바꾸어 말하자면, 겉모습을 보고 먼저 판단한다는 뜻이다. 무엇이 진실로 나를 위함인지는 상대의 겉을 보고 먼저 판단할 수밖에 없기 때문이다. 특히, 기쁨에는 당장 나를 기쁘게 하는 因子가 중요한 것이지 근원적으로 나를 위해서 존재하는 인자와는 멀리 느껴지는 법이다. 그러니까, 겉으로 보이는 진실과 속으로 내재된 진실은 다른 법인데, 구오는 내면이 진실한 구이를 외면하고, 겉이 진실해 보이는 상육을 택했다는 뜻이다.

上六, 引兌, (不久也.)
상육, 늘이며 기뻐함이니, (오래 가지 않는다).

✎ 상육은 음의 자리에 음으로 와서 그 자리가 바르고, 짝인 육삼과 호응하지 못하며, 아래 이웃인 구오와 가깝게 지낼 수 있다. 기뻐하는 兌卦의 끝자리이다. 상육은 기뻐하는 상황이 다해서 끝내야 하는데 오히려 늘이고, 연장하면서 기뻐

하나 오래가지 않는다. 여기 ( ) 속의 말은 필자가 누락 되었다고 판단하여 임의로 넣은 語句이다.

《象》曰 : 上六引兌, 未光也.
상에서 말했다. 상육의 '늘이며 기뻐함'은 빛나지 않는다.

✎ 기쁨이 빛나지 않는다는 것은, 올바른 기쁨이 아니라는 뜻이다. 기쁨에도 바른 것이 있고 바르지 못한 것이 있을 수 있다. 여기서는 억지로 연장하려는 기쁨이기에 빛나지 않는다. 진정으로 자신을 기쁘게 하지 못한다는 뜻이다.

*   *

두 陽이 陰 하나를 받드는 모습으로 기뻐하는 兌卦가 성립되었는데, 육효사를 다 읽고 나니 생각이 많이 달라진다. 두 양을 올라타고서 기뻐하는 음은, 정작 기쁘지 못하기 때문이다. 자리가 바르지 못한 육삼은 흉하고, 자리가 바른 상육은 기쁨으로 빛나지 못하며, 진정한 기쁨이 아니다. 그렇다면, 양들은 어떠한가? 초구는 '和'로써 길하고, 구이는 '孚'로써 길하다. 그리고 구사는 편안하지 못하고, 구오는 위태롭다. 두 연못이 연결되어 있음으로써 서로 교류·협력함으로써 기뻐하는 상황이지만, 그 속에 처한 六爻는 제각각이다.

그런데 흥미로운 사실은, 육효가 모두 짝과 호응하지 못하는 관계에 있는데 기뻐함이 어디에서 나오는가이다. 짝은 버릴 수 없는 근원적인, 하늘이 연결해 주는 운명과도 같은 것이다. 이런 관계를 중히 여기고, 서로 믿고, 인내하며, 노력하면, 길하게 되지만 우선 달콤하다고 짝을 외면하고, 이웃과 친밀 관계를 통해서 기뻐하는 것은 좋지 못하다는 사실이다. 나아가, 겉모습이 반듯하게 보인다고 해서 그를 추종하거나 그와 친밀 관계를 유지하면 좋지 않다. 여기에는 보이는 것이 전부가 아니라는 속뜻이 있으며, 겉보기에는 조화롭지 않고, 서로 맞지 않아 보인다 해도 진정한 기쁨은 하늘이 운명적으로 결정해 주는 짝과의 관계라는 뜻이기도 하다.

59. 風水渙卦

주역 쉰아홉 번째 괘로 풍수환괘(風水渙卦)가 있다. 바람 風 巽이 上卦이고, 물 水 坎이 下卦라는 뜻이다. 그 모양으로 보면, 물 위에서 바람이 부는 모습이거나 비가 내리며 바람이 부는, 비바람이 몰아치는 모양이다. 卦德으로 보면, '險而巽'이다. 곧, 험하고, 공손하다. 육효 배열로 보면, '음, 양, 음, 음, 양, 양'으로, 육사와 구오만 자리가 바르고, 나머지는 바르지 못하다. 육삼과 상구만 호응하고 나머지는 호응하지 못한다. 구이만 위아래 이웃과 가깝게 지낼 수 있고, 가깝게 지낼 수 있는 이웃이 전혀 없는 상구도 있다. 전체적으로 보면, 양효 셋, 음효 셋으로 양적 균형을 이루고 있다.

이런 '風水'를 '渙'으로 받았다. '渙'은 어떤 의미로 쓰였을까? '渙'은 '흩어지다, 풀리다, 찬란하다, 빛나다, 호령을 발포하다, 물이 많고 세찬 모양, 물의 이름' 등의 뜻이 있으나 여기서는 '물이 많고 세찬 모양'이거나 '흩어지다'로 쓰인 것 같다. 물론, 자세한 사항은 六爻辭까지 두루 다 읽어야 알 수 있을 것이다.

「序卦傳」에 의하면, "兌者說也. 說而后散之, 故受之以渙"이라 했고, 「雜卦傳」에 의하면 "渙離也"라 했다. 곧, 兌라는 것은 기쁨이니, 기쁨 뒤에는 흩어지게 마련이니, 기뻐하는 兌卦 다음을 흩어지는 渙卦가 받았으며, 渙은 '떠나감'이라 했다. 결과적으로, 기쁨도 끝이 있어 그 기쁨조차도 사라져간다는 뜻이다. 이 「序卦傳」과 「雜卦傳」에 의하면, '渙=散=離'라는 뜻이다.

그렇다면, 무엇이 흩어지고, 무엇이 떠나간다는 말인가? '風水'를 물 위에서 바람이 부는 모습으로 읽으면 물결이 흩어질 것이고, 그 '風水'를 비가 내리는 데 위에서 바람이 부는 모습으로 읽으면 내리는 비가 흩어질 것이다. 다시 그렇다면, 흩어지는 '비'와 떠나가는 '물결'은 무엇인가? 그 숨은 뜻이 있다면 그것이 무엇이냐는 물음이다. 자연에서의 비와 물결은 그 자체이고, 험난함일 수 있다. 바람과 비가, 혹은 바람과 물이 함께하면 결국, '暴風雨'를 떠올리고, 성난 파도를 일으키는 폭풍과 파도 곧 '海溢'과 '洪水'를 떠올릴 수 있다. 그러나 인간사회에서는 '사람'과 '사람의 마음'일 수도 있고, '재물'과 '명예'일 수도 있다.

*　　*

渙 : 亨, 王假有廟, 利涉大川, 利貞.

풍수환괘는 형통하고, 왕이 이르는 종묘가 있어야 하며, 큰 강을 건넘이 이롭고, 정도를 지켜야 이롭다.

✎ 바람이 부는데 비가 내리니, 비는 흩뿌려지고, 그래서 만물에 두루 널리, 이롭게 되니 형통하다. 특히, 나무가 그 뿌리로써 물을 흡수하니 윤택해지고 형통할 수밖에 없다. 그러나 비바람이 暴雨·颱風·海溢 등을 동반하는 경우라면 해를 끼친다는 점에서 형통하다고 말할 수는 없으나 그에 맞추어 對備·對處하는 노력이 뒤따르기에 형통하다고 말할 수도 있다.

「說卦傳」제4, 5, 6장 등에 의하면, 바람 風 巽은, 만물을 가장 빠르게 휘게 하고(橈), 흩어지게 하며(散), 깨끗하고 단정하게 하는(潔濟) 卦로서, 東南 방향이며, 長女로 빗대어지고, 나무(木)가 상징한다. 그리고 물 水 坎은, 만물을 윤택하게 하고, 만물이 의탁·의지하므로, 고달프게 일하는 '勞卦'라 부르며, 正北 방향이고, 中男으로 빗대어지며, 물(水)이 상징한다. 이런 바람의 기운이 물 위로 움직이니, 다시 말해, 바람과 물이 함께 하니, 그 작용이 증대되어 형통하다고 말할 수 있다.

그리고 왕이 이르는 종묘가 있어야 한다는 것은, 거친 바람이 불고 많은 비가 내리면 인명과 재산 피해가 날 수 있으므로 왕은 필요시에 天帝나 조상에게 제사 지낼 禮式이 이루어지도록 관련 施設이 마련되어야 한다는 뜻이고, 이것은 사람들을 모을 수 있는 구실이 된다. 이 '王假有廟'라는 말은, 이 渙卦 卦辭 외에 澤地萃卦 卦辭에서도 사용되었다. '萃'는 '聚'의 뜻인데, 사람을 모으고 민심을 모으는 데에는 종묘에서 제사를 지내는 제례(祭禮)가 유효하다고 판단했던 모양이다.

그리고 큰 강을 건넘이 이롭다는 것은, 국가적 대사를 감행함이 이롭다는 의미로, 여론을 喚起하고, 국력이나 국론을 한 곳으로 모으는 데에는 국가적 대사 감행이 이롭다는 뜻이다. '利涉大川'이란 말은, 卦辭에서 쓰이는 어구인데 이 渙卦 외에도 는 需卦·同人卦·蠱卦·大畜卦·益卦·中孚卦 등 전체 일곱 개 卦의 卦辭에서 쓰였다. 그 의미와 관련 자세한 설명은, 필자의 다른 글 「利涉大川과 利見大人」을 참고하기 바란다.

《彖》曰：渙亨, 剛來而不窮, 柔得位乎外而上同. 王假有廟, 王乃在中也. 利涉大川, 乘木有功也.

「단」에서 말했다. 환괘가 '형통하다' 함은, 강이 와서 궁색해지지 않고, 유가 밖에서 자리를 얻고 위와 함께한다. '왕이 이르는 종묘가 있다' 함은, 왕이 이내 그 가운데에 머묾이다. '큰 강을 건넘이 이롭다' 함은, 나무(배)에 올라타 공을 세움이다.

✏️ 剛이 와서 궁색하지 않다는 것은, 큰 틀에서 보면, 하괘인 坎의 中男이 아래로 내려와서 上卦인 巽의 長女를 받듦을 말한 것이고, 작은 틀에서 보면, 剛인 구이와 구오가 각각 중도를 얻어 柔인 초육과 육사를 올라타고 있다는 의미이다. 그리고 柔가 밖에서 자리를 얻었다는 것은, 크게 보면, 上卦 곧 外卦 巽의 長女를

말함이고, 작게 보면, 음효가 와서 높은 자리를 차지한 육사를 두고 말함이다. 그리고 그 陰 곧 柔가 위와 함께한다는 것은, 육사가 구오와 뜻을 같이한다는 뜻이다.

그리고 왕이 가운데 머문다는 것은, 왕이 제사를 지내는 주체가 된다는 뜻으로, 구오를 두고 말함이다. 그리고 나무(배)에 올라타 공을 세웠다는 것은, 큰 강을 건너는 데에 이로운 나무배를 타고서 강을 건너듯이 국가적 대사를 감행함에 '나무'라고 하는 결정적인 도구를 활용하여 맡은 바 임무를 완수했다는 뜻이다. 여기서 '나무'는 上卦인 巽이고, 바람이다. 자연현상으로 말하자면, 비가 내리는데 바람이 불기에 더 잘 흩뿌려졌다는 뜻이다.

《象》曰：風行水上, 渙 ; 先王以享于帝立廟.

「상」에서 말했다. 물 위로 바람이 부는 게 환괘이니, 선왕은 이로써 보고 깨달아, 천제께 제사 지낼 종묘를 세우라.

✎ 바람이 물 위로 부는 것과 선왕이 천제께 제사 지낼 종묘를 세우는 일은 어떤 상관성이 있는가? 바람이 颱風이고, 물이 暴雨이거나 바다(海) 또는 洪水라고 한다면 상상해 볼 수 있을 것 같다. 폭풍우가 몰아치고, 바다에서는 해일이 밀려온다면 매우 어려운 상황으로 자연재해를 염두에 둘 수 있기 때문이다. 그렇다면, 선왕이 나서서 하늘에 계신다고 믿는 天帝께 도와달라고 제사를 올려야 하고, 조상신들을 각별하게 모셔 놓는 宗廟를 세워서 도움을 祝願할 수도 있겠다는 생각이 들기 때문이다. 따라서 자연재해 같은 큰 어려움이 닥칠 것을 염두에 두고서 그때마다 도움을 청할 수 있도록 종묘를 건설해 두라는 뜻이다.

初六, 用拯馬壯, 吉.

초육, 구제하는데 씩씩한 말을 이용하니, 길하다.

✒ 초육은 양의 자리에 음으로 와서 그 자리가 바르지 못하고, 짝인 육사와 호응하지 못하나 위에 있는 이웃 구이와 가깝게 지낼 수 있다. 여기서 구제한다는 것은, 물에 빠진 사람을 건져 올린다는 뜻이고, 씩씩한 말을 이용한다는 것은, 剛中을 얻은 구이의 도움을 받는다는 뜻이다. 그러니까, 구이의 도움을 받을 수 있어서, 초육은 어려움을 당하여 극복할 수 있기에 길하다는 뜻이다. 다만, 구이를 왜, 씩씩한 말로 빗대어 표현했을까? 바로 이 문제를 풀다 보니, 下卦인 坎이 음효 셋으로 된 坤卦였고, 그 坤卦 二爻가 陰에서 陽으로 변한 것을 두고, 양효 셋으로 된 乾卦에서 양효 하나가 온 것으로 판단, 주장하는 것이다. 「說卦傳」 제8장에 의하면, '乾爲馬'라 했으니, 자연스레 乾에서 왔다는 구이를 두고 말(馬)로 빗댄 것이다. (用=利用, 拯=拯救, 馬壯=壯馬.)

《象》曰 : 初六之吉, 順也.
「상」에서 말했다. 초육의 길함은, 순종함이다.

✒ 초육은 음효로 유순한데 위에 있는 구이에게 순종함으로써 그의 도움을 받는다는 뜻이다. 음과 양의 가장 기본적이면서 근원적인 상호협력 관계를 이룬다는 뜻이다. 그래서 '順從'은 '服從'과 다른 의미라고 생각한다. 이치나 순리를 따르는 것은 순종이지만 그것이 아닌 힘이나 강권에 의한 屈服은 服從이 되기 때문이다.

九二, 渙奔其机, 悔亡.
구이, 바람으로 인한 세찬 물결이 밀려와 나무로 급하게 피하니, 걱정이 사라진다.

✒ 구이는 음의 자리에 양으로 와서 그 자리가 바르지 못하고, 짝인 구오와 호응하지 못하나 위아래 이웃들과 가깝게 지낼 수 있다. 그리고 剛中을 얻었다. 구

이는, 바람으로 인한 세찬 물굽이가 밀려오는 상황에서 신속하게 안전한 곳인 나무로 도망치듯 피했으니 걱정이 사라진다.

많은 사람은 '机'를 '책상' 또는 '의자'로 해석한다. 공로가 있는 늙은 신하에게 편안하게 앉을 수 있는 의자와 지팡이를 군주가 하사했다면서, '几杖'이라는 단어와 연계시키기도 한다. 그러나 글자 그대로 '큰 나무'로 봄이 옳다고 생각한다. 왜냐하면, 象辭에서 나무를 올라탄다는 '乘木'이란 단어와 연계되기 때문이다. 그 나무가 어떤 나무이든지 간에 상관없이 그저 '큰 나무'로 보면 틀리지 않는다.

필자는 '渙'을 이해하기 쉽게 괘상을 염두에 두고서 '바람으로 인한 세찬 물결이 밀려오는 상황'으로 시종일관 해석했으나 많은 사람은 '민심이 흩어지는 상황'으로 해석한다. 현재 중국 주역 전문사이트에서는 두 가지로 풀이한다. 하나는 필자처럼 큰물이 범람하는 때(大水泛濫的時候)로 풀이하는 것이고, 그 다른 하나는 흩어져야 하는 상황을 당한 때(處在渙散之時)로 풀이하는 것이다.

《象》曰：渙奔其机, 得愿也.

「상」에서 말했다. '바람으로 인한 세찬 물결이 밀려오니 급하게 나무로 피한다' 함은, 원하는 바를 얻음이다.

🖉 원하는 바를 얻었다는 것은, 위험에서 벗어나게 해줄 도구나 수단을 얻었다는 것이고, 그것은 곧 신변의 안전을 보장해 주는 것이다. 바로 그것이 '나무'라는 것이다.

六三, 渙其躬, 无悔.

육삼, 바람으로 인한 세찬 물결이 몸에 이르나 걱정이 없다.

✎ 육삼은 양의 자리에 음으로 와서 그 자리가 바르지 못하고, 짝인 상구와 호응하며, 아래 이웃인 구이와 가깝게 지낼 수 있다. 그리고 중도를 지나쳐 있다. 육삼은, 바람으로 인해서 생긴, 세찬 물결이 자신의 몸에까지 이르렀는데 걱정이 없다고 했다. 왜, 그럴까? 짝인 상구의 도움이 있기 때문이다.

　그런데 많은 사람은 이 '渙'을 '흩뜨리다(散)'로 해석하면서 '渙其躬'을 '자신의 몸을 흩뜨린다'라고 해석한다. 그리고 '자신의 몸을 흩뜨린다'라는 말을 갖고서 '자신의 것을, 자신의 소유물을 풀어서 사람들에게 나누어 준다'라는 의미로까지 확대해석한다. 나아가, '渙'을 民心이 흩어지는 상황이라고 전제하면서 '민심이 흩어지는 때에 자신의 것을 풀어서 사람들에게 나누어주는 행위'로 설명한다. 이때 자신의 것이란, 자신의 소유물인 財物을 총칭함이다. 그렇다면, 백성들의 마음이 떠나니 궁여지책으로 자신의 재물을 풀어서 환심(換心)을 산다는 것밖에 더 되겠는가. 여기서 조금 더 나아가면, '殺身成仁'이라는 말까지도 나올 법하다. 정말이지, 易文 해석은 밑도 끝도 없다.

《象》曰 : 渙其躬, 志在外也.
「상」에서 말했다. '바람으로 인한 세찬 물결이 몸에 이르렀다' 함은, 밖에 뜻이 있음이다.

　✎ 밖에 뜻이 있다는 것은, 下卦 坎의 上爻로서 육삼이 짝인 상구 곧, 外卦 巽의 上爻를 믿고, 도움의 손길을 뻗는다는 뜻이다.

六四, 渙其群, 元吉 ; 渙有丘, 匪夷所思.
육사, 바람으로 인한 세찬 물결이 무리에게 이르나 크게 길하다. 언덕이 있어서 흩어졌고, (이는) 생각한 바 잘못이 아니다.

　✎ 육사는 음의 자리에 음으로 와서 그 자리가 바르고, 짝인 초육과 호응하지

못하며, 위에 있는 이웃 구오와 가깝게 지낼 수 있다. 큰 물결이 무리에게 이르렀다는 것은, 육사의 지위를 간접 시사해 주는 말인데, 많은 사람에게 재난이 닥쳤다는 뜻이다. 그런데 육사는 바르게 판단하여 그 재난을 피했다. 어떻게 피했는가? 언덕이 있어서 그곳으로 모두 흩어졌다. 그리고 생각한 바 잘못이 아니라는 것은, 생각을, 다시 말해, 판단을 잘 내렸다는 뜻이다. 그러니까, 현명한 판단을 제때 잘 내렸다는 의미이다. 여기서 언덕(丘)은 구오 군주이다. 구오의 결정적인 도움으로 무리를 피신하도록 했다는 뜻으로, 육사와 구오의 관계에서 비롯된 일이다.

《象》曰：渙其群元吉, 光大也.

「상」에서 말했다. '세찬 물결이 무리에게 이르렀는데 크게 길함'은, 대의가 빛남이다.

✎ 대의(大意)가 빛난다는 것은, 무리를 안전하게 대피시킴이 훌륭했다는 뜻이다.

九五, 渙汗其大號, 渙王居, 无咎.

구오, 바람으로 인한 세찬 물결이 끝없이 이르러 크게 호령하고, 왕이 머무는 곳에도 이르나, 무구하다.

✎ 구오는 양의 자리에 양으로 와서 그 자리가 바르고, 짝인 구이와 호응하지 못하며, 아래 이웃인 육사와 가깝게 지낼 수 있다. 그리고 剛中을 얻었다. 따라서 구오는 바르고 의욕적으로 거센 물결이 밀려오는 상황에 대처한다. 그 대처법은 큰 소리로 호령하여 함께 피신할 수 있도록 함이다. 대개, '汗'을 '땀 흘리다'로 해석하는데, 필자는 '물이 끝없이 질펀한 모양'을 일컫는 '汗'으로 '渙'과 붙여서 읽었다.

《象》曰 : 王居无咎, 正位也.
「상」에서 말했다. 왕이 머무는 곳이 무구하다는 것은, 바른 자리 때문이다.

✎ 자리가 바르다는 것은, 첫째는 양의 자리에 양이 온 것이고, 둘째는 중도를 얻음이며, 셋째는 존귀한 군주의 자리를 차지함이다. 그래서 거센 물결이 밀려오는 재난 상황에 잘 대처하는 능력을 발휘하였다. 그의 대처능력은 爻辭에서는 큰소리로 호령하는 일이지만, 괘사에서는 종묘를 세워 제사를 지내고, 큰 강을 건너는 데 나무배를 타며, 변화하는 상황에 맞추어 바르게 처신함으로 나타난다.

上九, 渙其血去逖出, 无咎.
상구, 바람으로 인한 세찬 물결이 이르러 피를 보며 멀리 가서야 나오게 되니, 무구하다.

✎ 상구는 음의 자리에 양으로 와서 그 자리가 바르지 못하고, 짝인 육삼과 호응하나, 가깝게 지낼 이웃은 없다. 그리고 중도를 지나쳐 있고, 바람으로 인한 세찬 물결이 이르는 상황이 다하여 종료되는 자리이다. 상구는 신체적인 상해를 입고 피를 흘리면서 떠내려가는 상황을 피하지는 못하나 멀리 떠내려가서야 겨우 빠져나올 수 있다. 결국, 물길에서 나와 목숨을 잃지 않기에 무구하다고 한 것이다. 그러나 六爻 가운데 가장 심한 꼴을 당한 격이다. 程伊川은 상구가 처한 상황을 이렇게 설명한다. 곧, 상해를 입는 험함으로 인해서 몹시 두려워하는 모습(險有傷害畏懼之象)이라며, 멀 '逖(적)'을 두려워할 '惕(척)'으로 읽었다. 그래서 이 효사를 '민심이 흩어질 때 그 피가 제거되고 두려움에서 벗어나야 허물이 없다'라고 해석한다.

《象》曰 : 渙其血, 遠害也.

「상」에서 말했다. '바람으로 인한 세찬 물결이 이르러 피를 보며 멀리 가서야 나오게 되니 무구하다.' 함은, 해로움에서 멀어짐이다.

✎ 물길에 떠내려가다가 탈출에 성공한다. 그것도 멀리까지 가서야 말이다. 그러나 살아남았으니 재난을 피한 것이고, 그런 의미에서 무구하다가 되었으며, 그 자체가 재해(災害)에서 벗어나 멀어짐이라고 본 것이다.

*　　*

비바람으로 거센 물결이 밀려오는 재난 상황을 두고 민심이 이반하고 멀리 떠나는 정치적 상황으로 바꾸어 말할 수는 있다. 물론, 이렇게 해석하는 데에는 '渙'을 「序卦傳」과 「雜卦傳」에서 '散'과 '離'로 풀었기 때문이다. 그러나 '風水'라고 하는 卦象을 염두에 두고서 '渙'을 읽으면 '비바람으로 인한 거센 물결'이 된다. 어느 쪽으로 해석하든, 비유적 修辭로 간주하면 문제 되지 않는다.

六爻辭를 살펴보면, 초육은 길하고, 육사는 크게 길하다. 초육은 구이의 도움을 받기에 그렇고, 육사는 구오의 결정적인 도움이 있기에 그러하다. 도움을 주는 구이는 걱정이 사라지고, 결정적인 도움을 주는 구오는 허물이 없다. 그런가 하면, 육삼은 후회할 일이 없으나 상구는 험난하고 그 끝은 무구하다. 음과 양의 길흉을 따지면 음효가 양효보다 더 좋다. 상황 자체가 험난함이 수반되기에 평소 일을 많이 하는 양효보다 음효가 좋은 것이다.

초육이 구이의 도움을 받았는데 그 도움의 실체는 '나무(木)'이고, 육사가 구오의 결정적인 도움을 받았는데 그 도움의 실체는 '언덕(丘)'이다. 밀려오는 거센 물결 속에서 구이가 올라타는 나무가 되어주고, 구오는 피신할 수 있는 언덕이 되어 주었다. 나무와 언덕이 구제의 도구였고 수단이었음을 말해준다.

그렇다면, '나무'는 무엇이고, '언덕'은 또 무엇인가? 나무는 적은 수의 사람을 피신하게 할 수 있지만, 언덕은 많은 사람을 피신하게 하는 차이가 있다. 그래서 나무와 언덕은 군주의 德이라 볼 수 있고, 그 크기의 차이라고 볼 수 있다.

60. 水澤節卦

 주역 예순 번째 괘로 수택절괘(水澤節卦)가 있다. 물 水 坎이 上卦이고, 연못 澤 兌가 下卦라는 뜻이다. 그 모양으로 보면, 연못 위로 물이 있는 모습이다. 다시 말해, 연못에 물이 차 있다는 뜻이다. 卦德으로 보면, '說而險'이다. 곧, 기쁘고, 험난하다. 육효 배열로 보면, '양, 양, 음, 음, 양, 음'으로 양이 셋이고, 음이 셋이다. 구이, 육삼만 자리가 바르지 못하고, 나머지는 모두 자리가 바르다. 그리고 초구와 육사만 짝으로서 호응하고, 나머지 두 짝은 호응하지 못한다.

이런 '水澤'을 '節'로 받았다. '節'은 어떤 의미로 쓰였을까? '節'은 '식물의 마디, 동물의 관절, 예절, 절개, 절조, 철, 절기, 기념일, 축제일, 항목, 사항, 단락, 박자, 풍류, 가락, 절도, 절약하다, 절제하다, 높고 험하다, 우둑하다, 요약하다, 초록하다, 제한하다' 등 다양한 의미로 쓰이나 여기서는 '절제하다', '절약하다'로 쓰인 것 같다. 물론, 자세한 것은 육효사까지 두루 다 읽어야 알 수 있을 것이다.

「序卦傳」에 의하면, "物不可以終離, 故受之以節"이라 했고, 「雜卦傳」에 의하면, "節止也"라 했다. 곧, 사물은 끝까지 떠날 수 없으므로, 떠나는 渙卦 다음을 절제하는 節卦가 이어받았다는 것이고, 節은 '멈춤', '그침'이라고 했다. '節=止'라는 뜻인데 '止'는 어떤 의미인가? '止'에는 '그치다, 끝나다, 그만두다, 금하다, 멎다, 멈추다, 억제하다, 없어지다, 머무르다, 숙박하다, 붙들다, 모이다, 사로잡다, 이르다, 도달하다, 되돌아오다, (병이) 낫다, 떨어버리다, 만족하다, 꼭 붙잡다, 기다리다, 예의, 법, 거동, 행동거지, 한계, 겨우, 오직' 등 다양한 의미로 쓰인다. 여기서는 '멈추다', '그치다', '머무르다' 등으로 쓰인 것 같다. 결과적으로, 떠나는 것도 때가 되면 멈추고 머무르게 된다는 뜻이다.

연못 안에 물이 차 있는 '水澤'의 모습만을 보고 생각하면, 이런 상상을 할 수 있다. 곧, 흐르는 물을 연못 안으로 채우려면 적당량이어야 안전하다. 물을 가둬 저장하는 데에도 한계(止)가 있다는 뜻이다. 너무 많거나 넘치면 제방이 무너질 위험이 따른다. 따라서 적당량이 차오르면 가두는 일을 멈추어야(止) 한다. 멈춘다는 것은, '止'이고, 그 '止'가 곧 調節하는 '節'의 결과이다. 그리고 연못의 물도 가물 때를 대비하여 절약해서(節) 아껴 써야 한다. 물을 아껴 쓰는 것은 절수(節水)이고, 기타 소비재를 아껴 쓰는 것은 절약(節約)이다. 바로 이런 의미에서 연못 위의 물을 다중의 의미를 지니는 '節'로 받았을까? '節'하면 우리는 대개는 節約·節制·調節 등의 단어가 먼저 떠오른다. 이들 단어에는 사람의 욕구와 행동을 制限·抑制하여 統制함으로써 소비를 줄이려는 노력이 전제된다. 사실, 그 노력도 다 잘 살기 위한 궁여지책이다. 잘 산다는 것은 지속 가능한, 안전한 삶을 추구함이다.

＊　　　＊

節 : 亨, 苦節不可貞.
수택절괘는 형통하나, 고통스럽게 절제하면 정도를 지킬 수 없다.

🖋 節卦가 형통하다는 것은, 연못 안에 물이 차 있어서 그 물로써 만물을 윤택하게 하기에 형통하고, 연못 안에 물이 있을 때 아껴 쓰는 통제를 통해서 그 기능을 오래 유지함이 또한 형통하다. 그리고 고통스럽게 절제하면 정도를 지킬

수 없다는 것은, 물이 부족하여 극도로 절약할 수밖에 없으면 고통이 수반되고, 그런 고통의 상황에서는 正道를 지키기가 어렵다는 뜻이다. 다시 말해, 물 사용이 멈추어 고통스러운 상황에서는 正道를 지키기가 불가능하다는 것이다. 그렇다면, 여기서 정도란 무엇일까? 사람으로서 마땅히 지켜야 할 도리이자 질서일 것이다.

이 卦辭는, 다른 각도에서 해석할 수도 있는데, 그것은 흐르는 물과 연못의 관계를 통해서이다. 여기서 흐르는 물은 上卦 坎이고, 연못은 下卦 兌이다. 부연하자면, 흐르는 물길에서 아래를 막으면 물이 고여서 연못이 된다. 다시 말해서, 흐르는 물은 坎인데, 이 감은 '음, 양, 음'이다. 그런데 제일 밑의 陰을 陽으로써 막아버리면 '양, 양, 음'이 되어서 연못인 兌가 된다는 뜻이다. 그렇다면, 흐르는 물을 연못 안으로 가두려면, 적당하게 가두어야 한다. 만약, 그 量을 조절하지 못하면 연못 밖으로 넘치거나 막은 둑이 무너질 수도 있다. 그래서 너무 힘들게 참고 견디면서 막으면, 바꿔 말해, 담수 용량을 초과하면 위험해지므로 연못으로서 정도를 지키기가 不可한 것이다. 다시 말해, 연못이 연못으로서 구실을 다하지 못한다는 뜻이다.

《彖》曰：節亨, 剛柔分而剛得中. 苦節不可貞, 其道窮也. 說以行險, 當位以節, 中正以通. 天地節, 而四時成. 節以制度, 不傷財, 不害民.

「단」에서 말했다. 절괘가 '형통하다' 함은, 강유가 나뉘고, 강이 중도를 얻음이다. '고통스럽게 절제하는데 정도를 지킬 수 없다' 함은, 그 도가 궁색해짐이다. 기쁘게 험함을 행하고, 자리에 합당하게 멈추고, 중도를 바르게 행하여 통한다. 천지가 조절되어 사시가 완성된다. 조절하여 법도를 제정함으로써, 재물을 손상하지 않고, 백성에게 해를 끼치지 않는다.

✐ 剛柔가 나뉘었다는 것은, 陽爻 셋으로 구성된 乾과 陰爻 셋으로 구성된 坤

이 변하여 坎과 兌로 분리되어, 다시 말해, 떨어져 나와 上·下卦를 이루었다는 뜻이다. 上卦 坎은 中男이고, 下卦 兌는 少女로 剛柔가 나뉘어 있는 것이다. 그리고 강이 중도를 얻었다는 것은, 上·下卦인 坎과 兌에서 陽爻가 각각 가운데 자리를 차지하여 중도를 얻었다는 뜻이다. 간단히 말해, 구이, 구오를 두고 말함이다. 그리고 그 도가 궁색해졌다는 것은, 고통스럽게 절제하는 상황에서 한계를 넘어섰다는 뜻이다. 곧, 고통스럽게 절제하는 일은 인간에게 한계가 있으며, 그 한계를 넘어서면 인간으로서 도리를 지키기가 어렵다는 뜻이다.

그리고 기쁘게 험함을 행한다는 것은, 下·上卦의 덕성을 이어서 말한 것이며, 자리에 합당하게 멈춘다는 것은, 자리의 當·不當과 高下에 맞추어서 절제가 이루어진다는 뜻이다. 그리고 중도를 바르게 행하여 통한다는 것은, 구오를 두고 말함인데, 그 자리가 바르고, 중도를 얻어서, 中道와 正道를 이행함으로써 무리를 통솔한다는 뜻이다. 그리고 천지가 조절되어 사시가 완성된다는 것은, 하늘과 땅의 움직임에 일정한 질서가 있어서 사계절이 부리어진다는 뜻이다. 그 질서에 관하여 古代人이 알았을 리는 없겠으나 지구의 자전과 공전으로 낮과 밤이 생기고 사계절이 펼쳐지는 이치를 말한다. 더 구체적으로는, 태양과 지구와의 관계에서 햇빛 받는 시간과 강도에 의하여 기상이 변하고, 낮과 밤의 시간이 달라지면서 일정한 계절의 순환질서를 보이게 되는데, 그 질서 속에서 '節氣'라는 것을 세우고, 그에 맞추어 생활해 왔음을 말한다. 그리고 조절하여 법도를 제정함으로써, 재물을 손상하지 않고, 백성에게 해를 끼치지 않는다는 것은, 천지가 그렇듯, 인간사회에서는 법과 제도를 조절하여 만들어 시행함으로써 백성의 재산과 생명을 지켜준다는 뜻이다.

《象》曰 : 澤上有水, 節 ; 君子以制數度, 議德行.

상에서 말했다. 연못 위에 물이 있음이 절괘이니, 군자는 이를 보고 깨달아, 도수를 제정하고, 덕행을 논의하라.

✎ 연못 안의 물은 어떻게 조절하여 쓰느냐에 따라서 그 효용 가치를 극대화할 수도 있고, 반대로 해를 끼칠 수도 있다. 따라서 담수 용량과 물의 쓰임새를 고려하여 때에 맞추어서 조절하면서 사용해야 한다. 따라서 군주라면 백성의 안락한 삶을 위해서 '數度'를 제정하고, '德行'을 의논해야 한다는 것이다.

'數度'라는 생소한 말이 나왔는데, 數는 量을 정하는 숫자이고, 度는 제도나 규칙이다. 따라서 '數度'란 상황에 맞게 쓰는 양을 규정한 규칙이나 법이다. 비단, 물과 관련된 것만이 아니라 생활 전반에 필요한, 程度를 제한하는 법률 일체를 말할 것이다. 그리고 '德行'이란 덕을 실천하는 행위를 말한다. 그러니까, 덕을 실천하는 행위의 내용·범위·정도·방법 등을 구체적으로 논의하여 계획을 수립하라는 뜻이다.

연못은 군주이고, 연못의 물은 군주가 베푸는 덕이며, 그 덕을 어떻게 얼마나 베푸는지는 백성이 처하는 상황에 따라서 세부적인 계획이 세워져야 한다는 비유가 전제되었다고 본다.

初九, 不出戶庭, 无咎.
초구, 집안의 뜰을 나서지 않으니, 무구하다.

✎ 초구는 양의 자리에 양으로 와서 그 자리가 바르고, 짝인 육사와 호응하며, 가깝게 지낼 이웃은 없다. 초구는 짝인 육사를 만나야 하는데 개인적인 욕구가 절제되어야 하는 현실적 상황인지라 집 밖으로 나가지 않고 자신의 자리를 바르게 지킨다. 초구의 지혜로운 판단이 화를 면하게 한다는 뜻이다.

《象》曰 : 不出戶庭, 知通塞也.
상에서 말했다. '집안의 뜰을 나서지 않는다' 함은, 통하고 막힘을 알기 때문이다.

✒ 통하고 막힘을 안다는 것은, 초구가 육사에게 올라가는데 그 길이 구이에 막히어 있고, 그 위로는 뚫려있음을 알고 있다는 뜻이다. 초구는 그 막힘과 통함을 알고 있기에 처음부터 집 밖을 나서지 않았다는 뜻이다. 물론, 이런 지혜는 자리가 바르고, 陰이 아닌 陽이기에 가능하다.

九二, 不出門庭, 凶.
구이, 문밖 뜰을 나서지 않으니, 흉하다.

✒ 구이는 자리가 바르지 못하고, 짝인 구오와 호응하지도 못하며, 위에 있는 이웃 육삼과 가깝게 지낼 수 있다. 그리고 剛中을 얻었다. 음의 자리에 양으로 온 구이는 강한 듯 보이나 유순한 면이 있다. 외강내유하다는 뜻이다. 욕구가 절제되어야 하는 현실적 상황에서 문밖 뜰을 나서지 않았다. 문밖 뜰을 나서지 않았다는 것은, 짝인 구오에게 가지 않았다는 뜻이다. 구이는 육삼 육사라고 하는 협력자가 있는데에도 나가지 않아서, 다시 말해, 막힘이 없는 길인데도 불구하고 나가지 않아서 손해를 본다. 손해를 보는 정도가 아니라 흉하다고 한 것으로 미루어보면 구이와 구오의 만남이 절대적으로 필요했던 모양이다. 백성 모두가 절제해야 하는 상황에서 구이는 구오를 만나 적극적으로 협력했어야 한다는 뜻이다. 그런데 그러지 못했기에 힘난한 앞날이 예고된다. 그래서 흉하다. 자기 혼자서 절제하고 말았다는 뜻이다.

《象》曰 : 不出門庭, 失時極也.
상에서 말했다. '문밖 뜰을 나서지 않는다' 함은, 때를 잃고 말았음이다.

✒ 때를 잃고 말았다는 것은, 나아가야 할 때를 놓쳐서 끝나버렸다는 뜻이다. 백성 모두가 절제하고 행동을 멈추어야 하는 상황에서도 연대가 필요하다는 뜻

이다. 구이는 구오와 뜻을 합쳐서 절제해도 해야 했는데 그런 기회를 놓쳐버리고 말았다.

그런데 한 가지 생각해보아야 할 문제가 있다. 초구는 '戶庭'이고, 구이는 '門庭'이다. 이 '戶庭'과 '門庭'의 차이는 무엇인가? 그것은 '戶'와 '門'의 차이이다. 곧, 들어가고 나오는 문이라는 점에서는 같으나 그것의 크기가 다르다. 초구는 구이에 막혀 있는, 작은 집에 살고, 구이는 육삼 육사와 가깝게 지내며 사는, 상대적으로 큰집에 산다는 뜻이다. 결국, 초구는 구이보다 신분과 재력이 상대적으로 낮다는 뜻이다. 그래서 집 밖 출입을 하지 않았다는 의미에서 쓰였지만, 초구는 '戶庭'이 되고, 구이는 '門庭'이 되었다고 본다.

六三, 不節若, 則嗟若, 无咎.

육삼, 절제하지 않으니, 곧 탄식하나, 무구하다.

🖉 육삼은 양의 자리에 음으로 와서 그 자리가 바르지 못하고, 짝인 상육과 호응하지 못하며, 아래 이웃인 구이와 가깝게 지낼 수 있다. 그리고 중도를 지나쳐 있다. 육삼은 유순한 듯 보이나 강한 면이 있다. 외유내강하다는 뜻이다. 그런 육삼은 욕구를 절제하여 멈추어야 하는 현실적인 상황에서 상육에게 올라간다. 자신의 욕구를 절제하지 않고 갔으나 짝이 호응하지 못하니 탄식하게 된다. 그러나 무구하다. 무구하다는 것은 재난을 당하지 않는다는 뜻이다. 왜, 그럴까? 짝인 상육이 유순한 陰이기 때문이다. 이런 상황에서 육삼이 구삼이 되고, 상육이 상구가 된다면 서로 충돌하여 禍가 있었을 것이다.

《象》曰 : 不節之嗟, 又誰咎也!

상에서 말했다. '절제하지 않음의 탄식'이라. 또, 누구를 책망하랴.

✍ 누구도 책망할 수 없다는 뜻이다. 오로지 본인의 잘못이라는 뜻이다. 바꿔 말해, 누구도 탓할 수 없듯이, 오직, 자기 자신에게 책임이 있다는 뜻이다. 육삼의 무모한 태도가 탄식을 불렀기에 자기 탓이라는 뜻이다.

六四, 安節, 亨.

육사, 편안하게 절제하니, 형통하다.

✍ 육사는 음의 자리에 음으로 와서 그 자리가 바르고, 짝인 초구와 호응하며, 위에 있는 이웃 구오와 가깝게 지낼 수 있다. 육사는 바르게 처신하고, 구오를 가깝게 모시는 높은 신분으로 다 같이 절제해야 하는 상황 속에서 구오의 뜻을 따라서 편안하게 절제한다. 그만큼, 시대 상황을 잘 분별하고 있다는 뜻이다.

《象》曰：安節之亨, 承上道也.

상에서 말했다. 편안하게 절제함이 형통하다는 것은, 위의 도를 받듦이다.

✍ 위의 도를 받든다는 것은, 중정을 얻은 구오의 도를 믿고 따른다는 뜻이다.

九五, 甘節, 吉, 往有尙.

구오, 달콤하게 절제하니, 길하고, 나아가 숭상함이 있다.

✍ 구오는 양의 자리에 양으로 와서 그 자리가 바르고, 짝인 구이와 호응하지 못하며, 위아래 이웃들과 가깝게 지낼 수 있다. 그리고 中正을 얻었다. 구오는 존귀한 자리로, 위아래 이웃들과 가깝게 지낼 수 있어서 함께 연대하여 협력할 수 있다. 달콤하게 절제한다는 것은, 절제의 당위성을 충분히 이해하고, 주위의 도움을 받으며, 절제를 앞장서서 실천한다는 뜻이다. 그만큼, 좋은 조건에서 쉽게

절제한다는 뜻이다. 그리고 나아가 숭상함이 있다는 것은, 절제하는 실천을 통해서 존경받는다는 뜻이다.

《象》曰 : 甘節之吉, 位居中也.

상에서 말했다. 달콤하게 절제함이 길하다는 것은, 중도에 머무는 자리 때문이다.

✎ 중도에 머무는 자리 때문이라는 것은, 그 자리가 바르고, 중도를 얻어서, 중도를 바르게 행사하고 실천하는 지위에 있기에 절제를 쉽게 할 수 있다는 뜻이다.

上六, 苦節, 貞凶, 悔亡.

상육, 고통스럽게 절제하니, 정도를 지켜도 흉하나, 후회가 사라진다.

✎ 상육은 음의 자리에 음으로 와서 그 자리가 바르고, 짝인 육삼과 호응하지 못하며, 아래 이웃인 구오와 가깝게 지낼 수 있다. 그리고 절제해야 하는 節卦의 끝자리로 그 절제가 극에 달해 있으며, 끝이 나는 때이다. 상육은 고통스럽게 절제한다. 절제가 극심하기도 하지만 구오의 뜻을 마지못해 따르기 때문이다. 그런 태도는 바르더라도 흉하다. 그러나 후회함이 사라진다. 절제해야 하는 상황이 곧 종료되기 때문이다.

'悔亡'에 관하여 많은 사람은 '고치면 후회가 없어진다'라거나 '후회하면 흉함이 없어진다'로 해석한다. 억지 해석이다. 꿰맞추기식 해석이라는 뜻이다. '悔亡'은 '无悔'와 함께 爻辭와 卦辭(革卦)에서만 나오는 단어인데, 卦辭보다는 爻辭에서 주로 쓰였다. 384개 爻辭 가운데 열 번 이상 사용되었다. 곧, 恒卦 구이 효사, 晉卦 육삼 효사, 家人卦 초구 효사, 艮卦 육오 효사, 兌卦 구이 효사, 渙卦 구이 효사, 巽卦 육사 효사, 革卦 구사 효사, 未濟卦 구사 효사 등에서이다.

《象》曰：苦節貞凶, 其道窮也.

　상에서 말했다. 고통스럽게 절제함이 바르더라도 흉하다는 것은, 그 도가 궁색해짐이다.

　✎ 그 도가 궁색해졌다는 것은, 절제해야 하는 당위성을 잃고, 마지못해서 절제한다는 뜻이다.

＊　　＊

　六爻辭에서는 '節'을 '절제하다'라는 의미로 해석하였다. 「雜卦傳」에서 말한 '止'와는 좀 거리가 있어 보인다. 節制란 定度 곧 정해진 한계를 넘지 않도록 조절하거나 제어함을 말한다. 그렇다면, 무엇을, 왜, 절제하는 것일까? 절제의 대상은 사람이 살기 위해서 추구하는 욕구의 충족 활동 일체가 된다. 곧, 말하고(言), 행동하며(行), 활용하고(用), 소비하는(費) 대상이 두루 포함된다는 뜻이다. 절제하는 이유인즉 절제하지 못했을 때 발생하는 흉사(凶事)를 피함으로써 안락한 삶을 살기 위함이다. 따라서 이 節卦에서는, 절제하는 時期, 절제에 임하는 態度, 절제하는 주체의 자리 등이 길흉을 결정짓는다는 사실을 가르쳐 준다.

　卦德으로 보면, 기쁨으로써 험난 곧 어려움을 이겨내는 것이 절제이다. 만약, 이겨내지 못한다면, 그것은 절제가 아니라 고통 그 자체이다. 따라서 절제함에도 정도(程度) 문제가 있고, 절제하는 주체의 자리와 태도 문제가 있으며, 그 시기도 중요하다. 육효사를 통해서 보면, 절제의 정도와 태도 문제로, 不節(육삼), 安節(육사), 甘節(구오), 苦節(상육) 등을 얘기했다. 그리고 절제의 주체 가운데에서도 그 자리가 바른 爻가 절제를 잘한다. 육효 가운데 초구, 육사, 구오, 상육 등이 자리가 바른데 상육만 흉하고, 나머지는 모두 无咎, 亨, 吉이다. 상육이 자리가 바른 데에도 흉한 것은, 절제의 극한에 머물러있기 때문이다.

　그리고 활동의 반경(半徑)과 활동을 절제하는 시기가 중요함을 초구와 구이를 통해서 말해주고 있는데, 초구처럼 집 안에만 머물러있어서 무구한 이도 있고, 구이처럼 문밖으로 나서야 할 때를 놓치고 나가지 못함으로써 흉한 이도 있다. 절제하는 시기가 중요하고, 그 정도도 중요하다는 뜻이다. 물론, 그 시기는 절제하는 주체가 처한 여건이 말해준다. 그리고 절제하지 않는 육삼은 탄식하나 무구한데, 마지못해 절제하는 상육과 절제하는 때를 놓친 구이는 흉하다. 타고난 성품, 현재의 자리(능력), 이웃들과의 관계 등 여건에 따라서 달라진다.

61. 風澤中孚卦

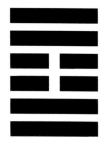

주역 예순한 번째 괘로 풍택중부괘(風澤中孚卦)가 있다.
바람 風 巽이 上卦이고, 연못 澤 兌가 下卦라는 뜻이다.
그 모양으로 보면, 연못 위에서 바람이 부는 모습이다.
卦德으로 보면, '說而巽'이다. 곧, 기쁘고, 공손하다. 육
효 배열로 보면, '양, 양, 음, 음, 양, 양'으로 양이 넷이
고, 음이 둘이다. 그것도 음이 가운데에 있어서 두 양이
위아래에서 각각 포위하고 있다. 초구, 육사, 구오 등은
자리가 바르고 나머지는 바르지 못하다. 구이와 구오는 짝으로서 호응하지 못하
나 나머지 두 짝은 호응한다.

이런 '風澤'을 '中孚'로 받았다. '中孚'는 어떤 의미로 쓰였을까? '中'은 '가운
데, 안, 속, 사이, 진행, 마음, 심중, 몸, 신체, 내장, 중도, 절반, 장정, 관아의 장
부, 안건, 가운데 등급, 중매, 버금, 가운데에 있다. 부합하다, 맞다, 맞히다, 적중
시키다, 급제하다, 합격하다, 해당하다, 뚫다, 바르다, 곧다, 가득하다, 이루다,
이루어지다, 고르다, 고르게 하다, 간격을 두다, 해치다' 등 다양한 뜻으로 쓰이
나 여기서는 '가득하다' 아니면 '심중', '속' 등으로 쓰인 것 같다. 그리고 '孚'는
'미쁘다, 붙다, 붙이다, 달리다, 알이 깨다, 가르다, 자라다, 빛나다, 껍질, 겉겨,
알, 씨, 옥이 빛나는 모양' 등의 뜻이 있으나 여기서는 '미쁘다'로 쓰인 것 같다.
해서, '가득한 미더움' 혹은 '진실한 믿음'이거나 '속으로부터 믿음'이라고 일단
해석한다. 자세한 것은 육효사까지 두루 다 읽어야 알 수 있을 것이다.

「序卦傳」에 의하면, "節而信之, 故受之以中孚"라 했고, 「雜卦傳」에 의하면, "中

孚信也"라 했다. 곧, 절제하고 믿음으로 나아가니, 절제하는 節卦 다음을 믿음이 충실한 中孚卦가 이었고, 中孚는 '믿음'이라 했다. 주역에서 '孚'는 '德' 이상으로 강조되는 덕목인데 64괘 卦辭 가운데서만 모두 세 차례 '有孚'라는 말로 사용되었고(需卦·坎卦·損卦), 爻辭 가운데에서는 아홉 개 괘 효사에서 '有孚' 또는 '孚'라는 말로 열세 번 이상 쓰였다. 곧, 小畜卦 육사, 구오 효사, 家人卦 상구 효사, 解卦 구사, 육오 효사, 益卦 구오 효사, 萃卦 초육 효사, 升卦 구이 효사, 井卦 상육 효사, 革卦 구사 효사, 未濟卦 구사, 육오, 상구 효사 등이다. 그만큼, '孚'가 강조된다는 뜻이다.

그런데 '信'이라는 글자를 쓰지 않고, 굳이, '孚'라는 글자를 썼다. 왜, 그랬을까? 陰陽으로 자연현상을 설명하기 위해서 '때나 여건이 되면 마땅히 그렇게 되는 자연현상에 대한 믿음'이기에 '孚'를 썼고, 이 '孚'의 의미를 인간사로 바꾸어서 말할 때만 '信'이라는 글자를 썼다고 본다.

아무튼, 연못 위에서 바람이 부는 모습을 보고 '믿음'을 떠올렸다는 사실이 중요한데, 바람과 연못이 만나면 中孚卦가 아니면 大過卦가 되는데, 바람이 연못 위로 불면 중부괘가 되고, 바람이 연못 속에서 불면 대과괘가 된다. 그렇다면, 왜, 연못 위의 바람을 孚로 받았을까? 그것도 中孚로!

中孚 [zhōng fú]라! 심중의 믿음인가? 아니면 가득한 믿음인가? 아니면 '속으로부터의 믿음'인가? 심중의 믿음과 속으로부터의 믿음은 진실을 강조한 질적 개념이고, 가득한 믿음이란 믿음이 미치는 영역을 강조한 양적 개념이다.

*　　*

中孚：豚魚吉, 利涉大川, 利貞.
풍택중부괘는 돼지와 물고기가 길하고, 큰 강을 건넘이 이로우며, 정도를 지켜야 이롭다.

✍ 돼지와 물고기가 길하다는 것은, 기뻐하는 연못 위로 공손한 바람이 부니 세상이 평화롭고, 따뜻해져서 만물 가운데 하찮은 돼지나 물고기조차도 좋아한다는 뜻이다. 다시 말해, 돼지나 물고기조차 살아가기에 좋은 시절이라는 뜻이다. 그리고 큰 강을 건넘이 이롭다는 것은, 하늘의 도움을 받아서(巽) 만물이 윤택해지는(兌), 평화롭고 따뜻한 시기에는, 인간사회에서는 큰일을 도모하기가 좋다는 뜻이다. 그리고 正道를 지켜야 이롭다는 것은, 아무리 평화롭고 따뜻하고 윤택한 시기라 할지라도, 다시 말해, 아무리 믿음이 충만해도 사람으로서 마땅히 지켜야 할 도리를 지켜야 서로에게 이롭게 된다는 뜻이다.

《彖》曰 : 中孚, 柔在內而剛得中, 說而巽, 孚乃化邦也. 豚魚吉, 信及豚魚也. 利涉大川, 乘木舟虛也. 中孚以利貞, 乃應乎天也.
「단」에서 말했다. 풍택중부괘는 유가 안에 있고, 강이 중도를 얻어, 기쁘고 공손하니, 믿음이 마침내 나라를 변화시킨다. '돼지 물고기가 길하다' 함은, 믿음이 돼지와 물고기에게까지 미침이다. '큰 강을 건넘이 이롭다' 함은, 비어있는 나무배를 탐이다. '지극한 믿음이 정도를 지키면 이롭다' 함은, 마침내 하늘에 호응함이다.

✍ 柔가 안에 있다는 것은, 중부괘 육효가 '양, 양, 음, 음, 양, 양'으로 되어있는데, 두 효씩 묶어서 아래 두 효를 '下爻'라 하고, 가운데 두 효를 '中爻'라 하며, 위의 두 효를 '上爻'라고 부른다. '안(內)'이라고 하는 것은, 中爻를 말한다. 따라서 유가 안에 있다는 것은, 육효 가운데 삼, 사효를 두고 말함이다. 그러니까, 음효인 육삼 육사가 가운데에 있음을 말한다.
그리고 剛이 중도를 얻었다는 것은, 上·下卦의 가운데 자리를 차지한 구오, 구이를 두고 말함이다. 그리고 기쁘고 공손하다는 것은, 下·上卦의 덕성을 이어서 말한 것이다. 그리고 믿음이 마침내 나라를 변화시킨다는 것은, 기뻐하는 연못 위로 공손한 바람이 불어서 만물이 윤택해지니 나라 전체가 따뜻하고 풍요로워진다는 뜻이다. 이 말을 좁혀서 말하자면, 연못 위로 바람이 분다는 것은, 돼지가 새끼를 낳기 좋은 시절이고, 물고기가 산란하여 풍요로워지는 때라는 의미로까지 유추할 수 있다. 자연 기운의 변화에 따라서 만물이 번성한다는 뜻이 內在되었다.

그리고 믿음이 돼지와 물고기에게까지 미친다는 것은, 자연의 기운이 어김없이 변화하여, 다시 말해, '風澤'이 되어서 돼지와 물고기에게 미쳐서 돼지가 새끼를 낳고, 물고기가 산란하여 번식한다는 뜻이다. 그리고 빈 나룻배를 탄다는 것은, 때에 맞게 당도한 자연 기운의 도움을 무상으로 받는다는 뜻이다. 이를 인간사로 바꾸어 말하자면, 자연의 때에 맞추어서 일하면 모든 일이 순조롭게 된다는 뜻이다. '비어있는 나무배'는 연못 위로 부는 바람을 말한 것이고, 비어있는 나무배를 탄다는 것은 무상으로 자연의 은택을 입는다는 뜻이다. 그리고 지극한 믿음이 정도를 지키면 이롭다는 것은, 자연의 이치에 맞게 행동하면, 다시 말해, 살면 이롭게 된다는 뜻이다. 그리고 하늘에 호응한다는 것은 하늘의 뜻에 부합한다는 뜻이다.

《象》曰：澤上有風, 中孚 ; 君子以議獄緩死.

「상」에서 말했다. 연못 위에 바람이 붊이 중부이다. 군자는 이를 보고 깨달아, 옥사를 의논하여 사형을 완화하라.

✎ 연못 위로 하늘의 바람이 내려오니 연못 안에서 살아가는 물고기들도 즐거워 춤을 춘다. 그렇듯, 만물을 윤택하게 하는, 연못 위로 하늘의 공손함이 내려와 만물을 기쁘게 하는 것을 보았다면, 군자는 그 하늘의 바람처럼 너그럽고 따뜻한 마음을 베풀어서 사형 집행을 완화(緩和)시켜 줘야 한다는 주문이다. 다시 말해, 죄를 감면시켜주고, 형 집행을 늦추어주는 관용을 베풀되 대신들과 충분히 의논하여 공명정대하게, 신중히 하라는 뜻이다.

初九, 虞吉, 有他不燕.

초구, 추우(騶虞)의 믿음이니 길하나, 다른 것이면 편안하지 않다.

🖉 초구는 자리가 바르고, 짝인 육사와 호응하며, 가깝게 지낼 이웃은 없다. 중도를 얻지 못하고, 항시 의욕을 앞세우는 경향이 있지만 나서서는 안 된다. 연못의 가장 밑바닥에 있어서 공손함이 미치기가 쉽지 않다. 그래서 초구는 반신반의할 수 있다. 짝인 육사에 대한 확고한 믿음이 있어야 하는데 그렇지 않고 다른 마음이 생기면 편안하지 않을 것이다. 초구에게는 오로지 일편단심 믿음만이 안락하게 한다는 뜻이다. 이런 맥락에서 본다면, 초구가 추우와 같은 의리로 길하다고 해석하는 게 맞다. 다만, 우리가 '추우(騶虞)'라는 동물에 대하여 알지 못하기에 받아들이기가 어렵지만 말이다.

그러나 이 中孚卦에서는 이 추우를 제외하고도 豚·魚·鶴·馬·翰 등 동물이 다섯 종이나 나온다. 다 비유어로 쓰였지만, 그래서 필자는 '추우의 길함'으로 번역했다. 騶虞 [zōu yú]는 중국 『山海經』 卷一二 「海內北經」에 나오는, 전설로 전해지는 상상의 동물로, 흰털에 검은 무늬가 있는데, 호랑이 몸에 사자 머리를 가졌다고 한다. 생물을 먹지 않으며, 온순하고, 한번 움직이면 천 리를 간다는 동물로, 의리와 신의가 있다고 전해진다.

문제의 '虞(우)'에 관해서 심의용 외 다수는 정이천과 주자가 그랬던 것처럼 '헤아리다'로 번역하였고, 신원봉은 유일하게 필자보다 먼저 '騶虞(추우)'로 번역하였다. 그런데 이상하게도, 현재 중국에서는 많이 다르게 해석한다. 곧, ①預料, 猜測 ②安葬, 安神之禮 ③娛, 安樂 등으로 말이다. 그야말로 제각각인 셈이다.

《象》曰 : 初九虞吉, 志未變也.

「상」에서 말했다. '초구가 추우의 믿음으로 길하다' 함은, 뜻이 변하지 않음이다.

✒️ 뜻이 변하지 않는다는 것은, 意志가 변하지 않았다는 것이고, 의지가 변하지 않았다는 것은, 마음속의 생각이 변하지 않았다는 뜻이다. 결과적으로, 믿음에 변화가 없다는 뜻이다. 초구는 그렇게 해야 길하다는 경계사(警戒辭)로 말해진 것 같다.

九二, 鳴鶴在陰, 其子和之 ; 我有好爵, 吾與爾靡之.
구이, 그늘에서 학이 우니, 그 새끼가 화답한다. 내게 좋은 술이 있으니, 내 그대와 함께 다 마셔버리겠다.

 ✒️ 구이는 자리가 바르지 못하고, 짝인 구오와 호응하지 못하며, 위에 있는 이웃 육삼과 가깝게 지낼 수 있다. 그리고 剛中을 얻었다. 그늘에서 어미 학이 우니, 그 새끼가 화답한다는 것은, 둘 사이의 믿음이 아주 돈독하다는 뜻이다. 다시 말해, 어미 학이 새끼를 부르며 찾으니 새끼 학이 화답한다는 것은, 어미와 새끼 사이에 존재하는 본능적인 신뢰, 믿음 곧, '中孚'가 있다는 뜻이다. 학이 그늘에서 새끼를 부르며 찾는다는 것은, 어미 학이 새끼를 안전하게 보살핀다는 뜻이다.

 어미 학으로 빗대어진 구이의 처지를 인간사로 바꾸어서 말한 것이 바로 뒤로 이어지는 말이다. 곧, 나에게 좋은 술이 있으니, 내가 너와 함께 그것을 다 마셔버리겠다는 말이다. 그만큼, 둘 사이의 신뢰가 남다르고 돈독하다는 뜻이다.

 여기서 '爵(작)'을 '벼슬'로 보든, '술'로 보든, 아니면 주자처럼 맹자가 말한 인간의 고귀한 천성(天性)으로 보든 상관없다만 믿음이 돈독하니 아끼는 나의 것을 상대방과 함께하겠다는 뜻으로 받아들이면 된다고 본다. 그리고 쓰러질 '靡'에는 '낭비하다, 시간이나 재물 따위를 헛되이 헤프게 쓰다'라는 뜻이 있다. '써서 없애다, 소비하다'의 뜻으로 쓰이는 죽 '糜'와 같다. (靡=糜)

《象》曰：其子和之, 中心願也.

「상」에서 말했다. 그 새끼 학의 화답은, 속마음이 원함이다.

    ✑ '中孚'가 '中心'이란 말로 바뀌어 표현되었는데 '中心'을 속에 있는 마음 곧 '속마음'으로 풀 수 있고, '속마음'이란 것은 '거짓 없는 진실'로 바꿔 말할 수 있다. 그리고 '거짓 없는 진실'은 단순한 사실을 넘어서서 본능적으로 서로를 믿는 신뢰(信賴)이자 의지(依持)라고 풀이할 수 있다. 이것이 바로 '中孚'라는 뜻이다.

六三, 得敵, 或鼓或罷, 或泣或歌.

육삼, 상대할 짝을 얻어서 북을 치다가도 내치고, 울다가도 노랠 부른다.

    ✑ 육삼은 자리가 바르지 못하고, 짝인 상구와 호응하며, 가깝게 지낼 아래 이웃 구이가 있다. 그리고 중도를 지나쳤다. 육삼이 상대할 짝을 얻었다는 것은 상구를 말함이며, 북을 치다가도 내치고 울다가도 노랠 부른다는 것은, 머릿속을 복잡하게 하는 과거가 있다는 것이고, 현실과 이상을 분별하는 능력이 크게 떨어진다는 뜻이다. 그만큼, 감정조절이 잘 안 되는, 변덕이 심하다는 뜻이다. 비록, 짝인 상구를 얻었으나 아래에 있는, 점잖은 군자에게 마음이 쏠리기도 하고, 짝인 상구와 구오를 비교하기도 하는 등 속내가 복잡하다. 이중삼중으로 마음이 갈라져 있다는 뜻이다.

《象》曰：或鼓或罷, 位不當也.

「상」에서 말했다. '북을 치다가도 내친다' 함은, 자리가 부당함이다.

    ✑ 자리가 부당하다는 것은, 양의 자리에 양으로 와야 하는데 음으로 온 부적절함을 말한다. 다시 말해, 과단성을 요구하는 자리인데 그것이 부족하다는 뜻

이다. 그래서 그릇된 판단을 내리고, 잘못된 행동을 한다는 뜻이다.

'位不當也'와 '位正當也'라는 말은 주로 六爻辭를 설명하는 小象辭에서 쓰이는 용어이다. '位正當也'는 '正位也'와 함께 384개 小象辭 가운데에서 모두 여섯 번 사용되었다. 履卦 오효 소상사, 否卦 오효 소상사, 臨卦 사효 소상사, 兌卦 오효 소상사, 渙卦 오효 소상사, 中孚卦 오효 소상사 등에서이다. 오효가 다섯 번, 사효가 한 번 사용된 셈이다. 자리가 바른 것과는 오효와 밀접한 관계가 있다는 뜻이다.

그리고 '位不當也'는 '未當位也', '未當' 등과 함께 열여섯 번 사용되었다. 否卦 삼효 소상사, 豫卦 삼효 소상사, 서합괘 삼효 소상사, 大壯卦 오효 소상사, 晉卦 삼효 소상사, 解卦 사효 소상사, 夬卦 사효, 萃卦 사효, 困卦 사효, 震卦 삼효, 歸妹卦 삼효, 豐卦 삼효, 兌卦 삼효, 中孚卦 삼효, 小過卦 사효, 未濟卦 삼효 등이다. 삼효가 아홉 번으로 가장 많고, 사효가 여섯 번으로 그다음이며, 오효가 한 번이다. 자리가 부당한 것으로는 주로 삼, 사효가 해당한다는 사실을 확인할 수 있다.

'자리가 정당하다', '자리가 부당하다'라는 말은, 陽의 자리에 양이 오고, 陰의 자리에 음이 옴을 '正當'이라고 하고, 그 반대인 경우를 '不當'이라고 하는데, 이 단순한 말 속에는 속뜻이 있다. 곧, 자리가 정당하다는 것은 자릿값을 잘한다는 뜻이고, 자리가 부당하다는 것은 자릿값을 잘못한다는 뜻이다. 자릿값이란 지위 고하에 따라 요구되는 타고난 성품과 길러진 능력을 말한다.

六四, 月几望, 馬匹亡, 无咎.
육사, 달이 보름에 가까워졌는데, 말의 짝을 잃고, 무구하다.

✒ 육사는 음의 자리에 음으로 와서 그 자리가 바르고, 짝인 초구와 호응하며, 위에 있는 구오와 가깝게 지낼 수 있다. 육사는 음효이고, 그 지위가 높다. 이를

두고 보름달에 가까워졌다는 비유적인 표현을 썼다. 보름달에 가까워졌다는 것은, 사람으로 치면 결혼 적령기에 이르러 아름다운 꽃을 피우기 직전이라는 뜻이다. 그런데 말의 짝을 잃었다. 좋지 않은 일이 발생했다는 뜻이다. 말은 육사이고 그 말의 짝은 초구이다. 결혼할 상대인 짝을 잃었다는 뜻이다. 그러함에도 불구하고, 무구하다. 화를 면한다는 뜻이다. 결국, 짝을 버리고 위에 있는 이웃 구오를 섬긴다는 뜻이다.

《象》曰 : 馬匹亡, 絶類上也.

「상」에서 말했다. '말의 짝을 잃는다' 함은, 같은 부류와 끊고 위로 올라감이다.

✎ 같은 부류라는 것은, 음과 음의 관계를 말한 것이 아니라 하늘이 맺어준 운명적인 짝의 관계를 말한다. 그리고 위로 올라갔다는 것은 위에 있는 이웃 구오를 선택했다는 뜻이다.

九五, 有孚攣如, 无咎.

구오, 믿음으로 엮어짐이니, 무구하다.

✎ 구오는 양의 자리에 양으로 와서 그 자리가 바르고, 짝인 구이와 호응하지 못하며, 가까이 지낼 아래 이웃이 있다. 그리고 中正을 얻었다. 믿음으로 엮어졌다는 것은, 호응하지 못하나 짝인 구이와 中道로써 맺어졌다는 뜻이다.

《象》曰 : 有孚攣如, 位正當也.

「상」에서 말했다. '믿음으로 엮어졌다' 함은, 자리가 정당함이다.

✎ 자리가 정당하다는 것은 구오를 두고 말함이다. 구오의 자리가 정당하기에

호응하지 못하나 강중을 얻은 구이를 선택하는 지혜를 발휘했다는 뜻이다.

上九, 翰音登于天, 貞凶.
상구, 하늘을 오르는 산닭의 날갯짓 소리이니, 정도를 지켜도 흉하다.

✎ 상구는 자리가 바르지 못하고, 짝인 육삼과 호응한다. 그러나 가깝게 지낼 이웃이 없고 중도를 지나쳤다. 그리고 믿음이 돈독한 中孚卦의 끝자리이다.

하늘로 오르는 산닭의 날갯짓 소리라는 것은, 실패할 것이 뻔한, 절망적인 소리이다. 그래서 不吉이다. 믿음이 다한 자리이기 때문이다. 하늘 높이 날아갈 수 없는 닭인 주제에 하늘을 오르겠다고 올랐으나 그 소리만 들어도 얼마 가지 못해서 떨어질 것이 분명하다. 그런 산닭의 飛行 목적이 옳고 바르더라도 흉할 수밖에 없다. 결국, 주제 파악도 하지 못하면서 의욕만 앞세우는 성향이라는 뜻이다.

《象》曰：翰音登于天, 何可長也！
「상」에서 말했다. '하늘을 오르는 산닭의 날갯짓 소리'라 함은, 얼마나 오래가겠는가!

'얼마나 오래가겠는가'는 일종의 반어법으로 결코, 길게 가지 않는다는 뜻이다. 산닭이 힘차게 날아올라보았자 오래 가지 않아서 떨어진다는 뜻이다. 상구의 자리가 바르지 못하고, 믿음이 다한 자리이기 때문이다.

*　　　*

연못 위에 바람이 불면 그 자연의 기운이 돼지와 물고기에게까지 미쳐서 좋은 中孚卦의 육효는, 중도와 각자의 자리가 중요하다. 중도를 얻은 구이는 길하고,

구오는 무구하다. 자리가 바른 초구는 길하고, 자리가 바르지 못한 상구는 흉하다. 그리고 자리가 바르지 못한 육삼은 흉하고, 자리가 바른 육사는 무구하기 때문이다.

그리고 초구는 騶虞로, 구이는 鶴으로, 육사는 말(馬)로, 상구는 산닭(翰)으로 각각 빗대어졌다. 그리고 中孚의 의미를 유추할 수 있는 단서가 나타나 있다.

程伊川은, 마음속에 있는 믿음이 '孚'라면 그 믿음이 행위로 드러난 것이 '信'이라며, 양자를 구분했는데 필자의 생각은 조금 다르다. 이 中孚卦 六爻辭를 다 읽고 나니 단순한 믿음이 아니라 특별한 믿음이라는 생각이 들기 때문이다. 특별하다는 것은, 조건이 붙어있다는 뜻이고, 그 조건이란 剛中을 얻은 구이와 구오 爻辭에서 언급된 것처럼 어미 학과 새끼 학이 갖는, 본능적이면서도 운명적인 관계에서 나오는, 상호 간 원초적인 신뢰라는 생각이 든다. 어미는 스스로 낳은 알을 부화시키고, 부화한 새끼를 기르는 일을 천부적인 운명으로 알고 즐거움과 책임감으로 일하는데, 새끼는 그 어미를 의지하고 기다리며 알아차리는 천부적인 관계와 절대적인 믿음으로 살아간다. 이처럼 어미와 새끼 사이에는 단순한 믿음이 아니고 숙명적인 관계에서 나오는, 끊으려고 해도 끊을 수 없고 변질되지 않는 믿음이 바로 '孚'이다. 그래서 孚 앞에 中이 붙었다. 이때, '中'이란 '속으로부터 나오는 본능적인 믿음'이다. '속'이란 믿음을 발현시키는 관계이며, 그것은 변질되거나 끊어질 수 없는 진실로 하늘의 마음이요, 中道라고 할 수 있다. 이것을 설명하고 있는 것이 구오 爻辭인데, '有孚攣如'라는 말이 그 증거이다. 천부적으로 엮이어 있는 관계에서 나오는 것이 '孚'라는 뜻이다.

62. 雷山小過卦

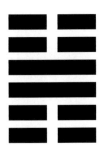

주역 예순두 번째 괘로 뇌산소과괘(雷山小過卦)가 있다. 우레 雷 震이 上卦이고, 山 艮이 下卦라는 뜻이다. 그 모양으로 보면, 산 위에서 우레가 치는 모습으로, 산에 뇌우(雷雨)가 내릴 수도 있다. 꼭 뇌우가 내리지 않더라도 마른 우레가 치면 산에 사는 동물들은 두려움을 느낄 수 있고, 몸을 피해야 하며, 뇌우가 내린다면 더러 나뭇가지가 부러지거나 살아가는 거처가 유실되는 등 작은 손실이 있을 수 있다.

그 卦德으로 보면, '止而動'이다. 곧, 멈추고, 움직인다. 육효 배열로 보면, '음, 음, 양, 양, 음, 음'으로 양이 둘이고, 음이 넷이다. 작은 陰이 큰 陽보다 두 배 많다. 그런데 두 개의 陽이 육효 중간에 자리하고 있고, 네 개의 음이 둘씩 모여서 陽爻 위아래에서 포위하고 있다. 이런 모습을 보고 卦辭에서는 '飛鳥'를 떠올리기도 했다. 물론, 괘사는, 산 위에서 우레가 칠 때, 놀란 새가 날아가는데 위로 날아가면 마땅하지 않고, 아래로 날아가면 마땅하다고 함으로써 '小過'를 '나는 새'와 연관시켰다.

陰이 陽보다 두 배 많은 '雷山'을 '小過'로 받았는데 '小過'는 어떤 의미로 쓰였을까? 글자 그대로 읽으면, '작은 잘못, 작은 허물'이다. 그리고 六爻로 보면, 작은 陰이 큰 陽보다 지나치게 많은 사실을 의미할 수도 있다. 다시 말해, 작은 것인 陰이 지나치게 많다는 뜻이다.

「序卦傳」에 의하면, "有信者必行之, 故受之以小過"라고 했고, 「雜卦傳」에 의하

면, "小過過也"라 했다. 곧, 믿음이 있는 자는 반드시 움직임으로, 믿음 있는 중부괘 뒤를 움직이는 소과괘가 이었다고 했고, 小過는 '過'라고 했다. '小過=過'라는 뜻이다. 그렇다면, 이 '過'는 어떤 의미로 쓰였을까? '過'는 '지나다, (지나는 길에) 들르다, 경과하다, 왕래하다, 초과하다, 지나치다, 분수에 넘치다, 넘다, 나무라다, 보다, 돌이켜보다, 옮기다, 허물, 잘못, 재앙' 등 다양한 의미로 쓰인다. 여기서는 '허물', '잘못', '지나치다' 등으로 쓰인 것 같다. 그렇다면, '小過'는, 두 가지의 의미로 해석할 수 있다. 하나는, 작은 것이 지나치다는 뜻이다. 지나치다는 것은 많다는 의미이다. 따라서 '小過'는 작은 陰이 지나치게 많다는 뜻으로 해석할 수 있다. 그리고 그 다른 하나는, 말 그대로 '작은 과실, 작은 잘못'이라는 뜻이다. 특히, 산 위에서 우레가 치는 모습을 상기한다면, 생물들이 놀라고, 더러는 해를 입을 수 있는데 그것이 미미한 수준이라는 의미에서 작은 과실 곧 '小過'가 될 수 있겠다는 생각이 든다. 그러나 실제로 어떻게 쓰였는지는 육효사까지 두루 다 읽어야 알 수 있을 것이다.

*　　*

小過 : 亨, 利貞 ; 可小事, 不可大事. 飛鳥遺之音, 不宜上, 宜下, 大吉.

뇌산소과괘는 형통하고, 정도를 지켜야 이롭다. 작은 일은 가능하나 큰일은 불가하다. 나는 새가 소리를 남기니, 위로 가면 마땅하지 않고, 아래로 가면 마땅하니, 크게 길하다.

✐ 소과괘가 형통하다는 것은, 산 위에서 우레가 치는 자연현상, 자연의 기운이, 바꿔 말해, 국지적으로 뇌우가 내리는 것이 산에서 살아가는 생물에 도움을 준다는 의미에서 형통하다. 그렇다면, 어떤 도움인가? 살아가는 데에 절대적으로 필요한 물을 공급해 준다는 것과 위험을 경계하라는 계기와 깨우침을 마련해 준다는 점이다.

그리고 정도를 지켜야 이롭다는 것은, 산에 뇌우가 내리는 상황이므로 그에 맞추어서 대처하고 처신해야 이롭게 된다는 뜻이다. 이러한 산의 상황을 인간사회로 바꾸어서 말하자면, 작은 일은 가능하나 큰일은 불가하다는 것이다. 우레 雷는 '양, 음, 음'인데, 이는 땅 坤인 '음, 음, 음'에서 가장 아래 陰 하나가 陽으로 化해서 생긴 것이므로 하늘 乾이 내려주는 도움·손길이라면, 그것이 산 위에서만 제한적으로 내리기에 크게 도움이 되지는 않는다. 바로 이런 의미에서 국가적으로 큰일을 도모할 수 없다고 보면 틀리지 않는다.

그리고 나는 새가 소리를 남긴다는 것은, 산 위에서 우레가 치니 새들이 놀라서 날아갔다는 뜻이다. 새가 위쪽으로 날아갔으면 마땅하지 않고 아래쪽으로 날아갔다면 마땅하다는 것은, 지극히 당연한 말로, 우레 치는 현실적 상황을 고려한 말이다. 천둥 번개가 위에서 치기 때문에 아래쪽으로 날아가는 것이 본능적인 움직임으로써 당연하다. 위험을 자초하지 않고, 피신하는 것이 지혜이며, 그지혜를 따를 때 크게 길할 것이다. 혹자는, 새의 부리 모양과 바람의 방향을 고려하여 아래로 날아가야 한다고 주장하기도 하지만 이는 억지 해석이라고 생각한다. 우레가 산 위에서 쳐서 새들이 놀라 날아가는데, 우레가 치는 위쪽으로 날아간다는 것은 사리에 맞지 않고, 아래쪽으로 날아가는 것이 본능적이며, 사리에 부합한다. 물론, 소리는 바람의 영향을 받고, 트인 공간의 방향이나 크기에 따라서 영향을 받는다. 사람이 많이 모여 사는 아파트단지 내에서는 땅 위에서 노는 아이들의 소리가 위로 크게 올라옴을 느낄 수 있는데, 이는 공간이 위로 트였기 때문이다. 결국, 이 이야기는, 산 위에서 치는 우레가 새들에게 불안과 두려움을 안기는, 작은 과실로서 지나친 움직임이지만, 그런 상황을 맞아서 안전하게 벗어나기 위해서는 우레 치는 쪽이 아닌, 그 반대 방향인 아래쪽으로 날아가는 것이 합당한 것처럼, 우리 인간도 그에 맞추어 처신하라는 속뜻이 담겨있다고 본다. 산불이 나면 바람이 불어오는 쪽으로 피해야 하고, 홍수가 밀려오면 높은 곳으로 피신해야 하는 이치와 같다.

卦의 길흉을 판단하는 卦辭에서 주로 쓰이는 '亨[hēng], [pēng]'은, '通達·順利·亨途·萬事亨通' 등의 의미로 쓰이는데, 우리말로 쉽게 줄여 말하면, 만사가 원하는 대로 잘 풀림을 의미하고, 또한, 두 기운의 왕래가 잘 이루어짐을 말한다. 64개 괘 괘사 가운데 이 '亨'이 들어가지 않은 괘는 모두 26개 괘이다. 나머지는 모두 '亨'이 들어가 있는데 '亨'에도 여러 가지가 있다. 곧, ①'亨'이 있고, ②'光亨'이 있고, ③'元亨'이 있으며, ④'有心亨'이 있고, ⑤'小亨'이 있고, ⑥'亨小'가 있다. ①에는 乾卦, 坤卦, 屯卦, 蒙卦, 小畜卦, 履卦, 泰卦, 同人卦, 謙卦, 隨卦, 臨卦, 噬嗑卦, 賁卦, 復卦, 大過卦, 離卦, 咸卦, 恒卦, 遯卦 萃卦 困卦, 鼎卦, 震卦, 豐卦, 兌卦, 渙卦, 節卦, 小過卦, 未濟卦 등 스물아홉 개 괘이며, ②에는 需卦가, ③에는 大有卦 蠱卦, 无妄卦, 升卦, 革卦 등이, ④에는 坎卦가, ⑤에는 旅卦, 巽卦가 ⑥에는 旣濟卦가 각각 있다. 그리고 亨이 언급되지 않은 괘로는, 蒙卦, 訟卦, 師卦, 比卦, 否卦, 豫卦, 觀卦, 剝卦, 大畜卦, 頤卦, 大壯卦, 晉卦, 明夷卦, 家人卦, 睽卦, 蹇卦, 解卦, 損卦, 益卦, 夬卦, 姤卦, 井卦, 艮卦 漸卦, 歸妹卦, 中孚卦 등으로 스물여섯 개 괘가 해당한다. 이들을 통찰하면, 무엇을, 왜, 형통하다고 했는지, 그리고 형통함에도 왜, 차별이 있는지 이해되리라 본다.

그리고 역시 卦辭에서 주로 쓰이는 '吉'에도, ①吉이 있고, ②이런저런 조건이 붙어있는 吉이 있다. 그리고 ③中吉, ④大吉, ⑤元吉이 있다. ①에는 比卦, 泰卦, 離卦가 있고, ②에는 무려 열두 괘가 있는데, 이들을 나열하면 이러하다. 安貞吉 (坤卦), 貞吉(需卦, 頤卦, 蹇卦), 丈人吉(師卦), 不家食吉(大畜卦), 取女吉(咸卦), 小事吉(睽卦), 夙吉(解卦), 南征吉(升卦), 大人吉(困卦), 女歸吉(漸卦), 旅貞吉(旅卦), 豚魚吉(中孚卦) 등이다. 그리고 ③에는 訟卦, ④에는 小過卦, ⑤에는 損卦, 鼎卦가 있다. '元吉[yuán jí]'은 '大吉, 洪福'으로 풀이하고, '大吉[dà jí]'은 '아주 크게 이롭다'라고 풀이한다. 그러고 보면 大吉이나 元吉이나 크게 다르지는 않다.

《彖》曰：小過, 小者過而亨也. 過以利貞, 與時行也. 柔得中, 是以小事吉也.

剛失位而不中, 是以不可大事也. 有飛鳥之象焉, 飛鳥遺之音, 不宜上宜下大吉,
上逆而下順也.

「단」에서 말했다. 소과괘는 작은 게 지나치고 형통하다. 지나침으로써 정도를 지켜야 이
롭다는 것은, 때와 더불어 행함이다. 유가 중도를 얻어 이로써 작은 일이 길하다. 강이 자리
를 잃고 중도를 얻지 못하여 이로써 큰일이 불가하다. '나는 새의 상이 있으매 나는 새가 소
리를 남기니, 위로 가면 마땅하지 않고, 아래로 가면 마땅하여 크게 길하다' 함은, 올라가면
거스르고, 내려가면 순종함이다.

✎ '작은 게 지나치다'에서 '작은 것'이란 陰爻를 두고 말함이고, 그것이 '지나
치다'라는 것은, 음효가 절반을 넘어서 陽爻의 수보다 크게 많다는 뜻이다. 그리
고 '형통하다'라는 것은, 작은 일이 순조롭게 풀리어 원하는 대로 잘 이루어진다
는 뜻이다. '지나침으로써 바르게 해야 이롭다'라는 것은, 지나칠 때는 正道로써
임해야 이롭게 풀린다는 뜻이고, 그것은 곧 때에 맞추어서 행함을 의미한다. '때
에 맞추어서 행한다'라는 것은, 시기를 놓치지 않고, 서두르지도 않으며, 오직
적절한 때에 적절한 행동으로 옮긴다는 뜻이다. '유가 중을 얻었다'라는 것은,
육이 陰이 하괘 艮의 중 자리를 차지하고, 육오 陰이 상괘 震의 중 자리를 각각
차지했다는 사실을 말한 것이다. 이처럼, 위아래에서 陰爻 둘이 중도를 얻어 일
하기에 그 능력으로 보나 그 성품으로 보나 大事가 아닌 小事가 좋다고 본 것이
다. 하지만, 무엇이 大事이고, 무엇이 小事인지는 설명하지 않았다. 그저 상식적
이고 통념적으로 생각해야 옳을 줄로 믿는다.

그리고 '강이 자리를 잃었다'라는 것은, 구삼 구사가 陽으로서 중을 차지해야
하는데 그 자리를 차지하지 못해서 중도를 얻지 못했다는 뜻이고, 그로 인해서
大事가 불가하다고 본 것이다. 그러니까, 여기에는 陽은 크고(大), 강하며(剛), 중
도를 얻어서 큰일을 해야 하고, 陰은 유하고(柔), 작아서(小) 작은 일이나 가능하
다는 판단이 깔려있다. 이것은 주역의 고정관념 가운데 하나라는 뜻이다.

그리고 '나는 새의 모양이 있다'라는 것은, 小過卦 전체적인 卦象이 '나는 새의 모습'이라는 뜻인데, 대개 가운데에 있는 두 陽爻를 새의 몸통으로 보고, 양쪽으로 있는 두 陰爻 무리를 새의 양 날개로 본다는 뜻이다. 그리고 '나는 새가 소리를 남긴다'라는 것은, 우레가 치니 새가 놀라 날아가 피신하는데 그 흔적 곧 우레의 작은 과실이라는 결과가 남게 된다는 뜻인지, 아니면, 별것도 아닌 우레에 새가 조금 지나치게 반응한다는 뜻인지 아직 명료하게 드러나 있지는 않다. 그러니까, 산 위의 우레처럼 작은 과실이 있으면 그 결과도 새가 놀라 날아가는 것처럼 작게 나타난다는 뜻으로 이해되기도 하고, 별것도 아닌 우레에 조금 지나치게 반응하는 새가 남기는 결과로 이해되기도 한다. 그리고 새가 그러한 상황에서 '위로 날아가면 마땅하지 않고, 아래로 날아가면 마땅하다'라는 것은, 당연한 이야기로 자연 이치에 부합한다. 그래서 거스른다는 '逆'과 따른다는 '順'으로 표현됐다.

《象》曰：山上有雷, 小過；君子以行過乎恭, 喪過乎哀, 用過乎儉.

「상」에서 말했다. 산 위에 천둥 번개가 있음이 소과괘이니, 군자는 이를 보고 깨달아, 행함에는 공손을 과도하게 하고, 상례를 표함에는 슬픔을 과도하게 하고, 씀씀이에는 검소함을 과도하게 하라.

✎ 산 위에서 치는 우레는 하늘 위나 아래에서 치는 것보다 널리 퍼져나가지 못한다. 그래서 상대적으로 작은 울림 곧 작은 진동이다. 그래서 그 움직임이 조금 과하다는 '小過'이다. 만일, 우레가 하늘 위에서 치면 雷天大壯卦가 되고, 하늘 아래에서 치면 天雷无妄卦가 된다는 사실이 간접적이지만, 산 위에서 치는 우레보다 크기에 산 위에서 치는 우레가 작은 지나침임을 시사해 준다.

산 위에서 치는 우레는, 산에 사는 동물들을 놀라게 하여 피신하도록 하고, 더러 뇌우를 뿌려 나뭇가지를 부러뜨리기도 하고, 동물의 서식지를 침수시키거나 유실시키는 피해를 안기기도 할 것이다. 그러나 이것들은 큰 틀에서 보면, 작은 지나침으로 인한 작은 피해라고 할 수 있다.

어쨌든, 이런 작은 지나침은, 인간사에서도 얼마든지 볼 수 있는데, 그것은 사람에게 피해를 안기기도 하고, 오히려 좋은 결과를 안기기도 한다. 그런데 이 大象辭에서는 작은 지나침을 권장하는 듯한 이야기를 하고 있다. 그 예를 세 가지로 들었는데, 사람을 대함에 공손하고, 상례에 즈음하여서는 슬퍼하고, 생활 속에서 근검절약은 조금 지나치게 해도 좋다는 것이다. 그리고 보면, 조금 지나쳐도 좋은 것이 있고, 나쁜 것이 있는데 좋은 것은 좀 지나쳐야 한다는 시각이 전제되었음을 알 수 있다.

初六, 飛鳥以凶.

초육, 새가 날아가 버려 흉하다.

✎ 초육은 자리가 바르지 못하고, 짝인 구사와 호응하며, 가깝게 지낼 이웃은 없다. 초육은 산 위에서 우레가 침으로, 실은, 산 밑에 가만히 머물러야 옳다. 그런데 놀라서 급하게 날아간 것이다. 놀란 나머지 산밑에서 날아간다면 어디로 가겠는가? 아무런 생각 없이 무작정 트인 위로 날아간다는 뜻이다. 결국, 호응하는 구사에게로 날아갔다는 뜻인데 이것이 자연 이치를 거슬러 흉하다는 뜻이다. 따라서 초육의 '작은 지나침'과 '작은 실수'는 災殃을 불러올 수 있다는 뜻을 담고 있다.

《象》曰 : 飛鳥以凶, 不可如何也.

「상」에서 말했다. '새가 날아가 버려 흉하다'라는 것은, 어떻게 할 수 없음이다.

✎ 초육은 산 艮의 가장 밑에 있는 爻로, 산 위에서 우레가 치기에 그대로 머물

러 있어야 하는데 황급히 위로 날아가 버렸으니 어찌할 방도가 없다는 뜻이다. 초육의 어리석음과 조급함이 조금 지나쳤지만 흉한 결과를 초래한다는 뜻으로 이해된다. 흔한 얘기로, '無智는 藥이 없고, 조급함은 제지할 수 없다'라는 말을 떠올리게 한다.

六二, 過其祖, 遇其妣 ; 不及其君, 遇其臣, 无咎.
육이, 지나는 길에 할아버지에게 들렀는데, 할머니를 우연히 만난다. 군주에게 미치지 못하고, 신하를 우연히 만나니, 무구하다.

✎ 육이는 자리가 바르고, 짝인 육오와 호응하지 못하며, 위에 있는 이웃 구삼과 가깝게 지낼 수 있다. 그리고 柔中을 얻었다. 육이는 가까이 있어서 친하게 지낼 수 있는 구삼을 만나고, 지나는 길에 육오를 만나려고 들른다. 하지만 육오를 만나지 못하고 구사를 만난다. 이를 빗대어 표현한 것이 곧, 지나는 길에 할아버지를 만나러 들렀으나 만나지 못하고 그 대신에 할머니를 만났다는 말이다. 이 것을 다시 군주와 신하의 관계로 바꾸어서 말한 것이 곧, 지나는 길에 군주를 만나려고 들렀으나 만나지 못하고 그 대신에 군주의 신하를 만났다는 말이다. 할아버지가 군주이고, 할머니가 군주의 신하로 각각 빗대어진 것이나 다름없다.

육이는 구삼 아버지를 만나러 가는 길에 육오 할아버지까지 만나러 갔으나 만나지 못하고 그 대신에 구사 할머니를 만났는데 육이의 이런 행보가 조금 지나쳤다는 뜻이다. 육이의 이런 小過는 무구하다. 화를 당할 정도는 아니라는 뜻이다. 정작 만나고자 했던 사람은 만나지 못했으나 그 대신에 다른, 유관한 사람이라도 만났기 때문이다. 꿩 대신에 닭인 셈이다. 그래서 무구하다.

《象》曰 : 不及其君, 臣不可過也.
「상」에서 말했다. '군주에게 미치지 못했다' 함은, 신하로서 지나침이 불가하기 때문이다.

✎ 육이가 육오 군주를 만나려고 움직인 것은, 신하로서 지나친 행보이다. 가는 길에 군주를 만나려고 한 행보이기에 너무 가볍게 생각했다는 뜻이다. 이것은 도리에 어긋나고 사리에 합당하지도 않은, 육이의 작은 잘못, '小過'인 것이다.

조금 지나칠 수 있는 일이 있고, 조금도 지나쳐서는 안 되는 일도 있음을 보여주고 있는 예라고 할 수 있다. 그리고 조금 지나쳤다고 해서 모두 흉한 것도 아니고, 모두 무구한 것도 아님을 알 수 있다. 초육의 小過는 흉하고, 육이의 小過는 무구하다. 그것은 자리와 지위 탓이다. 대체로, 자리가 바르면 무구하고, 바르지 못하면 흉하나 반드시 그런 것도 아니다. '지위'라는 것이 작용하기 때문이다. 지위는 곧 능력이다.

九三, 弗過防之, 從或戕之, 凶.
구삼, 지나치지 않게 방비함이니, 뒤따라와 또 죽이려고 하니, 흉하다.

✎ 구삼은 양의 자리에 양으로 와서 그 자리가 바르고, 짝인 상육과 호응하며, 아래 이웃인 육이와도 가깝게 지낼 수 있는, 좋은 조건이다. 그런데 중도를 지나쳐 있기에 '過中'이고, 지나치게 방비해야 하는데 그렇게 하지 않은 과오를 범한다. 구삼은 下卦 艮의 끝자리로 산의 정상부에 해당한다. 그래서 우레를 철저하게 대비해야 한다. 바꿔 말하면, 소인(陰)이 많은 세상에서 철저하게 대비해야 하는데 그렇지 않고 대충했다는 뜻이다. 그 결과, 우레(小人)가 쫓아와 죽이려고 하니, 흉하다는 것이다. 따라서 구삼의 小過는, 작은 잘못으로 큰 재앙을 불러들이고 있다. 혹자는 '從'을 '말미암다'로 해석하기도 한다. 그러나 필자는 '從'과 '戕'이 '或'의 앞뒤에서 대등하게 쓰였다고 판단했다.

《象》曰：從或戕之, 凶如何也！

「상」에서 말했다. '뒤따라와 또 죽이려고 하니, (그) 흉함이야 어떻겠는가!

    ✎ 말할 것 없이 흉이 크다는 뜻이다. 작은 지나침, 작은 실수라고 해도, 행하는 주체의 자리와 지위에 따라서 아주 큰 위험으로 다가올 수 있다. 위험이 닥칠 수 있는 상황이라면 철저하게 대비하고, 방비해야 하는데 그렇지 않는다면 벼락을 맞아 죽을 수도 있는 상황에 맞닥뜨릴 수 있다는 뜻이다. 위험이 크면 클수록 그에 대한 대비도 철저해야 한다는 주문이다.

    九四, 无咎, 弗過遇之 ; 往厲必戒, 勿用, 永貞.

    구사, 무구하고, 지나는 길에 들르지 않으나 우연히 만나게 된다. 나아가면 위태로우니 반드시 경계해야 하며, 쓰지 말아야 하고, 끝까지 정도를 지켜야 한다.

    ✎ 구사는 음의 자리에 양으로 와서 그 자리가 바르지 못하고, 짝인 초육과 호응하며, 위의 이웃인 육오와 가깝게 지낼 수 있다. 구사가 무구하다는 것은, 위에 있는 이웃 육오 군주와 가깝게 지낼 수 있기 때문이다. 지나는 길에 들르지 않으나 우연히 만나게 된다는 것은, 의도하지 않았으나 공교롭게도 만나게 된다는 뜻으로, 운이 좋지 않다는 뜻이다. 우리 속담으로 '원수는 외나무다리에서 만난다'라는 말을 상기하면 된다.

    그리고 나아가면 위태로우니 반드시 경계해야 한다는 것은, 구사가 짝인 초육을 만나러 간다면 '구삼'이라고 하는 시기하고 방해하는 장애물 같은 존재를 만나게 된다는 뜻이다. 그리고 쓰지 말라는 것은, 짝인 초육을 쓰지 말라는 뜻으로, 만나지 말라는 의미이다. 그리고 끝까지 정도를 지켜야 한다는 것은, 구사는 육오를 가까이에서 모시는 신하로서 끝까지 정도를 지켜야 한다는, 그 마땅함을 말한다.

이 구사 효사에 대한 해석은, 너무나 분분하다. 신원봉은 "허물이 없다. 무리해서 만나지 않으며, 나아가면 위험하니 반드시 경계해야 한다. 나아가지 말고, 변함없이 곧음을 지켜야 한다"라고 해석했으며, 程伊川의 『易傳』을 완역한 심의용은, "九四, 无咎, 弗過遇之, 往厲必戒, 勿用永貞"으로 표기하고, "허물이 없으니 과도하지 않아 적당한 것이라서, 그대로 가면 위태롭고 반드시 경계해야 하며, 오래도록 올바름을 고집하지 말아야 한다"라고 번역했다. 많은 사람은 심의용의 해석을 따르나 번역문장 자체가 무슨 말인지 알 수가 없다.

이 구사 爻辭의 어구인 ①'弗過遇之'와 같은 구조의 어구가 두 개 더 나오는데 하나는, 구삼의 ②'弗過防之'이고, 다른 하나는 상육의 ③'弗遇過之'이다. 필자는 이를 일관성 있게 ①지나는 길에 들르지 않으나 우연히 만나게 된다 ②지나치지 않게 방비한다 ③만나지 않고 지나쳐가다 등으로 해석했다.

《象》曰 : 弗過遇之, 位不當也 ; 往厲必戒, 終不可長也.
「상」에서 말했다. '지나는 길에 들르지 않고 만나게 된다'는 것은, 자리가 부당함이다. '나아가면 위태로우니 반드시 경계해야 한다'는 것은, 오래가지 않아서 끝나기 때문이다.

✎ 구사는 음의 자리에 양으로 왔기에 그 자리가 바르지 못하다. 그래서 처신이 합당하지 않다. 그런 구사가 짝인 초육을 만나러 가는 길에 들르지 않으나 우연히 만나게 된다. 원치 않는 구삼을 만나게 된다는 뜻이다. 그리고 초육을 만난다고 해도 그 관계가 오래가지 않는다는 뜻이다.

六五, 密雲不雨, 自我西郊 ; 公弋取彼在穴.
육오, 빽빽한 구름인데 비가 내리지 않으니, 서쪽 교외에 있는 나로 인함이다. 공이 주살로써 저 구멍에 있는 것을 잡아 취한다.

✎ 육오는 자리가 바르지 못하고, 짝인 육이와 호응하지 못하며, 아래 이웃인 구사와 가깝게 지낼 수 있다. 그리고 柔中을 얻었다. 빽빽한 구름이라는 것은, 구름이 많이 크게 모여서 먹구름이 되었다는 뜻이다. 그리고 비가 내리지 않는다는 것은, 만물에 도움이 되지 않는다는 뜻이다. 이것을 인간사로 바꾸어서 말하면, 군주가 백성에게 선정을 베풀고 싶어도 마음대로 되지 않는다는 뜻이다.

그리고 서쪽 교외에 있는 나로 인함이라는 것은, 내가 서쪽 변방에 있기에 비를 내리지 못한다는 뜻이다. 이때 서쪽 변방이란, 商朝의 제후국으로서 상왕의 눈치를 보아야 하는 지방권력자로서의 현실을 반영한 말이라고 판단된다.

그리고 공이 주살로써 저 구멍에 있는 것을 쏘아 취한다는 것은, 숨어있는 방해꾼을 붙잡아 포획함으로써 문제를 해결한다는 뜻이다. 문제인즉 구름이 빽빽하게 드리웠는데도 불구하고 비가 되어 내리지 못하게 하는 현실이다. 그래서 많은 사람은 육오가 주역 爻辭를 붙였다는 '周公'이라고 말한다.

여기서 중요한 사실은, 육오는 자리가 바르지 못하기에 국사(國事)를 처리하는 데 강력한 리더십 발휘가 쉽지 않기에 陽剛한 구사의 도움을 받는다. 그래서 '저 동굴 속에 숨어든 政敵을 주살로써 잡아내는' 정도의 小事를 감행할 수밖에 없다. 그 정적을 두고 爻로 말한다면, 육이가 해당한다고들 말하는데, 짝으로서 호응하지 못하니 그렇게 판단할 수밖에 없다.

참고로, 중국 주역 전문사이트에서는 '密雲'을 '烏雲:검은 구름'으로 설명했고, 비가 내리지 않는 이유에 대해서는, 예로부터 서쪽에서 동쪽으로 몰려오는 바람과 구름은 비가 내리지 않는다는 세간의 믿음이 있었다고 하며, 동굴에 있는 것에 대해서는 동굴에 숨어있는 들짐승(藏在穴中的野獸)이라며, 이를 '隱人'이라고 설명한다. 중요한 것은, 육오는 소인이 지배하는 사회에서 군주 신분인데 그가 동굴에 숨어있는 자를 주살로써 잡는다는 사실이고, 이런 그의 행위가, 다시 말해, 그의 小事가 조금 지나치는 小過 시대에 부합한다는 사실이다.

《象》曰：密雲不雨, 已上也.
「상」에서 말했다. 빽빽한 구름인데 비가 내리지 않음은, 이미 올라갔음이다.

📝 이미 올라갔다는 것은, 구름이 이미 흩어졌다는 뜻이다. 내용상으로는 그렇지만, 효로는 陰爻로서 이미 너무 높이 올라갔다는 뜻이다. 다시 말해, 음효가 너무 높은 자리에 올라서 소임을 다하기에는 부적절해졌다는 뜻이 내포되어 있다. 그러니까, 陰은 小人이고, 陽은 大人이라는 음과 양에 대한 기본적 인식이 전제되었다.

上六, 弗遇過之 ; 飛鳥离之, 凶, 是謂災眚.
상육, 만나지 않고 지나쳐간다. 새가 날아가 떠나갔음이니 흉하고, 이를 일컬어 '재생'이라고 한다.

📝 상육은 자리가 바르고, 짝인 구삼과 호응하며, 가깝게 지낼 이웃은 없다. 상육은 중도를 지나쳐 있으며, 小過卦 끝자리이다. 상육은 짝인 구삼을 만나지 않고 지나쳐 가버린다. 결과적으로, 새가 날아가 떠나가버림으로써 다시는 볼 수도 없고, 만날 수도 없다. 그래서 흉하다. 이런 태도가 상육의 小過나 흉함을 불러들인다.
중국 주역 전문사이트에서는 '지나치게 멀리 날아가 그물 안으로 들어갔다(越過去了, 飛鳥陷入羅網)'라고 해석한다. 그리고 '재생(災眚)'에 대하여 "天降殃禍謂之災, 人爲之禍謂之眚"이라고 풀이한다. 곧, 하늘에서 내리는 재앙은 '災'이고, 사람이 만드는 禍는 '眚'이라고 구분해서 썼다. 이를 반영하면, 천둥 번개가 치는 상황에서 새가 너무 높이 날아올라 화를 자초했고, 결과적으로 재앙을 맞는다는 뜻이다. 그물에 걸려든 것 자체도 재앙이고, 붙잡혀 먹히는 것도 더해지는, 또 다른 재앙이다. 그래서 재앙이 동시에 두 번 겹치는 '災眚'이다.

중국인들도 근거 없는 해석을 하기도 한다는 사실을 엿볼 수 있다. 뜬금없는 '그물'이 왜, 나오는가? 爻辭와 象辭에 부합하도록 설명하다 보면 이런 생각 저런 생각을 굴리게 되고, 급기야 퍼즐 맞추기를 하듯이 억지로 꿰어맞추는 해석을 하기 때문이다.

《象》曰 : 弗遇過之, 已亢也.
「상」에서 말했다. '만나지 않고 지나쳐간다'라는 것은, 너무 높이 올라감이다.

✎ 너무 높이 올라갔다는 것은, 짝인 구삼과 만나고 싶어도 만날 수 없는 상황으로 치달았다는 뜻이다. 구름이 너무 높이 올라가 버려서 비가 되어 내릴 수 없음을 빗댄 말이다. 그렇듯이, 새가 너무 높이 날아올라서 산을 벗어났음이니 이는 상황이 종료되었다는 뜻이기도 하다.

*   *

☞ 小過[xiǎo guò]는 大過[dà guò]의 의미 규정과 마찬가지로 '작은 것이 지나치게 많음'이거나 '조금 지나치다' 혹은 '작은 과실'이라는 두 가지 의미가 내포되어 있다. 小過卦 卦象에서 보는 바와 같이 양효가 두 개이고 음효가 네 개로 음효가 양효보다 두 배 많다. 그래서 작은 것 곧 음효가 지나치게 많다고 한다. 이처럼 양효가 둘이고 음효가 넷인 경우는, 64괘 가운데 이 소과괘 말고도 많다. 예컨대, 萃卦, 晉卦, 觀卦, 艮卦, 蹇卦, 明夷卦, 蒙卦 坎卦 解卦, 頤卦, 屯卦, 震卦, 升卦 등이다. 그렇다고, 이들을 보고 작은 것 곧 음효가 지나치게 많다고 말하지 않는다. 단순한 음양의 숫자가 아니라 그 '위치'와 '상·하괘의 관계'가 결정한다는 사실을 시사해 준다. 大過卦는 큰 것이 지나치게 많으므로 양효가 넷이고 음효가 둘이다. 그런데 소과괘처럼 가운데 中爻가 陰이 아니다. 초효와 상효가 음

효이고, 그 사이에 있는 효들이 양효이다. 만약, 소과괘처럼 中爻가 陰이고 나머지 위아래 네 효가 양이라면 風澤中孚卦가 되어버린다. 괘에 부여된 의미는 상·하괘에 의해서 결정되고, 그 의미는 卦名으로 나타난다.

여하튼, 소과괘는 산 위에서 천둥 번개가 친다. 이 천둥 번개는 사람보다는 산에 사는 새를 포함한 산짐승들에게 미치는 영향이 크다. 그래서 천둥 번개가 사람에게는, 사람 기준에서는 '조금 지나친' 것이다. 그 조금 지나침을 새들이 놀라 날아가는 행동으로써 설명했다. 그런데 처음부터 끝까지 일관성을 갖고서 그렇게 해야 하는데 그렇지 않고 인간의 행동으로 설명하는 내용과 섞여 있다 보니 복잡하게 느껴진다. 게다가, 彖辭에서 '나는 새의 형상이 있다'라고 함으로써 모든 사람이 六爻 卦象을 놓고 새의 모습으로 설명하는데 별 의미는 없다. 고작, 삼효와 사효를 새의 몸통으로 보고, 초효와 이효, 그리고 오효와 상효를 새의 양 날개라고 하면서 초효와 상효의 흉함과 연계하여 해석하는 정도이다. 64괘가 모두 이런 식으로 설명되지 않듯이 일관된 원칙이 아님을 말해줄 뿐이다.

육효사를 살펴보면, 초육과 상육은 흉하고, 중도를 얻은 육이와 육오는 무구하다. 양효인 구삼은 흉하고, 구사는 무구하다. 초육, 구사, 육오는 자리가 바르지 못하고, 육이, 구삼, 상육 등은 그 자리가 바르다. 그리고 초육과 구사는 짝으로서 호응하고, 육이와 육오는 호응하지 못하며, 구삼과 상육은 호응한다. 어떤 일관성이 보이지 않는다. 이들 요소 곧, 자리의 當·不當, 짝과의 호응 여부, 이웃과의 친비 여부 외에 다른 요소가 결정적으로 작용한다는 뜻이다. 그것이 무엇일까? 그것은 괘의 의미이다.

63. 水火旣濟卦

주역 예순세 번째 괘로 수화기제괘(水火旣濟卦)가 있다. 물 水 坎이 上卦이고, 불 火 離가 下卦라는 뜻이다. 그 모양으로 보면, 불 위로 물이 올라와 있는 모습이다. 이 모습을 좋게 보면, 불이 물을 끓일 수 있고, 나쁘게 보면 물이 불을 꺼버릴 수 있다. 불이 물을 끓일 수 있다는 것은, 협력하여 일을 마무리 짓는다는 의미이다. 그리고 물이 불을 꺼버릴 수 있다는 것은, 험난한 과정이 요구된다는 뜻이다. 그리고 卦德으로 보면, '明而險'이다. 곧, 밝고, 험하다. 밝은 지혜로 험난함을 헤쳐나가야 한다는 뜻이기도 하다. 그 육효 배열로 보면, '양, 음, 양, 음, 양, 음'으로 양이 셋이고, 음도 셋이다. 그리고 육효 모두의 자리가 바르고, 육이는 유중을 얻고, 구오는 강중을 얻었으며, 짝끼리도 모두가 호응한다. 이뿐만 아니라, 이웃들과도 친하게 지낼 수 있는 친비 관계가 있다. 그야말로, 나무랄 데 없는, 완벽한 조건을 갖추고 있다.

이런 '水火'를 '旣濟'로 받았다. '旣濟'는 어떤 의미로 쓰였을까? '旣'는 '이미, 벌써, 이전에, 원래, 처음부터, 그러는 동안에, 이윽고, 다하다, 다 없어지다, 다 없애다, 끝나다, 끝내다' 등의 뜻이 있다. 그리고 '濟'에는 '건너다, 돕다, 도움이 되다, 구제하다, 이루다, 성공하다, 성취하다, 더하다, 소용있다, 쓸모가 있다, 유익하다, 많다, 그치다, 원조, 도움, 나루' 등의 뜻으로 쓰인다. 그리고 일상에서 '旣濟'란, '이미 일이 처리되어 끝남'이라는 의미로 쓰이며, '未濟'가 그 반대말이다.

「序卦傳」에 의하면, "有過物者必濟, 故受之以旣濟"라 했고, 「雜卦傳」에 의하면, "旣濟定也"라 했다. 곧, 물질이 지나치게 많은 자는 반드시 구제하기에 작은 것이 과도한 소과괘 다음을 구제해주는 기제괘가 이어받았고, '旣濟=定'이라 했다. 곧, 기제는 정해짐이라는 뜻이다. '定'에는 '정하다, 약속하다, 바로잡다, 다스리다, 평정하다, 편안하다, 정해지다, 머무르다, 준비하다, 잠자리를 펴드리다, 그치다, 이마, 규정, 익은 고기, 별의 이름, 대관절' 등의 다양한 뜻이 있다. 따라서 '旣濟'란 ①이미 일이 처리되어 끝났다 ②이미 물길을 다 건넜다 ③이미 일을 마무리 지었다 ④이미 임무를 완수했다 ⑤이미 문제를 해결했다 등으로 해석할 수 있겠다는 생각이 든다. 물론, 자세한 것은 六爻辭까지 두루 다 읽어야 그 의미의 쓰임새를 정확히 알 수 있을 것이다.

그렇다면, 불 위로 물이 있음이 왜, '旣濟'라는 의미를 부여받았을까? 필자는 반사적으로 이런 생각을 했다. 곧, 불 위로 물이 올라와 있다면, 물은 아래로 향하고 불은 위로 향한다. 그래서 위아래가 서로 협력하여 크고 작은 일을 도모할 수 있다. 간단히 말해, 불이 물을 끓일 수 있어서 원하는 비 음식을 만들 수 있다. 그러므로 물과 불의 운명이 이미 정해진 것이다. 이와 반대로, 불이 위에 있고, 물이 아래에 있다면 '火水'가 되어서 '未濟卦'가 되어버린다. 물과 불이 서로 반대 방향으로 움직이어서 협력할 수 없고, 그로 인해서 같이 일을 도모할 수 없다. 그래서 괘의 의미도 아직 건너지 못한, 아직 이루지 못한 상황으로 바뀌어버린다. 불 위에 연못이 있는 '澤火'가 '革卦'가 되고, 연못 위에 불이 있는 '火澤'이 '睽卦'가 되는 이치와도 같다.

* *

旣濟：亨小, 利貞 ; 初吉終亂

수화기제괘는 작은 일에 형통하고, 정도를 지켜야 이롭다. 시작은 좋으나 끝이 어지럽다.

✒ 작은 일에 형통하다는 것은, 작은 것이 형통하다는 뜻이고, 작은 것이란 陽이 아닌 陰이고, 그 음이 할 수 있는 일이라는 뜻이다. 무슨 일을 할 때는, 그것이 大事든 小事이든 반드시 正道를 지켜야 순조롭게 풀림으로써 이롭게 됨은 지극히 상식적인 이야기이다. 그래서 '正道란 구체적으로 이것이다'라고 설명하지 않으면서 매사에 정도를 강조하는 경향이 있다.

그리고 시작은 좋으나 끝이 어지럽다는 것은, '坎'과 '離'라고 하는 上·下卦의 위치로 보아 그 움직임이 바르고, 육효 모두 자리가 바르기에 어떤 일을 하든 시작은 길하다. 그러나 이웃과 가깝게 지낼 수 있고, 모든 일을 마무리 지은, 이완된 상태이기에 正道를 지키지 못해 혼란스러워질 수도 있다. 더욱이, 이미 물길을 건너왔기에 긴장이 다 풀린 상태이고, 또한, 이미 다 이룬 일이 영원히 유지되는 것도 아닌 고로, 항상 변할 수밖에 없기에 끊임없이 노력해야 하는데, 그것이 어려운 일이다. 그래서 그 끝은 어지럽기 마련이다. 안정기가 다하면 혼란스러워지는 이치를 말한 것이다. 이점에 대해서는 육효사를 다 읽고 나면, 시작점인 초구는 물길을 건너는데 그 꼬리만 적시고 무난하게 건너가는데, 상육은 그 머리까지 적시게 되어 위태롭게 된다. 끝으로 갈수록 험난해진다는 뜻이다.

따라서 그 완벽한 조건이 무너지지 않도록 주의하고, 경계해야 하는데, 이것이 어려울 뿐만 아니라 이완 속에서도 긴장이 요구되는 이유이다. 이런 상황에서는 큰일이 있기보다는 작은 일이 많다. 그 작은 일이란 현재의 안정적인 상태를 유지하기 위한 제반 노력이 아닐까 싶다. 그래서 안정기에는 늘 자신을 돌아다보며, 반성과 함께 성찰해야 하는 일이 우선되어야 할 것이다.

《彖》曰：旣濟亨, 小者亨也. 利貞, 剛柔正而位當也. 初吉, 柔得中也. 終止則亂, 其道窮也.

「단」에서 말했다. '수화기제괘가 형통하다' 함은, 작은 것이 형통함이다. '정도를 지켜야 이롭다' 함은, 강과 유가 바르고 (그) 자리가 합당함이다. '처음이 길하다' 함은, 유가 중도를 얻음이다. '끝내 멈추는즉 어지럽다' 함은, 그 도가 궁색해짐이다.

✒ 작은 것이 형통하다는 것은, 陰 곧 小人이 하는 小事가 잘 풀린다는 뜻이고, 강과 유가 바르고 그 자리가 합당하다는 것은, 구오가 剛中으로 中正을 얻고, 육이가 柔中으로 中正을 얻어서 호응한다는 뜻이다. 그리고 처음이 길하다는 이유로, 하괘 육이가 중정을 얻었기 때문이라고 설명했다. 64괘에서 처음으로 나오는 말이다. 하괘 육이가 중정을 얻었다고 해서 해당하는 모든 괘에서 처음이 길하다고 설명하지 않았다는 뜻이다. 이효가 음으로 와서 중정을 얻은 괘로는 64괘 가운데 절반인 32개 괘가 있는데 다 같이 이런 설명을 하지 않는다.

그리고 그 도가 궁색해졌다는 것은, 물과 불의 협력 관계가 시들해졌거나 끝나간다는 뜻이다. 그러니까, 처음이 길한 것은 육이가 중정을 얻었기 때문이고, 끝이 어지럽다는 것은 상육의 활동이 끝나 가고 있다는 뜻이다.

《象》曰：水在火上, 旣濟；君子以思患而豫防之.

「상」에서 말했다. 불 위에 물이 있음이 기제이니, 군자는 이로써 보고 깨달아, 환난을 생각하여 미리 막아라.

✒ 근심과 재난을 아우르는 '患'은, 上卦 坎의 德性 '險'에서 왔고, '豫防'은 下卦 離의 덕성 '明'에서 왔다. 離를 太陽이 상징하고, 태양은 君主로 빗대어진다. 게다가, 明은 知慧로 통하니, 旣濟卦의 上·下卦를 보고서 이런 말을 할 수 있다고 본다. 물이 불 위에 있는 모습을 대상사 집필자는 밝은 지혜로 험난함을 극복해야 하는 상황으로 인지했다는 뜻이다.

初九, 曳其輪, 濡其尾, 无咎.

초구, 그 바퀴를 끌고, 그 꼬리가 물에 젖으나, 무구하다.

✑ 초구는 자리가 바르고, 짝인 육사와 호응하며, 위에 있는 이웃 육이와 가깝게 지낼 수 있다. 초구는 下卦 離의 안(內)이다. 따라서 불꽃이 아니나 같은 불로서 의욕을 갖고 위로 올라가는 처지이다. 그래서 수레바퀴를 끈다. 이런 상황을 다른 말로 바꾸어 표현하니, 동물이 물길을 건너며 그 꼬리를 물에 젖게 하는 꼴이 된다. 물길을 건너는데 동물이 그 꼬리를 적신다는 것은, 결코 원하는, 기분 좋은 일이 아니다. 불쾌하고, 더러는 위험을 느낄 수도 있는 일이다. 그러나 무구하다. 무구하다는 것은 화를 입지는 않는다는 뜻이다. 화를 입을 정도로 위험한 상황이 아니라는 뜻이다. 꼬리가 물에 젖을 정도이면 방심했거나 물의 양이 많아서 불가피했다는 뜻이나 다름없다. 그만큼 위험한 상황이라는 뜻이다.

혹자는 꼬리가 물에 젖는다는 것을 두고 '물길 건넘을 그만둠'으로 여기고, 앞으로 나아감을 중도에 포기한다는 의미로 해석하기도 한다. 그러나 그것은 아니라고 본다. 물론, 그는 火水未濟卦 초육 효사와 혼동하기 때문이다. '濡其尾'라는 어구가 같이 쓰이긴 했으나 여건이 다르다. 초구는 자리가 바르고, 陽이기에 능력이 있으며, 육이의 도움을 받을 수도 있다. 그래서 무탈하게 물길을 건너가는데 그 꼬리를 적실 뿐이다. 꼬리를 적신다는 것은, 부주의했거나 물의 양이 많았다는 뜻일 뿐이다.

《象》曰 : 曳其輪, 義无咎也.

「상」에서 말했다. '바퀴를 끈다' 함은, 의리에 허물이 없다.

✑ 의리에 허물이 없다는 것은, 의리상 잘못이 없다는 뜻이다. 그런데 왜, 義理일까? 아마도, 下卦 離의 세 爻를 앞에 있는 上卦 坎의 험난한 물길을 건너가는 운명공동체로 보았을 것이다. 坎의 험난함을 극복해야 하는 상황에서 초구는 의욕적으로 바퀴를 이끌고 가는 행위가 의리를 저버리지 않았다는 뜻으로 읽힌다.

六二, 婦喪其茀, 勿逐. 七日得.

육이, 부인이 수레 가림막을 잃으나, 쫓지 말라. 7일 만에 얻는다.

✎ 육이는 자리가 바르고, 짝인 구오와 호응하며, 柔中으로 中正을 얻었다. 그리고 위아래 이웃들과 가깝게 지낼 수 있다. 육이는 下卦 離의 中으로 초구와 구삼을 이끌고 坎의 險을 건너가야 한다. 나아가서 육오와 호응해야 한다. 하지만 가는 길에서 수레 가림막을 잃는다. 손해 수가 생긴 것이다. 그러나 쫓지 말라고 했다. 쫓지 말라고 한 것으로 미루어보면, 도난당했다는 뜻이다. 그것을 훔쳐 달아난 도적을 뒤쫓아 가서 잃어버린 물건을 찾지 말라는 뜻이다. 7일 만에 다시 손에 넣기 때문이다. '七日得'이라는 어구는, 重雷震卦 육이 효사에서도 나온다. 왜, 7일이며, 다시 손에 넣는지는 아래 小象辭 설명에서 하겠다. 여기서 '喪'은 '失'이고, '茀'은 '帷幕(유막)'으로 수레 안이 보이지 않게 가리는 천이다.

《象》曰 : 七日得, 以中道也.

「상」에서 말했다. '7일 만에 얻는다' 함은, 중도로서이다.

✎ 육이가 中道를 얻었기에 잃어버렸던 수레 가림막을 7일 만에 되찾는다고 했는데, 이때 中道란 무엇인가? 주역 그 어디에서도 이 중도를 직접 설명하지는 않는다. 따라서 주역을 공부한 사람은 모름지기 중도가 무엇인지를 밝혀야 한다. 이 小象辭에서도 보는 것처럼 중도는 만병통치약처럼 쓰이고 있는데 그 증거를 대면 이러하다.

小象辭에서는 적어도 중도가 스무 번 이상 강조되었는데 다양하지만 유사한 어구로 表現되었다. 곧, ①以中道也(旣濟卦 이효 소상사), ②以中正也(需卦 오효 소상사, 訟卦 오효 소상사, 豫卦 이효 소상사, 晉卦 이효 소상사, 艮卦 오효 소상사), ③以中行也(師卦 오효 소상사), ④以正功也(師卦 상효 소상사), ⑤位中正也(隨卦 오효 소상사, 巽卦 오효 소상사), ⑥

得中道也(解卦 이효 소상사, 離卦 이효 소상사, 夬卦 이효 소상사, 旣濟卦 이효 소상사), ⑦以中也(大壯卦 이효 소상사), ⑧中正也(姤卦 오효 소상사, 井卦 오효 소상사), ⑨以中直也(困卦 오효 소상사), ⑩得中也(巽卦 오효 소상사) ⑪中以行正也(未濟卦 이효 소상사) 등이 그 예이다. 보다시피, 중도는 육효 가운데 二爻와 五爻에게만 적용되는 말이다.

그리고 '七日得'에서 '七'이라는 숫자는 물리적인 시간을 나타낸 수가 아니라 상징적인 수이다. '12피괘설'에 의하면, 重地坤에서 重天乾이 되기까지에는 '復·臨·泰·大壯·夬'를 지나야 하고, 重天乾에서 다시 重地坤이 되기까지에는 '姤·遯·否·觀·剝'을 거쳐야 하기에 나온 숫자이기 때문이다. 간단히 말해, 하늘의 乾道와 땅의 坤道가 작용하여 본래의 자리로 되돌아오는데 일곱 개 괘를 거치기 때문에 나온 숫자일 뿐 실제로는 7일이 아니라는 뜻이다. 그러니까, 잃어버렸던 물건을 7일 만에 다시 찾는 일은 사람의 일이 아니고, 천지의 작용이라는 뜻이다. 결과적으로, 애써 찾지 말고, 하늘에 맡기라는 뜻이나 다름없다. 이런 시각과 이런 태도를 요즈음 사람이야 받아들이지는 않겠지만 말이다.

九三, 高宗伐鬼方, 三年克之 ; 小人勿用.

구삼, 고종이 귀방을 정벌하는데, 3년 만에 이겼다. 소인은 쓰지 말라.

✎ 구삼은 자리가 바르고, 짝인 상육과 호응하며, 위아래 이웃들과 가깝게 지낼 수 있다. 그리고 중도를 지나친 過中이며, 陽剛한 성품을 지녔다. 下卦 離의 끝자리로 불꽃에 해당한다. 불꽃이란 앞장서서 가장 적극적으로 험난을 헤쳐나가는 역할을 한다. 구삼의 밝은 지혜와 강력한 의욕으로 귀방을 정벌하는데 3년이라는 긴 시간이 걸렸다는 뜻이다. 3년이나 걸렸다는 것은, 매우 힘들게 싸워 이겼다는 뜻이다. 그리고 소인을 쓰지 말라는 것은, 모든 일이 이루어져 안정기에 있는데도 불구하고, 변경지역에 있는 나라를 정벌하는 일을 감행하여 이겼는데 그 후속처리를 함에 있어 소인에게 중책을 맡기지 말라는 뜻이다. 이 '小人勿

用'은 地水師卦 상육 爻辭에서도 나오는데 소인은 나라를 어지럽히기 때문이라고 했다. 여기서도 다르지는 않다고 본다.

'高宗'은 商朝 역사에서 상당히 중요한 왕으로, 국내 정치를 청명하게 하고, 경제 발전과 국민 생활을 풍요롭게 했으며, 재위 59년 동안 정치 경제 문화 군사 등 모든 부문에서 商 왕조를 정점에 이르게 했다고 하여 역사에서 말하기를 '武丁中興', '武丁盛世'라고 한다. '武丁'은 高宗 子昭(商朝 제22대 국왕: 기원전 1250 ~ 기원전 1192 재위)의 별명이며, 死後에는 '殷高宗'으로 추앙받았다. 그리고 鬼方[guǐfāng]은, 일반적으로는 외곽 변두리의 소수민족 또는 오랑캐를 지칭하는데 여기서는 殷周 서북쪽 국경 너머에 있는 강적 鬼方 小國을 의미한다고 한다.

《象》曰：三年克之 憊也.
「상」에서 말했다. '3년 만에 이겼다' 함은, 고달픔이다.

✎ 고달프다는 것은, 귀방을 정벌하는 데에 3년이나 소요되었기에 나라 전체가 국력을 많이 소비했고, 그로 인해서 백성도 피곤하고, 몹시 힘들었다는 뜻이다.

六四, 繻有衣袽, 終日戒.
육사, 걸레가 젖으니 종일 경계한다.

✎ 육사는 자리가 바르고, 짝인 초구와 호응하며, 위아래 이웃과 가깝게 지낼 수 있다. 걸레가 젖는다는 것은, 물길을 건너는 배 밑바닥에 깔아놓은 걸레가 젖는다는 뜻이기에 배에서 물이 샌다는 뜻이다. 물론, 문장에는 배를 의미하는 '船(선)'이나 '舶(박)'이란 글자가 없다. 생략되었기 때문이다. 그래서 대개는 '船艙漏水' 상황으로 이해한다. 그리고 종일 경계한다는 것은, 안전하게 물길을 건널

수 있도록 배의 상태를 예의주시한다는 뜻이다. 下卦 離의 上爻 불꽃이 제일 먼저 닿는 곳이기에 이런 염려를 할 수 있다고 본다.

《象》曰：終日戒 有所疑也.

「상」에서 말했다. '종일 경계한다' 함은, 의심하는 바가 있음이다.

✎ 의심한다는 것은, 그만큼 조심한다는 의미이고, 조심한다는 것은, 두려움이나 걱정이 많다는 뜻이다.

九五, 東鄰殺牛, 不如西鄰之禴祭, 實受其福.

구오, 동쪽 이웃이 소를 잡는 것은, 서쪽 이웃이 지내는 약제와 같지 않으니, 실제로 그 복을 받는다.

✎ 구오는 자리가 바르고, 짝인 육이와 호응하며, 위아래 이웃들과 가깝게 지낼 수 있다. 그리고 中正을 얻었다. 소를 잡는다는 것은, 성대한 제사를 지낸다는 뜻이고, '禴祭'라고 하는 것은, 물품이 궁한 봄철이나 여름철에 지내는 제사나 불가피하게 갑작스럽게 지내게 되는 간소한 제사를 뜻하기도 한다. 그런데 동쪽 이웃은 성대한 제사를 지내고, 서쪽 이웃은 간소한 제사를 지낸다고 했다. 東과 西, 그 이웃은 무엇을 의미하는가? 구오 군주 시각에서 보면 '東西'라는 것은 통치 영역 전체를 의미한다. 그런데 제사 지내는 방법이나 시기가 다른 것은, 지역이나 처한 형편에 따라서 제사를 지낸다는 뜻이다. 제사는 禮儀와 精誠이 그 본질이고, 원하는 바를 얻고자 함이 그 목적이다. 그래서 구오는 물길을 건너 위험에서 벗어나야 하는 상황이거나 이미 벗어난 상황이기에 거국적인 제사를 지내는 것이다. 전자라면 보살핌을 구하는 제사가 될 것이고, 후자라면 감사하고 안정을 오래 유지하고자 하는 바람에서 지내는 제사가 될 것이다. 그리고 실제로

'福'을 받는다는 것은, 제사로써 나라의 안녕과 안정을 축원하는 군주에게 소원을 성취하는 복을 받는다는 뜻이다.

그런데 똑같은 구오 爻辭 문장 하나를 놓고 정반대로 해석하는 사람들이 많다. 문장부호와 띄어쓰기까지 같은데 정이천의 역전을 완역한 심의용은 "동쪽 이웃의 소를 잡아 성대히 제사하는 것이 서쪽 이웃의 검소한 제사가 실제로 그 복을 받는 것만 못하다"라고 번역하였다. 한국에서 주역을 공부한 사람들은 그의 번역을 받아들이기에 같은 해석을 하면서, 東鄰이 구오이고, 西鄰이 육이라고 주장하면서 실제로 복을 받는 주체를 육이라고 주장한다.

《象》曰 : 東鄰殺牛, 不如西鄰之時也 ; 實受其福, 吉大來也.

「상」에서 말했다. '동쪽 이웃이 소를 잡는다' 함은, 서쪽 이웃의 때와 같지 않음이고, '실제로 복을 받는다'라는 것은, 큰 것이 오는 길함이다.

✎ 동과 서의 제사가 다른 것은, 때가 다르기 때문이라는 것이고, 때가 다르다는 것은, 제사 지내는 시간뿐만이 아니고, 제 여건이 다르다는 뜻이다. 그리고 큰 것이란 육이가 올라오는 것이라기보다는 구오의 剛中이 불러들이는, '물길을 무사히 건넘'이라고 하는 목표 달성, 곧 성취라고 본다.

上六, 濡其首, 厲.

상육, 그 머리가 젖으니, 위태롭다.

✎ 상육은 자리가 바르고, 짝인 구삼과 호응하며, 아래 이웃인 구오와 가깝게 지낼 수 있다. 그리고 물길을 건넌 安堵와 安定이 끝나가는 자리이다. 물길을 건너는데 머리가 젖었다는 것은 激浪이 이는 물길이라는 뜻이다. 따라서 자칫 떠내려갈 수도 있는 상황이다. 그러니 위태로울 수밖에 없다. 상육은 上卦 坎의 上

爻로서 險의 꼭지에 해당한다. 그래서 격랑이고, 머리까지 젖는다. 그리고 위험하다.

《象》曰:濡其首, 厲, 何可久也!
「상」에서 말했다. '그 머리 젖음이 위태롭다' 함은, 어찌 오래가겠는가!

✎ '어찌 오래가겠는가!'는 반어법으로 결코 오래 갈 수 없다는 뜻이다. 오래 갈 수 없다는 것은, 물속으로 머리를 박고서 헤엄쳐 간다고 해도 오래 버틸 수 없다는 뜻이다.

*   *

'旣濟'를 '물길을 이미 건넜다'라고 해석함이 가장 적절할 것 같다. 물론, 물길을 이미 건넜다는 것은, 맡은 바 임무를 다 수행 완료했다는 뜻이다. 이제 남은 일이 있다면 그 안정기를 오래 유지하는 일이다. 그래서일까? 혹자는 기제괘를 '수성(守城, 守成)의 道'를 드러냈다고 말한다.

육효사를 살펴보면, 물길을 이미 건넜다는 전제하에서 건너는 과정의 험난이 제일 많이 표현되었다. 곧, 초구와 상육은, 꼬리 달린 동물이 물길을 건너는데, 초구는 그 꼬리가 젖고, 상육은 그 머리까지 젖는다. 험난함의 정도로 보면, 상육의 물길이 격랑으로 거칠기에 훨씬 더 험난하다. 그래서 위태롭다는 '厲'가 붙었다. 그리고 육사는 배를 타고 물길을 건너는데 배의 밑바닥에서 물이 샌다. 그래서 종일 경계해야 하는 불안한 상황이다. 그리고 구삼은 귀방을 아주 힘들게 정벌한다. 그야말로, 국가적 대사를 감행했다. 그리고 중도를 얻은 육이는 수레를 타고 가는데 가림막 천을 잃어버리고, 구오는 거국적으로 제사를 지낸다. 이들을 놓고 보면, 초구, 구삼, 구오 등 양효가 중요한 일을 수행함을 알 수 있다.

그렇다면, 이런 육효의 움직임은, 모두 이루기 위해서 앞서 노력했던 것인가? 아니면, 이룬 것을 지키기 위한 움직임인가? 논리적으로는 후자이어야 하는데 모호한 면이 없지 않다.

64. 火水未濟卦

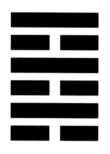

주역의 예순네 번째이자 마지막 괘로 화수미제괘(火水 未濟卦)가 있다. 불 火 離가 上卦이고, 물 水 坎이 下卦라 는 뜻이다. 그 모양으로 보면, 물 위에 불이 있는 모습 이다. 불은 위로 향하고, 물은 아래로 움직이니 불과 물 이 화합 협력하여 일을 도모할 수 없는 처지이다. 卦德 으로 보면, '險而明'이다. 곧, 험하고, 밝다. 먼저 험함이 극복되어야 밝은 세상을 맞이할 수 있다. 육효 배열로 보면, '음, 양, 음, 양, 음, 양'으로 육효 모두가 자리가 바르지 못하고, 세 짝은 모 두 호응하며, 구이, 육삼, 육오는 위아래 이웃들과 가깝게 지낼 수 있다. 그리고 구이가 剛中을, 육오는 柔中을 얻었다.

이런 '火水'를 '未濟'로 받았다. '未濟'는 어떤 의미로 쓰였을까? '未'는 '아직 ~ 하지 못하다, 아니다, 못하다, 아니니?, 못하느냐?, 미래, 장차' 등의 뜻이 있다. 그리고 '濟'는 '건너다, 돕다, 도움이 되다, 구제하다, 이루다, 성공하다, 성취하 다, 더하다, 소용있다, 쓸모가 있다, 유익하다, 많다, 그치다, 원조, 도움, 나루' 등의 뜻이 있다. 그리고 일반적으로 '未濟'라 하면, '아직 일이 끝나지 않음'이라 는 의미로 쓰인다. '旣濟卦'와 반대 상황인 괘로 판단되기에 '未濟'란 '아직 물길 을 건너지 못한 상태'라는 의미로 쓰인 것 같다. 그러나 자세한 것은 육효사를 다 읽어 보아야 알 수 있을 것이다.

「序卦傳」에 의하면, "物不可窮也, 故受之以未濟終焉"라 했고, 「雜卦傳」에 의하 면, "男之窮也"라 했다. 곧, 만물은 다할 수 없기에, 다 이룬 旣濟卦 다음을 아직 이루지 못한 未濟卦가 이어받아 끝마쳤으며, 未濟는 남자가 (일을) 다한다고 했다. '남자가 (일을) 다한다'라는 말은, 육효 가운데 양효가 중요한 일을 도맡아 한다는 뜻이다.

*　　*

未濟 : 亨 ; 小狐汔濟, 濡其尾, 无攸利.

화수미제괘는 형통하다. 어린 여우가 물길 건넘을 그만두면서, 그 꼬리를 적시니, 이로울 바 없다.

   ✍ 未濟卦가 형통하다는 것은, 쉽게 이해되지 않는다. 험난한 물길을 다 건너지도 못하면서 꼬리가 물에 젖음이 이롭지 않다고 했는데 그러함에도 불구하고, 형통하다고 했기 때문이다. 그러나 형통한 이유를 굳이 찾는다면, 물과 불의 근원적인 관계에 있다. 곧, 물과 불의 자리(위치) 때문에 현재는 서로 반대 방향으로 움직이기에 크게 협력할 수는 없으나, 근원적으로는 '물과 불이 서로 붙잡고(水火相逮:說卦傳 제6장), 물과 불이 서로 싫어하지 않는다(水火不相射:說卦傳 제3장)'라고 했으니, 끝내는 형통할 수 있다. 결과적으로 말해, 아직 물길을 건너지는 못했지만 앞으로 노력하면 끝내는 건널 수 있기에, 아니, 건널 수밖에 없기에 형통하다고 말할 수 있다는 뜻이다. 물론, 아래 彖辭에서는 육오가 중도를 얻었기 때문이라고 말하지만, 이 말은 크게 설득력이 없다. 왜냐하면, 육오가 중도를 얻는 괘는 64개 괘 가운데 32괘나 되며, 이들 가운데 大畜卦, 大壯卦, 剝卦, 晉卦, 豫卦, 損卦, 睽卦, 歸妹卦, 艮卦, 明夷卦, 師卦, 解卦, 頤卦 등 13개 괘는 형통하지 못하기 때문이다. 이 점으로 미루어보면, 卦辭를 설명하는 彖辭라고 해서 반드시 옳은 것은 아니라는 점이다.

《彖》曰 : 未濟亨, 柔得中也. 小狐汔濟, 未出中也. 濡其尾, 无攸利, 不續終也. 雖不當位, 剛柔應也.

「단」에서 말했다. 화수미제괘가 '형통하다' 함은, 유가 가운데 자리를 얻음이다. '어린 여우가 물길을 건너다 그만둠'이란, 아직 물길 가운데에서 나오지 못함이다. '그 꼬리를 물에 적시어 이로울 바가 없다' 함은, 이어서 끝내지 못함이다. 비록, 자리가 부당하나 강과 유가 호응한다.

✎ 柔가 중도를 얻었다는 것은, 육오가 柔中을 얻었음을 말한다. 정이천을 비롯하여 모두가 그렇게 말한다. 그러나 이점이 未濟를 형통하게 하는 이유로서는 합당하지 않다. 그 이유를 앞에서 제시했다. 이를 다른 각도에서 볼 필요가 있는데, 육삼과 육오는 위아래 이웃들과 가깝게 지낼 수 있는 親比 관계에 있다. 바로 이점을 주목할 필요가 있다. 육삼과 육오의 이웃들은 모두 한결같이 강건한 陽이라는 사실이다. 따라서 유가 중을 얻었다는 것은 陰이 두 陽 사이의 중간 자리를 얻었다는 뜻으로 이해된다. 따라서 육오를 두고 한 말이기도 하지만 육삼, 육오가 좌우로 강건한 陽의 도움을 받는다는 점으로 이해함이 옳다. 이 점은 해당 爻辭에서 확인이 되어야 할 줄로 믿는다.

그리고 자리가 부당하다는 것은, 육오 뿐만이 아니라 육효 모두가 자리가 바르지 못함을 말한다. 그리고 강과 유가 호응한다 함은, 양효와 음효가 호응한다는 뜻으로, 초육과 구사가, 구이와 육오가, 육삼과 상구가 각각 짝으로서 호응한다는 점이다. 짝으로서 호응한다는 것은, 도움이나 협력이 이루어진다는 뜻으로 이해된다.

《象》曰 : 火在水上, 未濟 ; 君子以愼辨物, 居方.

「상」에서 말했다. 물 위에 불이 있음이 미제이니, 군자는 이로써 보고 깨달아, 만물을 신중하게 분별하고, 반듯하게 머물라.

✎ 물 위에 불이 있다는 사실 자체를 놓고 볼 때, 그 물과 불의 자리가 바르지 못한 것으로 대상사 집필자는 판단했다. 물과 불이 움직이는 방향이 서로 반대이기 때문인데 상부상조가 어렵다고 보았다. 그래서 未濟 상황이 되지만 여하튼, 군자는 그런 바르지 못한 관계와 모습을 보고서 자신의 자리부터 바르게(方) 머물라(居)는 주문을 했다고 본다. 군자가 자신의 자리부터 바르게 머문다는 것은, 군자가 있어야 할 자리에 있다는 뜻이고, 그것은 동시에 군자로서 군자답게 처신하라는 뜻이다.

初六, 濡其尾, 吝.
초육, 그 꼬리가 (물에) 젖고, (건너고자 하는 의욕이) 소극적이다.

✎ 초육은, 자리가 바르지 못하고, 짝인 구사와 호응하며, 위에 있는 이웃 구이와 가깝게 지낼 수 있다. 그렇지만, 초육은 下卦 坎의 가장 아랫자리로 험난함이 가장 적게 미치는 자리이다. 그래서 동물의 꼬리로 빗대어졌고, 힘한 물길을 건너야 하는 주체로서 가장 소극적이다. 그런 의미에서 건너가야 한다는 의욕이 인색하다고 말할 수 있다. 인색하다는 것은 소극적이라는 뜻이다.

《象》曰 : 濡其尾, 亦不知極也.
「상」에서 말했다. '꼬리가 (물에) 젖는다' 함은, 역시 한계를 모름이다.

✎ 한계를 모른다는 것은, 자신의 처지나 능력, 그리고 그 끝을 모른다는 뜻이다. 더 쉽게 말해서, 자신의 주제를 모른다는 뜻이다. 결과적으로, 초육은 陰으로서 능력이 상대적으로 陽보다 적고 약한데 그런 자신의 주제를 알지 못하고서 무모하게 험한 물길을 건너는 일에 뛰어들었다는 뜻이다.

九二, 曳其輪, 貞吉.

구이, 바퀴를 끄니, 정도를 지켜야 길하다.

✎ 구이는 자리가 바르지 못하고, 짝인 육오와 호응하며, 위아래 이웃들과 가깝게 지낼 수 있다. 그리고 剛中을 얻었다. 구이는 험한 물길을 건너야 하는 소무리의 지도자로서 초육과 육삼을 인도해야 한다. 그러하니 정도를 지켜야 길한 것이다. 물론, '曳其輪'이라는 어구는 水火旣濟卦 초구 효사에서도 쓰였다. 모두 陽卦에서 쓰인 셈이다. 陽은 상대적으로 적극적이기 때문이다. 그러나 그 위치 곧 자리에 따라서 그 적극적인 태도의 효력이 달라진다.

여하튼, '바퀴를 끈다'라는 것은, 주어진 상황을 직시하고, 당면한 문제를 해결하려는 노력 일체를 빗대어 표현한 말이다. 旣濟卦에서는 강물을 건너온 안전한 상황이 오래 유지되도록 노력해야 하고, 아직 건너지 못한 상황에 있는 未濟卦에서는 온전히 건너려는 노력이 필요하다.

《象》曰：九二貞吉, 中以行正也.

「상」에서 말했다. '구이가 정도를 지켜야 길하다' 함은, 중도로써 바르게 행함이다.

✎ 중도로써 바르게 행한다는 것은, 구이가 下卦 坎의 가운데 자리를 차지하고서 중도를 얻었고, 그 중도로써 초육과 육삼 이웃들을 잘 이끌어 간다는 뜻이다. 잘 이끌어간다는 것은, 어느 쪽으로도 치우치지 않고, 균형을 유지하며, 수레를 끌고 간다는 뜻이다.

六三, 未濟, 征凶, 利涉大川.

육삼, 건너지 못하고, 정벌에 나서면 흉하니, 큰 강을 건넘이 이롭다.

✒ 육삼은 양의 자리에 음으로 와서 그 자리가 바르지 못하고, 짝인 상구와 호응하며, 위아래 이웃들과 가깝게 지낼 수 있다. 下卦 坎의 가장 끝자리로 험난함이 가장 심한 자리이다. 그만큼 강해야 하는데 陰이기에 그렇지 못하다는 뜻이다. 그래서 육삼은 험한 물길을 건너지 못하고, 정벌하러 나아가도 흉하다. 험난 대비 능력과 의욕이 부족하다는 뜻이다.

그런데 큰 강을 건넘이 이롭다고 했다. 최소한의 자릿값을 해야 한다는 것일까? 육삼의 능력과 의욕으로 보면 분명, 모순어법이다. 큰 강을 건너는 일은, 위험을 수반하는 국가적 대사이다. 그 대사 가운데에는 정벌을 비롯하여 많은 일이 있을 수 있다. 능력이나 의욕은 떨어지나 분발하여 더욱 노력하라는 뜻으로 들린다.

《象》曰 : 未濟, 征凶, 位不當也.
「상」에서 말했다. 건너지 못하고, 정벌에 나서면 흉하다는 것은, 자리가 부당함이다.

✒ 자리가 부당하다는 것은, 陰의 자리에 陰이 오지 않고, 陽의 자리에 陽이 오지 않음을 말한다. 육삼 뿐만이 아니라 육효 모두 자리가 바르지 못하다. 자리가 바르지 못하다는 것은, 자릿값에 맞지 않게 처신한다는 뜻이다. 결과적으로, 처신을 잘못한다는 뜻인데, 여기에는 타고난 성품과 자리에서 요구하는 능력과 의욕의 부족을 말한다.

九四, 貞吉, 悔亡 ; 震用伐鬼方, 三年有賞于大國.
구사, 정도를 지켜야 길하고, 후회함이 사라진다. 귀방 정벌을 이용하여 떨치고, 3년 만에 대국의 상이 있다.

✒ 구사는 자리가 바르지 못하고, 짝인 초육과 호응하며, 위아래 이웃들과 가

깝게 지낼 수 있다. 구사는 上卦 離의 가장 밑자리로서 험난한 물길을 막 극복한 자리이다. 그리고 육오 군주를 보좌하는 자로 陽剛한 리더십을 갖추었다. 따라서 구사는 정도를 지켜야 하고, 후회나 번민이 사라진다.

귀방을 정벌한다는 말인 '伐鬼方'은 水火旣濟卦 구삼 爻辭에서도 나오는데 정벌의 주체가 구삼에서 구사로 바뀌었다. 구삼은 '高宗'이라는 단서가 붙었으나 구사는 아무런 단서가 없다. 그리고 구삼은 귀방 정벌에 3년이나 걸렸다며 그 어려움과 힘듦을 강조했으나 구사는 정벌을 마치고 나면 대국의 대왕으로부터 상을 받는다는 점을 강조했다. 같은 일을 가지고 다른 시각에서 말해지고 있음을 알 수 있다.

구사는 위아래 이웃인 육오와 육삼의 지지와 도움을 받고, 마땅히 일해야 하는 상황(未濟)에 놓여있다면, 구삼은 위아래 이웃인 육사와 육이의 지지와 도움을 받고, 해야 할 일을 다 한 상황(旣濟)에 놓여있다. 그리고 구사는 자리가 바르지 못하고, 구삼은 자리가 바르다. 그러나 구사의 지위는 구삼에 비해 높다.

우리는 여기에서 중요한 사실 하나를 확인할 수 있다. 그것은 '귀방 정벌'이라는 역사적 사실을 드러내는 목적에서 爻辭가 붙여진 것이 아니라 음과 양의 위치와 관계에 따라서 그 작용 곧 그 움직임의 크기와 역할이 다름을 보여주기 위해서 널리 알려진 사건이 활용되어 爻辭로 붙여졌다는 점이다. 이 이야기는 주역이 역사기록이 아니라는 뜻이다.

'鬼方[guǐ fāng]'에 대하여, 혹자는 사방에 있는 오랑캐라고 주장하기도 하고, 商周시기에 西北쪽에 있었던 지방 부족국가라고 말하기도 한다. 그리고 '震用'에 대하여, 『인문으로 읽는 주역』을 펴낸 신원봉은, 甲骨卜辭에 나오는 내용을 받아들여 은(商→殷)나라 제후의 이름으로 해석하기도 했다. 갑골복사는 고대 중국 商周 시기에 거북의 껍질이나 짐승의 뼈에 새겨 넣은 문자 기록으로 점을 치는 일과 관련하여 썼던 글자들을 말한다. 필자는 아직 이 기록을 살펴보지 못했기에 알 수 없으나 주역의 역문 속에는 적어도 60여 명 이상의 역사적 인물과 관련된 내용이 나오는 것만은 사실이다. 그래서 주역을 歷史書로 이해하려는 이들도 있으나 분명 역사서는 아니고, 그들의 삶의 양태까지도 음양의 작용이나 그 원리로써 설명하려는 것이다. 여하튼, 문제의 '震用'에 대하여 현재의 중국 주역 전문사이트에서는 '우레와 같은 기세(聲勢浩大如雷)'라고 받아들인다.

《象》曰 : 貞吉悔亡, 志行也.
「상」에서 말했다. '정도를 지켜야 길하고 후회함이 사라진다' 함은, 뜻을 행함이다.

✎ 뜻을 행한다는 것은, 의중을 관철하여 실천함이다.

六五, 貞吉, 无悔 ; 君子之光, 有孚吉.
육오, 정도를 지켜야 길하며, 후회함이 사라진다. 군자의 기세로, 믿음이 있어서 길하다.

✎ 육오는 양의 자리에 음으로 와서 그 자리가 바르시 못하고, 짝인 구이와 호응하며, 위아래 이웃들과 가깝게 지낼 수 있다. 그리고 柔中을 얻었다. 험한 물길을 건너야 하는 상황에 놓여 육오는, 신중하고, 양강한 능력과 의욕을 가진 상구와 구사의 지지와 도움을 받으며, 비록, 멀리 떨어져 있으나 역시 양강한 구이의 성원까지 받으며 당면한 현실문제를 타개하려 한다. 그런 육오의 모습이 군자로서의 面貌이고, 姿勢이며, 그 氣勢라는 것이다. 대개, '光'을 '빛'으로 해석하나 옳지 않다.

그리고 믿음이 있어서 길하다는 것은, 육오가 갖는 이웃들과 짝에 대한 신뢰이다. 다시 말해, 육오가 막중한 임무를 수행하기에는 강건하지 못하고 상대적으로 유약하다. 그러나 柔中의 힘과 德으로 양강한 지혜와 능력을 갖춘 상구와 구사와 구이 등의 지지와 도움을 받는다. 따라서 육오는 그들에 대한 믿음이 돈독하고, 그들의 협력적 활동을 기대하는 입장(立場)이다.

《象》曰 : 君子之光 其暉吉也.

「상」에서 말했다. '군자의 기세'는 그 광채가 길함이다.

🖎 광채가 길하다는 것은, 군자로서의 면모, 자세, 그리고 그 기세와 품위가 좋다는 뜻이다. 좋다는 것은, 험난한 시대를 헤쳐나가기에 지도자로서 잘 어울린다는 뜻이다.

上九, 有孚于飮酒, 无咎 ; 濡其首, 有孚失是.

상구, 술을 마심에 믿음이 있으니, 무구하다. 그 머리가 젖고, 이를 즐김에 믿음이 있다.

🖎 상구는 자리가 바르지 못하고, 짝인 육삼과 호응하며, 아래 이웃 구오와 가깝게 지낼 수 있다. 그리고 上卦 離의 끝자리이다. 밝은 지혜가 극에 달한 자리이다. 상구는 술을 마시는데 믿음이 있다. 믿음이 있다는 것은, 술 마시는 일에 무슨 이유나 목적이 있는 듯이 습관적으로 마신다는 뜻이다. 그만큼, 음주를 즐기고 있다는 뜻이다.

그리고 그 머리가 젖는다는 것은, 술을 너무 많이 마시어 말하고 행동하는 데에 영향을 받을 정도로 취한다는 뜻이다. 그리고 음주를 즐김에 믿음이 있다는 것은, 음주를 상습적으로 즐긴다는 뜻이다. 그리고 '머리가 젖는다'라는 의미의 '濡其首'라는 어구는, 이곳 말고도 水火旣濟卦 상육 효사에서도 쓰였다. 상구는 술을 마시며 그의 머리가 젖고, 상육은 험한 물길을 건너느라 그의 머리가 젖는다. 무엇으로써 머리가 젖든 그 머리가 젖는다는 것은, 결코, 좋은 일이 아니다. 물길을 건너는데 머리까지 물에 젖는다 함은, 물이 깊고 그 흐름이 거칠다는 뜻이기에 그만큼 위험을 감수한다는 뜻이다. 그리고 음주로써 머리가 젖는다 함은, 음주가 지나쳐 사유와 행동과 감정에 영향을 미치고, 더 나아가면 고주망태가 된다는 뜻이니 올바른 처신이 아니다.

그런데 중요한 사실은, 이렇게 음주를 즐기고, 고주망태가 되도록 상습적으로 마시는 상구가 무구하다는 것이다. 다시 말해, 화를 입지 않는다는 뜻이다. 험한 물길을 건너지 못한 상황(未濟)에서 상구는 술로써 산다. 그런 그가 화를 입지 않는 것은 그럴 수밖에 없는 처지라는 뜻이다. 여기서 '失'을 놓을 '일'로 읽고, '즐기다, 좋아하다'로 해석했다. 그리고 '是'를 '이것'으로 해석했다.

《象》曰 : 飮酒濡首, 亦不知節也.

「상」에서 말했다. '음주로 머리가 젖는다' 함은, 역시 절제를 모름이다.

✎ 절제를 모른다는 것은, 자신의 욕구를 통제하지 못함이다.

* *

未濟와 旣濟에서는, 건널 '濟'가 공통으로 쓰였다. '濟'는 건너는 일이기에 물길이나 강물 등을 먼저 떠올리게 마련이다. 그래서 배(船, 舶), 여우와 삵(狐狸) 등이 직간접으로 나오고, 동시에 물에 '젖다', '적시다' 뜻이 있는 '濡', '繻' 등이 동원되었다. 동시에 물에 젖는 부위가 꼬리(尾)냐 머리(首)냐에 따라서 有·不利와 吉凶의 정도 차이가 있음도 확인할 수 있다.

그리고 '曳其輪', '濡其尾', '濡其首', '伐鬼方' 등의 어구들도 兩卦에서 공통으로 쓰였다. 하지만, 그 해당 효가 다르다. 곧, '濡其尾'는 未濟에서는 초육이나 旣濟에서는 초구이다. '曳其輪'은 未濟에서는 구이이나 旣濟에서는 초구이다. 강건한 양만이 바퀴를 끈다는 뜻이다. '濡其首'는 未濟에서는 상구이나 旣濟에서는 상육이다. 머리가 젖는 위험한 일은 상효에게만 해당한다. '伐鬼方'은 未濟에서는 구사이나 旣濟에서는 구삼이다. 역시 강건한 陽만이 정벌을 감행한다. 그러니까, 初爻는 剛柔 곧 陰陽에 관계없이 꼬리를 물에 적시며, 上爻 역시 剛柔에 관계없이 머리를 적신다. 시작은 도전적이나 끝은 위험하다는 뜻이다. 그리고 中爻(삼·

사효)는 剛健한 陽만이 鬼方을 정벌하는, 험한 일을 감행한다. 그리고 中道를 얻은 두 효는 음양이 바뀐다. 未濟에서 구이, 육오가 되고, 旣濟에서는 육이, 구오가 된다. 그리고 未濟에서 육오는 군자의 면모가 빛나나 旣濟에서 구오는 거국적인 祭祀를 지낸다. 역시 일을 해도 陽이 한다.

「雜卦傳」에서 未濟卦는 '남자가 (일을) 다한다'라고 했는데, 험한 물길을 건너기 위해서 바퀴를 끄는 일이나 정벌을 감행하는 일 등 중요한 일을 陽爻가 다하고 있음을 확인할 수 있다. 이런 점은, 사실, 水火旣濟卦도 마찬가지이고, 64괘 전체를 보아도, 음효보다는 양효가 중요한 일을 많이, 주도적으로 한다. 그런데 재미있는 점은, 물길을 이미 건넌 旣濟의 육효보다 아직 물길을 건너지 못한 未濟의 육효가 길흉 측면에서 더 좋다는 사실이다. 이미 다 이룬 것을 지키는 일이 이루기 위해서 노력하는 일보다 어렵다는 뜻으로 이해되는데 모르겠다. 또 다른 의미가 숨겨져 있는지….

이 책을 읽으신 분들께

周易은 거대한 관념체계이어서 '높고 깊은 山'으로 빗대어 말할 수 있다. 그런데 적지 아니한 사람들은, 그 산의 생김새와 들고 나는 길을 모른 채 그 속으로 들어가 길을 헤매기 일쑤라고 말해도 틀리지 않는다. 산에서 길을 헤맨다는 것은, 위험한 일로, 산의 전체적인 모습과 두드러진 지형 지세와 자신의 능력을 모른 채 호기심에 이끌려 들어갔다가 목적을 달성하지 못하고 불필요하게 고생을 많이 하는 일이다. 여기에 하나가 더 있다면, 그것은, 그 산의 많은 봉우리 가운데에서 작은 봉우리 하나를 오르고서 그 산을 다 보고 아는 것처럼 말하는 일도 해당한다.

그렇다면, 주역을 잘 알고 있는 것처럼 말하는 당신이 周易의 핵심을 설명해보면 어떨까?

지금, 여러분 앞에 놓인 백지 위로 검은 펜으로써 天·人·地를 생각하면서 두 가지 符號를 사용해서 세 번 그리고, 이어서 똑같이 한 번 더 그려나간다. 위에서부터 아래로 그려나가든 아래에서 위로 그려나가든 결과적으로, '天·人·地·天·人·地'를 상징하듯이 두 가지의 부호를 써서 여섯 개를 그려놓는다는 뜻이다. 백 명이 그리고, 천만 명이 그려놓아도 그 한 사람 한 사람이 그린 결과는 64가지 가운데 하나일 것이다.

자, 그렇다면, ①두 가지 符號가 무엇이며, ②어떤 의미를 지니는가가 중요하고, ③'天·人·地'를 상징하여 그려지는 세 획의 부호가 여덟 가지가 있는데 이것들이 또한 무슨 의미를 지니는가가 대단히 중요하다. 그리고 ④'天·人·地' + '天·

人·地'를 상징하며 그려지는 여섯 획의 圖式이 64가지가 있는데 이것이 무엇을 의미하는지도 분명하게 알아야 한다. 이 네 가지가 주역의 세계로 들어가는 커다란 門의 키이다. 이 키를 소지하지 않으면 '周易'이라고 하는 산에 들어갈 수가 없다.

우리가 사용할 수 있는 두 가지 符號는, 횡으로 그은 선 한 획과 그 선 중간이 끊긴 짧은 선 두 획으로 그려지는 것인데, 전자는 '陽'을 의미하고, 후자는 '陰'을 의미한다. 그렇다면 '陽'은 무엇이고, '陰'은 무엇인가? 이 '陰陽'에 대한 이해 없이는 주역을 백날 읽어도 소용이 없다. 그저 답만 외워서 떠벌이는 격이기 때문이다.

그렇다면, '陰陽'의 본질은 무엇인가? 陰陽의 바탕은 '氣'이다. 그런데 陰과 陽이 완전히 분리되어 독자적으로 움직이는 것처럼 인식되나 그렇지가 않고 하나의 氣에서 성질이 다른 두 기운이 나타날 뿐이고, 나타나는 두 기운은 상대적이지만, 서로 화합하기도 하고, 서로 싸우며 밀어내기도 한다. 종국에는 하나의 氣가 움직이며 두 양태를 띤다는 뜻이다. 그런데 陰陽을 설명하기 위해서 하늘이 陽이라면 땅이 陰이라 했듯이, 이에 맞추어서 모든 사물이나 모든 현상을 두고 상대적으로 구분한다. '男'이 陽이라면 '女'는 陰이고, '剛'이 陽이라면 '柔'는 陰이라는 식이다. 같은 男이라 해도, '大人'은 陽이 되지만 '小人'은 陰이 된다. 이처럼 음과 양은 상대적이며, 편의상의 구분에 지나지 않는다. 하늘에 더 있는 태양이 陽이라면 지구는 陰인데 이때는 태양과 지구를 포괄하는 더 큰 공간의 氣가 이들을 낳았다고 보는 것이다. 결과적으로, 모든 사물과 모든 현상은 陰과 陽이라는 두 가지 양태로 나타나는 氣의 작용이며, 그 결과라는 뜻이다.

그다음, 陰과 陽을 나타내는 기호로써 '天·人·地'를 상징하여 그려지는 세 획의 부호는 모두 여덟 가지가 있는데 이를 두고 周易에서는 '乾·兌·離·震·巽·坎·艮·坤'이라고 이름 붙이고, 이를 '八卦'라고 부른다. 하늘·사람·땅이 있는 전체적인 공간의 上·中·下에 陽의 기운이 두루 미치면 乾(☰)이라 하고, 陰의 기운이 두루 미치면 坤(☷)이라 하듯이, 양과 음이 上·中·下에 어떻게 미치느냐에 따라서 나머지 여섯 卦[☱(兌)·☲(離)·☳(震)·☴(巽)·☵(坎)·☶(艮)]가 결정된다는 뜻이다.

그래서 이 八卦의 본질이 무엇인가가 중요하기에 이 八卦가 갖는 의미를 먼저 분명하게 알아야 하고, 동시에 陰陽의 기운이 미치는 공간을 '天·人·地'라고 認知 想定했다는 사실과 그 의미를 또한 알아야 한다.

陰陽의 氣가 하늘 땅 그리고 그 사이에 있는 인간을 포함한 萬物에게 미친다고 보았는데, 이는 '위, 아래, 중간'을 의미한다. 인식의 주체인 인간 시각에서 보아 '上·中·下'인 것이고, 그것은 곧 우주 전체를 의미한다고 판단된다. 그렇다고, 오늘날 우리가 알고 있는 우주의 크기나 구조를 염두에 둔 것은 아니겠으나 古代人의 시각에서 지상의 만물에 영향을 미치는 공간으로써 전체를 의미한다고 보아야 할 것이다.

문제는, 음양의 기운이 '天·人·地' 등 3요소에 미치는 경우 수를 따져보니 여덟 가지가 나오는 것이고, 이 여덟 가지에 각각 이름을 붙였는데 그것이 바로 '乾·兌·離·震·巽·坎·艮·坤'이라는 것이고, 이들은 陰과 陽의 세력이 하나로 뭉쳐서 인간이 생활하는 데 영향을 미친다고 생각되는 자연적 요소들이라는 사실이다. 연못과 산은 아래인 땅에 소속된 것이고, 우레·불·바람·비 등은 위인 하늘에 속한 것이다. 그리고 이들 팔괘에 있다는 기능적 특징을 卦의 '德'이라 하여 부여했는데 그것이 바로 '剛/健·說/悅·明/麗·動·巽/入·險·止·柔/順'이라는 것이다. 이 '卦德'은 주로 '彖辭'에서 언급되나 '六爻辭'에 미치는 영향은 그리 커 보이지 않는다.

따라서 八卦는 만물이 존재하는 공간에 떠 있는 음양 기운의 덩어리, 다시 말해, '天·人·地'가 만들어내는 陰과 陽이 뭉쳐서 독자적으로 움직이는 최소단위 '氣運體'라 말할 수 있다. 문제는, 이것들이 둘씩 위아래로 결합하여, 다시 말해, 팔괘 각각이 짝을 지음으로써 실질적으로 만물에 영향을 미치는 독립적인 氣運體가 되고, 이는 대자연이 만들어내는 특정 상황을 드러내 보이는 實體가 된다.

그리고 이 실체가 움직이기 시작하면 여섯 단계를 거쳐서 끝난다는 것이다. 그러니까, 인간의 의지와 상관없이 주어지는, 이런 상황은 팔괘가 서로 만날 수 있는, 짝을 지을 수 있는 경우 수인 64가지가 있다는 것이다.

그렇다면, 팔괘는 왜, 위아래로 둘씩만 결합하는가? 좌우로 결합할 수는 없으며, 서너 개가 동시에 결합할 수는 없는가? 바로 여기에 주역을 만든 이의 세계관이 작용한다. 곧, 만물을 대표하는 인간이 기준이 되어 볼 때, 인간의 위 하늘과 인간의 아래 땅이 짝을 지었다고 보았듯이, 팔괘도 위아래로 결합함으로써 짝을 지어서 비로소 만물에 영향을 미치는 실체가 된다는 인식이 전제되었으리라 본다. 하늘과 땅이 위아래에서 각각 자리를 잡고 서로 관계를 맺음으로써 중간에 있는 인간에게 영향을 미치듯이, 팔괘도 위아래로 짝을 지어서 하나가 됨으로써 비로소 독립적인 氣運體가 된다는 뜻이다.

그래서 八卦는 길흉을 결정하고, 팔괘의 결합으로 이루어지는 六爻는 그 길흉에 따라서 저마다 일이 생긴다고 보았다. 물론, 이는 「繫辭傳」 집필자의 판단이다. 따라서 六爻로 이루어진 64괘는, 이미 길흉을 내장한, 대자연의 기운으로서, 인간의 의지와 상관없이 주어지는 자연적 상황으로 나타나고, 육효는 그 상황에 직면하여 일하는 주체이자 일이 진행되어 가는 단계를 보여준다. 그래서 64卦가 '특정의 時期'라면 爻는 '그 時期 안에서 상황이 진행 변화해가는 推移'이다. 그래서 爻 하나하나가 사람처럼 六爻辭가 擬人法的 修辭로 표현되었다.

이렇게 周易을 이해한다면, 팔괘 하나하나에 부여한, 그 의미와 그 작용이 중요하고, 팔괘가 위아래로 결합하여 짝을 지음으로써 형성되는 64가지 괘 상황이 무엇인가를 분별하고 인지하는 일이 중요하다. 간단히 말해, 64괘 卦意와 각각의 六爻辭를 人間事 곧 인간 삶의 양태로 해석하는 일이 중요한데, 卦意를 이해하려면 먼저 八卦에 대한 이해가 전제되어야 하고, 六爻辭를 人間事로 해석하려면 인간관계에 대한 이해가 전제되어야 한다.

八卦에 대한 이해는 주로, 「說卦傳」에서 언급했는데 팔괘 하나하나에 부여된 의미와 상호 관계가 중요하고, 그 상호 관계는 위아래 위치에 따라서 그 의미가 완전히 바뀜을 알아야 한다. 그리고 인간관계는 ①타고난 성품 ②현재의 지위와 양육된 능력 ③짝(배우자)과의 관계 ④이웃과의 관계 등을 어떻게 짓느냐에 따라서 결정된다. 그리고 양육된 능력은, 현재의 자리가 말해 주지만 주어진 상황 분별력으로 나타난다. 상황 분별력은 천지 운행의 때를 읽는 능력과 결부되며, 분별한 상황에 맞추어 바르게 처신하는 것이 곧 주역에서 말하는 正道이다. 여기까지가 팔자가 이해하고 파악한 周易의 세계로 들어가는 門의 키이다.

後記

후기

　필자가 周易을 공부하게 된 배경에는 이런 사연이 있다. 곧, 외국 여행을 여러 차례 같이했던 지인 김익련 씨가 주역 관련 5종의 책, ①공자의 마지막 공부(김승호 저, 300쪽, 정가 16,000원) ②낭송주역(고은주, 376쪽, 정가 13,000원) ③인문으로 읽는 주역(신원봉 저, 696쪽, 정가 23,000원) ④주역(정이천 주해, 심의용 옮김, 1302쪽, 정가 48,000원) ⑤새로운 周易 繫辭傳 研究(한국학술정보, 박용재 편술, 324쪽, 21,000원) 등을 사서 택배로 보내주면서, 간간이 만나 대화를 나눠보자는 제안 때문이었다.

　그래서 지난 2021년 1월 11일 이후부터 거의 모든 일을 전폐하고, 낮에는 밝은 사무실에서 책을 읽고, 밤에는 집에서 유튜브로 '상생방송'과 '사단법인 한국전통서당문화진흥회' 등에서 하는 주역 강의를 비롯하여 유명 강사들의 강의를 들었다. 대략, 계산해 보면 최소한 600여 시간 이상 들을 것 같다.

　그리고 중국 베이징에서 활동하는 작가 金 雪께 부탁하여, 현재 중국에서 가장 신뢰받는 周易 全文을 받아 이를 텍스트 삼아 한국에서 발행된 것들과 비교해가면서 해독(解讀)하는 과정을 거쳤는데 공부하면 공부할수록 의심이 증폭되었고, 우리말 번역과 해설에서도 적잖이 다름을 확인할 수 있었다.

　그래서 중국 주역 전문사이트에 수시로 드나들며, 현재의 중국에서는 어떻게 해설하는지를 확인하는 과정을 거치게 되었는데 가장 많은 도움을 받았다. 필자가 들랑날랑한 사이트는 너무 많으나 주로 세부적인 내용까지 살펴본 곳으로는 ①https://baike.baidu.com ②https://www.zhouyi.cc ③https://www.guoyi360.com ④https://www.d5168.com ⑤http://www.64gua.com ⑥ https://a.szmianfei.com 등이다.

 이렇게 약 25개월이 흘러가는 동안, ①『繫辭傳 우리말 번역 & 핵심 내용 집중탐구』②『象傳 우리말 번역 & 핵심 내용 집중탐구』③『주역 공부를 위한 3단계 위밍업』 등 3종의 책을 펴냈고, 주역 본문을 우리말로 번역하고, 해설을 곁들인 『解·周·易』이란 이름으로 책을 펴내게 된 것이다. 이들은 필자의 개인적인 주역 공부 과정과 그 결과를 보여주는 것인 만큼 샅샅이 파헤쳐 보고, 이를 넘어서서 독자 나름의 안목을 길러 갖기 바란다.

解·周·易

易理 _ 64卦 _ 十翼

초판인쇄 2023년 04월 27일   **초판발행**   2023년 04월 30일

지은이 **이시환**
펴낸이 **이혜숙**   펴낸곳   **신세림출판사**
등록일 **1991년 12월 24일 제2-1298호**

04559 서울특별시 중구 퇴계로49길 14,
  충무로엘크루메트로시티2차 1동 720호
전화 **02-2264-1972**   팩스 **02-2264-1973**
E-mail : shinselim72@hanmail.net

정가 **38,000원**

ISBN **978-89-5800-260-4, 03150**